Historia
de América

Carlos Malamud

Historia
de América

Segunda edición actualizada

Alianza Editorial

Primera edición: 2005
Segunda edición: 2010
Cuarta reimpresión: 2015

Reservados todos los derechos. El contenido de esta obra está protegido por la Ley, que establece penas de prisión y/o multas, además de las correspondientes indemnizaciones por daños y perjuicios, para quienes reprodujeren, plagiaren, distribuyeren o comunicaren públicamente, en todo o en parte, una obra literaria, artística o científica, o su transformación, interpretación o ejecución artística fijada en cualquier tipo de soporte o comunicada a través de cualquier medio, sin la preceptiva autorización.

© Carlos Malamud Rikles, 2005, 2010
© Alianza Editorial, S. A., Madrid, 2005, 2010, 2012, 2013, 2015
 Juan Ignacio Luca de Tena, 15; 28027 Madrid; teléf. 91 393 88 88
 www.alianzaeditorial.es
 ISBN: 978-84-206-6935-9
 Depósito legal: M. 41.394-2010
 Printed in Spain

SI QUIERE RECIBIR INFORMACIÓN PERIÓDICA SOBRE LAS NOVEDADES DE
ALIANZA EDITORIAL, ENVÍE UN CORREO ELECTRÓNICO A LA DIRECCIÓN:

alianzaeditorial@anaya.es

Índice

Prólogo a la segunda edición I

Introducción III

Primera parte
América colonial

1. El mundo americano antes del encuentro 15
   1. Los «descubiertos» 16
      1.1. El origen del hombre en América 18
      1.2. La caza y la recolección 19
      1.3. Agricultura, ganadería y sedentarismo 21
      1.4. El sedentarismo y el desarrollo urbano. Las altas culturas 24
   2. Aztecas e incas 29

2. El descubrimiento de un nuevo mundo. El papel de Europa 33
   1. La Europa que hizo posible el descubrimiento 33
   2. Los cambios tecnológicos 35
   3. Las complicaciones en las rutas tradicionales 37
   4. La península Ibérica 38
   5. El laboratorio atlántico 40
   6. La empresa colombina 42
      6.1. El protagonista 43
      6.2. El primer viaje 45
      6.3. Los otros tres viajes de Colón 47
      6.4. Los primeros contactos en Tierra Firme y Centroamérica 49

7. El comienzo de la sociedad colonial en Indias: el Caribe 51
8. Tierra Firme y América Central 55
    8.1. El Darién 56
    8.2. Los tanteos iniciales en América Central 59
9. La vuelta al mundo 60

3. La conquista y los conquistadores 63

1. El marco legal 65
    1.1. La guerra y la explotación de los indios 65
2. La conquista 69
    2.1. Los conquistadores y la hueste 70

4. La conquista de la América continental y el comienzo de la colonización 77

1. El Imperio azteca y Mesoamérica 78
    1.1. Los primeros pasos en la conquista de México 79
    1.2. La conquista de México-Tenochtitlan 80
    1.3. La ampliación de las fronteras del México colonial 83
    1.4. América Central 87
2. La conquista de América del Sur. Perú 89
    2.1. La conquista de Perú y Quito 90
    2.2. Colombia y Venezuela bajo el mito de El Dorado 95
    2.3. Tucumán y el Río de la Plata 97
    2.4. El reino de Chile 100

5. La conquista espiritual 103

1. Iglesia y Estado 104
2. Evangelización y educación religiosa 107
3. Órdenes religiosas y reducciones 108
4. El clero secular 112
5. La Inquisición en América 115

6. La demografía colonial 117

1. El choque demográfico 118
    1.1. El factor epidemiológico 119
2. La inmigración española 126
3. Las migraciones indias 132
4. La trata negrera 133

7. La sociedad colonial 135

1. La sociedad de los españoles 137
    1.1. Las ciudades como centros de relación social 138
    1.2. El papel de los encomenderos y de otros grupos privilegiados 140

1.3.	Los grupos subordinados	144
1.4.	Los indios en la sociedad española	145
2.	La sociedad de los indios	146

8. La administración del Imperio: gobierno y Real Hacienda 151

1. La administración imperial	153
1.1. La Casa de Contratación	153
1.2. El Consejo Real y Supremo de Indias	154
2. El gobierno de Indias en Indias	156
2.1. Virreyes y virreinatos	156
2.2. Las Audiencias y los gobernadores	157
2.3. El cabildo	159
3. La Real Hacienda	159
3.1. Las Cajas Reales	160
3.2. La minería	161
3.3. El tributo indígena y el diezmo eclesiástico	162
3.4. Los impuestos indirectos	163

9. La economía colonial 167

1. Las repercusiones de la conquista sobre la economía indígena	167
2. La producción	168
2.1. El sector agrario	168
2.2. La ganadería	170
2.3. Las manufacturas	171
2.4. La minería de plata	172
3. El comercio colonial	176
3.1. El comercio exterior	176
3.2. El contrabando extranjero	179
4. Las exportaciones de metales preciosos	181
4.1. El comercio interior	182
5. Los cambios en la economía colonial y la crisis del siglo XVII	184
5.1. El auge de la economía colonial en el último cuarto del siglo XVI	185
5.2. La crisis	186
5.3. Las respuestas regionales	188
6. El trabajo en la colonia	190
6.1. El trabajo indígena	190
6.2. El trabajo esclavo	193
6.3. Trabajo urbano. Gremios y artesanos	194

10. El Brasil colonial 195

1. La población	196
2. La colonización y la primera administración colonial	199
3. Economía y sociedad en el ciclo del azúcar	203

4. La expansión de la frontera y la colonización de la periferia brasileña............ 208
  5. Reforma y crisis del sistema colonial 212
  6. El comercio colonial 216

11. La presencia americana de las otras potencias europeas 221
  1. Los primeros pasos 224
  2. Las Trece Colonias 226
  3. Canadá 234
  4. El Caribe.. 237
  5. Los diferentes sistemas coloniales.. 240

12. Economía y reformas borbónicas 243
  1. La economía 243
    1.1. La población 246
    1.2. La agricultura 248
    1.3. La minería 250
  2. Las reformas borbónicas 252
    2.1. Las reformas administrativas. Las intendencias............................. 254
    2.2. La liberalización del comercio.. 257
    2.3. Las reformas fiscales y el aumento de la presión tributaria 260

Segunda parte
Las independencias

13. Las independencias de Estados Unidos y Haití 265
  1. La independencia de los Estados Unidos 266
    1.1. Las Trece Colonias frente a los intentos metropolitanos de reforzar el poder imperial 266
    1.2. La quiebra del orden colonial y la Guerra de la Independencia 270
    1.3. El surgimiento del orden republicano 274
  2. La independencia de Haití 278
    2.1. Azúcar y crecimiento económico 278
    2.2. Los esclavos entran en acción. El liderazgo de Toussaint Louverture 281

14. La independencia de Hispanoamérica... 285
  1. Las causas de la revolución... 286
  2. ¿De qué revolución se habla? 291
  3. Las primeras experiencias juntistas 293
  4. El Río de la Plata y Chile 297
  5. San Martín y la empresa peruana 301
  6. La gesta de Bolívar: Venezuela y Colombia.. 302
  7. Nueva España y América Central 304
  8. El comienzo de las prácticas electorales 305

15. Brasil: de la independencia a la república 307
    1. Los precedentes de la emancipación 308
    2. La corte se instala en Río 309
    3. La independencia 311
    4. El Imperio y el reinado de don Pedro 313
    5. Orden y progreso 317
    6. La crisis del Imperio 320

Tercera parte
América Latina contemporánea

16. Las consecuencias políticas y económicas de la independencia 327
    1. Las consecuencias políticas 328
    2. La nueva realidad regional 329
    3. Política e instituciones 331
    4. Liberales y conservadores 337
    5. Gran Bretaña y Estados Unidos 338
    6. La reconstrucción de la economía 342
    7. El comercio exterior y la apertura librecambista 344
    8. La minería 346
    9. Las relaciones con España 347

17. El desarrollo de los regímenes oligárquicos 349
    1. Del estancamiento a la apertura económica 350
    2. La consolidación de las economías exportadoras 352
        2.1. La ganadería y la agricultura templada 353
        2.2. La expansión del café y de los cultivos tropicales 355
        2.3. Las exportaciones mineras 359
    3. La financiación de las exportaciones y el endeudamiento externo ... 362
    4. La sociedad 363
        4.1. El comienzo de las migraciones internacionales 363
        4.2. Los grupos urbanos 365
    5. Política, elecciones y ciudadanía 366
    6. Liberales y conservadores 370
        6.1. La «Reforma» mexicana 372

18. El esplendor latinoamericano. De 1880 a la Primera Guerra Mundial . 375
    1. Política y partidos 376
        1.1. Revoluciones, guerra civiles y elecciones 376
        1.2. Expansión del sufragio y reformas electorales 377
        1.3. La formación de los sistemas de partidos 378
    2. La actividad política de los grupos urbanos 382
    3. El movimiento obrero 384
    4. Los problemas limítrofes 385
        4.1. El canal de Panamá 386

5. El porfiriato y la Revolución mexicana 387
6. Las guerras civiles en Colombia 393
7. El fin del Imperio español 394
8. La consolidación de las exportaciones 397
9. Las inversiones extranjeras y la actividad productiva 398
10. El comienzo de la industrialización 400

19. **Economía y sociedad en la crisis del sistema oligárquico** 403
    1. La economía 403
       1.1. Estados Unidos 405
       1.2. Los inicios de la industrialización 407
       1.3. La Gran Depresión 408
       1.4. La industrialización por sustitución de importaciones 413
    2. La sociedad 418
       2.1. La evolución demográfica: el fin de la inmigración masiva y la urbanización ... 418
       2.2. El mundo rural 423
       2.3. Los sindicatos 424
       2.4. La Iglesia católica 426

20. **La política en la crisis del sistema oligárquico** 429
    1. La incorporación de los excluidos 429
    2. El populismo 433
    3. Los cambios políticos 436
    4. Los partidos políticos 437
    5. Los militares y la política 440
    6. Las ideas políticas 442
    7. La Reforma Universitaria 443
    8. La izquierda: socialistas, comunistas e izquierda nacional 445
    9. El nacionalismo, el fascismo y otras corrientes antiliberales 451

21. **La lucha por la democracia: del autoritarismo a las transiciones** 455
    1. La economía 456
    2. Intervencionismo e industrialización sustitutiva 456
       2.1. La Alianza para el Progreso 460
       2.2. Las soluciones regionales 461
       2.3. La crisis de la deuda externa 463
    3. La Revolución cubana 467
    4. El autoritarismo militar y las transiciones a la democracia 470
       4.1. La cuestión militar, las invasiones norteamericanas y la izquierda insurreccional 470
       4.2. La transición a la democracia 474

22. **La primera década del siglo XXI: una época de cambios** 487
    1. El espectacular crecimiento económico del período 2003-2008 y sus repercusiones sociales 490

2. Los cambios políticos	496
2.1. ¿Giro a la izquierda?	498
2.2. Desarrollos nacionales	501
3. El fracaso de la integración regional	516
Bibliografía	519
Índice onomástico	531

Prólogo a la segunda edición

En 2009 Bolivia y Ecuador celebraron los bicentenarios de sus independencias. En 2010 serán Argentina, Chile, Colombia, México y Venezuela quienes les sigan. Los festejos que tuvieron lugar, y los que se realizarán a continuación han estado enmarcados por la especial coyuntura que atraviesa América Latina, en un momento signado por las expectativas de grandes cambios, pero también por la posibilidad de enormes frustraciones en buena parte de los países de la región.

La primera década del siglo XXI se desarrolló bajo el signo de la llamada revolución bolivariana, un proceso impulsado por el presidente venezolano Hugo Chávez, quien se muestra dispuesto a cambiar no sólo el presente y el futuro de América Latina, sino también su pasado. Sin embargo, Chávez no está solo en su intento de reescribir la historia nacional, ya que esta tentación es compartida por un conjunto de presidentes definibles *a priori* como populistas, dentro de los cuales podemos encontrar a Cristina Fernández de Kirchner, de Argentina; Evo Morales, de Bolivia; Rafael Correa, de Ecuador, o Daniel Ortega, de Nicaragua. Todos ellos reniegan de la llamada «historia oficial», que equiparan a la «historia oligárquica», al ser esta, según su interpretación, la historia de los vencedores y no expresar a los sectores populares, cuyos intereses dicen representar.

El discurso de estos líderes regionales tiene un fuerte componente nacionalista y antiimperialista, a la vez que en una respuesta adánica reniegan de prácticamente todo el pasado de sus países, salvo aquél enraizado en el tiempo, donde dicen encontrar los componentes fundacionales de sus proyectos nacionales y continentales. Estos últimos suelen ser aglutinados bajo el concepto de la «patria grande», la América Latina unida con la que teóricamente soñó Simón Bolívar, pero que por sus propias realidades son incapaces de poner en marcha.

Con el fin de profundizar en algunas de estas cuestiones, la segunda edición de esta *Historia de América* incorpora un capítulo final que analiza los procesos económicos, políticos y sociales ocurridos en la primera década del siglo XXI en América Latina. Se trata de un momento clave en el desarrollo reciente de la región, ya que la presencia de Estados Unidos, siempre satanizada y sobre cuyas espaldas se suele descargar buena parte de lo que ocurre en el continente, se ha visto reducida a niveles no contemplados desde el final de la Segunda Guerra Mundial. De este modo, los principales responsables del presente y del futuro regional son sus actuales mandatarios y las actuales elites dirigentes.

Es evidente la sed de cambio de muchos pueblos de la región. Quizá el caso más notable sea el de Bolivia, donde durante décadas los sectores indígenas y populares estuvieron marginados por buena parte de los gobiernos de turno. Es verdad, sin embargo, que la revolución nacionalista de 1952 intentó corregir la mayor parte de los problemas existentes entonces y ahora, pero errores propios y ajenos condujeron a un nuevo bloqueo político y social. La cuestión que en la actualidad enfrenta Bolivia, la gran encrucijada en la que se encuentra, pasa por saber si el gobierno de Evo Morales, y las elites políticas y económicas que lo acompañan, sabrá estar a la altura de los grandes desafíos a los que se enfrenta y si podrá satisfacer las expectativas de los millones de indígenas, campesinos y pobres bolivianos.

Esta cuestión está, de alguna manera, indisolublemente unida a la coyuntura de los bicentenarios. Éstos han sido presentados como la gran oportunidad para impulsar grandes proyectos y grandes cambios que fomenten el desarrollo de sus respectivos países. Sin embargo, si se compara lo ocurrido el siglo pasado con ocasión de los festejos de los primeros centenarios con el actual, es posible encontrar grandes diferencias, que remiten a momentos y procesos históricos de magnitud muy disímil. Mientras en las dos primeras décadas del siglo XX eran muchos los países que habían entroncado sus proyectos de desarrollo y construcción nacional a la especial coyuntura de las celebraciones, no se puede decir lo mismo de lo que hoy ocurre.

Ahora bien, lo visto hasta el momento no se presta para hacernos demasiadas ilusiones. Estamos lejos de asistir a un gran festejo continental, o regional, que permita compartir experiencias y proyectos. Por el contrario, es el nacionalismo quien sigue pesando y teniendo una fuerza capaz de bloquear la convergencia y la integración regional. Y el problema de fondo de esta década pasada es que en lo profundo de las ideologías construidas alrededor de los populismos, el nacionalismo sigue teniendo un peso determinante. Mientras esto siga ocurriendo el futuro de América Latina, como región, será más bien limitado y la suerte de los países que la componen dependerá de sus esfuerzos individuales.

Madrid, enero de 2010

Introducción

En la senda de los bicentenarios de la independencia

Al comenzar la próxima década, y durante bastantes años, los países latinoamericanos festejarán los bicentenarios de su independencia. Las dos únicas excepciones son Haití, que debió conmemorar esa fecha a principios de 2004, aunque la difícil coyuntura que vivía impidió hacerlo en toda regla, y Cuba, que deberá esperar hasta 2098. Si bien España perdió sus colonias en aquella oportunidad, es obvio que no puede permanecer al margen de semejantes eventos, y esto por varias razones. En primer lugar, porque tiene con los países hispanoamericanos una lengua, una historia y una cultura en común y con el conjunto de América Latina una vocación de pertenencia que excede los estrechos (pese a su gran inmensidad) marcos lingüísticos. Segundo, porque el nacimiento de las nuevas repúblicas, y con ellas el de la ciudadanía y la misma democracia, están directamente vinculadas y relacionadas con la herencia hispana, algunas remotas, como las teorías pactistas que hicieron posible la emancipación, y otras más cercanas, como la Constitución de Cádiz, la Constitución liberal de 1812, la famosa Pepa, que tanto impacto tuvo en toda la región y que fue decisiva en la expansión de los sistemas electorales.

Es el tercer motivo el que más se vincula con la obra que el lector tiene entre sus manos. En 1992 se celebró el V Centenario del Descubrimiento de América, o del Encuentro de dos Mundos, o como se lo quiera llamar en función de preferencias políticas o ideológicas o de lo políticamente correcto. En ese entonces se perdió una oportunidad de oro para que españoles y latinoamericanos comenzaran a reflexionar conjuntamente sobre un pasado en común. Es evidente que no se trata de una tarea fácil, ya que si entre los propios connacionales de cada uno de los países no se ponen de acuerdo sobre su historia nacional, es más difícil todavía que esto se consiga entre especialistas de más de veinte países. Sin embargo, es un ensayo imprescindible y la oportunidad que brindan los bicentenarios de la independencia debería ser puntualmente aprovechada. En ese sentido, esta *Historia de América* quiere ser un aporte para un proceso que se me ocurre complejo y dilatado, pero sumamente necesario.

Se trata de discutir, entre otros múltiples asuntos, muchos temas que de una forma esquemática se abordan en este libro, como el significado del descubrimiento y de la conquista o su impacto sobre los pueblos asentados en las distintas zonas de la región. Es curioso, pero en estos momentos se ha optado en muchos foros proclives al indigenismo por la denominación de pueblos originarios para aludir a los pueblos indígenas. Ocurre, pese a todo, que muchos pueblos originarios en realidad eran invasores y se instalaron en la región que controlaban tras expulsar a otros pueblos indígenas, más originarios que ellos. Pero no es lo único que hay que discutir. Hay también que profundizar en todo lo positivo y negativo que supuso la occidentalización y la evangelización para unos pueblos refractarios a incorporar los valores, usos y costumbres de una cultura diferente.

Más modernamente hay otros temas que merecerían nuestra atención, como el significado de la democracia en América Latina. Resulta frecuente oír que se trata de un sistema trasplantado del exterior, de Europa y de Estados Unidos, y que por tanto no tiene en cuenta los verdaderos sentimientos de los latinoamericanos. En realidad, la democracia en América Latina es consustancial al desarrollo republicano y salvo que se diga que el republicanismo, y el sistema político que lo sostiene, es ajeno a esa realidad, no queda más remedio que profundizar en estas cuestiones, tal como lo está haciendo la moderna historia política latinoamericana, que tanto ha avanzado en los últimos veinte años y que ha dado tantos y tan buenos estudios.

Junto a ese afán de participar en el debate de los bicentenarios, esta *Historia de América* tiene otro gran objetivo y es transmitir a los lectores los conceptos básicos para que se formen una idea lo más acabada posible de la realidad latinoamericana, un continente complejo, extenso, diverso y de muy difícil generalización. Más allá del debate sobre la unidad o la diversidad de América Latina, lo cierto es que esta obra se beneficia de la doble identidad del autor, española y argentina (latinoamericana), lo que permite incorporar al tratamiento de la historia de América una doble perspectiva, no siempre coincidente, muchas veces antagónica, pero cuya convergencia es el único camino para avanzar en esa historia en común de la que se hablaba más arriba.

Madrid, abril de 2005

Primera parte

América colonial

1. El mundo americano antes del encuentro

El 12 de octubre de 1492, Colón y sus hombres, tras 71 días de travesía atlántica, desembarcaron en un lugar del Caribe denominado por los indígenas Guanahaní y que los recién llegados designaron como San Salvador. Durante mucho tiempo la historiografía occidental, incluida la americana, designó tal evento como el «Descubrimiento de América». A fines del siglo pasado, a medida que se acercaba 1992 y con él los festejos del V Centenario del Descubrimiento, se comenzó a cuestionar dicho concepto desde algunos sectores ligados a la defensa de los intereses indigenistas, y se planteó en su lugar el de «Encuentro de dos Mundos», con resonancias políticamente más correctas. El principal objetivo de este nuevo concepto era quitar contenido a la versión euro o etnocéntrica de los hechos, que primaba el punto de vista europeo sobre el indígena, el de los vencedores frente al de los vencidos. Desde esta última perspectiva, el descubrimiento y conquista de América habían sido lisa y llanamente una invasión o, en el peor de los casos, un simple genocidio.

Más allá de las cuestiones meramente nominalistas que tienen más que ver con aproximaciones políticas e ideológicas, o con concesiones fáciles a lo políticamente correcto, lo cierto es que ninguna de las definiciones al uso resulta de utilidad científica. Tampoco es útil la denominación de «encuentro de dos mundos», porque fueron muchos más los que se encontraron (o se embistieron) en el intento. Mientras los pueblos europeos compartían una serie de valores culturales, religiosos, ideológicos, históricos e inclusive económicos, producto de su propio desarrollo histórico y de algunas experiencias como el Imperio romano, que tuvieron para algunos pueblos europeos resultados similares a los de la conquista ibérica, el grado de compartimentación del mundo americano a fines del siglo XV era muy marcado. Desde Alaska a Tierra del Fuego había múltiples y diversas sociedades que se diferenciaban por su aspecto físico, su lengua o su cultura. Esa multiplicidad permitió la convivencia en el continente americano de culturas muy primitivas con otras sociedades muy desarrolladas cultural, social o científicamente.

Al margen de la existencia de algunos circuitos comerciales que permitían el intercambio a larga distancia de productos de gran valor, las diferentes culturas e imperios americanos solían vivir aislados los unos de los otros. De ahí la dificultad para hablar del Nuevo Mundo como de una entidad unitaria y estructurada. En realidad, y sin que ello suponga un enfoque eurocéntrico, la historia común de ese nuevo mundo empezará a forjarse a partir de la conquista o invasión europea. Fueron los conquistadores los que comenzaron a hablar de indios y los que le confirieron a la palabra una idea de unidad que hasta entonces no tenía. Dijo Alain Rouquié que América era parte de Occidente, o, en el peor de los casos, el Extremo Occidente. Por eso, de lo que no hay duda, es del origen occidental de la invención del indio, lo que no implica atribuir dicho origen a los pueblos originarios.

1. Los «descubiertos»

A fines del siglo XV y principios del XVI, las tierras que actualmente denominamos continente americano estaban pobladas por varios millones de indígenas, de un desigual desarrollo tecnológico, cultural, social y político. Los primeros migrantes, que inicialmente no pasaron de unas cuantas decenas o, a lo sumo, de algunos cientos, fueron incrementando su número con el correr del tiempo, a medida que aumentaban su control sobre el medio circundante. Si bien resulta difícil y polémico realizar una cálculo fiable del tamaño de la población indígena en el momento de la conquista, las estimaciones disponibles van desde la cifra mínima de 11 a 13 millones hasta la máxima de 90 a 110 millones. Sin embargo, los estudios demográficos más serios han rechazado ambas por ser poco consistentes y estar basadas en apreciaciones subjetivas más que en criterios científicos. En la actualidad, la mayor parte de los académicos, basándose en trabajos que tienen en cuenta la ecología y la producción de alimentos, maneja una cifra que oscila entre los 60 y los 80 millones de habitantes, de los que entre 40 y 65 millones corresponderían a los territorios de lo que luego sería el Imperio español. Las regiones más pobladas eran México (cerca de 25 millones) y la zona andina (entre 10 y 15 millones). En ese momento, las sociedades más estructuradas y avanzadas eran los imperios inca y azteca (enclavados en lo que hoy es la zona andina en América del Sur y en Mesoamérica); en el otro extremo del espectro encontramos a un abundante número de pueblos cazadores y recolectores, que vivían en condiciones de escaso desarrollo tecnológico. Mientras los grandes imperios se desarrollaron en los altiplanos tropicales y en las tierras frías o templadas de las regiones intertropicales, los grupos menos desarrollados se establecieron especialmente en las llanuras y en algunas frías zonas montañosas. Entre estas zonas hubo diferencias demográficas importantes: altas densidades en las primeras frente a bajas o muy bajas en las segundas, lo que indudablemente afectó a la conquista europea.

La gran diversidad entonces existente es trasladable a la actualidad, donde resulta sumamente difícil hablar de la realidad latinoamericana como un todo. A fines del siglo xv, la diversidad se observaba en la existencia de múltiples y diferentes identidades, pueblos, culturas, lenguajes, costumbres y creencias, así como en el desarrollo de las más variadas historias, que apenas tenían puntos de contacto entre sí, pese a que en algunos casos los mitos cosmogónicos bebían de las mismas fuentes. La expansión europea en el Nuevo Mundo y la consolidación de los imperios español y portugués, así como la presencia de otras potencias europeas en el Caribe y América del Norte, harían tabla rasa de buena parte de ese pasado, homogeneizándolo casi todo (un único rey lejano al que sólo se podía acatar a la distancia; una única y militante religión: el cristianismo; el idioma español como lengua franca del imperio más extenso del continente; monedas comunes que permitían la existencia de circuitos comerciales de larga, mediana y pequeña distancia; etc.). Pero este proceso fuertemente homogeneizador no debe hacernos creer que las raíces indígenas fueron borradas del mapa.

La historiografía moderna no sólo se ha preocupado por saber quiénes eran los pueblos que habitaban el Nuevo Mundo, sino también cuántos eran sus pobladores. Mientras la primera pregunta tuvo una respuesta relativamente sencilla, dependiente de los avances que iban realizando los antropólogos, arqueólogos e historiadores, la segunda fue objeto de una agria polémica en los años sesenta y setenta del siglo pasado, y todavía hoy vemos a algunos empeñados en mantenerla viva. La discusión estaba muy ligada a lo que se denominó la Leyenda Negra de la Conquista, que tendía a cargar las tintas sobre la barbarie y el carácter sangriento y depredador de la empresa española. Mientras resulta más o menos sencillo conocer el tamaño de la población americana a mediados del siglo xvi, gracias a la existencia de fuentes adecuadas, su cálculo para cincuenta años antes, en el momento del «descubrimiento», dada la falta de fuentes escritas, ha sido objeto de arduas discusiones. Como había un acuerdo más o menos generalizado sobre los años posteriores a la conquista, la dimensión numérica del punto de partida era crucial para cuantificar la magnitud de la barbarie española. Cuantas más personas hubiera habido en 1492, más habrían muerto en las décadas posteriores y, por tanto, más cruel habría sido la conquista ibérica según los detractores de España. Por eso, los defensores de la labor española sesgaban las cifras a la baja, mientras los más críticos apostaban por los números más elevados posibles. Sin pretender rehuir un punto tan importante para el debate de estas cuestiones, me ocuparé ahora de los primitivos habitantes de América, para intentar luego responder a la cuestión de cuántos había en el momento del descubrimiento.

1.1. El origen del hombre en América

Pese a la existencia de algunas teorías más o menos simpáticas o disparatadas, más próximas a la ficción o al romanticismo que al conocimiento sistemático, que relacionan el origen del hombre americano con cuestiones míticas o teológicas, como las que lo hacen proceder del continente perdido de Mu-Lemuria o de la mitológica Atlántida, hoy sabemos con bastante certeza que durante millones de años los seres humanos que fueron ocupando otras partes del planeta, no pisaron el continente americano, donde sin embargo sí se habían desarrollado una flora y una fauna bastante originales. También se da por prácticamente seguro que los primeros habitantes que alcanzaron sus costas de un modo sistemático lo hicieron a través de movimientos migratorios procedentes de Asia. Una afirmación de este tipo nos lleva a descartar las distintas teorías sobre el origen autóctono del hombre americano, como las planteadas en la segunda mitad del siglo XIX de forma polémica por el argentino Florentino Ameghino, que lo situaba en la Patagonia.

Hace cerca de 40.000 años, algunos grupos humanos de origen mongoloide oriundos de Asia comenzaron a poblar el continente americano, al cual habían emigrado caminando a través del estrecho de Bering. Frente a estas certezas, ciertas teorías hablan de la presencia de gente de origen polinesio llegada por vía marítima a través del océano Pacífico, aunque se trata de una afirmación asumida por ciertos antropólogos y prehistoriadores sin demasiadas discusiones. En esta línea, y con el ánimo de probar la factibilidad de dicho viaje, algunos aventureros han realizado pruebas para demostrar que con la tecnología náutica de la época se podía atravesar el océano Pacífico. Si bien cabe la posibilidad de que accidentalmente alguna nave hubiera transportado sanos y salvos a gentes y productos procedentes de la Polinesia o de cualquier otro punto remoto próximo al Pacífico hasta alguna playa americana, resulta completamente diferente hablar de una ruta regular transpacífica en ambas direcciones. Una cosa es que una nave arrastrada por el viento llegara accidentalmente y con sobrevivientes a bordo a las costas del Nuevo Mundo, y otra muy distinta la existencia de un tráfico regular que implicara a un número importante de navíos y personas, lo que habría supuesto algo tan complicado como el conocimiento por parte de los navegantes de la época de una ruta de regreso que pudiera ser transmitida de una generación a otra.

Las migraciones transcontinentales en el extremo norte del continente se produjeron en un período glaciar, semejante a los producidos en otros momentos similares de la historia de nuestro planeta, cuando la formación de masas considerables de hielo en los casquetes polares provocó la retirada de agua de los océanos y el correspondiente descenso del nivel del mar. De ese modo, en el estrecho de Bering quedó transitable un corredor de cierta anchura que durante un largo período de tiempo permitió el paso continuado de hombres y animales en ambas direcciones. El inicio de un nuevo período interglaciar, con el consiguiente aumento de las temperaturas, derritió muchos de los hielos polares y con ello las aguas subieron nuevamente de nivel, cerrando definitivamente la ruta terrestre que había permitido la población del Nuevo Mundo. Desde entonces, en torno al año 8000, y hasta 1492, el continente y sus habitantes, conocidos posteriormente como amerindios o indios americanos, quedarían totalmente aislados del resto del planeta, salvo por algunos contactos esporádicos como los ya mencionados provenientes de la Polinesia, o la llegada de algunas naves vikingas en torno al año 1000 de nuestra era a las costas de lo que llamaron Vinlandia, la actual Terranova.

Algunas bandas de cazadores y recolectores, por lo general no mayores de 30 personas, llegaron a tierras americanas durante el período glaciar conocido como Wisconsin. Estas bandas tenían una gran movilidad y utilizaban utensilios rudimentarios de piedra, hueso y madera, según confirman numerosos hallazgos arqueológicos. A ellas pertenece el yacimiento americano más antiguo conocido, el de Blue Fish Cave, junto al río Yukon. Partiendo de la península de Alaska, algunas de estas bandas iniciaron largos y complicados periplos por las tierras interiores del continente y terminaron dispersándose por toda la América del Norte, para posteriormente llegar mucho más allá, en dirección a Mesoamérica y América del Sur. En Texas se han hallado algunos yacimientos arqueológicos que gracias al carbono 14 se pudieron datar en torno al 36000 a. C. La marcha de estos grupos continuó en dirección al sur y en Nicaragua encontramos el yacimiento de El Bosque, que se ha fechado en torno al 35000 a. C. Los restos materiales hallados por los arqueólogos en América del Sur demuestran que algunas bandas primitivas de cazadores y recolectores tardaron cerca de 10.000 años en atravesar a pie todo el continente, de un extremo a otro, siguiendo generalmente la ruta de sus presas de caza.

En torno al año 10000 a. C., ciertos grupos indígenas vivieron un proceso de cambio tecnológico, gracias al cual pudieron convertirse en cazadores de grandes animales herbívoros, mientras que otros grupos no se adaptaron y mantuvieron el mismo nivel de vida que tenían cuando llegaron a América. En este momento comenzó a intensificarse el proceso de diversificación entre los diferentes grupos aborígenes, que hasta entonces habían tenido un bagaje cultural bastante homogéneo a lo largo y ancho del continente americano.

1.2. La caza y la recolección

Con posterioridad a su instalación en América y durante milenios, el hombre sólo pudo acercarse a las grandes presas, teniendo alguna ocasión de matarlas cuando se accidentaban o quedaban inmovilizadas en el fango, en los pantanos o en algunas otras situaciones similares. Gracias al método de ensayo y error la tecnología disponible comenzó a evolucionar y se empezó a tallar la piedra, bien por percusión, bien por presión, aumentando con ello las posibilidades de control y dominio del entorno, gracias a las mayores prestaciones del utillaje disponible. Aunque los útiles de piedra eran más eficaces, continuaron utilizándose también otros de hueso y madera (cuchillos, agujas, puntas de flecha, raederas, etc.). Los prehistoriadores, aplicando criterios de periodización similares a los vigentes en el Viejo Mundo, asimilan este período al paleolítico superior, extendiéndolo aproximadamente hasta el 7000 a. C. Sin embargo, la experiencia demuestra que ante las peculiares características del poblamiento americano y su posterior evolución, la mayor parte de las categorías cronológicas válidas para Europa y Asia resultan de difícil aplicación en América, especialmente cuando su traslación se realiza desde posturas etnocéntricas, razón por la cual éstas serán dejadas de lado en el presente capítulo.

En esa época se formaron a lo largo y ancho de todo el continente americano pequeñas bandas de cazadores, una de cuyas características era seguir a sus presas durante sus largos desplazamientos. Sin embargo, ni todas las regiones de América ni todas las sociedades allí establecidas se especializaron en la caza de grandes mamíferos. En poco tiempo comenzarían a difundirse diferentes respuestas en función del entorno ecológico en que se desarrollaban, así como por su grado de especialización y adaptación al medio. De este modo, mientras en algunas regiones la recolección continuó siendo el sistema preferido por la mayor parte de los grupos americanos para la obtención de sus alimentos dadas las grandes facilidades existentes en su entorno, en otras, algunas bandas comenzaron a especializarse en la caza de pequeños mamíferos, mientras que aquellas que vivían a la orilla del mar se orientaron a la recolección y pesca de mariscos. La época dorada de los cazadores dedicados a la captura de grandes presas terminó en torno al 7500-7200 a. C., cuando el clima se volvió más seco y caluroso y la desertificación de una extensa zona de América del Norte causó la extinción de la mayoría de las grandes especies cazadas por el hombre. Esta situación provocó que muchas bandas de cazadores desaparecieran junto con sus presas; sin embargo, debieron haber sido mayoría las que pudieron reconvertirse y adaptarse rápidamente a las nuevas circunstancias. Hemos visto como, junto a los grandes cazadores, existían otros grupos especializados en la caza de animales más pequeños (conejos y otros roedores, patos, pájaros y otras aves), que completaban su alimentación con plantas silvestres y, eventualmente, con los granos de las mismas.

Resulta probable que durante algunos milenios, entre el 15000 y el 2500 a. C., los cazadores de pequeñas presas y recolectores de granos, que terminarían estableciéndose en cuevas y cavernas, coexistieran en determinadas regiones con los cazadores de grandes animales, pero viviendo de forma totalmente independiente unos de otros. A mediados del octavo milenio, el mayor control del entorno y de los recursos naturales aumentó las posibilidades de supervivencia de los pueblos especializados en la caza de pequeños animales y la recolección, mientras se reducía el margen de acción de los grandes cazadores. Cerca del año 6000 a. C., algunos recolectores de granos comenzaron a interferir exitosamente en el proceso de cultivo, germinación de las semillas y explotación de las plantas silvestres de las que se venían alimentando cotidianamente. Esta actividad, centrada en la manipulación de ciertas especies vegetales, se complementaba con la caza y la recolección en aquellos momentos en que el ciclo agrícola requería de fuentes alimentarias adicionales.

1.3. Agricultura, ganadería y sedentarismo

Los datos que aún manejamos sobre el inicio de la agricultura en América son bastante escasos, lo que nos impide elaborar teorías muy sofisticadas sobre su evolución inmediata. Los restos más antiguos de actividad agrícola se han encontrado en Nuevo México (4000 a. C.) y Tamaulipas (3000 a. C.), en América del Norte y Mesoamérica, respectivamente, siendo las principales especies vegetales desarrolladas la yuca, la batata, el maíz y el frijol. El maíz en estado salvaje se conoció en México al menos desde el pleistoceno, desde donde pasó a América del Sur. En Perú lo encontramos entre el 900 y el 700 a. C. Los pueblos andinos domesticaron la quinua (un grano rico en proteínas e hidratos de carbono), la papa, la calabaza y algunas legumbres como el pallar y el fríjol. Los habitantes de zonas superiores a los 3.000 metros de altura siguieron cazando huanacos, alpacas y llamas, como lo habían hecho en el pasado, aunque con el correr del tiempo domesticaron a las llamas y alpacas, a las que utilizaron como medio de transporte y para la obtención de lana. A diferencia de Asia, África y Europa, en el resto de América la domesticación de animales no afectó a grandes mamíferos (vacas, caballos, ovejas o cerdos, inexistentes en la región) sino a especies más pequeñas (perros, pavos y otras aves de corral). La arqueología nos dice que en América existieron caballos y otros grandes mamíferos, aunque se extinguieron muchos siglos antes del surgimiento de las grandes civilizaciones, de modo que el escaso desarrollo de la ganadería en la América prehispánica no fue una cuestión de capacidad sino de posibilidad. Los grandes animales domesticables no existían en América cuando comenzó el proceso de domesticación de plantas y animales y su existencia sólo fue posible tras ser llevados al Nuevo Mundo por los conquistadores europeos.

El calendario agrícola comenzó a influir en la conducta y hábitos de los pueblos que más destacaron en la domesticación de especies vegetales. Así fue como la actividad humana se hizo más sedentaria en los períodos donde la actividad en los terrenos de labor era mayor (primavera y verano). Por el contrario, en aquellos momentos (otoño e invierno) en que la falta de recursos agrarios los obligaba a recurrir a recursos energéticos adicionales, debían partir en busca de sus presas tradicionales y tenían que recuperar algunos hábitos de nomadismo. Las técnicas agrarias básicas se desarrollaron muy pronto, y este proceso estuvo marcado por la aparición de la coa o palo cavador. El método más común de cultivo era el de tumba y quema o roza (milpa en Mesoamérica), muy difundido luego entre las distintas poblaciones de origen maya. La roza o barbecho largo requería la quema de árboles y arbustos en el área del bosque a cultivar, con un doble propósito: limpiar la zona haciéndola apta para el cultivo y utilizar las cenizas de las especies vegetales quemadas como abono. El sistema era sumamente productivo y permitía alimentar a una población abundante, aunque requería una gran cantidad de tierras, ya que la roza agotaba rápidamente el suelo y según la mayor o menor calidad de las tierras explotadas obligaba a desbrozar nuevos terrenos cada dos o tres años (o cinco en los casos más favorables). De esta forma, se desarrollaron verdaderos circuitos itinerantes en torno a la zona de roza, una situación que paradójicamente impidió la formación de núcleos de población grandes y estables.

En ciertas zonas de tierras altas de los Andes o México central, el desarrollo de la agricultura se centró en la construcción de grandes obras de infraestructura, como el regadío y la puesta en explotación de terrazas en las laderas de las montañas, lo que permitió una agricultura más intensiva. En algunas regiones pantanosas o lacustres de Mesoamérica se desarrollaron las chinampas o jardines flotantes, que creaban un microclima adecuado para la agricultura, gracias al cual las especies cultivadas se explotaban con abonos naturales. El sistema permitía que el agua se infiltrara a la altura de las raíces, de modo que las plantas se sembraban en semilleros para luego ser trasplantadas mata a mata. Se trataba de un sistema de cultivo integrado, de alta productividad, que permitía la obtención de dos a tres cosechas anuales, gracias a lo cual las milpas se convirtieron en una fuente importante de alimentos. Las chinampas no medían más de cinco metros de ancho para que la infiltración del agua fuera pareja, y 100 metros de largo. En medio de las chinampas se construían plataformas para que los chinamperos instalaran sus viviendas.

El desarrollo tecnológico y el perfeccionamiento de algunas armas, como el lanzadardos, hicieron posible adaptar la caza a los nuevos tiempos. La evolución de la cestería permitió confeccionar elementos adecuados para la recolección, transporte y almacenamiento de los vegetales y otros alimentos. También comenzaron a utilizarse las manos, piedras y morteros para moler los granos, a fin de aumentar su valor comestible. La mejora en los métodos existentes para la conservación de los alimentos y la acumulación de excedentes permitió que las distintas bandas que cohabitaban en una misma región colaboraran más entre sí, ya que las especies que no se recolectaban a tiempo terminaban pudriéndose en el campo. Así surgieron las macrobandas, que debieron definir sus respectivos ámbitos de actuación, lo que permitió el desarrollo del concepto de propiedad comunal, puesto que la agricultura se realizaba en una zona bastante acotada. En esta época la propiedad tuvo un contenido colectivo o comunitario muy marcado, al pertenecer a la comunidad en su conjunto la explotación de recursos alimentarios. La idea de propiedad privada en aquel entonces sólo se refería, con muchas matizaciones, a algunos objetos personales de uso individual, muchos de los cuales acompañaban a sus propietarios tras su muerte.

La formación de macrobandas y la definición progresiva de los derechos de propiedad se reforzó con los intercambios crecientes de mujeres y de los más diversos productos entre los distintos grupos de una misma región. A medida que aumentaba el tamaño de los grupos, su organización se hacía más compleja y surgían nuevos cargos (jefes y chamanes o sacerdotes) y nuevas instituciones ideológicas y religiosas (ceremonias, rituales, etc.). Durante un cierto tiempo, estas sociedades fueron igualitarias y mantuvieron relaciones sociales de carácter solidario, lo que permitía un mejor dominio del medio y el control de los recursos, aunque su consolidación, unida a un creciente sedentarismo, condujo a la estratificación social y, posteriormente, a las primeras manifestaciones del Estado. Esta situación, unida al desarrollo de la agricultura, basada en el control de los recursos hidráulicos, permitiría la formación de grandes imperios en Mesoamérica y los Andes.

Desde mediados del tercer milenio, los pueblos más desarrollados en la domesticación de plantas y animales y con un mayor control del medio fueron haciéndose cada vez más sedentarios. Algunos siglos más tarde, aparecieron las primeras aldeas, que con el correr del tiempo se convirtieron en asentamientos urbanos, como Chilca y Chavín, en los Andes peruanos, de Tlatilco en el valle de México o de San José Mogote en Oaxaca. Las aldeas primitivas eran agrupaciones de viviendas que albergaban entre 100 y 250 personas, generalmente a orillas de ríos o lagunas, para aprovechar el agua en los cultivos. Las viviendas solían sacar partido de los abundantes elementos naturales del entorno. En el valle de México y la costa guatemalteca del Pacífico las viviendas se construían con ramas entretejidas cubiertas de barro y techos de paja.

En esta época también surgió la cerámica, cuyo uso se generalizó varios siglos más tarde en distintas regiones del continente, así como el tejido, especialmente de algodón. Durante un tiempo se pensó que la cerámica americana se había originado en Asia, aunque hoy está claro que sus orígenes se sitúan en América del Sur, pero no en los Andes centrales. Al descartarse la idea de la existencia de un solo foco difusor, se ve cómo la cerámica se desarrolló a partir de distintos centros independientes, especialmente algunos ubicados en las costas de Colombia y Ecuador. Las piezas encontradas más antiguas pertenecen a los yacimientos de Valdivia, en el Pacífico ecuatoriano (3500 a 2500 a. C.) y Puerto Hormiga, en el Atlántico colombiano (3090 a 2552 a. C.). La idea de la existencia de varios centros difusores se confirma con las características de las piezas encontradas en ambos yacimientos: la cerámica de Valdivia era bien elaborada y pulida, mientras la de Puerto Hormiga era muy tosca. La alfarería llegó a los Andes centrales en torno al 1800 a. C. y al centro-sur andino hacia el 400 a. C. Los restos más antiguos de cerámica mesoamericana (2440 a. C.) se encontraron en la costa del Pacífico, en Puerto Márquez y Tehuacan, en torno al 2300 a. C.

1.4. El sedentarismo y el desarrollo urbano. Las altas culturas

El formativo americano se identifica con el neolítico europeo o asiático, aunque los pueblos americanos no supieron utilizar la rueda. Sin embargo, mientras en el Viejo Mundo las formas sedentarias y urbanas se adoptaron con bastante rapidez, en América el proceso duró casi cuatro milenios. A medida que se fue incrementando el número y la variedad de especies cultivadas por los pueblos prehistóricos y que las reservas disponibles, abundantes y seguras, estuvieron en condiciones de garantizar la subsistencia, la caza fue perdiendo importancia. En esa época se produjeron algunos progresos tecnológicos vinculados al regadío y la intensificación de las prácticas agrarias: se comenzaron a construir acequias para el riego de las tierras de cultivo; diques para controlar, almacenar y regular la utilización del agua; y terrazas en las laderas de las montañas, para un mejor aprovechamiento de la tierra. La construcción de grandes obras públicas no hubiera sido posible sin importantes mecanismos de coacción social que permitieron disciplinar la fuerza de trabajo. Por eso, algunos antropólogos y prehistoriadores hablaron de «sociedades hidráulicas», un concepto bastante vinculado al «modo de producción asiático» desarrollado por algunos antropólogos marxistas, aunque su aplicación a las sociedades americanas ha resultado algo controvertida. La creciente especialización produjo mayores excedentes alimentarios, que eran almacenados durante períodos prolongados, lo que aumentó los flujos comerciales, especialmente los de larga distancia, basados en algunos productos escasos, de pequeño tamaño, gran valor y alta demanda, como las conchas, el jade y las turquesas. El comercio también se centró en algunos productos de gran consumo, como los vinculados con la alfarería, hasta entonces producidos con fines exclusivamente domésticos. La cerámica comenzó a exportarse a las regiones vecinas, fundamentalmente a los centros productores de los bienes más demandados y por los que se la quería cambiar.

La respuesta más común frente al crecimiento demográfico y la menor disponibilidad de recursos era la migración de parte del grupo en búsqueda de nuevas tierras de cultivo, siendo las cuencas de los grandes ríos la vía de penetración más importante hacia el interior del continente. El maíz permitió en buena medida estos desplazamientos, gracias a su gran poder alimenticio y su fácil adaptación a los suelos y climas más diversos. Las comunidades agrarias se urbanizaron y se asentaron en pueblos y ciudades, donde se desarrollaron las «altas culturas», en un proceso que podríamos denominar de «surgimiento de las civilizaciones». Las bases de las civilizaciones americanas se establecieron en el período formativo que, según las regiones, se extendió entre el 2500 a. C. y el 300 d. C.

Los casos más destacados fueron los olmecas, en Mesoamérica y la cultura Chavín, en los Andes. Si bien se intensificó la vida urbana, en líneas generales la población siguió siendo mayoritariamente rural. El proceso de urbanización favoreció la estratificación social en el interior de las comunidades. Un fenómeno semejante sólo podía tener lugar en sociedades gobernadas por sectores dominantes poderosos y con una clara ideología de dominación. Pero eso no era suficiente. Las élites debían «convencer» a los campesinos para que aportaran su trabajo a la construcción y el mantenimiento de los centros, con sus monumentos, templos y palacios y para que alimentaran a las personas que cumplían funciones no campesinas. Las comunidades urbanas se desarrollaron en torno a los principales centros ceremoniales, aunque su origen es poco claro. Estos últimos estaban controlados por élites especializadas, con el poder suficiente para apropiarse de una parte del excedente agrícola y laboral producido por el conjunto de la comunidad. En este contexto surgieron los sacerdotes, que muy pronto se constituyeron en intermediarios entre los dioses y los hombres y durante casi dos milenios cumplieron funciones religiosas, políticas y económicas en las sociedades más desarrolladas de Mesoamérica y los Andes, donde la religión fue asimilada al poder y al control estatal. El desarrollo de una religión compleja se vinculaba a la existencia de una fuerte casta sacerdotal que controlaba el calendario y la escritura. Sin embargo, lo que aún no se sabe con certeza es el proceso que permitió el surgimiento y la consolidación de las élites dominantes.

El país de «Olman» o de «Hule» se extendió por la costa del golfo de México, desde Veracruz hasta Campeche, donde vivieron los olmecas entre el 1200 y el 500 a. C. Fue la más alta cultura de su tiempo, con una religión organizada, un complejo sistema ceremonial centrado en el culto al jaguar y un sistema calendárico, de gran utilidad para el desarrollo agrario. El funcionamiento de estas sociedades requería la construcción de grandes obras públicas, en este caso centros ceremoniales, con sus pirámides y túmulos, que estaban perfectamente planificados y orientados, como en San Lorenzo, La Venta, Laguna de los Cerros y Tres Zapotes. Para construir estos emplazamientos, los olmecas transportaban grandes rocas de basalto, que esculpían con la forma de cabezas gigantes (bulto redondo y bajo relieve). Su influencia se extendió por el valle de México, Chiapas y Guatemala y durante el formativo tardío, su herencia se expresó en centros urbanos como Kaminaljuyú, que desarrolló un estilo regional propio, o Monte Albán, que luego se convirtió en la capital zapoteca. En Mesoamérica, donde no se desarrolló la ganadería, la subsistencia de los grupos sedentarizados dependía de la agricultura, lo que obligó a buscar técnicas de cultivo más sofisticadas para incrementar los rendimientos. También aumentaron las prácticas religiosas de contenido agrario, que racionalizaron el calendario agrícola. Tlaloc, dios de la lluvia (Cocijo para los zapotecas), descendiente del jaguar olmeca, se convirtió en la deidad más importante.

En los Andes, la mayoría de los valles de la zona central, entre la sierra y la costa, fue ocupada por aldeas y poblados agrícolas, mientras en la puna se desarrollaba el pastoreo y la cría de llamas y alpacas y en la costa se explotaban intensivamente los recursos marítimos disponibles (peces, mariscos, etc.). Chavín de Huantar sintetizó las complejas tradiciones de estos tres enclaves (costa, altiplano y selva). Si bien se pensó que Chavín era la capital de un gran imperio o un foco civilizador originario, sólo fue un centro pequeño, pero de gran significación religiosa. Era un gran oráculo con fines astronómicos, cuyos logros se aplicarían a la agricultura. Junto a él se desarrollaron otros centros, como Pachacamac y Pariacasa. Hoy Chavín es un conjunto de ruinas monumentales en la provincia de Huari, a 3.000 metros de altura, que se desarrolló entre los años 800 y el 200 a. C. Entonces era un centro ceremonial con varios templos piramidales que rodeaban una plazoleta rectangular. No se construyó de una vez, sino que se formó por la agregación de diversas estructuras. Fue la cuna de dos divinidades adoradas por los pueblos andinos: la serpiente y el cóndor. La llamada cultura Chavín se difundió rápidamente por la actual región peruana, entre Ayacucho, al sur, y Piura y Tumbes, al norte. Esta civilización comenzó a desaparecer hacia el 300 a. C. y prácticamente se extinguió a comienzos de nuestra era, dando lugar a un fenómeno de regionalismo cultural. La costa norte había conocido el desarrollo del Virú (palabra de la que evolucionó Perú), un reino con una agricultura intensiva muy evolucionada, cuyos gobernantes controlaban gran cantidad de mano de obra.

Con el incremento de los excedentes agrícolas disponibles aumentaron los intercambios entre zonas distantes y de producción complementaria, y se establecieron mercados permanentes, especialmente en los principales centros ceremoniales. Éstos no sólo eran lugares de dirección espiritual y política, o centros de consumo, sino también puntos de intercambio, distribución y producción de mercancías. La inexistencia de una economía monetaria y la falta de desarrollo de fuertes núcleos urbanos junto a los centros ceremoniales impidió su posterior consolidación. Sólo Teotihuacan tenía la envergadura necesaria para ser considerada una «ciudad». La mayoría de los grandes centros clásicos sufrió un proceso de abandono y deterioro entre el 750 y el 1100 d. C., propiciando el surgimiento de nuevos centros de poder, como el de los olmecas chichimecas. Teotihuacan, cuya expansión se produjo entre el 1 y el 900 d. C., estaba al norte del lago Texcoco, a 2.300 metros de altura. Su superficie fue de casi 23 km^2 y contó con cerca de 40.000 habitantes, llegando a tener 150.000 en su momento de mayor esplendor. Su éxito radicaba no sólo en su atractivo religioso, sino también en las perspectivas económicas de los numerosos campesinos convertidos en artesanos, especialistas en el trabajo de la obsidiana y la cerámica.

La sociedad estaba sumamente jerarquizada, con una cúspide social formada por una élite con funciones políticas, militares y religiosas, que también se ocupaba del comercio a larga distancia. Los artesanos integraban los estratos intermedios de la sociedad y en su base existía un amplio grupo de campesinos que vivían en los conjuntos multifamiliares construidos en la periferia de la ciudad o en algunas aldeas y poblados del campo circundante. Entre mediados de los siglos VII y VIII surgieron en la cuenca de México nuevos centros regionales, como Azcapotzalco, que tendieron a una paulatina descentralización del Estado. Al contrario de lo que ocurriría en el área maya, la decadencia de Teotihuacan fue bastante lenta y concluyó con un masivo abandono de la ciudad, que se quedó sólo con 25.000 habitantes. En el actual estado mexicano de Oaxaca floreció la cultura zapoteca, con influencias muy variadas: olmeca, premaya y teotihuacana, como en Monte Albán, su principal centro urbano. También destacaron otros emplazamientos secundarios como Jalieza. Una nobleza hereditaria, de base teocrática, se ocupaba de las tareas de gobierno, y sus funciones estaban reglamentadas por el ritual religioso.

La cultura maya destacó en Mesoamérica, aunque su desarrollo fue influido por otras culturas de la región. Su máxima área de dispersión abarcaba los actuales estados mexicanos de Tabasco, Chiapas, Campeche, Yucatán y Quintana Roo y parte de Guatemala, Honduras y El Salvador, según las fronteras nacionales existentes hoy en día. Entre el 200 a. C. y el 300 d. C. aparecieron una serie de elementos que, pese a las diferencias regionales, fueron configurando una cultura relativamente homogénea, con una misma lengua y una religión y filosofía comunes. Los contactos intensos y permanentes entre las diferentes regiones facilitaron el desarrollo de una cultura común, con cerámica policroma; el empleo de la falsa bóveda; un calendario complejo; una escritura jeroglífica de signos ideográficos, silábicos y fonéticos; y un sofisticado sistema numérico de base vigesimal, que tenía la unidad y el cero, lo que les permitió importantes avances aritméticos, y que expresaba los números con puntos y barras.

Los mayas pasaron de su unidad mínima de asentamiento, la casa, a conjuntos residenciales mayores que originaron pequeños centros cívicos, dirigidos por élites locales. De los centros cívicos-ceremoniales de mayor tamaño se pasó a verdaderas ciudades-estado, que estructuraron económica, social y religiosamente un amplio territorio. La sociedad maya la integraban un pequeño grupo de reyes-sacerdotes, con sus familias extensas, y el campesinado. Mientras los primeros gobernaron las ciudades, dirigieron la construcción de grandes obras públicas y artísticas e impulsaron la religión y la filosofía, los segundos, con su trabajo, se encargaron de garantizar el funcionamiento de todo el entramado social. Entre ambos estratos se encontraba la nobleza local y un nutrido y variado grupo de especialistas de distinto tipo (artesanos, artistas, etc.). A mediados del siglo VII d. C. la civilización maya pasó por su máximo esplendor. Al finalizar el siglo IX comenzó su declive, que inicialmente afectó a los grandes centros del sur. La decadencia se manifestó en el abandono por las élites de cualquier forma de actividad cultural, en la parálisis de la actividad manufacturera y las construcciones públicas y en el despoblamiento de las tierras bajas del sur. Algo similar ocurrió en el norte un siglo y medio más tarde, excepto en Chichén Itzá, que comenzó una etapa expansiva y fue el primer Estado centralizado de la historia maya, afectando todo el norte y centro de Yucatán.

Las culturas andinas, de gran diversidad regional, extendieron su influencia por buena parte de América del Sur. Los Andes centrales conocieron una etapa de gran dinamismo cultural, al coexistir distintos Estados teocráticos asentados en territorios pequeños y regidos por gobiernos centralizados. En los centros urbanos se desarrollaron las técnicas de regadío y se intensificó la especialización artesanal (ceramistas, tejedores, metalúrgicos, etc.). La cultura mochica, desarrollada entre el 100 y el 700 d. C. en los valles de Moche y Chicama, fue un claro ejemplo de los avances ocurridos en los Andes centrales, aunque hubo otras culturas importantes, como la Virú. En los valles de la costa central florecieron las culturas Recuay y Lima y en la costa sur la cultura Nazca, conocida por las figuras y formas geométricas trazadas en la Pampa del Ingenio, un desierto de 500 km^2 entre Nazca y Palpa.

La sociedad mochica estaba bien organizada y era dirigida por un pequeño número de sacerdotes-guerreros. La consolidación del desarrollo regional hizo más compleja la estratificación social de los mochicas. Su sociedad contaba con una agricultura intensiva y eficiente gracias al control de los recursos hidráulicos y a la utilización de abonos naturales, especialmente el huano (excrementos de aves marinas depositados en la costa). Junto al complejo sistema de canales y terrazas estaban el depósito de agua de San José, capaz de almacenar cientos de miles de metros cúbicos, la acequia de la Cumbre, de más de 110 kilómetros de longitud y el acueducto de Ascope, en el valle de Chicama. Lo más característico de la cultura moche fue su arquitectura monumental, con grandes pirámides, como la Huaca del Sol, y la cerámica, de un gran sentido estético. Sus profundos conocimientos metalúrgicos, con técnicas de soldadura al fuego y en frío, les permitían trabajar con oro, plata, cobre y sus aleaciones.

La cultura Tiahuanaco se desarrolló en la época clásica al sur de los Andes, cerca del lago Titicaca, a más de 3.000 metros de altura. Para algunos autores fue la cuna de las civilizaciones de América del Sur y para otros la sede de un gran imperio que controló los Andes centrales y por el sur llegó a Atacama, en Chile. Huari, un centro urbano en las cercanías de Ayacucho, comenzó en el siglo VIII un proceso de unificación regional gracias a sus conquistas militares. La ciudad estaba en una zona de recursos limitados, lo que impulsó los intercambios con las regiones vecinas y con algunos centros más remotos. Para garantizar las comunicaciones con sus dominios se desarrolló un complicado sistema vial, antecesor del sistema incaico. El declive de Huari comenzó en el siglo X y posteriormente recomenzó el proceso descentralizador que llevó al surgimiento de tres grandes Estados en los Andes centrales: Pachacamac, en la costa; Lambayeque en el norte y un tercero que controló los valles de Casma y Chicama. La ciudad de Chan Chan, fundada en el valle de Moche en torno al 800 d. C., fue la capital del reino Chimú y sobrevivió hasta 1425, cuando fue conquistado por los incas.

2. Aztecas e incas

El origen de los aztecas es todavía un misterio, rodeado de algunas narraciones míticas y semilegendarias, difícilmente comprobables en términos históricos. La dominación azteca se caracterizó por movimientos demográficos, de los que surgieron algunas ciudades estado, con continuos cambios de alianzas y enfrentamientos entre los distintos grupos. Este proceso se vincula con la incorporación de grupos chichimecas, provenientes del norte, que finalmente fueron aculturados por los grupos más avanzados. El valle de México, donde siguieron vigentes los viejos patrones teotihuacanos, se vio afectado por estos acontecimientos. La región se dividió en dos. Mientras Tula controló la parte norte, Cholula dominó el sur. La decadencia inició una época de gran inestabilidad política, el período chichimeca, que duró hasta 1370. En esos años ningún centro se impuso a los demás, aunque algunos destacasen, como Tula o Teotihuacan.

Los mexica (el principal grupo de raíz azteca) llegaron al valle de México en 1253. A fin de asentarse en un territorio propio, y controlado por ellos mismos, iniciaron una serie de guerras expansivas contra otros pueblos de la región. Después de permanecer durante cierto tiempo en Culhuacan, se refugiaron en un islote del lago Texcoco, desde donde pudieron resistir durante mucho tiempo los ataques de sus vecinos, aunque debieron pagar tributos a los pueblos más fuertes y emparentarse con la nobleza de Azcapotzalco. Fue precisamente allí donde comenzó la construcción del último gran imperio mesoamericano.

Tenochtitlan y Tlatelolco fueron los principales centros mexicas. La Triple Alianza, que se constituyó en 1426 a partir de un enfrentamiento entre grupos regionales, estaba integrada por Tenochtitlan, Texcoco y Tlacopan. En el reinado de Izcóatl se inició la expansión hacia la vecina región de los lagos. A mediados del siglo XV la población de la ciudad y de su zona circundante había crecido tanto que los recursos alimentarios disponibles en el valle resultaron insuficientes. Una serie de desastres naturales y malas cosechas, de resultados catastróficos, aumentó la escasez alimenticia. Los aztecas conocieron las razones de su debilidad y comenzaron a interesarse por los recursos alimenticios de sus vecinos, lo que aceleró la expansión. Si inicialmente se dijeron herederos de los toltecas, luego, para legitimar su dominación sobre los restantes pueblos del valle de México, fabricaron su propia historia. Las grandes campañas militares que los llevaron fuera del Valle Central y a través de toda Mesoamérica se iniciaron en 1454. Motecuhzoma Ilhuicamina, el sucesor de Izcóatl, expandió el imperio hasta Veracruz, la Mixteca y algunas zonas de Oaxaca. Su aparición fue seguida de importantes cambios estructurales y filosóficos.

Los militares tuvieron un lugar destacado en la escala social azteca, dada la gran importancia de la guerra en la expansión del imperio y en el mantenimiento del orden interno. El Imperio azteca, que llegó a tener más de

200.000 km², estaba dividido en provincias, protegidas por sitios fortificados, desde donde se controlaban las rutas comerciales y la entrega de tributos por los pueblos sometidos. Todas las provincias del Imperio debían pagar el tributo, aunque algunas estuviesen en manos de la nobleza azteca y en otras siguiese gobernando la nobleza local. La fuerza militar hacía posible no sólo el funcionamiento ordenado del Estado, sino también la coacción de los distintos grupos subordinados y el pago de sus obligaciones tributarias.

Si bien el principal objetivo de las guerras era la obtención de tierras y tributos, su justificación religiosa también era importante, al ser la principal fuente de obtención de esclavos para los sacrificios humanos. Así surgieron las guerras floridas, realizadas preferentemente con pueblos vecinos, como los de Cholula o Tlaxcala. Pese a la importancia que había adquirido la guerra en toda la región, el Imperio descansaba en la agricultura, de excelentes rendimientos e importantes excedentes. Los aztecas habían combinado todos los métodos y técnicas disponibles. Tumba y quema en las zonas medias y altas de las montañas, secano en las laderas bajas y regadío en los valles, donde las chinampas se constituyeron en una pieza clave de las explotaciones agrarias.

La sociedad estaba estratificada piramidalmente. El Tlatoani orador era la máxima jerarquía de la escala local: gobernaba la ciudad y el territorio circundante y contaba con poderes militares, civiles y religiosos. Los diferentes tlatoani estaban emparentados entre sí, siendo el de Tenochtitlan la cabeza de todo el Imperio. La nobleza o pipiltin se situaba en un segundo escalón, junto a aquellos que se ennoblecían al integrarse en el ejército (Caballeros Jaguar y Caballeros Águila). La continua percepción de tierras y tributos por parte de los grupos dominantes les permitió consolidar su riqueza y poder; no obstante, algunas cargas concretas estaban reservadas a la nobleza, la única que podía utilizar ciertos materiales prohibidos al resto de la población, como vestidos o adornos. Asimismo, podían acceder a la propiedad de la tierra y contaban con tribunales y centros de educación especiales. Los pochteca eran otro grupo de la nobleza que controlaba el comercio a larga distancia y también tuvo un papel importante en la expansión del Imperio. En la base de la pirámide estaban los campesinos y los artesanos: los macehualtin (o macehuales). El pueblo tenía una organización nuclear, el calpulli, que funcionaba como el grupo de parentesco básico al que se adscribía la tierra para su explotación.

En América del Sur, los incas, originarios de la región de Huari, se establecieron en el valle del Cuzco a finales del siglo XIII. La región estaba ocupada por algunos grupos aymaras, que fueron asimilados por los incas. Según la leyenda, diez ayllus fundaron el Cuzco. Cada ayllu era un clan patrilineal endogámico, una unidad de parentesco cuyos miembros se creían descendientes de un antepasado común. El Cuzco se dividió en cuatro barrios y este modelo tetrapartito fue aplicado por los incas en posteriores fundaciones. A finales del siglo XIV se sentaron las bases del Imperio incaico. El Inca que transformó el reino de Cuzco en el Imperio del Tawantinsuyu fue

Pachacuti, cuya victoria sobre los chanca en 1438 le otorgó el control sobre toda la región. A fines del siglo xv, y durante el reinado de Topa Inca Yupanqui, el imperio se extendió hasta Quito, en el norte. A la llegada de los españoles, y coincidiendo con el momento de su máxima expansión, el Tawantinsuyu se extendía desde los 3º de latitud Norte hasta los 36º de latitud Sur, es decir, desde la actual frontera ecuatoriana-colombiana hasta el río Maule, en el centro de Chile. Por el este, la selva amazónica y el Gran Chaco fueron sus límites.

Los incas construyeron una impresionante red viaria de casi 25.000 kilómetros de longitud a lo largo y a lo ancho de los Andes para mantener la unidad política y administrativa del Imperio y canalizar los flujos de productos y personas. La cifra incluye tanto los senderos que sólo permitían el paso de llamas como las calzadas por las cuales circulaban ejércitos enteros con gran rapidez. El sistema contaba con dos ejes principales que cruzaban el imperio en dirección norte-sur. Uno era la carretera real, que pasaba por Quito, Ingapirca, Jauja, Vilcashuaman, Cuzco, Cochabamba, tras rodear el Titicaca y desde allí a zonas del norte de la actual Argentina, llegando hasta el río Maule, en Chile. El otro era la carretera de la costa pacífica, que permitía vincular sus fértiles valles e iba desde Túmbez hasta Arequipa.

La base económica de los incas, como la de los aztecas, era la agricultura intensiva. Los principales cultivos eran la papa, el maíz, la quinua, los frijoles y las calabazas. Un extendido sistema de terrazas y una avanzada tecnología hidráulica favorecieron su éxito agrícola, que se combinó eficazmente con la ganadería de llamas y alpacas. A diferencia del gran Imperio mesoamericano, los incas no practicaban el comercio a larga distancia ni tenían monedas ni tributos pagados en especies. Por ello, las relaciones de redistribución entre los distintos grupos integrados en el Imperio, de buen grado o por la fuerza, tuvieron una gran importancia. Todas las tierras eran del Inca y éste las distribuía entre los curacas y los ayllus. No existía el tributo en especie, pero todos los pueblos del Tawantinsuyu debían donar parte del trabajo de las comunidades (ayllus) al gobierno, a los sacerdotes y a los curacas. El producto de esas prestaciones personales (mita) se almacenaba en grandes depósitos (tambos), estratégicamente ubicados a lo largo y ancho del Imperio. Estos recursos se empleaban para mantener la integridad del Imperio y en las nuevas campañas militares, para construir caminos y otras obras públicas y para socorrer a la población en momentos catastróficos.

Mientras las relaciones de redistribución tenían lugar entre las comunidades indígenas (ayllus) y el poder central (el Inca), con la mediación de los curacas, las relaciones de reciprocidad ocurrían en el interior de los ayllus, permitiendo repartir equitativamente las cargas laborales entre todos los miembros de la comunidad, así como la realización de tareas que requerían una amplia movilización de mano de obra, especialmente aquellas vinculadas con el calendario agrícola. El ayllu también permitía el acceso a la tierra por parte de la mayoría de la población.

El Inca tenía su propio grupo de parentesco (panaca), formado por todos los descendientes varones del rey, salvo el heredero, que formaba su propia panaca. Junto a ellos estaba la nobleza imperial cuzqueña, integrada por los orejones. Los miembros de la panaca real se encargaron inicialmente de la administración del Imperio, pero en la medida en que su tamaño fue creciendo, sus tareas fueron compartidas por los miembros de la nobleza local (los curacas) de los pueblos conquistados, cuyas jerarquías los incas solían mantener. Los hijos de estos nobles se enviaban al Cuzco para ser educados en la tradición incaica.

2. El descubrimento de un nuevo mundo. El papel de Europa

1. La Europa que hizo posible el descubrimiento

El 12 de octubre de 1492 no fue sólo el principio de la aventura europea en el continente americano, sino también el final de un largo proceso expansivo que hizo posible que esa presencia tuviera lugar. Para que el viaje de Colón se produjera fueron necesarios numerosos cambios en la mentalidad europea, comenzando por el a veces cuestionado concepto de redondez de la tierra. Estos cambios por lo general se lograron a través de costosos procesos de ensayo y error. Así, se pudo pasar de la madurez del proceso de expansión de las fronteras interiores al comienzo de la expansión externa. Su necesidad fue espoleada por el mayor control del Mediterráneo por los turcos, con los correspondientes inconvenientes y el aumento de los costes de transporte en buena parte de las rutas tradicionales de abastecimiento de ciertos productos orientales (de ahí la necesidad de llegar a Catay y Cipango navegando hacia el oeste). Ahora bien, si esta expansión llegó a buen puerto fue por los avances tecnológicos precedentes, que permitieron disponer de las embarcaciones idóneas y de los instrumentos náuticos y cartográficos adecuados para la empresa; por la expansión atlántica de portugueses y castellanos que permitió desbrozar el camino para el cruce del océano Atlántico y por la conquista de las islas Canarias, prolongación a su vez de la reconquista peninsular, pero al mismo tiempo laboratorio de la conquista americana y el lugar donde se pusieron a prueba muchas de las instituciones que serían vitales para el buen gobierno de esos vastos territorios conocidos como las Indias.

Es importante no perder de vista que este proceso, que según una lectura eurocéntrica denominamos descubrimiento de América, no fue una empresa puramente castellana, ni siquiera española, sino europea. La Castilla de Isabel la Católica o el Aragón de Fernando (y más tarde la España de Carlos I o Felipe II), estaban integrados en la Europa de la época, con la que compartían el mismo modelo político (monarquía), una estructura económica similar (el feudalismo) e iguales sistema de valores y creencias religiosas. En ese sentido, se puede afirmar que fueron europeos los conocimientos científicos y tecnológicos que permitieron la empresa americana, los capitales que la financiaron y también europeos (y no sólo peninsulares) la mayoría de sus participantes. Igualmente hay que recordar que la Iglesia católica, uno de los motores de la gesta, tenía una clara dimensión europea, al igual que la ideología de cruzada, impulsora de los viajes colombinos. Roma, centro del catolicismo, era la única autoridad supranacional reconocida en el siglo XV y su papel sería importante en el reconocimiento de los derechos portugueses y castellanos en su expansión por África y América.

El descubrimiento de América fue posible por la acumulación de avances tecnológicos en los siglos anteriores, en distintas regiones de Europa, y no por un descubrimiento milagroso o puntual que hubiera hecho posible la empresa colombina. Por ejemplo, gracias al astrolabio, las tablas de declinación solar y la brújula y teniendo en cuenta la posición de las estrellas y el magnetismo terrestre se pudo calcular la latitud en alta mar, algo vital para cruzar el océano Atlántico. Por eso, el descubrimiento de América se puede inscribir en un movimiento expansivo de larga duración, de casi siglo y medio, que va desde la conquista de Canarias y la toma de Ceuta a principios del siglo XV hasta la puesta en marcha de la ruta del Galeón de Manila, que conectó el puerto de Acapulco, en Nueva España, con las Filipinas, atravesando el Pacífico. A lo largo de estos años se completó el dominio del litoral atlántico africano; se conquistaron los archipiélagos de Canarias, Madeira y Azores; prácticamente se completó la dominación del Nuevo Mundo (los imperios inca y aztecas ya estaban controlados por los españoles); Fernando de Magallanes y Juan Sebastián Elcano dieron la primera vuelta al globo; se establecieron factorías en Asia para la explotación de las especias y comenzó la expansión por Australasia y Polinesia.

Para el posterior desarrollo de lo que serían la América española y portuguesa resulta de suma importancia que el proceso de descubrimiento, conquista y colonización comenzara a fines del siglo XV y principios del XVI. Esto implica que buena parte de las instituciones desarrolladas, así como la mentalidad que forjó la construcción de las sociedades coloniales, respondiera a esquemas y criterios más propios del feudalismo que del capitalismo, más allá de los esfuerzos modernizadores y centralizadores del estado realizados por Castilla y Portugal. Esta realidad es fundamental para entender las grandes diferencias entre los diferentes sistemas coloniales europeos, especialmente entre los ibéricos y el de ingleses, franceses y escandinavos. Es obvio, que en estas diferencias intervinieron otros factores, como la geografía, el clima (tropical o templado) y las características económicas, culturales y demográficas (tamaño y densidad) de la población originaria. Por eso, cuando se compara la colonización británica o la francesa con la española, y se reivindican los logros de las dos primeras en relación al atraso y desigualdades sociales de esta última, resulta imprescindible no perder de vista lo ocurrido en el Caribe, a fin de no cargar las tornas en las diferencias de los sistemas coloniales. En este sentido, la realidad de Haití o Martinica no difiere tanto de la de Cuba o República Dominicana o de Jamaica o Granada.

La presencia de los vikingos en América del Norte a partir del año 1000 había sido facilitada por los cambios climáticos producidos en Europa entre los siglos V y X, cuando tuvo lugar un notable calentamiento que facilitó la navegación de los *drakars* en los alrededores de la península Escandinava, en Irlanda y, sobre todo en Groenlandia, donde a fines del siglo X se establecieron los primeros asentamientos escandinavos. En 981 Erik el Rojo descubrió la «isla verde». Los asentamientos de Groenlandia sirvieron como verdadera cabeza de puente para el ulterior salto a lo que posteriormente se conocería como América del Norte. En torno al año 1000, Leif Erikson, hijo de Erik el Rojo, parece que descubrió la isla de Vinland (o Vinlandia), que según algunos historiadores podría estar ubicada entre la península de Gaspé y el sur del actual estado de Massachusetts, aunque muchos creen que se trata de la canadiense Terranova. Precisamente, fue en las costas de Terranova y Labrador donde se instalaron los asentamientos vikingos, que enfrentaron una fuerte resistencia de los indígenas locales. En los siglos XIII y XIV, como consecuencia del enfriamiento mundial y de las dificultades para navegar en esas latitudes, los navegantes nórdicos volvieron a sus hábitats naturales, más próximos a la península Escandinava. De todas formas, la presencia vikinga en América estaba condenada a ser transitoria y dejar poca huella: los pueblos escandinavos carecían del potencial demográfico, los recursos económicos y la tecnología necesarios para hacer de su expansión algo permanente.

2. Los cambios tecnológicos

A partir del siglo XIII se produjo en Europa una profunda renovación en las técnicas agrarias, lo que aumentó la producción de excedentes, de modo que no sólo se podía garantizar la subsistencia de una parte importante de la población, sino también se estaba en condiciones de destinar un mayor número de productos a la actividad comercial. Entre los avances más reseñables destacaron la utilización creciente de utensilios de hierro; la introducción de la collera, que permitió a los caballos tirar del arado de rueda y de la reja metálica, dejando atrás al tradicional arado romano; el hacha para talar los bosques y facilitar las nuevas roturaciones, ampliando así el área cultivada; la generalización del uso de molinos de agua y viento; la rotación trienal de los cultivos y la explotación de nuevas especies, entre las que terminarían destacando las plantas forrajeras que permitirían dejar atrás los barbechos tradicionales. Sin embargo, la renovación tecnológica no afectó únicamente a la agricultura. Las manufacturas conocieron también importantes cambios, que permitieron el abandono progresivo del familiar *putting out system,* o «trabajo a domicilio», la generalización de los talleres artesanales y su evolución hacia la manufactura. En este sentido, hubo avances importantes en el trabajo del cuero y la madera, la metalurgia, los textiles y la construcción naval.

Entre 1200 y 1350, en una coyuntura expansiva de la economía europea, asistimos al desarrollo del comercio marítimo y terrestre entre las distintas regiones de Europa e incluso Asia. Destaca el viaje de Marco Polo a Pekín en la segunda mitad del siglo XIII, cuyas ventajas quedaron reflejadas en su *Libro de las maravillas*. En ese entonces, Europa se comunicaba con China y la India bien por tierra o bien por mar. Mientras las rutas terrestres flanqueaban los mares Caspio y Negro hasta Constantinopla y Damasco, las marítimas bordeaban la península Arábiga para llegar a El Cairo o Basora, aunque todas tenían semejantes inconvenientes: elevados fletes, escaso volumen de tráfico e inseguridad por el bandolerismo y la piratería. Como consecuencia, el precio de las mercancías transportadas era elevado en los mercados de destino, lo que en líneas generales favorecía el transporte de productos de escaso volumen y altos precios, la principal característica del comercio a larga distancia.

El incremento de los flujos comerciales fue acompañado y facilitado por una mejora de las técnicas mercantiles, especialmente visible en Venecia. Allí se desarrollaron las letras de cambio, el sistema de contabilidad por partida doble, el seguro marítimo (los préstamos a riesgo de mar) y los primeros contratos de sociedad o de comandita. Como bien señala Frédéric Mauro, en ese entonces Venecia estaba en contacto con los principales mercados y ferias de Occidente, lo que la obligó a elaborar un sofisticado mecanismo de pagos y un eficaz manejo de los sistemas bancarios. Fue en esa época cuando se vio a los venecianos, y también a los genoveses, penetrar en prácticamente todos los puertos europeos. Por otra parte, a partir del siglo XIV se consolidó la presencia de la Liga Hanseática en el mar Báltico. Este período expansivo fue seguido de una fase de contracción de la actividad económica entre 1350 y 1450. Sus dos símbolos más visibles fueron la Peste Negra (1348-1350), con su pérdida demográfica, que en algunas regiones afectó al 60% de la población, y la Guerra de los Cien Años (1328-1453). A mediados del siglo XV la recuperación económica era prácticamente visible en toda Europa. En la península Ibérica la reconquista ya estaba casi completada, lo que dejaba a Castilla en condiciones de afrontar nuevas empresas.

La expansión europea impulsó ciertos cambios tecnológicos. Por eso, habría que señalar el estímulo de las cruzadas al comercio y las construcciones navales, estas últimas beneficiadas por los aportes de la ciencia oriental y su impacto sobre la náutica. La brújula, los portulanos (cartas marinas que indicaban los puertos de mar y el rumbo de los vientos) y la carabela proceden de la rica experiencia mediterránea, mientras que la ciencia oriental aportó las cifras arábigas, incluido el cero, y el valor de la experimentación. Las versiones primitivas de la brújula aparecieron a fines del siglo XIII, y se desarrollaron un siglo más tarde hasta alcanzar su aspecto actual (una aguja imantada que resbala sobre una rosa de los vientos). En la construcción naval, destaca el reemplazo de la galera romana, que, no obstante, continuaría navegando en el Mediterráneo hasta el siglo XVII. A partir del siglo XIII comenzaron a aparecer algunos avances técnicos, como las cocas, caracterizadas por poder navegar en contra del viento. En el siglo XIV, y a partir de la coca, se desarrollaron las carracas, grandes naves de amplia capacidad de carga, podían desplazar más de 1.000 toneladas, idóneas para el comercio de cabotaje del Mediterráneo. Las naos castellanas se desarrollaron a partir de las carracas, aunque con un tamaño inferior (sólo podían desplazar entre 100 y 200 toneladas de carga). Sin embargo, la herramienta esencial para los viajes de los descubrimientos fueron las carabelas, tanto en su versión portuguesa como andaluza, desarrolladas a partir del siglo XV. Eran naves modernas, de tres palos y aparejos redondos, de pequeño tamaño (entre 30 y 80 toneladas de arqueo y de 15 a 25 metros de eslora), capaces de transportar de 20 a 40 hombres, más los alimentos y el agua necesarios para largas travesías y se caracterizaban por tener casco largo, timón de codaste y cubierta sin castillo. Por todo esto, eran embarcaciones ideales para las travesías oceánicas.

3. Las complicaciones en las rutas tradicionales

A fines del siglo XI, en parte como una prolongación natural del proceso de reconquista en la península Ibérica, comenzó el movimiento de las cruzadas contra el Islam. Si bien Jerusalén fue conquistada en 1099, casi un siglo más tarde, en 1187, los musulmanes pudieron recuperarla. A principios del siglo XIII, el saqueo de Constantinopla marcó el derrumbe del Imperio bizantino. Si bien en un principio sus restos fueron repartidos entre diversos estados europeos, a medio plazo el vacío de poder creado por la caída de Bizancio sería ocupado por el Imperio otomano que, si bien no impuso el cierre total del Mediterráneo, como comúnmente se cree, sí favoreció el encarecimiento de los productos importados desde Oriente y el África subsahariana, debido a un aumento de los fletes y del número de intermediarios implicados en las distintas operaciones.

Fuera de Europa, especialmente en Asia, África y el Medio Oriente, las cosas también se movían deprisa, lo que en numerosas ocasiones repercutió negativamente en las rutas marítimas y terrestres utilizadas por los europeos. A fines del siglo XII y principios del XIII asistimos a la gran expansión mongola, de la mano de Gengis Khan, que no sólo controló una parte importante de China, sino que también golpeó Europa central y oriental, llegando inclusive a la costa del mar Adriático, en los Balcanes. Coincidiendo con el declive mongol (siglos XIV-XV), el Islam, de la mano de turcos y marroquíes, recobró fuerzas, provocando importantes cambios en el Medio Oriente y el Magreb. El enfrentamiento con el Imperio bizantino era cada vez más encarnizado y en el siglo XV el Imperio otomano controlaba el Asia Menor, Medio Oriente y los Balcanes. En 1453 se consumó la toma de Constantinopla, seguida a fines del XV del control de toda el Asia Menor. A fines del XVI el Imperio otomano dominaba lo que hoy es Irak, Siria y Egipto.

Buena parte del comercio europeo de la época descansaba en el oro y la plata, metales preciosos que Europa no producía, salvo en escasas cantidades, y muy localizado en los yacimientos argentíferos de Europa central. Como las importaciones de los productos de lujo provenientes de Oriente (sedas, damascos, perfumes, vidrio y especias, además de esclavos) se solían abonar en oro, el déficit de metales preciosos era crónico en los circuitos mercantiles europeos y su abastecimiento se convirtió en una necesidad perentoria, que llegó a hacerse acuciante a mediados del siglo XV. Las especias también dejaron de llegar de forma regular a los mercados europeos. Por entonces, éstas se habían convertido en un producto demandado por los sectores sociales más pudientes, en buena medida para mejorar y enriquecer la dieta a la que estaban sometidos. Por ejemplo, la carne podía ser conservada gracias a la sal, la pimienta, el clavo, la canela y la nuez moscada. De ahí que la búsqueda de los territorios de la «especiería» fuera otro de los grandes motores de la expansión atlántica. Durante un tiempo, y gracias a su riqueza especiera, las islas Molucas se convirtieron en el mayor sinónimo de dicha riqueza. El fracaso de la ruta del Sáhara, vital para el aprovisionamiento de oro guineano, de esclavos negros y de otros productos de lujo a los mercados europeos, fue un incentivo más para llegar a los centros «productores», no ya por la vía terrestre como hasta entonces, sino por la marítima, bordeando la costa africana. Se trató de un gran impulso para el avance atlántico sobre Guinea.

4. La península Ibérica

La reconquista de la península Ibérica adquirió un carácter de guerra santa contra el invasor musulmán y la empresa fue dotada de un cierto aire de «cruzada». A partir del siglo XIII comenzó la reconquista castellana de Andalucía y en 1212 se produjo la célebre batalla de las Navas de Tolosa. Gracias a los avances de la «cristiandad» se pudieron estrechar los vínculos comerciales entre la península Ibérica y el Mediterráneo. En 1291 la flota castellana derrotaba a la armada marroquí y completaba el control del estrecho de Gibraltar, lo que permitió acercar los puertos atlánticos de la Península, comenzando por Cádiz y Sevilla, al comercio mediterráneo. Posteriormente intentaron controlar el Magreb y frenar cualquier ofensiva marroquí. Si bien este propósito se vio frustrado, los castellanos se establecieron en numerosos puntos de la costa atlántica marroquí, desde Alcazarquivir hasta Safi, a partir de 1508.

2. El descubrimiento de un nuevo mundo. El papel de Europa

En 1492 los Reyes Católicos completaron la reconquista con la toma de Granada. Pocos años antes, Portugal había vivido un proceso semejante. La reconquista de lo que serían sus territorios sirvió a castellanos y portugueses para comenzar a crear estados modernos y fuertes, sumamente centralizados, dejando atrás algunas de las improntas más características del feudalismo, basadas en el poder de la nobleza.

Esta situación, unida a la gran tradición marinera de los pueblos peninsulares, había facilitado a portugueses y a castellanos a explorar en el océano Atlántico. Los portugueses aprovecharon su gran fachada atlántica para iniciar antes la aventura, y la pesca del bacalao los llevó a Terranova. Otro impulso importante para la expansión lusa fue el comercio de la sal y posteriormente la guerra naval en alianza con Inglaterra contra Francia y Castilla. Sin duda alguna, la figura del príncipe portugués Enrique el Navegante (1394-1460) fue emblemática y, si bien como sostiene Fréderic Mauro, no fue el autor directo de ningún descubrimiento científico o técnico, sí fue el impulsor y aglutinador de importantes esfuerzos para la promoción del conocimiento en la corte lisboeta. En su época se produjo el descubrimiento de Madeira (1418), Azores (1432), el cabo Bojador (1434), el cabo Blanco (1441) y el río Senegal (1445). En su residencia de Sagres, al sudeste del cabo San Vicente, funcionaba un arsenal naval, un observatorio y una escuela para estudios geográficos y náuticos, gracias a los ingentes recursos invertidos. El impulso decisivo lo dieron los cosmógrafos de Juan II, que reinó en Portugal entre 1481 y 1495. Ellos descubrieron cómo calcular la latitud en el mar utilizando el astrolabio, el cuadrante y la ballestilla y también las tablas de navegación o de declinaciones solares, con las cuales se podía corregir diariamente la altitud del sol. Junto a estos cosmógrafos destacaba enormemente la escuela mallorquina de cosmografía, capaz de reunir a un reputado grupo de expertos.

La expansión atlántica de los reinos ibéricos se asentó en la necesidad de frenar una posible contraofensiva musulmana, para lo cual el control de ciertos puntos de la costa africana resultaba esencial. Este hecho se vio favorecido por las ventajas comparativas de los puertos ibéricos de la fachada atlántica. En primer lugar, destacaba su papel intermedio en la ruta marítima que vinculaba a Europa del norte con el Mediterráneo y África. En segundo lugar, al estar situados entre los 35 y los 42 grados de latitud norte, les fue posible beneficiarse tanto de los vientos alisios, que permitían la navegación hacia el Atlántico sur, como de los vientos del oeste, que hacían posible la famosa *volta*, que facilitaba el retorno a la Península sin tener que afrontar grandes complicaciones. Este proceso expansivo se vio dinamizado por la presencia de mercaderes y navegantes italianos (florentinos, genoveses, napolitanos y venecianos), que pusieron al servicio de la causa sus capitales y sus conocimientos náuticos con el ánimo de hacer grandes negocios.

5. El laboratorio atlántico

El descubrimiento, conquista y colonización de los archipiélagos atlánticos (Canarias, Madeira o Azores) sirvió no sólo como punta de lanza para el salto definitivo a lo que serían las tierras americanas, sino también como el laboratorio donde probar experiencias e instituciones para la empresa del Nuevo Mundo. Las Canarias fueron redescubiertas en 1312 por el marino genovés Lancelloto Malocello y en 1341 y 1342 navegantes portugueses y catalanes llegaron a sus costas. Su importancia estratégica se vio reforzada por estar en la ruta de los alisios, al igual que los restantes archipiélagos atlánticos. Si bien otros marinos y comerciantes europeos se hicieron presentes en las Canarias, fueron los castellanos, en 1344, gracias a Luis de la Cerda, quienes reivindicaron su dominio, un proceso que cobró capital importancia a principios del siglo xv, cuando ya habían comenzado a remitir los efectos de la crisis del siglo anterior. De este modo, la presencia de Castilla en el archipiélago canario se vio reforzada entre 1402 y 1418, gracias a la actuación de los navegantes franceses Jean de Béthencourt y Gadifer de la Salle, que estaban al frente de los caballeros normandos al servicio del rey de Castilla. Sin embargo, esto no acabó con las aspiraciones y reclamaciones portuguesas sobre las islas, que se extendieron hasta 1479, cuando la firma del Tratado de Alcaçovas estableció de forma clara y definitiva el dominio de Castilla, aunque a cambio de reconocer la exclusividad lusa en la empresa africana.

La colonización del archipiélago canario fue encomendada a un grupo de nobles castellanos, entre los que destacaba el conde de Niebla, siguiendo el modelo desarrollado durante la etapa extremeño-andaluza de la reconquista. Esto significaba el reparto de tierras y mano de obra indígena (repartimiento) entre los conquistadores. La resistencia de los guanches a ser sometidos posibilitó el envío de expediciones de castigo, que facilitarían el reparto de los nativos. Este esquema, de raíz medieval, se mantuvo en las islas menores y de allí pasó al Nuevo Mundo, donde sería clave en las primeras décadas de la aventura americana. Y si bien la Corona reconoció inicialmente los derechos de los señores, decidió reservarse para sí, entre 1478 y 1496, el control de Gran Canaria, Tenerife y La Palma. Entonces apareció en el archipiélago la figura del gobernador, un cargo que sería clave en las colonias ultramarinas. Su tarea consistía en dirigir las distintas actividades de la colonización y en intervenir dirimiendo las disputas que pudieran plantearse entre las facciones de los conquistadores. Los excesos cometidos forzaron la intervención de la Corona, que se valió del gobernador para acabar con ciertos privilegios usufructuados por los señores e imponer un sistema de colonización más centralizada. Estamos ante el primer capítulo de un conflicto importante en Indias: la disputa en torno al poder en las colonias entre los señores encomenderos y la Corona.

Madeira y las islas adyacentes fueron descubiertas por los portugueses en 1418 y siete años más tarde comenzó su colonización. A diferencia de las Canarias, que estaban pobladas por los guanches en el momento de la llegada europea, estas islas estaban deshabitadas. Los grandes bosques de su superficie, que permitieron la explotación intensiva de la madera, le dieron su nombre. En la segunda mitad del siglo XV el cultivo de la caña de azúcar conoció un importante auge en los archipiélagos atlánticos, gracias a la conjunción de buenos climas, tierras adecuadas, disponibilidad de mano de obra esclava e importantes inversiones de capital genovés. Posteriormente estos cultivos se trasladaron al continente americano y al Caribe, donde había mejores condiciones para su explotación. Las Azores fueron descubiertas en la misma época que Canarias, aunque serían ocupadas por los portugueses entre 1432 y 1437. Estaban situadas en la ruta de los vientos del oeste, lo que permitía el retorno a Lisboa o a cualquier otro puerto peninsular.

El control de los archipiélagos atlánticos facilitó la expansión por la costa africana, particularmente en el golfo de Guinea. El atractivo de la región, previamente comentado, era innegable: oro y esclavos negros con los que se podían hacer pingües negocios. Pierre Chaunu ha descrito claramente el proceso que permitió completar la navegación hasta el golfo de Guinea. Hay una primera etapa, caracterizada por numerosos experimentos, que va desde la conquista de Ceuta por los portugueses en 1415 hasta 1434, cuando Gil Eanes dobló por primera vez el cabo Bojador, ubicado en una zona muy desértica de la costa. El principal problema que allí se presentó fue un desconocido régimen de vientos, que impedía retornar por el mismo camino de la ida. Así se descubrió que la única solución para regresar sin complicaciones era alejarse de la costa hasta alcanzar un punto situado aproximadamente en la longitud de las Azores y posteriormente intentar el retorno después de haber dejado atrás el cabo Bojador. Esto implicaba realizar un gran giro, la famosa *volta* en terminología portuguesa, que permitía escapar de la atracción de los alisios y encarar el regreso a Portugal. Esta maniobra, posteriormente adaptada a cualquier viaje atlántico, permitió aligerar notablemente la travesía.

La segunda etapa, entre 1434 y 1444, cuando se descubrieron la desembocadura del río Senegal y la isla de Cabo Verde, se realizó sin grandes contratiempos gracias a la *volta* simple. La fundación del castillo-factoría de San Juan de Mina fue uno de sus momentos más importantes. Este primer asentamiento portugués permitió centralizar todo el comercio regional, fundamentalmente de oro, esclavos, marfil, productos tintóreos y algunas especias, como la malagueta (una variedad de pimienta). Para promover la actividad mercantil se fundó la Compañía de Lagos, de excelentes resultados. La tercera etapa, de 1446 a 1475, supuso el control de la costa de Sierra Leona hasta el Congo, a la altura del ecuador geográfico. Para el retorno había que poner en práctica la *volta* completa, lo que implicaba dotar al viaje de un carácter estacional. De este modo, el trayecto entre Portugal y el golfo de Guinea se realizaba en invierno y la vuelta en el verano boreal. Esta navegación requirió dominar el arte de navegar lejos de la costa y un buen conocimiento del régimen de vientos, lo que fue posible después de treinta años de ensayos continuados. Pronto comenzó la competencia entre castellanos y portugueses por el control del golfo de Guinea. A fin de consolidar sus posiciones, la monarquía portuguesa acudió al Papa, que otorgó una serie de bulas favorables a sus intereses, aunque dotando a la empresa descubridora y colonizadora de un cierto matiz religioso que se mantendría en la empresa americana. En 1455 se dictó la bula *Romanus Pontifex,* que concedía al monarca portugués el control de todos los territorios al sur del cabo Bojador y en 1556 la *Inter Caetera*, que reconocía el interés luso por llegar al Extremo Oriente circunnavegando África. Estas bulas sentaron un precedente importante para Castilla, cuando intentó consolidar sus títulos para la conquista del Nuevo Mundo. En la cuarta y última etapa, iniciada en 1482, hubo que superar un régimen de vientos aún más complicado. Entonces se desarrolló la doble *volta*, una especie de ocho que permitió franquear el océano Atlántico y, tras dejar atrás África, internarse en el Índico, en dirección a la India y China. La empresa se aceleró ante el peligro de las ambiciones castellanas. Los viajes de Bartolomé Dias, que dobló el cabo de Buena Esperanza en 1487-1488, y de Vasco da Gama, que arribó a Calicut, en la India, en 1498, mostraron claramente la trayectoria a realizar. Ésta implicaba internarse mar adentro, en dirección oeste, tras dejar atrás las costas de Sierra Leona, para alcanzar posteriormente África del Sur y enfilar hacia el Lejano Oriente.

Todo este proceso de casi 75 años de duración se caracterizó por el permanente esfuerzo que suponía vencer los desafíos planteados por el régimen de vientos y la navegación mar adentro. Esto hizo posible la apertura de la ruta en dirección sudoeste, hacia América, y en dirección sudeste, al océano Índico y Asia. Un factor importante a tener en cuenta al explicar la duración prolongada de este proceso, fue el desconocimiento inicial de las técnicas náuticas adecuadas para afrontar una navegación prolongada en alta mar y la falta del capital necesario para financiar las empresas descubridoras. Cuando el tiempo permitió subsanar ambos déficit, sólo fue necesario esperar un período prudencial hasta obtener los resultados deseados. No sería de extrañar, aunque de momento no hay pruebas concluyentes, que en una de esas *voltas* alguna embarcación fuera llevada a las costas de América. Este hecho respaldaría las teorías de Juan Manzano sobre los viajes del predescubrimiento y la existencia de un piloto anónimo, capaz de dibujar un mapa señalando la ruta hacia América, que hicieron factible la empresa colombina.

6. La empresa colombina

El 12 de octubre de 1492 no ha pasado desapercibido y durante mucho tiempo se asumió como el «descubrimiento de América». Más recientemente, especialmente a partir del momento en que se acercaban los festejos del Quinto Centenario, es cuando surgió la polémica. Entonces se acuñó la expresión políticamente correcta del «Encuentro de dos Mundos», que intentaba mantener una postura de respeto con los pueblos originarios. Al mismo tiempo, desde posturas más radicales se ironizaba con el «encontronazo», en alusión al duro golpe que supuso el encuentro con los conquistadores europeos. Más allá de la expresión que elijamos para hablar del 12 de octubre de 1492, lo cierto es que los europeos llegaron a un mundo totalmente desconocido, donde entraron en contacto con gentes extrañas, de las que no sabían nada, ni de sus lenguas, culturas o creencias. A su vez, esas gentes rompieron un aislamiento milenario al entrar en contacto con unas personas de las que tampoco tenían ninguna referencia, a las que algunos endiosaron, y que se presentaron en sociedad conquistando y sojuzgando a la mayor parte de quienes encontraban a su paso.

América se «descubrió» por un error de apreciación de Colón y de sus socios, los Reyes Católicos, que a fines del siglo XV querían llegar a la India navegando hacia el oeste, para aprovisionarse de oro y especias, dos productos vitales para la Europa del descubrimiento. Contrariando todas sus esperanzas, cuando Colón arribó a Guanahaní, un ignoto rincón del Caribe, en las hoy islas Bahamas, se encontró con unos seres primitivos, que desconocían la utilización de la rueda, carecían de herramientas de hierro, no sabían lavar el oro y andaban prácticamente desnudos. Pese al desencanto inicial y a los cambios en la gestión de la empresa, comenzando por el relevo del Almirante, los resultados sobrepasaron con creces las expectativas más osadas. Si bien no se llegó a Asia, en su lugar se encontró un continente que permitió la expansión de algunas potencias europeas, empezando por España y Portugal, pero incluyendo también a Inglaterra y Francia.

6.1. El protagonista

El protagonista del descubrimiento de América fue Cristóbal Colón, un marino genovés de dilatada experiencia portuguesa. Si bien durante bastante tiempo se discutió acerca de su lugar de nacimiento (se especuló con que fuera gallego, extremeño, aragonés o balear), hoy no hay dudas sobre sus raíces italianas. Como señalan Consuelo Varela o Felipe Fernández-Armesto en sus biografías, sabemos poco de sus orígenes, aunque lo encontramos en Portugal desde 1476, cuando debía contar con 25 años. Dos años más tarde estuvo en Madeira, como corresponsal de la casa comercial genovesa Centurione, dedicada al cultivo y comercio de la caña de azúcar, y hacia 1480 se casó con Felipa Moñiz de Perestrello, hija de un destacado colono de Porto Santo. Con los portugueses Colón viajó a África y a otros destinos de las rutas lusas, desde Guinea hasta Inglaterra. Esta experiencia, que tanto influyó en la empresa americana, le permitió conocer las factorías de Madeira y de las costas del Congo y de Angola, donde, como se ha visto, se intercambiaban oro y esclavos negros por mercancías europeas.

Su experiencia náutica le permitió internarse en el Atlántico, utilizando el instrumental disponible y la posición de las estrellas para guiarse en alta mar. Entonces Colón desarrolló la idea de arribar a la India navegando en dirección oeste, proyecto que presentó a Juan II de Portugal en 1483. El rechazo portugués, debido a su conocimiento del secreto de cómo doblar la costa africana para arribar a Asia, a los beneficios obtenidos de la ruta y al deseo de no invertir en una empresa incierta, lo hicieron mirar en otras direcciones. Así fue como en 1485 llegó a La Rábida, en Andalucía, intentando contactar con los monarcas españoles. El afán de protagonismo de Colón y su sed de riquezas, unidos a la gran necesidad de oro y especias en la península Ibérica, facilitaron la convergencia entre Colón y los Reyes Católicos. La propuesta colombina era sencilla y atractiva: se podía encontrar una ruta a Asia más corta, rápida y barata que la africana si se navegaba en derechura, rumbo a occidente, hacia Catay y Cipango (China y Japón), para llegar luego a la India. Las teorías cosmográficas de Colón se asentaban en dos premisas, una cierta y otra falsa. La cierta, unánimemente aceptada en la época, se relacionaba con la esfericidad de la tierra. La falsa tenía que ver con una estimación más pequeña de la circunferencia ecuatorial, basada en los cálculos de Toscanelli. Colón pensaba que ésta tenía 30.000 kilómetros, 10.000 menos de lo que tiene en realidad, y que el camino a Oriente estaba salpicado de islas, siendo el archipiélago de Azores una señal de lo que se iba a encontrar. Por eso, su llegada al Caribe no le sorprendió y la vivió como un indicio de que estaba en el buen camino.

Si bien Colón no era un buen astrónomo, era un excelente marino y, como señala Frank Moya Pons, pensaba que monopolizando la navegación por esa ruta y controlando los centros de producción asiáticos, podía competir con venecianos, florentinos, genoveses y portugueses en el negocio especiero, que tantas ganancias generaba. Colón abandonó Portugal en 1485, cuando pasó a Palos de la Frontera e inició un largo período de siete años hasta que vio cumplido su sueño de buscar la India navegando hacia el oeste. En 1486, cuando los Reyes Católicos lo encontraron en Alcalá de Henares, fueron seducidos por su razonamiento y si bien los expertos se opusieron al proyecto, terminaron «comprando» el plan, especialmente Isabel, y fijaron un medio compromiso para llevarlo a la práctica después de la conquista de Granada. Sin embargo, dada la inconcreción del compromiso, Colón ofreció su plan sin demasiado éxito a los reyes de Francia e Inglaterra, a la vez que seguía buscando financiación en la Península. Finalmente, y tras algunas negociaciones previas, en abril de 1492 se firmaron las Capitulaciones de Santa Fe y la Carta de privilegios de Granada, que nombraban a Colón, con carácter vitalicio y hereditario, Almirante Mayor de la Mar Océana y Virrey y Gobernador General de todas las islas y tierras por descubrir. Entre otras ventajas, recibiría el 10% de los beneficios generados por la empresa. Muchos historiadores se preguntan cómo los Reyes Católicos firmaron un contrato tan leonino, especialmente cuando se empeñaban en reforzar su poder frente a las enormes prerrogativas nobiliarias. Ante esta cuestión caben dos respuestas: o confiaban poco en la empresa, y entonces no se entiende la inversión realizada, o pensaban no cumplirlo. La imagen maquiavélica de Fernando se asimila más a esta última posibilidad. Gracias a su acuerdo, los Reyes Católicos y Colón pusieron en marcha la empresa con un coste de dos millones de maravedíes. Un préstamo de medio millón le permitió a Colón hacer frente a su parte. Por otro lado, las historias que muestran a la reina Isabel empeñando sus joyas para financiar el viaje colombino son falsas. Los reyes recibieron un préstamo de más de un millón de maravedíes de la Santa Hermandad, de la que era administrador Luis de Santángel, un cortesano de origen judío. También invirtieron en la empresa los hermanos Vicente Yánez y Martín Alonso Pinzón, establecidos en Huelva, capitanes de dos de las tres carabelas que integraron la primera expedición colombina.

6.2. El primer viaje

Después de algunos esfuerzos para armar la expedición, ésta zarpó del Puerto de Palos el 3 de agosto de 1492. Las tres embarcaciones, las carabelas *La Pinta* y *La Niña* y la nao *Santa María,* perteneciente a Juan de la Cosa, pusieron proa hacia Canarias, adonde arribaron el 6 de agosto. Un mes después levaron anclas rumbo a lo desconocido. El primer viaje de Colón tuvo su punto de máxima intensidad el 12 de octubre de 1492, cuando tras 36 días de navegación marcados por la incertidumbre de no arribar a ninguna parte, lo que estuvo a punto de provocar un motín, se llegó a un lugar de las Bahamas conocido por los nativos como Guanahaní, que recibió el nombre de San Salvador. Todavía no se sabe a ciencia cierta de qué isla se trata, aunque hay abundantes sospechas que era una de las Lucayas, a la que los ingleses llamaron Watling. Tras tomar posesión de la isla en nombre de los reyes, Colón continuó explorando la zona y dos semanas más tarde desembarcó en el norte de Cuba, conocida como Juana, donde invirtieron más de un mes explorando sus costas y su interior. Colón estaba convencido de haber llegado a una isla cercana a la costa asiática y al divisar Cuba pensó que ésta formaba parte del litoral chino y que la India estaba al alcance de la mano. De ahí que los aborígenes fueran llamados «indios», nombre que perdura hasta la actualidad y que ni siquiera los indigenistas más recalcitrantes cuestionan públicamente. El 5 de diciembre llegaron a Haití, bautizada como La Española, que en la parte de Santo Domingo se convertiría en uno de los principales enclaves españoles del Caribe, junto con Cuba. Allí perdió una de sus naves, tras encallar contra unos arrecifes. Tras explorar las costas de la isla durante varias semanas, y después de más de tres meses en el «nuevo mundo», Colón decidió volver a España, lo que hizo el 16 de enero de 1493, dejando a 39 de sus hombres en el fuerte de La Natividad, en La Española.

A su regreso, Colón no llevaba ninguno de los bienes prometidos, ni oro ni especias, pero era el feliz portador de una noticia revolucionaria: su teoría de que se podía circunnavegar el globo navegando mar adentro hacia el oeste se presentaba como correcta y si bien no había estado en la India, ni en China o Japón, había pisado donde jamás habían llegado los europeos. De todos modos, Colón estaba convencido de que algún obstáculo cortaba la ruta hacia el oro y las especias y que podría sortearlo encontrando el paso adecuado, lo que se convertiría en una de sus grandes metas en los siguientes viajes. Lisboa fue el primer puerto de la Península al que arribó, como consecuencia de una tormenta, lo que le permitió a Juan II enterarse del descubrimiento. Luego retornó a Palos, desde donde viajaría a Barcelona para entrevistarse con los Reyes Católicos, a los cuales informó de sus logros. Como prueba les entregó algunos indios y muestras de animales, plantas, frutos, piedras y minerales. Los monarcas recibieron con entusiasmo la existencia de tierras al occidente de Europa y las perspectivas económicas y estratégicas que se les abrían, por lo que ordenaron el armado, sin dilación, de una segunda expedición, costeada por ellos y compuesta por 17 naves, 1.500 hombres (ni una sola mujer), 13 sacerdotes y 20 caballos.

Pronto surgieron las disputas sobre la titularidad de las tierras descubiertas. Juan II reclamó los territorios al sur del paralelo 28º Norte, que pasaba al sur de Canarias, basándose en la bula papal *Romanus Pontifex*, de 1455, y al tratado de Alcáçovas-Toledo, firmado en 1479 por Castilla y Portugal. Los Reyes Católicos también esgrimieron sus derechos, aunque el descubrimiento les planteó un doble problema: la incorporación de las Indias a la corona de Castilla y el derecho de ocupar las tierras recién descubiertas. Las Indias, como las Canarias o Granada, eran bienes gananciales del matrimonio regio, que decidió incorporarlos a Castilla. Ante el devenir de los acontecimientos, los Reyes Católicos orientaron la defensa de sus intereses en tres direcciones: preparando un segundo viaje de Colón que consolidara su presencia en las tierras recién descubiertas; negociando con Juan II una solución satisfactoria para ambas partes; y buscando una bula papal equiparable a la de los portugueses para reforzar su posición negociadora.

En 1492 había sido elegido papa Alejandro VI, Rodrigo de Borja, que ocupó su cargo con el decidido apoyo de Fernando e Isabel. Así, los nombró reyes católicos y los respaldó en su disputa con Portugal sobre las tierras descubiertas por Colón. Para reforzar su posición no les dio la bula solicitada, sino cuatro, conocidas como bulas alejandrinas. Como el principal objetivo de la colonización debía ser la evangelización de los indígenas, o infieles, Castilla tuvo las mismas bulas, con las mismas concesiones, que Portugal. Las dos primeras fueron la *Inter Caetera I y II*, de 3 y 4 de mayo de 1493, aunque la segunda se redactó a fines de junio. La primera se conoce como bula de donación, al conceder la posesión de las tierras descubiertas y por descubrir, hacia la India, no pertenecientes a ningún príncipe cristiano (básicamente por Portugal). La segunda, de partición, dividía el océano en dos partes mediante una línea imaginaria trazada de polo a polo, un meridiano a 100 leguas al oeste de las Azores y Cabo Verde. La tercera, la *Eximie Devotionis* del 3 de mayo, concedía a Castilla derechos similares a los que tenían los portugueses para colonizar sus posesiones. La cuarta y última, la *Dudum Siquiden* del 26 de septiembre, de ampliación de la donación, permitía a Castilla llegar a Asia, y más concretamente a la India, navegando en dirección a occidente y le concedía todas las tierras que encontrara en esa ruta. Esta panoplia de bulas le dio a Castilla una gran baza en sus objetivos de excluir a las potencias extranjeras de las tierras descubiertas y consolidar el poder de la Corona en su pulso con la nobleza castellana. También garantizaba a los Reyes Católicos, en tanto reyes de Castilla, y a sus herederos, la propiedad de los territorios descubiertos y las riquezas generadas.

Juan II no aceptó la demarcación establecida en la segunda *Inter Caetera*, originando una complicada negociación diplomática entre Castilla y Portugal. El monarca luso propuso el trazado de un paralelo en lugar de un meridiano, que le daría el control de los territorios australes, como África y posiblemente la India, mientras Castilla tendría derecho a los septentrionales. Castilla se negó, insistiendo en trazar un meridiano, a 250 o 350 leguas al oeste de Cabo Verde. El Tratado de Tordesillas, de 7 de junio de 1494, reconocía una línea a 370 leguas al oeste de Cabo Verde. Este último trazado permitió a los portugueses colonizar Brasil, por lo que algunos autores, como Manuel Lucena Salmoral, estiman que ya se conocían estas tierras.

6.3. Los otros tres viajes de Colón

El segundo viaje tenía tres objetivos claros: socorrer a los españoles en el fuerte Natividad; continuar los descubrimientos para llegar a los dominios del Gran Khan y colonizar las islas ya descubiertas. Colón zarpó de Cádiz el 25 de septiembre de 1493 y tras una breve escala en Canarias llegó al Caribe en sólo tres semanas, marcando un récord en la que sería durante mucho tiempo la ruta más rápida y segura para cruzar el Atlántico. Durante un mes, exploró las Antillas menores, tocando tierra en numerosas islas, entre ellas Puerto Rico. A principios de diciembre ya estaba de vuelta en La Española. Colón quería establecer una factoría, según el modelo portugués, para convertirla en el centro de explotación de las nuevas tierras. De acuerdo con las Capitulaciones, el Almirante y los Reyes eran los dueños de la factoría y sus únicos beneficiarios. Sin embargo, este modelo se contradecía con el desarrollado por los castellanos durante la reconquista o en su experiencia canaria, lo que provocaría importantes conflictos entre Colón y sus hombres, dada la inflexibilidad del Almirante y su condición de extranjero. Las dificultades con los colonos aumentarían ante la escasez de oro, esclavos y tierras para explotar.

Como no quedaban sobrevivientes en La Natividad, Colón fundó La Isabela, la primera población española de América, aunque pronto comenzaron los problemas de adaptación. Los expedicionarios no estaban acostumbrados ni al clima ni a los alimentos caribeños, lo que causó numerosas bajas mortales, aumentadas por la carestía de los alimentos y medicinas de origen europeo. Esto repercutió negativamente en el trabajo, ya que a medida que el número de colonos disminuía, las tareas se hacían cada vez más agotadoras. El modelo portugués implicaba una disciplina muy rígida, que afectó a toda la expedición, con independencia de su condición social. El descontento desembocó en un motín, duramente reprimido por Colón, que ahorcó a uno de sus cabecillas. Entre 1494 y 1495 Colón realizó tres incursiones militares en el interior de la isla, para someter a la población indígena al vasallaje, pensando que si entregaba esclavos indígenas a sus hombres podría ahorrarse sus salarios. Estas campañas tuvieron un efecto no deseado sobre el futuro de La Isabela, ya que los indios perseguidos por Colón se refugiaron en los montes y dejaron de abastecer a la población europea de alimentos frescos.

En abril de 1494 Colón se dirigió a Cuba y Jamaica, a la que llamó Santiago, para reconocerlas y determinar a qué parte de Asia había llegado, creyendo que Cuba era una península de Catay. Según algunas versiones, poco probables, en este segundo viaje tocó tierra en América del Sur, más concretamente en el Caribe venezolano y luego retornó a La Española, donde pasó todo el año de 1495. En marzo de 1496 abandonó La Española, dejando al mando a su hermano Bartolomé junto a un conflicto en ciernes, ya que allí permanecía un grupo frustrado por las escasas perspectivas de futuro, hambriento y con numerosos enfermos.

De vuelta en España, Colón informó a los reyes de sus descubrimientos en Cuba y Jamaica y de los conflictos en la administración de La Española, sobre los cuales ya estaban al tanto. A diferencia de lo ocurrido con su primer viaje, el entusiasmo regio había disminuido y las cosas no fueron tan sencillas, aunque Colón pudo convencer a los monarcas de continuar con la empresa, utilizando el argumento religioso (se podría evangelizar un número incalculable de indígenas y se prestaría un gran servicio a la Iglesia), dada la especial sensibilidad de la reina Isabel. En España faltaban capitales, una situación agravada por las guerras de Italia, de modo que el armado de la nueva expedición para reemplazar con mineros y campesinos las bajas producidas en La Española, más de la mitad de la expedición inicial, se retrasó dos años. Colón zarpó rumbo a América por tercera vez, desde Sanlúcar de Barrameda, el 30 de mayo de 1498, y en su tercer viaje se dirigió más al sur que en las dos oportunidades anteriores. El 15 de agosto llegó a la desembocadura del Orinoco y luego de explorar la costa venezolana y descubrir la isla Margarita y otros centros perlíferos, puso proa a La Española, adonde llegó el 30 de agosto, cuando desembarcó en el poblado fundado por su hermano Bartolomé. Este periplo le permitió comprender que no estaba en Asia, ya que la cantidad de agua dulce que arrastraba el Orinoco era la prueba de la existencia de un vasto continente, hasta entonces desconocido por los europeos, una creencia reforzada por el aspecto de los aborígenes y el clima, aunque siguió pensando que estaba muy cerca de su tan ansiada meta.

La situación en la isla se había complicado ante la falta de noticias de Colón. La posibilidad del abandono del Almirante estimuló la rebelión de buena parte de los colonos contra sus hermanos Bartolomé y Diego, instalados en Santo Domingo. Los amotinados, dirigidos por Francisco Roldán, acusaron a Colón de mal gobierno y de haberlos abandonado en una situación delicada. El triunfo de la rebelión tendría consecuencias negativas para Colón, que sería desplazado de la conducción de la empresa americana, al comprobar los monarcas su incapacidad para dirigirla. Colón fue reemplazado por Francisco de Bobadilla, comendador de la Orden de Calatrava, enviado desde España como juez pesquisidor. La llegada de Bobadilla a Santo Domingo, en agosto de 1500, inauguró un nuevo tiempo, cuando inició un proceso a Colón y sus hermanos (Bartolomé y Diego), posteriormente detenidos, encadenados y finalmente retornados a la Península. Siguiendo el modelo de la encomienda castellana, desarrollado durante la reconquista, Bobadilla continuó la práctica iniciada por Colón de repartir tierras e indios entre los pobladores.

Tras solucionar algunos conflictos en la Península, el Almirante, el único título que no había perdido, recuperó sus derechos económicos pero no los políticos. Colón nunca se dio por satisfecho de la nueva situación creada, como tampoco lo hicieron sus descendientes, y durante el resto de su existencia mantuvo vivo el litigio, los «pleitos colombinos», en defensa de lo que consideraba sus legítimos derechos, recogidos en las Capitulaciones de Santa Fe. A sus 51 años emprendió su cuarto y último viaje, sufragado por la Corona y que tenía como principal objetivo llegar al Asia, espoleado por la llegada de Vasco da Gama a la India. Colón pasó por algunas de las islas conocidas, atravesando el norte de Jamaica y el sur de Cuba, ya que tenía orden de no pisar La Española. Desde allí se dirigió al oeste, pensando en la ruta asiática, aunque terminó en Honduras, adonde llegó en agosto de 1502. Luego puso proa al sur y tocó las costas de Nicaragua, Costa Rica y Panamá. En esta última región, bautizada como Veragua, pasó más de nueve meses. Obligado a regresar por el mal estado de sus barcos, se refugió en Jamaica, desde donde pidió auxilio a La Española. El socorro tardó un año en llegar hasta un Colón solitario y con artritis, que finalmente pudo retornar a España a fines de 1504. El 26 de noviembre de ese año murió la reina Isabel, su principal valedora. Un año y medio después de su último viaje, el 20 de mayo de 1506, moría Cristóbal Colón, tras haberse entrevistado con el rey Fernando.

6.4. Los primeros contactos en Tierra Firme y Centroamérica

Los viajes colombinos fueron seguidos con atención en las principales cortes europeas. Ingleses y portugueses quisieron emular a Colón y seguir sus pasos en la búsqueda de la ruta asiática, convencidos como estaban de que éste no había podido llegar a la India porque un formidable obstáculo se había interpuesto en su camino. En 1496, el veneciano Giovanni Caboto, o John Cabot, al servicio de Inglaterra, decidió buscar el paso algo más al norte y al año siguiente descubrió Terranova. Enrique VII decidió financiar una nueva expedición, pero ésta fracasó. Los portugueses también quisieron probar ese camino y en 1500 y 1501 despacharon sendas expediciones al mando de los hermanos Corte Real, que exploraron Terranova y el sur de Groenlandia, aunque los hielos árticos los desalentaron para continuar la empresa.

En España la actividad descubridora no cesaba. Los Reyes Católicos habían optado por anular lo establecido en las Capitulaciones de Santa Fe, y en 1499 permitieron la salida de nuevas expediciones para completar la misión colombina abriendo las Indias a particulares. Entre 1499 y 1502 zarparon de la Península varias expediciones de «descubrimiento y rescate» que buscaban en Venezuela el paso que Colón no había localizado, a la par que se dedicaban a explotar y comerciar («rescatar») con las riquezas que encontraban a su paso: maderas, esmeraldas, oro y perlas, aunque en esta oportunidad los aventureros españoles encontraron una dura resistencia de los indígenas del norte de América del Sur, menos pacíficos que los del Caribe. Como se había abandonado el modelo colombino hubo que firmar una capitulación en todos los casos y cada expedición debía ser financiada por quien la llevaba a cabo, que a su vez se comprometía a pagar a la Corona el quinto real, el 20%, de todo lo rescatado. Los capitulantes no podían pasar por las tierras portuguesas ni por las descubiertas por Colón. Dado el alto coste que implicaba armar una expedición, sus capitanes debían buscar un socio capitalista, generalmente un comerciante, con quien acordaban el reparto porcentual de los potenciales beneficios. Estas expediciones mejoraron el conocimiento del Nuevo Mundo.

Alonso de Ojeda y Juan de la Cosa, que habían estado con Colón en La Española y tenían experiencia en el Caribe, organizaron la primera de estas expediciones, en la que también participó el geógrafo florentino Américo Vespucio. Entre mayo de 1499 y mayo de 1500, esta expedición exploró la costa de Venezuela, desde la desembocadura del Orinoco hasta el golfo de Maracaibo, aunque tuvo que enfrentar una dura resistencia indígena, que condicionó sus malos resultados económicos. Vespucio llamó al territorio Pequeña Venecia o Venezuela, al ver a los indios viviendo en palafitos. Poco después, Vespucio volvió a América, esta vez al servicio del rey de Portugal, y recorrió toda la costa brasileña, aunque según algunas versiones habría llegado al Río de la Plata. Después de este viaje, Vespucio se ufanó en una carta de 1504 a su amigo Pier de Solderini de haber descubierto la cuarta parte del mundo de la que hablaba Ptolomeo (la *quarta pars*), distinta de Europa, Asia y África. Fue el clérigo alemán Martín Waldseemüller, que trabajaba en la publicación de la *Geografía* de Ptolomeo, quien se hizo eco del descubrimiento de Vespucio y en su homenaje decidió darle el nombre de América. El nombre del Nuevo Mundo, de esa *quarta pars* incorporada al universo conocido por los europeos, se popularizó rápidamente, ya que en 1507 se habían hecho seis ediciones de los ocho volúmenes de la obra de Ptolomeo.

Peralonso Niño, piloto de Colón, y Cristóbal Guerra siguieron la ruta de la expedición anterior, aunque permanecieron en la isla Margarita, dedicados al rescate de perlas, con el que hicieron un excelente negocio, pues se llevaron todas las recogidas por los indígenas durante siglos. Vicente Yánez Pinzón, otro de los compañeros de Colón, y Diego de Lepe dirigieron las dos siguientes expediciones. Pinzón se dirigió más al sur que los navegantes anteriores y descubrió el Amazonas, al que denominó Río Grande, a principios de 1500. En su retorno exploró las costas del nordeste de Brasil y de Guayana. Rodrigo de Bastidas siguió una ruta similar a la de Colón y Ojeda, aunque llegó a la bahía de Cartagena, en la actual Colombia. Estas expediciones, junto a las cuatro de Colón, sirvieron no sólo para conocer mejor el Caribe y las costas de Tierra Firme y América Central, sino también para confirmar la idea de que un continente desconocido se interponía en el camino hacia Asia. Y en ese camino, La Española fue elegida por la Corona como el centro de la actividad regional. El descubrimiento de Pinzón de la costa brasileña tuvo escaso impacto, al preceder sólo en unos pocos meses al descubrimiento «oficial» portugués, de Pedro Alvares Cabral. Cabral había zarpado de Lisboa en marzo de 1500, en un viaje que, al menos públicamente, debía llegar a la India por la ruta inaugurada por Vasco da Gama en 1497, pero se desvió y terminó en el Brasil. Muchos historiadores se preguntan si fue un accidente, como dicen las crónicas oficiales lusas, o si por el contrario se trataba únicamente de «oficializar» un descubrimiento previo de algún navegante portugués. Recogiendo los datos de su viaje y los de sus contemporáneos, Juan de la Cosa dibujó en 1500 el primer mapa de lo que se conocía hasta entonces de América, como prueba el trazado de la costa de América del Norte, que recoge los hallazgos de Caboto y Cuba se presenta como una isla. En el mapa, que estuvo durante bastante tiempo en la Casa de la Contratación, figuraba la línea del Tratado de Tordesillas, que establecía que las tierras al este del cabo de San Agustín, o de San Roque, pertenecían a Portugal.

7. El comienzo de la sociedad colonial en Indias: el Caribe

Fray Nicolás de Ovando, sucesor de Bobadilla y elegido gobernador de La Española en septiembre de 1501, fue el organizador de la isla. Al año siguiente llegó a Santo Domingo al mando de una flota de 32 buques y 2.500 hombres. Su proyecto implicaba el abandono del esquema colombino de factorías y sirvió para sentar las bases de la administración colonial española en Indias. Para llevarlo a buen puerto, debió refundar la ciudad de Santo Domingo, arrasada por un ciclón en 1502, construyendo un hospital y buenos edificios. Entre las medidas acometidas estaban además la pacificación de la isla, tras someter a los indios rebeldes; la fundación de numerosas poblaciones; la organización de la minería y el fomento de la agricultura (introdujo cultivos europeos y también la caña de azúcar) y la ganadería (bovina, equina, porcina y mular). Tras el agotamiento de los placeres auríferos, la agricultura y la ganadería se convertirían en las principales actividades no sólo de La Española, sino también del Caribe.

Ovando había recibido instrucciones precisas para desarrollar su proyecto, que implicaba el gobierno de los 2.500 colonos que lo acompañaban, de los 360 que permanecían en La Española al mando de Bobadilla y Roldán y de lo que quedaba de la población indígena. Para ello debía remover un importante obstáculo: los colonos se habían convertido en poderosos terratenientes gracias a los repartimientos de tierras de Colón y Bobadilla, y se mostraban poco propensos a acatar cualquier autoridad externa. Ni bien llegó a Santo Domingo, Ovando ordenó el retorno a la Península de Bobadilla, Roldán y sus principales colaboradores, privando a los colonos de sus líderes naturales. No fue sencillo doblegar a los colonos veteranos, que controlaban la oferta alimenticia y la mano de obra indígena, la base de su poder, reforzado por los problemas de aclimatación de los recién llegados. Para consolidar su posición, Ovando debió ir paso a paso, favoreciendo a los burócratas que lo habían acompañado desde España, dándoles tierras e indios allí donde no se habían establecido los españoles.

La necesidad de mano de obra se acentuó a medida que se descubrían los principales yacimientos auríferos, ya que el lavado de oro se convirtió en la principal actividad de la población y los indígenas fueron esclavizados para explotar mejor su fuerza de trabajo. Para dotarse de indígenas, Ovando realizó dos campañas militares en los extremos de La Española. Comenzaba a quedar claro en el juego del poder colonial los pilares sobre los que éste se asentaba: el control de la tierra y de la mano de obra indígena, sin la cual aquella carecía de valor, a tal punto que popularmente se afirmaba que no había colonias sin indios. También contaba, y mucho, el acceso a los metales preciosos. Durante las dos primeras décadas del siglo XVI, mientras duró el llamado ciclo del oro en el Caribe, los asentamientos españoles cambiaron constantemente de emplazamiento, en función de los yacimientos y de la disponibilidad de mano de obra indígena. La actitud de los colonos hacia los indios se basaba, desde la época de Colón, en la creencia errónea de que la mano de obra local era un recurso inagotable. La reina Isabel la Católica, en su codicilo de 1503, ordenó que los indios debían ser tratados como sus vasallos libres y no ser esclavizados ni maltratados, lo que causó gran malestar entre los colonos. Ovando escribió a la reina que si no se obligaba a los indios a trabajar en las minas, La Española terminaría despoblándose y los negocios llegarían a su fin.

A fines de 1503, Ovando impuso, con autorización de la Corona, el repartimiento de indios. El sistema implicaba el trabajo forzoso, bajo las órdenes del gobernador o sus representantes, a cambio de un salario, en el entendimiento de que se trataba de personas libres. El duro régimen de trabajo, al que no estaban acostumbrados, fue causa de una gran mortandad entre los indígenas. Para facilitar su evangelización y cuidado (policía), Ovando ordenó su traslado a poblados especiales. Así comenzó en La Española el sistema de la encomienda, que tenía su precedente en la encomienda de la población musulmana durante la reconquista. También comenzó a plasmarse la que sería una constante en la administración colonial española, el famoso «se acata pero no se cumple», basado en las divergencias entre las órdenes emanadas de las autoridades establecidas en la metrópoli y su aplicación por las autoridades que residían sobre el terreno, ya que éstas debían aplicar unas normas que muchas veces respondían más a buenas intenciones que a un conocimiento detallado de la realidad.

Las duras condiciones de trabajo en las minas y el ritmo impuesto favorecieron en el Caribe la catástrofe demográfica en gestación. Los indígenas rechazaron el maltrato sistemático desarrollando diversas estrategias, desde los suicidios colectivos (tomando jugo de yuca amarga), hasta el asesinato de los hijos, pasando por los abortos que se provocaban las mujeres, a fin de no seguir alimentando con más hijos una situación semejante. En 1508, en La Española, sólo quedaban vivos 60.000 indios de los 400.000 que había en 1492. La disminución de la fuerza de trabajo fue una grave preocupación para las autoridades y los colonos, que pronto se convencieron de que la mano de obra indígena era un bien cada vez más escaso, que debía de ser cuidado. Para solucionar el problema se apostó por importar indios de otras islas del Caribe, especialmente de las Bahamas, lo que repercutió negativamente sobre la población de todo el Caribe. Entre 1508 y 1513 los «rescatadores» de indios llevaron a La Española más de 40.000 esclavos indígenas. Una vez que se despoblaron las Bahamas, las «cacerías» de indios continuaron en Cuba, Jamaica y las Antillas Menores. Sin embargo, en estas últimas, los caníbales caribes, más belicosos que los taínos de las Grandes Antillas, se opusieron ferozmente a quienes querían esclavizarlos. El canibalismo de los caribes permitió justificar las expediciones de caza como «guerras justas». Sin embargo, la drástica caída de la población indígena impulsó la idea de que para mantener el nivel de la actividad económica era necesario importar esclavos negros de África.

En algunos lugares, como la isla de Puerto Rico, que comenzó a ser colonizada por Juan Ponce de León en 1508, los taínos se rebelaron. Aquí también se descubrieron yacimientos de oro aluvional y se intentó imponer el mismo modelo de explotación minera que en La Española. Sin embargo, en 1511 los principales caciques de la isla se rebelaron y tras matar a la mayoría de los colonos decidieron huir a las Antillas Menores, donde debían enfrentarse a sus enemigos mortales, los caribes. Estimaban que esto era preferible a la esclavitud de los españoles. La catástrofe demográfica fue de tal magnitud que en 1530 apenas quedaban 1.148 indios en la isla, de los cuales 675 eran esclavos. En Puerto Rico, como en La Española y posteriormente en Cuba, muchos colonos sin yacimientos mineros que explotar o indios de los que vivir se dedicaron a la ganadería.

A partir de 1511 Diego Velázquez comenzó la colonización de Cuba, cuyo modelo de colonización fue relativamente semejante al de La Española y Puerto Rico, aunque sin suficientes indios para repartir y con unos yacimientos de oro que tardaron más tiempo en ser descubiertos. Esta diferencia cronológica marcó la dispar evolución de las tres islas principales (La Española, Puerto Rico y Cuba). Mientras en las dos primeras los yacimientos de oro comenzaron a agotarse a principios de la década de 1510, en Cuba ocurrió a fines de la década de 1540. Esta diferencia cronológica explica los decalajes en el origen de los ciclos ganadero y azucarero en las distintas colonias. En algunas décadas todo el Caribe se quedó prácticamente sin población nativa, repitiendo un fenómeno similar al de Canarias y que posteriormente ocurriría en otros archipiélagos o islas sometidos al contacto con los europeos, como Hawai, Australia o Nueva Zelanda. En todos los casos la población aborigen, que había vivido durante siglos en un estado similar al de las crisálidas, sufrió como una verdadera agresión el contacto exterior y la llegada de gérmenes patógenos totalmente desconocidos, que prácticamente diezmaron a sus pobladores.

En 1508, Diego Colón, el hijo del Almirante, fue nombrado gobernador de La Española en sustitución de Nicolás de Ovando. En 1509 ordenó a Juan de Garay conquistar Jamaica. Posteriormente Ponce de León ocupó Puerto Rico y en 1511 se ordenó a Diego Velázquez conquistar Cuba, lo que completó el dominio de las Grandes Antillas. El conocimiento de la región terminó en 1513 cuando Juan Ponce de León descubrió la parte meridional de la península de la Florida. El paso de Diego Colón por la administración de La Española fue tan conflictivo como el de su padre. Uno de sus objetivos fue apropiarse de indios de los colonos, para entregarlos a sus parientes y otros miembros de su comitiva. Esta situación lo llevó a enfrentarse con los colonos y encomenderos más poderosos, que veían en su actitud un peligro para sus intereses, al punto que en 1513 se anuló su derecho de repartir indios. Su conducta lo alejó del rey Fernando, quien para limitar sus arbitrariedades y fuera un contrapeso efectivo de su despotismo, había creado dos años antes la Real Audiencia de Santo Domingo. De forma gradual, Diego Colón fue vaciado de sus poderes y atribuciones: primero como juez, con la creación de la Audiencia; luego como factor de poder al estar imposibilitado de repartir más indios y, por último, de sus potestades financieras, cuando se instaló a su lado un tesorero que manejara las cuentas reales.

La Corona también quería desmantelar el poder de la oligarquía, formada por ese grupo de 360 encomenderos, para lo cual se ordenó nuevos repartimientos de indios en Cuba y Puerto Rico (1513) y La Española (1514), los tres mayores enclaves del Caribe. El último fue el más importante, ya que 743 españoles se beneficiaron del reparto de más de 26.000 indios, aunque un pequeño grupo de 82 funcionarios coloniales y nobles absentistas, que seguían explotando los escasos yacimientos de oro todavía productivos, ante el rápido agotamiento de los placeres auríferos, especialmente los aluvionales, obtuvo más de la mitad. La concentración del poder activó la despoblación de La Española. Algunos colonos marcharon a Cuba y Puerto Rico, otros se apuntaron a la expansión en el Darién, mientras un grupo retornó a la Península. En 1516 sólo quedaban en La Española menos de 4.000 europeos, lo que contrasta fuertemente con los 10.000 que había seis años antes.

En 1516, tras la muerte de Fernando el Católico y la minoridad del príncipe Carlos, el cardenal Cisneros fue nombrado regente. Se trataba de una persona muy sensible a las denuncias de los dominicos sobre los abusos de los encomenderos contra los indios antillanos. Entre ellos destacaba fray Bartolomé de las Casas, un antiguo encomendero reconvertido en fraile y en un feroz propagandista de la catástrofe demográfica que ocurría en el Caribe. Ante el calamitoso estado de cosas, Cisneros decidió intervenir, impulsando una reforma a fondo del gobierno indiano: destituyó a los asesores del rey y envió a cuatro monjes jerónimos (Bernardino de Manzanedo, Luis de Figueroa, Alonso de Santo Domingo y Juan de Salvatierra) como gobernadores a Santo Domingo. Su principal misión era evitar la explotación de los indios, para lo cual debían acabar con las encomiendas en Cuba, La Española y Puerto Rico, de modo que los indios adquirieran su libertad y trabajaran como hombres libres, viviendo en pueblos independientes. El fracaso del plan, achacable en parte a la muerte del regente, también respondía al poder de los encomenderos. Fue éste el primer episodio de un combate casi permanente entre la Corona y los encomenderos, sordo a veces, abierto en otras, sobre el funcionamiento de un sistema que tendía a recortar el poder regio. El enfrentamiento se extendió por casi todo el Imperio americano y fue necesario el paso de muchas décadas para que el problema comenzara a remitir con la definitiva desaparición de las encomiendas.

8. Tierra Firme y América Central

Si bien el esfuerzo de los colonos caribeños se centró en la producción y exportación de oro, una fuente de riqueza importante e inmediata, no se había abandonado el principal objetivo de la empresa colombina: la búsqueda de la ruta asiática en dirección a occidente. A ese objetivo dedicó sus mayores esfuerzos Fernando el Católico mientras fue regente de Castilla, tras el fallecimiento de Isabel. Por eso convocó en 1505 una Junta en Toro, a la que acudieron el obispo Fonseca y experimentados descubridores como Vicente Yánez Pinzón y Américo Vespucio, al que se le reconoció la nacionalidad castellana. Como la expedición que debían capitanear Pinzón y Vespucio no terminaba de zarpar, se volvió a convocar una nueva reunión, esta vez en Burgos, en 1508, con cartógrafos y expertos en navegación, a la que también acudieron Juan de la Cosa y Juan Díaz de Solís. Allí se decidió enviar una expedición, al mando de Pinzón y Solís, para explorar el norte de Veragua y encontrar el estrecho por el cual proseguir la ruta a Asia. También se creó el cargo de Piloto Mayor en la Casa de Contratación, puesto que ocupó Américo Vespucio. Por último, se establecieron dos gobernaciones en Tierra Firme, Urabá y Veragua, al mando de Alonso de Ojeda y Diego de Nicuesa. Esta situación explica el número de expediciones descubridoras y de conquista que llegaron a Tierra Firme y América Central en la búsqueda del famoso paso, una búsqueda espoleada a partir del 27 de septiembre de 1513, cuando Vasco Núñez de Balboa descubrió el Mar del Sur, el océano Pacífico, lo que venía a confirmar dos cosas: por un lado, la viabilidad de la teoría colombina, y, por el otro, sus limitaciones, ya que todavía quedaba un largo trecho para llegar a Asia. La perspectiva de nuevas fuentes de riqueza, como maderas tintóreas y perlas, fueron otro acicate que explica toda la actividad en dirección al oeste y al sur.

8.1. El Darién

Los viajes de Rodrigo de Bastidas, Peralonso Niño y Cristóbal Guerra pusieron de manifiesto las riquezas de la zona, especialmente en torno a la llamada gráficamente Costa de las Perlas, en La Guajira. La atracción de la zona creció desde fines de 1503, cuando la reina Isabel permitió cazar y esclavizar a todos los indígenas que se resistieran a ser adoctrinados en la fe católica. Esta medida descansaba en la creencia generalizada en La Española, y también en la Península, de que los indios rebeldes eran caníbales, como los caribes. Juan de la Cosa intentó organizar una factoría para comerciar con esclavos indios, para lo cual firmó las correspondientes capitulaciones. De la Cosa se dedicó a capturar esclavos y a saquear a los indígenas el oro que tenían, tanto en las costas de la bahía de Cartagena como del golfo de Urabá, aunque debió enfrentar una dura resistencia de los indios que se negaban a someterse a tan brutal disciplina. En 1506 De la Cosa retornó a la Península.

Como se vio, en la Junta de Toro, en 1505, la monarquía española decidió impulsar el descubrimiento de la ruta asiática y colonizar Tierra Firme, aunque hasta 1508 la orden no se había cumplido. Ese año, el rey Fernando reunió una nueva Junta en Burgos, que dividió Tierra Firme en dos gobernaciones, Urabá (desde el cabo de la Vela hasta el golfo de Urabá) y Veragua (desde el golfo de Urabá hasta Nicaragua), y encargó a Alonso de Ojeda y Diego de Nicuesa su conquista y colonización. Las expediciones se planificaron en Santo Domingo, donde se aprovisionaron de los pertrechos y se reclutó al personal necesarios para la empresa. Ojeda y Nicuesa estaban movidos por los mismos incentivos: someter a los indios y aprovisionarse de palo brasil, esclavos y oro, al ser numerosas las noticias de la existencia de oro labrado abundante en manos indígenas, lo que estimuló la codicia española. Tierra Firme fue la primera gran conquista continental del Nuevo Mundo y su desarrollo, que marcaría la pauta de lo ocurrido en los grandes imperios americanos, donde fue necesario conquistar primero el territorio, enfrentándose a la resistencia indígena, para luego colonizar y poblar, sería muy distinto al Caribe.

Tras las correrías iniciales, y después de la muerte de Juan de la Cosa por los indígenas, Ojeda fundó San Sebastián de Urabá, el primer poblado establecido en la actual Colombia. En una de sus incursiones al interior del territorio, buscando el tan ansiado oro, Ojeda fue herido y decidió retornar a La Española en busca de refuerzos, ya que sólo le quedaban 60 de los 300 hombres de su hueste inicial. Ojeda, que murió en Santo Domingo, dejó en el terreno a un grupo de hombres, entre los cuales se encontraban Francisco Pizarro, Vasco Núñez de Balboa y Martín Fernández de Enciso. Éstos se establecieron en el otro extremo del golfo de Urabá, en la actual Panamá, donde en 1510 ocuparon y saquearon el poblado indígena de Darién, obteniendo un tesoro de más de 40 libras de oro y joyas. El poblado, rebautizado como Santa María la Antigua del Darién, se convirtió en el primer asentamiento español permanente en el continente americano. Para darle rango de ciudad se instauró el cabildo, que desconoció la autoridad de Nicuesa y Fernández de Enciso y nombró alcalde a Núñez de Balboa. Desde ese momento gobernó la ciudad y su territorio como Gobernador provisional, a la espera de que la Corona ratificara su titularidad.

Nicuesa, después de graves penurias y de la pérdida de casi 600 hombres, de los 800 que tenía, tras pasar por las costas de Nicaragua, llegó al Darién, donde encontró a los sobrevivientes del grupo de Ojeda, que habían hecho las paces con los indios, con quienes compartían viviendas y alimentos. Nicuesa reclamó sus derechos sobre el Darién y su condición de gobernador, pero sus pretensiones fueron rechazadas por Balboa y Pizarro y a principios de 1511 lo embarcaron de regreso a España. Su barco se hundió y murió antes de llegar a destino, sin saber que el monarca había fijado el límite entre ambas gobernaciones en el golfo de Urabá y que el Darién estaba en la jurisdicción de Ojeda. Fernández de Enciso había pretendido erigirse en el líder del Darién, lo que fue rechazado por Núñez de Balboa, y sus seguidores, y finalmente fue embarcado rumbo a España. De este modo, Núñez de Balboa se convirtió en la máxima autoridad del Darién. Para consolidar su poder fue necesario que los españoles abandonaran sus métodos basados en el saqueo y la depredación de las poblaciones indígenas. La búsqueda de un nuevo statu quo pasó por el establecimiento de alianzas con 30 caciques vecinos, a los que Núñez de Balboa ayudó en sus guerras y, en vez de apoderarse por la fuerza de los alimentos y productos que necesitaba, aceptó que los indios le entregaran lo que estimaran conveniente. De este modo, el Darién comenzó a crecer y se convirtió en un pueblo donde convivían españoles, indios y niños mestizos, producto de la convivencia de los primeros con las hijas y hermanas de los caciques. En diciembre de 1511 el rey Fernando reconoció a Núñez de Balboa como gobernador del Darién, tras haber recibido sus beneficios en oro.

Las repetidas incursiones de Núñez de Balboa por la región le permitieron confirmar la abundancia de oro en poder de los indígenas y que su principal fuente estaba al sur del golfo de Urabá, en Colombia, en una región dominada por un cacique llamado Dabeiba. Sin embargo, después de pasar el año de 1512 buscando las fuentes del oro, tuvo que admitir que debía concentrar la búsqueda más al sur, en la cordillera. Comenzaba así el mito de El Dorado, esa fuente inalcanzable de riquezas auríferas, que todo el mundo sabía que existía, pero que terminaba escurriéndose como el agua entre los dedos de la mano. Al mismo tiempo, Núñez de Balboa, a través de Panquiaco, el hijo del cacique Comogre, uno de sus aliados, conoció la existencia de un nuevo océano al sur de Veragua. Para llegar a él necesitaba enviar una expedición terrestre y como estimaba que sus efectivos, sólo tenía 100 hombres a su mando, eran escasos solicitó refuerzos al monarca y pidió el envío de 500 hombres de La Española. Su pedido fue contraproducente ante la conspiración montada en su contra por Fernández de Enciso en la corte. La idea de la abundancia de oro (la región fue llamada oficialmente Castilla del Oro) y la cercanía al mar que llevaría a Asia jugó en contra de Núñez de Balboa, ya que el rey apostaba por el control directo de la operación en lugar de soportar a un advenedizo como el autoproclamado gobernador del Darién. Por eso, en junio de 1513, se nombró a Pedrarias Dávila, o Pedro Arias Dávila, gobernador y capitán general del Darién, en lugar de Núñez de Balboa, a quien debía someter a juicio de residencia para investigar su actuación en la destitución de Fernández de Enciso. Pese a no contar con las fuerzas suficientes, pero pensando que su jugada podía reforzar su ahora endeble situación, Núñez de Balboa se lanzó a la aventura de llegar al océano tan buscado antes del desembarco de Pedrarias Dávila. Auxiliado por más de 700 indígenas, tras cuatro semanas de dura marcha, Núñez de Balboa llegó a las costas del «Mar del Sur» (conocido posteriormente como océano Pacífico), que recibió ese nombre porque en ese lugar la marcha del Caribe al Pacífico se hace en dirección norte-sur. La búsqueda del paso sería reemplazada posteriormente por la posibilidad de construir un canal que permitiera atravesar de un mar a otro. En un libro publicado en 1522 el sacerdote Francisco López de Gómara ya hablaba de su probable localización y mencionaba Panamá, Nicaragua, el Darién y Tehuantepec, aunque la empresa debió esperar hasta fines del siglo XIX.

El retorno fue aprovechado para someter a buena parte del interior de Panamá, empleando la fuerza en numerosas ocasiones. A principios de 1514, Núñez de Balboa ya estaba de regreso en el Darién, convertido en una población de casi 450 españoles, desde donde comunicó al rey su descubrimiento. A mediados de año llegó Pedrarias Dávila, que tras desactivar la estructura de poder local comenzó inmediatamente el juicio de residencia contra Núñez de Balboa, que de todas sus reivindicaciones sólo obtuvo la de Adelantado de la Mar del Sur. El férreo gobierno impuesto por Pedrarias desarmó inmediatamente todo el entramado de convivencia anterior. Pese a ello, las dos facciones españolas, enfrentadas entre sí, pudieron convivir, más mal que bien, durante cinco años, hasta que Núñez de Balboa fue finalmente ahorcado en enero de 1519. Aquí se manifestaron con toda su crudeza dos de las caras más amargas de la conquista americana, que veremos repetidas en otras partes de América. De un lado, los estragos provocados por los europeos: saqueo de metales preciosos y explotación de la mano de obra indígena, seguida del flagelo impuesto por las enfermedades procedentes del Viejo Mundo, que diezmaban a la población nativa, a tal punto que en muy pocos años se pasó de una población de 2.000.000 de indígenas a unos pocos cientos. Del otro, los enfrentamientos entre distintas facciones españolas, muchas veces alentados por la Corona y que en el caso de Perú terminaron en una verdadera guerra civil, generaban un espíritu cainita entre los conquistadores y dificultaban la estructuración de sociedades estables.

8.2. Los tanteos iniciales en América Central

Pedrarias Dávila comenzó a incursionar hacia el noreste del Darién, en lo que luego sería Costa Rica. Entre 1515 y 1517 se realizaron unas doce entradas, nombre que recibían estas incursiones de exploración y saqueo, aunque ninguna dio origen a fundación permanente alguna. Sin embargo, tras el ajusticiamiento de Núñez de Balboa, el 19 de agosto de 1519, Pedrarias fundó la ciudad de Nuestra Señora de la Asunción de Panamá, en las costas del océano Pacífico, lo que motivó el abandono del Darién. Panamá, una palabra de los indios cueva que significa «lugar de muchos pescados», se convertiría en un gran centro de almacenaje y aduana en uno de los cruces de caminos más importantes de América, que vinculaba el Perú con Europa. Las riquezas llegaban a Panamá y desde allí seguían a lomo de mulas hasta Nombre de Dios y después de 1597, cuando fue destruida por sir Francis Drake, a Portobelo. De este modo Panamá se constituyó en el centro desde el que, a partir de 1522, se impulsó la expansión hacia el norte, es decir a través del istmo centroamericano.

En ese momento llegó a la región, procedente de La Española, el rico encomendero Gil González Dávila, portador de una licencia real que lo habilitaba para explorar las costas del Mar del Sur y buscar el paso que uniera ambos océanos. Inmediatamente se produjo el enfrentamiento con Pedrarias, y pese a los obstáculos que le puso, González Dávila fue capaz de llegar por mar hasta el golfo de Fonseca, donde actualmente confluyen las fronteras de El Salvador, Honduras y Nicaragua. Después de volver a Panamá, regresó a Santo Domingo en busca de refuerzos. Aprovechando esta ausencia, en 1524, Pedrarias envió al norte su propia expedición comandada por Francisco Hernández de Córdoba. Tras pasar por Costa Rica, fundó la ciudad de Bruselas en el lago de Nicoya; luego Granada a orillas del lago Nicaragua y León la Vieja, para terminar incursionando en Honduras, donde se encontró con González Dávila, que volvía con sus refuerzos de La Española y quería evitar la presencia de Pedrarias en sus territorios.

Desde México, cuya conquista había comenzado Hernán Cortés, también se enviaron sendas expediciones a América Central, dirigidas por Pedro de Alvarado y Cristóbal de Olid. Alvarado cruzó a Guatemala por Chiapas, mientras Olid se dirigió por mar a Honduras, con una escala previa en La Habana. En Guatemala, Alvarado debió enfrentarse con los quichés y los tzutuhiles, que ofrecieron una dura resistencia, pero como ya había ocurrido durante la conquista de Tenochtitlan, contó con la ayuda de los cakchiqueles, que estaban enfrentados a los anteriores. Al igual que en México, y en otras partes de América, las epidemias llegaron con los conquistadores, pero rápidamente solían precederlos con su marcha de muerte, como ocurrió con la viruela, que en muy poco tiempo acabó con buena parte de la población centroamericana. Si bien la conquista de América Central fue facilitada por la debilidad demográfica de la población aborigen, los conflictos entre los capitanes de las distintas huestes, los dos al mando de Cortés, más otro que envió posteriormente, Francisco de las Casas, para someter a Olid que se había rebelado contra su mando, y Gil González Dávila, proveniente de Honduras, complicaron las cosas. Cortés también salió tras Olid y penetró en Guatemala en 1524, después de hacer frente a grandes dificultades. Se mantuvo en América Central hasta 1526, explorando Guatemala y Honduras. Una vez más, las ansias de poder y de riqueza fácil y rápida llevaron a los jefes de las huestes a competir entre sí, dejando a sus espaldas un claro escenario de división y de continuos enfrentamientos. Si bien se fundaron ciudades en distintos emplazamientos de la región y se procedió al reparto de indígenas, los primeros años de la presencia española en América Central fueron de grandes complicaciones y de alguna manera lastraron el futuro de la región, con su sesgo compartimentado.

9. La vuelta al mundo

Poco después de que Carlos I arribara a España, llegó a Sevilla Fernando de Magallanes para entrevistarse con el factor de la Casa de Contratación, a quien le expuso su teoría de que las islas de la Especiería, las Molucas, pertenecían a la Corona española, ya que estaban dentro de los límites que el Tratado de Tordesillas otorgaba a España, y que llegar a ellas sería relativamente fácil. Magallanes era un marino experimentado que había servido a las órdenes de Portugal en 1505, cuando viajó a la India en la flota del virrey Almeida e intervino en la conquista de Malaca. Sin embargo, tuvo problemas con la Corona lusa y decidió ofrecer sus servicios a Castilla.

Las autoridades españolas se mostraron entusiasmadas con la posibilidad de meter una cuña de gran importancia en los dominios portugueses, a la vez que esperaban obtener importantes ganancias de la empresa, por lo cual el 22 de marzo de 1518 otorgaron la capitulación necesaria para que Magallanes pudiera realizar su viaje, lo que implicaba, finalmente, encontrar el mítico paso que debería comunicar el Atlántico con el Pacífico. A fin de no entrar en zonas portuguesas, una vez encontrado el paso, la expedición debería navegar a la Especiería por el Mar del Sur y retornar por la misma ruta. La expedición de cinco navíos y unos 240 hombres partió finalmente de Sanlúcar de Barrameda el 20 de septiembre de 1519. En Canarias comenzaron los conflictos con los capitanes españoles, lo que terminaría provocando situaciones de gran tensión y seriedad. Después de pasar frente al Río de la Plata o Mar de Solís, la expedición se internó en la desconocida costa patagónica. A fin de marzo llegaron a San Julián, donde Magallanes quería invernar, aunque debió hacer frente a un motín encabezado por el capitán de la nao *Victoria* y en el que participó Juan Sebastián Elcano. Tras reducir a los rebeldes, la expedición volvió a hacerse a la mar a fines de agosto. Finalmente hallaron el paso hacia el Pacífico, conocido como estrecho de Magallanes en su honor. El sinuoso y ventoso estrecho discurre entre el extremo meridional de la Patagonia y la costa norte de la gran isla de Tierra del Fuego. El 27 de noviembre completaron el paso del estrecho y entonces divisaron un mar en completa calma al que dieron el nombre de Pacífico.

Sin embargo, se trataba de una circunstancia excepcional. Por lo general los vientos que soplan en la zona son terribles y el cruce del estrecho se convierte en una tarea casi imposible. Esto se pudo comprobar en muy poco tiempo, ya que en la segunda expedición que se mandaría a las Molucas, en 1525, al mando de fray Jofre García de Loaysa y que llevaba a Elcano como segundo y piloto mayor, el cruce del estrecho debió enfrentar dos fuertes tormentas que diezmaron la expedición. Ya en el Pacífico, en muy poco tiempo murieron Loaysa y Elcano. De este modo, el paso del estrecho se convirtió en una empresa complicada, por no decir prácticamente imposible, lo que mantuvo al Pacífico español como un mar aislado, aunque hubo quienes lograron romper el cerco. Éste fue el caso del inglés Francis Drake, que no sólo dio la vuelta al mundo, sino también saqueó las costas españolas causando grandes estragos. De todos modos, la ruta del estrecho se mostraría impracticable para el tráfico comercial, razón por la cual hubo que esperar a principios del siglo XVIII, cuando se descubrió la ruta del cabo de Hornos, al sur de la Tierra del Fuego, para que la navegación continua entre el Pacífico y el Atlántico fuera una realidad.

Una vez en el Pacífico, la expedición comenzó a remontar la costa chilena, hasta que a los 32° decidió virar en dirección oeste. A partir de allí la navegación adquirió tintes dramáticos, fueron cuatro meses sin tocar puerto y sin poder abastecerse de agua y víveres frescos, lo que dio lugar a la aparición de una enfermedad hasta entonces prácticamente desconocida, el escorbuto, causado por la falta de vitamina C. Finalmente, el 6 de marzo llegaron a las islas de Los Ladrones (las llamaron así por el robo de una pequeña embarcación), luego denominadas Marianas. Posteriormente llegaron a las Filipinas, donde Magallanes encontró la muerte el 27 de abril de 1521 al ser atacado por los indígenas. Luego de constantes cambios en el mando y de algunos viajes en el archipiélago filipino, el 7 de noviembre llegaron a las islas Molucas, las famosas islas de la especiería, el tan ansiado objetivo de la expedición. Tras completar la carga de las dos naves que quedaban en pie, la junta de capitanes resolvió que Elcano, al mando de la *Victoria,* retornara a España, dando la vuelta al mundo aunque sin tocar puerto en tierras portuguesas, mientras que la *Trinidad* debía retornar por la ruta americana, pero al no encontrar vientos favorables tuvo que retornar y fue capturada por los portugueses. El 21 de diciembre de 1521, al mando de 47 hombres, Elcano comenzó la aventura del regreso, que se materializaría el 6 de septiembre del año siguiente, tras un complicado viaje sin escalas a través del Índico y de las costas africanas. Hasta entonces había evitado las rutas portuguesas, pero golpeado por el escorbuto, el hambre y la sed, finalmente no tuvo más remedio que hacer escala en Cabo Verde. Descontando los muertos y los tripulantes apresados por los portugueses, Elcano volvió a zarpar rumbo a España con 22 hombres a su cargo, arribando a Sanlúcar después de casi tres años de navegación.

La hazaña de Elcano puso sobre la mesa el espinoso tema de la Especiería, que implicaba no sólo el comercio con las Molucas sino también la difícil relación con Portugal, especialmente en lo referente a los límites fijados por el Tratado de Tordesillas (y el trazado de su antimeridiano en las antípodas). De este modo se creó la Casa de la Contratación de La Coruña, que tenía una ubicación más estratégica para afrontar este comercio, y se decidió el envío de dos flotas rumbo a las Molucas, que no tuvieron éxito en su cometido. Ante la gran dificultad que suponía llegar a las islas sin atravesar las rutas portuguesas, el emperador decidió cederlas a la Corona lusa a cambio de una indemnización de 300.000 ducados, como quedó recogido en el Tratado de Zaragoza, que puso fin de forma definitiva a la cuestión. Sin embargo, las Filipinas seguirían bajo control español y la puesta en marcha de la ruta del Galeón de Manila facilitaría la comunicación con la Península a través del océano Pacífico y de México.

3. La conquista y los conquistadores

En 1522 Hernán Cortés había concluido prácticamente la conquista del Imperio azteca sólo treinta años después del descubrimiento de América. El panorama que se presentaba a los ojos de las autoridades españolas y de los conquistadores había cambiado radicalmente. Ya nadie pensaba encontrar en esas latitudes ni China, ni Japón ni India, ni las riquezas que ellas atesoraban, como las especias soñadas un día por el Almirante. Por el contrario, el oro del Caribe y especialmente el de Tierra Firme, que parecía anunciar las míticas riquezas de El Dorado, se había convertido en el principal motor de la conquista de América continental. Estamos frente a un proceso que sólo duraría treinta años, jalonado por múltiples acontecimientos y que condicionaba el ritmo y la dirección de su marcha no sólo a la potencial riqueza de las regiones a conquistar, medida en disponibilidad de hombres, producción de alimentos y acceso a metales preciosos, sino también a la geografía y a la resistencia ejercida por la población indígena. Nunca antes en la historia de la humanidad se había conquistado un espacio tan vasto en tan corto espacio de tiempo, a la vez que se organizaba el territorio para su administración.

El control del Valle Central y la ocupación de Tenochtitlan, la ciudad de México, no fueron más que el inicio de la definitiva conquista de la mayor parte del continente americano por las huestes españolas, un proceso que duró unas pocas décadas, y que a mediados del siglo XVI estaba prácticamente concluido, gracias a la labor de los Pizarro, los Cortés y tantos otros. En este sentido se puede decir que la conquista tuvo muchas caras. Una fue la gloriosa, la que mira la colosal tarea de los conquistadores, hombres de coraje reconocido, capaces de salvar cuanto obstáculo se les pusiera por delante. Hay que tener en cuenta que América tiene una superficie 80 veces mayor que la de España y que todo el episodio de la conquista fue realizado por un número no mayor a 10.000 peninsulares. La otra cara fue la de la tragedia, la del drama continuo y permanente de los pueblos dominados, de los indios esclavizados, de las culturas destruidas, de la catástrofe demográfica. Y así podríamos seguir, buscando las múltiples facetas de la conquista. De todas maneras, la conquista no se puede reducir a ninguna de ellas por separado. Fue un acto más de la expansión humana, con sus luces y sus sombras, con sus grandezas y sus miserias, que cambió definitivamente la realidad del Nuevo Mundo.

En ese entonces, el Imperio español en América iba desde México hasta el Río de la Plata y Chile, pasando por el Perú y Nueva Granada. Al frente del mismo se encontraba Carlos I y siguiendo a Manuel Lucena podemos señalar que el período de conquista coincide básicamente con su reinado. Aunque la política del monarca pasó en un primer momento por abrir las Indias a la explotación internacional y otorgar sus dominios en régimen de señorío, el éxito de sus iniciativas fue sumamente limitado, como se verá en el resultado obtenido por los alemanes que estuvieron al frente de la gobernación de Venezuela. Sin embargo, tras su nombramiento como emperador, Carlos I cambió radicalmente su política, especialmente después de que se hubiera consumado la conquista de México y del descubrimiento de las islas Molucas. Esto implicó dejar de lado su intento de explotar internacionalmente el Nuevo Mundo y apostar por el control directo de la Corona, como prueba la creación en 1523 del Consejo de Indias, la institución a cargo de la gestión de todos los asuntos americanos.

Pese a los enormes obstáculos que a priori se interpusieron en la empresa conquistadora, ésta se desarrolló a una velocidad de vértigo. Entre los obstáculos más notables que pudieron haber frenado la marcha de las huestes podemos mencionar: las sociedades originarias, en ciertos casos estructuradas en torno a potentes imperios, que opusieron resistencia a su dominación; la geografía colosal, jalonada de caudalosos ríos, selvas impenetrables y elevadas montañas, cubiertas a veces de nieves eternas, que no facilitó la penetración de los contingentes españoles; las distancias inconmensurables, que convirtieron la progresión de los conquistadores en jornadas interminables, como testimonia el prolongado periplo de Álvar Núñez Cabeza de Vaca por las costas del golfo de México; el clima variado y variable, extremo en muchos casos, difícil casi siempre, que dificultaba la vida cotidiana de los colonos que intentaban establecerse en estas tierras.

Si las Canarias habían sido el laboratorio para el descubrimiento y expansión en el Caribe, las colonias antillanas, especialmente Santo Domingo y Cuba, y luego Tierra Firme, fueron el banco de pruebas de la conquista continental. Allí fue donde se aclimataron los europeos a las nuevas tierras, los nuevos climas, las nuevas gentes con sus culturas y sus lenguas diferentes, los nuevos alimentos, en definitiva a una nueva realidad, bastante distinta a la por ellos conocida hasta ese entonces. Allí se pusieron a prueba los métodos bélicos idóneos para la conquista y para la dominación de los pueblos nativos. Allí se desarrollaron algunas instituciones básicas para el gobierno de la sociedad colonial. Allí fue donde se foguearon las huestes, la pieza clave de la conquista. Y por encima de todo, si algo impresiona al observador de esta época, es la gran movilidad de las personas y la fluidez de los procesos. Pese a las enormes distancias, pese a los medios de comunicación existentes, vemos a los diversos actores de estas historias, tanto a los que desempeñaron roles protagónicos como a los secundarios, desplazarse con facilidad entre ambas orillas del Atlántico o moviéndose a lo largo y lo ancho del continente americano, inclusive varias veces a lo largo de una vida.

1. El marco legal

1.1. La guerra y la explotación de los indios

A diferencia del descubrimiento de América, que comenzó legal y prácticamente en las Capitulaciones de Santa Fe firmadas entre los Reyes Católicos y Colón, la conquista no tuvo un origen único ni claro. Fue parte de un proceso mucho más complejo, que adoptó mecanismos cambiantes a medida que los hechos planteaban nuevos desafíos y en el que hay que separar su vertiente legal de la casuística marcada por la evolución de los acontecimientos y el comportamiento no siempre lineal de los actores. En este último sentido, se puede señalar que la conquista fue un fenómeno paralelo a la voracidad de los conquistadores y avanzó o retrocedió a medida que la sed del oro impulsó el saqueo de los poblados indígenas y los naturales comenzaron a rebelarse contra los europeos. Las campañas al interior de las islas primero y de los territorios continentales después, en busca de esclavos indios y de metales preciosos, mostraron el camino a seguir, aunque los métodos empleados en uno y otro caso no fueron similares. El contacto con los caribes y sus prácticas antropófagas extendió la idea de que se estaba frente a un colectivo que podía ser justamente dominado y esclavizado mediante la guerra sin por ello violar la legalidad vigente. Sin embargo, no todos compartían esas ideas y, como ya se ha visto, pronto surgió el debate sobre la condición legal de los indígenas americanos, azuzado por la llegada de un número pequeño pero creciente de esclavos indios a España. ¿Eran los indios hombres libres, como señaló la reina Isabel en 1503, y por lo tanto no podían ser esclavizados, o su rechazo a ser evangelizados abría la puerta para su dominación? ¿Eran personas conscientes de sus actos o eran asimilables a menores de edad que debían ser tutelados por adultos responsables, es decir, por los españoles?

El debate creció en intensidad y ante la existencia de posturas encontradas y argumentos muy diversos, los Reyes Católicos consultaron a juristas y teólogos. La mayoría de ellos se mostró partidaria de hacer la guerra y, consiguientemente, de esclavizar tanto a los indígenas que se enfrentaban a los españoles como a los caníbales, en función de la irracionalidad que ponían de manifiesto. El principal argumento esgrimido fue el viejo concepto medieval de la guerra justa contra los infieles, aunque en este caso aplicado a los paganos, ya que los indios no caían en la primera categoría por desconocer hasta ese entonces las esencias de la religión cristiana. Sin embargo, y nadando a contracorriente, algunas voces denunciaron que fue la política de Colón la que impulsó la rebelión de los indios, por lo que, tras nuevas consultas, en 1500 los reyes declararon a los indios como vasallos libres, aunque se mantuvo la idea de que se podía someter por la fuerza a quienes se rebelaran y que los caribes, en tanto caníbales, podían ser esclavizados. Las declaraciones principistas de los monarcas no pudieron evitar el desarrollo del trabajo forzado entre los indios, impulsado por la necesidad de autoridades y colonos de obtener rápidas riquezas en los yacimientos auríferos, como se vio con el avance de los repartimientos durante la época de Ovando al frente de La Española.

En 1511, la situación se complicó en La Española y los ecos del debate repercutieron en la corte y en la opinión pública, en la medida que pueda utilizarse semejante término a comienzos del siglo XVI. Lo cierto es que en ese entonces España fue el único país conquistador, de cualquier parte del mundo considerada, que se cuestionó su capacidad y su legalidad para ejercer sus derechos y dominar a otros pueblos. La polémica surgió cuando fray Antonio de Montesinos, un dominico establecido en Santo Domingo, pronunció un célebre sermón en contra de los abusos de los encomenderos y la explotación de los indios, una diatriba que posteriormente fue considerado el primer manifiesto intelectual crítico con la legitimidad de la conquista de las Indias. De hecho, el sermón también cuestionaba la autoridad que dominaba a los indios y la guerra que se les hacía, lo que implicaba una crítica frontal de la administración colonial. Por eso, ante un fenómeno tan extendido y ante su manifiesta posición minoritaria, Montesinos comenzó su proclama señalando que era la voz que clamaba en el desierto. Ante el revuelo levantado, Montesinos fue enviado a la Península, donde la Corona decidió consultar nuevamente a teólogos y juristas, que se reunieron en la Junta de Burgos celebrada en 1512. La Junta fue un intento serio y sistemático de resolver jurídicamente los problemas planteados, y abordó conjuntamente tanto el trabajo obligatorio de los indígenas como la guerra en su contra.

Una de las principales conclusiones de la Junta de Burgos fue que el trabajo forzoso indígena era justo y, sobre todo, necesario para la sociedad colonial, siempre que no supusiera el exterminio de las sociedades nativas ni impidiera su evangelización. Por eso debía ser correctamente reglamentado, para que los indios, en la medida de lo posible, recibieran un trato adecuado y no violento. Entonces se elaboró la primera legislación laboral que reglamentaba el trabajo indígena, intentando evitar la explotación indiscriminada. Para ello se fijaron ciertos beneficios, como días festivos para el descanso, pago por el trabajo efectuado, buen trato, educación y evangelización, etc. Estas normas fueron complementadas posteriormente por otras, como las Ordenanzas aprobadas por la Junta de Valladolid en 1513, y la Junta de Madrid en 1516. Está claro que estas leyes no pudieron evitar ni los abusos ni los malos tratos, pero sí supusieron un freno a los encomenderos y, sobre todo, hicieron evidentes los límites que intentaba establecer la Corona.

Por otra parte, la necesidad de justificar la guerra contra los indígenas motivó el desarrollo del requerimiento, un documento de corte ético-jurídico que libraba a los españoles de cualquier responsabilidad bélica si los indios eran advertidos de lo que podría ocurrirles en caso de que no depusieran las armas. La existencia del documento se basaba en la premisa de que la ocupación española en Indias era legal y en el supuesto de que cuando los indios se oponían a ella era por dos razones fundamentales: o bien por mala fe, y entonces era lícito hacerles la guerra, o bien por falta de información, y entonces resultaba imperioso explicar a los indios el derecho que tenían los españoles para ocupar sus tierras y evangelizarlos. El requerimiento sólo debía leerse a los indios cuando éstos estaban a punto de atacar a los españoles, para que supieran claramente a qué deberían atenerse si no cumplían con sus exigencias. La premisa de que los indios debían aceptar voluntariamente el dominio español tenía su justificación en las donaciones pontificias, al permitir éstas que los indios fuesen sometidos a la guerra justa y esclavizados, siempre que se opusieran al dominio de los españoles. En realidad, el requerimiento concluía que los únicos culpables de lo que pudiera ocurrirles a los indígenas eran ellos mismos y no los españoles, y que cualquier idea en esa línea debía ser descartada radicalmente.

El célebre jurista Juan López de Palacios Rubios, miembro del Consejo Real, fue el responsable de redactar el requerimiento, cuya primera lectura pública a los indígenas se produjo en 1513 a instancias de Pedrarias Dávila. Es obvio el carácter paternalista y maniqueo de este documento, incapaz de comprender ni la realidad ni la mentalidad de los indígenas y que, de hecho, fue más un instrumento formal, de base jurídica, con escasa aplicación práctica, que un mecanismo útil de la conquista, especialmente si se tiene en cuenta que en muchas ocasiones no había quien tradujera el texto a la lengua de los oponentes. En esas circunstancias, el documento debía leerse en castellano, una lengua totalmente incomprensible para la mayoría de los indios.

Las soluciones referentes a estos temas adoptadas en la Península no satisficieron a las voces más críticas, especialmente a los dominicos, entre los cuales destacaba el padre Bartolomé de las Casas. Por eso, quienes se oponían al maltrato a los indígenas siguieron atacando la conquista, a la que consideraban injusta y contraria a la misión evangelizadora, algo teóricamente central en la actividad conquistadora. De este modo, la polémica por los «justos títulos» de la conquista fue en aumento y se acabaron formando dos bandos perfectamente definidos y claramente encontrados. Contra el derecho de conquista se manifestaron, entre otros, fray Antonio de Córdoba, el propio Las Casas, Francisco de Vitoria, Domingo de Soto y Fernando Vázquez de Menchaca, muchos pertenecientes a la escuela salmantina. Entre todos destacó Francisco de Vitoria, gracias al desarrollo de su teoría del derecho de gentes. A favor de la conquista se embanderaron prestigiosos juristas y teólogos, como Juan Ginés de Sepúlveda, Juan López de Palacios Rubios, el geógrafo Martín Fernández de Enciso o Juan de Solórzano Pereira.

Las Casas presentó su *Brevísima relación de la destrucción de las Indias* y otros dos escritos en los que desarrollaba sus posiciones, y que posteriormente servirían de base para la Leyenda Negra, en la Junta celebrada en Valladolid en 1542. La respuesta de la Corona fue la promulgación, el 20 de noviembre de ese año, de las llamadas Leyes Nuevas, que entre otras medidas prohibían el traspaso de las encomiendas (dejaban de ser hereditarias), una cuestión que provocó amplias protestas en Indias y fue causa de graves conflictos en el Perú. También se prohibió a los virreyes y gobernadores hacer nuevos descubrimientos, decretándose que éstos sólo pudiesen autorizarlos las Audiencias y únicamente en caso de extrema necesidad. Esta orden fue ampliada en 1549 a instancias del Consejo de Indias, cuando se propuso la suspensión de todos los descubrimientos y conquistas pendientes. La trascendencia de la medida fue bastante escasa, ya que para ese entonces el proceso de conquista estaba prácticamente terminado en las regiones nucleares del Imperio y los territorios que quedaban sin ocupar eran marginales o de escaso interés por la falta de riquezas o de población.

El punto culminante en la polémica que enfrentó a Las Casas y Sepúlveda sobre la naturaleza del indio y su categoría humana, se vivió en 1551 y 1552. Para Las Casas, los indígenas tenían capacidad plena para decidir, mientras que Sepúlveda entendía que su capacidad intelectual estaba disminuida y que por lo tanto eran «siervos a natura», que sólo servían para desarrollar trabajos manuales y que en función de su inferioridad debían ser tutelados por los españoles. Alejado de estas posturas extremas, Francisco de Vitoria desarrolló de forma sistemática los «justos títulos» que podía exhibir España para estar en las Indias, que debían explicarse en hechos positivos y no negativos. Por eso, los títulos españoles no tenían nada que ver ni con el poder papal ni con el del emperador, que carecían de las prerrogativas adecuadas en Indias, y ni siquiera con la negativa de los indios a reconocer el poder papal, que bajo ningún concepto podía justificar una guerra. Tampoco se podía acusar a los indios del pecado de irreligión, ya que desconocían la existencia de Cristo, ni se les podía obligar a escuchar la predicación de la fe cristiana. Los títulos se basaban en el derecho a predicar el evangelio en tierras bárbaras; en la guerra justa, cuando estuviera bien justificada; y en la defensa de los indígenas convertidos al cristianismo si sus señores querían devolverlos a la idolatría.

2. La conquista

Manuel Lucena señala que el gran éxito y rapidez de la conquista se debe básicamente a lo que denomina la «milagrosa fórmula de las capitulaciones», un mecanismo infravalorado por los estudiosos y que fue capaz de conferir a la misma su carácter de empresa privada de corte popular y no señorial, como ocurrió en Brasil. Las capitulaciones de conquista, similares a las de descubrimiento, delegaban en un individuo la responsabilidad de la dominación de un territorio indígena insumiso, que luego sería propiedad de la Corona. Junto a las conquistas desarrolladas bajo el impulso regio, encontramos otras encargadas por los virreyes o los gobernadores, principales autoridades indianas. Lo importante de la capitulación era que todos los gastos debían ser sufragados por el beneficiario, quien se quedaba con una parte importante del botín, ya que el resto, el 20% o «quinto real», iba a la Corona. Como contrapartida, el monarca, en tanto dueño potencial del territorio, imponía el plazo del beneficio y sus condiciones, como su demarcación o las ciudades que debían fundarse; y otorgaba mercedes como títulos, nombramientos y derechos a repartir tierras y solares. De esta forma, el erario público no se veía gravado por la financiación de la conquista, que recaía prácticamente en su totalidad sobre los particulares.

Por lo general, el capitán que se quería lanzar a la aventura carecía del capital necesario para hacer frente a la empresa de la conquista. Había que comprar barcos, armas y municiones, otros pertrechos de guerra, víveres, reclutar al personal, etc., todo lo cual requería una cantidad importante de dinero, por lo que estas personas debían recurrir a socios capitalistas, como encomenderos, clérigos, mercaderes o, inclusive, autoridades coloniales, que invertían su dinero a cambio de una parte proporcional de las ganancias. Los integrantes de la hueste aportaban sus armas o sus caballos a la empresa y también podían invertir dinero en efectivo ya que el reparto del botín se hacía en función de la suma de los aportes personales. Ante el elevado coste de las armas y los equinos en Indias, ambos bienes bastante escasos, se observa que quienes combatían a caballo recibían una parte mayor que los escopeteros o ballesteros y éstos, a su vez, algo más que los peones.

De este modo, el reparto del botín adquiría una gran complejidad en función del desigual conjunto de beneficiarios. Primero se separaba el quinto real, luego se contabilizaban los gastos y las pérdidas de la expedición y el remanente se repartía de forma proporcional entre las partes implicadas. Este sistema generaba grandes expectativas y mayores frustraciones, especialmente en los niveles más bajos de la hueste: peones y soldados, los que menos recibían. En la conquista de México, por ejemplo, correspondieron entre 50 y 60 pesos a cada peón y 100 a los caballeros. Para evitar peleas, era frecuente que los capitanes repartieran parte de su propio dinero, beneficiando especialmente a los personajes más peligrosos y capaces de encabezar un motín. Buena parte de los conflictos entre los conquistadores, que terminaron inclusive en enfrentamientos armados, se debieron al reparto del botín de la conquista, incluyendo encomiendas y cargos.

Una vez en marcha la conquista encontramos incentivos adicionales, especialmente relevantes para los oficiales y jefes de segunda fila de las huestes, consistentes en el reparto de indígenas, o encomiendas, y también en el acceso a tierras, producto directo de la acción bélica. El trabajo indígena a través de las encomiendas se convirtió en el motor de estas empresas, ya que el ideal señorial se había convertido en uno de los máximos estímulos de los conquistadores, al ser una de sus grandes aspiraciones vivir sin trabajar, como verdaderos señores. Posteriormente se añadió la captura de grandes jefes indígenas, Motecuhzoma (Moctezuma) en México o Atahualpa en el Perú, por los cuales se intentaba cobrar un suculento rescate, compuesto básicamente de joyas y metales preciosos. Si la empresa era exitosa, el capitán de la hueste se convertía en gobernador, un personaje con el poder suficiente para repartir encomiendas entre sus hombres en función de los servicios prestados y el valor demostrado durante la conquista. Sin embargo, la conquista solía presentar con cierta frecuencia su lado más anárquico y así nos encontramos con empresas no encargadas por ninguna autoridad, sino originadas en la ambición de los conquistadores. Éste fue el caso de numerosas expediciones de descubrimiento y rescate que comenzaron a andar a partir de la rebelión de algunos capitanes, como Hernán Cortés, Gonzalo Jiménez de Quesada, el fundador de Bogotá, o Cristóbal de Olid.

2.1. Los conquistadores y la hueste

Hueste y conquistadores se convirtieron en elementos inseparables y en el fundamento de la conquista española. Sin ellos ésta hubiera sido imposible, al menos según el formato conocido. A diferencia de los descubridores (donde encontramos a marinos notables, mercaderes de cierta envergadura, algunos nobles), los conquistadores pertenecían a grupos sociales menos favorecidos, de ahí que los soldados con experiencia militar fueran muy valorados. La antigüedad en la empresa americana era uno de los principales méritos para subir en la escala de la hueste, ya que muy pocos de sus miembros llegaban a Indias con conocimientos bélicos. La mayoría de los integrantes de las huestes provenían de Andalucía, Extremadura y Castilla, las provincias que habían aportado los mayores contingentes migratorios al Nuevo Mundo. En las primeras décadas de la conquista, andaluces y extremeños eran casi la mitad de los inmigrantes en Indias, mientras que a mediados del siglo XVI comenzó a hacerse más evidente el predominio de los castellano-leoneses.

Salvo algunos caballeros de órdenes militares, el grueso de los conquistadores estaba formado por hidalgos, hijos menores de familias nobles sin ninguna aspiración a heredar el patrimonio familiar, abogados o funcionarios de escaso futuro, por no buscar personajes más desastrados, que solían abundar en estos grupos humanos y para los cuales la aventura y la fortuna podían ser el inicio de una vida diferente. Si bien, como se ha mencionado, todos estaban guiados por un cierto ideal señorial y aspiraban a convertirse en nobles, la Corona siempre estuvo pendiente de que no prosperaran las tendencias nobiliarias que amenazaran su poder y de ahí que no se prodigara en la concesión de títulos de nobleza, cortando de raíz esa vía de ascenso social. Por eso fueron poco propensos a otorgar títulos a los conquistadores y los únicos que se dieron a lo largo del siglo XVI fueron los de marqués del Valle de Oaxaca, que recibió Hernán Cortés y el de marqués de Cajamarca, otorgado a Francisco Pizarro. Esta actitud de la Corona fue bien recibida por la nobleza castellana, que veía en los conquistadores a simples arribistas o advenedizos. De este modo, el principal mecanismo de ascenso social fueron las encomiendas o el usufructo de puestos burocráticos en la administración colonial, aunque por lo visto sobre el origen social de los conquistadores, muy pocos estaban capacitados para hacerse cargo de semejantes responsabilidades, ya que algunos ni siquiera sabían leer o escribir.

El arquetipo del conquistador fue el capitán o jefe de la hueste, entre los que destacaban los Cortés, los Pizarro, los Alvarado o los Valdivia, entre otros notables personajes. Su principal misión era la conducción de su tropa con el menor número de bajas posible y la obtención de un importante botín. Su capacidad de liderazgo, reforzada por la capitulación regia o por las órdenes emanadas de virreyes o gobernadores, era vital para conducir grupos humanos tan complejos, de ahí que la preocupación por mantener su autoridad entre sus hombres fuera permanente. El carácter mancomunado de la empresa hacía depender buena parte del éxito en la existencia de un cierto consenso dentro de la hueste, donde la rebelión y la destitución de sus líderes siempre era posible. Por lo general, no había excesos de autoritarismo y muchas decisiones eran consultadas a los principales jefes y oficiales.

Pero esto no siempre era así, según se ve en el ejercicio de arbitrariedad cometido por Lope de Aguirre en la expedición enviada en la búsqueda de El Dorado en 1560-1561. Su vida ejemplifica el atractivo de los metales preciosos entre los conquistadores, siendo el mito de El Dorado uno de sus más claros exponentes. Al mismo tiempo, la trayectoria de Aguirre permite examinar el funcionamiento de la jerarquía y la autoridad en la expansión de la frontera tras la primera conquista y la cuestión de las difíciles relaciones con la Corona. En virtud de su estilo de mando, a Lope de Aguirre se lo conocía con los apodos de «el Loco», «el Tirano» y, posteriormente dada su actitud hacia la Corona, «el Traidor». Vivió en el Perú cerca de veinte años. Participó en el bando de Gonzalo Pizarro en las Guerras Civiles que estallaron en el virreinato tras la sanción de las Leyes Nuevas en 1542 y en la represión de algunas revueltas indígenas en la región. En 1559, el virrey del Perú ordenó a Pedro de Ursúa marchar en busca de El Dorado a tierras de los omaguas. Su expedición, con tres bergantines y varias canoas, partió el 26 de septiembre de 1560 para seguir el curso del río Huallaga. La conducta despótica y arbitraria de Ursúa le granjeó la enemistad de sus hombres y en enero, cuando llegaron a la confluencia con el Amazonas, Aguirre encabezó un motín y Ursúa fue ajusticiado. El capitán Fernando de Guzmán fue proclamado príncipe de Perú, Tierra Firme y Chile, aunque poco tiempo después, el 22 de mayo, fue asesinado junto a Inés de Atienza, la amante de Ursúa. Aguirre bautizó a sus hombres marañones y se proclamó general. En su inútil búsqueda de El Dorado siguió la ruta transitada veinte años antes por Francisco de Orellana hacia la desembocadura del Amazonas. El fracaso de su principal objetivo condujo a Aguirre a una meta imposible: enfrentarse a la Corona de España por la conquista del virreinato del Perú. Aguirre se dirigió a Venezuela, en junio saqueó la isla Margarita y posteriormente escribió su famosa carta a Felipe II, en la que negaba legitimidad a la Corona para regir esas tierras, ya que la monarquía «no había arriesgado nada» en las Indias. Camino al Perú, la conducta arbitraria y despótica de Aguirre fue en aumento y facilitó la deserción de numerosos subordinados, especialmente después de que la Corona ofreciera el perdón a quienes depusieran las armas. Sus desvaríos llegaron al extremo de matar a su propia hija. El conflicto llegó al clímax el 22 de octubre, en Barquisimeto, cuando uno de sus hombres mató a Lope de Aguirre.

Otro caso destacado es el de Álvar Núñez Cabeza de Vaca. Su vida muestra el carácter de los conquistadores, su gran valor y capacidad de sacrificio, pero también su notable movilidad. Fueron muchos los conquistadores que primero estuvieron en las Antillas, luego en México y por último en el Perú o en algún otro lugar de América del Sur. Cabeza de Vaca embarcó en 1527 hacia La Florida, en la expedición dirigida por Pánfilo de Narváez, siendo uno de los pocos supervivientes del naufragio que acabó con casi todos los integrantes de la empresa. Durante ocho años recorrió a pie los territorios del golfo de México, pasando numerosas vicisitudes, muchas de las cuales fueron recogidas en su obra *Naufragios*. En 1537 regresó a España y tres años más tarde fue nombrado gobernador del Río de la Plata, con el compromiso de organizar la conquista y colonización de la región. En 1542 llegó a Asunción, tras descubrir las cataratas del Iguazú, y fue entonces cuando decidió suspender la búsqueda utópica de las Sierras de la Plata. Su discutida gestión de gobierno llevó a su sustitución en una revuelta encabezada por Irala, tras lo cual fue devuelto a España, donde se lo desterró ocho años a Orán.

Las huestes eran todo lo contrario a la imagen armónica que uno pueda tener de un ejército uniformado y disciplinado. En buena medida, el carácter privado de la conquista le daba a las mismas un aspecto peculiar, reforzado por la presencia de religiosos y escribanos en sus filas. Los primeros cumplían con el objetivo evangelizador y los segundos, generalmente uno en las expediciones menores, dejaban constancia de todos los actos administrativos y burocráticos realizados y también mantenían puntualmente informadas a las autoridades, tanto en América como en la Península, de los avances que se iban produciendo.

3. La conquista y los conquistadores

Lo frecuente era que la hueste se formara directamente en las ciudades americanas y en el caso de que se iniciara en España se completara en las colonias. Era más infrecuente que el proceso se completara totalmente en los puertos peninsulares, lo que sí ocurrió con las expediciones dirigidas por Pedro de Mendoza rumbo al Río de la Plata o por Pánfilo de Narváez en dirección a la Florida. Esta última tendencia se fue acentuando a medida que el proceso de conquista avanzaba sobre el continente y la cabeza de puente para la misma dejaba de ser el Caribe. En todos los casos, el éxito del reclutamiento dependía de numerosos factores, especialmente del historial y personalidad del capitán y del atractivo que tuviera el destino de la expedición. No era infrecuente ver indios en las huestes. Bien como guías y traductores, bien como soldados cuando se trataba de pueblos aliados de los españoles, y también como porteadores. Durante la conquista de México los totonacas se ofrecieron a Cortés como *tamemes* y la práctica se institucionalizó en las expediciones siguientes. También encontramos soldaderas españolas o indígenas que acompañaban a las tropas en sus desplazamientos.

En su enfrentamiento con los naturales, las huestes españolas utilizaron todo tipo de armas, dependiendo de su disponibilidad y de su eficacia contra un enemigo tan desigual y, en ocasiones, desconocido. La panoplia disponible era impresionante, sobre todo si se la compara con el armamento de los indígenas. Entre las armas blancas destacaban las espadas y otras armas de acero, picas y lanzas entre otras, mucho más efectivas que los machetes y las lanzas indígenas, que solían ser de madera. Un arma que jugó un papel especial durante la conquista fue la ballesta, cuya cadencia de tiro y capacidad de penetración era mayor que la de los arcos y flechas de los nativos, aunque en algunas ocasiones éstas podían estar envenenadas, lo que aumentaba su poder letal. A pesar de su escasez, las armas de fuego, desconocidas por los aborígenes, tuvieron un protagonismo especial. Entre las de uso individual, las más corrientes eran los arcabuces y los mosquetes, si bien su uso en las regiones tropicales dependía de la preservación de la pólvora, que con frecuencia se echaba a perder en contacto con la humedad. Los capitanes de la hueste tenían cuidado de llevar consigo el mayor número posible de falconetes y cañones, que nunca eran suficientes. Éstas provocaban un gran estruendo y atemorizaban a los enemigos. Dadas las distancias a sortear y las condiciones del terreno, la artillería no podía ser ni muy numerosa ni muy pesada. La superioridad europea también se daba en el apartado de las armas defensivas, como los escudos de metal o cuero, superiores a los indígenas. Las armaduras metálicas no se prodigaban por su incomodidad en las tierras americanas. Por lo general de ellas sólo se utilizaban algunas piezas sueltas, como cascos o corazas, o se construían de cuero o de algodón, sumamente útiles contra las flechas indias.

El más eficaz complemento del armamento de las huestes fueron los animales: caballos y perros, inicialmente desconocidos por los indígenas, lo cual hizo que en los primeros enfrentamientos a su utilidad bélica se añadiera el efecto sorpresa. Los caballos solían ir recubiertos de pecheras de algodón, a veces de pesadas y brillantes armaduras, y cascabeles adosados a fin de atemorizar a sus oponentes. Los perros, algunos especialmente adiestrados para la guerra y otros de gran agresividad, también jugaron un papel especial. Está claro que el factor sorpresa jugó un papel limitado tanto en lo que se refiere a perros y caballos como a las armas de fuego ya que, pasado el efecto inicial, o a la vista de la muerte del primer caballo, los indígenas tomaban buena nota de las deficiencias y debilidades de los medios europeos. La posesión de caballos y, en algunos casos, de perros suponía para sus amos una mayor parte en el reparto del botín aunque los equinos eran tan caros que no era infrecuente que dos o más soldados los mantuvieran a medias, montándolos en días alternos.

La sed por el botín compartida por prácticamente todos los conquistadores respondía en buena parte a la misma lógica económica del funcionamiento de la hueste y de toda la empresa de conquista. En primer lugar, la conquista de cada región dependía de sus zonas de abastecimiento. En el caso de México y la costa atlántica de América del Sur, las bases desde donde se armaron las huestes y partían las expediciones fueron Cuba, Santo Domingo y Jamaica. En el caso del Perú este papel lo jugó Panamá. Estos centros logísticos abastecían a las huestes de caballos, municiones, vestuario y alimento, pero la escasez de muchos productos unido al incremento de precios provocado por las rápidas ganancias de la empresa, disparaba las cantidades que debían pagar los organizadores de la conquista y demás integrantes de la hueste. Unos y otros se endeudaban con bastante frecuencia para comprar los navíos y pagar los pertrechos necesarios para armar la expedición o para comprar el caballo o la coraza para estar mejor situados en la estructura de la hueste y aspirar a un mejor reparto del botín. De este modo, los jefes se endeudaban con los comerciantes de los centros logísticos y los soldados con sus jefes. El endeudamiento, junto con la ambición, funcionó como un gran motor de la conquista.

Si la espada no alcanzaba para imponer sus puntos de vista, los conquistadores tenían la cruz a su favor. Se trataba de un Dios todopoderoso e invencible para oponer a las deidades locales, que terminaban rindiéndose al Altísimo. Los conquistadores estaban convencidos de su superioridad sobre los nativos, especialmente gracias a la fe que tenían en el sentido misional de su empresa. Es importante no perder de vista el contenido evangelizador dado a la conquista americana, lo que implicaba un objetivo último de gran envergadura moral. Estas cuestiones también se vinculaban a la concepción de guerra total que manejaban los españoles, muy distinta a la de los indígenas. Por lo general, especialmente en los grandes imperios, los indios tenían un sentido limitado de la guerra, que sólo servía para hacer prisioneros a los que llevar a la piedra del sacrificio, conseguir tributos o redistribuir a la población dominada. En el caso de los aztecas el tamaño de los ejércitos contaba poco, ya que no solían atacar de forma coordinada y los integrantes de la vanguardia entraban en combates individuales. Cuando la primera fila fracasaba, era reemplazada por la siguiente.

Lo más normal era que las huestes trataran de sorprender al enemigo intentando su rendición en lugar de un combate abierto. Si éste era inevitable, se preferían las batallas frontales de corte europeo para utilizar las armas de fuego, especialmente la artillería, y permitir la evolución de los caballos. Esto último requería de espacios abiertos, lo cual no siempre era posible, dada la geografía americana. En los grandes imperios, como el inca y el azteca, muy estructurados y jerarquizados, con élites religiosas, nobiliarias o guerreras muy restringidas, una estrategia adecuada era la captura del jefe, aunque este sistema no daba resultado con los pueblos socialmente menos desarrollados, tal y como ocurrió con los araucanos del sur de Chile. Mientras a estos últimos les quedaba el recurso de la huida, los grandes imperios urbanos y agrarios carecían de tanta movilidad y la fuga masiva habría supuesto una catástrofe demográfica. En el continente americano, la conquista española se centró en el territorio de los grandes imperios, que eran simultáneamente las regiones más pobladas y los grandes productores agrarios. Los españoles necesitaban alimentos y su pretensión era que el trabajo indio los mantuviera. A diferencia de lo ocurrido en el Caribe, donde se produjo una penetración progresiva en las islas hasta la conquista de todo el territorio, en las zonas nucleares del continente el concepto de frontera no tuvo ningún significado. La expansión fronteriza, similar a la de otras conquistas europeas en América, sólo ocurrió en las tierras marginales menos densamente pobladas, siendo la tierra, y no los hombres o las riquezas mineras, el verdadero motor de la expansión.

4. La conquista de la América continental y el comienzo de la colonización

La conquista, un proceso que duró casi treinta años, comenzó en México a principios de la década de 1520 y tuvo un final transitorio en 1549, cuando se prohibieron nuevas empresas similares, salvo aquellas que fueran de gran interés para el Estado y estuvieran autorizadas por el Consejo de Indias o las Audiencias. En su mayor parte, la conquista coincidió con el reinado de Carlos I, que debió adaptar sus planteamientos iniciales de apertura internacional a los rígidos condicionamientos que imponía la realidad americana. La historiografía tradicional hace seguir al proceso de conquista otro de colonización que se inicia, precisamente, con la suspensión temporal de 1549. En realidad, los límites entre conquista y colonización son muy difíciles de establecer, razón por la cual en este capítulo no sólo se abordará el proceso de conquista sino también el comienzo de la colonización, especialmente hasta fines del siglo XVI. La orden de 1549 no impidió la fundación de un buen número de ciudades, continuación natural del proceso previo de conquista, lo que vincula todavía más a los dos momentos y lleva a preguntarse si la fundación de una ciudad es conquista o colonización. En la segunda mitad del siglo XVI comenzaron a sonar algunas alarmas ante las amenazas de ocupación de distintos sectores de América por las potencias europeas. Las amenazas, perceptibles en la década de 1560, permitieron la reanudación de las conquistas, aunque con escasos resultados.

Finalizada la conquista, bajo el reinado de Felipe II comenzó en Indias un proceso de regionalización que no se adaptó a ningún modelo preconcebido ni a esquemas transplantados desde la metrópoli, sino que se desarrolló en función de las características y singularidades de cada caso. Si bien las estructuras políticas básicas eran los virreinatos de la Nueva España (México) y del Perú, las distancias y las comunicaciones otorgaban una gran autonomía a las provincias, especialmente las más periféricas, que dieron a cada gobernación un perfil singular. El final de la conquista daba paso a la institucionalización, lo que implicaba conflictos y tensiones entre el poder de los conquistadores y el poder de la Corona. Estos conflictos se producían bien directamente a través de los organismos encargados de administrar las cuestiones indianas desde la Península, bien a través de las autoridades delegadas que se iban asentando sobre el terreno, como virreyes, gobernadores o Audiencias. En ocasiones, los conflictos se sustanciaban de un modo más o menos ordenado, como en Nueva España; otras veces daban lugar a verdaderas guerras civiles, como en el Perú tras la sanción de las Leyes Nuevas, aunque también encontramos una gran variedad de situaciones intermedias.

1. El Imperio azteca y Mesoamérica

Si la conquista de México fue clave para entender el posterior desarrollo de la conquista de América, la figura de Hernán Cortés fue el paradigma del conquistador: un hidalgo extremeño no vinculado con la gran nobleza, que fue a América a hacer fortuna y que tras una exitosa carrera en las Antillas se convirtió en encomendero. Del curriculum de Cortés se puede resaltar su conocimiento de las leyes, que le sería extraordinariamente útil en su disputa con el gobernador de Cuba sobre el control de México y también el fuerte liderazgo que ejercía sobre sus hombres. La conquista de México y la posibilidad de obtener importantes y rápidas ganancias se convirtieron en grandes estímulos para la inmigración. De hecho, entre 1533 y 1539 se produjo un importante incremento en el número de emigrantes españoles: unos 8.000 frente a los 3.900 que partieron entre 1509 y 1529. La ciudad de México-Tenochtitlan no era un enclave aislado en el altiplano. Su ubicación privilegiada le permitía estar en estrecho contacto con prácticamente toda Mesoamérica, la vasta región que incluye el centro y el sur de México y el conjunto de América Central. En ella coexistían en el momento de la conquista europea las sociedades azteca y maya. Pero mientras la primera estaba en una fase ascendente (la expansión del Imperio mexica databa sólo de un siglo antes), los mayas atravesaban una coyuntura totalmente opuesta, ya que su última gran organización política, la Liga de Mayapán, hacía tiempo que había desaparecido. La conquista de Mesoamérica se convertiría en un test para la Corona española, ya que la exitosa experiencia cortesiana puso en marcha una gran cantidad de instituciones, necesarias para el gobierno de los territorios que se iban anexando al Imperio.

1.1. Los primeros pasos en la conquista de México

La llegada de Diego Velázquez a Cuba como nuevo gobernador convirtió a la mayor isla del Caribe en un centro febril para la expansión regional. Desde allí salieron las expediciones que partían en busca de oro, de esclavos indígenas y del mítico paso que debía conectar el mar Caribe con el océano Pacífico o Mar del Sur y desde allí también se descubrió México, comenzando por la península de Yucatán. Según las informaciones disponibles, el gobernador Velázquez envió dos expediciones de comercio y rescate a Yucatán y posteriormente fletaría la de Cortés, la tercera dirigida a México. Las dos primeras se enviaron en 1517 y en 1518 al mando de Fernando Hernández de Córdoba y Juan de Grijalva, primo de Velázquez. Si bien Hernández de Córdoba fracasó en su intento, su viaje por Cozumel y Campeche aportó las primeras noticias sobre la cultura maya, lo que llevó a Velázquez a solicitar los títulos de adelantado y gobernador de las tierras descubiertas. Estas noticias fueron corroboradas por Grijalva, quien en su viaje a las costas de México llegó hasta Tabasco, donde conoció la existencia de un rey muy poderoso y muy rico en el interior del país. El segundo viaje fue más exitoso en términos económicos, al retornar con una cantidad importante de oro, estimulando aún más la imaginación de los que soñaban con las riquezas mexicanas.

Velázquez pensó en Cortés para dirigir la tercera expedición por haber estado a su servicio en los años anteriores. El extremeño, ilusionado por las posibilidades de la aventura mexicana, se puso a trabajar activamente en su organización. Cuando se enteró de que Velázquez pretendía sustituirlo, al pensar, no sin razón, en una probable traición, decidió huir de Santiago de Cuba para completar el armado de la empresa en otros puertos del Caribe. Comenzaba así una larga y sangrienta disputa con Velázquez por el control de la expedición y, sobre todo, por la jurisdicción de los territorios a descubrir. Finalmente, en la que sería la hazaña de su vida, Cortés se hizo a la mar desde Cuba en febrero de 1519.

En su aventura mexicana, Cortés se benefició del azar pero también de su decidida ambición y vocación de triunfo. En la isla de Cozumel recogió a Jerónimo de Aguilar, que había permanecido nueve años retenido por distintas tribus mayas y que hablaba una de sus numerosas lenguas, por lo que le fue muy útil como intérprete. Posteriormente llegó a Tabasco donde, tras un primer enfrentamiento con los indígenas del que salió victorioso, un cacique local le regaló 20 mujeres, entre ellas Malintzin (también conocida como Malinche o doña Marina), con la que Cortés mantuvo una importante relación, de la que nació su hijo Martín. Malintzin hablaba el náhuatl, su lengua natal, y una de las lenguas mayas. A través de un doble proceso de traducciones, del náhuatl al maya y del maya al español, entre Aguilar y doña Marina, Cortés conoció numerosos detalles del funcionamiento de las sociedades indígenas, algo decisivo en los momentos claves de la conquista. Vemos aquí una gran diferencia entre los españoles y los indígenas, poco interesados estos últimos en aprender cosas de unos hombres desconocidos que comenzaban a estar presentes en su territorio. Esa desidia, basada en un cierto sentimiento de superioridad de los indios sobre sus enemigos, es importante para entender el triunfo de Cortés. Tras dejar atrás Tabasco, Cortés prosiguió su viaje y finalmente arribó a San Juan de Ulúa, en una pequeña isla de la costa mexicana. Allí mantuvo el primer contacto con los representantes de Motecuhzoma, que le habían llevado varios presentes con el fin de que no siguiera adelante y retornara a su país. Esta situación no hizo más que aumentar el interés de Cortés y sus hombres en la empresa: ¿por qué tenían tanto interés en que su hueste no se pusiera en contacto con ese rey tan misterioso?

Para llevar adelante sus planes de conquista, un Cortés en rebeldía debía revestir su empresa de un entramado legal sobre el cual apoyar sus reivindicaciones. En julio fundó la ciudad Villa Rica de la Veracruz siguiendo el modelo castellano de poblamiento, que contó inmediatamente con un cabildo controlado por sus hombres más leales. Antes que nada, Cortés renunció a su cargo de delegado de Velázquez para no estar condicionado por una relación de dependencia con el gobernador y luego fue nombrado por el cabildo, alcalde, justicia mayor y capitán general, convirtiéndose así en la máxima autoridad de la empresa conquistadora. Esta puesta en escena marcó la ruptura definitiva con Velázquez, que denunció su conducta al Consejo de Indias. A partir de ese instante las decisiones correspondieron únicamente a Cortés, quien pasó a depender directamente del emperador Carlos I. Para completar su actuación, envió al monarca una detallada carta de relación de todo lo ocurrido, junto con una parte importante del botín acumulado, buscando convencer a Carlos I de la importancia de la empresa para la evolución del proyecto castellano, tan vinculado a la expansión de la cristiandad. Esta maniobra y la posterior conquista de México, convertida en su mayor y más decisivo elemento de legitimación, explican por qué el Consejo de Indias rechazó la denuncia de Velázquez y validó lo actuado por Cortés.

1.2. La conquista de México-Tenochtitlan

Una vez resueltos los detalles técnico-legales más inmediatos, Cortés estaba en condiciones de comenzar la conquista de ese imperio tan misterioso y cargado de riquezas. Sólo le quedaba el problema de las huidas o deserciones, especialmente de aquellos que pudieran hacerse eco de los mensajes de Velázquez. Así, decidió desarmar las embarcaciones con las que había llegado en un episodio que popularmente se conoce como la «quema de sus naves», que marcaría un antes y un después para la expedición. Comenzó para Cortés y su hueste la larga marcha hacia el interior, que lo llevó a Tenochtitlan, subiendo al altiplano mexicano por la ruta de Cholula.

En los últimos tiempos hemos avanzado mucho en el conocimiento de la vida de Cortés y la conquista de México, gracias a algunas biografías, como las de Juan Miralles o José Luis Martínez. En algunos puntos, como la composición de su hueste, no hay un acuerdo total. Hay autores que hablan de entre 400 y 600 hombres y 17 caballos, llegados en 11 bergantines, pero Richard Konetzke apunta a 1.800 hombres, incluyendo los subordinados de Pánfilo de Narváez que se incorporaron a sus filas. Estas divergencias se basan en que la vinculación de hombres a la hueste de Cortés se produjo en diferentes momentos y que las fuentes empleadas no tienen todas la misma fecha. De todos modos, en torno a las cuestiones importantes de la vida de Cortés y de la conquista del mundo azteca, no hay mayores discrepancias.

Cortés aprovechó las informaciones recibidas y el descontento de los pueblos indígenas con Tenochtitlan, la cabecera del Imperio azteca o mexica. El Imperio estaba constituido por una laxa confederación de 38 provincias o ciudades, integrada a su vez por diversos pueblos, como los totonacos, los toltecas o los mixtecas, a los que los aztecas exigían el pago del tributo y la entrega de víctimas para los sacrificios religiosos. Las organizaciones administrativas del Imperio gozaban de una cierta autonomía, aunque en esa época se perfilaba una creciente centralización orientada a reforzar el poder de Tenochtitlan. Éste no sólo era el principal centro político y ritual del Imperio, sino también la residencia de Motecuhzoma. El resentimiento con Tenochtitlan favoreció los planes de Cortés y le permitió fraguar importantes alianzas con Tlaxcala y otros pueblos indígenas. Los tlaxcaltecas serían aliados imprescindibles para los conquistadores después de que Cortés los derrotara en combate. De este modo reforzó su hueste, gracias al aporte de guerreros, porteadores y ayudantes indígenas. Cortés también aprovechó los problemas en la nobleza azteca, capitales para la conquista definitiva de Tenochtitlan, aunque debió enfrentar asimismo algunas disensiones en sus filas.

En agosto de 1519 Cortés salió de Cempoala, reforzado por los indígenas y con información fidedigna sobre lo que encontraría camino a Tenochtitlan. En su marcha hacia el centro del Imperio se enfrentó a distintos grupos, muchos de los cuales, tras constatar que no eran aliados de los aztecas, cambiaron de bando. El cambio en la correlación de fuerzas entre aliados y enemigos de los aztecas debilitó a Motecuhzoma. A la vista de su fracaso anterior, Motecuhzoma envió nuevos representantes a Cortés con ricas ofrendas y regalos y con el pedido expreso de que retornaran a su país, lo que fue nuevamente rechazado. La postura de Motecuhzoma se debía a su creencia de que Cortés y los suyos tenían un cierto componente divino al ser los herederos de Quetzalcoatl, la más importante divinidad local; por eso, Motecuhzoma era partidario de darles a los españoles un recibimiento cordial, lo que provocó contradicciones entre la nobleza azteca. Por un lado, estaban los que acataban sus decisiones y se mostraban conciliadores con los recién llegados y, por el otro, los que estimaban que otorgar hospitalidad a los invasores sin oponer resistencia armada equivalía a la rendición y la derrota. Según Alejandra Moreno, es probable que las divisiones entre la nobleza no sólo expliquen la posición de debilidad de los aztecas, sino también algunas actitudes vacilantes de Motecuhzoma frente a los invasores.

Tras la batalla de Cholula, que con su saldo de 6.000 muertos indígenas evidenció la decisión de Cortés y el volumen y poderío de sus fuerzas, prosiguió la marcha hacia México, vigilado de cerca por los soldados de Motecuhzoma. En Texcoco, la segunda ciudad del imperio, Cortés recibió el apoyo de Ixtlelxochitl, que en épocas pasadas había competido con Motecuhzoma por el trono mexica. Finalmente, tras múltiples peripecias, llegaron a Tenochtitlan. La ciudad, enclavada en una isla en el centro del lago Texcoco, sólo era accesible a través de tres calzadas construidas junto a distintos diques que regulaban el flujo de las aguas del lago. Cortés y sus hombres fueron recibidos con gran hospitalidad en la corte de Motecuhzoma, dado el carácter divino que les atribuían, alojados en los palacios reales y colmados de regalos. Con el paso del tiempo, a la vista de su vulnerabilidad y del carácter mortal de sus perros y caballos, la idea de la divinidad de los hombres blancos fue perdiendo fuerza. También influyó en el cambio de postura azteca el pedido de Cortés de que los dioses indígenas, ídolos en el lenguaje castellano, fueran reemplazados por el Dios cristiano. La situación se complicaba por los sacrificios humanos aztecas a sus dioses, pero también por sus prácticas antropófagas, que provocaban la repulsa de los conquistadores. El canibalismo no era únicamente ritual, al tener una vertiente gastronómica, documentada en las crónicas y fuentes indígenas. Con el correr de los días el clima en la ciudad se fue enrareciendo y, para evitar males mayores, Cortés tomó prisionero a Motecuhzoma, saqueó el palacio real y destruyó los principales centros religiosos de Tenochtitlan. En vez de solucionar los problemas, las medidas represivas los acrecentaron e hicieron más próximo el desenlace trágico.

Los aztecas no eran el único problema que debía enfrentar Cortés, ya que el gobernador Velázquez no había aceptado la traición del extremeño y quería un castigo ejemplar para él y sus seguidores. Así se envió una expedición desde Cuba al mando de Pánfilo de Narváez, lo que obligó a Cortés, con parte de sus hombres, a retornar a la costa para evitar que se interpusiera en sus planes, dejando en la capital azteca un destacamento al mando de su lugarteniente Pedro de Alvarado. Cortés tuvo éxito en su empeño y logró que buena parte de los soldados de Narváez se sumaran a sus filas, pero debió regresar a toda prisa cuando fue informado de una sublevación azteca en Tenochtitlan. Los aztecas se habían rebelado después de que Alvarado provocara una gran matanza en la plaza del Templo Mayor, que afectó a una parte importante de la nobleza local. Pese a los niveles crecientes de enfrentamiento, los aztecas dejaron que Cortés y sus hombres regresaran a Tenochtitlan, ya que dentro del recinto urbano sus armas y caballos eran menos efectivos que en espacios abiertos y más vulnerables. Cuando comenzó el sitio a los invasores, los españoles se hicieron fuertes en el Palacio Real y retuvieron a Motecuhzoma como rehén para no ser atacados. Lo llevaron ante las murallas, donde fue apedreado hasta la muerte por la multitud que lo consideraba un traidor. Cortés intentó, sin éxito, acabar con la rebelión destruyendo el templo y los símbolos religiosos aztecas, pero al ver que su posición era cada vez más insostenible, decidió romper el cerco y retirarse, tras repartir el botín con sus hombres. La huida, la famosa Noche Triste, se consumó el 30 de junio de 1520, dejando en su marcha un elevado número de muertos y heridos. Los soldados, cargados con las joyas que componían su botín, no tenían la movilidad necesaria para maniobrar entre los canales y muchos debieron abandonar sus posesiones.

Pocos días después se libró en el llano de Otumba la conocida como la mayor batalla en suelo mexicano, tanto por el número de participantes como por sus consecuencias políticas. De un lado se enfrentaban decenas de miles de soldados aztecas, del otro, 300 españoles con 22 caballos y cerca de 2.000 indios aliados. Con un golpe de audacia, Cortés mató al general indígena y en el momento en que elevó su estandarte se produjo la desbandada de los aztecas, debilitados por los conflictos internos de la nobleza mexica, los cortocircuitos en las líneas de mando y la desintegración de las alianzas tradicionales con los pueblos vecinos. Esta situación permitió convertir una fuga desordenada en una retirada estratégica y dio tiempo a los españoles a buscar refugio en Tlaxcala, donde repondrían fuerzas y recompondrían la estructura militar de la hueste. Cortés preparó su contraataque durante catorce meses. En ese tiempo controló a los pueblos que apoyaban a Tenochtitlan, a la que finalmente sitió por tierra y agua. Reforzó su posición gracias al armado de 13 bergantines que le permitieron controlar el lago Texcoco (contaba con las piezas de las embarcaciones desarmadas a su llegada), al socorro de miles de indígenas aliados y a la viruela, que diezmó las filas aztecas. El sitio de la ciudad durante tres meses dejó un reguero de muertos por hambre y enfermedad. Tras la huida española, Tenochtitlan había sido invadida por la viruela. Un negro de la expedición de Narváez, enfermo, inició el contagio, que se propagó rápidamente entre los habitantes de la capital y se cobró miles de víctimas. Uno de los primeros en caer fue Cuitlahuac, el sucesor de Motecuhzoma. Para los defensores, el panorama era desalentador porque los españoles no se contagiaban. En agosto de 1521 se consumó la toma de Tenochtitlan, que fue prácticamente destruida. Sobre sus ruinas, de forma inmediata, se construyó la ciudad de México, que sería la cabeza de una nueva organización política, la Nueva España, y el símbolo del poder colonial español en Mesoamérica.

1.3. La ampliación de las fronteras del México colonial

La conquista del Imperio mexica no fue un paseo militar. Si bien Cortés recibió embajadas de numerosos señores regionales que querían establecer nuevas alianzas, en muchos sitios los conquistadores tuvieron que interrumpir su avance ante una fuerte resistencia. Ésta a veces fue violenta, como en los pueblos de Malinalco o en las provincias de Matalzingo y Atlixco, pero también adquirió otras formas. En Yecapixtla, por ejemplo, se produjo la inmolación total de los indígenas, ya que los guerreros, al verse derrotados, optaron por arrojarse a un despeñadero cercano. Entre 1522 y 1529 se consumó el dominio sobre el resto del Imperio y se fue todavía más allá, especialmente en dirección oeste y noroeste, con la ocupación de Michoacán, de las llanuras del interior y de la costa del Pacífico. Mientras tuvo lugar el cerco de Tenochtitlan, Cortés envió a algunos de sus capitanes para someter los territorios del interior y entre 1521 y 1524 completó la conquista, en dirección oeste y noroeste. Pero ni el Imperio azteca ni su zona de influencia serían un coto reservado de Cortés, surgiendo numerosos conflictos jurisdiccionales entre los conquistadores que representaban la pugna por el control de la mano de obra y las riquezas indígenas. Inicialmente la acción se limitó al control de los pueblos que pagaban tradicionalmente el tributo a Tenochtitlan y tras la conquista podían pagarlo a los conquistadores. En 1522, con la conquista de Pánuco, se estableció la que durante años sería la frontera norte de México. En esa misma fecha, una expedición enviada desde Jamaica, caracterizada por su crueldad, amenazó la paz de la zona al impulsar un levantamiento indígena que fue reprimido por los lugartenientes de Cortés.

Ese año, Cristóbal de Olid encabezó la entrada hacia Michoacán y Zacatula. Como señala Alejandra Moreno, tras las primeras conquistas los españoles se dirigieron a los puertos del golfo de México (Pánuco y Coatzacoalcos) o del Pacífico (Zacatula). Por un lado, se trataba de mantener activas las líneas de comunicación con la metrópoli y, por el otro, buscar el camino hacia las riquezas asiáticas, especialmente después de que en 1522 Juan Sebastián Elcano completara la circunnavegación del globo. En 1526 Cortés recibió la orden de Carlos I de enviar desde México una expedición a las islas de la especiería, que finalmente llegó a Mindanao y las Molucas, ante la falta de noticias sobre la expedición a las Molucas de García de Loaysa y Elcano. Quedó así planteado el problema de encontrar la ruta permanente entre México y Filipinas, que se resolvería en 1564-1565 con el descubrimiento de Miguel López de Legazpi y Andrés de Urdaneta del camino de regreso a Acapulco y que sería la base del Galeón de Manila, gracias a la corriente de Kuro Shivo. Durante esos años también salieron pequeños navíos para explorar las costas del noroeste, llegando hasta la península y el golfo de California, conocido como Mar de Cortés.

Como ya se ha señalado, cuando la conquista se dio por finalizada comenzaron las tensiones entre Cortés y sus hombres con la Corona. Mientras los primeros se apoyaban en el poder que les otorgaba el control del territorio y de la mano de obra, sintetizado en la figura de los encomenderos, la Corona intentaba imponer a toda costa sus derechos y sus puntos de vista. Así se hizo evidente la presencia de los funcionarios reales, más notoria a partir de 1528 cuando se creó la primera Audiencia de México, que tuvo tensas relaciones con Cortés. La autoridad real se reforzó dos años después con la segunda Audiencia gobernadora, presidida a partir de septiembre de 1531 por Sebastián

4. La conquista de la América continental y el comienzo de la colonización

Ramírez de Fuenleal, siendo Vasco de Quiroga, futuro obispo de Michoacán, uno de sus integrantes más destacados. El proceso se acentuó en noviembre de 1535 cuando don Antonio de Mendoza, conde de Tendilla, asumió como primer virrey de México. Su mandato de quince años asentó el dominio español en Nueva España.

Los virreyes mexicanos eran seleccionados entre los segundones de las grandes familias nobiliarias para contener a los conquistadores reconvertidos en encomenderos con aspiraciones señoriales. La aplicación de las Leyes Nuevas en 1542, que prohibía el carácter sucesorio de las encomiendas, estuvo a punto de provocar una sublevación de los encomenderos tal y como había sucedido en Perú, pero la habilidad del virrey Mendoza, de la Audiencia y del obispo Zumárraga la evitaron. Fue importante la anulación de dicha normativa en 1545 para terminar de calmar la situación. Luis de Velasco, el segundo virrey (1550-1564), terminó de sentar las bases organizativas del virreinato, y según Manuel Lucena, inició la etapa propiamente colonial. De este modo, aseguró con presidios y poblaciones el camino hacia el centro argentífero de Zacatecas; instauró el repartimiento de indios para garantizar la mano de obra a los reales de minas; mantuvo las leyes que prohibían esclavizar a los indios y continuó la labor de su predecesor de recortar el poder de los encomenderos. Por todo ello, debió reprimir la asonada de Martín Cortés, el hijo de Hernán Cortés, y los hermanos Alonso y Gil González Dávila, hijos del conquistador González Dávila.

Entre 1520 y 1530 los conquistadores se establecieron cerca de las costas y las primeras ciudades fundadas —Veracruz, Pánuco, Coatzacoalcos— tuvieron un claro sentido estratégico para asegurar las rutas de comunicación con España. Posteriormente los españoles dirigieron su atención al Pacífico. Una vez concluida la primera fase, comenzaron a surgir los primeros centros mineros al sur de la cordillera volcánica: Sultepec y Taxco. En la década siguiente, 1530-1539, el poblamiento español se reorientó hacia el Altiplano y en 1532 fray Toribio de Motolinía fundó la ciudad de Puebla sobre las ruinas de Cuetlaxcoapan, entre las ciudades de México y Veracruz. Puebla se convertiría pronto en un punto estratégico en las comunicaciones entre México y la península Ibérica, así como en el principal granero de la capital.

Después del fracaso de su expedición a Las Hibueras, Cortés regresó a España. Aprovechando su ausencia, el presidente de la Audiencia Nuño de Guzmán organizó una gran campaña militar en el norte, con la expectativa de encontrar grandes riquezas. La frontera norte era un conjunto de regiones diversas de límites imprecisos, que fue extendiéndose lentamente pero que siempre resultó imposible de proteger en su totalidad. A fines del siglo XVII todavía se seguían realizando algunas colonizaciones en California, Nuevo México o Texas, para frenar los avances ingleses o franceses. En diciembre de 1529, Nuño de Guzmán al frente de 500 soldados y 12.000 indios partió hacia Toluca y Tonalá y fundó las ciudades de Guadalajara y Santiago de Compostela. A instancias suyas, Guadalajara se convirtió en el centro de la provincia de Nueva Galicia, desde donde se hizo frente, entre 1541 y 1542, a la Guerra Mixteca. La frontera ganadera tuvo en el norte poco poblado una de sus principales vías de expansión, avanzando sobre las tierras de los pueblos chichimecas, comedores de perros en lengua náhuatl, que ofrecieron resistencia activa hasta 1690.

En los años iniciales de la conquista las ciudades parecían casas-fortaleza. Ese modelo defensivo siguió primando hasta mediados del siglo XVI. A partir de entonces el paisaje urbano comenzó a cambiar y las ciudades se llenaron de burócratas y comerciantes. Las diferentes fronteras (agraria, minera, ganadera, etc.) se expandieron, bien al oeste o al noroeste, bien consolidando posiciones en el interior de los territorios conquistados. Esto ocurrió con la minería, especialmente cuando se hallaron los yacimientos de Zacatecas en 1546. Alrededor de los yacimientos argentíferos que se iban descubriendo (reales mineros) se fundaron ciudades con independencia de que hubiera o no poblaciones indígenas proveedoras de mano de obra. Así surgió Zacatecas, en 1548, y otros centros importantes como Aguascalientes, Sombrerete, Nombre de Dios o Pánuco. La existencia de reales de minas cada vez más al norte de Zacatecas condujo a lo que sería la gobernación de Nueva Vizcaya, cuya conquista fue autorizada a Francisco de Ibarra pese a contar sólo con 15 años de edad, gracias a las influencias de su tío, un poderoso vecino de Nueva Galicia. La expedición partió de Zacatecas en 1554 y llego hasta San Miguel y las minas de San Martín y San Lucas, que permitieron nuevas fundaciones urbanas. En 1562, Ibarra fue nombrado gobernador de Nueva Vizcaya y tras fundar las ciudades de Nombre de Dios y Durango, se dirigió a Sinaloa.

El señuelo de las riquezas mexicanas era un imán que atraía la atención no sólo de los conquistadores establecidos en América, sino también de numerosos aventureros peninsulares. De modo que aumentó la presión sobre la Corona para otorgar nuevas capitulaciones que permitieran explorar y conquistar la región. Para poner un poco de orden entre tantas iniciativas individuales, muchas a cargo de colaboradores de Cortés, en 1526 se promulgaron las Órdenes de Granada, que intentaban regular los nuevos descubrimientos. La primera expedición según las nuevas normas se envió al Yucatán en 1527, al mando de Francisco de Montejo. Yucatán había permanecido al margen de la corriente principal de la conquista y durante más de quince años seguiría resistiendo a la dominación española. Los mayas, a diferencia de los aztecas, estaban menos estructurados políticamente, lo que esta vez jugó a su favor. Después de la caída del último Imperio en el siglo XV, las tribus mayas carecían de un poder político centralizado, lo que dificultó su conquista. Montejo inició la conquista de Yucatán desde el norte, donde fundó la ciudad de Salamanca. Uno de sus primeros objetivos fue encontrar la capital de los mayas, intentando en vano repetir el modelo de conquista cortesiano. Después de muchas peripecias Montejo llegó a Chichén Itzá, que estaba en ruinas pues había sido abandonada años atrás, lo que supuso un duro golpe para sus expectativas. Posteriormente volvió a empezar, esta vez desde el sur, aunque cosechó un nuevo fracaso, por lo cual retornó a España en busca de refuerzos, dejando en el terreno a su lugarteniente Alonso de Ávila. En 1542, su hijo Francisco de Montejo el Mozo fundó la ciudad de Mérida, seguida de Valladolid y Campeche. Pero la presencia española sólo se consolidó en la costa, ya que en el interior y durante mucho tiempo los mayas continuaron resistiendo al invasor.

Desde México se enviaron algunas expediciones a lo que hoy son los Estados Unidos. Si bien la mayor parte fracasó, se puede decir en descargo de los conquistadores que su interés era escaso ante la falta de riquezas o de importantes masas de población indígena. Después del descubrimiento de la Florida por Ponce de León, la siguiente expedición fue la de Lucas Vázquez de Ayllón, oidor de la Audiencia de Santo Domingo, que tenía noticias de que en Chicora —Carolina del Sur— existía una importante riqueza perlífera, extremo que resultó falso y marcó el fracaso total de la empresa. En 1527, Pánfilo de Narváez condujo una expedición a Florida con trágicos resultados, que zarpó de Sanlúcar de Barrameda. Entre los supervivientes estaba Álvar Núñez Cabeza de Vaca, que durante ocho años vivió entre los indios y cuando regresó a México impulsó el mito de las Siete Ciudades de Cíbola, una fantasía semejante a la de El Dorado sobre la existencia de grandes riquezas auríferas en los territorios del norte. El interés por Florida disminuyó hasta que los hugonotes franceses se asentaron en sus costas para atacar a las flotas españolas que retornaban a la Península cargadas de plata. Con el objetivo de expulsar a los franceses, Felipe II nombró a Pedro Menéndez de Avilés adelantado y gobernador de la Florida. Tras fundar San Agustín, dirigió una parte de su armada contra el fuerte galo de Carolina, que capturó sin grandes complicaciones. La existencia de potenciales riquezas en el norte movió la curiosidad del virrey Mendoza que envió sendas expediciones al mando de fray Marcos de Niza y del gobernador de Nueva Galicia, Francisco Vázquez de Coronado. Fray Marcos recorrió Arizona y Nuevo México y Vázquez de Coronado se adentró en Arizona, Nuevo México, Oklahoma y Kansas. Ninguno encontró riqueza alguna, aunque Vázquez de Coronado comprobó que las ciudades de Cíbola eran los asentamientos de los indios pueblo. Hernando de Soto, también atraído por el oro y con unas capitulaciones firmadas en 1537, inició un viaje desde la bahía de Tampa que le llevó en 1541 a descubrir el río Mississippi, al que llamó río del Espíritu Santo, donde murió al año siguiente. La desgracia de Soto marcó la falta de interés por la región y puso fin a las expediciones enviadas desde la Nueva España.

1.4. América Central

Tras la conquista de Tenochtitlan también se enviaron expediciones hacia el sur, Chiapas y América Central, a las tierras de población maya más densamente pobladas. Estas expediciones coincidieron con otras despachadas desde Castilla del Oro —Panamá— conquistada antes que México. Entre las zonas centroamericanas de mayor población destacaban los altiplanos de Guatemala y El Salvador y las tierras bajas de Yucatán y el golfo de Honduras. Los asentamientos españoles se limitaron a las tierras altas del centro, los altiplanos, y a las costas y pendientes del Pacífico. Héctor Pérez Brignoli dice que eran las zonas de clima más favorable, con poblaciones indígenas más numerosas y de sometimiento más fácil. Las selvas tropicales de la vertiente atlántica se convirtieron en una frontera difícil de franquear tanto por su vegetación como por el clima y el carácter indómito de los indios allí establecidos.

La expansión meridional comenzó inmediatamente, pues Cortés quería evitar la competencia con el gobernador de Panamá. Envió a la región una expedición al mando de Pedro de Alvarado, que sometió a los quichés guatemaltecos aprovechando ciertos conflictos entre los reinos mayas del Altiplano, lo que le permitió extender su dominio hasta la actual frontera de El Salvador. En realidad, el control español se limitó a la franja costera, que comprendía la bahía de Amatique y el puerto de Trujillo, en el golfo de Honduras, la desembocadura del río San Juan, en Nicaragua, y la zona atlántica de Costa Rica, entre los ríos Matina y Banano.

La conquista de América Central no fue sencilla ni pacífica. En primer lugar porque, a diferencia de lo ocurrido en México y de lo que sucedería en Perú, en el área maya no había un poder central al que vencer. Segundo, porque muchos jefes indios fueron ejecutados para evitar rebeliones. Esta realidad, simultánea a la esclavización de numerosos indígenas, generó los levantamientos mayas fallidos de 1524 y 1526. En 1524, Cortés envió a Cristóbal de Olid al sur de México para buscar un paso hacia el Pacífico, al pensar que podía encontrar una ruta mejor que la del estrecho de Magallanes. La ambición de Olid, que quiso seguir los pasos de su jefe declarándose gobernador, condujo al fracaso a la expedición dirigida a Honduras. Ante el giro de los acontecimientos, Cortés decidió comandar la entrada a Las Hibueras, en Honduras, y se llevó a Cuauhtémoc, el heredero azteca, y a su primo, el rey de Tacuba, para evitar levantamientos en la retaguardia. El balance no pudo ser peor ya que no encontraron el estrecho, los rehenes aztecas fueron ejecutados y las autoridades provisionales de México cometieron grandes desmanes, lo que cuestionó el gobierno de la región y debilitó la posición de Cortés frente a la Corona.

Los enfrentamientos con los indígenas duraron más de 20 años y en 1559 se conquistó a los lacandones. La sensación de incertidumbre en la región se agudizó por los enfrentamientos entre los conquistadores, que pugnaban por el control del territorio y de la mano de obra indígena. Todo ello hizo que las autoridades delegadas de la Corona y los misioneros tardasen en establecerse en una zona insegura y carente de garantías. Ese año comenzó la conquista de Costa Rica, donde sólo existía un asentamiento en el golfo de Nicoya, desempeñando Francisco Vázquez de Coronado y Perafán de Rivera un papel destacado. Desde 1543, cuando comenzó el sistema de las flotas convoyadas, Panamá había reemplazado a América Central en el tránsito de mercancías a través del istmo centroamericano, reduciendo el atractivo de la región. Este hecho se acentuó a partir de 1560, cuando se agotaron los placeres auríferos en Honduras y Nueva Segovia, al norte de Nicaragua, lo que permitió ampliar el control de las autoridades civiles y religiosas y ordenar la vida de la región.

La multiplicidad de corrientes de conquista y colonización se reflejó en la ordenación del territorio, que se modificaba según la marcha de la penetración española. En los momentos iniciales, América Central estaba formada por varias gobernaciones: la de Guatemala, de Pedro de Alvarado; la de Honduras y Chiapas, de Francisco de Montejo; y la de Nicaragua, de Rodrigo de Contreras, yerno de Pedrarias Dávila. A partir de las Leyes Nuevas de 1542, con la creación de la Audiencia de los Confines, comenzó a plasmarse la unidad territorial centroamericana. La Audiencia tenía jurisdicción sobre Guatemala, Nicaragua, Honduras, Chiapas, Soconusco y la provincia de Cartago, luego Costa Rica. Inicialmente también se ocupaba de Yucatán y Cozumel, que desde 1560 dependieron de la Audiencia de México y de Tierra Firme, vinculada a Lima en 1550. La Audiencia gobernadora se estableció en Santiago de los Caballeros de Guatemala y su restablecimiento en 1570 dio lugar al reino de Guatemala. Su presidente se desempeñaba también como gobernador y capitán general, subordinado al virreinato de la Nueva España.

2. La conquista de América del Sur. Perú

Mientras México fue el centro de la conquista de Mesoamérica, Perú se convirtió en el eje de la actividad en América del Sur. En ambos casos asistimos a fenómenos semejantes: un imperio indígena centralizado muy poblado y rico; el protagonismo de un líder ávido de riquezas —Hernán Cortés en México o Francisco Pizarro en Perú—; el saqueo sistemático de los tesoros acumulados durante siglos por los indios; el descubrimiento de importantes yacimientos de plata en Zacatecas y Potosí, el último motor de la conquista y de la expansión colonial. Pero las similitudes no terminan aquí, ya que Pizarro utilizó como modelo la experiencia de Cortés, especialmente en la rápida captura del jefe del Estado, aprovechando las estructuras jerárquicas y administrativas del Imperio inca. De este modo, rápidamente se pudo sacar partido de los tributos pagados en dinero, en especies o en trabajo. Y al igual que en México, Pizarro se benefició de las divisiones entre los pueblos indígenas y el rechazo a los incas para aliarse con sus enemigos y aumentar su capacidad militar. En Perú también actuaron a favor de los conquistadores algunos elementos religiosos vinculados a la profecía de Viracocha, dios creador y uno de los máximos representantes del panteón inca. La profecía establecía que durante el reinado del XII inca, unos hombres procedentes del mar destruirían el Imperio. Esto favoreció la invasión, ya que a su llegada los europeos fueron considerados viracochas o descendientes del dios, lo que les concedió una apreciable ventaja sobre los indígenas.

La conquista del Perú comenzó poco después de la de México y se convirtió en la tercera y última etapa del desembarco americano, aunque las disensiones en la hueste conquistadora provocaron graves enfrentamientos. Como en México, la fase central de la conquista de Perú se completó en tres años y en poco más de una década los españoles habían consolidado su presencia en buena parte de América del Sur. La rapidez de la conquista del joven Imperio se explica por las limitaciones y contradicciones incas. La expansión de Cuzco había comenzado un siglo antes de la invasión española, que encontró instituciones imperiales poco maduras. El Imperio había crecido a costa de las tribus aymaras vecinas, para luego dominar la región andina del Perú hasta llegar a Quito. Más tarde se dirigieron al sur: el Alto Perú, hoy Bolivia, el norte de Chile y el noroeste de Argentina. Huayna Capac, padre de Atahualpa, conquistó Tumbes y amplió los límites del Imperio hacia el norte. El avance del Imperio inca no se hizo sin sobresaltos, ya que durante el reinado de Huayna Capac se produjeron algunos levantamientos contra la presión de los tributos en trabajo.

2.1. La conquista de Perú y Quito

La empresa de Francisco Pizarro se originó en Panamá, un centro regional de relativa importancia que muy pronto competiría con México por el control de América Central. A partir de 1524 Pedrarias Dávila impulsó el envío de expediciones hacia el sur, algunas de las cuales fueron dirigidas por Pizarro. Como Cortés, Pizarro era extremeño, aunque su nivel de instrucción era limitado. También le faltaba su profundidad psicológica, lo que quizá le hubiera permitido consolidar su liderazgo e imponerse al enemigo, y su capacidad administrativa para lidiar con la Corona y sus competidores. Pizarro había llegado al Caribe en 1508 y al empezar la aventura peruana tenía más de 50 años. Integró la expedición de Núñez de Balboa y fue alcalde de Panamá, donde le llegaron noticias de un reino muy rico, llamado Virú o Perú, al sur del golfo de San Miguel.

Para emprender la aventura peruana, Pizarro armó en Panamá una compañía con Diego de Almagro y el eclesiástico Hernando de Luque, que aportó la mayor parte del dinero, aunque el acuerdo entre los socios era repartir las ganancias en partes iguales. El dinero alcanzó para fletar una pequeña expedición (un buque y poco más de 100 hombres) y en 1524 Pizarro zarpó de Panamá, dejando tras de sí a Almagro, que intentaba reunir más fuerzas para ampliar la hueste. Después de algunas peripecias, los conquistadores llegaron a las costas colombianas desde donde regresaron a Panamá sin grandes ganancias. La segunda expedición zarpó dos años después y llegó a la costa de Barbacoas y Atacames, al norte de Quito. Ante la oposición indígena debieron replegarse a la isla del Gallo, donde Pizarro permaneció mientras Almagro volvía a Panamá en busca de refuerzos. El gobernador de Panamá ordenó a Pizarro que regresara, pero éste se negó a volver sin nada bajo el brazo y decidió emular la quema de las naves de Cortés. Trazó con su espada una línea en el suelo y dijo que todos aquellos que quisieran acompañarlo en la búsqueda de fama y riquezas debían pasarla. Sólo trece de sus hombres, los conocidos como Trece de la Fama, decidieron permanecer junto a él, mientras el resto de la hueste volvía a Panamá. Una vez obtenida la autorización del gobernador y recibidos los refuerzos, Pizarro navegó hacia el sur para completar su búsqueda del Virú.

En 1528, tras bordear las costas de Colombia y Ecuador, Pizarro llegó a Tumbes, en el Perú, una urbe avanzada y puerta de entrada del Imperio inca. El contacto desató las fantasías de los conquistadores que, como en el Tenochtitlan, soñaban con colosales y fáciles ganancias. Posteriormente siguieron viaje hacia el sur, hasta alcanzar la desembocadura del río Santa, donde recogieron más noticias de las riquezas del reino. Ante lo encontrado en Tumbes, los tres socios decidieron que Pizarro viajara a España para obtener una capitulación de la Corona que les permitiera iniciar la conquista del Perú. En 1529 Pizarro obtuvo las Capitulaciones de Toledo, que lo nombraban adelantado y alguacil mayor de Nueva Castilla (el nombre del Perú) y detallaba los títulos y mercedes que recibirían tanto él como sus socios. Mientras Almagro sería hidalgo y alcaide de Tumbes, Luque sería su arzobispo. Este desigual resultado, que beneficiaba a Pizarro en contra de Almagro y Luque, tensó las relaciones entre los socios, especialmente entre Pizarro y Almagro, aunque la sociedad se recompuso tras la salida de la primera expedición oficial al Perú, financiada por algunos encomenderos locales. En esta oportunidad Pizarro pudo contar con sus hermanos Hernando, Juan y Gonzalo y con su hermanastro Francisco Martín Alcántara.

En enero de 1531 salieron de Panamá las tres embarcaciones de la expedición rumbo a las costas de Colombia y Ecuador. Mientras Pizarro encabezaba la expedición, Almagro seguía en Panamá buscando refuerzos y pertrechos. Al llegar a Tumbes se encontraron con que la ciudad había sido destruida durante la guerra civil entre el inca Atahualpa y su hermanastro Huáscar por el control del trono tras la muerte de Huayna Capac, padre de los anteriores, afectado por una epidemia de origen europeo. El enfrentamiento fratricida entre el primogénito Huáscar y la nobleza cuzqueña contra Atahualpa, el hijo preferido de Huayna Capac, y los señores quiteños, los dos centros de poder del imperio, tuvo consecuencias para la estabilidad del Estado inca y facilitó la conquista española, ya que los partidarios de Atahualpa controlaban Quito, y Cuzco los seguidores de Huáscar.

A la vista del panorama encontrado en Tumbes, Pizarro penetró en el Perú y en 1532 fundó San Miguel de Tanará, Piura. En noviembre llegó a Cajamarca, donde encontró al inca Atahualpa, al que le tendió una trampa para utilizarlo como rehén. Este acto fue acompañado de una matanza entre el ejército del inca, lo que marcaría las relaciones entre europeos e indígenas. La orden de Atahualpa de ejecutar a Huáscar debilitó aún más la posición de los naturales, sumidos en luchas internas. Si bien Atahualpa le pagó a Pizarro un rescate por su liberación, terminó siendo ejecutado después de un juicio totalmente amañado, que recibió grandes críticas del emperador Carlos I. Tras repartir el botín, y a la espera de los refuerzos de Almagro, Pizarro paralizó su avance hacia Cuzco, que terminó siendo conquistado el 14 de noviembre de 1533. Entonces se supo que algunos conquistadores ajenos a su hueste podían penetrar por el norte, lo que llevó a Pizarro a pensar en la conquista de Quito para frenar a sus posibles competidores.

Sebastián de Belalcázar, uno de los lugartenientes de Pizarro, se lanzó a la conquista de Quito con la esperanza de incrementar sus ganancias. Con la ayuda de los indios cañaris, en mayo de 1534, ocupó la ciudad, previamente quemada por sus defensores. La conquista de Quito siguió a una campaña sangrienta, donde Belalcázar se enfrentó al ejército indígena del jefe Rumiñahui. Belalcázar estaba empeñado en encontrar el tesoro de Atahualpa, y lanzó unas duras incursiones en los alrededores de la capital, cuando le avisaron que Diego de Almagro lo esperaba en Quito para frenar a Pedro de Alvarado, el conquistador de Guatemala, que pretendía entrar en «su» territorio. Almagro y Belalcázar se dirigieron a Riobamba, al sur, para enfrentar al intruso. El propósito de Alvarado era claro. Atraído por su riqueza, quería conquistar el reino de Quito y con este fin armó en Guatemala una gran hueste integrada por 450 españoles, numerosos indios y 270 caballos. Éstos, al haberse reproducido en las tierras americanas, habían dejado de ser el producto costoso del comienzo de la conquista. Cuando se produjo el encuentro entre los dos grupos, el dirigido por Almagro y Belalcázar y el de Alvarado, este último se dio cuenta de que sus pretensiones carecían de sentido y, tras recibir 100.000 pesos, regresó a Guatemala dejando a sus rivales sus hombres y sus barcos. A las órdenes de Pizarro, Belalcázar entró en Quito a fines de 1534, después de una nueva campaña en la que capturó a los jefes indios Rumiñahui y Zocopozagua, a quien quemó vivo. Ya en Quito, instaló el cabildo y repartió la tierra entre sus soldados. Como tantos otros de los recién llegados al Perú, fue obnubilado por el mito de El Dorado y salió en su busca rumbo a Popayán.

En poco más de tres años se conquistó el incario, gracias a la rigidez de su jerarquizado sistema social y de sus instituciones territoriales y después comenzó la colonización de un territorio extenso, variado y, según los conquistadores, lleno de riquezas. Concluida la fase militar de la conquista, caracterizada por el saqueo de los tesoros incaicos, Pizarro comenzó la segunda etapa para consolidar la presencia europea. Repartió tierras y encomiendas entre sus seguidores, aunque su desconocimiento de las características geológicas, demográficas y productivas del territorio forzaron un reparto desigual, aumentando el descontento de los más perjudicados. En 1535, un año después de fundar Jauja, ordenó la creación de nuevas ciudades como Lima y Trujillo, esta última a cargo de Diego de Almagro. También remodeló Cuzco después del expolio a que fue sometida, aunque manteniendo la planta original (muchos de los edificios se construyeron sobre los cimientos de los palacios y los templos incas). Todavía hoy se ve en algunos edificios históricos la base de las paredes de edificación inca, mientras la parte superior se adapta a los cánones hispánicos. El plan de Pizarro buscaba establecer una nueva capital en la costa del Pacífico que facilitase las comunicaciones con la metrópoli y con el resto del imperio. Lima, conocida como la ciudad de Los Reyes, logró una situación estratégica en el Pacífico gracias al cercano puerto de El Callao.

A fines de 1533 Manco Inca, hermanastro de Atahualpa, fue proclamado legítimo gobernante del incario, dado que Pizarro estimaba conveniente tener un inca al frente del aparato administrativo y militar. Tras un período inicial de colaboración con los invasores, Manco se desilusionó ante el rumbo que tomaban las cosas, marcado por la represión contra los indígenas y los excesos o errores administrativos, como el sacrificio de los rebaños de llamas o el abandono de los canales de riego, base del sistema agrario andino. Después de reunir un ejército de 50.000 hombres, Manco lideró una sublevación entre marzo de 1536 y abril de 1537, y sitió Cuzco y Lima. La aventura no prosperó debido a la dilación de Manco en asestar el golpe definitivo, permitiendo la llegada de refuerzos desde Chile comandados por Almagro. El cambio en la correlación de fuerzas obligó a Manco a retirarse a los valles del Antisuyu. Desde Vilcabamba, cerca del Machu Pichu, Manco lideró un estado «neoinca» que resistió hasta 1572, cuando el virrey Francisco de Toledo ejecutó a su nieto Túpac Amaru, el último inca del Perú.

El fin de la conquista contempló el estallido de diferentes guerras civiles, una serie de conflictos entre los conquistadores por el poder de las huestes, especialmente entre quienes se quedaban con los mayores beneficios y los que se creían postergados. En otros casos, los conflictos enfrentaron a los encomenderos con la Corona, aunque el problema de fondo era el mismo: las aspiraciones señoriales de los conquistadores. Entre los factores desencadenantes hay que mencionar el asesinato de Francisco Pizarro, la fundación del virreinato peruano y la Audiencia de Lima y la aplicación de las Leyes Nuevas. La primera guerra se inició en 1537, coincidiendo con la sublevación de Manco Inca y enfrentó a Diego de Almagro, «el Viejo», con los Pizarro. Almagro pensaba que su gobernación incluía Cuzco y procedió a ocupar la ciudad. Al año siguiente, los pizarristas dirigidos por Hernando Pizarro reconquistaron la antigua capital incaica y ejecutaron a Almagro, dejando una sensación de descontento y un deseo de venganza entre sus seguidores. En consonancia con ese estado de ánimo, en 1541 los almagristas asesinaron a Francisco Pizarro en Lima y colocaron al frente del gobierno a Diego de Almagro, «el Mozo», hijo de «el Viejo». Esta situación duró poco, ya que los enviados de la Corona y los pizarristas derrotaron a los almagristas y ejecutaron a los principales dirigentes de la revuelta.

La tercera guerra civil se vinculó al rechazo de las Leyes Nuevas por los conquistadores y marcó los conflictos de la Corona con los encomenderos. En 1544 llegó a Lima el primer virrey del Perú, Blasco Núñez de Vela, con la orden de aplicar las Leyes Nuevas que, entre otras medidas regulatorias y tendentes a reforzar el poder de la Corona, prohibían el carácter hereditario de las encomiendas. Una de las órdenes del nuevo virrey fue retirar sus encomiendas a los participantes en las guerras entre almagristas y pizarristas, la mayoría de los encomenderos peruanos, pero cuatro meses después estalló la rebelión de Gonzalo Pizarro contra la reglamentación de las encomiendas. El triunfo rebelde destituyó al virrey, que terminó decapitado en Quito, e instauró a un nuevo gobierno a cargo de Gonzalo Pizarro con el apoyo de la Audiencia. Tras cinco años de enfrentamientos, los pizarristas fueron derrotados en Xaquixaguana en abril de 1548 por Pedro de La Gasca, enviado desde España para resolver el problema. En 1550 La Gasca retornó a la Península, dejando el virreinato en orden y en paz, ganándose el nombre de «el Pacificador». Al año siguiente, la monarquía nombró a Antonio de Mendoza nuevo virrey del Perú, tras valorar su gestión en el virreinato de México. Su gestión fue breve, ya que murió al año de llegar a Lima. En 1553 y 1554, hubo un nuevo rebrote de la violencia de los encomenderos, esta vez liderados por Francisco Hernández Girón, aunque sin demasiado éxito.

El organizador del Perú colonial fue el virrey Francisco de Toledo. Su mandato, de 1569 a 1581, se caracterizó por una serie de medidas organizativas que sentaban las bases administrativas, la ordenación del territorio y el disciplinamiento de la mano de obra. Comenzó relevando la situación del virreinato, una visita en los términos de la época, para contar con la información necesaria para tomar las medidas adecuadas. Sus *Ordenanzas* sobre indios, minas, trabajo de los indígenas, repartimientos, gobierno de las ciudades españolas e indígenas, mesones, Hacienda, doctrinas, etc., eran de tal profundidad que se aplicaron hasta el siglo XVIII. Una de sus medidas más importantes fue establecer el tributo indígena en función de lo que podían pagar los indios, a los que concentró en poblados especiales. Su objetivo central fue impulsar la minería, especialmente los yacimientos argentíferos de Potosí y de azogue de Huancavelica, de gran importancia tras la introducción del método del patio para refinar plata de minerales menos ricos. Su actuación más destacada fue la reglamentación de la mita, que permitió contar con la mano de obra necesaria en los yacimientos mineros.

El territorio de los indios charcas, al sur de Cuzco y de Arequipa, se conocería durante siglos como Alto Perú. Su importancia residía en los yacimientos de Potosí, en el Cerro Rico o la Montaña Roja, descubiertos en 1545, con yacimientos por encima de los 4.500 metros. Al año siguiente se fundó la Villa Imperial de Potosí, que en su momento de mayor esplendor, a principios del siglo XVII, contó con 160.000 habitantes repartidos a partes iguales entre blancos e indios, con una pequeña presencia de cerca de 6.000 negros y mulatos. Previamente, en 1538, se había fundado Chuquisaca, también conocida como La Plata, hoy Sucre, que desde 1561 fue sede de la Audiencia de Charcas y posteriormente, a partir de 1624, de una universidad. En 1548 La Gasca ordenó levantar la ciudad de La Paz, en pleno altiplano, y posteriormente le siguieron Cochabamba, en 1572, y Tarija, en 1574.

Quito se constituyó en un territorio a caballo entre Lima y Bogotá. Su dependencia institucional cambió en numerosas ocasiones, debiendo subordinación a una u otra según el momento. Durante el siglo XVI se integró política y militarmente en el virreinato del Perú. Las primitivas ciudades de Quito, Guayaquil y Loja fueron seguidas de otras fundaciones como Cuenca, en 1557, y Baeza, en 1559. En 1563 se creó la Audiencia de Quito, que abarcaba territorios de Quito y Colombia y controlaba la Amazonía.

2.2. Colombia y Venezuela bajo el mito de El Dorado

Al igual que había sucedido en la Nueva España, pronto comenzaron a enviarse expediciones en varias direcciones, tendentes a ampliar los límites del Imperio inca. Como en México, los intereses estratégicos (defensa de las conquistas, comunicaciones con la Península, etc.) se mezclaban con otros, como la búsqueda de riquezas y el control de la mano de obra indígena, ya que sin esta última las tierras carecían de valor. En el caso peruano, la expansión tuvo una triple dirección: al norte, rumbo a Colombia y Venezuela; al sur, hacia Chile; y al sureste, Tucumán y el Río de la Plata. La primera expansión se centró en los territorios andinos integrados en el Imperio incaico y sus límites más importantes, el océano Pacífico y la barrera natural de la Amazonía. La conquista de Tierra Firme, estancada durante años, fue impulsada por el mito de El Dorado, que habla de una riquísima ciudad con un rey cubierto de oro. Desde la llegada de Ojeda en 1499 hasta 1526, cuando Rodrigo de Bastidas fundó Santa Marta, no se había podido establecer población o gobernación alguna, aunque después se sucedieron algunas fundaciones importantes, como Coro en 1527 o Cartagena de Indias en 1530. Santa Marta, Coro y Cartagena fueron las cabezas de puente del esfuerzo conquistador en la región.

El interés por Colombia era grande en el Perú, desde donde se enviaron algunas expediciones, de modo que terminaron convergiendo diversas huestes de distinto origen y fuentes de financiación, lo que implicaba la existencia de diferentes lealtades, una fuente de conflicto a la hora de fijar los límites jurisdiccionales. Desde Quito se desplazó Sebastián de Belalcázar, buscando nuevos frentes donde proyectarse después de que sus relaciones con Pizarro se deterioraran. En 1536, Belalcázar fundó Cali y Popayán y posteriormente exploró el valle del Cauca. Ese mismo año otra corriente conquistadora salió de la costa caribeña. Pedro Fernández de Lugo llegó a Santa Marta al mando de 1.500 hombres. Luego de unas conquistas en su zona de influencia envió a su lugarteniente Gonzalo Jiménez de Quesada a explorar el río Magdalena. Al llegar a Barrancabermeja, atraído por unos panes de sal de gema se desvió en su busca y llegó al país de los chibchas, donde encontró abundantes esmeraldas y objetos de oro. En abril llegó a la capital del Zipa y bautizó el territorio como Nuevo Reino de Granada. Los chibchas del Zaque (Tunja) y del Zipa (Bogotá) eran ricos en oro ya que intercambiaban la sal de gema por el oro de otros pueblos, especialmente de Antioquia. Allí se originó la leyenda de El Dorado, al existir un cacique en Guatavita que se cubría el cuerpo con polvo de oro para sumergirse en una laguna. El 6 de agosto de 1538 Jiménez de Quesada fundó Santa Fe de Bogotá.

En marzo de 1539, cuando estaba a punto de regresar a Santa Marta, Jiménez de Quesada fue informado por los indígenas de que desde el este se aproximaba una expedición de hombres blancos. Era la hueste del alemán Nicolás Federman, proveniente desde Coro, la otra cabeza de puente caribeña, igualmente atraído por el mito de El Dorado. Cuando Federman y Jiménez de Quesada negociaban el reparto del botín robado a los indígenas fueron informados de la llegada de otra hueste. En 1538 Belalcázar había organizado otra expedición por el valle del Neiba que lo había conducido a Bogotá, donde se encontró con Jiménez de Quesada y Federman. Esta triple convergencia provocó una agria disputa por el control del territorio. Finalmente se llegó a un acuerdo entre las tres partes por el cual los tres conquistadores viajaron a España para que el emperador dirimiera el conflicto, mientras sus hombres, que permanecían en Bogotá, fundaron las ciudades de Tunja y Vélez. El monarca nombró mariscal del Nuevo Reino de Granada a Jiménez de Quesada y concedió a Belalcázar el título de adelantado y gobernador de Popayán, al suroeste de Colombia. Posteriormente, éste fue condenado a muerte por sus abusos en el cargo y murió en Cartagena de Indias antes de poder volver a España. Previamente había permitido la expedición de Francisco de Orellana que llevaría al descubrimiento del Amazonas y que navegaría hasta su desembocadura en el Atlántico. El descubrimiento del Amazonas y sus principales afluentes había sido propiciado por Belalcázar cuando difundió la creencia —un nuevo mito— de un reino de la canela al este de Quito. Gonzalo Pizarro, hermano de Francisco, salió en su búsqueda aunque los resultados fueron frustrantes, salvo en lo que al conocimiento de la región amazónica se refiere. Mientras tanto Federman tuvo que atender unos pleitos con los banqueros Welzer y murió preso en 1542.

En 1550 se constituyó la Audiencia de Santa Fe de Bogotá, con jurisdicción sobre los territorios de Santa Fe, Tunja, Cartagena, Santa Marta y Popayán. Durante los primeros 14 años la Audiencia gobernó de forma colegiada, lo que fue causa de problemas y de una administración incompetente. Por eso se decidió unificar el mando político, para lo cual se decidió en 1564 que el presidente de la Audiencia ejerciera simultáneamente los cargos de gobernador y capitán general, de modo que la Audiencia, como órgano colectivo, vio limitadas sus funciones a las cuestiones estrictamente jurídicas, ejerciendo sólo como tribunal. Ese mismo año se crearon el arzobispado de Santa Fe y los obispados de Cartagena y Popayán.

Coro fue otro centro para la conquista de Tierra Firme, especialmente cuando una capitulación de Carlos I concedió la conquista de Venezuela a los Welzer. Para llevar adelante la empresa, los banqueros alemanes nombraron en 1529 gobernador de Tierra Firme a Ambrosio Alfinger, quien organizó dos entradas en su territorio, una al lago Maracaibo donde fundó la ciudad del mismo nombre y otra que remontó el río Magdalena, donde murió en un combate con los indios. Fue reemplazado por Jorge Espira quien, convencido de poder llegar al Pacífico sin grandes inconvenientes, se internó en Los Llanos, Casanare y la Alta Amazonía para retornar a Coro con numerosas bajas. Mientras se producía este viaje, su segundo, Nicolás Federman, partió en busca del Meta (una zona teóricamente rica en oro, un mito similar al de El Dorado). Finalmente, tras dejar atrás imponentes cadenas montañosas, llegó a Bogotá. En 1541 Hernán Pérez de Quesada, hermano de Jiménez de Quesada, y Felipe Hutten exploraron la región, incluida la Alta Amazonía. En 1545 se fundó El Tocuyo, lo que marcó el comienzo de la colonización del occidente venezolano. Desde esta ciudad se impulsó la fundación de Borburata, Barquisimeto y, en 1567, de Caracas, donde terminaron instalándose los gobernadores. Venezuela se compuso de tres gobernaciones: Caracas, el oriente venezolano, que con el nombre inicial de Nueva Andalucía se organizó desde Cumaná, y Trinidad de la Guayana.

2.3. Tucumán y el Río de la Plata

Después del descubrimiento del Mar Dulce o Río de la Plata por Juan Díaz de Solís y del viaje de Magallanes que completó el contorno del extremo sur del Nuevo Mundo, la Corona española organizó su conquista, algo necesario después de que Pizarro completara su control de Perú. En 1533 Carlos I dividió el territorio intuido al sur del Perú en tres jurisdicciones, divididas por los paralelos 25 y 36. Diego de Almagro sería el gobernador de Nueva Toledo, la demarcación más septentrional. Le seguía Nueva Andalucía, entregada a Pedro de Mendoza, y Nueva León, la más austral, concedida a Simón de Alcazaba, que terminaría muriendo a manos de sus hombres. El resultado de la conquista tuvo poco que ver con estos propósitos ordenancistas de la Corona, desconocedores de la realidad americana y basados en el deseo de un rápido éxito. La división de norte a sur no tenía en cuenta la cordillera de los Andes ni otras cuestiones de la geografía de un mundo desconocido.

La conquista de Tucumán y el Río de la Plata, en líneas generales el actual territorio argentino más Paraguay y Uruguay, ocurrió desde tres lugares diferentes, dando lugar a tres corrientes colonizadoras convergentes. Una provenía de Perú, hacia Tucumán; la otra de Chile, hacia Tucumán y Cuyo; y la última se originaría en España y tendría en Asunción del Paraguay su cabeza de puente. La corriente paraguaya buscaba la plata escondida en el Perú, mientras las provenientes de Chile y el Perú se interesaban en encontrar una ruta rápida con la metrópoli, de ahí el interés en el Río de la Plata. La convergencia de estas tres corrientes provocaría conflictos de intereses y jurisdiccionales entre los conquistadores. El descubrimiento del Río de la Plata en 1516 había sido revalorizado después de que Magallanes atravesara el estrecho que lleva su nombre. A partir de 1525 se realizaron algunas expediciones que mostraron el interés en la región, como la de Diego García. En 1526 Sebastián Caboto había salido de España decidido a seguir los pasos de Loaysa rumbo a las Molucas, pero en las costas del Brasil le informaron de las riquezas del Mar Dulce y de un poderoso cacique que vivía en una montaña de plata, en clara alusión a los incas. Se ponía en marcha otro mito movilizador de la codicia y la sed de aventuras de los conquistadores. Era tan fuerte el reclamo de riquezas inmediatas que el deslumbrado Gaboto abandonó su plan inicial para centrarse en el Río de la Plata, cuyos afluentes recorrió sistemáticamente en busca de la tierra prometida o del rey blanco. Así, remontó el Paraná, el Uruguay y el Paraguay buscando la mítica Sierra de la Plata. El 9 de junio de 1527 fundó Sancti Spiritus, que le serviría como base de sus operaciones, aunque ésta sería destruida por los indígenas al año siguiente. En el ínterin, Gaboto se encontró con Diego García de Moguer y sus hombres, con los que decidió aunar esfuerzos, aunque con resultados mediocres.

Las dificultades para atravesar el estrecho de Magallanes y la renuncia de la Corona española a las Molucas supuso el olvido del Río de la Plata. Sin embargo, la conquista del Perú y el descubrimiento de Potosí reactivarían el interés por la región. En el reparto de 1533 la gobernación de Nueva Andalucía correspondió a Pedro de Mendoza, que había participado en varias expediciones militares europeas del emperador. Su misión era explorar y colonizar el Río de la Plata y frenar los avances portugueses. Zarpó de España con una flota de 11 navíos y más de 1.000 hombres. A principios de febrero de 1536, cerca de la desembocadura del Riachuelo y a orillas del Río de la Plata, Mendoza fundó la ciudad de Nuestra Señora de Santa María del Buen Ayre, que pese a su nombre estaba ubicada en una zona insalubre y a merced de los ataques indios. En ese entonces, Mendoza buscaba una cabecera de puente en su penetración al Río de la Plata y territorios circundantes. Por ello ordenó a Juan de Ayolas y a Juan Salazar de Espinosa navegar los ríos Paraná y Paraguay. Ayolas fue enviado a explorar el Paraná, río arriba, en busca de víveres con los que socorrer a la guarnición de Buenos Aires y también para abrir una vía permanente de comunicación con el Perú. Tras fundar los fuertes de Corpus Christi y Candelaria se vio tentado por las leyendas de la Sierra de la Plata. Exploró las regiones del Chaco y Charcas, y al regresar a Candelaria murió en una emboscada indígena.

Al frente de Candelaria estaba Domingo Martínez de Irala. Posteriormente llegó Salazar quien, tras navegar por el río Paraguay, fundó el 15 de agosto de 1537 la ciudad de Asunción. En 1539 Irala fue nombrado gobernador del Río de la Plata en lugar de Mendoza, que dos años antes había decidido retornar a España, aunque murió en el viaje. Las enfermedades, el hambre y la hostilidad de los indios querandíes habían obligado a Irala a abandonar Buenos Aires y a refugiarse con los sobrevivientes en Asunción. Durante años, Asunción se convirtió en el centro de la colonización española en el Río de la Plata. En 1541 la gobernación fue puesta al mando de Álvar Núñez Cabeza

4. La conquista de la América continental y el comienzo de la colonización

de Vaca que previamente había descubierto las cataratas del Iguazú. Su llegada a Asunción provocó en 1544 la rebelión de los seguidores de Irala, también llamada de los comuneros, finalizada con la destitución de Cabeza de Vaca, devuelto prisionero a España.

Irala recuperó el mando, que manejó de forma arbitraria y absolutista y su gobernación se caracterizó, hasta su muerte, por sus excesos y abusos sobre la población indígena. Debió interrumpir su mandato por un motín al que se enfrentó con éxito. Su gobierno muestra las dificultades de la Corona para imponer su autoridad, especialmente en las zonas periféricas. En las regiones apartadas de las principales rutas marítimas y de los centros del poder virreinal —México y Lima— el ejercicio del poder sin el control directo de los funcionarios reales podía ser despótico. El predominio paraguayo se mantuvo hasta 1580, cuando Juan de Garay, tras salir de Asunción, realizó la segunda y definitiva fundación de Buenos Aires en un emplazamiento más apropiado y con los abastecimientos garantizados desde Santa Fe y Asunción. La expansión de Asunción hacia el sur en búsqueda de una salida fluvial al océano Atlántico había tenido un paso previo en 1573 con la fundación de Santa Fe, a orillas del Paraná. La ruta entre Asunción y Buenos Aires se reforzó con la fundación de Concepción (1585) y Corrientes (1588).

Los territorios rioplatenses se vincularon a Paraguay, hasta que en 1617 se creó la gobernación del Río de la Plata, ambas dependientes del virreinato del Perú, lo que condenó a Paraguay a una situación de marginalidad hasta el fin del período colonial. Pese a las prohibiciones oficiales, Buenos Aires era una de las rutas principales, aunque clandestina, de salida de la plata potosina. Desde Asunción se impulsó la fundación de Ciudad Real, en 1557, y de Santa Cruz de la Sierra, en 1561, en lo que es actualmente territorio boliviano. Más allá de los esfuerzos de Asunción por llegar al Perú, el contacto inicial entre ambas regiones se estableció a partir de una expedición mandada desde el Cuzco, que dejó abierta una nueva corriente colonizadora en las tierras rioplatenses. En 1543 Diego de Rojas partió de Cuzco y, siguiendo los caminos incas, llegó a Charcas, en el Alto Perú, para luego internarse en Tucumán. En 1548, tras atravesar el Chaco, Martínez de Irala llegó a Charcas desde donde envió informes a La Gasca con Ñuflo de Chávez.

Tucumán era vital en la ruta del Alto Perú a Chile y al Río de la Plata. Lagasca encomendó a Juan Núñez de Prado su colonización. Los objetivos de Lagasca eran dobles: asegurar la ruta a Chile, de gran valor estratégico, y drenar de aventureros y buscapleitos el Perú, al que tanto daño habían causado con sus enfrentamientos. En 1549 Núñez de Prado salió de Potosí y en 1550 fundó la ciudad de Barco, el origen de San Miguel de Tucumán, establecida quince años después. Desde Chile Francisco de Villagra puso en marcha una operación similar, causa de la vinculación inicial con Tucumán y del nombramiento de Francisco de Aguirre como gobernador. El predominio chileno se reforzó con la fundación de Santiago del Estero. Posteriormente Hurtado de Mendoza envió a Juan Pérez de Zurita, que fundó las ciudades de Córdoba del Calchaquí, Londres y Cañete. Las dos últimas se despoblarían años después por los ataques indígenas. En 1563 se creó la gobernación del Tucumán, dependiente del virreinato peruano y en lo jurídico vinculada a la Audiencia de Charcas. El virrey Toledo, interesado en los abastecimientos de alimentos, insumos y mano de obra a Potosí, impulsó la colonización de Tucumán, que aparecía como un espacio importante del *hinterland* potosino. En 1573 el gobernador de Tucumán, Jerónimo Luis de Cabrera, fundó Córdoba de la Nueva Andalucía, la actual Córdoba y, luego se establecieron los centros de Salta en 1582, La Rioja en 1591 y Jujuy en 1593. La otra región impulsada desde Chile fue Cuyo, al otro lado de la cordillera. En 1561 Pedro de Castillo, a las órdenes de García Hurtado de Mendoza, fundó la ciudad de Mendoza y al año siguiente Juan Jufré, enviado por el gobernador Villagra, cambió el emplazamiento de Mendoza por otro más adecuado y fundó San Juan de la Frontera. Años más tarde, en 1594, Luis Jufré, hijo de Juan, fundaría San Luis y completó las principales fundaciones de la región.

2.4. El reino de Chile

Nombrado gobernador de Nueva Toledo, Diego de Almagro salió de Cuzco en julio de 1535 en dirección sur por el camino de la cordillera. Tras pasar por el valle de Copiapó llegó a otro al pie del Aconcagua, la cima más alta del continente, y decidió esperar refuerzos mientras enviaba un destacamento a explorar los territorios meridionales, que encontró en su marcha una fuerte oposición de los araucanos. A lo largo de su travesía Almagro no tuvo ninguna evidencia de riquezas o de abundante mano de obra indígena. Al enterarse de que Cuzco estaba en su gobernación se olvidó de Chile y regresó al Perú, esta vez por la costa atravesando el desierto de Atacama y reclamando lo que estimaba sus legítimos derechos. Tuvo la mala fortuna de llegar en medio de la guerra civil que enfrentaba a sus hombres con los seguidores de Pizarro y terminó muriendo en ella.

Durante algunos años Chile se mantuvo al margen de las preocupaciones de los conquistadores, hasta que en 1539 uno de los principales lugartenientes de Pizarro, Pedro de Valdivia, quien previamente había recibido una encomienda en el Alto Perú y una mina de plata en Porco, pidió autorización para conquistarlo. Era una empresa abandonada por Almagro y que a Valdivia le reportaría fama y reconocimiento. Tras seguir el camino de Almagro, llegó al valle del río Mapocho y fundó Santiago del Nuevo Extremo el 12 de febrero de 1541, arrasada por un ataque indígena a los pocos meses de su fundación y que debió ser parcialmente reconstruida. La inseguridad causada por la hostilidad de los indios vecinos dificultó su crecimiento, aunque en 1561 se convirtió en sede episcopal. En 1544, Valdivia fundó la ciudad de La Serena. Al tanto del enfrentamiento entre Gonzalo Pizarro y La Gasca, se alineó con el último, al necesitar el apoyo regio. Tras su decisiva participación en la

4. La conquista de la América continental y el comienzo de la colonización

victoria, La Gasca lo nombró gobernador de Chile, un título que hasta entonces había utilizado ilegalmente tras haberse hecho designar en ese cargo por el cabildo que él mismo había instalado en Santiago. Los años siguientes fueron de una actividad febril, con las fundaciones de Concepción (1550), La Imperial (1551), Villarrica (1551) y Valdivia y los fuertes de Arauco, Tucapel y Purén, combinado todo ello con la expansión al otro lado de la cordillera y la fundación de Santiago del Estero. Sin embargo, el proyecto de Valdivia fue seriamente amenazado por la sublevación araucana, liderada por el cacique Lautaro, que no sólo acabó con la vida de Valdivia, sino también con la presencia española durante largas décadas al sur del río Bío-Bío.

Tras la muerte de Valdivia, el virrey de Perú Andrés Hurtado de Mendoza nombró a su hijo García gobernador de Chile. Pese al rechazo entre los hombres del antiguo gobernador, fue capaz de derrotar a Caupolicán, el cacique araucano que tanto daño había causado a las tropas españolas. Durante su gobierno se refundaron las ciudades destruidas por los araucanos y la frontera avanzó hacia el sur, gracias a la fundación de Cañete y Osorno. Las luchas entre araucanos y españoles, concluidas con la muerte de Caupolicán, fueron magistralmente narradas por Alonso de Ercilla en su obra poética *La Araucana*. En 1561, cuando su padre fue relevado del cargo, García Hurtado de Mendoza también retornó a España y fue reemplazado por Francisco de Villagrán, antiguo colaborador de Valdivia. En 1567 se creó la Audiencia de Santiago, cuya presidencia se encomendó a un militar, dado su carácter fronterizo. La larga resistencia araucana se explica, en buena parte, por su éxito en adaptar el caballo a su forma de vida. De este modo ganaron en movilidad y capacidad ofensiva, algo decisivo para imponerse a los españoles, lo mismo que sucedería en otras partes del continente con otros grupos indígenas. Los araucanos, tras la adopción del caballo, dejaron de ser sedentarios para convertirse en seminómadas.

5. La conquista espiritual

La conquista de América no habría sido lo que fue si no hubiese estado imbuida de un fuerte espíritu misionero. El clima de cruzada heredado de la reconquista peninsular tuvo un evidente impacto tanto sobre los conquistadores como sobre los conquistados y a lo largo y ancho del continente la cruz y la espada caminaron de la mano. De ahí que la influencia de la Iglesia católica en América haya sido tan profunda y su huella tan ancha. En realidad, la Iglesia se hizo presente en el Nuevo Mundo prácticamente desde el principio de la aventura americana y tuvo una inserción superior a su importante presencia numérica. En el segundo viaje de Colón estuvieron algunos religiosos, lo que da una idea de la magnitud religiosa de la experiencia americana. Por otra parte, fue la Santa Sede a través del papa Alejandro VI y de sus famosas bulas la que justificó judicial y teológicamente los derechos españoles sobre las tierras descubiertas y por descubrir. La expansión de la fe también justificó el sometimiento y la explotación de los indígenas e inclusive documentos como el *Requerimiento*, leído a los indios para que se dejaran someter pacíficamente, tenían un fuerte contenido religioso.

Esto permite señalar que la Iglesia católica fue un factor central en la conquista y colonización de América y sin ella no se entendería lo que los antropólogos denominan proceso de aculturación de los indígenas, conocido como occidentalización. También es importante la influencia de la Iglesia tanto en las capas sociales más altas, las oligarquías, como en los sectores populares, comenzando por los indígenas. Existe en la actualidad un intenso debate sobre el papel de la conquista espiritual entre los indios, cuyas interpretaciones extremas se sitúan entre quienes creen que favoreció la evangelización y la conversión de los indígenas a la religión católica y los que sostienen que fue un instrumento en la explotación de los naturales. Lo más probable es que la respuesta se encuentre a mitad de camino entre ambas interpretaciones, teñida de grises y con muchos matices. Así, frente a la actitud de gente como Las Casas o Montesinos y sus valientes denuncias de la situación de los indígenas, nos encontramos con la reprobable conducta de muchos sacerdotes doctrineros que sólo buscaban enriquecerse con su actividad y que no dudaban en vivir en concubinato con las indígenas.

La labor de la Iglesia, desde un punto de vista teórico, no se limitaba a la expansión del cristianismo mediante la conversión de los nativos paganos y al combate contra las idolatrías, sino que también se centraba en la tutela de las comunidades cristianas integradas por los conquistadores y sus descendientes, los mestizos y los demás europeos instalados en América. Los esclavos negros formaban parte del mismo grupo y por eso se los bautizaba al tocar algún puerto americano. Mientras la primera tarea se encomendó a las órdenes religiosas, la segunda correspondió básicamente al clero secular. Como señala Manuel Lucena: así surgieron dos Iglesias, una de choque, responsable de las almas indígenas y otra de retaguardia, centrada en los grupos ya cristianizados. Pero no sólo eso, ya que el clero regular tuvo un papel muy importante en la defensa de los indios, especialmente los dominicos, como prueban los ejemplos de Las Casas y Montesinos. También fueron muy activos en el aprendizaje de las lenguas indígenas, lo que permitió el conocimiento y la salvaguarda de muchas de ellas.

Sin embargo, los obstáculos que debió enfrentar la Iglesia para realizar su labor en Indias fueron múltiples y de muy diverso orden, comenzando por su doble dependencia: del Papa para los problemas de fe y del monarca hispano para las cuestiones organizativas. A esto se agregan las contradicciones entre los intereses de los europeos y de los indios, expresados en el sermón de Adviento de fray Antonio de Montesinos; las contradicciones entre el clero secular y el clero regular, y entre las distintas órdenes entre sí, que competían por el protagonismo en la evangelización; y, por último, las contradicciones entre la Iglesia y la Corona por el control de la vida cotidiana en las colonias. En este sentido, las relaciones entre Iglesia y Estado tenían una doble dirección: mientras la Corona intentaba utilizar a la Iglesia para sus fines políticos, la Iglesia intentaba utilizar políticamente a la Corona para lograr sus objetivos religiosos.

1. Iglesia y Estado

El control de la Iglesia católica en Indias por la monarquía española fue una constante tanto en la época del Real Patronato o Patronato Regio como cuando éste fue reemplazado por la doctrina regalista o del Vicariato Regio, lo cual permite afirmar que la Iglesia americana no fue en absoluto independiente del Estado español. Desde la época de los descubrimientos y de la conquista, los monarcas hispanos buscaban optimizar sus resultados mediante la utilización de la Iglesia como agente de expansión y colonización. Esta tradición comenzó en 1486 durante la conquista del reino de Granada, por aquel entonces en poder de los musulmanes, con la promulgación de la bula *Ortodoxae fidei,* promulgada por Inocencio VIII, mediante la cual los Reyes Católicos obtuvieron el derecho de erigir iglesias y designar a ciertos cargos eclesiásticos, especialmente los obispos. Como ya se ha visto, las bulas papales concedidas por Alejandro VI otorgaron a Castilla la legitimidad jurídica y política necesaria para ejercer el control de los nuevos territorios descubiertos, junto al usufructo de ciertos derechos civiles y eclesiásticos. Al igual que las bulas concedidas a Portugal, las bulas alejandrinas recibidas por la Corona de Castilla suponían una serie de privilegios para la evangelización de esas tierras, que terminarían vinculándose al Patronato Regio. En América, éste sería conocido como el Patronato Universal Indiano. El conjunto de privilegios para la monarquía que implicó el desarrollo del Patronato provocó un importante aumento de la injerencia del poder del rey en materias religiosas, lo que terminó difuminando los límites entre el gobierno de la monarquía y la labor evangelizadora. Fernando el Católico, en 1508, sentó las bases definitivas del Patronato Indiano y logró que sus sucesores controlaran a la Iglesia americana. Años antes, en 1501, había obtenido del Papa la autorización para que los reyes castellanos administraran los diezmos americanos.

El patronato se desarrolló a partir de la imposibilidad del Vaticano de hacer frente al conjunto de gastos que implicaba la evangelización de los indios americanos. El combate contra el protestantismo, con sus gastos adicionales, favoreció esta tendencia. Por eso, como compensación a quien afrontaba una tarea semejante, en este caso a la Corona española, el papado otorgaba una serie de privilegios relativos a la administración eclesiástica. Entre las responsabilidades de la Corona estaba la manutención de los misioneros, para que pudieran dedicar todo su tiempo y esfuerzo a convertir a los nativos, y la construcción y gestión de todos los establecimientos religiosos, como iglesias, conventos o colegios, y de beneficencia. La principal contrapartida recibida por la Corona fue la concesión de las tierras descubiertas, que no serían administradas directamente por sus descubridores sino por la Corona. De este modo, el patronato se convirtió en una concesión del Papa al rey de España, que concluyó como una especie de regalía aplicada de forma específica en las Indias. El diseño del Patronato Universal quedó prácticamente completado en 1574, con la promulgación de una Magna Real Cédula que otorgaba a la Corona la administración de todos los diezmos de Indias, la posibilidad de presentar una terna de candidatos en aquellas diócesis vacantes que debían ser cubiertas y la potestad de fijar los límites de las nuevas diócesis que se crearan. Casi todas las prerrogativas del Patronato en América eran gestionadas por el Consejo de Indias. El Concilio de Trento y la Junta Magna (1586) acentuaron aún más la dependencia del clero español respecto de la Corona, así como su carácter nacional. A esto hay que agregar la prohibición desde 1573 de que las sentencias eclesiásticas de Indias fueran apeladas ante el Vaticano. De este modo, el rey era el responsable de nombrar a los eclesiásticos, de financiar la actividad de las diócesis y de las diferentes órdenes religiosas y de supervisar la buena marcha de sus actividades jurídicas, sociales, culturales y educativas.

En América, la Corona buscaba mayor autonomía respecto al Vaticano para construir una Iglesia capaz de colaborar activamente en la conquista, colonización y evangelización. En esta línea, durante el reinado de Carlos I se concedió a la Corona el derecho de fijar la cantidad y la nacionalidad de los religiosos que podían asentarse en las colonias junto a la posibilidad de prohibir el paso de aquellos considerados ineptos, sin tener que oír a las jerarquías de las órdenes religiosas. Así fue como el Consejo de Indias pudo aprobar leyes y reglamentos que regían el funcionamiento de la administración eclesiástica. Durante el reinado del emperador, en 1524, se creó el cargo de patriarca de Indias. Si bien se trataba de un título honorífico, el principal objetivo de esta medida era convertir el Patriarcado en un vicariato, para lo cual en 1538 se estableció el Pase Regio. Pese al empeño de la Corona este objetivo no pudo ser cumplido, aunque la empresa no quedó en el olvido. Posteriormente, y en tres ocasiones distintas, 1560, 1568 y 1572, Felipe II insistió ante el Vaticano por el mismo tema. La respuesta siguió siendo la misma.

La negativa de la Santa Sede se basaba en su temor a que finalmente su papel en América fuera irrelevante o que a partir de semejante grado de autonomía surgiera una nueva Iglesia nacional, como la anglicana en Inglaterra. La dura pugna entre la Corona española y el Vaticano explica la postura papal de limitar el control de la Corona española sobre la Iglesia americana, un empeño en el que no tuvo demasiado éxito. Frente a la tajante negativa papal sobre el vicariato, la monarquía replicó impidiendo el nombramiento de un nuncio papal en América durante todo el período colonial. Si el rey lograba ver cumplido su objetivo del vicariato podría controlar a la Iglesia americana sin contar con el Papa más que en las cuestiones de fe. Por el contrario, si el Vaticano lograba establecer un nuncio en América, éste sería el embajador del Papa y vincularía directamente a la Iglesia americana con Roma, debilitando sus lazos con España. Pese al empeño de ambas partes, ninguna pudo imponerse a la otra, lo que obligó a mantener el statu quo.

De la formulación inicial del Real Patronato que permitía a los Reyes Católicos presentar o designar eclesiásticos se pasó en el siglo XVIII a una fase regalista que suponía una especie de vicariato regio, por el cual los monarcas ejercían las funciones de vicarios pontificios en lo referente a la dimensión temporal y jurisdiccional de la estructura eclesiástica indiana. De este modo, los Borbones, apoyados en la doctrina galicanista de origen francés, pudieron reforzar la autonomía de la Iglesia americana respecto de Roma, a tal punto que el rey se convirtió de hecho en la cabeza de la Iglesia española en América. Esta autonomía se materializó con el Pase Regio, o *exequatur* (1762-1768), que impedía publicar y aplicar en las colonias cualquier documento papal sin autorización real. Al mismo tiempo, se ordenó a los obispos que todas sus peticiones al Vaticano fueran tramitadas a través de la administración central, que sería la responsable de elevarla al Papa como un trámite del monarca.

2. Evangelización y educación religiosa

Desde el comienzo de la conquista se planteó un doble problema vinculado a la naturaleza de los indígenas. Por un lado se debía establecer si los indios eran súbditos de la Corona de Castilla, en cuyo caso no podían ser esclavizados, o si no lo eran y entonces podían convertirse en una mercancía. Por otro lado había que definir la índole de la relación de los conquistadores con los naturales. La discusión inicial se centró en torno a si los indios eran bárbaros o infieles a quienes podía esclavizarse, o si eran paganos que debían ser evangelizados. Cuando Colón advirtió que en las islas caribeñas no abundaba el oro, intentó desarrollar un método que había proporcionado a los portugueses importantes beneficios en África: la venta de esclavos. Ante las ganancias que se podían obtener, la Corona accedió a la petición del almirante, pero algunos teólogos próximos a los Reyes Católicos se opusieron alegando que como los indios eran paganos, primero se les debía iniciar en la fe y sólo cuando la rechazasen explícitamente podrían considerarse infieles. De este modo, la reina Isabel declaró que los indios eran «libres y no sujetos a servidumbre».

La evangelización fue el proceso que, conducido por la Iglesia española, permitió la conversión masiva de los indígenas americanos al cristianismo. Sin embargo, no en todos los lugares los indios respondieron de la misma manera, ni los estímulos materiales y espirituales fueron los mismos, razón por la cual los ritmos y características de la evangelización debieron adaptarse a patrones regionales. Todos los indicios apuntan a que la cristianización de los indígenas fue más rápida en México y Perú y más lenta en algunas zonas periféricas. Marco Palacios y Frank Safford señalan que los clérigos que llegaban a la costa atlántica de Colombia no permanecían en ella mucho tiempo, pues las comunidades indígenas de la zona eran bastante pobres y no podían garantizar la buena vida de los doctrineros. Los religiosos optaban por marcharse al Perú o a otras regiones donde la población india era más numerosa.

En los momentos iniciales de la conquista y colonización, las órdenes religiosas cumplieron un papel central en el adoctrinamiento de los indígenas, al estar más predispuestas a relacionarse con los indios que el clero secular. En poco tiempo, la presencia de los religiosos se consolidó en América y a fines del siglo XVI ya habían llegado a Indias entre 5.000 y 5.500 monjes, entre ellos 300 mercedarios, 2.200 franciscanos, 1.670 dominicos, 470 agustinos y

350 jesuitas. Esta superpoblación de frailes, con los consiguientes conflictos entre las órdenes, cada cual con su particular método de adoctrinamiento y lealtades, hizo necesario ordenar territorialmente la conquista espiritual. De este modo, a partir de 1563 se estableció que todos los nuevos monasterios que se construyeran en una provincia deberían depender de una misma orden, lo que no impidió a las tradicionales contar con grandes e imponentes parroquias conventuales en las principales ciudades.

La política educativa de la Corona potenció la creación de colegios para indios y mestizos, mientras descuidaba la enseñanza de los niños españoles. Colegios como el de San Bernardo de Cuzco eran excepcionales. La situación era diferente en la enseñanza superior, ya que el ingreso a las universidades estaba prohibido a quienes no fueran españoles. La enseñanza para los indígenas se centró en los colegios de las órdenes regulares. El primer colegio lo fundaron los franciscanos en Santo Domingo, en 1513, junto a su convento. A mediados del siglo XVI los franciscanos tenían unos 200 colegios en México y los dominicos unos 60 en Perú. Algunos establecimientos se centraban en la educación de los hijos de los caciques. Éste fue el caso del colegio de la Santa Cruz de Tlatelolco, fundado en 1536, que tuvo hasta mil alumnos y sirvió de modelo en Puebla, Bogotá, Quito o Lima. El colegio de San Juan de Letrán, creado en 1547, era para los mestizos. Muchas escuelas se centraban en la enseñanza de artes y oficios, como la fundada por los franciscanos en México. Talleres-escuela también se vieron en los hospitales-pueblos de Vasco de Quiroga. Una parte de la enseñanza superior estuvo a cargo de las órdenes religiosas, especialmente de jesuitas y dominicos. En este sentido, se diferenciaban las universidades mayores u oficiales fundadas en México y Lima en 1551 de las menores o religiosas, vinculadas a algún colegio o convento. La creación de estas universidades requería una doble autorización: papal y real. La primera se creó en 1538 en Santo Domingo y a lo largo del siglo XVI surgieron otras en La Plata, La Paz y Quito. En el siglo XVII se fundó la Universidad Real y Pontificia de San Carlos, en Guatemala, y se crearon dos en Quito y en Bogotá, entre ellas la Javeriana, junto a otras en Cuzco, Chuquisaca y Córdoba.

3. Órdenes religiosas y reducciones

Adriano VI, con la bula *Omnimoda*, había renovado los privilegios de las órdenes mendicantes para evangelizar a los paganos, reforzando su papel frente a las órdenes monásticas tradicionales, como las contemplativas, y las órdenes militares, protagonistas de la reconquista española. Las primeras órdenes mendicantes en América fueron la franciscana y la dominica, acompañadas por la Merced, una orden no mendicante que a través de uno de sus frailes, había acompañado a Colón en su segundo viaje. Posteriormente arribaron los agustinos y a mediados del siglo XVI los jesuitas, la cuarta orden mendicante en hacer acto de presencia, seguida de otras órdenes menores, como carmelitas descalzos, capuchinos, etc. También encontramos una importante presencia de órdenes femeninas: agustinas, brígidas, capuchinas, carmelitas, clarisas, concepcionistas, dominicas, la Encarnación, la Enseñanza y jerónimas. Las religiosas, especialmente las franciscanas y dominicas, tuvieron un papel importante en la educación de niñas y jóvenes indígenas. Ya en 1524 Hernán Cortés había solicitado el envío de religiosas a México. Además, estuvieron presentes en las colonias americanas algunas órdenes hospitalarias, como la de San Juan de Dios.

Desde el comienzo de la conquista espiritual y ante el protagonismo creciente de las órdenes religiosas, el Vaticano quiso estar presente y en 1568 creó la Congregación para la Conversión de los Infieles, buscando un cierto liderazgo en el proceso. En 1622 comenzó a funcionar Propaganda Fide, con un objetivo misional relacionado con América. Sin embargo, España y Portugal se opusieron frontalmente a las reivindicaciones vaticanas impidiendo la injerencia papal. La evangelización de los indios se modificó a partir del Concilio de Trento, ya que la preeminencia de las órdenes religiosas fue relegada a un segundo plano en beneficio del clero secular y de los obispos, a tal punto que los nuevos monasterios de las órdenes religiosas deberían erigirse en los territorios periféricos.

La orden mercedaria tuvo una labor misional discreta en las colonias. Desde muy temprano, en 1514, fundó su primer convento en La Española. Los mercedarios habían sido los capellanes del ejército castellano durante la reconquista y prolongaron su papel en las expediciones de conquista, formando parte de las huestes de Hernán Cortés, Francisco Pizarro, Pedrarias Dávila y Diego de Almagro. En 1528 contaban con 30 miembros en Indias. Su labor evangelizadora con los indios se centró en Guatemala, Perú, Tucumán, Bolivia y Chile, aunque no supieron sacar partido de su posición privilegiada y salvo el establecimiento de Guatemala, los demás terminaron fracasando. En su labor apostólica siguieron el ejemplo de otras órdenes y crearon escuelas donde acudían los hijos de los indígenas que se formaban como catequistas.

Los franciscanos fueron de los primeros en evangelizar en el Nuevo Mundo y tuvieron una clara vinculación con los descubrimientos antillanos. En 1505 habían establecido en La Española la provincia de Santa Cruz de las Indias Occidentales. La expansión de la conquista requirió de nuevos misioneros que, al igual que los conquistadores, dejaron La Española para pasar a Tierra Firme y posteriormente a Nueva España. Pedro de Gante y otros dos franciscanos flamencos constituyeron el núcleo evangelizador de la conquista de México y en 1524, desembarcaron los «doce apóstoles», dirigidos por fray Martín de Valencia. La orden franciscana fue la más numerosa de cuantas pasaron a América y en 1527 contaba con varias provincias en Indias: las Antillas, México, Guatemala y el Perú. Fue la única orden en organizar un comisariato general, con sede en la corte, según las recomendaciones de Felipe II y en todo lo referente a la propagación de la fe terminaron adaptándose a las normas de la Congregación de la Propaganda. Las capuchinas, rama franciscana de estricta observancia, se establecieron en México en 1665 y luego se extendieron por Guatemala y Lima. Las clarisas, la primitiva rama femenina franciscana, desembarcaron en Querétaro en 1607 y luego fundaron conventos en Perú y Nueva España. Las clarisas, como todas las órdenes femeninas establecidas en América, desarrollaron una labor básicamente contemplativa y monástica, sin contenidos educativos o evangelizadores y era frecuente ver sus conventos de clausura poblados de hijas de las oligarquías locales. En 1789 los franciscanos tenían en América y Filipinas 241 conventos, 163 reducciones misioneras y 139 curatos y vicariatos de indios, con casi 4.200 religiosos.

Si bien los dominicos fueron la segunda orden mendicante en pasar al Nuevo Mundo, su influencia fue relativamente mayor que su número: el 30% de los obispos nombrados en América hasta la segunda década del siglo XVI habían sido dominicos. En 1509, quince años después que los franciscanos, llegaron a La Española los primeros 15 dominicos encabezados por fray Pedro de Córdoba. Todos los integrantes de la orden en América debían respetar la observancia más estricta, de acuerdo a la reforma impuesta a los conventos dominicos en la Península, sin embargo, el rigor ético de los dominicos chocó con las laxas costumbres de los colonos. En el incidente protagonizado por fray Antonio de Montesinos y su sermón de Adviento en Santo Domingo en 1511 se vio la resistencia de los encomenderos a las denuncias de los frailes, especialmente sensibles en algunas materias como las relacionadas con la cohabitación con las indígenas. Al igual que los franciscanos, los dominicos seguían la estela de los conquistadores, aunque su primer desembarco en México no fue acompañado por el éxito. En 1530 crearon la primera provincia americana autónoma, con sede en Santo Domingo, y dos años más tarde la Nueva España se convirtió en una provincia separada. Los dominicos participaron de forma casi exclusiva en la conquista de Nueva Granada y tuvieron una gran labor misionera en el Perú y Quito.

La llegada de los jerónimos se debió a la voluntad del cardenal Cisneros de plantear una solución de compromiso en la pugna entre dominicos y franciscanos por las encomiendas en La Española. En 1514, Cisneros había impulsado un plan muy ambicioso basado en las ideas de Las Casas para eliminar las encomiendas en la isla que llevaba a los indígenas a concentrarse en sus pueblos. Los jerónimos debían desarrollar la idea, a tal punto que entre 1516 y 1519 tres priores de la orden ocuparon la gobernación de La Española y si bien no llevaron a la práctica las propuestas más ambiciosas de Las Casas, sí impulsaron reformas importantes para debilitar el poder de los encomenderos. Con Carlos I en el trono, los encomenderos recuperaron terreno y el gobierno de los frailes llegó a su fin, tras lo cual regresaron a España. Aunque su labor pastoral no es comparable a otras órdenes, durante los siglos XVI y XVII fueron nombrados obispos en Indias 17 frailes jerónimos.

Los agustinos, otra orden mendicante, llegaron a América tras los franciscanos y los dominicos. Su labor estuvo marcada por la construcción de

5. La conquista espiritual

templos esplendorosos que expresaron el mestizaje entre la cultura europea y la indígena. En 1533 llegó a México un grupo de siete monjes agustinos que desarrolló su labor misional en las zonas no ocupadas por otras órdenes. A partir de esa fecha los agustinos desarrollaron una importante labor misionera en el Nuevo Mundo y en Filipinas. El virrey Mendoza los llevó de Nueva España al Perú y fue entonces cuando la orden alcanzó su máximo esplendor. También encontramos algunos conventos de agustinas, como los de Chuquisaca y Santiago de Chile.

La fecha de la fundación de los jesuitas y el hecho de que en España sólo las órdenes mendicantes hubiesen sido autorizadas a pasar a Indias explica su tardía presencia en América. De hecho, los jesuitas llegaron a Brasil 20 años antes que a la América española, cuando la Corona portuguesa les encomendó la evangelización de sus colonias americanas. Durante un tiempo, tanto el Vaticano como la Corona española se negaron a que los jesuitas fuesen a las colonias españolas. Un pedido en este sentido de 1538 fue denegado por el Papa y el Consejo de Indias rechazó en 1555 y 1558 la solicitud de dos virreyes del Perú de incluir jesuitas en sus séquitos. En 1565, bajo el reinado de Felipe II, comenzó a cambiar la actitud de la monarquía española hacia la orden y en 1566, el Consejo de Indias los incluyó en la nómina de las órdenes autorizadas a desempeñar su labor pastoral en Indias, aunque limitada a América del Sur. Desde Lima, los jesuitas se expandieron por Ecuador y Colombia y también por Chile, Tucumán y Paraguay. Finalmente, en 1571 Felipe II accedió a que se asentaran en México, adonde llegaron al año siguiente. Su preparación, especialmente en el estudio de las lenguas indígenas, les facilitó el desarrollo de su labor misionera en todo el continente. Ésta alcanzó su máximo esplendor en sus famosas reducciones, también conocidas como misiones. Sin embargo, su labor no se concentró en la evangelización de los indígenas, ya que la educación tanto de indios como de criollos fue un elemento importante de su cometido. De ahí que colegios y universidades estuvieran vinculadas a sus conventos en las principales ciudades. En el colegio jesuita de Lima, por ejemplo, funcionó la primera imprenta peruana.

Las reducciones eran concentraciones de indios de una región determinada en uno o más poblados administrados según pautas occidentales, que debían permanecer aislados de la población española. Su origen se sitúa en los hospitales-pueblos creados por Vasco de Quiroga en Michoacán a partir de 1537, el primero de los cuales fue el de Santa Fe. En ellos la organización social y el reparto de las tierras era comunal, siguiendo el modelo de Tomás Moro. Quiroga estimaba que el carácter ingenuo y bondadoso de los indios, que contrastaba con el alma corrupta de los europeos, facilitaba el desarrollo de la utopía de Moro en el Nuevo Mundo. En México, a estas reducciones se las llamó congregaciones. Uno de sus principales objetivos fue la cristianización de los indígenas, ya que la cercanía a curas y autoridades españolas favorecía su aculturación. Las reducciones más conocidas son las jesuitas, especialmente importantes en el Paraguay y zonas vecinas, que afectaban a los indios guaraníes. Las primeras misiones, controladas por algo menos de 500 jesuitas, se fundaron a comienzos del siglo XVII y llegaron a reunir en 32 pueblos cerca de 300.000 indios de origen guaraní. En el norte de México las misiones congregaron a 100.000 indígenas. Si bien se suele insistir en el aspecto utópico de las misiones, éstas funcionaban bajo un régimen laboral muy duro y con horarios sumamente estrictos y reglamentados que hacían mella en el ánimo de los indígenas reducidos, cuya vida cotidiana se regía por el comunitarismo. Las misiones gozaban de una amplia autonomía respecto al poder político, lo que era causa de frecuentes roces con los hacendados de la región, como se puso de manifiesto en el enfrentamiento librado por los terratenientes entre 1721 y 1735, pero también con las autoridades locales —gobernadores o corregidores—. Precisamente por eso los reformistas borbónicos, ansiosos por reforzar el poder de la monarquía, tampoco los veían con buenos ojos y fueron firmes partidarios de su expulsión de Indias. Los ataques de los *bandeirantes*, cazadores de indígenas provenientes de la región paulista, cuyo propósito era vender como esclavos en Brasil a los indios, comenzó a erosionar la vida de las misiones. Éstas recibieron un golpe mortal con la expulsión de los jesuitas en 1767, que impulsó su definitivo declive. Desde su exilio europeo, los jesuitas expulsados de América por orden de Carlos III, idealizaron el papel de las reducciones paraguayas en la promoción de los indígenas y especialmente su carácter utópico.

4. El clero secular

La iglesia funcionó en América, al igual que en España, con una doble jerarquía que atendía a su componente episcopal y religioso. La jerarquía diocesana, obispos y arzobispos, se nombraba según los procedimientos regulados por el Patronato. De este modo, el Consejo de Indias presentaba al rey una terna de candidatos y el monarca seleccionaba a uno, que era presentado al Papa para su nombramiento y el Sumo Pontífice, en una medida simbólica, le otorgaba el cargo a título personal y vitalicio.

Las diócesis eclesiásticas comenzaron a establecerse en Indias a partir de 1508, cuando se decidió crear los obispados de Santo Domingo y Concepción, en La Española y San Juan de Puerto Rico. La mayor parte de los 42 obispados creados en América durante el período colonial fue paralela a la conquista. En efecto, durante la primera mitad del siglo XVI se fundaron 22 obispados, el 52%, mientras que en la segunda mitad sólo se crearon 9, el 21% y el ritmo disminuyó en los siglos siguientes: 5 en el XVII y 6 en el XVIII. Esto supone que en el siglo XVI prácticamente se había completado el esquema diocesano americano. Inicialmente, todas las diócesis se integraban en la provincia metropolitana de Sevilla, pero pronto se optó por separar a la Iglesia americana para evitar el control de Roma. Los problemas planteados por la distancia y el tiempo requerido para solucionar cualquier cuestión hicieron evidente, en el siglo XVI, la necesidad de establecer arzobispados en Indias. Así, en 1504, se creó la archidiócesis de Yaguata, luego Santo Domingo, que controlaba el Caribe y la costa de Tierra Firme, y de la que dependían las diócesis sufragáneas de Maguá y Baynúa. Posteriormente se crearon nuevas sedes arzobispales y obispales en centros de importancia política, como México, cuya jurisdicción iba de Guatemala a California; o Lima, de Nicaragua a Cuzco.

A medida que avanzaba el proceso de conquista y colonización los esquemas previos se iban quedando obsoletos y pronto se ampliaron los límites del arzobispado de Lima para incluir a Chile y el Alto Perú y se creó el arzobispado de Santa Fe de Bogotá, que controló el territorio entre Nicaragua y Quito. A fines del siglo XVI había cuatro archidiócesis (Santo Domingo, México, Santa Fe de Bogotá y Lima) con 26 obispados. De Santo Domingo dependían los obispados de Santiago de Cuba, San Juan de Puerto Rico y Coro; de México, Guadalajara, Valladolid, Puebla, Antequera, Chiapas, Mérida, Verapaz, Comayagua, Guatemala y León; de Santa Fe de Bogotá, Cartagena y Popayán; y de Lima, Panamá, Quito, Trujillo, Cuzco, Arequipa, La Plata, Asunción, Santiago del Estero, Santiago de Chile y la Imperial. En el siglo XVII se produjeron algunos cambios: La Plata se convirtió en arzobispado y pasó a controlar los obispados de La Paz, Mizque, Córdoba y Buenos Aires. También se crearon las sedes de Durango, subordinada a México; la de Caracas, en lugar de Coro y dependiente de Santo Domingo; la de Santa Marta, de Santa Fe de Bogotá; y la de Huamanga, de Lima.

En las primeras décadas del siglo XVI la escasez de representantes del clero secular para dirigir las parroquias y doctrinas hizo necesario recurrir con bastante frecuencia a los miembros de las órdenes religiosas. Esto provocó frecuentes conflictos de autoridad: ¿a quiénes debían obediencia los religiosos que trabajaban como párrocos o doctrineros, a los obispos o a sus superiores jerárquicos, básicamente los provinciales de las órdenes? Por eso se puede afirmar que el clero secular respondía directamente al rey, que era quien lo había nombrado, mientras que los regulares tenían sus compromisos con los priores de cada orden. La escasez de personal religioso no sólo se hizo sentir en los niveles inferiores de la jerarquía, sino también en los más altos, a tal punto que 142 de los 214 obispos nombrados en el siglo XVI pertenecían a alguna orden. También había conflictos jurisdiccionales entre obispos y provinciales por una parte, y autoridades laicas por otra. Estas últimas, en uso de los derechos del patronato cedidos por el monarca, creían estar justificadas para entrometerse en la labor de las autoridades eclesiásticas.

Los problemas jurisdiccionales, de obediencia, de competencias, administrativos o doctrinarios eran constantes. Para intentar solucionarlos se crearon los cabildos diocesanos, que funcionaron como órganos consultivos y de asesoramiento de los obispos. Su tamaño dependía de la importancia de la diócesis a la que estaban vinculados, pero sus integrantes solían representar intereses contrapuestos, lo que a menudo dificultaba la toma de decisiones o alcanzar acuerdos consensuados. Por encima encontramos a los sínodos y concilios diocesanos, más centrados en cuestiones doctrinarias (como la evangelización de los nativos), disciplinares o pastorales. Los concilios provinciales —reunión de los obispos de una archidiócesis presididos por el arzobispo— comenzaron a realizarse para cumplir con las disposiciones establecidas en el Concilio de Trento. Inicialmente los realizaron los arzobispados de México y Lima, aunque hubo algunos en otras diócesis menores. Su principal objetivo era procurar la evangelización de los indios y atender las obras de carácter local. Como las disposiciones iniciales establecían que los concilios se debían reunir cada tres años, Felipe II solicitó al Vaticano, dadas las enormes distancias y las dificultades de comunicación en las colonias, que en América el plazo se ampliara a cinco años. Posteriormente, este plazo se extendería a siete (1584) y doce años (1610). Sin embargo, lo más común era que los plazos no se cumplieran, como ocurrió en México, donde el arzobispo Montúfar convocó los dos primeros, celebrados en 1555 y 1565. Entre 1551 y 1629 se celebraron 11 concilios provinciales, mientras que en el siguiente siglo y medio no se realizó ninguno. Los sínodos, la reunión de un obispo con el clero de su diócesis, trataban de los asuntos disciplinares o pastorales del obispado.

En las diócesis se crearon tres tipos diferentes de establecimientos eclesiásticos: las parroquias, las doctrinas y las misiones, aunque estas últimas no dependían directamente de los obispos. Las parroquias se establecían preferentemente en ciudades con una apreciable población blanca y a su frente se solía situar un cura párroco, que era reemplazado por un miembro del clero regular cuando no había representantes del clero secular para cubrir las vacantes. Las doctrinas, al igual que las encomiendas, eran parroquias rurales constituidas en los territorios donde se encontraban los grupos indígenas sedentarios y sus cabeceras solían estar en el asentamiento más importante de una región. Era frecuente que se recurriera a la autoridad del cacique para que las comunidades indígenas prestaran su colaboración en la construcción de la iglesia y el sostenimiento del cura, que era conocido con el nombre de doctrinero. Doctrinas y encomiendas solían estar relacionadas entre sí, ya que toda encomienda debía tener su doctrina para asegurar la evangelización de los indígenas a cargo de un encomendero. Como los encomenderos no se preocupaban de instruir religiosamente a los indios ni solían estar capacitados para hacerlo, debían contratar a los curas y pagarles sus salarios con los ingresos provenientes de los tributos abonados por la comunidad. Al igual que en las parroquias, los doctrineros, especialmente durante el período de la conquista, solían ser regulares, ya que las órdenes religiosas aceptaban por lo general que sus miembros se vincularan como doctrineros a las encomiendas. Las misiones solían ser un elemento minoritario y periférico en el mundo colonial y se situaban en regiones no controladas directamente por las autoridades coloniales, donde eran frecuentes las rebeliones indígenas que ponían en peligro la integridad física de los misioneros.

La escasez de sacerdotes en parroquias y doctrinas llevó a fomentar las vocaciones indígenas desde fechas tempranas, aunque fue un objetivo difícil de cumplir. Se pensaba que los curas indios, especialmente si pertenecían a la nobleza indígena, podían tener un mejor impacto sobre sus connacionales, sobre todo si hablaban en su propia lengua y manejaban sus propios códigos. La creación del colegio de Tlatelolco, próximo a México, no cumplió con las expectativas al reclutar a pocos hijos de caciques con vocación religiosa. A los alumnos indígenas les resultaban extrañas algunas normas que se debían observar, como el voto de castidad. Ante esta realidad, el primer concilio mexicano restringió el acceso de los indios a los seminarios. Debido a las numerosas quejas sobre el funcionamiento de los doctrineros, en la segunda mitad del siglo XVI se prohibió nombrar en ese puesto a los sacerdotes que desconocieran la lengua de los indígenas que iban a evangelizar. Inclusive se planteó la posibilidad de que realizaran un examen antes de tomar posesión de la plaza en cuestión. Ante el cúmulo de protestas elevadas a la superioridad y la falta de material para profundizar el estudio de unas lenguas que muchas veces no tenían ni vocabularios ni gramáticas, la exigencia se limitó a una serie de lenguas llamadas generales por estar su uso más difundido entre los indígenas de las diferentes regiones. Tal fue el caso del náhuatl, quechua, aymará, chibcha y maya. La necesidad de contar con obras para el estudio de las lenguas indígenas y con libros en dichas lenguas para desarrollar la evangelización (gramáticas, catecismos y confesionarios), impulsó la presencia y el desarrollo de la imprenta en Indias. Esta política de difusión y apoyo a las lenguas indígenas se abandonó en el segundo cuarto del siglo XVII, cuando la Corona apostó claramente por el uso del castellano en detrimento de las lenguas locales.

5. La Inquisición en América

La actividad del Santo Oficio fue inferior a su modelo metropolitano, en parte por la prohibición de que moros, judíos o herejes pasaran a Indias, y también por la tardía creación de sus tribunales, algo reforzado por su menor implantación en los dos virreinatos. En 1568 se decidió la creación de los tribunales de la Inquisición, inicialmente sólo establecidos en Lima (1570) y México (1571), si bien la institución estaba presente en Indias desde principios del siglo XVI. En 1610 se creó un tercer tribunal en Cartagena de Indias, que colaboró al desarrollo de la ciudad. Ante los comportamientos alejados de la ortodoxia de algunos sacerdotes y monjes, especialmente en el trato con las mujeres indígenas, se pusieron en marcha los mecanismos de control interno, ya que la vigilancia de los eclesiásticos correspondía a la Inquisición. De este modo, la relajación del clero motivó algunas acusaciones en su contra de las altas autoridades coloniales en uso del Patronato y condujo a que se dotara desde 1517 a todos los obispos americanos de poderes inquisitoriales. En

1519 se nombraron comisarios de la Inquisición para algunos territorios americanos.

Dadas las peculiares características de la Inquisición americana, su actividad fue inferior a lo que ocurría en la Península. Tanto en número de penas como en calidad, las condenas no eran comparables a las aplicadas en España. En Lima, en los dos siglos y medio de existencia del Santo Oficio, sólo se dictaron 30 condenas de muerte, aunque el problema indígena no caía en su órbita directa de influencia y por lo general era abordado desde otra perspectiva, por más que los tribunales de la Inquisición sustanciasen algunas causas contra los aborígenes a pesar de la teórica prohibición de ocuparse de los mismos. Su cometido era evitar la corrupción del catolicismo entre los europeos, para lo cual había que combatir a los judaizantes, a los protestantes y a los sospechosos de brujería. En Brasil nunca funcionaron tribunales propios, y sólo en situaciones muy concretas se solicitaban tribunales a Lisboa.

6. La demografía colonial

La conquista ibérica tuvo un fuerte impacto demográfico en las sociedades americanas, especialmente en los siglos XVI y XVII, aunque algunas zonas marginales lo sufrieron en el siglo XVIII, al entrar en contacto con los europeos. En el Caribe, las poblaciones indígenas fueron diezmadas por las enfermedades hasta tal punto que unas pocas décadas después del descubrimiento casi no quedaba rastro de las poblaciones autóctonas. En el interior del continente, especialmente en los altiplanos densamente poblados de México y los Andes, el choque fue brutal y el descenso demográfico intenso. Lo fue un poco menos en los territorios de menor densidad y escaso interés económico, donde la distancia y la falta de contacto entre los pueblos frenaron el contagio. Al cabo de un tiempo, más o menos prolongado según las regiones consideradas, se produjo la recuperación demográfica. Para entonces, las enfermedades ya eran endémicas y las poblaciones nativas se habían vuelto más resistentes al desarrollar autodefensas.

Las causas de la debacle demográfica fueron varias, pero el principal factor debe buscarse en los agentes patógenos aportados por los conquistadores que hicieron múltiples estragos y, en muchos casos, se adelantaron a la llegada de los europeos. El impacto sufrido por la población del Caribe fue mayor que en otras regiones del continente, ya que por su carácter insular y su escaso contacto con el exterior sus habitantes habían desarrollado un delicado y quebradizo equilibrio biológico. Se trata de un fenómeno conocido en Canarias y otros archipiélagos atlánticos, que se repetiría en algunas islas del Pacífico, como Hawai, Australia o Nueva Zelanda. En Filipinas el fenómeno no tuvo la misma intensidad, dado el fuerte nivel de intercambios con el continente asiático.

¿Cuál era el tamaño de la población americana en el momento de la conquista? Una pregunta sencilla debería tener una respuesta igualmente sencilla, pero en este caso existen posturas encontradas, si bien es cierto que las últimas investigaciones han enterrado prácticamente la polémica. Aunque las respuestas oscilaban inicialmente entre los 10 y los 100 millones de habitantes, los trabajos más recientes se sitúan sobre los 50 millones y más cerca del máximo que del mínimo. En cualquier caso, el cálculo de la población americana no es sencillo, tanto por la ausencia de fuentes escritas como por la ideologización de décadas anteriores, al haber girado en torno suyo gran parte de la discusión sobre la Leyenda Negra y los excesos de los españoles durante la conquista y colonización. La pregunta sobre el tamaño de la población también la formularon los conquistadores preocupados por la caída constante de la población indígena, que afectaba el tamaño de sus encomiendas y su nivel de ingresos. En un principio, la cantidad disponible de mano de obra y la posibilidad de contar con indios para repartir entre los encomenderos o para vender como esclavos fueron elementos que influyeron en la conquista. No es igual invertir grandes sumas de dinero y el esfuerzo personal en conquistar territorios densamente poblados que en otros marginales y con escasez de población o con indios difícilmente reductibles.

1. El choque demográfico

La llegada de los europeos y de los esclavos africanos al continente americano y el choque con las sociedades indígenas precolombinas u originarias tuvieron un serio impacto sobre estas últimas. En primer lugar, desde un punto de vista cuantitativo, la conquista provocó un desastre demográfico, pudiendo contarse por millones la merma de la población local. Las repercusiones demográficas no se limitaron al hundimiento poblacional: hubo que hacer frente a epidemias y enfermedades desconocidas, a ritmos de trabajo para los que no se estaba preparado, a choques culturales, a desplazamientos forzosos, al mestizaje, a compartir los campos de labor con un ganado extraño que inicialmente competía por los recursos alimenticios, todo lo cual afectó la forma de vida de los indígenas.

Para medir cabalmente la magnitud de la catástrofe demográfica producida tras el descubrimiento, conquista y colonización del mundo americano, es necesario establecer con precisión el tamaño de la población originaria antes del inicio de dicho proceso. Sólo así podremos ver lo que pasó entre finales del siglo xv y mediados del xvi, cuando ya se conoce con bastante exactitud el tamaño de la población local. Lo más difícil es calcular los habitantes anteriores a 1492, al carecer de documentos escritos y trabajar con estimaciones. Últimamente se ha avanzado en el conocimiento del pasado y en el tamaño de la población americana. Sin embargo, las inquietudes actuales de demógrafos, geógrafos y antropólogos van por derroteros distintos a la mera cuantificación, al importar otros aspectos vinculados a la estructura y composición de la población, algunos reflejados en las pirámides demográficas, como el tamaño y la forma de los núcleos familiares, las tasas de crecimiento, la incidencia de la natalidad y de la mortalidad, especialmente la infantil, etc.

Las cifras no son neutrales. Cuanto menor fuera el tamaño de la población en 1492, menos indios habrían muerto a consecuencia de la conquista, lo que permitiría concluir que la llegada de los europeos no tuvo graves consecuencias sobre las sociedades indígenas. Estaríamos ante la Leyenda Rosa de la conquista. Por el contrario, si la población hubiera sido considerable, los muertos podrían contarse no por millones, como en el caso anterior, sino por decenas de millones, permitiendo a más de un ensayista hablar de genocidio. Ésta es la versión de la Leyenda Negra de la conquista ibérica, que carga las tintas contra la presencia española en América, describiéndola como brutal y aniquiladora. Por un lado se hablaba de una contracción de 13,3 millones de habitantes en 1492 a 10 millones en 1650, con una merma del 25% de la población inicial. Pese a su escasa cuantía, la pérdida de la cuarta parte de la población en un siglo y medio es una disminución muy fuerte. Del otro lado, las cifras que se manejan van de 90 a 112 millones de personas en 1492 y 5 a 10 millones a mediados del siglo XVII, lo que supone una catástrofe, ya que sólo habría permanecido con vida entre el 5% y el 10% de la población inicial.

Más allá de la «teoría homicídica» que habla de genocidio por el exterminio de etnias enteras producto de la rapacidad y la violencia europea durante la conquista, lo cierto es que en este desplome demográfico concurrieron causas diversas. Entre ellas, las epidemias aportadas por los conquistadores, que fueron el principal efecto de la mortandad tal y como insiste Nicolás Sánchez-Albornoz, sin despreciar por ello el efecto psicológico y socioeconómico de la conquista. A esto se suma la llamada desgana vital, una situación de crisis anímica causada por el brutal choque cultural de la conquista y la ruptura de las formas tradicionales de los aborígenes de vivir y producir, que provocaba abortos naturales o voluntarios, muertes por inanición, etc. También hay que tener en cuenta la explotación de los indios a niveles a los que no estaban acostumbrados y las abundantes bajas en combate, aunque éstas no provocaron la catástrofe.

1.1. El factor epidemiológico

Algunos autores como Sherburne Cook en una obra de 1947, apuntan la posibilidad de que la población americana hubiera llegado a su grado de saturación a fines del siglo XV de acuerdo al nivel tecnológico y a los sistemas de producción de alimentos disponibles. Esta situación límite explicaría el impacto de las epidemias y la desestructuración social y económica impulsada por la conquista. Sería posible incorporar a nuestro análisis el efecto de la conquista europea sobre las sociedades indígenas a partir del delicado equilibrio existente, ya que en esa situación cualquier influencia extraña podría haber llevado al colapso. En apoyo de esta interpretación se mencionan las distintas formas de control de la población de la época prehispánica, muchas de frecuente utilización, como los abortos provocados o los infanticidios, u otras más sofisticadas, como las guerras floridas de los aztecas o los sacrificios humanos ofrecidos a los dioses por los tupís guaranís.

El impacto epidemiológico se vincula a las defensas inmunológicas desarrolladas por los americanos, que carecían de respuestas adecuadas frente a las enfermedades importadas de Europa (véase Cuadro 6.1). El efecto devastador de la viruela, el sarampión, la gripe y otras enfermedades desconocidas fue incrementado por la situación de la población local, que debía enfrentar las crisis de subsistencia provocadas por la conquista y su propia desmoralización. La conquista había modificado los modos de vida, alimentación y trabajo de los indígenas. A esto hay que sumar el carácter recurrente de las epidemias en unos intervalos muy cortos, de modo que una población debilitada por una epidemia recibía tras un cierto tiempo un nuevo golpe, de efectos más letales (véanse Cuadros 6.2 y 6.3). México, por ejemplo, debió soportar entre la conquista de Cortés y el comienzo del siglo XVII una epidemia cada 10 o 12 años.

Hasta hace poco tiempo se pensaba que la viruela había sido la primera epidemia en llegar a América. Esta epidemia, que en 1519 se cebó con buena parte de la población de La Española, también golpeó a México-Tenochtitlan durante el cerco de Hernán Cortés y de allí se propagó a América Central. El

Cuadro 6.1. Estimación de los niveles de mortandad por pandemia y fechas

Enfermedad	Fechas	Porcentaje
Gripe (?)	1494-1514	20%
Viruela	1519-1528	35%
Sarampión	1531-1534	25%
Tifus	1545-1546	20%
Peste neumónica	1545-1546	15%
Sarampión	1557-1563	20%
Viruela	1576-1591	20%
Sarampión	1576-1591	12%
Tifus	1576-1591	15%
Sarampión	1595-1597	8%
Sarampión	1611-1614	8%
Tifus	1630-1633	10%

Fuente: Noble D. Cook, «Epidemias y dinámica demográfica», *Historia general de América Latina*, t. II, Madrid, 2000, p. 316.

Cuadro 6.2. Principales brotes epidémicos en América Latina (1519-1633)

	América Central		América Andina
1519-1521	Viruela	1524-1528	Viruela
1531-1534	Aarampión	1531-1533	Sarampión
1545	Tifus, peste neumónica	1546	Tifus, peste neumónica
1550	Paperas		
1559-1563	Sarampión, paperas, gripe, difteria	1557-1562	Viruela, sarampión, gripe
1576-1580	Tifus, viruela, sarampión, paperas	1585-1591	Tifus, viruela, sarampión
1595	Sarampión	1597	sarampión
1604	Sarampión, tifus, paperas	1606	Difteria
1613-1614	Viruela, sarampión	1611-1614	Sarampión, tifus, difteria
		1618	Sarampión
1630-1632	Tifus	1630-1633	Tifus

Fuente: Noble D. Cook, «Epidemias y dinámica demográfica», *Historia general de América Latina*, t. II, Madrid, 2000, p. 313.

brote se vincula con el que azotó al Perú en 1524. Sin embargo, hoy sabemos que en el segundo viaje de Colón la influenza o gripe porcina se cebó primero en los expedicionarios y luego en los arawaks, los nativos de La Española, produciendo un gran número de víctimas, ya que, como señala Francisco Guerra, a medida que la enfermedad avanzaba, los nativos morían por miles. El foco infeccioso se extendió a Puerto Rico, Cuba e incluso a las Bahamas, dado que los medios de navegación indígenas permitían los contactos interinsulares. La primera epidemia de sarampión en América tuvo lugar a partir de 1531, en Panamá y la Florida. Las sociedades americanas conocían y soportaban numerosas enfermedades causadas por distintas variedades de parásitos gastrointestinales y otros males asociados que también contagiarían a los eu-

Cuadro 6.3. Posibles pandemias en América, por enfermedad

Epidemia	Fechas
Gripe	1494-1514
Viruela	1519-1528 / 1576-1591
Tifus	1545-1546 / 1576-1591 / 1630-1636
Sarampión	1531-1534 / 1557-1563 / 1576-1591
	1595-1597 / 1611-1614
Peste neumónica	1545-1546

Fuente: Noble D. Cook, «Epidemias y dinámica demográfica», *Historia general de América Latina*, t. II, Madrid, 2000, p. 314.

ropeos, como la leishmaniosis. Si bien la sífilis fue con casi total seguridad un aporte americano, con respecto a la malaria los historiadores de la medicina no se ponen de acuerdo.

Ahora bien, pese a la importancia de los agentes patógenos, no hay que menospreciar el impacto bélico de la conquista. Más allá del escaso poder letal de las armas disponibles, las guerras de conquista se cobraron numerosas víctimas, especialmente cuando se enfrentaban grandes ejércitos, que en el caso de los españoles era producto de alianzas con pueblos enfrentados al núcleo imperial que se combatía. Se estima que en el sitio de México-Tenochtitlan murieron 200.000 indios, no sólo aztecas, y que en algunos valles peruanos la mortandad masculina durante la fase inicial de la conquista llegó al 80%. El sistema de tributos impuesto por los españoles también tuvo su impacto, aunque estuviera basado en esquemas desarrollados antes de 1492. Los conquistadores sometieron a las economías de subsistencia indias a un esfuerzo sobrehumano y creciente, mientras que el pago del tributo, prácticamente constante, debía soportarlo un número cada vez menor de individuos. Esto suponía un incremento considerable en la explotación de la mano de obra indígena, a lo que habría que agregar los sistemas de trabajo forzado desarrollados en diversas regiones.

Hay cifras para todos los gustos, que oscilan entre los 13 a 15 millones planteados por la corriente conservadora, representada por el argentino Ángel Rosenblat y J. H. Steward, y los 100 a 112 millones de H. F. Dobyns. Las cifras más consistentes para la población continental giran en torno a los 60 y 75 millones, por un lado, y los 100 millones por el otro. Un siglo después del descubrimiento, la población autóctona se había reducido a 5 o 10 millones de indígenas (véase Gráfico 6.1). De todos modos, a fines del siglo XVII la población india era inferior a la décima parte de lo que había sido en 1492. Las divergencias existentes se explican, en parte, por la diversidad de las fuentes. Los primeros cálculos demográficos utilizaron algunas fuentes oficiales españolas, como cuestionarios administrativos o Relaciones Geográficas, respondidos pocos años después de la conquista, pero también otros documentos como los informes de las autoridades encargadas de inspeccionar las encomiendas, registros parroquiales y padrones de indios tributarios. La ingente documentación de los archivos es irregular, con huecos geográficos y cronológicos, lo que hace difícil construir series estadísticas completas y homogéneas. A esto se añaden otros problemas. Por ejemplo, los padrones de indios tributarios sólo contaban el número de indios varones entre los 15 y los 50 años, es decir, los cabezas de familia. Para calcular la población a partir de ellos es necesario hallar un coeficiente que exprese el tamaño de la familia media. Por lo general se extrapola el valor del coeficiente de una región determinada y una época concreta, lo que puede provocar importantes diferencias de cálculo. Por eso, las investigaciones más recientes apuestan por otro tipo de fuentes, como los recuentos demográficos precolombinos; el número y dimensión de las concentraciones urbanas, importante para las altas culturas; o

6. La demografía colonial

Gráfico 6.1. Modificación de la población aborigen americana (1492-1633)

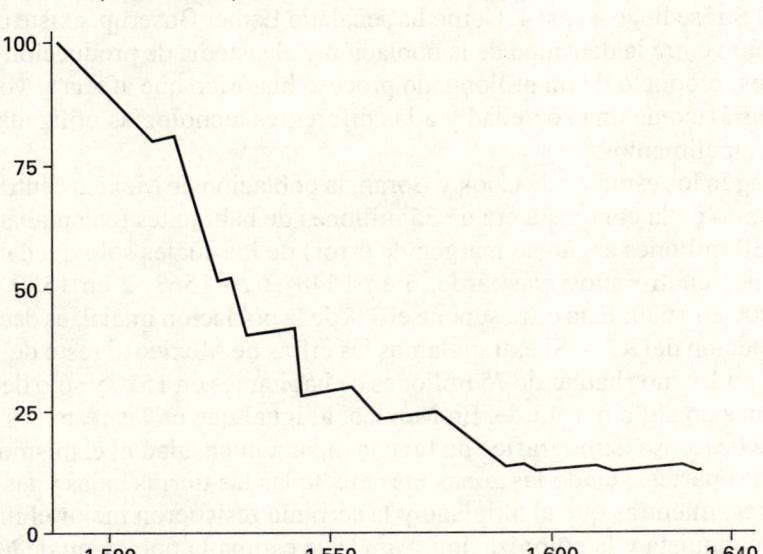

Fuente: Noble D. Cook, «Epidemias y dinámica demográfica», *Historia general de América Latina*, t. II, Madrid, 2000, p. 318.

los esqueletos, que pueden informar sobre la esperanza de vida. También se calcula la producción de alimentos y su capacidad de sostener a la población a partir de la clase y extensión de los cultivos y su tipo de producción.

Hasta la segunda mitad del siglo XX los cálculos solían ser conservadores. Por un lado, estaban los que cuantificaban la población proyectando el tamaño de ese entonces hacia atrás, como Sapper o Kroeber. Luego tenemos a los mencionados Rosenblat o Steward, que basaron sus investigaciones en fuentes españolas para llegar a resultados minimalistas. Entonces, comenzó la revisión de las cifras a partir del trabajo de la Escuela de Berkeley. Sus principales representantes, Woodrow Borah, L. B. Simpson y S. Cook, se centraron en sus cálculos sobre México para descartar radicalmente los guarismos anteriores. A partir de estos trabajos, otros autores como Dobyns y Chaunu extendieron sus conclusiones al conjunto del continente americano y pudieron constatar una brusca caída de la población indígena, prolongada casi dos siglos después de la conquista.

Las estimaciones basadas en la capacidad de producción alimentaria u otros métodos similares parten de márgenes de error considerables. Según estos criterios, un estudio de John Durand señala que la población de todo el continente americano en el año 1 de nuestra era oscilaba entre los 7 y los 17 millones de habitantes; que en el año 1000 la población se situó entre los 22 y los 53 millones; y en el 1500 entre los 32 y los 63 millones. Mientras en América del Norte, entre el año 1 y el 1500, la densidad siempre se mantuvo por debajo de un habitante por kilómetro cuadrado, en América Central y América del Sur se llegó a casi 4. Como ha señalado Esther Boserup, existe una correlación entre la densidad de la población y el sistema de producción de alimentos, producto de un prolongado proceso histórico que afecta al volumen demográfico de una sociedad y a las diferentes tecnologías utilizadas para producir alimentos.

Según los estudios de Cook y Borah, la población de México central en el momento de la conquista era de 25 millones de habitantes (calculaban entre 18 y 30 millones según su margen de error) de los cuales sólo quedaban 17 millones cuatro años más tarde, 6 en 1548, 3 en 1568, 2 en 1580 y sólo 750.000 en 1630. Esta cifra supone el 3% de la población inicial, es decir, una contracción del 97%. Si extrapolamos las cifras de México al resto del continente podríamos hablar de 75 millones de habitantes en 1520 y sólo de 5 a 10 millones un siglo más tarde. En México, al igual que en las restantes regiones, el descenso demográfico no tuvo la misma intensidad ni el mismo ritmo en todas partes, siendo las zonas más afectadas las tierras bajas y las zonas costeras, mientras que el altiplano y la serranía resistieron mejor el impacto de la conquista y la colonización. Aun si se estima la población de México central en la mitad de lo propuesto por Cook y Borah, el descenso fue del 94%, con una caída de la población de 12 millones a 750.000, una cifra sobre la que no hay grandes divergencias. En Yucatán, donde la población maya atravesaba una situación crítica antes de la llegada de los españoles; sus 800.000 habitantes se contrajeron en un 80% a lo largo del siglo XVI.

El Caribe presenta mayores problemas que México. Las estimaciones totales para 1492 son de 1 millón de habitantes, reducidos en 1520 a unos 16.000, lo que explicaría la temprana presencia de esclavos negros. Las cifras aportadas para la isla de La Española oscilan entre los 100.000 y los 200.000 habitantes, o quizá más, pero ya en 1519 había menos de 20.000 y en 1570 apenas quedaban unos cientos de sobrevivientes. Un trabajo de Frank Moya Pons sobre la población de la isla a partir de un padrón de 1514 plantea la existencia de 500.000 habitantes en 1492. Moya Pons intentó mantener las unidades políticas y de parentesco prehispánicas y se encontró con que las unidades habitacionales indígenas, casas y poblados, seguían presentes, aunque con algunos cambios. En sus cálculos distribuyó a la población en cacicazgos, pero le llamó la atención que en 1514 la mayor parte de los caciques fueran mujeres, ante la patente ausencia de hombres.

En América Central, Murdo McLeod abordó la cuestión desde una óptica regional, ante las marcadas diferencias existentes entre unas zonas y otras. En todas ellas se percibe una rápida caída de la población indígena, ya que la viruela diseminada a partir de México o del Caribe se había cobrado un tercio de la población regional antes de la llegada de los conquistadores. Hacia 1520 había unos 600.000 indígenas tributarios en Nicaragua, convertidos en 30.000 en 1544 y 6.000 en 1560-1570. En Honduras la evolución fue similar:

400.000 tributarios en 1524, 15.000 en 1534 y 8.000 en 1570. Si bien las cifras iniciales se pueden considerar algo elevadas, son indicativas de la existencia de una población considerable al inicio de la conquista y de una fuerte contracción demográfica posterior, debida, entre otras consideraciones, a la esclavitud de los indígenas centroamericanos y a su exportación a México, Perú o Panamá.

Para la zona andina disponemos de más datos que para el Caribe. En Colombia se pasó de 232.407 indios en 1537 a 168.444 en 1564, según las fuentes tributarias usadas por Juan Friede y Germán Colmenares. En 1636, tras un siglo de ocupación española, sólo quedaban 44.691 personas, menos de la quinta parte del número original, aquí también con grandes diferencias regionales. En Perú, gracias a los trabajos de Noble D. Cook se habla de unos 9 millones de indios en 1530, de ellos entre 6 y 8 pertenecerían al Bajo Perú. En 1570, la cantidad de indios en la zona había bajado a 1,3 millones y a 600.000 en 1630. A las causas aportadas por la conquista hay que sumar el estado de guerra permanente que precedió a Pizarro y que se cobró numerosas víctimas. También aquí hay desigualdades regionales: si en la sierra la caída fue del 44%, en la costa llegó al 65%. Para el Alto Perú, los estudios de Nicolás Sánchez-Albornoz y Nathan Wachtel, cuyos primeros datos son de 1572, hablan de un fuerte descenso demográfico, aunque más tardío que en otras regiones.

Lo que se ha planteado de un modo general para el conjunto de América se puede analizar de forma más detallada en Chucuito, Perú. Según datos fehacientes se sabe que a fines de la década de 1520, justo antes de la llegada de Pizarro, había 20.280 indígenas tributarios, varones comprendidos entre los 30 y los 60 años de edad, que representaban a 170.000 personas. Esto permite establecer un coeficiente de 8,38 personas por tributario, calculando sólo a los hombres mayores de 30 años. En 1567, el visitador Díez de San Miguel encontró 63.012 personas, lo que implica que en 40 años la población se había reducido en dos terceras partes. Con este ritmo, la despoblación indígena era considerable, ya que cada 20 o 25 años la población se reducía a la mitad. Se vivía una situación inversa a la existente en la segunda mitad del siglo XX en América Latina, cuando la población se duplicaba cada 20 o 25 años. Ahora bien, no cayó sólo la cuantía de la población, también disminuyó el tamaño de las familias indígenas, al igual que en otras regiones del continente, como Santo Domingo o Huanuco, en los Andes centrales, donde la familia promedio pasó de 6 integrantes antes de la conquista europea a 2,5 en 1562.

La recuperación de la población indígena fue lenta, desigual e irregular, con importantes variaciones regionales. A mediados del siglo XVI, unos 7.000.000 de personas poblaban las Indias, de los cuales 5 millones eran indios (un 71%), 735.000 negros (10,5%), 659.000 blancos (9,5%), mientras que el otro 9% lo formaban mestizos (400.000) y mulatos (240.000). A lo largo del siglo XVII la crisis permanente que se vivía comenzó a remitir, como resultado tanto del reforzamiento de su sistema inmunológico como del incremento de la población blanca, mestiza y negra, que mitigó la demanda de mano de obra. En México, la estabilización y recuperación de la población indígena comenzó en la segunda mitad del siglo XVII, pero en el Perú hubo que esperar hasta el siglo XVIII.

2. La inmigración española

Hasta el descubrimiento, el mundo americano estaba habitado únicamente por la población amerindia, con una gran diversidad étnica entre los distintos grupos. A partir de 1492 comenzaron a llegar otros grupos, europeos blancos y africanos negros, con su impronta particular, que alteraron totalmente la realidad demográfica. De la misma manera que la sociedad surgida de la conquista no fue igual a la del pasado, lo mismo ocurrió con la población. Así, del cruce de negros y blancos con las indígenas surgieron los mulatos y los mestizos. La inmigración europea en la fase inicial de la conquista, medida en términos absolutos, fue discreta, pero en tanto se consolidaban las relaciones entre ambos mundos comenzó a tener un peso relativo mayor, consolidándose así un flujo migratorio desde España superpuesto al descenso de la población autóctona. A esto se añade un dato no reflejado en las cifras migratorias: el crecimiento de la población criolla, aumentado por el hecho de que los niños mestizos criados entre blancos eran considerados blancos. Tampoco hay que desconocer la importancia de la población negra, que con el agregado de mulatos y mestizos llegaba en 1570, según algunas estimaciones, a 230.000 personas, frente a los 118.000 blancos existentes en la misma fecha. Para entonces, la población, casi en un 97%, seguía siendo mayoritariamente indígena.

Las primeras investigaciones sistemáticas sobre la emigración española a América datan de la década de 1920, coincidiendo con una polémica sobre el español hablado en Indias y sus influencias regionales: ¿qué pesaba más, lo andaluz o lo castellano, lo canario o lo extremeño? Los lingüistas, preocupados por saber cuántas personas y de qué origen habían emigrado comenzaron a investigar el tema. El norteamericano Peter Boyd-Bowman, continuando la labor de Luis Rubio y Moreno con sus *Pasajeros a Indias* de principios del siglo XX, hizo un gran esfuerzo al reconocer uno a uno a casi 55.000 emigrantes de los cerca de 200.000 que salieron legalmente de España durante el siglo XVI (véase Cuadro 6.4). Los cálculos sobre inmigración tienen vacíos importantes por la falta de datos oficiales de algunos años y la dificultad en seguir el rastro de la inmigración clandestina.

El carácter espontáneo de la emigración inicial fue seguido a partir de 1509 por una mayor intervención de la Corona de Castilla, interesada en regular la emigración por motivos políticos e ideológicos. De ese modo hubo que tramitar la autorización correspondiente para pasar a Indias, primero en la Casa de Contratación y a partir de 1546 en el Consejo de Indias. Se quería prohibir el paso a distintos grupos étnicos y sociales con el fin de mantener la pureza de las tierras recién descubiertas. Para que no influyeran negativamente en la conversión y evangelización de los indios, se prohibió la entrada a judíos, moriscos, gitanos y a cualquier condenado por la Inquisición. La ley limitaba el paso de extranjeros y, en un principio, de los súbditos de la Corona de Aragón que debían solicitar licencia a la Casa de la Contratación si querían emigrar al Nuevo Mundo. Pese a la obligatoriedad del permiso y a la rigidez de los controles, en algunas coyunturas concretas como la conquista del Perú había una mayor permisividad para favorecer la emigración. Así y todo, no se pudo impedir la emigración clandestina, que llevó, entre otros, a algunos judaizantes a asentarse en América.

A mediados del siglo XX, Ángel Rosenblat estimaba que durante el siglo XVI habían emigrado a Indias 200.000 blancos, con un promedio anual entre 1493 y 1600 de 1.869 europeos. Si se analiza el flujo migratorio detenidamente, se ve que en la primera mitad del XVI emigraban entre 300 y 400 personas por año y que en la segunda mitad este número aumentó considerablemente hasta 2.000 y 3.000 personas por año. Hacia 1690 habían pasado a América unos 480.000 inmigrantes, con un promedio anual de 4.000. A principios del siglo XVIII, y teniendo en cuenta la gran natalidad propia de los núcleos de población europea, la población blanca, incluyendo a los criollos, oscilaba en torno a 800.000 personas. De ellas, un tercio estaba en México, un cuarto en el Perú y otro 25% entre Antillas, Nueva Granada y América Central. En Brasil, por su parte, había unos 100.000 portugueses.

En la primera mitad del siglo XVI, el ritmo de salidas de los emigrantes españoles dependía de la llegada de noticias de nuevas conquistas, especialmente de territorios que prometían la obtención de riquezas fáciles, de ahí que se pueda hablar de oleadas migratorias. Esto ocurrió tras la conquista de México. Mientras entre 1509 y 1529 salieron 3.902 personas desde los puertos peninsulares, de 1533 a 1539, en tan sólo seis años, ya consumada la hazaña de Cortés, salieron más de 8.000. De igual manera, entre 1540 y 1549 la salida de emigrantes se vincula a la conquista del Perú y a las nuevas oportunidades del momento. Durante esos años, la Nueva España perdió su atractivo, que sólo recuperaría a mediados del siglo, tras los descubrimientos de los yacimientos mineros de Taxco y Zacatecas, convertidos en importantes centros productores de plata. Un tema destacado, muy polémico en su momento, es si la emigración a Indias vació o no a España de gente. En realidad, la emigración a América sólo supuso, como máximo, el 2,7% del total de la población española. Incluso si asumiéramos que toda la emigración fue castellana, ésta habría sido el 3,2% de la población de Castilla.

En lo referente al origen regional de la emigración, se distingue un primer momento, hasta 1508, de abrumadora presencia andaluza: el 60%. Desde entonces se incrementó el número de extremeños y castellanos, de las dos Castillas y de León. También fue notable el número de emigrantes de las provincias del norte pese a la gran distancia a los puertos andaluces, la salida obligada a Indias (véase Cuadro 6.4., que sólo recoge a los pasajeros identifi-

Cuadro 6.4. Emigración española a América (1493-1600)

	1493-1519		1520-1539		1540-1559		1560-1579		1580-1600		Total	
	Total	%	Total	%	Total	%	Total	%	Total	%	Total	%
Andalucía	2.172	40,7	4.247	33,4	3.269	37,5	6.547	37,8	3.994	43	20.229	38,2
Extremadura	769	14,4	2.204	17,3	1.416	16,3	3.295	19	1.351	14,6	9.035	17,1
Castilla la Vieja	987	18,5	2.337	18,4	1.390	16	1.984	11,4	970	10,4	7.668	14,5
Castilla la Nueva	483	9	1.587	12,5	1.303	15	3.343	19,3	1.825	19,7	8.541	16,1
León	406	7,6	1.004	8	559	6,4	875	5,1	384	4,1	3.228	6,1
Vizcaya	257	4,8	600	5	396	4,5	515	3	312	3,4	2.080	4
Aragón	32	0,6	101	0,8	40	0,5	99	0,6	83	1	355	0,7
Valencia, Cataluña y Baleares	40	0,7	131	1	62	0,7	113	0,7	55	0,6	401	0,8
Galicia	111	2,1	193	1,5	73	0,8	179	1	111	1,2	667	1,3
Canarias	8	0,1	31	0,2	24	0,3	75	0,4	24	0,3	162	0,3
Murcia	29	0,5	122	1	50	0,6	96	0,6	47	0,5	344	0,6
Navarra	10	0,2	71	0,6	81	0,9	112	0,6	52	0,6	326	0,6
Asturias	36	0,7	77	0,6	49	0,6	90	0,5	71	0,8	323	0,6
Total emigrantes españoles	5.340		12.705		8.712		17.323		9.279		52.959	
Extranjeros	141		557		332		263		279		1.522	
Total emigrantes	5.481		13.262		9.044		17.586		9.508		54.481	

Fuente: José Luis Martínez, *Pasajeros de Indias*, Madrid, 1983, p. 174.

cados y no al total de los emigrantes). El predominio castellano en la emigración no debe ser visto sólo en función de que Castilla fue la «propietaria» de las Indias, sino también del predominio numérico de la población castellana sobre la peninsular. El gran contraste debe plantearse entre la mayoría castellana y los grupos minoritarios no hispano hablantes, como vascos y portugueses. En un lugar menos importante estaban los gallegos y los súbditos del reino de Aragón (catalanes, valencianos y baleares). A lo largo del siglo XVIII se observa un mayor protagonismo en la emigración de gentes del norte de España, básicamente gallegos, asturianos, cántabros, vascos y navarros.

Se asume rápidamente que la mayoría de los conquistadores eran jóvenes aventureros movidos por la codicia. Pero si analizamos con más detalle la composición de las huestes en la conquista del Perú o Chile, encontramos numerosos veteranos con una gran experiencia de campañas anteriores acumulada a sus espaldas, como las de Antillas, México o Nicaragua. A medida que la sociedad hispánica se asentaba en América, la sociedad envejecía. Un emigrante llegado a Indias con 20 años en 1510 tenía 40 veinte años más tarde. Y si bien la llegada de nuevos contingentes rejuvenecía permanentemente a la población, el envejecimiento de los ya instalados contrarrestaba ese efecto. Aunque el tipo más común de colonizador individual era, como señala James Lockhart, un hombre joven, de cerca de 20 años, las personas que llegaban con alguna habilidad (artesanos) o con cierta instrucción (profesionales o funcionarios de la administración colonial) solían ser mayores. La mayor parte de los cargos de responsabilidad en el mundo colonial, tanto en la administración como en la Iglesia, la milicia o la actividad privada, solían superar los 30 años: la mayoría de edad se alcanzaba a los 25 años y sólo con ella se podía acceder a puestos de responsabilidad y prestigio.

La sociedad hispanoamericana estaba dominada por hombres solteros y jóvenes, dado el déficit inicial de mujeres europeas, una ausencia que se intentaría paliar con mujeres indias. En algunos casos, como en Paraguay, esto dio lugar a situaciones de poligamia, razón por la cual la sociedad de Asunción ganó el nombre de Paraíso de Mahoma (era frecuente que cada conquistador tuviera hasta 20 mujeres). Hasta 1540, todavía en la fase de conquista, las mujeres sólo representaban entre el 5 y el 6% de los europeos en Indias. Sin embargo, esta situación no era similar en todos los sitios y con el tiempo la presencia de españolas se incrementaría hasta llegar a ser durante la segunda mitad del siglo XVI un tercio de los inmigrantes (véase Cuadro 6.5). La presencia femenina permitió preservar el modelo de familia española y facilitó el cumplimiento del papel asignado por la época: educar a los hijos y transmitir los valores sociales y morales fundamentales. Pese a ser una minoría, el papel de las mujeres fue superior al que se desprende de su número. Su sola presencia evitó que la sociedad colonial fuera una sociedad sin mujeres y adquiriera los valores de las sociedades indígenas. Por eso, la Corona estimuló en la medida de lo posible la partida de familias completas y el traslado de mujeres casadas para reunirse con sus maridos. Así, más de un tercio de las

Cuadro 6.5. Participación femenina en la emigración española (1493-1600)

Años	Pobladores	Total identificados	% de mujeres	% de mujeres andaluzas
1493-1519	5.481	308	5,6	67
1520-1539	13.262	845	6,3	58,3
1540-1559	9.044	1.480	16,4	50,4
1560-1579	17.587	5.013	28,5	55,4
1580-1600	9.508	2.472	26	59,7
Total	54.882	10.118	16,6	58,2

Fuente: José Luis Martínez, *Pasajeros de Indias*, Madrid, 1983, p. 168.

mujeres que pasaban a Indias eran casadas, algunas viudas, y casi un 60% solteras o niñas. La ubicación social de las emigrantes era tan variada como la de los hombres, encontrándose desde hermanas de pescadores hasta hijas de la alta nobleza. A medida que las riquezas americanas atraían a más españoles, y de un más amplio espectro social, con las mujeres sucedía exactamente lo mismo. Emigraban pocas mujeres solas y algunas como criadas, un término algo vago que encubría otras actividades. De hecho, no todos los aventureros que pululaban en las colonias eran hombres. En 1537 el obispo de Panamá se quejaba de la presencia de numerosas mujeres solteras de moral dudosa y, por lo general, se constata la existencia de un buen número de prostitutas, no necesariamente de origen humilde.

En la sociedad colonial convivían los analfabetos y los doctores con una pléyade de sectores intermedios. La presencia de un nutrido grupo de letrados (abogados y escribanos), los más altos exponentes de la educación peninsular, se explica por su papel en las cuestiones legales y los formulismos jurídicos. Entre los sectores más ilustrados encontramos a los médicos y sacerdotes, algunos con títulos académicos. Con el tiempo, los profesionales se constituyeron en verdaderos sectores medios de la sociedad colonial. Por encima estaban las oligarquías locales, con los encomenderos a la cabeza, y el alto funcionariado colonial, mientras que por debajo se situaban los mercaderes y artesanos. El Cuadro 6.6 recoge el origen regional de los sectores ilustrados o de algunos grupos ocupacionales instalados en el Perú, que confirma la preeminencia andaluza. Los andaluces eran el 32% de los eclesiásticos, el 40% de los que tenían alguna titulación académica, el 23% de los abogados y médicos titulados, el 31% de los escribanos, el 43% de los mercaderes y el 33% de los artesanos. Capítulo aparte merecen los marineros: entre los andaluces (53%), los vascos (14%) y los portugueses (24%) representaban el 91% del total.

6. La demografía colonial

Cuadro 6.6. Distribución de los españoles del Perú por ocupación o posición, según su origen (1532-1560)

Lugar de origen	Eclesiásticos	Eclesiásticos con títulos académicos	Médicos titulados y abogados	Escribanos	Mercaderes	Artesanos	Marineros
Andalucía	41	8	14	31	54	32	46
Extremadura	24	1	11	12	12	11	0
León	12	1	8	7	2	10	0
Castilla la Nueva	19	3	11	17	20	14	0
Castilla la Vieja	22	7	16	18	16	17	2
Aragón	1	0	0	0	7	4	1
Asturias	0	0	0	0	0	0	2
Vizcaya	6	0	1	14	12	6	12
Canarias	1	0	0	1	0	0	0
Galicia	0	0	1	0	1	1	1
Indias	0	0	0	1	1	0	0
Murcia	1	0	0	0	0	0	1
Navarra	1	0	0	0	1	2	0
Portugal	1	0	0	0	0	0	21
Totales	128	20	62	101	125	98	86

Fuente: J. Lockhart, *El mundo hispanoamericano, 1532-1560*, México, 1982, pp. 299-300.

Era corriente que los inmigrantes europeos se establecieran en las ciudades, otorgándole a la emigración el tinte urbano propio de las colonias hispanoamericanas. No fue una elección casual, ya que desde el inicio las ciudades fueron los focos irradiadores de la dominación española. Eran las primeras avanzadas de la cultura europea y refugios útiles frente a medios hostiles. La función protectora de las ciudades, como se observa a través de su trazado y del diseño de sus casas, era mayor cuanto más marcada fuera su situación fronteriza. Muy pocos europeos, salvo los mineros, los curas doctrineros y los cobradores de tributos, vivían permanentemente fuera de las urbes, a diferencia de la mayoría de la población indígena. A tal punto la ciudad se convirtió en un foco de atracción para los inmigrantes, que los campesinos se reconvertían rápidamente y se dedicaban a otras labores. La atracción urbana también funcionó para los mestizos y los indígenas. Sobre los destinos de los inmigrantes hay que considerar la evolución progresiva de la conquista, la incorporación de nuevos territorios y las migraciones internas. De forma aproximada, las Antillas recibieron algo más del 10% de los inmigrantes, aunque en un principio todos se concentraron allí. A México, incluidos Yucatán y la Florida, viajó un 34%; un 4% a América Central; casi un 16% a Panamá, Venezuela y Colombia; y un 34% a los territorios del llamado espacio peruano (Alto y Bajo Perú, Quito, Río de la Plata, Chile y Paraguay).

3. Las migraciones indias

En numerosas ocasiones, la conjunción de invasión e inmigración blanca supuso la retirada y la emigración de los indios. Pero, como se ha señalado, las poblaciones de los imperios azteca e inca tenían limitada su huida, patrimonio de los grupos menos sedentarizados. Por eso, las migraciones indígenas solían ser forzadas, aunque también había algunas voluntarias, como los indios «forasteros» que abandonaban sus comunidades de origen para no pagar el tributo y marchaban a las ciudades o cambiaban de comunidad. A veces, estos indios se hacían pasar por mestizos para desplazarse más fácilmente. Las primeras migraciones forzosas respondieron a la necesidad española de concentrar a la población indígena: favorecer la conversión y la evangelización, protegerla de la explotación de los encomenderos y aprovechar la decreciente mano de obra. A estos efectos, los indios fueron concentrados en reducciones y congregaciones. Los primeros pueblos de indios aparecieron en América Central en la década de 1540, en la década siguiente en Yucatán y el México central y en Perú a partir de 1560. En Guatemala fueron los monjes de las órdenes religiosas (dominicos, franciscanos o mercedarios) los que reunían a los indios, voluntariamente o por la fuerza, en poblaciones creadas especialmente en zonas de fácil acceso. De este modo, no debían desplazarse de un poblado a otro para cumplir con sus tareas evangelizadoras, el tributo se podía recolectar con mayor facilidad y se podía apelar a la mano de obra allí concentrada cuando fuera conveniente. El virrey Toledo, en el Perú, extremó la política de los pueblos indígenas, para lo cual destruyó numerosos poblados con el objetivo de que el traslado de los nativos a sus nuevos emplazamientos, que debían ser los menos posibles, fuera definitivo.

Otra forma de migración forzosa se relacionaba con la esclavitud de los indígenas «cazados» en su lugar de origen y vendidos en regiones relativamente cercanas ávidas de mano de obra. Vimos cómo este proceso se desarrolló en algunas islas del Caribe hasta que la población local quedó totalmente diezmada, pero también en la costa atlántica de Honduras (hacia Cuba) y en la pacífica de Nicaragua (hacia Panamá y Perú). También en algunas guerras de frontera se esclavizaba a los indios que ofrecían dura resistencia, como los araucanos en Chile y los chichimecas en México. Pero no sólo la esclavitud motivaba desplazamientos, lo mismo ocurría con otras formas de trabajo, como la encomienda de servicio o la mita en el virreinato peruano.

4. La trata negrera

Los primeros, y pocos, esclavos negros llegaron a América acompañando a sus amos, los descubridores y los conquistadores, y se puede decir que prácticamente arribaron con Colón. En realidad, habían sido los portugueses quienes a partir de la conquista de la costa atlántica del África subsahariana, desde 1440, habían dado un fuerte impulso a la esclavitud africana en Europa. Sin embargo, fue la rápida desaparición de la población de las Antillas la que llevó a reemplazar la mano de obra indígena con esclavos negros. Inicialmente la Corona española trasladó sus propios esclavos para que trabajaran en las factorías reales de La Española. También se dio el caso de algunos frailes, dominicos y franciscanos, especialmente Las Casas, que pensaron a comienzos del siglo XVI que la utilización de esclavos negros era un mecanismo muy adecuado para proteger a los indios. La aceleración del declive demográfico de los indígenas aumentó la demanda de negros africanos, utilizados en cualquier actividad económica: la minería, la agricultura o incluso en algunas obras públicas. El cardenal Cisneros, mientras fue regente de Castilla, prohibió la introducción de negros en América, aunque modificó su posición tras algún tiempo, a cambio de que se pagara una cantidad por licencia acordada, lo que se convertiría en una importante fuente de ingresos para la Corona. Las licencias fueron un mecanismo para premiar voluntades —se concedían a funcionarios o a conquistadores— y un arma diplomática útil para reforzar las relaciones con Inglaterra, Francia, Holanda o Portugal.

En 1517, Carlos I estableció un sistema de concesiones a particulares para la introducción y venta de esclavos negros, si bien sólo a partir de 1528 la trata con destino a Indias comenzó a ser importante. El rey exigía el pago de una licencia para introducir esclavos en sus colonias y se limitó la importación a 75.000 personas anuales hasta fines del siglo XVI. Sin embargo, en

Brasil, donde no existían estas limitaciones, el ritmo de introducción desde mediados del siglo fue mucho más intenso. En 1595, los portugueses recibieron el asiento para comerciar esclavos africanos con América. De este modo, mercaderes portugueses y alemanes desarrollaron el comercio negrero entre África y algunos puertos americanos, como Veracruz, Portobelo y Cartagena de Indias. Entre 1550 y 1650 se introdujeron en las colonias lusas del Brasil más de 300.000 esclavos.

El uso generalizado de los esclavos se centró en las plantaciones de cultivos tropicales (azúcar, cacao, algodón, etc.); sin embargo, en las colonias españolas un número elevado también sirvió en las ciudades en trabajos domésticos, mientras otros se empleaban en la minería. En la costa atlántica, algunos esclavos eran introducidos de contrabando desde Brasil. Sólo a partir de fines del siglo XVIII, con la expansión del azúcar en Cuba, la trata de esclavos destinados a plantaciones agrícolas se incrementó considerablemente en la América hispana.

Desde principios del siglo XVIII España cambió su política negrera. Entonces se firmó un «asiento» con la francesa Compañía de Guinea, que después del Tratado de Utrecht se cedió a la inglesa Compañía del Mar del Sur. En ambos casos, el monopolio de la trata corrrespondía a estas compañías privilegiadas. En 1765 se creó la Compañía Gaditana de Negros y en 1789 se liberalizó la trata y se eliminaron los impuestos de importación en Venezuela y las Grandes Antillas, especialmente Cuba y Puerto Rico, donde las plantaciones de cacao y azúcar exigían una mayor mano de obra.

El cálculo de los esclavos negros vendidos en América no es sencillo por varios motivos. Primero, porque es difícil calcular el número de esclavos introducidos sin licencia o de contrabando, y segundo, porque las licencias comenzaron a darse por «piezas de indias», lo que equivalía a una unidad de trabajo, es decir, un esclavo varón, joven y sano. Todo lo que se apartaba de la norma: mujeres, niños o ancianos, se contabilizaba a efectos mercantiles y fiscales como una fracción de pieza. A lo largo del siglo XVI se concedieron más de 120.000 licencias y sólo en los últimos cinco años de esa centuria entraron algo más de 25.000 esclavos. En las primeras cuatro décadas del siglo XVII, bajo el asiento portugués entraron 270.000 esclavos: 135.000 en Cartagena de Indias, 70.000 en Veracruz, 44.000 en Buenos Aires y los restantes en Venezuela y el Caribe. A fines de siglo ya habían llegado 400.000. Las estimaciones más fiables señalan que hasta 1810 llegaron a la América española cerca de un millón de esclavos negros y otros dos millones y medio a Brasil.

7. La sociedad colonial

La sociedad colonial se fue conformando a partir de la convergencia de experiencias diversas, pero en todos los casos fue el período del descubrimiento y la conquista el que marcaría con su impronta particular y de un modo decisivo los momentos posteriores. Por eso, los intentos normativos y codificadores de la Corona debieron adaptarse a una realidad existente y con intereses creados muy poderosos como para ser desmantelada rápidamente y sin ninguna resistencia. Es posible afirmar que ni los proyectos de la administración colonial ni los de la administración religiosa estuvieron en condiciones de modelar la sociedad americana, aunque es evidente que condicionaron su evolución en más de un aspecto concreto.

La población indígena era la población originaria y sobre ella se construyó todo lo demás. Sin embargo, durante el siglo XVI y la primera mitad del XVII se encontraba en franco retroceso, lo que facilitó que desde el descubrimiento se le sumaran la población blanca y la negra, ambas en fase de crecimiento y que de un modo muy embrionario fueron llenando algunos vacíos dejados por los indios. Los inmigrantes españoles, que no habían participado en la conquista y no habían obtenido las recompensas correspondientes, se solían incorporar a la sociedad colonial a partir de su vinculación a la actividad urbana. La sociedad indígena también se fue volviendo más compleja: las comunidades se iban debilitando y algunas fueron arrinconadas en los corregimientos o reducciones, en parte debido a los indios hispanizados que intentaban vincularse a los extremos marginales de la sociedad colonial. Cuando la sociedad colonial comenzó a institucionalizarse, el sueño de muchos colonos y burócratas fue separar a la comunidad blanca de la india para lo cual trataron de limitar los puntos de contacto entre los pobladores originarios y los recién llegados, un objetivo difícil de llevar a cabo, por no decir imposible. Durante el reinado de Felipe II y a partir de consideraciones puramente jurídicas, se quiso estructurar a la sociedad colonial sobre bases duales, en torno a lo que se conoció como «república de los indios» y «república de los españoles», un serio intento gubernamental de segregación.

Sobre el papel era algo sencillo, ya que mientras la república de los indios se asentaba en el medio rural, la de los españoles era básicamente urbana. Sin embargo, como han señalado Carmen Bernand y Serge Gruzinski, la segregación era imposible porque los desplazamientos de los pueblos indígenas, forzados o no, la división del trabajo, los intercambios comerciales, la circulación de mercancías, los nuevos cultivos, las manufacturas y las minas, iban en contra de la separación. Esto se observa en las numerosas denuncias de promiscuidad de principios del siglo XVII, una alusión concreta a los contactos sexuales entre blancos e indias. Inclusive en los Andes, pese al aislamiento que las montañas imponían a las comunidades durante la temporada de lluvias, la separación de indios y españoles era imposible de materializar. Así y todo, la distinción más clara dentro de la sociedad colonial se establecería entre indios y no indios a partir de esa separación física, pero también de otra cultural y social que solía ser más importante. Si bien en este esquema dual la república de los indios estaba subordinada a la república de los españoles, en cada una encontramos a grupos dominantes y otros subordinados.

Mucho se ha escrito sobre las características de la sociedad colonial, pero más allá de algunas descripciones afortunadas, carecemos de un modelo útil. Entre las teorías existentes, algunas hablan de una sociedad de castas fuertemente compartimentada, con sus divisiones establecidas a partir de consideraciones raciales y de la dualidad entre blancos e indios. Otras teorías apuntan a una sociedad feudal basada en el trabajo servil de los indios y de las encomiendas. Hay quien alude a una sociedad capitalista, con un notable desarrollo mercantil. Por último, la contradicción entre criollos y peninsulares se presenta como clave en muchas interpretaciones. Otro punto sobre el que tampoco hay acuerdo es el del carácter colonial de la sociedad americana. ¿Qué contenido se le da o se quiere dar a los conceptos de colonia y colonial? Hay quien sostiene, como Ricardo Levene, que los territorios indianos no eran colonias sino otros reinos, equivalentes o iguales a los peninsulares y que no existió una situación de subordinación territorial. Esto daría un carácter especial a los súbditos de la Corona de Castilla o del rey de España, plenamente homologables a los españoles europeos. En realidad, la mayor parte de los modelos pensados para definir a la sociedad colonial en Indias no se adaptan a la realidad americana, pero no, como dicen algunos, por utilizar categorías europeas u occidentales impropias para América y su realidad social, lo que es totalmente incierto, sino por la propia complejidad y variedad de las sociedades surgidas en el Nuevo Mundo.

7. La sociedad colonial

Como se ha señalado, en los territorios controlados por los españoles encontramos sociedades complejas integradas por europeos e indígenas, así como por esclavos negros y mestizos. Si bien el papel dominante fue ejercido por los españoles, europeos y americanos o criollos, la condición de hombre blanco no se traducía automáticamente en una situación de predominio en la sociedad colonial. Era frecuente observar a grupos importantes de españoles sin acceso a la propiedad de la tierra y, más aún, a otros ocupando posiciones marginales en la sociedad colonial. Simultáneamente se podía ver a caciques o curacas indígenas en puestos de dominación en ámbitos locales o regionales. El problema de los criollos versus los peninsulares también complica nuestro intento clasificatorio: ¿estaban los criollos dominados por los peninsulares o compartían, en una misma actividad, intereses similares? En las páginas siguientes intentaremos responder a algunas de estas interrogantes. Pero más allá de las dudas, nos enfrentamos a una sociedad de Antiguo Régimen, de súbditos del rey, a una sociedad corporativa donde el lugar del individuo era postergado por el papel protagónico de las corporaciones y los grupos.

1. La sociedad de los españoles

La sociedad de la hueste y de los conquistadores fue herida de muerte en 1542 cuando las Leyes Nuevas prohibieron las encomiendas. Si bien la Corona debió dar marcha atrás ante las resistencias encontradas, los intentos de recrear en Indias una sociedad señorial fueron definitivamente enterrados con la primacía de la monarquía. Hasta entonces, los encomenderos y sus sucesores, los beneméritos, dominaban los estratos sociales más altos y estaban empeñados en reconstruir algo similar a un orden feudal, empeño en el que terminaron fracasando. Junto a los encomenderos, en la parte india de la sociedad estaba la nobleza indígena, especialmente los descendientes de las familias reales, que seguían ocupando un lugar destacado. Con el tiempo, algunos mercaderes y mineros se fueron enriqueciendo y se vincularon a los encomenderos. En un nivel inferior, pero no marginal, estaba el clero y el funcionariado, cuya función social se vio reforzada en el reinado de Felipe II. La creación de los virreinatos de México (1535) y Perú (1543) permitió consolidar las cortes regionales en torno a los virreyes. Durante los siglos XVI y XVII una buena parte de los cargos burocráticos del gobierno indiano se reclutaba en las colonias. Sin embargo, a partir del XVIII, bajo el impulso de las reformas borbónicas, fue más notorio el predominio de los peninsulares entre los funcionarios y los clérigos, especialmente en las categorías superiores, lo que motivó las quejas criollas contra la discriminación de los peninsulares.

Pese a sus semejanzas, las sedes de los dos virreinatos iniciales tenían grandes diferencias. Mientras México se creó sobre la antigua capital del Imperio azteca y ocupaba el centro del territorio que controlaba, Lima era una ciudad de nueva planta situada en una zona prácticamente desprovista de población indígena después de las grandes epidemias y que estaba alejada del Altiplano, donde permanecían las mayores concentraciones de aborígenes. Esto explica, de alguna manera, que Cuzco se convirtiera en un centro administrativo secundario, pero relevante para el control del Altiplano. Su importancia es mayor si tenemos en cuenta su proximidad al Alto Perú y, especialmente, a los ricos yacimientos argentíferos de Potosí.

1.1. Las ciudades como centros de relación social

Finalizada la fase de conquista, el embrión de la sociedad colonial comenzó a adaptarse a los cánones peninsulares pese a la apreciable influencia indígena y del medio geográfico. En menos de una generación, especialmente en México y Perú pero también en otros centros secundarios de la conquista como Santo Domingo, Cuba o Panamá, la sociedad española se había consolidado e iba modelando los territorios donde se asentaba. Como se ha señalado, el proceso de consolidación social tuvo importantes diferencias cronológicas en función de la fecha de inicio de la conquista. Esto otorgó a las sociedades del Caribe una gran ventaja respecto a las de México y a éstas, a su vez, en relación al Perú. De todas formas, en prácticamente todo el Imperio español, los tres pilares de la sociedad hispana inicial fueron la ciudad española, la encomienda y la exportación de productos locales, básicamente mineros. Los tres estaban estrechamente interrelacionados y vinculados con la población indígena.

La ciudad, el lugar de residencia de la mayoría de los españoles, especialmente de los más ricos o principales, controlaba un amplio territorio integrado por distintos asentamientos indígenas. Era un medio occidentalizado, y si bien contaba con un número importante de indios, éstos estaban sumamente aculturados. El control del territorio era facilitado por el cabildo, cuya jurisdicción superaba los límites urbanos y de ahí la estrecha vinculación inicial entre ciudad y encomienda. Cada encomendero controlaba al grupo de indios que tenía asignado y desde la ciudad se dedicaba a cobrar el tributo. Fueron los encomenderos, localizables en sus magníficas residencias del centro urbano, quienes controlaron el cabildo hasta que la decadencia de los beneméritos permitió el ascenso de otros grupos, como mercaderes y hacendados, que tuvieron un lugar destacado en el poder municipal. La importancia de las ciudades dependía del territorio controlado y de la riqueza producida. Las primeras ciudades, especialmente las de México y Perú, se levantaron en lugares de abundante población indígena, el principal factor que otorgaba valor a una zona, aunque hubo casos donde la fundación de los centros urbanos respondió a otra dinámica y otras necesidades. En estos casos, la fundación afectaba a lugares deshabitados o no poblados previamente, como algunos emplazamientos próximos a los centros mineros: Potosí, Huancavelica, Zacatecas o Durango. También contaban los puertos, algunos de los cuales eran vitales para asegurar las comunicaciones con la Península (Veracruz o Cartagena), con otras regiones de Indias (Panamá, o El Callao) o inclusive con Filipinas (Acapulco). En poco tiempo las Indias conocieron un importante incremento de la actividad urbana y ya en 1574 había 225 ciudades y villas en el Imperio español.

Las ciudades se estructuraron en torno a la Plaza Mayor (Plaza de Armas en algunos sitios, zócalo en otros). Allí solían estar el cabildo, la iglesia y los edificios públicos. En su proximidad se levantaban las casas de los encomenderos y los vecinos más poderosos. La plaza era el lugar de celebración del mercado y allí también tenían lugar los festejos y actos más diversos, en los que participaba toda la población. En las principales ciudades era frecuente que en la celebración del patrono local, o en las contadas ocasiones en las que se celebraba la llegada de un rey al trono o el nacimiento de un príncipe, se realizaran corridas de toros u otros festejos, como carreras de caballos. A partir de julio de 1573, cuando Felipe II sancionó las «Ordenanzas de descubrimiento, nueva población y pacificación de las Indias», todas las ciudades pasaron a construirse según el mismo patrón: eran de planta rectangular y cada cuadrícula recibía el nombre de cuadra. A medida que nos alejábamos del centro iba descendiendo el poder de los vecinos. Era corriente, tal y como se observa en el Perú y la Nueva España, que los encomenderos alquilaran los bajos de sus casas más céntricas a los comerciantes y artesanos, que instalaban allí sus negocios y talleres para vender sus productos al público en general. La intensificación de la actividad económica propició el surgimiento de las calles comerciales, donde proliferaron algunas tiendas. En las zonas marginales se instalaban las tabernas: pulquerías en Nueva España, chicherías en Perú y pulperías en el Río de la Plata, a las que acudían los pobladores más modestos. En los dos primeros casos, el nombre de las tabernas alude al pulque y la chicha, dos bebidas de origen indígena, lo que prueba una vez más el mestizaje de ciertas costumbres.

La ciudad colonial era el centro de la vida social, económica, religiosa, cultural y administrativa y en ella convergían e interactuaban, más que en cualquier otro espacio, los distintos grupos sociales y étnicos. De acuerdo a su importancia económica y administrativa, aumentaba su poder de atracción sobre los territorios vecinos. El prestigio de las autoridades también dependía de la categoría de la ciudad y de sus instituciones. Las grandes capitales, Lima y México, fueron simultáneamente sede de la corte virreinal, de la audiencia y cabeza de arzobispado; también estaban las universidades, donde se educaban los hijos de las élites regionales y servían para elevar el prestigio de estos dos centros urbanos. A las ciudades más importantes llegaban los productos europeos, ya que el lujo no era algo desconocido por las elites coloniales. A medida que descendía la importancia de la ciudad, las expectativas de sus grupos dominantes eran menores, caracterizándose la vida de los terratenientes en las ciudades más modestas por su austeridad, sin alcanzar ninguna cima de esplendor ni de boato.

1.2. El papel de los encomenderos y de otros grupos privilegiados

El modelo social de los encomenderos tuvo unos límites muy rígidos, delimitados por el número de indios capaces de ser encomendados y por su capacidad de resistir los embates de la Corona, lo que limitaba sus posibilidades de perpetuarse como grupo privilegiado. Cada encomendero podía hacerse cargo de un señorío indígena, de ahí que el número de encomenderos de una región fuera un número finito dependiente de la cantidad de señoríos existentes. Por eso, era imposible que hubiera más encomenderos que señoríos, lo cual cerraba rápidamente una de las vías de ascenso social del mundo colonial, de hecho, la principal y casi única en los tiempos iniciales. Los encomenderos tenían en sus posesiones del interior algunos blancos a su servicio, entre los que destacaba el estanciero, encargado de vigilar los bienes del patrón pero que podía destinar parte de su tiempo a alguna actividad independiente, como la cría de ovejas u otras labores agrarias.

Los encomenderos fueron el centro de la actividad local, aunque la rápida emergencia de otros grupos, paralela a la caída de los beneméritos, marcó la consolidación de una sociedad cada vez más compleja. Entre los grupos emergentes estaban los artesanos, los profesionales y los funcionarios, que con sus estructuras corporativas se sumaron a los numerosos actores sociales. La llegada de nuevos inmigrantes de origen peninsular fue otro factor de complejidad social. Los encomenderos tenían el mayor número de sirvientes indios hispanizados y de esclavos africanos, y eran, gracias a sus ingresos, los que podían pagar a los profesionales y los que rápidamente se convirtieron en los mejores clientes de mercaderes y comerciantes. Con el correr del tiempo, mejoraron su posición, intensificándose la estratificación social dentro de cada grupo y algunos adquirieron tierras y propiedades urbanas y se convirtieron en dueños de esclavos africanos y criados indígenas. La consolidación del poder de los mercaderes se ve en la fundación de los Consulados en 1592 en México y en 1613 en Lima, instituciones gremiales que sirvieron para consolidar su papel social y para institucionalizar sus derechos corporativos.

Los hacendados o grandes propietarios fueron un grupo más heterogéneo. Su origen se encuentra entre los primeros encomenderos, que con diversos artilugios lograron apropiarse de vastas extensiones de tierras de sus encomendados, sobre las que legalmente carecían de todo derecho. Posteriormente el grupo aumentó con los acaparadores de tierras, que medraron con las propiedades repartidas por los cabildos, pero también con miembros del séquito de los virreyes que recibieron mercedes de tierras y con los beneficiarios de derechos de pastoreo cedidos por los cabildos. Estos y otros personajes, como los funcionarios de la Real Hacienda que pudieron comprar tierras, cimentaron su prestigio y su posición social según el estatus conferido por la propiedad de grandes extensiones. Con el correr del tiempo, los latifundios se convertirían en una de las más importantes bases de poder de la América española y de la portuguesa.

7. La sociedad colonial

El sistema de gobierno urbano era diferente al rural y permitía que los vecinos (los adultos propietarios o con un determinado nivel de ingresos) estuvieran representados en los cabildos, aunque quienes lo controlaban solían ser los encomenderos y, posteriormente, los miembros más ricos y poderosos de la comunidad. La cooptación, clave en la vida municipal, se convirtió en un excelente mecanismo para mantener el poder de las oligarquías, aunque en algunas ciudades como Oruro, en el Alto Perú, las luchas en el interior de las élites urbanas eran encarnizadas y obligaban a convocar elecciones para cubrir los altos cargos municipales. Las diferencias sociales sumadas a las étnicas hacían de la sociedad colonial un mundo jerarquizado y compartimentado, acorde con su estructura corporativa. La educación y la relación con la Iglesia tendían a aumentar las diferencias entre los grupos. Como ya se ha visto, la Iglesia jugó un papel decisivo en la sociedad colonial en lo referente a su actividad primordial, la transmisión de la fe y en su papel en tanto mecanismo de cohesión social. Desde esta perspectiva, el hecho de que la mayor parte de la educación estuviera en sus manos fue decisivo para los españoles y para los indígenas, en cuyo proceso de aculturación su labor religiosa y educativa fue central.

Los blancos estaban en la cúspide de la pirámide social, pero en este grupo las diferencias entre hombres y mujeres eran marcadas. El lugar de la mujer en la sociedad colonial se asemejaba al que tenía en la Península y en buena parte de Europa. De acuerdo con el derecho castellano, las mujeres tenían un estatus legal similar a los menores de edad: las solteras dependían de sus padres y las casadas de su marido y únicamente las viudas podían disponer de sus vidas y haciendas como personas adultas y emancipadas. El papel de la mujer quedaba relegado al cuidado del hogar y la familia y a la educación de los hijos, pero cuando por motivos de viudedad u otras razones debían trabajar para ganarse la vida, las posibilidades a su alcance eran restringidas. Las actividades consideradas aptas para ellas eran limitadas y de escasa proyección social: comadronas, curanderas, panaderas, pasteleras, costureras, bordadoras o patronas de casas de huéspedes. Las mujeres solteras o las viudas sin hijos tenían cuatro opciones para permanecer integradas a la sociedad con un cierto decoro: vivir con sus padres como hijas de familia, con un hermano soltero o viudo como dueñas de casa y amas de llaves, ayudar a una hermana casada en sus labores domésticas o entrar en un convento. Esto explica la abundancia de conventos femeninos, muchos de clausura, que no sólo eran centros de vida religiosa, sino también refugios para mujeres solas. Éstas podían ingresar como monjas, residentes seglares, beatas (una residente seglar con algunos toques de monja) o criadas. En algunos conventos existían celdas lujosas para quienes podían costearlas y otras más humildes para las mujeres pobres.

Las jerarquías sociales peninsulares se trasladaron prácticamente intactas a Indias. La nobleza española seguía contando en las colonias, donde también tenían valor sus títulos y cargos, aunque la Corona no se prodigó en otorgar nuevos títulos nobiliarios a los conquistadores. Hernán Cortés fue un caso excepcional en los siglos XVI y XVII. El «don» se aplicaba normalmente y si bien inicialmente se reservó a las personas más destacadas y principales, a lo largo del XVI su uso se generalizó, en un fenómeno similar al ocurrido en la Península. El título de hidalgo pasó a tener un sentido diferente en Indias, al aplicarse a los primeros conquistadores, los encomenderos, y no se solía utilizar para quienes llegaron con posterioridad. Se da la circunstancia que muchos de los primeros conquistadores eran verdaderos hidalgos, cosa que no ocurrió con la misma intensidad en oleadas posteriores. En realidad, la mayor ruptura con la experiencia peninsular tuvo que ver con la inexistencia formal de los plebeyos. Ningún español, peninsular o criollo, pagaba impuestos directos, es decir, ninguno pechaba, lo cual no excluye la existencia de profundas desigualdades sociales entre los españoles más ricos y los más pobres.

Los altos cargos de la administración colonial, al igual que las más altas jerarquías eclesiásticas, se instalaban en las ciudades. El gobierno y la Iglesia indianas eran instituciones básicamente urbanas, y los sectores más ilustrados y capacitados estaban en las ciudades. La administración colonial prácticamente no existía fuera de las urbes, aunque esto no significa que el cuidado de la campaña no estuviera entre sus múltiples atribuciones. Con el tiempo, las instituciones gubernamentales y eclesiásticas se fueron constituyendo en una parte consustancial del paisaje urbano, como prueban sus edificios construidos alrededor o cerca de la Plaza Mayor. En torno a las Audiencias, por ejemplo, fueron surgiendo grupos relativamente importantes de abogados y notarios, mientras que las cortes virreinales concentraban a destacados personajes de la alta sociedad peninsular y colonial. Los encomenderos no eran ajenos a estos grupos de poder. En realidad, vincularse a ellos por la vía matrimonial, bien directamente, bien a través de hijos o sobrinos, era la máxima aspiración de todos los recién llegados a América, aunque sólo se concretaban con cierta facilidad en el caso de los sectores más altos de la administración y de la jerarquía eclesiástica.

La realidad social de las zonas centrales y periféricas era similar, si bien en las zonas periféricas encontramos un mayor grado de marginalidad y no se observa la presencia de gente de alcurnia y abolengo. También aquí se repite un fenómeno presente en las zonas centrales: el mayor protagonismo de los primeros en establecerse en la región frente a los recién llegados. La falta de recursos explica su escaso tirón inmigratorio: ni había incentivos para potenciales aventureros ávidos de hacer fortuna con cierta rapidez, ni se generaban los excedentes suficientes como para financiar el viaje a los familiares todavía asentados en Europa. De ahí su tamaño más reducido en relación a las sociedades de las zonas centrales y su menor crecimiento, tanto demográfico como económico. Inclusive en las regiones centrales, fuera de las zonas nucleares, las estructuras sociales y administrativas tenían muchos puntos en común con las periféricas.

Los mercaderes y, especialmente, los artesanos tendieron a crear gremios, cofradías y hermandades, que solían funcionar como mundos cerrados. Las cofradías eran sociedades o asociaciones religiosas que promovían el culto y la vida espiritual de las parroquias, pero desde el punto de vista social se las puede considerar una especie de clubes que orientaban una parte importante de su actividad a la ayuda mutua, la beneficencia y la caridad. A partir de 1570 los indígenas adoptaron este modelo y a lo largo del siglo XVIII el peso de las cofradías entre las comunidades indígenas fue muy destacado. Los gremios también tuvieron una dimensión religiosa importante, centrada en el culto al santo patrón, a la vez que actuaban como sociedades de socorros mutuos. En su interior se celebraban los matrimonios y surgían las más diversas empresas. Los artesanos solían formar a los indígenas en sus actividades y se convirtieron en un eficaz agente de aculturación.

Era frecuente que los mercaderes más importantes se integraran en amplias redes comerciales desde Sevilla u otras plazas mercantiles andaluzas y extendidas hasta los territorios más alejados de los principales centros coloniales. La integración de los comerciantes en las sociedades en las que se establecían dependía básicamente de su situación y de sus expectativas. Si eran factores o representantes de las casas matrices peninsulares, era posible que la estancia en Indias fuera limitada y, por tanto, la integración y el contacto con el entorno mínimos. Sin embargo, la sociedad colonial, especialmente en las ciudades del interior, no conoció arquetipos puros. Junto a los mercaderes, que dedicaban parte de su tiempo a tratar con productos de origen europeo, encontramos a un buen número de comerciantes o tratantes especializados en el comercio al por menor y de productos locales, bien de origen indígena, bien producidos in situ pero siguiendo patrones de producción europeos. Quienes se dedicaban a esta actividad solían ser analfabetos y se ubicaban en sectores marginales de la sociedad. Precisamente en la intermediación entre la sociedad española y la indígena había un nicho de oportunidad para mucha gente, aunque no demasiado bien pagado y con escaso prestigio social. Por si todo esto fuera poco, para aprovecharse de estas posibilidades había que vivir fuera de las ciudades. Fueron muchos los españoles, criollos y peninsulares, los que se dedicaron a estas actividades, mezclándose en su práctica con mestizos o esclavos y libertos negros.

La familia fue un factor clave de organización y reproducción social, especialmente en los estratos sociales más altos, donde el matrimonio y la dote eran mecanismos de ascenso social, de consolidación de posiciones o de reforzamiento de situaciones privilegiadas. Los vínculos familiares, dentro de los cuales se puede incluir el compadrazgo, eran esenciales y en torno a ellos se tejían redes de influencia y poder, que se extendían más allá de territorios concretos o de los límites virreinales. Junto a las solidaridades familiares estaba el paisanaje, ya que los lazos regionales, bien en alusión a las regiones peninsulares (vascos, andaluces, extremeños, gallegos, catalanes, etc.), bien a las indianas, fueron cobrando importancia con el paso del tiempo y con el desarrollo de «patrias chicas» en los territorios americanos. El criollismo no escapa a esta realidad y habría que preguntarse cuánto tenía de sentimiento localista, especialmente antes de la emancipación. Entre los principales rasgos de la familia colonial se cuentan la mayoría de edad tardía, a los 25 años, lo que implicaba una marcada dependencia de los padres; un elevado número de hijos; la preocupación por el cuidado de los hijos ilegítimos, que solían vincularse a las familias de los padres, lo que significaba ampliar el tamaño de las unidades familiares; y por último, el papel de los parientes, que era fundamental ya que la solidaridad familiar era básica.

1.3. Los grupos subordinados

Junto a los tres principales grupos étnicos (indios, blancos y negros) había otros, producto del entrecruzamiento étnico. Los más importantes eran los mulatos (blancos y negras) y mestizos (blancos e indias). El mestizo fue una categoría típicamente social, que no racial. Teóricamente, los mestizos eran los hijos de madre india y padre blanco. Sin embargo, en los siglos XVI y XVII los niños mestizos nacidos en el seno de un matrimonio —que eran muy pocos—, reconocidos por sus padres como hijos legítimos o educados como españoles eran tenidos por europeos. Por el contrario, los niños mestizos criados como indios eran tratados como indios. A fines del XVII y en el XVIII la categoría de mestizo se extendió por doquier, y más que para hablar de los hijos de indias y españoles se utilizó para designar a aquellos indios que abandonaban sus comunidades rurales de origen y se establecían en las ciudades, imitando las pautas de vida blancas.

Los negros se convirtieron en una pieza clave de las ciudades españolas. Desempeñaban muchas tareas que los blancos no querían realizar y, de hecho, fueron sus auxiliares o intermediarios en zonas habitadas predominantemente por indios. Muchos estancieros de los encomenderos eran negros y si eran españoles solían tener a su cargo a varios negros que les ayudaban en sus tareas. Los esclavos africanos al servicio de los españoles desempeñaban labores de cierta responsabilidad, bien como ayudantes de los artesanos, bien como criados domésticos de confianza en las residencias importantes. También se veía a los esclavos negros en las calles de las ciudades comerciando algunos productos por cuenta de sus amos blancos. Pese a ser esclavos, los africanos no ocupaban el último lugar en la escala social. Al igual que los europeos, su sistema inmunológico los hacía más resistentes a las enfermedades importadas del Viejo Mundo, por lo que su esperanza de vida era mayor y su elevado precio los convertía en un objeto a cuidar, lo que los diferenciaba de los indios. Muy pronto los esclavos pudieron emanciparse, bien comprando su libertad, bien por la concesión del amo, lo que permitió el desarrollo de un grupo de negros y mulatos libres que se integraron a la vida urbana.

La periferia de la sociedad colonial dio lugar a numerosos tipos y figuras marginales. A partir del siglo XVI comenzó a crecer el número de vagos, muchos participantes de la conquista y que, una vez acabada, se quedaron sin labor que cumplir ni estímulos para integrarse en la sociedad. Era frecuente que estos vagos se reunieran en bandas y que su actividad fuera una fuente de preocupación para las autoridades coloniales. Los esclavos negros huidos solían refugiarse en el monte o en lugares apartados donde se agrupaban en comunidades o palenques, quilombos en Brasil, que también se convirtieron en un polo de atracción para blancos, mestizos e indios marginales.

Los centros mineros, habitados por una ínfima porción de la población regional, vivían al margen de las ciudades. La distancia de los centros productores a las zonas más pobladas de indígenas y a los núcleos urbanos, así como las dificultades de acceso a los reales de minas, convirtieron a los campamentos mineros en enclaves peculiares, con una población transeúnte de cierta importancia aunque socialmente periférica. Cuando la extracción de la plata se convirtió en la actividad minera por excelencia, los centros productores comenzaron a asemejarse a las ciudades españolas con sus cabildos dominados por los empresarios mineros locales, y sus mercados, con mercaderes, artesanos y profesionales. Las minas demandaban una cantidad de mano de obra fija y especializada, que se cubría con trabajadores indígenas desplazados de los lugares más recónditos. Las minas, como las ciudades, eran sitios adecuados para la integración de los indios en la sociedad española, y por eso se pudo ver a los indígenas trabajando en las galerías de los yacimientos de plata y en los molinos de refino del mineral.

1.4. Los indios en la sociedad española

Pese a la separación prácticamente total entre la sociedad de los españoles y la de los indios (lo que se llamaría «república de los españoles» y «república de los indios»), muchos indígenas se incorporaron al mundo hispano y fueron los protagonistas de las mayores transformaciones culturales vividas en América en el período colonial. En algunas ciudades construidas sobre sus precedentes indígenas, como México y Cuzco, vivían con su organización precolombina importantes grupos indígenas. En otras de nueva planta, como Puebla, también se instalaron nutridos contingentes indígenas, aunque provenientes de las más diversas comunidades del país, dándoles un típico perfil aluvional. Mientras el centro de las ciudades era básicamente español los arrabales estaban «indianizados». Destaca una característica diferenciada entre los pueblos indígenas de la Nueva España y los de la zona andina, ya que los primeros tenían un perfil menos nítido al haberse producido una mezcla étnica entre sus integrantes, algo que no ocurría en las comunidades andinas.

El control blanco sobre la vida política y económica, la justicia, la cultura y la religión no dejaban resquicios para que se cuestionara su situación social hegemónica. De ese modo, controlaron las distintas formas en que se explotó el trabajo indígena, otro de los pilares de su poderío, basándose en diversas instituciones como la encomienda o la mita. La primera sirvió para recaudar el tributo indígena y para reglamentar algunas formas de trabajo obligatorio. Sin embargo, para limitar los efectos de una «señorialización» de la sociedad contraria a sus intereses, la Corona intentó limitar el poder de los encomenderos, que en las décadas iniciales de la conquista y la colonización fueron los mayores beneficiarios de las mercedes de tierras. En un primer momento, las encomiendas fueron concedidas de por vida y eran hereditarias, lo que confirió al grupo inicial y a sus descendientes, los beneméritos, ciertas aspiraciones nobiliarias que, como hemos apuntado, iban en contra de los planes hegemónicos de la monarquía. De ahí que las Leyes Nuevas (1542) intentaran recortar el poder de los encomenderos, un proyecto que encontró una fuerte resistencia en las diversas partes del Imperio, siendo el Perú el mayor foco de descontento. Más allá de las guerras civiles peruanas, el poder de los encomenderos comenzó a declinar con relativa rapidez y sólo se mantuvo en algunas zonas marginales, como la península de Yucatán.

La mita, por otra parte, era una institución típicamente andina, utilizada para llevar por períodos determinados trabajadores indígenas a las minas (como Potosí o Huancavelica). El sistema funcionaba sobre la base de la explotación de la comunidad indígena en su conjunto. Era la comunidad la que debía aportar a los hombres (lo cual significaba menos manos para trabajar las tierras comunitarias y obtener ganancias para luego pagar el tributo), alimentar a los mitayos durante el viaje al y desde el centro minero y durante su estancia en Potosí. Los indios acudían de forma rotativa a cumplir con sus obligaciones.

2. La sociedad de los indios

Las sociedades indígenas no hispanizadas mantenían las estructuras sociales precolombinas y por eso resulta necesario estudiar su situación global, especialmente fuera de las ciudades y de algunos otros centros de actividad española como las minas. Sin embargo, la condición de los indígenas en la sociedad colonial estaba fundamentalmente determinada por la condición y el estatus jurídico y social que recibieron de los conquistadores. Según Lockhart, el efecto de la conquista española y de la colonización sobre las sociedades indígenas locales a lo largo del siglo XVI fue más cultural que social. Las ideas indígenas se vieron afectadas y sus consecuencias se hicieron sentir en la vida cotidiana, aunque las relaciones sociales permanecieron prácticamente inalteradas. En lo que a la vida diaria se refiere, los indios ya no construían templos a sus dioses sino iglesias católicas, empleaban utensilios de acero y utilizaban dinero español cuando compraban y vendían productos de uso corriente, pero seguían teniendo a los caciques al frente de sus comunidades, que eran las que verdaderamente estructuraban a las sociedades indígenas.

En México, se mantuvo la diferencia entre los plebeyos (*macehualtin*) y los nobles (*pipiltin*), que eran los que se encargaban del gobierno de las co-

7. La sociedad colonial

munidades indígenas, tal y como lo habían hecho antes de la conquista. El régimen doméstico, los núcleos familiares y la estructura de la propiedad de la tierra mantenían su organización pese a las reducciones indígenas y al descenso demográfico. El principal cambio en las relaciones sociales fue la desaparición de la esclavitud entre los indios, consecuencia del fin de las guerras entre los pueblos aborígenes. La movilidad social en el interior de las comunidades pasaba por el deseo de algunos plebeyos de convertirse en nobles o por su decisión de desconocer algunos deberes que los obligaban con los señores indígenas, pese a que las categorías antiguas no fueron mayoritariamente cuestionadas.

El principal factor de movilidad social de los indígenas estaba fuera y no dentro de la sociedad india, y era, sencillamente, la posibilidad de incorporarse a la sociedad española. Este hecho también dificulta nuestro propósito de establecer un modelo capaz de describir la sociedad colonial, ya que los escasos puentes entre la sociedad de los españoles y la sociedad de los indios eran cruzados por miles de individuos que terminaban instalados en las ciudades españolas o en cualquier otro enclave de la sociedad hispana. Éste fue el principal cambio social que se produjo, vinculado al desarrollo del mestizaje. En los Andes encontramos a los indios forasteros, miembros de una comunidad y afincados en otra, aunque seguían manteniendo lazos con su grupo de origen. En México no ocurría nada parecido, ya que los indios que salían de una comunidad para integrarse en otra terminaban asimilados a la sociedad receptora. La salida o expulsión de indios de sus comunidades, unida a la caída demográfica, provocó el descenso en el número de vasallos dependientes de los señores indígenas, lo que a su vez fue causa de una pérdida de poder de estos últimos. El mantenimiento en la actualidad de las estructuras primitivas en algunas regiones andinas apuntaría a una escasa influencia de la sociedad hispana.

Una consecuencia de la polémica sobre la condición de los indios fue su consideración de menores de edad, gente sin juicio suficiente que necesitaba protección frente a los peligros del entorno social en que se movían. No se trataba sólo de protegerlos personalmente, sino también de extender la protección a sus bienes comunitarios, ambicionados por encomenderos, mercaderes y cualquier otro agente económico con algún punto de contacto con la sociedad indígena. Esta idea favoreció el desarrollo de dos sociedades diferenciadas y separadas, las mencionadas «república de españoles» y «república de indios». Sin embargo, la separación no fue siempre posible, como ocurrió en algunas regiones marginales. Paraguay fue un caso extremo, donde no se encontraban dos mundos diferentes. Esto se observa en nuestros días, al ser Paraguay el único país de América Latina donde las clases acomodadas dominan la lengua indígena, el guaraní, algo impensable en otros países de abundante población aborigen, como Guatemala o Perú. El factor indígena también incidió en la relación entre aborígenes y españoles. Mientras en las zonas con población sedentaria la segregación fue la norma, en aquellas donde habitaba una población semisedentaria el contacto y la interrelación fueron posibles, y allí donde primaba el nomadismo de los naturales, el enfrentamiento entre ambas sociedades fue la constante, como en el sur de Chile, el norte de México o algunas partes del Chaco.

La creación de los pueblos de indios basándose en las reducciones supuso la existencia de un estatuto particular para regir su vida, producto de la síntesis entre la obligación de la Corona de defender a los indios en tanto súbditos, el paternalismo de las órdenes religiosas, especialmente de los franciscanos y dominicos, el deseo de control y de ordenación del territorio de los altos cargos de la administración y los intereses de los colonos. Entre 1540 y 1610 tuvo lugar el período de mayor actividad de las reducciones, que permitieron la organización de nuevas y grandes comunidades indígenas, capaces a la vez de autosostenerse y generar los excedentes necesarios para pagar el tributo. Aunque en estos enclaves encontramos algunas instituciones típicamente españolas, como los cabildos, los pueblos de indios, de un claro perfil castellano, fueron gobernados por los indígenas, por sus nobles, gobernadores, caciques, mandones o curacas, dando lugar a una aristocracia típicamente local. En ese mundo contradictorio que fue la realidad colonial hubo algunas creaciones de la Corona, como el protector de indios o el juzgado de indios, que respondieron a esa búsqueda de protección, si bien no lograron imponerse al cúmulo de intereses creados que pugnaban por la explotación de los naturales.

La bipolaridad colonial se expresaba de numerosas maneras: indios y españoles o mundo agrario y mundo urbano. La mayoría de la población indígena vivía en y del campo, mientras que los blancos se habían establecido en las ciudades, pese a obtener la mayor parte de sus riquezas del mundo rural y del trabajo campesino. En el medio rural los indios vivían en comunidades, que eran las propietarias de las tierras y el mejor vehículo para mantener la cohesión étnica y cultural. Fue dentro de las comunidades donde la «república de los indios» adquirió sentido, ya que encontramos un sistema de cargos propios de las sociedades indígenas con sus caciques y consejos de ancianos y, en algunos casos, autoridades delegadas del poder real. En torno al perímetro de los pueblos estaban las tierras de resguardo, cuyo titular era la comunidad y que habían sido cedidas a perpetuidad, no podían enajenarse bajo ningún concepto y se dividían en tres partes iguales. Una se destinaba a producir para mantener a la comunidad, otra a cultivos comerciales y la última a pastos. La venta de los productos iba a la caja de censos o caja municipal y servía para pagar el tributo y comprar semillas, animales, herramientas y otros insumos agrarios.

Hacia 1560, cuando se había recortado el poder de los encomenderos, la autoridad que los caciques o curacas ejercían en el interior de las comunidades debió ser compartida con los corregidores de indios, funcionarios de la administración colonial que ejercían su cargo durante dos o tres años. Estos últimos eran asistidos en su labor por tenientes de corregidor (ayudantes), intérpretes (generalmente indígenas o mestizos), alcaldes de indios y alguaciles de indios. Su cometido era gobernar los vastos territorios rurales en que se asentaban las comunidades indígenas, administrar justicia en nombre del rey y cobrar el tributo, que solía ser recogido por los caciques. Para Guillermo Céspedes, la principal causa del fracaso de este sistema fue la instauración del trabajo forzoso de los indios. La medida, que se instituyó en 1552, dada la gran necesidad de mano de obra no cualificada en los territorios coloniales, sólo podía afectar al 4% de la población indígena de Nueva España o al 6% de la del Perú, aunque los movilizados debían ser varones de entre 20 y 50 años. El corregidor reunía a los indios entregados por los caciques para cada turno y los ponía a disposición de un juez repartidor, encargado de asignarlos a las distintas labores que debían realizar en obras públicas, agricultura o minería. Ante los numerosos abusos cometidos, el sistema de trabajo forzoso se suprimió en 1601 si bien se mantuvo vigente en Nueva España para situaciones de interés público hasta 1632, lo que, de alguna manera, equivalía a que siguiera funcionando.

8. La administración del Imperio: gobierno y Real Hacienda

A partir de 1492 y a medida que la conquista se ponía en marcha fue necesario controlar el territorio y constituir el aparato administrativo adecuado para su eficaz dirección. Se trataba, con los ajustes necesarios, de reproducir el modelo peninsular, aunque hubo que esperar algún tiempo para que la Corona tuviera claro qué gobierno quería en Indias. En este terreno, más que en ningún otro, funcionó el método de ensayo y error, ya que la nueva realidad, la resistencia inicial de los conquistadores y una casuística variada limitaban el traslado lineal de las instituciones metropolitanas. En realidad, en una primera época se intentó gobernar las colonias desde la Península, pero cuando se vio que los organismos creados en la metrópoli para dirigirlas y gestionarlas eran insuficientes, se pensó en crear otros nuevos que estuviesen implantados en el territorio. Desde un punto de vista jurídico, el reino de las Indias tenía las mismas características que los restantes reinos integrados en la Corona española, situación que ha permitido afirmar a numerosos historiadores que «las Indias no son colonias». Durante mucho tiempo la palabra colonia estuvo ausente del lenguaje oficial de la administración española, lo que no implicó que los reinos de Indias fueran tratados de igual manera que los peninsulares.

El objetivo de la monarquía en el siglo XVI fue cortar de raíz cualquier posibilidad de construir una sociedad señorial en América, lo que la enfrentó con los encomenderos y los beneméritos que querían construir la sociedad colonial a su imagen y semejanza, centrándose en el reforzamiento del cabildo. La sanción de las Leyes Nuevas fue un paso en esa dirección y la Junta

Magna de 1568 se encargó de elaborar el programa que instauró en Indias el poder absoluto del monarca. Los virreyes Francisco de Toledo, en Perú, y Martín Enriquez, en México, fueron los instrumentos del plan. El propósito de la Corona requería una administración centralizada y controlada por el monarca, lo que era contradictoria con la buscada imagen de igualitarismo. La elección de Carlos I como emperador supuso un cambio con lo actuado previamente, al poner al servicio de la causa imperial todos los recursos disponibles, tanto europeos como americanos. El centralismo implicaba un rígido control sobre los funcionarios establecidos en América, con el fin de limitar los efectos de la corrupción y el despotismo sobre el conjunto de la sociedad y, especialmente sobre los indios, la pieza más débil del sistema.

El aparato administrativo que regía el funcionamiento del mundo colonial dependía de una doble estructura que estaba sometida a la autoridad del rey, la autoridad máxima e indiscutible. Por un lado, el conjunto de instituciones metropolitanas encargadas de la gestión de las posesiones imperiales, y por el otro, la pléyade de funcionarios que desde el terreno se encargaban del día a día. En la metrópoli, el Consejo de Indias fue el máximo órgano en asuntos americanos. No sólo aconsejaba al monarca y dictaba la política general del reino, sino también era el tribunal en última instancia de los pleitos indianos. En el siglo XVIII, con la creación de las secretarías de Estado, el Consejo de Indias perdió parte de la influencia acumulada en el pasado. El otro órgano relevante establecido en la Península era la Casa de Contratación, que funcionó primero en Sevilla y en 1717 fue trasladada a Cádiz. La Casa de Contratación se creó como un órgano fiscalizador y administrador de las expediciones de descubrimiento y conquista, del comercio colonial y de la emigración a las colonias, aunque rápidamente amplió sus atribuciones.

En América, el virrey era la máxima autoridad y, al igual que otros funcionarios subordinados, acumulaba atribuciones de cinco ramas gubernamentales: gobierno o administración civil, justicia, ejército, hacienda e Iglesia. Así, por ejemplo, el virrey de México era simultáneamente gobernador de Nueva España, presidente de la Audiencia, capitán general, supervisor de la Real Hacienda y vicepatrono de la arquidiócesis de México. Los virreyes tenían el privilegio de nombrar a los magistrados y funcionarios locales, aunque los cargos de oidores de las audiencias y gobernadores eran cubiertos desde la Península. Un segundo nivel en la gestión estaba constituido por las gobernaciones que no coincidían con las capitales de los virreinatos. En las más importantes había audiencias y, al igual que sucedía con los virreyes, los gobernadores compaginaban distintas funciones. La creación de las intendencias en el siglo XVIII alteró el esquema inicial heredado de la conquista. En las ciudades, los cabildos eran la institución encargada de su gestión. Todos los funcionarios coloniales eran nombrados por el rey y estaban a su servicio. Era el rey quien transfería con carácter temporal sus poderes judiciales, administrativos, militares y religiosos.

1. La administración imperial

A partir del descubrimiento, pero especialmente tras la sanción de las bulas alejandrinas, las Indias se vincularon a la Corona de Castilla como bienes hereditarios y de realengo. Inicialmente correspondió al Consejo de Castilla seguir los asuntos americanos, pero a medida que se incorporaban nuevos territorios se vio que ni el órgano era el adecuado ni sus funcionarios estaban preparados para gestionar los temas que llegaban a sus manos. Los Reyes Católicos designaron dentro del Consejo a gente de su confianza para encargarse de los mismos, comenzando por el obispo Juan Rodríguez de Fonseca. Sus cometidos fueron limitar los efectos de los privilegios usufructuados por Colón e impulsar la colonización. Con el tiempo sus funciones se ampliaron y debió ocuparse del conjunto de los asuntos americanos, como la organización de nuevas expediciones, la concesión de licencias para el comercio ultramarino o el control de los emigrantes que querían pasar a Indias. En 1493 contaba con la colaboración de un contador mayor y un tesorero, prueba de la envergadura de una actividad que seguiría en aumento y que la creación de una aduana en Cádiz no pudo solucionar. De ahí que fuera evidente la necesidad de crear órganos especializados, como la Casa de Contratación o el Consejo de Indias.

1.1. La Casa de Contratación

Dentro del objetivo general de racionalizar la administración americana y con el más concreto de organizar y fiscalizar el comercio transatlántico, se creó la Casa de Contratación de las Indias Occidentales, establecida en Sevilla. La Casa fue creada por una Ordenanza del 20 de enero de 1503, siguiendo el modelo de la portuguesa Casa da India, inicialmente conocida como Casa de Mina y de Guinea. La Casa de Contratación regulaba el tráfico comercial con Indias y adoptó la forma de monopolio hasta 1765. Entre sus competencias estaba controlar las remesas de metales preciosos desde las colonias y el conjunto del comercio colonial, así como organizar las expediciones a América. La gestión de estos asuntos dependía de tres oficiales: un tesorero, un contador-escribano y un factor. Sus funciones iniciales de control, administración y fiscalización de las expediciones a Indias, así como del comercio y de la emigración, se ampliaron a otras relacionadas con la navegación y las cuestiones técnicas vinculadas a la misma. Para ello se crearon los puestos de piloto mayor en 1508 y de cosmógrafo mayor (el máximo responsable de las cartas e instrumentos de marear) en 1523. La Casa también se ocupó de algunos asuntos fiscales y recayó sobre ella la administración de ciertos impuestos que gravaban al comercio ultramarino. Éste fue el caso de la avería, cuya recaudación servía para financiar la armada que protegía el tráfico comercial con Indias. También se ocupó de los bienes de difuntos hasta 1524, cuando su funcionamiento pasó a depender del Consejo de Indias. En 1522, tras el regreso de Sebastián Elcano a la Península, se creó la Casa de Contratación de La Coruña. Su principal objetivo era el control y la organización de las expediciones a las Molucas, las islas de la Especiería, presentadas como una inagotable fuente de riquezas. Pese a su corta duración, tan sólo siete años, el experimento amenazó la supremacía hispalense sobre el comercio colonial. La Casa de La Coruña llegó a su fin cuando las Molucas fueron entregadas al rey de Portugal.

Como era corriente en estas instituciones, la Casa tuvo competencias judiciales, concretamente a partir de 1511, pero éstas entraron en contradicción con las del Consejo de Castilla, que luego pasarían al Consejo de Indias, y con las de las audiencias americanas. Para encauzar estas disputas, en 1539 se concretó la jurisdicción de la Casa, limitada a las causas civiles en relación a la Real Hacienda y la contratación y navegación a América en aquellos casos que enfrentaban a un particular con la Casa. Si el pleito era entre particulares, se podía elegir entre personarse en los tribunales ordinarios, el Consulado de Sevilla a partir de 1543 o la Casa. De todas formas, los asuntos tramitados por la Casa se incrementaron considerablemente, lo que obligó a crear nuevos puestos de jueces y, finalmente, a establecer dos salas en 1583. En 1579 se había creado la figura del presidente, prueba del grado de complejidad de las actividades de la Casa. Sin embargo, a lo largo del reinado de Felipe II se generaron en su seno un número importante de cargos, la mayoría sólo para ser vendidos. De este modo, en la segunda mitad del siglo XVII la Casa llegó a tener más de 100 funcionarios. En 1717 se trasladó a Cádiz, lo que supuso un duro golpe para el poder sevillano y en 1790 fue cerrada definitivamente.

1.2. El Consejo Real y Supremo de Indias

El Consejo de Indias fue el órgano central supremo establecido en la Península para el gobierno del Imperio ultramarino así como para legislar y actuar en tanto que máximo tribunal de justicia. Su origen se vincula a los intentos de los Reyes Católicos de poner orden en la empresa colombina. En 1495 la reina Isabel delegó la tarea en su capellán, Juan Rodríguez de Fonseca. Dada la amplitud de la misma, Fonseca se rodeó de algunos colaboradores escogidos entre los miembros del Consejo de Castilla, como Lope de Conchillos. Poco a poco fue aumentando su trabajo, comenzaron a editar normas legales y en 1517 se creó una junta especializada en asuntos indianos que implicaba su separación del Consejo de Castilla. En 1524, se creó el Consejo Supremo y Real de las Indias, que seguiría la normativa propia del Consejo de Castilla hasta 1542, cuando se dotó de una organización propia.

Juan de Ovando adaptó el funcionamiento del Consejo a la especificidad indiana. En 1567 Felipe II le encargó una visita (inspección) al Consejo con el fin de proponer nuevas soluciones. Su labor como visitador se extendió de

1568 a 1570 y gracias a su experiencia pudo diseñar un conjunto de actuaciones políticas y de desarrollo legislativo, que fueron aprobadas por una Junta Magna celebrada en 1568. Desde entonces el Consejo contó con un presidente, cargo que ocuparía Ovando, cuatro o cinco consejeros letrados (su número se dobló en el siglo XVII), un fiscal, un secretario, un cronista, un cosmógrafo y unos pocos funcionarios más. Ante el caos legislativo de las medidas adoptadas para el gobierno de las Indias, intentó redactar un verdadero código o libro de *Ordenanzas* que de un modo ordenado recogiera todas las normas dictadas para dicho gobierno. El precedente inmediato era la compilación de Vasco de Puga: *Provisiones, cédulas e instrucciones para el gobierno de la Nueva España,* de 1563. Sin duda, la labor de Ovando supuso el máximo esfuerzo llevado a cabo para ordenar la vida jurídica colonial y para encauzar el Derecho Indiano, de manera que los funcionarios del Consejo de Indias pudieran aplicar la ley. Entre 1569 y 1571 redactó los dos primeros libros de sus *Ordenanzas*. El primero fue revisado y aprobado por el Consejo pero no por el Papa, y tampoco obtuvo la sanción real. Ante este fracaso algunos títulos se aprobaron como *Ordenanzas* específicas, como las del Consejo de Indias (1571), de descubrimiento y nuevas poblaciones (1573), de patronato real (1574) o las Instrucciones para las descripciones de las Indias (1573). El resto del proyecto se abandonó tras su muerte en 1575.

En 1582 el Consejo de Indias encargó a Diego de Encinas, un oficial de la Escribanía de Cámara que llevaba años en la casa, recopilar todas las disposiciones vigentes. Gracias a su esfuerzo vio la luz en 1596 su monumental obra: *Provisiones, cédulas, capítulos de ordenanzas, instrucciones y cartas*, más conocida como el *Cedulario* de Encinas, cuyos cuatro volúmenes estaban reservados para uso del Consejo de Indias y de las Audiencias americanas. Su mérito fue haber ordenado por materias todas las normas vigentes, sin embargo hubo que esperar hasta 1681, a la *Recopilación de las Leyes de los reinos de Indias*, también en cuatro volúmenes, que fue finalmente ampliada en 1792 con el *Nuevo Código de las Leyes de Indias*, para contar con un corpus completo de la legislación indiana.

Con el fin de tener una información de primera mano de lo que ocurría en Indias, ya que la mayor parte de los funcionarios del Consejo nunca habían estado en América, Ovando preparó un cuestionario para los funcionarios coloniales. En 1571, creó el cargo de Cronista y Cosmógrafo Mayor de Indias, que fue ocupado por Juan López de Velasco. Basándose en los informes de los oficiales reales en respuesta al cuestionario de Ovando, López de Velasco escribió su *Geografía y Descripción Universal de las Indias*, la primera visión estadística de conjunto de la totalidad de las posesiones españolas en América. La obra fue posteriormente resumida por su autor en *Demarcación y división de las Indias*.

El Consejo era el tribunal de última instancia en todos los juicios civiles y criminales originados en los consulados de Indias, en la Casa de Contratación y en los consulados de comercio. También tenía funciones consultivas en materias legislativas, eclesiásticas y de gobierno. Entre sus atribuciones gubernativas y administrativas, el Consejo debía presentar al rey las personas que ocuparían los altos cargos de la administración colonial e inclusive de la jerarquía eclesiástica. También controlaba a la administración colonial y legislaba creando o derogando leyes. Hasta 1557, las funciones hacendísticas se contaban entre sus amplísimos poderes, que incluían el control de la Casa de Contratación y la fiscalización de la Real Hacienda indiana. Ese año, dichas funciones fueron traspasadas al Consejo de Hacienda y, si bien le serían restituidas en 1595, la situación ya no volvería a ser como antes, dado que cualquier decisión sobre ese tema debería contar con el acuerdo de los dos Consejos. En el siglo XVIII, a partir de la creación de las Secretarías de Estado, las funciones del Consejo quedaron limitadas. Se suprimió en 1809, se restableció al año siguiente, en 1812 se volvió a suprimir, en 1814 con la restauración de Fernando VII se reimplantó nuevamente y en 1834 fue liquidado definitivamente.

2. El gobierno de Indias en Indias

2.1. Virreyes y virreinatos

Cuando la Corona conoció la magnitud de los territorios conquistados y la envergadura social y cultural de los pueblos sometidos, el virreinato se convirtió en la máxima instancia territorial del gobierno colonial. Su gestión estaba a cargo del virrey, el álter ego del rey. De acuerdo con las Capitulaciones de Santa Fe, el primer virrey americano fue Cristóbal Colón, aunque una vez que el Almirante fue desposeído de su título éste no tuvo continuidad. En realidad, las atribuciones de Colón fueron diferentes de las que posteriormente conllevaría el cargo de virrey. Así, hubo que esperar a la creación en 1535 del virreinato de la Nueva España, con capital en México, y en 1543, del virreinato del Perú, con capital en Lima, para que la institución apareciera totalmente definida. Hasta el siglo XVIII fueron los dos únicos virreinatos de América, razón por la cual sus jurisdicciones eran amplísimas. El virreinato de la Nueva España se extendía por América del Norte y América Central (México y Mesoamérica), las Antillas y Venezuela. Por su parte, el virreinato peruano cubría América del Sur, salvo Venezuela y Panamá. La llegada de los Borbones al trono de España evidenció que territorios tan vastos eran ingobernables desde un solo centro, creándose entonces el virreinato de la Nueva Granada, definitivamente instaurado en 1739, y el del Río de la Plata, en 1776. Santa Fe de Bogotá fue la capital del virreinato de Nueva Granada, que se extendía por los territorios de las Audiencias de Panamá y Quito. Buenos Aires fue, por su parte, capital del virreinato del Río de la Plata, al que estaban subordinadas las provincias de Potosí, Charcas, Santa Cruz de la Sierra, Córdoba del Tucumán, Paraguay y Buenos Aires.

8. La administración del Imperio: gobierno y Real Hacienda

El virrey tenía amplias atribuciones en materia política, administrativa, militar y judicial. A las funciones de su cargo añadía las de gobernador de su provincia; presidente de la Audiencia que coincidía con la capital del virreinato; capitán general como jefe de las fuerzas militares y ordenador de pagos de la Real Hacienda. También era la cabeza del Real Patronato, vicepatrono, con un amplio poder en cuestiones eclesiásticas. Pese a todo, existían algunos controles, importantes en materia fiscal, y que comenzaban por el carácter temporal del cargo. Para evitar gobiernos despóticos y personalistas, el virrey debía reunir al Real Acuerdo, una especie de consejo consultivo integrado por el virrey, o gobernador en su caso, junto a los oidores de la Audiencia. El Real Acuerdo se reunía cuando había temas conflictivos que tratar o se debían tomar importantes decisiones. Sus acuerdos no eran vinculantes para los virreyes, aunque era frecuente que los siguieran en aquellos asuntos en los que querían disminuir su responsabilidad ante el monarca y el Consejo de Indias. Dada la responsabilidad de los virreyes, los monarcas nombraban a personas de su confianza, generalmente segundones de la alta nobleza castellana. Los virreyes se hacían cargo de sus puestos con un pliego de *Instrucciones* y cuando lo abandonaban debían someterse a un juicio de residencia, instruido por su sucesor y obligatorio para todos los funcionarios coloniales.

2.2. Las Audiencias y los gobernadores

Las Audiencias eran el máximo tribunal judicial en las colonias y sus decisiones sólo se podían apelar ante el Consejo de Indias. También tenían funciones gubernativas. Junto a los virreyes eran las más altas instancias de la administración en Indias. Si bien se inspiraron en las Audiencias castellanas, tenían mayores atribuciones que ellas, probablemente para compensar los problemas de gestión causados por la distancia. Entre sus funciones estaba la de ser tribunal de primera instancia en los casos de corte, y actuar en delitos muy graves en los que los cabildos, los alcaldes o los funcionarios reales eran parte litigante. La Audiencia solía tener un presidente que, según el caso, contaba con varios oidores y alcaldes de crimen, uno o dos fiscales, un alguacil mayor y otros funcionarios de menor rango. Los jueces de la Audiencia u oidores integraban junto al virrey el Real Acuerdo. Aquellas Audiencias que en determinadas circunstancias asumían de forma colegiada funciones ejecutivas eran las Audiencias gobernadoras. Sin embargo, el sistema colegiado no dio buenos resultados para el gobierno de Indias y se decidió concentrar las funciones gubernativas en el presidente de la Audiencia, cualquiera que fuera su rango (virrey o gobernador).

La Recopilación de 1680 distinguía tres tipos de Audiencias: las virreinales, presididas por el virrey; las pretoriales, a cuyo frente estaba un presidente gobernador que nada tenía que ver con el virrey y dependía directamente de la Corona a través del Consejo de Indias; y las subordinadas, como Charcas y Quito, dirigidas por un presidente con escasas funciones ejecutivas, que permanecían en manos del virrey. En 1511 se creó la primera Audiencia indiana en Santo Domingo. La primera establecida en el continente fue la de México en 1527. En 1538 se creó una en Panamá, cuya jurisdicción incluía el Perú, hasta que las Leyes Nuevas de 1542 crearon una en Lima y otra en Guatemala. Posteriormente, fueron instaladas Audiencias en las ciudades más importantes, que generalmente eran las cabezas de los virreinatos o de las principales gobernaciones. De las doce Audiencias, dos fueron virreinales (México y Lima), cuatro pretoriales (Santo Domingo, Guatemala, Nueva Granada y Manila), tres no pretoriales (Quito, Chile y Charcas), dos intermedias (Nueva Galicia y Panamá) y la de Buenos Aires, que funcionó ocasionalmente entre 1661 y 1673.

El gobernador era una de las máximas autoridades del gobierno colonial, con control territorial sobre las provincias. Su origen está en las Capitulaciones de Santa Fe de 1492, que nombraban a Colón «virrey y gobernador general de las Islas y Tierra Firme». El nombramiento y cese de estos cargos dependía del rey, que los hacía efectivos a través del Consejo de Indias o de los virreyes. El gobernador tenía atribuciones políticas, judiciales y militares y podía ser auxiliado por un teniente de gobernador, que lo representaba en las zonas más alejadas de la provincia. Para ocupar el cargo de gobernador, que solía estar unido al de capitán general, era frecuente que se nombrara a gente de capa y espada. Las provincias podían ser menores o mayores y solían coincidir con la cabecera de una Audiencia. En este caso, el gobernador, la máxima autoridad de la Audiencia, era presidente-gobernador y tenía prácticamente las mismas atribuciones que el virrey, aunque sin representar directamente al monarca. El cargo se cubría por un período que iba de tres a ocho años y su salario era respetable. Las gobernaciones estaban integradas en un virreinato, del cual teóricamente dependían, aunque en algunos períodos hubo ciertas gobernaciones prácticamente autónomas, como Nueva Granada, Venezuela, Guatemala o el Río de la Plata, que tenían mejores comunicaciones con la metrópoli que con la capital virreinal.

Uno de los grandes problemas de la administración territorial indiana fue el de los límites jurisdiccionales que cambiaban permanentemente. A esto hay que agregar otro elemento: no siempre coincidían los límites de las jurisdicciones de las gobernaciones con las audiencias o los obispados. Prueba del caos territorial y de jurisdicciones en el que se vivía era Tierra Firme, Venezuela, donde había tres gobernaciones: Caracas (el occidente de Venezuela), Nueva Andalucía (el oriente, con capital en Cumaná) y Trinidad de la Guayana, pero mientras Caracas y parte de Trinidad (Riohacha y Mérida) pertenecían a la Audiencia de Santa Fe de Bogotá, el resto estaba vinculado a la Audiencia de Santo Domingo.

2.3. El cabildo

El cabildo, la institución que estructuró el municipio colonial, tiene sus antecedentes en el antiguo concejo castellano. Desde el inicio de la conquista, la fundación de nuevos núcleos urbanos se asociaba al establecimiento del cabildo, considerado por los conquistadores como la mejor herramienta para apoyar sus reivindicaciones frente al monarca. Como señala Guillermo Céspedes, entre las funciones que desde sus orígenes se dio al cabildo estaba la concesión de tierras, la elección y deposición de las autoridades, el reclutamiento de fuerzas militares o la administración de justicia en nombre del rey. Al residir los españoles mayoritariamente en núcleos urbanos se reforzó el papel de los cabildos como institución clave de la administración territorial colonial. La jurisdicción del cabildo no sólo era urbana, sino que incluía un vasto *hinterland* rural, que permitió la concesión de tierras a los vecinos. Junto a los cabildos españoles encontramos los cabildos de indios, propios de las comunidades indígenas.

En el cabildo estaban representados todos los vecinos y sus autoridades electivas estaban encabezadas por los alcaldes ordinarios, que podían ser uno o dos. Los regidores eran cuatro en las villas más modestas y podían superar la docena en las capitales virreinales. La renovación anual de las autoridades se realizaba a principios de enero y por lo general funcionaba la cooptación entre los cargos salientes y los entrantes, aunque había casos de ciudades, como Oruro en el Alto Perú, donde los vecinos se enfrentaban en facciones que se disputaban el control del cabildo en elecciones muy reñidas. En el siglo XVII, los oficios de designación regia fueron afectados por la venta de cargos que afectó a todo el continente. Junto a sus funciones administrativas y judiciales, el cabildo se ocupaba de sancionar las ordenanzas necesarias para el gobierno de su territorio. Entre las primeras encontramos la fiscalización de los presupuestos y las rentas municipales, el control del abastecimiento urbano y la lucha contra la delincuencia.

3. La Real Hacienda

La gestión fiscal de las colonias estaba a cargo de la Real Hacienda, tanto de las Cajas Reales asentadas sobre el terreno, como de otros órganos especializados que funcionaban en la metrópoli. Su principal cometido era recaudar el dinero generado por la economía colonial a través de la producción de plata, el comercio transatlántico u otras actividades que implicaban ganancias para el fisco. Toda esta actividad y los importantes ingresos que reportaba obligaron a la Corona a construir un aparato de recaudación, administración y control tanto en América como en las cabeceras peninsulares del sistema de flotas y galeones. En la Península, la gestión de las cuentas fiscales correspondió inicialmente a la Contaduría Mayor de Castilla, la responsable de la recaudación impositiva, para pasar posteriormente al Consejo de Indias tras su fundación en 1524. Por su parte, la Casa de Contratación era el lugar donde llegaban los caudales americanos y donde se pagaban los impuestos comerciales.

Desde mediados del siglo XVI los ingresos indianos comenzaron a ser significativos y alcanzaron el millón de ducados anuales, frente a los 165.000 de promedio anual de la década de 1540. La cifra no era intrascendente, ya que suponía la cuarta parte de los ingresos regulares anuales de la Corona, algo más de cuatro millones de ducados. Hasta entonces, la presión fiscal en las colonias había sido de las más bajas del Imperio. Entre otras medidas se había eximido a los indios del pago del diezmo y condonado temporalmente el pago de algunos impuestos comerciales. La difícil situación financiera que atravesó el reinado de Felipe II se tradujo en un aumento de las exigencias a las colonias, de modo tal que, a fines del siglo XVI las rentas de Indias aportaron a las arcas reales 2.500.000 ducados. La alegría duró poco y a partir de la década de 1620 se produjo una inflexión en los ingresos. La fiscalidad marcaba las diferencias étnicas de la sociedad colonial, ya que mientras los españoles no pagaban impuestos directos, éstos sí debían ser abonados por los indígenas como tributo.

3.1. Las Cajas Reales

La estructura fiscal fue evolucionando a medida que la conquista se consolidaba. Inicialmente encontramos a representantes de la Corona en las expediciones militares y su nombre, oficiales de entrada, es bastante significativo. Una vez consolidada la presencia española en algún territorio, llegaban los Oficiales Reales de Hacienda, funcionarios fijos que se establecían en los principales enclaves. Esto ocurrió en San Juan de Puerto Rico, 1510; en Panamá y Nueva España, 1522; Nueva Galicia, 1532 y posteriormente en Honduras, Nicaragua, Guatemala, Nueva Granada, Venezuela, Perú y el Río de la Plata.

El territorio americano se dividió luego en distritos fiscales con una Caja Real u oficina de Hacienda de un nivel de actividad mayor que los organismos similares en la Península, ya que salvo en el caso de los diezmos y algunos monopolios fiscales, la gestión tributaria era pública. Las sedes de las cajas solían ubicarse en ciudades de cierta importancia, que acogían otras instituciones gubernativas, Audiencias o gobernaciones, salvo que se tratara de una importante fuente de ingresos fiscales (puertos, yacimientos mineros o zonas de abundante población indígena donde el tributo indígena era importante). Su número dependía de la actividad económica: en México a fines del siglo XVI había siete cajas, que fueron 12 el siglo siguiente y su número se duplicó en el XVIII como consecuencia del crecimiento económico regional. La gestión de cada caja dependía de los oficiales reales y de sus tenientes y cada una tenía cuatro oficiales: el tesorero, el contador, el veedor y el factor, aunque a partir de 1563 estos dos últimos puestos se unificarían. Hasta principios del siglo XVII las cajas eran independientes entre sí y jerárquicamente iguales, pero ante la ineficiencia del sistema y con el fin de fiscalizar la marcha de la Real Hacienda se crearon los Tribunales de Cuentas de Indias en México, Lima y Bogotá y se nombraron dos revisores de cuentas permanentes en La Habana y Caracas. Las cajas de las capitales virreinales pasaron a denominarse matrices, mientras las otras eran sufragáneas y dependían de las primeras. Una vez descontados los pagos autorizados, los excedentes de las cajas sufragáneas eran remitidos a las matrices.

No todo lo recaudado se enviaba a la Península. Previamente había que hacer frente a los gastos de la administración: sueldos de los funcionarios de la jurisdicción donde estaba la Caja, gastos militares, obras públicas, pensiones y los gastos de la evangelización. Una parte importante de lo recaudado se redistribuía en otras colonias del Imperio mediante los situados, una cantidad de dinero que las jurisdicciones coloniales con cajas con superávit aportaban a la defensa del Imperio, especialmente de aquellas regiones que no podían hacer frente por sí solas a los gastos de defensa, como Cuba, Chile o Buenos Aires. Las principales cantidades se destinaban a pagar a las tropas que guardaban las guarniciones militares y sus construcciones defensivas.

A diferencia de lo que ocurría en la Península, la mayor parte de los impuestos y tributos eran recaudados directamente por la Real Hacienda y muy pocos se arrendaban a particulares. Esto suponía que la administración fiscal estuviera recargada de trabajo, lo que atentaba contra su eficacia. Los impuestos y tributos recaudados en Indias se pueden dividir en cuatro grupos. En el primero estaban las cargas sobre las personas: el tributo indígena, el diezmo o la Bula de cruzada. El segundo comprendía aquellos tributos provenientes de regalías, posesiones o privilegios reales: el quinto o el diezmo minero y los estancos (sal, salitres, azogue, nieves, papel sellado, etc.). En tercer lugar, los impuestos y tasas que gravaban la actividad comercial en los puertos, en las aduanas interiores, aduanas secas, u otros centros administrativos: alcabalas, almojarifazgos y avería. Por último, una gran variedad de cargas sobre transferencias de bienes y cargos: bienes de difuntos, rentas de sedes episcopales vacantes, media annata pagada por los funcionarios o la venta de cargos públicos.

3.2. La minería

Los impuestos a la minería fueron los más productivos. Tanto el quinto como el diezmo constituían una proporción del metal que los mineros debían abonar a la Corona a cambio del permiso de explotación. Según la legislación castellana, la Corona era la propietaria de todo el subsuelo americano, pero al no poder explotar los yacimientos de metales preciosos otorgó su concesión a los colonos a cambio del pago de un canon. En América se comenzó cobrando la tercera parte del metal precioso obtenido del comercio con los indios y en 1503 la proporción se redujo al 25% (la cuarta parte), ante los excesivos gastos aducidos por los conquistadores. En 1522, cuando ya comenzaban a explotarse algunos yacimientos, se volvió a reducir al 20% (quinto), a fin de estimular las exploraciones. Sin embargo, la mayor parte de las explotaciones argentíferas pagaban el 10% (el diezmo) debido a los elevados costes que tenían. Mientras en el Perú se pagaba el quinto, en la Nueva España, desde 1548, se cobraba el diezmo a la plata que llevaban los mineros a la Real Hacienda. Los comerciantes, que no debían afrontar gravosos costes de explotación, pagaban el quinto, situación que se mantendría hasta 1723. La creación de Casas de Moneda (cecas) en México, Lima, Potosí y Santa Fe de Bogotá permitió cobrar el quinto a toda la plata que se llevaba a acuñar. Cuando se unificaron las tarifas, sólo se cobró el diezmo. En Perú, en 1735, se comenzó a cobrar el diezmo. Por su parte, el oro sólo pagaba entre el 3 y el 5%.

3.3. El tributo indígena y el diezmo eclesiástico

El tributo era el pago que debían efectuar las comunidades indígenas a partir de su reconocimiento como vasallos libres por la Corona de Castilla. Era un impuesto directo, similar al que pagaban los campesinos castellanos, y la prueba de su orientación es que los nobles y los caciques indígenas no lo pagaban. En algunas regiones los indígenas habían pagado impuestos semejantes a los grandes imperios, lo que facilitó su cobro por los españoles. El tributo se pagó en dinero o en especies, dependiendo de la época y la región consideradas. Inclusive llegó a pagarse en trabajo, lo que estimuló las tendencias señoriales de los encomenderos. La llegada del virrey Toledo al Perú implicó un cambio radical en el pago del tributo al comenzarse a exigir su abono en metálico con el fin de que los indígenas se vieran obligados a trabajar como asalariados en los centros mineros y poder reunir así el dinero necesario para pagar el impuesto. El tributo se cobraba en junio y diciembre y si se abonaba en especies éstas eran subastadas públicamente para hacer frente a las obligaciones respectivas.

La cantidad a pagar, calculada mediante la tasación, variaba según la población de cada pueblo y la riqueza potencial de la zona donde estaba asentado. A medida que la población de las comunidades se iba reduciendo, el esfuerzo de los indios para pagar el tributo aumentaba, porque las tasaciones no variaban. Una de las principales razones del éxito del tributo fue que su pago se encomendó a los caciques o a los responsables de las comunidades indígenas, quienes utilizaron para tal fin las estructuras de la comunidad. Todos los indios cabeza de familia eran tributarios, aunque la casuística regional sobre quién debía o no ser considerado tributario era muy amplia. En México pagaban los hombres de entre 25 y 55 años, mientras que en Perú, desde 1570, la edad de pago iba de los 18 a los 50 años. Por su parte, las mujeres y los jóvenes sólo debían pagar la mitad, aunque en Perú se eximió del pago a las mujeres a partir de 1618.

Después de unas contradictorias medidas iniciales, se ordenó que el tributo debía ser pagado a los encomenderos. En los pueblos de indios sometidos a la Corona, eran los oficiales reales (corregidores o alcaldes mayores) los responsables de la recaudación. Algunas comunidades crearon a partir de la segunda mitad del siglo XVI las cajas de comunidad a fin de tener unas reservas con las que poder hacer frente la presión económica del mundo español. Los fondos solían proceder de ciertas cargas sobre los propios miembros de la comunidad, o del rendimiento de las tierras reservadas para ese fin. Con los recursos de las cajas se hacían obras, como reparar la iglesia, o se pagaba a los funcionarios locales. Si bien los corregidores o los clérigos saquearon alguna que otra caja, éstas sirvieron a sus objetivos y en más de una ocasión el dinero fue prestado a los españoles o se invirtió en empresas productivas.

Como consecuencia de la aplicación de las Leyes Nuevas, allí donde las encomiendas se extinguieron, fue la Real Hacienda la encargada de percibir el tributo. La situación terminó de unificarse en 1668, cuando la recaudación pasó a ser cometido único de los funcionarios públicos. Durante prácticamente todo el período colonial el tributo fue uno de los símbolos más claros de la explotación indígena debido a los abusos que se producían en su tramitación. Este hecho hizo que aumentaran las fugas de indios de las comunidades, acelerándose aún más el proceso de disolución de algunos grupos indígenas.

Los diezmos eran un impuesto de origen eclesiástico que se cobraba sobre la producción agropecuaria, sin ningún descuento de los gastos generados en su explotación. Todos los habitantes de las Indias debían pagarlo, salvo los indios a los que se consideraba exentos por pagar el tributo. El diezmo en América fue cedido a la Corona por varias disposiciones papales de fines del siglo XV y principios del XVI, que tenían en cuenta los esfuerzos españoles para el establecimiento de la Iglesia en Indias y el hecho de que el mantenimiento del clero era de su responsabilidad. La recaudación de los diezmos se subastaba y un particular se hacía cargo de la gestión. Para proceder al reparto de lo recaudado, los dineros del diezmo se dividían en varias partes. Una mitad correspondía a la diócesis (50% para el obispo, 50% para el cabildo catedralicio) y la otra mitad se dividía en nueve partes: dos para la Corona, tres para la construcción y mantenimiento de la catedral, una para el hospital y las tres restantes para pagar los salarios eclesiásticos.

3.4. Los impuestos indirectos

La actividad comercial en sus distintas variantes era gravada con impuestos indirectos percibidos en diferentes lugares, como los puertos americanos y peninsulares, las aduanas interiores o secas y las ciudades. Uno de los impuestos *ad valorem* más difundido fue la alcabala, introducida en Nueva España en 1574, desde donde se extendió a Guatemala y al Perú (1591). La alcabala se basaba en el impuesto castellano que gravaba cualquier compraventa, aunque en las colonias se decidió cobrar sólo el 2% en vez del 10% pagado en la Península. En 1637 se comenzó a cobrar el 4% para hacer frente a los gastos de la flota de Barlovento. A fin de establecer qué artículos debían pagar la alcabala se elaboró un detallado arancel que incluía numerosas exenciones, como el pan, los minerales, o los caballos, y que recogía el sistema de administración y recaudación del impuesto. A lo largo del siglo XVI su cobro se generalizó en toda América, aunque el porcentaje cobrado variaba en función de los productos y las regiones donde se percibía. Por lo general los productos indígenas no pagaban alcabalas, aunque en el mercado potosino la coca y la yerba mate sí debían hacerlo.

El almojarifazgo fue un impuesto aduanero que gravaba el comercio transatlántico. Su cobro comenzó a hacerse efectivo en la época de Colón y en el siglo XVI ascendía al 7,5% del precio de los productos europeos importados en los puertos americanos. En 1543 el porcentaje se redujo al 5%, con excepción de los productos que salían de Sevilla, la mayoría de los implicados en el comercio colonial, que debían pagar sólo un 2,5%. En el siglo XVII, ante las necesidades fiscales, su cobro se extendió al comercio interior mediante la creación de aduanas secas. Los dos casos más notables fueron el de la aduana seca de Córdoba, que gravaba los productos destinados a Potosí desde el Río de la Plata y Paraguay (mulas, yerba mate o azúcar) y la que estaba en el camino de Guatemala a Puebla y la ciudad de México, por donde circulaban cantidades importantes de cacao e índigo.

La avería, o derecho de avería, era otro impuesto *ad valorem* sobre el comercio colonial, que incluía a los pasajeros que pasaban a Indias. Los ingresos generados servían para financiar las armadas que protegían a las flotas comerciales que cubrían el circuito entre Indias y la metrópoli, expuestas con bastante frecuencia a los ataques de piratas y bucaneros o a las potencias extranjeras en guerra con España. Se comenzó cobrando el 2,5%, aunque el porcentaje no dejaría de crecer desde 1587, con el aumento de las amenazas de los piratas ingleses. Así, a pesar de que una Real Cédula de 1644 establecía que el impuesto no debía superar el 12% del valor de las mercancías, en ocasiones se llegó al 30%. El impuesto dejó de cobrarse en 1660 ante el fraude generalizado y el contrabando, que atentaban contra su buena gestión, dado que al final lo que se pagaba era una cantidad general en función de la carga estimada en concepto de amnistía y no un porcentaje sobre el valor real de las importaciones.

Por último, las composiciones de tierras, que si bien no eran un impuesto o un tributo propiamente dicho, sí representaban un ingreso para la Real Hacienda. A través de un proceso judicial, las composiciones permitían legalizar la propiedad de las tierras poseídas durante un tiempo sin los títulos correspondientes y, a cambio del reconocimiento público, el particular afectado realizaba un pago en metálico al Estado por un valor inferior al precio de mercado de la propiedad. Al comienzo de la conquista, la mayor parte de las mercedes de tierras efectuadas por los cabildos carecían de la autorización del rey y su legalidad era dudosa. Sin embargo, las Ordenanzas de Población de 1573 legalizaron de forma masiva todas las concesiones de tierras otorgadas. Las composiciones fueron el medio elegido por los conquistadores para apropiarse de tierras de realengo o pertenecientes a las comunidades indígenas y, en estos últimos casos, eran frecuentes largos pleitos por la propiedad de dichos bienes.

9. La economía colonial

1. Las repercusiones de la conquista sobre la economía indígena

Como se ha visto, uno de los principales móviles de la conquista fue el deseo de los conquistadores de obtener importantes cantidades de metales preciosos. La realidad del Caribe fue distinta a las expectativas y se hizo necesario recurrir al trabajo indígena en la búsqueda de riquezas, tal y como sucedió en los yacimientos de oro aluvional. Las primeras encomiendas sirvieron para reducir las demandas de los conquistadores ante la imposibilidad de construir factorías similares a las portuguesas en África. La conquista de los imperios azteca e inca hizo pensar a los europeos que podían apoderarse de grandes tesoros. Mitos como el de El Dorado o las fabulosas tierras del Rey Blanco, asociados al oro y la plata, impulsaron nuevas conquistas y exploraciones. La sed de riquezas, mitigada por el saqueo de templos y palacios indígenas, debió canalizarse en la búsqueda de nuevas oportunidades. Hasta el descubrimiento de Potosí y Zacatecas, la agricultura y la ganadería ocuparon un lugar destacado. En el Perú, las encomiendas, las mercedes y los repartos de tierra respetaron la organización incaica, los archipiélagos verticales o pisos ecológicos definidos por John Murra, que se articulaban mediante una producción complementaria (en las tierras altas se sembraban patatas o se criaba ganado —llamas, alpacas y vicuñas— y en los valles más bajos, maíz y productos hortícolas). Una vez descubierto Potosí, los repartos se rigieron únicamente por criterios de rentabilidad.

La presencia de los conquistadores desestructuró los sistemas económicos indígenas, aunque durante un tiempo prolongado las explotaciones agrarias mantuvieron las pautas tecnológicas y organizativas del pasado. Los repartos de tierras (peonías y caballerías) afectaron las posesiones de las jerarquías indias y de los templos, y la producción agraria disminuyó debido al reemplazo de cultivos locales por otros europeos. La producción también fue afectada por la acción de la ganadería y las malas hierbas de origen europeo, asociadas al cultivo de los cereales sobre las tierras de labor. La nueva dominación quebró las redes redistributivas de las sociedades indígenas. Éstas servían para que el poder central concentrara algunos de sus excedentes lo que, sumado a la parte de la producción que el emperador controlaba directamente, permitía redistribuir determinados productos que así llegaban a las regiones no productoras o a los sectores más necesitados, especialmente en momentos de escasez. La presencia española también quebró la mayoría de los circuitos comerciales de larga distancia, arrinconando la producción nativa y potenciando el autoconsumo. Al mismo tiempo, la transformación de las encomiendas y la conmutación del pago de los tributos inicialmente fijados en especie y en trabajo por pagos en dinero aumentaron la vinculación de las comunidades al mercado, donde podían obtener el circulante para pagar el tributo y otros impuestos, vendiendo productos o cultivos demandados por los españoles.

2. La producción

2.1. El sector agrario

La agricultura fue la principal actividad económica y la base de la riqueza colonial, tanto por la renta generada como por la población ocupada. En los primeros años de la conquista, la mayor parte de la producción agraria siguió las técnicas y los criterios organizativos indígenas. Era una actividad variada, de gran diversidad regional y que movilizaba a amplios sectores sociales. Por eso hay que diferenciar la producción local de los productos traídos por los europeos: vid, cereales, olivo, añil o azúcar. Entre los productos americanos estaban los cultivos destinados a satisfacer las necesidades alimenticias indígenas (maíz, papa, frijoles, etc.) y aquellas otras especies cuyo poder estimulante les otorgaba una función concreta en el sistema colonial: coca, yerba mate o magüey (pulque), condenados como «vicios» por la Iglesia y otros sectores sociales, categoría ésta compartida con el tabaco. Hubo otros productos americanos exitosos, como el cacao, en el sur de México y América Central, o la grana-cochinilla, un tinte explotado por las comunidades indígenas de Oaxaca (México), pero no en las haciendas españolas. La primera empresa agraria netamente española fue la producción de azúcar, que comenzó a destacar en Santo Domingo a partir de 1515 y debió realizarse con esclavos africanos dada la desaparición de la mano de obra local.

9. La economía colonial

La importancia de la agricultura fue advertida por la Corona, que desde el primer momento intentó no trasladar a América el modelo feudal, especialmente en lo referente a la distribución de tierras. El deseo de la Corona se reflejó en las instrucciones de Carlos I a Hernán Cortés, en 1523. El monarca pretendía crear un grupo de granjeros propietarios enfrentados a los conquistadores, que querían ser terratenientes y latifundistas. Pese a ello, la Corona no impidió la formación de grandes propiedades, como las haciendas o las estancias, ya que muchos latifundistas provenían de la burocracia colonial, como virreyes, oidores o corregidores, aunque algunos encomenderos supieron reconvertirse en empresarios agrarios. Un problema no resuelto es el origen de las haciendas y latifundios, aunque hoy se apunta a que no se originaron en las encomiendas. Según Borah y Chevalier, su surgimiento y desarrollo coincidió, al menos en Nueva España, con un momento de depresión demográfica y económica en el siglo XVII. Pero, ¿es posible generalizar los datos mexicanos y proyectar sus resultados a toda América? No todas las explotaciones agrícolas fueron grandes haciendas, también las había pequeñas y medianas, como los ranchos ganaderos, que en algunas regiones mexicanas eran la pequeña propiedad típica de la sociedad colonial. Otra pequeña propiedad era la labor, cuya extensión variaba entre una y cuatro caballerías de tierra cultivable.

Se puede separar la agricultura orientada a la demanda externa, básicamente de plantación, de la dirigida a la demanda interna, que comprendía tanto las actividades agrícolas para abastecer a los centros mineros, como la producción de subsistencia, centrada en las comunidades indígenas. En muchos lugares, estas últimas poseían las mejores tierras, causa de conflicto con los terratenientes españoles que querían controlarlas. Para definir las haciendas y plantaciones seguimos a Eric Wolf y Sidney Mintz, quienes parten de criterios organizativos y productivos y no de su equiparación con los latifundios. La hacienda era la propiedad rural de un propietario con aspiraciones de poder y un pequeño capital, que explotaba su unidad productiva con trabajo subordinado y cuya producción se dirigía a un mercado reducido. La hacienda permitía acumular capital y consolidar el estatus social del hacendado, aunque esto no valía para las haciendas de las órdenes religiosas, especialmente jesuitas, que respondían a criterios de rentabilidad. La plantación era una unidad productiva vinculada a un mercado a gran escala, con la inversión de fuertes sumas de capital. Lo esquemático de la definición obliga a la cautela, dada la existencia de casos intermedios, como las haciendas de la costa norte del Perú que orientaban su producción a mercados importantes.

Crear latifundios de miles de hectáreas era más fácil en las zonas marginales, donde la presión por la tierra era menor y más laxo el control de las autoridades. A veces, eran tierras menos fértiles o ubicadas en zonas de baja densidad de población, con menor disponibilidad de mano de obra o acceso al agua. En las haciendas ubicadas en zonas de escasa población indígena predominaban el trabajo asalariado y los esclavos negros. Entre los asalariados sobresalían los sirvientes y gañanes y algunos artesanos, como carpinteros o zapateros. También había mayordomos y administradores, de un nivel de ingresos más elevado. La mano de obra esclava se utilizaba en determinadas haciendas, según su ubicación geográfica o el tipo de producción (como el azúcar). La escasa productividad de las haciendas, que sólo aprovechaban una pequeña parte del área cultivable, es un tópico relacionado con su escasa explotación, su bajo nivel tecnológico y las reducidas inversiones de capital. Las rentas de los latifundios eran altas y sus propietarios preferían adquirir productos de lujo en vez de reinvertirlas productivamente. Cuando era posible, los hacendados aumentaban sus ingresos construyendo molinos en el interior de sus posesiones con el fin de apropiarse de una parte de las cosechas de los campesinos, que debían utilizar sus instalaciones para la molienda.

2.2. La ganadería

La ganadería fue un arma de penetración fronteriza y de consolidación de la sociedad colonial. Su papel se vio reforzado porque, con la excepción de los Andes, el mundo indígena no había conocido la ganadería. La mayoría de los animales domésticos (bovinos, ovinos, equinos, caprinos y porcinos) fueron llevados de Europa y se reprodujeron a gran velocidad. Sólo los camélidos andinos (llamas, vicuñas y alpacas) fueron criados por los nativos en los altiplanos, a más de 4.200 metros de altura. El pastoreo dio lugar a una cabaña importante, que compartió las tierras de pastos con cabras y ovejas. Si bien en muchas regiones no existió una experiencia ganadera previa, la cría de animales se desarrolló en poco tiempo. A medida que se extendía la ocupación europea, la presencia de rebaños se hizo normal y los elevados precios del ganado al comenzar la conquista, especialmente los caballos, comenzaron a bajar ante el aumento de la oferta. En el siglo XVIII la ganadería se difundió en todo el continente, aunque había algunas regiones especializadas, como el Río de la Plata, los Llanos venezolanos y el norte de México, donde los gauchos, llaneros y charros fueron acompañados en sus faenas por los huasos chilenos y los sabaneros antillanos. Allí abundaba la tierra y la escasa población no era un obstáculo dada la poca mano de obra requerida.

A medida que se expandía la ganadería, aumentaban las quejas por la destrucción de los cultivos indígenas. El conflicto se solucionó ordenando a los hacendados el vallado de sus tierras. Para retener al ganado no cimarrón, el criado en cautiverio, se aprovechaban las barreras naturales, como ríos y arroyos, y cuando se requerían cercos artificiales lo más sencillo era cavar una zanja. Los cercos vivos, con plantas espinosas, eran obstáculos más firmes y duraderos que las zanjas, aunque más caros y difíciles de construir. A medida que la frontera con el indio se estabilizaba y el ganado cimarrón desaparecía, las haciendas y estancias adquirieron mayor importancia. En algunas zonas fronterizas abundaba el ganado cimarrón, que explotaban las vaquerías. Éstas eran verdaderas expediciones armadas, especialmente si el ganado estaba próximo a tierras indígenas. Pese a su número, el ganado cimarrón apenas podía garantizar la demanda urbana de carne, al tratarse de animales difíciles de arrear hasta las ciudades. Las distancias y las deficientes técnicas de conservación impedían la faena del ganado y su traslado a las ciudades. Los animales de tiro y transporte fueron vitales en las comunicaciones debido a la geografía y la estructura caminera. Numerosos centros mineros y ciudades dependían de caballos y mulas tanto para su abastecimiento como para extraer la plata hacia los circuitos mercantiles. El norte de Nueva España y el Río de la Plata fueron importantes centros productores de mulas.

2.3. Las manufacturas

La manufactura se estructuró en torno a la producción doméstica y artesanal, basada en la transformación de productos de la tierra, que solían elaborarse in situ y sin un gran trasiego de insumos. Si bien su origen debe buscarse en la economía doméstica indígena y en las técnicas aportadas por los colonos, el crecimiento económico favoreció la expansión de los mercados y del consumo. El crecimiento de las ciudades, haciendas y centros mineros revalorizó su papel. Junto a nuevos talleres urbanos encontramos un buen número de artesanos en las haciendas y reales de minas. La dispersión del sector y el hecho de que parte de su producción permaneciera al margen de las estadísticas dificultan su estudio. Por ejemplo, los telares no indígenas no pagaban impuestos. La situación cambió en la segunda mitad del siglo XVIII, cuando la Real Hacienda comenzó a cobrar directamente las alcabalas. Y si nuestro conocimiento de las manufacturas es insuficiente, en el caso de los empresarios la ignorancia es aún mayor.

Tecnológicamente, las diferencias entre las manufacturas europeas y americanas no fueron importantes durante los siglos XVI y XVII, si bien en el XVIII, a consecuencia de la Revolución Industrial, la brecha aumentó. Pese a las trabas existentes para el desarrollo local, la producción europea no pudo conquistar los mercados coloniales: las distancias, los accidentes geográficos y el estado de los caminos constituían una barrera proteccionista que incrementaba el coste del transporte y el precio de venta final del producto. Sólo en los puertos los precios de los productos importados (textiles de alta calidad y alto precio unitario, herramientas y otros productos de hierro, papel y medicinas), eran más asequibles. Por eso, el tópico de que la Corona se oponía al desarrollo manufacturero colonial y que la competencia de la industria europea arruinó a las manufacturas americanas es una simplificación. Las manufacturas locales, en parte explotadas por los indígenas, se destinaban a abastecer la demanda popular. Ciertas manufacturas no competían con las europeas, como la fabricación de carretas y otros medios de transporte, la construcción privada y de obras públicas y la transformación de productos alimentarios. La debilidad de la industria peninsular y el escaso desarrollo en algunos sectores de las manufacturas europeas permitió que las americanas crecieran más deprisa. Una necesidad básica del mundo colonial era el vestido, que desarrolló el sector textil, con el predominio de formas domésticas de producción. Las explotaciones rurales eran mayoritarias y solían emplear trabajo indígena. Su producción se destinaba al autoconsumo del núcleo familiar o de la comunidad, los propietarios de los husos, telares y demás medios de producción. Las necesidades básicas de la población, cubiertas por la producción doméstica o familiar, también afectaban a la cerámica, zapatos, sombreros, tejas, ladrillos, jabón, productos de cuero, velas y un largo etcétera que incluía fábricas de vidrio y pólvora.

La producción artesanal no cubría toda la demanda urbana y minera. Por eso desde el siglo XVI se desarrollaron los obrajes textiles, que requerían una inversión de capital mayor que los talleres artesanales y orientaban su producción a mercados más grandes. Al demandar abundante mano de obra, solían ubicarse en las zonas más pobladas de Nueva España, Perú, Quito o el Río de la Plata. Los obrajes se clasificaban de acuerdo al número de telares y la cantidad de trabajadores. En promedio solían tener 45 trabajadores, aunque alguno alcanzó los 120. Los obrajes enteros tenían más de doce telares y su correspondiente dotación de trabajadores indígenas, y los medios o chorrillos, entre seis y doce. Los obrajes abiertos utilizaban mano de obra libre. También estaban los trapiches, una versión más reducida que requería menos capital. Los obrajes también se podían clasificar de acuerdo a su propietario: la Corona, los particulares o las comunidades. La producción textil, especialmente la de los obrajes, se centraba en telas de lana burdas de baja y media calidad (sayales, sargas, paños, pañetes, frazadas, mantas y ponchos) y en menor medida, de algodón. A principios del siglo XVII había en el virreinato peruano unos 300 obrajes, lo que nos da una idea de su importancia. La baja calidad y sus menores precios fueron determinantes para garantizar su supervivencia frente a la competencia europea. Sin embargo, en el contexto americano de los siglos XVI y XVII los obrajes eran empresas caras y su precio superaba al de las explotaciones agrícolas y ganaderas debido al elevado coste del equipo, los insumos y la mano de obra, muchas veces transmitida junto con la titularidad de la propiedad. La producción de los obrajes requería determinados insumos, además de la lana o el algodón, como los tintes y algunas sustancias minerales imprescindibles para el teñido y lavado de las telas. Pese a la importancia del sector textil había otras manufacturas destacadas, como los astilleros. La construcción, mantenimiento y reparación de buques sobresalió en Guayaquil, La Habana y Asunción del Paraguay, favorecida por la disponibilidad de maderas, brea y textiles en sus *hinterlands*.

2.4 La minería de plata

Las décadas posteriores a la conquista, en el Caribe y en el continente, estuvieron bajo el signo del oro. La plata comenzó a tener un papel protagónico tras el descubrimiento de Potosí (1545) y Zacatecas (1546) y, especialmente a partir de la década de 1570, cuando se difundió la amalgamación con mercurio o «método de patio». Previamente se habían explotado los yacimientos de Zumpango, Sultepec y Taxco en México y los de Porco en Perú. En México, los yacimientos de oro se abandonaron rápidamente ante el mayor atractivo de la plata. En la zona andina se encontraban las minas de oro o placeres más importantes: Nueva Granada (Colombia y Venezuela), Ecuador, Perú y Chile. Muchos continuaron en explotación durante todo el período colonial, aunque sus rendimientos no fueron tan espectaculares como los de Potosí.

Pese a la importancia del oro, el metal por excelencia fue la plata. Durante los siglos XVI y XVII la producción argentífera estuvo dominada por los yacimientos de Potosí, en el Alto Perú (hoy Bolivia). En el siglo XVIII Nueva España ocuparía ese lugar al cuadruplicarse entre 1700 y 1770 la plata acuñada. Junto a Zacatecas, destacaban algunos yacimientos descubiertos en el siglo XVI como Guanajuato, Real del Monte, San Luis Potosí o Sombrerete. La primacía de la plata potosina durante años supuso que en el Alto Perú se pagara hasta 1736 el quinto real (el 20% de la producción) en lugar del diezmo (el 10%), abonado en México desde 1660. Guillermo de Humboldt, después de su viaje a América, señaló que las minas americanas se distinguían de las europeas por «su facilidad de explotación». ¿Cuál era esa facilidad si los yacimientos mexicanos estaban a cientos o miles de kilómetros de la capital, si Potosí «era la boca del infierno» y Huancavelica «un matadero público»? La respuesta es el bajo coste de explotación y la disponibilidad de mano de obra, a pesar del predominio del trabajo asalariado en México y el de la mita en el Alto y Bajo Perú. Aunque en términos americanos los salarios de la minería eran altos, comparados con los europeos seguían siendo bajos. Potosí estaba a más de 4.000 metros de altura, y la mayoría de las minas mexicanas estaban fuera del área de dominación del antiguo Imperio azteca. Los problemas para abastecer de forma regular a los reales de minas con alimentos, insumos mineros y mano de obra eran abundantes. La dificultad aumentaba en el norte de Nueva España por la falta de vías de comunicación y la menor densidad de población, que obligaba a reclutar a los trabajadores indígenas en el valle Central y en zonas ubicadas más al sur. La explotación de las minas variaba de una región a otra. En México, las minas (a fines del siglo XVIII había casi 3.000) solían explotarse mediante un tiro perpendicular excavado desde la superficie hasta la veta, mientras que en Perú lo normal era que siguieran la veta en todo su recorrido.

Pese a su escaso aporte a la renta, la minería tenía una gran capacidad de arrastre sobre la economía colonial. Durante años, su estudio estuvo condicionado por las relaciones mercantiles con la metrópoli. La obra de Hamilton sobre la llegada de oro y plata americanos a España limitó el estudio de la minería colonial a su dimensión internacional, prestando a la producción una atención secundaria. Según el derecho castellano, la propiedad de las minas era de la Corona, que cedía su explotación. Este derecho se materializaba con la explotación continua de los yacimientos y el pago del quinto real. En la segunda mitad del siglo XVI se determinó que una mina ocupaba el subsuelo de una superficie no mayor de 120 varas por 60. Como el terreno se medía en la superficie, hubo numerosos conflictos sobre su trazado y titularidad, y dos siglos después se ordenó que la medición se hiciese bajo tierra. Para evitar las grandes explotaciones se prohibió a los particulares poseer minas contiguas, aunque las compañías podían explotar hasta cuatro minas y tres los individuos que hubieran descubierto alguna veta.

La producción de plata se centraba en dos operaciones: la extracción del mineral y su posterior refino para obtener el metal plata. En este proceso participaban dos empresarios: el minero o propietario de la mina y el azoguero o dueño del ingenio que molía el mineral, que raramente eran la misma persona. Refinado el metal, se obtenían las piñas de plata, que luego se reducían a barras o lingotes y, finalmente, llegado el caso, se amonedaban. La principal clave de su rentabilidad era la explotación de la fuerza de trabajo indígena, cuya tarea básica era extraer el mineral de las galerías y trasladarlo a la bocamina. La extracción y la molienda eran las operaciones que requerían más trabajadores. Había dos tipos principales de trabajadores: barreteros y cargadores, dependiendo la proporción entre ambos de la profundidad de la mina. En Potosí los trabajadores más cualificados se contrataban en el mercado de trabajo libre (minga), mientras los no especializados estaban en la mita. En Zacatecas los indígenas eran mayoritariamente contratados —naboríes— y, en una proporción menor, provenían de repartimientos o eran esclavos negros. Los salarios de los barreteros eran mayores al ser más especializados. La introducción de la pólvora a partir del siglo XVIII supuso la aparición de un nuevo especialista encargado de su manipulación y detonación. La extracción también necesitaba abundante capital para construir galerías, perforar canales de desagüe para evitar su inundación y comprar los insumos necesarios.

A mediados del siglo XVI comenzó la extracción de plata, obtenida por fundición. En el Perú se usaban pequeños hornos indígenas, *huayras* (viento en quechua), cuya técnica era controlada por los yanaconas. El método requería minerales muy ricos o de alta ley (el porcentaje de metal presente en el mineral) y tenía dos inconvenientes: no extraía todo el metal y era muy caro por su consumo de energía vegetal, carbón y madera. Al agotarse los bosques vecinos a las minas, hubo que importar el carbón y la madera desde más lejos, con su repercusión negativa sobre los costes de explotación. En 1555 se desarrolló el «método de patio», amalgamación con azogue o mercurio, que permitió procesar minerales de ley más baja. Bartolomé Medina lo experimentó en las minas mexicanas de Pachuca y a principios de la década de 1570 fue incorporado por la minería potosina. La introducción del «método de patio» revolucionó la minería y, en cierto modo, implicó su profesionalización al exigir mayores inversiones para construir molinos hidráulicos o de tracción animal, o nuevos socavones. El proceso podía durar hasta dos meses, y a partir de su introducción una tercera parte del metal se obtenía por fundición. El mineral molido se reducía a polvo y, tras ser secado en un patio, el origen del nombre, se formaban pequeños montículos a los que se agregaba sal y mercurio, teniendo en cuenta que un marco de plata requería de tres a cuatro libras de azogue. Finalmente, la plata se separaba del mercurio mediante calor. Su ventaja era la simplicidad del equipo y la tecnología requerida, unida al bajo consumo energético, mientras que sus inconvenientes eran la lentitud y la dependencia del azogue. En el Perú se descubrió la mina de azogue de Huancavelica, que durante los siglos XVI y XVII estuvo en plena explotación, aunque a mediados del siglo XVIII su producción descendió. En México el azogue debía importarse de Europa, especialmente de Almadén, en Ciudad Real, e Idria.

Las exportaciones de plata hicieron correr mucha tinta acerca de sus efectos en Europa y los centros productores. A fines de la década de 1960, la teoría de la dependencia señalaba que la vinculación de las colonias ibéricas al sistema capitalista mundial era la causa del atraso económico y había provocado el subdesarrollo latinoamericano. Los críticos de la teoría preferían analizar el impacto regional de la minería de plata en el mundo colonial. Carlos S. Assadourian señalaba que en torno a la explotación de la plata se organizaron espacios económicos más o menos amplios, y que su producción cohesionaba internamente el espacio al integrar las regiones, orientaba el crecimiento económico hacia afuera gracias a las exportaciones y mantenía los intercambios con la metrópoli, tal y como ocurrió en los espacios peruano y novohispano, los más importantes de la América española.

El historiador mexicano Lucas Alamán había afirmado después de la independencia que: «sin la minería [de plata], ni la agricultura, ni el comercio interior, ni ninguna ocupación industriosa, prosperan; la población disminuye o se estaciona, el consumo decae y a todo esto sigue el aniquilamiento del comercio exterior». Entre 1561 y 1600, el 85% del valor de las exportaciones coloniales correspondió a productos mineros, oro y plata, reduciéndose ese porcentaje en un 5% en los 50 años siguientes. A fines del período colonial la exportación de metales preciosos oscilaba entre el 75% y el 90%, según las regiones. El carácter dominante de la producción minera no alude a su aporte a la renta colonial que, en el caso de que fuera posible medirla, era muy inferior a la agricultura o la manufactura. Lo mismo ocurría con la ocupación de la población activa en la agricultura y la manufactura, más elevada que en la minería. En 1810, el secretario del Consulado de Veracruz, José María Quirós, estimaba en más de 190 millones de pesos la producción total de México, con un 56% originado en la agricultura (106.285.000 pesos), un 29% (55.386.000 pesos) de las manufacturas y sólo un 15% (28.451.000 pesos) en la minería.

En cada espacio hubo una especialización regional del trabajo, ya que el abastecimiento de mano de obra, materias primas, insumos, alimentos y ropas a los reales de minas dinamizó el crecimiento de las economías regionales. Los polos mineros nunca fueron enclaves aislados abastecidos desde el exterior. Peter Bakewell explicó el papel de los yacimientos del norte de México como impulsores del desarrollo regional, y François Chevalier mostró la relación entre la minería de plata y el crecimiento de las haciendas norteñas y del Bajío. La demanda de los polos mineros —alimentos para los trabajadores o insumos para la producción de plata— se cubría básicamente con productos del mercado interno. En Potosí la principal excepción eran las puntas de las barretas y algún otro instrumento de hierro, en México había que agregar el mercurio. Salvo algunos puertos exportadores vinculados al comercio internacional, la intensidad de los intercambios de cada región con otras del mismo espacio superaba a la realizada con los mercados exteriores. Para el buen funcionamiento del sistema, la metrópoli articuló una red de comunicaciones a larga distancia, el sistema de flotas y galeones, que conectaba con los principales puertos exportadores. Al mismo tiempo, vedó el acceso a sus colonias a las potencias europeas, estableciendo el monopolio y la prohibición de comerciar a quienes no fueran súbditos de la monarquía. Para impedir un cierto desarrollo autónomo, prohibió o puso trabas importantes a las colonias para relacionarse con otras regiones americanas, justificando tales medidas por la competencia entre el comercio intercolonial y la producción metropolitana y el comercio sevillano, beneficiarios directos del monopolio. La prohibición del comercio intercolonial buscaba evitar la salida de la plata hacia circuitos no controlados desde la metrópoli.

3. El comercio colonial

Al hablar del comercio colonial es frecuente pensar en los intercambios transatlánticos, en los viajes de las flotas españolas surcando el océano en ambas direcciones, cargadas de manufacturas europeas a cambio de plata americana. Pero la realidad del comercio colonial era más compleja, no sólo por la variedad de los intercambios transatlánticos, sino también por la multiplicidad de circuitos comerciales en el continente americano, algunos de ellos de ámbito local, otros de alcance regional o intercontinental.

3.1. El comercio exterior

El comercio con los nuevos territorios se desarrolló según las Capitulaciones de Santa Fe, pero la existencia de numerosos afectados, entre ellos la Corona, modificó las condiciones de los intercambios con ultramar. En 1493 se instaló una aduana en Cádiz para centralizar los negocios con Indias, y dos años después se autorizó a los súbditos de los Reyes Católicos —castellanos y aragoneses— a comerciar con las colonias. En 1503 se estableció la Casa de Contratación a orillas del Guadalquivir para controlar las relaciones comer-

9. La economía colonial

ciales con América, y Sevilla se convirtió en el centro de la economía atlántica. En 1522 se creó la Casa de Contratación de La Coruña, cuyo objetivo era organizar expediciones a las Molucas, las islas de la Especiería. Pese a sus siete años de duración, el experimento amenazó la supremacía hispalense sobre el comercio colonial, aunque el monopolio sevillano quedó confirmado en 1573.

A partir de 1520, los ataques continuados contra los buques mercantes castellanos y el aumento en los caudales hizo necesario proteger las embarcaciones provenientes de Indias. La captura en 1523 de una parte del tesoro de Cortés por el corsario francés Jean Fleury fue una llamada de atención. Desde entonces, los caudales de Indias navegaron protegidos por embarcaciones armadas. El sistema de flotas y galeones, en el marco de la «Carrera de Indias», fue un férreo circuito establecido en torno al monopolio castellano y la dominación sevillana. Las flotas surgieron en 1543 y su organización se completó a partir de 1564, cuando aumentaron las remesas de plata y hubo que redoblar la seguridad. Mientras la Armada de Nueva España se dirigía a México, la Flota de los Galeones garantizaba las comunicaciones con Tierra Firme y el Perú. Como contrapartida por las exportaciones de metales preciosos y ciertas materias primas, especialmente productos tintóreos, las colonias se beneficiaban del retorno de manufacturas europeas (textiles de calidad y papel), hierro, mercurio, especies y algunos productos alimenticios de origen peninsular (trigo, aceite, vino). La defensa de las embarcaciones mercantes se financió con el impuesto de la avería, que gravaba las mercancías transportadas en las flotas. Las necesidades defensivas demoraban el viaje hasta Veracruz o Portobelo, que podía durar de dos a tres meses, mientras las embarcaciones sueltas lo realizaban en sólo tres semanas.

El sistema de flotas y galeones protegía los caudales trasladados a la metrópoli y mantenía operativas las rutas de comunicación interoceánica, amenazadas por piratas, corsarios y algunas escuadras de potencias rivales. La Corona y los particulares se jugaban mucho y aunque caro, el esfuerzo valía la pena. Prueba de la eficacia del sistema es que durante el siglo y medio en que se mantuvo activo, las flotas sólo fueron atacadas en tres ocasiones: en 1628, el almirante holandés Piet Heyn la capturó en la bahía de Matanzas, Cuba, y en 1656 y 1657, el almirante Blake la atacó en aguas españolas, cerca de Canarias. Las flotas pretendían mantener el monopolio, que permaneció más o menos inalterable hasta mediados del siglo XVIII y cuya existencia suponía una doble restricción. Por un lado, limitaba a los súbditos españoles la posibilidad de comerciar con las colonias y residir en ellas, ya que los extranjeros tenían prohibido el usufructo de tales derechos. El otro aspecto requería que el comercio colonial se centralizara en Sevilla, a fin de controlar mejor los intercambios y recaudar los impuestos con un mínimo de fraude y evasión.

El monopolio sevillano excluyó a los restantes puertos peninsulares del comercio colonial, lo que se modificó entre 1765 y 1778, con la aprobación del Reglamento de Comercio Libre. La riqueza minera había transformado

Sevilla, que entre fines del siglo XV y principios del XVII pasó de ser una pequeña capital andaluza de 45.000 habitantes a una gran ciudad europea de casi 130.000. Para concentrar los flujos mercantiles y hacer más efectiva la protección militar y el control fiscal, el sistema de flotas y galeones se estructuró en torno a unas pocas cabeceras. Sevilla era la única europea y su supremacía se consolidó en detrimento de Cádiz, su eterno rival. Las Canarias y Cuba (La Habana) fueron otros puntos neurálgicos del sistema, ya que sus puertos y defensas hacían más fácil el control, permitían el avituallamiento de víveres y agua y, llegado el caso, efectuar las reparaciones necesarias. En 1525, la corona autorizó a Gran Canaria, Tenerife y La Palma a negociar con América. Una vez consolidado el sistema de flotas y galeones, las flotillas debían converger en La Habana para retornar conjuntamente a la metrópoli. En 1717, con el traslado de la Casa de Contratación a Cádiz, los gaditanos vieron cumplido su sueño de ser cabecera de la «Carrera de Indias». Sevilla tenía inconvenientes y ventajas. Entre los primeros destacaban los más de 100 kilómetros que la separan de Cádiz, Guadalquivir arriba, atravesando varias barras de arena, entre ellas la de Sanlúcar, donde varaban numerosas embarcaciones. El dragado del río era permanente para garantizar su navegabilidad. Sin embargo, Sevilla estaba mejor protegida que Cádiz y que cualquier otro puerto de su dilatada bahía, tanto de las tormentas atlánticas como de los ataques ingleses y beréberes. Sevilla también era un mercado mayor y más rico y contaba con un *hinterland* más dilatado, que facilitaba el aprovisionamiento de las flotas. En la ciudad había poderosas casas comerciales nacionales y extranjeras y un Consulado, creado en 1543, capaz de inclinar la balanza a su favor.

El principal destino de las flotas era Veracruz, en Nueva España, mientras los galeones llegaban a Tierra Firme para conectar el virreinato del Perú con la metrópoli. Su cabecera, inicialmente en Nombre de Dios, se trasladó a Portobelo, en el istmo de Panamá, desde donde las mercancías pasaban al Pacífico, mitad a lomo de mula, mitad por el curso navegable del río Chagre, hasta llegar a Panamá para continuar después hacia El Callao, el puerto de Lima, en la Armada del Mar del Sur. Nombre de Dios y Portobelo sólo tenían actividad cuando llegaba la flota o había que despachar las riquezas peruanas. Las difíciles condiciones sanitarias en el istmo impedían fijar una población estable, lo que reforzó el papel defensivo de Cartagena de Indias y su condición de puerto comercial de la región. Teóricamente la periodicidad de ambas flotas era anual. Las flotas debían zarpar de España en abril y los galeones en agosto, aunque era difícil cumplir dichas fechas. Con el tiempo, los períodos entre flota y flota se espaciaron y se cuestionó la eficacia del sistema. En la segunda mitad del siglo XVII se despacharon 25 flotas a Nueva España y 16 a Tierra Firme, una flota cada dos años hacia Veracruz y cada tres a la América del Sur. En los primeros cuarenta años del siglo XVIII los plazos entre flota y flota aumentaron a tres años en México y a casi seis en Tierra Firme. El fraude de los comerciantes de la «Carrera de Indias» era tan grande que se puede hablar de contrabando. En Nueva España sólo un tercio del comercio era legal, y el resto contrabando. A mediados del siglo XVII, con el fin de pagar menos impuestos, al menos el 25% de la plata embarcada en la Armada del Mar del Sur no se registraba. Numerosas mercancías, especialmente la plata, desembarcaban clandestinamente en los puertos de la bahía de Cádiz para ser introducidas subrepticiamente por los «metedores» en esta ciudad o en Sevilla. Las declaraciones eran falsas y la cantidad de plata declarada oficialmente a la llegada de las flotas era inferior a las noticias publicadas en la prensa extranjera o a las informaciones manejadas por los comerciantes y las autoridades. Por eso, la Real Hacienda cobraba a los comerciantes un «indulto» que equilibraba lo declarado con lo supuestamente defraudado, sin protestas de los mercaderes.

3.2. El contrabando extranjero

Junto a la de «contrabando» hay otras definiciones para las violaciones a las Leyes de Indias en materia comercial y hacendística: comercio ilícito, intérlope y directo. Hay que precisar el término «contrabando», que le da al comercio colonial un matiz ilegal o clandestino y, sin embargo, era frecuente que una actividad tenida por contrabando no fuera ilegal, al existir un decreto o alguna otra reglamentación particular que la legalizaba. Si bien el comercio de los extranjeros estaba prohibido en el Imperio, no sucedía lo mismo en sus países de origen. Este hecho facilita el conocimiento de los intercambios, pese al tópico sobre la imposibilidad de estudiar el «contrabando». El monopolio sevillano imponía serias restricciones a los mercaderes europeos para negociar con América. En un principio se intentó superarlas desde Sevilla y Cádiz, donde había nutridas colonias de comerciantes extranjeros que, con testaferros españoles o algunas estratagemas como el casamiento con españolas, quebraban la barrera legal para comerciar con las colonias. En 1686, según las cifras de M. Morineau, los comerciantes franceses dominaban las exportaciones de manufacturas de la «Carrera de Indias», con el 39% de los productos exportados, seguidos por genoveses (16,7%), ingleses (14,5%), holandeses (12%), flamencos (6,5%), hamburgueses (6%) y españoles, con sólo el 5,5%. Para evaluar el papel español habría que considerar sólo las exportaciones de productos de origen agrario (granos y harinas, vino, aceite, frutos secos, etc.) y metalúrgicos (productos de hierro más mercurio). Entre 1720 y 1751 los productos agrícolas fueron casi el 46% del valor de las exportaciones y el hierro, acero y sus derivados otro 5%.

A los comerciantes extranjeros les resultaba más rentable y seguro enviar sus mercancías a través de la «Carrera de Indias», y sólo recurrían al comercio directo cuando las circunstancias lo exigían. Como las flotas estaban bien protegidas y pilotadas, su regularidad permitía calcular mejor la marcha del mercado americano. Los seguros también eran menores. La demanda de manufacturas no solía distinguir entre productos ingresados legalmente a América de aquellos otros que no pagaban los impuestos. En el contrabando no sólo estaban involucrados los comerciantes extranjeros, sino también los mercaderes establecidos en las colonias y las autoridades americanas en todos sus niveles. Pero a mediados del siglo XVII se produjeron ciertas transformaciones que incidieron en la actuación de los comerciantes europeos. Los períodos entre flota y flota comenzaron a dilatarse, aumentando la incertidumbre y limitando las posibilidades de hacer negocios en una coyuntura de plata escasa. Como algunos enclaves del Caribe fueron ocupados por potencias no ibéricas, los mercados americanos se acercaron a los productos de la Europa occidental. Desde las islas antillanas en poder de Holanda, Gran Bretaña y Francia comenzó un comercio «clandestino» con las colonias hispanas, especialmente las más cercanas: Nueva España, Venezuela y el Caribe, sobre todo Cuba. En esas mismas islas se desarrolló una importante actividad exportadora vinculada a cultivos de plantación: azúcar, tabaco o café.

El renovado interés por los mercados americanos, paralelo al descenso del comercio colonial, propició planes de asentamiento y colonización de territorios próximos a las colonias españolas. En las últimas décadas del siglo XVII, los franceses, deseosos de aumentar el comercio con Chile y Perú, lo intentaron en algunas islas del Pacífico, como la de Juan Fernández, el refugio de Robinson Crusoe, o en las costas deshabitadas de Chile y el estrecho de Magallanes. Estos proyectos muestran el interés europeo por comerciar con las colonias españolas al margen del sistema de flotas y galeones. Si bien el comercio directo se asociaba al contrabando, no existía un antagonismo entre el comercio legal a través de Andalucía, con su elevado índice de defraudación fiscal e ilegalidad, y el comercio directo de los comerciantes de algunas potencias europeas, generalmente ilícito, aunque en ciertas ocasiones tuviera la bendición legal de la Corona española. Numerosos mercaderes europeos con intereses en el comercio colonial pasaban asiduamente de formas legales a otras ilegales. A través de sus factores y representantes participaban del sistema de flotas y galeones, pero también se dedicaban al comercio directo cuando la coyuntura lo requería.

Los franceses tuvieron sus principales focos comerciales en el Caribe: en la Martinica y la parte gala de Santo Domingo. Desde finales del siglo XVII intentaron vender directamente sus productos en las costas peruanas para cambiarlos por la plata potosina. El ascenso de los Borbones al trono de España y la firma del asiento de negros a su favor en 1701 facilitaron las cosas. Los holandeses centraron su actividad en Curaçao, desde donde comerciaban con los puertos venezolanos de Río del Hacha, Maracaibo y La Guaira. Importaban telas y esclavos a cambio de metálico, esmeraldas y perlas. Su actividad fue tan intensa que monopolizaron el comercio del cacao y el tabaco hasta la fundación de la Compañía Guipuzcoana. Por su parte, los ingleses operaban desde Jamaica y Barbados para penetrar en Venezuela y en el resto de la América española. La firma del asiento de negros con Inglaterra el 26 de marzo de 1713 y la autorización del «navío de permiso» a la South Sea Company, otorgaron mayores facilidades para que los comerciantes británicos asociados con la compañía penetraran en algunos puertos americanos, como Veracruz, Cartagena de Indias, Buenos Aires, Valparaíso o El Callao.

4. Las exportaciones de metales preciosos

Rápidamente comenzaron a enviarse a España cantidades crecientes de metales preciosos, primero de los yacimientos aluviales del Caribe y luego del saqueo de los tesoros de los imperios indígenas. Los metales preciosos alcanzaron un porcentaje abrumador dentro del total de los productos arribados a los puertos peninsulares. Durante los siglos XVI y XVII la mayoría de los metales embarcados en América llegaban a Sevilla. En un principio, las exportaciones fueron fundamentalmente de oro (véanse Gráfico 9.1 y Cuadro 9.1). Para tener una idea clara del predominio inicial del oro, éste no debe medirse en peso sino en valor, que era más de diez veces superior al de la plata. Las llegadas de oro comenzaron a alcanzar niveles espectaculares a partir de 1530, obteniéndose en las décadas centrales del siglo XVI los mayores volúmenes de producción.

Gráfico 9.1. Llegadas de metales preciosos provenientes de la América española (1580-1720) (en millones de pesos)

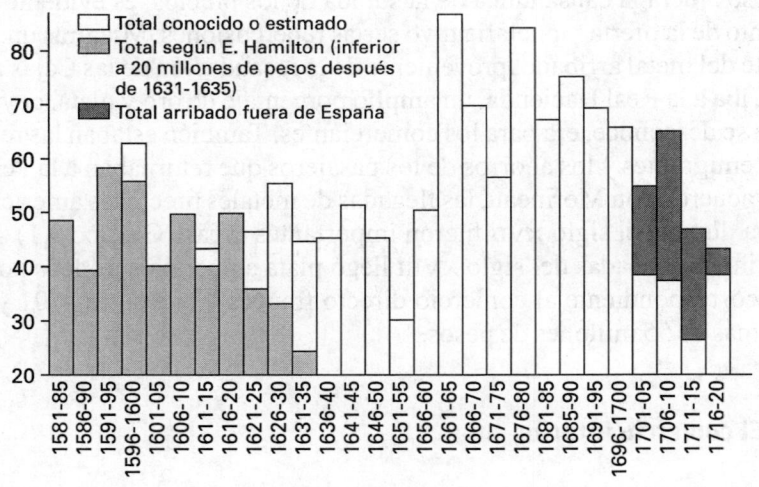

Fuente: Michel Morineau, *Incroyables gazettes et fabuleaux métaux. Les retours des trésors américains d'après les gazettes hollandaises (XVIe-XVIIIe siècles)*, París, 1985, p. 321.

Cuadro 9.1. Llegadas de metales preciosos americanos a España (totales decenales)

Años	Llegadas de plata (A)	Llegadas de oro (B)	A + B	Porcentaje de la plata sobre el oro
1503-10	—	50,2	50,2	—
1511-20	—	92,5	92,5	—
1521-30	0,1	49,4	49,5	—
1531-40	86,2	148,8	235,0	37
1541-50	177,6	264,8	442,4	40
1551-60	303,1	452,2	755,3	40
1561-70	942,9	131,0	1.073,9	88
1571-80	1.118,6	114,3	1.232,9	91
1581-90	2.103,0	146,7	2.249,7	94
1591-1600	2.707,6	235,7	2.943,3	92

A = en toneladas; B = en toneladas equivalentes de plata; cada tonelada de oro se expresa por 10 equivalentes.

Fuente: E. Hamilton, *El tesoro americano y la revolución de los precios en España, 1501-1650*, Barcelona, 1975, p. 55 y P. Vilar, *Oro y moneda en la historia (1450-1920)*, Barcelona, 1972, p. 142.

La llegada de plata a la Península aumentó con el descubrimiento de los yacimientos de Potosí y Zacatecas, y especialmente a partir de la décad de 1570, con la introducción del «método de patio». Las llegadas de metálico a España y Europa dieron lugar a una fuerte inflación, la llamada «revolución de los precios». Si bien diversos autores cuestionan que la llegada de metales preciosos fuera la causa única de la subida de los precios, es evidente que el aumento de la oferta monetaria tuvo serias repercusiones. Mientras una cuarta parte del metal arribado, proveniente de la recaudación de las Cajas americanas, iba a la Real Hacienda, un amplio porcentaje de oro y plata, cuya cifra exacta se desconoce, era para los comerciantes. También estaban las remesas de los emigrantes y los ahorros de los pasajeros que retornaban a la Península. De acuerdo con Morineau, las llegadas de metales preciosos americanos a Europa durante el siglo XVII fueron importantes (véase Gráfico 9.1). En las dos primeras décadas del siglo XVIII llegó plata a puertos europeos no españoles correspondiente al comercio directo francés y que entre 1701 y 1725 sumó más de 55 millones de pesos.

4.1. El comercio interior

El comercio colonial no era sólo transatlántico, aunque durante mucho tiempo los investigadores, encandilados por el metal enviado a la metrópoli, des-

9. La economía colonial

cuidaron la actividad mercantil en el interior del continente. En América existían flujos comerciales, no sólo locales sino también regionales e intercoloniales, orientados al abastecimiento de ciudades y centros mineros. El motor de estos flujos era la necesidad de las oligarquías locales y regionales de contar con la plata suficiente para pagar las importaciones europeas y hacer frente a otros gastos. La comunicación entre las ciudades y los centros productores con sus mercados locales y regionales originó una intensa actividad económica vinculada al comercio interior. La cría y venta de mulas y la fabricación de carretas y otros medios de transporte movilizaban recursos y generaban trabajo. Para mantener operativas las rutas comerciales se construyó una red de postas y posadas que permitiera a los arrieros, transportistas, comerciantes, mensajeros y escasos viajeros descansar y avituallarse durante sus travesías, ya que el mal estado de los caminos dificultaba las comunicaciones.

Pese a las prohibiciones, el comercio intercolonial fue un hecho en los mares «interiores» del Imperio, como el Caribe y el Pacífico. La necesidad de plata de las economías regionales para pagar los productos europeos impulsaba la circulación de mercancías y el comercio de larga distancia en el interior del continente. De este modo, la yerba mate del Paraguay llegaba a los mercados del Río de la Plata (Santa Fe y Buenos Aires), de Chile, del Alto y Bajo Perú y hasta de Quito. Dada la existencia de aduanas interiores y el alto costo de los fletes, sólo determinados productos recorrían esos circuitos. Las tramas interregionales aprovechaban las rutas marítimas, por el menor impacto de sus fletes. Un circuito muy frecuentado era el del Caribe, cuyos centros eran Veracruz y La Habana, y comunicaba a colonias tan dispares como México, Venezuela, Panamá o Cuba. El cacao de Maracaibo y Caracas se comenzó a exportar regularmente a México desde 1622. Otro negocio importante fue la redistribución de los rezagos, las manufacturas europeas que los comerciantes de las flotas no habían logrado vender y que los comerciantes cubanos comenzaron a reexportar a otras colonias, pese a que en 1598 se había prohibido su tráfico entre las islas caribeñas.

El Pacífico, o Mar del Sur era otra zona de gran movimiento con sus dos subcircuitos, el mexicano y el peruano, siendo Panamá su punto divisorio. Los contactos entre El Callao, Guayaquil y Acapulco con América Central, eran frecuentes. Acapulco distribuía los productos orientales llegados en el Galeón de Manila. En 1591 la Corona prohibió el comercio entre México y Perú, una medida reiterada en 1631 y 1634, para evitar que la plata peruana fluyera a través de Acapulco hacia Filipinas y el Oriente en lugar de hacerlo regularmente a la metrópoli. Pese a las prohibiciones, el comercio se mantuvo y la reiteración de las órdenes sólo confirman su incumplimiento. El intenso tráfico marítimo del Pacífico Sur se vio afectado por los piratas, que obligaron a replegar las rutas, en especial las que transportaban la plata de Potosí a Lima. El metal potosino se enviaba en mula hasta el puerto de Arica, desde donde se embarcaba a El Callao. Desde allí la Armada del Mar del Sur lo remitía a Panamá. Posteriormente se decidió efectuar todo el transporte a lomo de mula, desde los yacimientos del Alto Perú hasta Lima, pese al mayor costo y duración del trayecto, ante la considerable ganancia en seguridad.

Por último, estaba el comercio local, que conectaba las mercancías con el mayor número posible de consumidores, y las ciudades con los territorios circundantes que las abastecían de productos frescos (carne, productos lácteos y vegetales). En las ciudades de cierta importancia existían mercados donde se comercializaban estos productos, y en torno suyo giraban vendedores y compradores, funcionarios de los ayuntamientos encargados de cobrar las tasas y cuidar que los pesos y medidas respetaran la legalidad, vigilantes, inspectores, jueces, etc. También existían mataderos en las afueras de las ciudades donde se faenaban las reses remitidas a los mercados. Era frecuente que los indígenas tuvieran sus propios mercados. Finalmente, vale la pena mencionar el capital que movía el comercio minorista, ya que no sólo hay que considerar las mercancías vendidas a lo largo del año, sino también el mercado inmobiliario urbano. Así, numerosas tiendas se vendían o alquilaban constantemente, especialmente en los centros urbanos, siendo las propiedades próximas a la plaza mayor las más cotizadas.

5. Los cambios en la economía colonial y la crisis del siglo XVII

Numerosos americanistas piensan que a lo largo del siglo XVII y buena parte del XVIII se debilitaron los lazos coloniales entre España y sus posesiones americanas. El «distanciamiento» o «dejación» de las obligaciones imperiales habría permitido a las economías locales alcanzar un cierto grado de desarrollo en detrimento de los intereses metropolitanos, aumentando la autonomía colonial. De aquí también la pregunta de por qué América no se había independizado en el siglo XVII. La autonomía alcanzada habría requerido la «reconquista» de las Indias por la Corona en la segunda mitad del XVIII y las «reformas» borbónicas. Estas teorías descansan en la idea de que en el siglo XVII hubo una gran crisis, causa del debilitamiento de los lazos coloniales. Assadourian desarrolló esta línea argumental, al mantener que durante el siglo XVII y parte del XVIII la relación entre la metrópoli y sus colonias se habría debilitado junto al declive de los polos de desarrollo mineros. Esta situación habría provocado la crisis de las economías regionales y del mercado interno colonial. Sin embargo, hoy se constata la existencia de economías regionales diversificadas que reaccionaron de diferente forma a los impulsos (positivos o negativos) de la relación colonial o del desarrollo de los polos de crecimiento. En ellas se observan múltiples actividades de los agentes económicos, lo que dificulta el análisis y cuestiona la imagen de la crisis del siglo XVII difundida en todo el Imperio.

5.1. El auge de la economía colonial en el último cuarto del siglo XVI

Durante el siglo XVI la expansión del Imperio tuvo un gran avance, un proceso que finalizaría en tiempos de Felipe II, aunque hubo zonas marginales que no llegaron a ser ocupadas, como los territorios al norte de la Nueva España o la Patagonia. Los deseos de algunas potencias europeas —Holanda, Inglaterra o Francia— de ocupar ciertas fronteras, llevaron a la Corona a reforzar los territorios amenazados. Algo similar ocurrió con la expansión hacia el interior del continente, donde la selva amazónica o el Chaco Gualamba siguieron en manos indígenas, dados los escasos atractivos y el coste que su explotación tenía para los europeos. Algunas de estas zonas se llamaron «desiertos» ante la falta de habitantes blancos y de vida urbana, a pesar de que contaran con una apreciable presencia indígena. La expansión tuvo lugar a lo largo del siglo XVI de forma paralela a dos procesos diferentes, aunque ambos con graves repercusiones sobre la vida colonial. Por un lado, la constante disminución de la población indígena, por otro, el incremento en la producción y exportación de metales preciosos.

En 1573 Felipe II promulgó las Ordenanzas de Poblamiento, que regulaban los descubrimientos y la fundación de ciudades. Hasta entonces, los españoles habían desarrollado un febril movimiento fundacional con el saldo de 240 nuevas ciudades, entre los 35° de latitud Sur (Buenos Aires) y los 25° de latitud Norte (Zacatecas). Cuando se promulgaron dichas ordenanzas, ya habían sido fundadas las más importantes. Durante el último cuarto del siglo XVI se completó la estructura del Imperio, cuyas piedras angulares fueron la explotación de plata y su exportación, una realidad apoyada en los intercambios interregionales, que tenían en las capitales virreinales —Lima y México— un lugar central. En ellas se habían establecido los mercaderes más poderosos, agrupados en los Consulados de Comercio, y se concentraban los mayores capitales.

Los indicadores económicos señalan que esas décadas fueron una de las épocas de mayor crecimiento. La producción de plata de Potosí, aún predominante en la minería de fines del siglo XVI, se multiplicó por más de cinco entre 1571-1575 y 1591-1595. Lo mismo ocurrió, aunque un poco más tarde, con la producción novohispana que, a medida que se expandía al norte e incorporaba nuevos yacimientos, se diversificaba regionalmente. El comercio entre América y España, medido por las llegadas legales de metales preciosos a Sevilla y por la evolución del tonelaje en la carrera de Indias, se multiplicó por tres o cuatro entre 1550 y 1600. Las restantes actividades económicas, de comportamiento más difícil de evaluar, atravesaron un período expansivo. La demanda de insumos, alimentos y otros productos agrícolas o ganaderos por los mercados urbanos y los centros mineros, favoreció la formación de grandes haciendas, mayoritariamente propiedad de españoles, europeos o americanos. La demanda urbana no se limitaba a bienes primarios, por lo que se desarrolló la artesanía textil y otras formas de manufacturas, generalmente de escaso valor unitario. El panorama se completa con la producción de vehículos de transporte y carga y de insumos para la industria minera. Todas estas actividades se desarrollaban en el marco de la especialización laboral regional y del crecimiento de los intercambios. Un desarrollo económico favorable parece indiscutible tanto desde la perspectiva metropolitana como desde la de ciertos sectores de los colonos, especialmente la de aquellos vinculados a los sectores oligárquicos. La lectura no era la misma desde la óptica indígena, golpeada por la caída demográfica.

5.2. La crisis

A fines del siglo XVI y principios del XVII las cosas se desarrollaban bien para la metrópoli, beneficiada por las remesas de plata, tal como se desprende del incremento de la recaudación fiscal. Pese a esta aparente bonanza, en las primeras décadas del siglo XVII aparecieron los primeros nubarrones. Así, en el marco de la crisis generalizada que afectó a la metrópoli se vio una profunda quiebra de la economía colonial originada en el comportamiento de la minería de plata y el tamaño de la población. Algunos autores relacionan ambos procesos y explican la caída de la producción de plata por el derrumbe demográfico, lo que a su vez influyó negativamente en la llegada de metales preciosos a la Península. El panorama adquirió un perfil catastrófico al coincidir con la crisis económica en vastas regiones de Europa. Las cifras de Hamilton, a partir de los registros oficiales, marcan una tendencia descendente desde 1620, alcanzándose en la década de 1630 niveles muy bajos. Un declive similar afectó a la trata negrera, que fue oficialmente suspendida de 1641 a 1650, tras unos años de aletargamiento.

Los estudios sobre el movimiento de navíos y tráfico de mercancías en la «Carrera de Indias» de Pierre y Hughette Chaunu confirman las cifras de Hamilton. Para los Chaunu, los mercados coloniales, incapaces de seguir recibiendo manufacturas europeas a cambio de plata, se habían saturado. Woodrow Borah, en su libro *El siglo de la depresión en Nueva España,* situó en 1576 el inicio de una crisis secular en México, basándose en las series de producción de plata, que en 1587 tenían un valor superior al de 1690. La correlación entre el descenso demográfico y la caída en la producción de metal era muy alta, siendo aquél, según Borah, la principal causa de la crisis minera. La falta de mano de obra no sólo afectó a la producción minera, sino también a la agricultura, que careció de los brazos necesarios para expandirse. Para Bakewell, Zacatecas se había agotado a fines del siglo XVI. Simultáneamente se habría producido un descenso en las llegadas del mercurio, redundando todo ello en detrimento de las remesas de metal a España.

El descenso en la recaudación fiscal fue particularmente notable en el comercio atlántico. Hasta hace poco tiempo, sólo se consideraban los intercambios legales entre España y sus colonias, lo que conducía a una visión negativa de la evolución del comercio. Según Hamilton, el movimiento comercial experimentó una notable disminución durante el siglo XVII, alcanzando en sus años centrales el mismo nivel que una centuria atrás. Las cifras coinciden con otros datos cualitativos. Si bien las flotas habían sido regulares hasta la década de 1620, desde mediados de siglo comenzaron a aumentar las salidas a destiempo, el estado de las embarcaciones se deterioró y se hizo frecuente que los navíos pospusieran su salida al no poder completar el cargamento de manufacturas y materias primas. Las ferias de Jalapa (Nueva España) y Portobelo decayeron y esta última se convirtió en una ciudad fantasma. Pero, el comercio entre América y Europa no sólo no disminuyó, sino que también creció durante esta época, con algunas interrupciones en aquellos períodos en los que las guerras impedían las salidas de las flotas. El que sí cayó fue el comercio controlado por la Corona (el que pagaba impuestos), aunque buena parte de esos intercambios respondían a mecanismos fraudulentos (contrabando) o lo realizaban directamente otras naciones europeas.

El comercio intercolonial demuestra un vigor renovado, que habla de cambios en los flujos comerciales. Un caso claro fue el puerto de Veracruz. Mientras los almojarifazgos cobrados en el comercio con la Península descendieron en la primera mitad del siglo XVII, la recaudación por la importación de cacao venezolano aumentó. Esto habla de la consolidación de la economía caraqueña. Junto a los grandes plantadores beneficiados por la coyuntura, otros grupos locales se aprovecharon del incremento de la actividad económica. Sin embargo, el crecimiento del comercio intercolonial, que reforzaría la teoría de la autonomía americana, no fue una constante en todo el continente, observándose con anterioridad a 1680 o 1690 la decadencia de algunos circuitos. Tal fue el caso de la ruta entre Lima y Panamá, Realejo y Acapulco, que vio cómo su intensidad disminuía durante el siglo XVII, coincidiendo con el descenso de la producción potosina. Algo similar pasó con el Galeón de Manila.

Los indicadores fiscales muestran una caída aparente de la actividad económica durante el siglo XVII, originada en la contracción del comercio atlántico, la producción minera y la producción agrícola orientada al mercado. En la década de 1950, François Chevalier mostró que el origen de las grandes haciendas mexicanas, autosuficientes y «feudales», estaba en el vacío demográfico de los territorios situados al norte de México y en la reorientación de las actividades económicas de las oligarquías locales, afectadas por el declive de la producción mercantil. Sin embargo, hoy parece probado que los indicadores fiscales reflejan una caída en la recaudación tributaria, pero no en la actividad económica. En Nueva España se consideró únicamente la recaudación de la Caja Real de la Ciudad de México, cuando a lo largo de los siglos XVI y XVII, y a medida que aumentaba la actividad minera, se fueron creando nuevas Cajas en Zacatecas (1570), Durango (1575), Guadalajara (1578), San Luis Potosí (1627), Pachuca (1665), Guanajuato (1666) y Sombrerete (1681). Al mismo tiempo, en el conjunto del continente aumentaron los gastos de la administración, lo que limitaba los sobrantes para remitir a la metrópoli. Esto se notó en la burocracia, que creció en los siglos XVI y XVII debido a la compra generalizada de empleos. En 1633, la Corona comenzó a vender los cargos de los oficiales reales de la Hacienda y en 1687 los de las Audiencias Reales. El aumento fue más notorio en los gastos de defensa, incrementados por las agresiones europeas. Las construcciones de fuertes y murallas y el envío de situados (dinero girado por la Real Hacienda) a las colonias de bajos ingresos, como Cuba desde Nueva España, o Chile desde Perú, fueron una sangría para la Real Hacienda.

La minería ofrece un panorama desigual, tanto la del oro como la de la plata. En Nueva España, la caída en la producción de plata de algunos grandes centros mineros como Zacatecas, en torno a 1630-1640, parece haber sido compensada con la puesta en explotación y el crecimiento de otros reales de minas más al norte y la apertura de nuevas Cajas Reales. En el Perú, Potosí seguía dominando la minería andina. La evolución de su producción parece haber arrastrado a la baja la producción de plata peruana, incluyendo Chucuito, Oruro, Carangas y La Paz. Las cifras de recaudación del quinto real en Potosí pasaron de 950.000 pesos en 1595, a 550.000 en 1630, 311.000 en 1670 y 250.000 a fin de siglo. Aún queda por ver si la imagen declinante de Potosí, vinculada a series fiscales y no a cifras de producción, no está afectada por la generalización de la corrupción administrativa en el siglo XVII y el aumento del contrabando, nutrido de plata sin quintar. En Huancavelica, la producción de mercurio se contrajo en las dos últimas décadas del siglo. De cualquier manera, la disminución de la minería en la segunda mitad del siglo XVII no condujo a una crisis generalizada.

5.3. Las respuestas regionales

Tenemos una imagen contradictoria de las economías regionales del Perú, con algunas regiones afectadas por el descenso de la producción potosina y la caída de precios y otras donde la producción y venta de mercancías no cesó de crecer a lo largo del siglo XVII. Valga como ejemplo la yerba mate paraguaya, aunque lo mismo sirve para otros productos y regiones vinculados a Potosí. En varias zonas del continente el mundo rural avanzó a costa de las ciudades y especialmente de las más pequeñas y de las fronterizas, algunas de las cuales fueron abandonadas, si bien la mayoría de las principales no dejó de crecer a lo largo del siglo XVII. La ruralización se observa de forma clara en Nueva España, donde las exportaciones agrícolas alcanzaron el 35% del total en el primer tercio del siglo XVII, algo inusual si se tiene en cuenta que en el siglo XVI las exportaciones de plata habían llegado al 90%. América Central también conoció un avance de la ruralización y la producción de autoconsumo, complementada por la fragmentación política y económica.

Resulta difícil explicar por qué frente a estímulos externos similares tanto los dos grandes espacios coloniales (Nueva España y Perú) como las subregiones tuvieron comportamientos diferentes. Ello demostraría una cierta autonomía de las economías regionales, determinada por su estructura económica, su grado de mercantilización y el tamaño de los mercados, las formas de propiedad y explotación del suelo o la organización del trabajo. Esto ocurre, por ejemplo, con el peso que en ciertas regiones y productos tuvieron las pequeñas explotaciones campesinas, las comunidades indígenas y las haciendas de religiosos (sobre todo jesuitas). Más allá de la producción de autoconsumo, variable de una unidad productiva a otra, su lógica mercantil no coincidía con la de las empresas orientadas a vender su producción en el mercado, y cuyo principal objetivo era la maximización de beneficios. En una coyuntura caracterizada por el descenso de precios, resulta factible que algunas explotaciones incrementaran su producción para compensar la baja de precios y mantener, con el aumento de las ventas, los niveles de ingresos destinados a la subsistencia de sus familias o instituciones. Reacciones similares encontramos en las haciendas azucareras jesuitas en la costa peruana. Por el contrario, en aquellas regiones o productos dominados por las grandes empresas españolas, la respuesta más habitual cuando se desplomaba la rentabilidad de las explotaciones, era la disminución o el abandono de la actividad. Esto ocurrió en Cochabamba, donde predominaban las grandes haciendas laicas dedicadas a la producción de trigo, cuya rentabilidad cayó en el siglo XVII. Sin embargo, desconocemos la reacción frente a estos estímulos del mercado de algunas empresas de indios y mestizos que mantenían un alto nivel de actividad.

Algunos sectores que habían tenido un desarrollo considerable desde fines del siglo XVI entraron en crisis en el XVII. Eran actividades que permitieron la consolidación de las oligarquías locales, como el comercio de exportación transatlántico y la producción para el abastecimiento del sistema de flotas y galeones o de los reales de minas en algunas regiones del norte de la Nueva España y el Alto Perú. De este modo, la crisis que afectó a la «Carrera de Indias» pudo haber repercutido en ciertas empresas agrarias que abastecían a los centros administrativo-comerciales y mineros. Ante el cambio de coyuntura, las oligarquías desarrollaron nuevas estrategias para mantener su nivel de ingresos y su predominio mediante la reconversión de sus actividades y la búsqueda de nuevos mercados en el interior, pero también gracias a la mejora de los mecanismos de intercambio en sus relaciones con Europa, no limitadas a los puertos de la Península. Es posible encontrar dos respuestas: el auge de los «repartos de mercancías» en los territorios indígenas en la segunda mitad del siglo XVII y el desarrollo a gran escala del comercio directo y el contrabando en las relaciones transatlánticas, favorecidos por el derrumbe de los mecanismos legales tradicionales.

Si bien la venta compulsiva de mercancías a los indígenas y a otros sectores de la población, conocida genéricamente como repartos, fue practicada desde el comienzo de la colonización española y se mantuvo con posterioridad a la independencia, parece probado que su expansión se aceleró en la segunda mitad del XVII. Mientras las élites limeñas intentaron compensar sus pérdidas por la caída del tráfico en los circuitos tradicionales, con la ampliación compulsiva al mercado indígena, las mexicanas desplegaron una ofensiva económica sobre las regiones del sur, de abundante población india. Todo ello implicó una ampliación del mercado interno y permitió el desarrollo de la producción destinada a abastecer dichos repartos (mulas, tejidos, etc.). Por otro lado, el desarrollo del comercio directo con otras naciones europeas y del contrabando con la metrópoli expandió las relaciones mercantiles atlánticas. Las oligarquías regionales trataban de no pagar los impuestos aduaneros y de acceder directamente a nuevos centros comerciales para obtener mejores precios para sus productos de exportación, así como para los que compraban a cambio. Para ello, era frecuente que se asociaran con comerciantes extranjeros y con las autoridades coloniales, dado el clima de corrupción generalizada en determinados niveles de la administración.

Ruggiero Romano habló de una «oportunidad» para las colonias en el siglo XVII. Ante la quiebra del sistema de flotas y galeones y del régimen de monopolio, el comercio directo con puertos extranjeros se desarrolló en condiciones más favorables, aceptando los comerciantes europeos como pago de sus mercancías metales preciosos y otros bienes americanos. Sin embargo, se trató de una oportunidad perdida, ya que muy pronto este comercio se asemejó al que tradicionalmente se efectuaba con la metrópoli. Esto marca una diferencia entre el siglo XVII y el período anterior. Si a fines del siglo XVI e inicios del XVII la prosperidad de muchos negocios se vinculaba al éxito de las iniciativas metropolitanas, en el resto del XVII y en buena parte del XVIII la posibilidad de prosperar, o incluso de mantenerse, estaba al margen o contra la política de la Corona, y más respaldada en la economía colonial. Si bien las oligarquías locales tuvieron respuestas originales para enfrentar la nueva situación, la independencia no estaba entre sus planes. En caso de apostar por la emancipación, se habrían quedado sin el paraguas protector de la Corona y su responsabilidad fiscal y política hubiera sido total, debiendo afrontar los gastos de defensa y seguridad con mayores compromisos tributarios.

6. El trabajo en la colonia

Durante todo el período colonial, coexistieron distintas formas de organización laboral, que iban desde la esclavitud, de indígenas y de africanos negros, al trabajo libre o asalariado, practicado por todos los grupos étnicos y sociales, o al trabajo forzado, realizado por los indios.

6.1. El trabajo indígena

Simultáneamente a la ocupación del terreno y a la vertebración de un sistema económico eficaz, los conquistadores debieron solucionar el problema básico del acceso fluido de mano de obra, libre o compulsiva, a las actividades económicas, especialmente mineras, pero también agrícolas o artesanales, que cada vez más estaban en manos de empresarios de origen español. Sin esa mano de obra sus empresas estaban condenadas al fracaso y por ello fue necesario desarrollar una normativa compleja y detallada que garantizase la oferta laboral. Por supuesto que la evolución de las normas fue paralela a los objetivos que en cada momento se fijó la Corona. De este modo, no debe extrañarnos que inicialmente se otorgara un gran poder a los conquistadores a través de los repartos de indios y las encomiendas, desarrolladas a partir de la experiencia caribeña. Sin embargo, décadas más tarde, cuando ya se buscaba un modelo más centralizado, comenzaron a tomarse medidas para limitar el poder de los encomenderos. La reglamentación de la mita minera en el virreinato peruano realizada por el virrey Toledo en la década de 1570 debe vincularse con esta situación.

Los españoles intentaron solucionar la falta de mano de obra con el repartimiento de indígenas, una institución de raíz castellana que pretendía cubrir las necesidades laborales mediante la entrega de un grupo de indios a un español para trabajar a su servicio. Era frecuente que el repartimiento se superpusiera con la encomienda, aunque aquél tenía distintos significados: trabajo forzado, trabajo temporal, de vestuario y alimento, etc. Pronto se vio una transformación nominal o aparente de los repartimientos en virtud de la cual los indios entregados a cada colono eran puestos bajo su protección o encomienda. El encomendero podía exigirles el pago de un tributo en trabajo o especie, posteriormente en dinero, a cambio de instrucción religiosa. Si bien hubo diversas declaraciones reales que reiteraban el principio de la libertad de los indios, los que eran entregados en encomienda solían ser tratados como esclavos. Las encomiendas se suelen dividir en encomiendas de servicios y de tributos. Las primeras fueron comunes en las Antillas, y con la conquista de México y Perú y la incorporación de grandes grupos humanos, más urbanizados y con economías agrícolas más desarrolladas, se pasó al segundo tipo.

Entre los trabajadores indígenas surgieron los naboríes en el Caribe y los yanaconas en el mundo andino, y ambos se caracterizaron por no tener obligaciones o estar adscritos a la comunidad en la que trabajaban. Los naboríes eran sirvientes de un cacique o de un noble, adquiridos después por los españoles como sirvientes personales. Tras la conquista, la institución fue dotada de nuevos contenidos, siendo frecuente que indios de las encomiendas trabajaran como naboríes al servicio de los encomenderos. Los yanaconas, o yanas, que habían sido sirvientes personales del Inca y trabajaban sus tierras o las de algún curaca, pasaron a formar parte de la servidumbre de encomenderos y hacendados.

En lo que se refiere al trabajo agrícola, era frecuente la superposición de trabajadores forzados con peones y arrendatarios. En ciertas regiones mexicanas los trabajadores indígenas se dividían en sirvientes y gañanes o jornaleros. Mientras a los sirvientes se les pagaba mensualmente y se les asignaba una ración diaria de maíz, los gañanes cobraban por semana y no recibían alimento alguno. Éstos aparecieron a fines del siglo XVI y crecieron rápidamente en la centuria siguiente. Eran indios tributarios que iban voluntariamente a las haciendas a fin de juntar el dinero necesario para el pago del tributo. Los encontramos durante todo el período colonial, aunque con el tiempo modificaron su relación con la hacienda y muchos se convirtieron en agregados o arrendatarios, lo que implicaba el abandono de la comunidad y de su condición de tributarios, lo que sólo era posible con la complicidad del hacendado. En las haciendas de la sierra peruana, la mita y el yanaconaje eran las formas típicas de trabajo. Si bien las denominaciones correspondían a viejas instituciones incaicas, las estructuras coloniales eran diferentes. Mientras la mita suponía un trabajo rotativo, por turnos, y remunerado, entre los indios de una o varias comunidades, el yanaconaje representaba una forma de servidumbre.

En las haciendas, desde mediados del siglo XVI, la mano de obra provenía del trabajo forzado, la mita o el repartimiento. La ventaja del sistema de turnos era que se adaptaba al ritmo estacional de las labores agrarias. También se recurría al trabajo esclavo africano, especialmente en puestos que requerían mayor especialización o demandaban capataces negros. En el Perú se utilizó a los yanaconas, aunque los yanaconas de las haciendas tenían poco que ver con los de la minería, que estaban fijados a la hacienda en condiciones de servidumbre. Para garantizar su subsistencia, los yanaconas recibían tierras que explotaban con su familia. A fines del siglo XVI se desarrolló el trabajo libre —gañanes en México o peones en Perú— que garantizó a los hacendados el acceso a la mano de obra. Eran indios que abandonaban sus comunidades para no pagar el tributo, los forasteros estudiados por Nicolás Sánchez-Albornoz. Igualmente encontramos un elevado número de mestizos. Su denominación varía de un lugar a otro: agregados, arrimados, arraigados, terrazgueros, ranchos, indios de concierto o concertados, y sus obligaciones y formas de tenencia de la tierra también variaban. Solían ocupar una parcela bajo alguna fórmula de arrendamiento en una estancia o hacienda, o incluso en las tierras de alguna comunidad. En ocasiones se limitaban a ocupar un lindero de la finca sin pagar renta alguna, a cambio de colaborar en su defensa o de aportar trabajo en los períodos más álgidos del calendario agrícola. Otras veces, pagaban una cantidad simbólica en concepto de arriendo, pero su presencia le servía al hacendado para legitimar sus títulos de propiedad. En general, eran arrendatarios que contribuían con su trabajo a una parte importante de las rentas de la hacienda. En 1687 el virrey del Perú ordenó que cobraran el mismo sueldo que los mitayos.

En el Perú, en las primeras explotaciones mineras a cargo de algunos encomenderos se utilizó a los indios de las encomiendas, pese a las disposiciones legales. A los pueblos indígenas les convenía esta tarea, ya que así podían reunir parte del dinero del tributo. Junto a los indios de encomienda estaban los yanaconas, que inicialmente pagaban una cantidad fija al minero para poder trabajar la veta, lo que les otorgaba más la condición de arrendatarios que la de trabajadores. La mita fue profundamente reorganizada por el virrey Toledo en 1573 basándose en su herencia incaica. Su necesidad se hizo evidente a raíz del descubrimiento de las minas de Potosí y Huancavelica y de la demanda de trabajadores. Se trataba de reglamentar el aporte de mano de obra indígena para el laboreo de las minas y otras actividades productivas, como la agricultura. De este modo se estableció que el 15% de los tributarios de cada pueblo debía cumplir las tareas encomendadas durante un año, lo que equivalía a reclutar 13.500 hombres de entre 18 y 50 años. Cerca de 10.000 indios emigraban a Potosí cada año para cumplir con las estipulaciones de la mita, y a cambio recibían un salario «institucional», muy inferior al que percibían los trabajadores libres del sector. La zona de influencia de la mita era muy extensa y mientras en dirección a Cuzco alcanzaba un radio de 1.000 kilómetros, hacia el sur llegaba a Tarija. La mita afectaba a las comunidades, que debían aportar los hombres y mantener a los mitayos durante el recorrido entre el lugar de residencia y la mina. Esta situación llevó a Enrique Tandeter a definir la mita como una institución que explotaba a las comunidades indígenas.

Tras el final de los servicios personales de la encomienda en 1549, en México se estableció el sistema de los repartimientos o *cuatequil*, organizado por el virrey Enríquez en la década de 1570, siguiendo el modelo de la mita peruana. Se trataba de cuotas de trabajadores forzados que prestaban un servicio semanal a los españoles a cambio de una remuneración. La cuota inicial era del 4% de los tributarios de una localidad, y aunque este porcentaje creció posteriormente, fue inferior a su referente peruano. Los naboríes se contrataban en función del tequio, una tarea que debía realizarse en una jornada de trabajo. Los trabajadores libres, que generalmente ocupaban puestos que exigían una cierta especialización, como los barreteros, eran más socios menores, concesionarios o arrendatarios del minero, que trabajadores asalariados. En la minería a fines del siglo XVI se popularizó el derecho de los indígenas a quedarse con una parte del mineral extraído, cuyo valor superaba al salario, conocido como pepena en México o corpa en el Perú, y que se destinaba a remunerar a esos trabajadores libres. Los obrajes tenían grandes dificultades para atraer mano de obra. Por eso, como señala Carlos Contreras, fueron sinónimo de trabajo forzado. Primero se recurrió a indios esclavos o sacados de las encomiendas y posteriormente a presidiarios que cumplían sus condenas en el lugar de trabajo. Cuando se pudo, se echó mano de los indios del repartimiento o de la mita.

6.2. El trabajo esclavo

En México y Perú, la palabra esclavo aludía a un trabajador permanente, de una cierta cualificación y responsable, para diferenciarlo de los indios, jurídicamente libres, generalmente sin capacitación y menos vinculados a sus patrones, ya que solían trabajar de forma temporal. En este punto hay grandes diferencias con lo que ocurría en Brasil y en las Antillas. Si bien la esclavitud se asocia con la explotación de africanos negros, en las primeras décadas de la conquista hubo un número importante de esclavos indígenas. Como la Corona les reconocía su condición de individuos libres, había que recurrir a la guerra para esclavizarlos. El descubrimiento de Zacatecas y Potosí coincidió con la última fase de la esclavitud indígena. Durante los primeros años de explotación minera en Zacatecas se pudo recurrir a algunos indios esclavizados en las entradas que se realizaban en los territorios del norte. Posteriormente se popularizó el uso de los naboríes, indígenas que dependían directamente de un noble y que no estaban sujetos a los deberes y derechos de los indios de la comunidad. Los naboríes se convertirían pronto en sinónimo de trabajadores libres.

En la América española la utilización de los esclavos negros varió de región a región. Era frecuente que se los utilizara como sirvientes domésticos, lo que explica su abundante presencia en las principales ciudades del continente. En algunos casos, sus dueños los empleaban bien como comerciantes ambulantes, bien como artesanos a cambio de un salario. También estuvieron presentes en ciertas actividades productivas, como las minas de oro del Chocó, en Colombia, las plantaciones de cacao venezolano o, a partir del siglo XVIII, las plantaciones cubanas de azúcar.

6.3. Trabajo urbano. Gremios y artesanos

La producción artesanal, que no solía competir con la anterior, dominaba las ciudades y, en general, los medios hispanos, y su tamaño dependía de la importancia del mercado. En las ciudades era notable la presencia de los gremios, con una fuerte jerarquización interna que implicaba la existencia de maestros, oficiales y aprendices, además de un complicado sistema de ascensos. Los gremios funcionaban con un rígido sistema de ordenanzas, que recogían todas las circunstancias en que se desarrollaba la elaboración de un producto, incluido su precio de venta. Estas normas eran de estricto cumplimiento, por lo que dificultaban la competencia y el desarrollo del espíritu empresarial. No todos los gremios eran iguales. Los había ricos e importantes, como el de plateros, junto a otros más pobres, como los zapateros. La mayor parte de los gremios permitió el surgimiento de cofradías, que combinaban sus objetivos religiosos con la ayuda mutua a los miembros del gremio. Los primeros gremios asentados en América lo hicieron en México. Allí se instalaron los sederos, en 1542, y los bordadores, en 1546. Posteriormente fueron seguidos por los guarnicioneros, silleros, etc. Sin duda alguna, fue el gremio de los plateros el que alcanzó su mayor fama, tanto en México como en Perú, pero también en el Río de la Plata y Chile. Aunque en un principio, la presencia de los indígenas en los talleres estaba mal vista, a medida que se hizo evidente la competencia de las artesanías indias, no hubo más remedio que aceptar su incorporación de forma gradual.

10. El Brasil colonial

Portugal había participado activamente en la expansión atlántica desde una mejor posición que otros países: era un reino unificado y estaba menos condicionado por problemas internos o convulsiones dinásticas que Francia, Inglaterra o España. En 1499 Vasco da Gama había llegado a la India y en marzo de 1500 una flota de trece navíos al mando de Pedro Álvarez Cabral partió de Lisboa con el mismo destino. Tras pasar el archipiélago de Cabo Verde, Cabral se apartó de la costa africana y puso dirección oeste, avistando el 21 de abril tierra brasileña. Al día siguiente desembarcó en las costas de Bahía, en Puerto Seguro. Mucho se ha discutido sobre el verdadero destino de esta expedición, relacionándola con los avances de Castilla en América. Si bien no se descarta que algún navegante europeo, especialmente portugués, conociera la existencia de Brasil antes de 1500, todo indica que el destino previsto de Cabral era la India. Los portugueses encontraron en Brasil una población bastante homogénea, estructurada en torno a dos grandes grupos por sus lenguas y culturas: los tupí-guaraníes y los tapuyas. Los primeros habitaban la franja costera, desde Ceará hasta Lagos dos Patos, en el sur. Mientras los tupís, o tupinambás, llegaban hasta el actual estado de São Paulo, los guaraníes estaban más al sur, en la cuenca de los ríos Paraná-Paraguay y en el extremo meridional de país. Los tapuyas, una palabra guaraní para definir a los que hablaban otra lengua, formaban distintos grupos a lo largo del Brasil, como los goitacá, los aimoré o los tremembé. Los tupís eran semisedentarios y se dedicaban a la caza, la pesca y la recolección, pero también a la agricultura. Para limpiar los bosques hacían la *queimada,* y plantaban judías, maíz, calabaza y mandioca.

El contacto de los indios con los portugueses varió según grupos y regiones, al haber lugares donde ofrecieron una dura resistencia y otros donde colaboraron con los invasores. Por ejemplo, São Paulo de Piratininga hubiera sido capturado por los tamoyos si los portugueses no se hubieran aliado con los tupís. De todas formas, y en un fenómeno similar al ocurrido en la América española, la conquista portuguesa tuvo un efecto catastrófico sobre las sociedades indígenas, especialmente visible en su dimensión demográfica.

1. La población

La población brasileña surgió del aporte de tres grupos fundamentales, uno originario, los indígenas, y dos importados, blancos europeos y negros africanos, que evolucionaron de forma diferente y dieron origen a otros nuevos, como mulatos o mestizos. Debido a los escasos datos disponibles resulta difícil calcular el tamaño de la población originaria, distribuida entre Brasil y Paraguay, pero las estimaciones más fiables que poseemos hablan de un mínimo de dos millones de habitantes y un máximo de cinco sólo en la Amazonía brasileña. Sin embargo, la tendencia demográfica es clara y marca una disminución constante de la población indígena tanto en términos absolutos como relativos, bien por la acción disruptiva de los europeos y las enfermedades, bien por el peso creciente del mestizaje.

La gran epidemia de viruela de 1562-1565, de proporciones catastróficas, se cobró la vida de cerca de 30.000 indios, sólo en las aldeas de Bahía. La epidemia se extendió rápidamente por la costa y el interior, llegando al Paraguay, y provocó un desequilibrio entre los indios sobrevivientes al afectar a sus medios de subsistencia y su rudimentaria organización social. Así se llegó a la hambruna de 1564 que, al realimentar el ciclo de muerte tuvo graves consecuencias para la población indígena. Tras una serie de enfermedades de incidencia regional, como el sarampión y la viruela, estalló una segunda gran epidemia en 1597, que afectó al litoral marítimo, particularmente el nordeste. A finales del siglo XVII (1685-1692) otra epidemia asoló al área costera desde Pernambuco a Paranaguá. Hacia 1570 la población indígena había disminuido en 800.000 personas, casi un tercio del total inicial, aunque durante el siglo XVII se desaceleró el descenso demográfico, al haber adquirido los indios sobrevivientes suficientes defensas contra las enfermedades. Una parte de la población se integró a través del mestizaje, o fue sometida a la esclavitud o reducida en las misiones religiosas. Otra se retiró al interior, donde continuó resistiendo. La posibilidad de triunfo de la resistencia aumentaba por el carácter nómada o seminómada de las tribus brasileñas, que al abandonar sus hábitats tradicionales no dejaban atrás cultivos estables ni grandes ciudades.

La demanda creciente de trabajo en las plantaciones costeras durante el siglo XVII llevó a mirar al interior para obtener esclavos indios. Su captura corrió a cargo de las *bandeiras,* expediciones militares que se organizaban en las áreas periféricas, como las enviadas desde São Paulo, o los *resgates,* que exploraban los ríos de la cuenca amazónica. En Maranhão las expediciones de caza de esclavos tuvieron serios efectos sobre la población indígena. A fines del XVII las principales órdenes religiosas del Brasil (jesuitas, mercedarios, capuchinos, carmelitas y, desde 1700, franciscanos) se dividieron la Amazonía. Todas ellas, especialmente los jesuitas, siguieron una política de destribalización o aculturación, confinando a los indios en aldeas o reducciones. En defensa de los jesuitas hay que decir que intentaban proteger a los indios de los brutales colonos portugueses. La expulsión de los jesuitas, que inició la política pombalina de estimular el crecimiento de la población favoreciendo el mestizaje, marcó una nueva fase de declive indígena. En el siglo XVIII los indios seguían siendo expulsados de sus tierras, esclavizados, diezmados por las guerras o las enfermedades, o asimilados a la vida colonial por el mestizaje o los misioneros. En 1798 se realizó un censo general que sólo contó a los indios pacificados, unos 252.000, casi el 8% de los existentes en el momento del descubrimiento. En un recuento posterior, de 1819, la población nativa se estimó en 800.000 indios, la tercera parte de los que había en 1500 y el 18,24% de la población brasileña del momento.

En torno a 1660 los blancos eran unos 100.000, una tercera parte de la población de las áreas colonizadas, que sólo comprendía a los indios pacificados. Durante la unión con España, la emigración fue libre y abierta a los católicos. Muchos españoles llegaron a Brasil para instalarse en las áreas periféricas del sur. Junto a ellos creció el número de cristianos nuevos, no sólo de origen portugués, que en algunos lugares como en Salvador representaron del 10 al 20% de la población blanca entre1635 y 1645. En los últimos años de la Unión emigraron muchos holandeses y británicos. Después de consumada la separación entre España y Portugal, en 1640, la inmigración europea se restringió a los súbditos portugueses, aunque no se pudo evitar la llegada constante de europeos. Para proteger a los territorios nordestinos de los ataques de las potencias europeas, Felipe III estimuló el asentamiento de campesinos originarios de Azores y Madeira desde principios del siglo XVII.

El descubrimiento del oro a fines del siglo XVII provocó la primera migración masiva de la historia brasileña y en pocos años cambió totalmente la distribución de la población. Junto a un número importante de inmigrantes externos vemos a muchos migrantes internos blancos desplazados a las tierras mineras del interior, con sus esclavos negros y sirvientes indios. Portugal se vio afectado por la emigración hacia Minas Gerais. En 1700 la población metropolitana era de 2.000.000 de habitantes, de los cuales, durante el siglo XVIII, cerca de 400.000 pasaron a Brasil, pese a los esfuerzos por restringir la emigración. El atractivo de Minas fue tan importante que en el primer cuarto del siglo XVIII ya contaba con más del 50% de la población de Brasil. Durante las décadas de 1760 y 1770, coincidiendo con la caída de la producción minera, la población se reacomodó hacia las zonas de mayor incentivo económico. Esta época coincidió con las reformas pombalinas y los esfuerzos subsiguientes por incrementar la población, aumentar la producción y asentar colonos en áreas estratégicas, de manera tal que buena parte de la corriente inmigratoria se canalizó a las zonas costeras o fronterizas más vulnerables. La inmigración europea sumada al crecimiento vegetativo europeo multiplicó por 10 el número de blancos durante el siglo XVIII. En 1758 se estimaba una población blanca de 1.010.000 personas, el 31% del total. El recuento completo de población de 1776, que sumaba 1.555.200 habitantes, no tenía en cuenta los grupos étnicos (véase Cuadro 10.1).

El tercer grupo era el de los negros africanos, llegados como esclavos en una inmigración forzosa, pero legal, desde 1549. En 1535 ya trabajaban en las plantaciones azucareras de São Vicente y en 1570 sumaban varios millares. Robert Simonsen calculó que en el siglo XVII llegaron a Brasil unos 350.000 esclavos, aunque Mauricio Goulart y Philip Curtin hablan de más de 500.000, lo que equivaldría al 42% de los llegados a América en esa centuria. En el siglo XVIII entraron cerca de dos millones de negros. A principios del siglo XVII había 15.000 esclavos de origen africano, el 15% de la población, y en 1680, 150.000. Las estimaciones de 1798 hablan de 1.361.000 negros. A principios del siglo XIX, cerca de las dos terceras partes de la población eran de origen africano (negros y mulatos), y parece que había más negros que blancos. Se supone que de cada diez personas de color entre seis y siete eran mulatos, aunque había diferencias regionales. En las cuatro regiones más im-

Cuadro 10.1. Distribución de la población brasileña en 1776

Capitanía	Habitantes	Porcentaje
Río Negro	10.386	0,6
Pará	55.325	3,5
Maranhão	47.410	3,0
Piauí	26.410	1,7
Pernambuco	239.713	15.4
Paraiba	52.468	3,4
Rio Grande do Norte	23.812	1,5
Ceará	61.408	3,9
Bahía	288.848	18,5
Río de Janeiro	215.678	13,8
Santa Catarina	10.000	0,6
Rio Grande do Sul	20.309	1,3
São Paulo	116.975	7,5
Minas Gerais	319.769	20,5
Goiás	55.514	3,5
Mato Grosso	20.966	1,3
Total	1.555.200	100,0

Fuente: D. Alden, «Late Colonial Brazil, 1750-1808», en *Cambridge History of Latin America*, vol. II, pág. 603.

portantes, Minas Gerais, Pernambuco, Bahía y Río de Janeiro, la presencia de africanos y afrobrasileños oscilaba del 64 al 79%. Sólo São Paulo tenía una población mayoritariamente blanca (56%).

Frente a las malas condiciones de vida de los esclavos, las respuestas habituales eran la huida y las rebeliones. Para detener las fugas, los plantadores alquilaban cazadores de esclavos *(capitães do mato)* y aquellos que finalmente tenían éxito tendían a formar comunidades libres en lugares inaccesibles, los llamados *moçambos* o *quilombos*. Por lo general, éstos no agrupaban a más de 100 personas, que sobrevivían gracias a la agricultura de subsistencia y el pillaje. La vida de los quilombos solía ser corta, ya que los plantadores organizaban expediciones para destruirlos, al ser un incentivo para la fuga de otros esclavos. El más grande y famoso fue el de Palmares, en la actual Alagoas, al que se le atribuyeron, de forma exagerada, unos 20.000 fugitivos. Palmares fue creado a principios del siglo XVII y durante un siglo resistió los ataques de portugueses y holandeses, hasta que fue destruido en 1695. Otra forma de salir de la esclavitud era la manumisión, más frecuente entre mulatos y negros criollos que entre los africanos.

La población brasileña no se limitó a los tres grupos originales y su mezcla le proporcionó una etnicidad distinta. Si bien hasta fechas tardías la Corona no favoreció los matrimonios mixtos entre blancos e indios, nunca con negros, el mestizaje se difundió por todo el país tempranamente ante la tolerancia de la Iglesia y de la Corona. Los mestizos nacían tanto de uniones legales y estables como de ilegales y transitorias, con abundantes hijos ilegítimos. Resulta difícil calcular el número de mestizos al no estar clara su definición, que mezcla elementos genéticos y sociales. La cantidad de mestizos también variaba de una región a otra, en función de la actividad económica de cada lugar.

La colonización fue dispersa y desigual y dependió de manera importante de las fluctuaciones del mercado mundial. Mientras el azúcar se mantuvo como el principal producto exportable desde finales del siglo XVI hasta finales del XVII, las plantaciones y los ingenios azucareros, en los alrededores de Pernambuco, Salvador y Río de Janeiro, concentraron el mayor volumen demográfico. En las zonas azucareras vivía cerca del 70% de la población. El descubrimiento de yacimientos auríferos en la primera mitad del siglo XVIII alteró dicha distribución al dirigirse importantes contingentes migratorios desde el nordeste azucarero a los centros mineros, especialmente de Minas Gerais. El oro también funcionó como reclamo para nuevos inmigrantes portugueses y africanos.

2. La colonización y la primera administración colonial

El descubrimiento de Brasil, cuyo nombre sólo se generalizó a partir de 1503, no entusiasmó a Portugal como la llegada de Vasco da Gama a la India. Durante un tiempo se pensó que Brasil era una gran isla, lo que generó escasas expectativas sobre su potencial económico. De ahí que la pregunta sobre la importancia real de Brasil en el Imperio portugués sea relevante. Durante un tiempo fue una colonia de segundo orden, pero esta situación no duró. Los ingresos provenientes de Brasil eran sólo el 2,5% de las rentas reales en 1558 y los de la India el 26%. Sin embargo, el aporte brasileño a los ingresos de la Hacienda portuguesa creció constantemente durante el siglo XVII y se aceleró en el siguiente. En 1716, sobre unos ingresos totales de 3.942 contos, el 14% se originó en Brasil. Años más tarde la aportación de Brasil subió al 27% y, gracias a su producción de oro, se transformó en un importante generador de riqueza y en una de las más saneadas fuentes de ingresos para la Corona.

La primera colonización de Brasil se basó en el sistema de factorías o *feitorias*, que tan buen resultado había dado a los portugueses en las costas africanas. De este modo, el territorio brasileño se arrendó durante tres años a un consorcio de comerciantes de Lisboa, encabezado por Fernando de Noroña, que recibió el monopolio de su explotación a cambio de enviar seis navíos al año y construir un emplazamiento permanente. La insatisfacción de la Corona con los contratistas hizo que en 1505, al vencimiento del contrato, retomara el control de la explotación. Entre 1505 y 1535, la principal actividad económica fue la explotación del palo brasil, que dio el nombre al país. El centro del tronco, de un rojo muy intenso, era un colorante muy valorado y su madera, muy dura, se utilizaba para construir muebles y navíos. La madera y la harina de mandioca se trocaban con los indios por telas, cuchillos, navajas y baratijas, todos objetos de escaso valor. A medida que el palo brasil se fue agotando en las costas se hizo necesario adentrarse en el interior para encontrarlo.

Pese a las dificultades para trazar la línea del Tratado de Tordesillas, la teórica frontera entre las posesiones españolas y las portuguesas, la principal amenaza para el Brasil no provenía de España sino de Francia que, como señala Boris Fausto, no reconocía la base jurídica sobre la cual españoles y portugueses se habían repartido el mundo, al ser partidaria del principio de *uti possidetis*, según el cual el poseedor de una zona era su efectivo ocupante. Los mercaderes galos se establecieron en Guanabara (1555-1560) y en Maranhão (1612-1615), se dedicaron al comercio del palo brasil y practicaron la piratería en la costa brasileña, demasiado extensa para una defensa efectiva por la armada portuguesa. La Corona creyó que la mejor manera de defender sus posesiones era reforzando su presencia en el Brasil, y envió una expedición al mando de Martim Afonso de Sousa, de 1530 a 1533, que tenía como principales objetivos patrullar la costa, establecer una colonia en São Vicente, lo que se hizo en 1532, y explotar la zona. La expedición marcó un período de transición en la organización que se daría a las colonias.

La estructura colonial tenía su cabeza en el rey y se completaba con una serie de organismos metropolitanos y otros que ejecutaban la política sobre el terreno. Al igual que en el caso español, las autoridades carecían de límites claros en sus jurisdicciones y eran frecuentes los conflictos y solapamientos. En 1530, durante el reinado de Juan III, el territorio de Brasil se dividió en quince capitanías generales de carácter hereditario, regidas por un capitán donatario. Las capitanías se fijaron mediante líneas paralelas al ecuador que iban desde la costa al meridiano de Tordesillas. Entre los capitanes donatarios había miembros de la baja nobleza y también burócratas y comerciantes, aunque después de la Restauración se comenzaría a exigir una cierta experiencia administrativa. La primera capitanía, en la isla de San Juan, se entregó a Fernando de Noroña, pero sólo tuvieron éxito las capitanías de São Vicente y Pernambuco, ya que las demás fracasaron por falta de recursos, ataques indígenas o problemas internos.

Los donatarios eran poseedores, pero no propietarios, de la tierra que recibían por donación de la Corona. La donación les otorgaba poderes económicos, administrativos e incluso tributarios, lo que les permitía beneficiarse de una parte de los impuestos pagados por la explotación del palo brasil, la extracción de metales preciosos o la pesca. También tenían el monopolio de la justicia y podían fundar ciudades, alistar colonos con fines militares o donar *sesmarias*, extensiones de tierra que dieron origen a los latifundios. Teóricamente los *sesmeiros* o propietarios latifundistas se comprometían a explotar su propiedad durante cinco años y a pagar un tributo a la Corona. Con el tiempo, las capitanías mantuvieron su estructura y sus límites y fueron revirtiendo al Estado, hasta que entre 1752 y 1754 el marqués de Pombal completó su nacionalización.

En 1548, a la vista de los escasos éxitos obtenidos, la Corona estableció un gobierno general en Brasil. Para ello nombró en 1548 primer gobernador general a Tomé de Sousa, un hidalgo con experiencia en África y la India. Al año siguiente llegó a Bahía, el centro del Brasil portugués, donde fundó Salvador, que hasta 1763 sería la capital de Brasil. En su viaje fue acompañado por más de mil personas y llevó consigo instrucciones para mantener la integridad territorial del Brasil, colonizar las nuevas tierras y organizar las rentas reales. Así, creó algunos cargos: el *ouvridor*, el *provedor de fazenda* y el capitán mayor, que tenía a su cargo la defensa costera. La administración de justicia estaba en manos de los *ouvridores* o jueces reales. En 1588 se instaló en Bahía un tribunal de apelaciones o Relação, similar a la Audiencia hispana y de iguales características que la de Oporto. Por diversas razones no funcionó entre 1626 y 1652, aunque durante bastante tiempo fue el único alto tribunal del Brasil. Los *ouvridores* siguieron siendo los jueces de primera instancia y solían simultanear su cargo con el de *provedores de fazenda* (oficiales de Hacienda), responsables de la administración fiscal y de la recaudación impositiva.

Con Tomé de Sousa llegaron los primeros jesuitas, que tenían como principal objetivo evangelizar a los indios y poner orden en el clero. En 1551, se creó el obispado de Salvador, dependiente de la arquidiócesis de Lisboa. Los jesuitas se transformaron en la primera orden religiosa y en el mayor propietario de tierras y esclavos. Todas las capitanías contaban con, al menos, un ingenio propiedad de los jesuitas y sólo en Bahía había cinco. También poseían haciendas ganaderas (equinos y vacunos) e importantes intereses comerciales, lo que causó gran envidia entre los colonos e hizo que terminaran siendo la orden más controvertida del Brasil. Por un lado aparecían como los defensores de la libertad indígena, radicalmente opuestos a su esclavización, pero al mismo tiempo tenían miles de esclavos negros. Sus competidores económicos, resentidos por sus privilegios, los acusaban de monopolizar el comercio amazónico de especies y de aumentar sus propiedades territoriales. Las mayores acusaciones las formulaban los ayuntamientos, que en varias ocasiones los expulsaron de sus capitanías, algunos grupos de presión de la Corte y sus rivales eclesiásticos. La defensa jesuita fue eficaz y a mediados del siglo XVIII parecían estar bastante enraizados en Brasil. Sin embargo, en 1759 fueron expulsados del Brasil por el marqués de Pombal. Se puede decir, coincidiendo con Alden, que este hecho constituyó la primera gran crisis de Brasil de fines del período colonial.

Como consecuencia de la crisis dinástica portuguesa, Felipe II ocupó el trono de Lisboa en 1580, lo que posibilitó que hasta 1640, cuando se produjo la restauración, que España y Portugal permanecieran unidos bajo la figura de un mismo monarca. Durante la unión de las dos coronas se crearon algunos organismos destinados a gobernar más eficazmente las colonias, en una política de clara influencia hispana, influida por las Ordenanzas Filipinas de 1603. La unión dinástica influyó en ambas direcciones: los españoles se hicieron presentes en el Brasil y los portugueses en las Indias españolas. Sin embargo, la mayor repercusión ocurrió en el terreno de las relaciones internacionales, con la quiebra de la alianza entre Portugal y los Países Bajos, enfrentados a España, lo que motivó las invasiones holandesas al Brasil. En 1595, los Países Bajos saquearon la costa africana y en 1604 la ciudad de Salvador. La tregua de los Doce Años (1609-1621) aportó cierta tranquilidad, quebrada posteriormente con la creación de la Compañía Holandesa de las Indias Occidentales, que buscaba ocupar los centros azucareros del Brasil y controlar la trata negrera. En 1624 los holandeses conquistaron Salvador, aunque ante la resistencia de los colonos no pudieron salir de los límites urbanos y debieron abandonarla tras un año de ocupación. En Pernambuco tuvieron más suerte que en Bahía y en 1630 conquistaron Olinda. Hasta 1637 se enfrentaron a la resistencia local, lo que les permitió controlar el territorio existente entre Ceará y el río San Francisco. Entre 1637 y 1644 gobernó el príncipe holandés Mauricio de Nassau, en un clima de relativa paz y estabilidad en la región, quebrado en 1645 con el reinicio de las hostilidades que marcaron el comienzo de reconquista, completada en 1654.

Desde un punto de vista institucional destaca la creación en 1591 del Conselho da Fazenda (Consejo de Hacienda) y en 1604 del Conselho da India. El Conselho da Fazenda contaba con un veedor y cuatro secretarios, uno de los cuales era responsable de los asuntos coloniales. Tras la restauración, sus atribuciones se limitaron a cuestiones judiciales. En 1642 Juan IV creó el Conselho Ultramarino, integrado por un presidente, el vedor da Fazenda da repartiçao da India, algunos consejeros, un letrado y un secretario. En 1621

Felipe III creó el Estado de Maranhão, separado de Bahía y con capital en São Luis, que comprendía las capitanías reales de Ceará, Maranhão, Pará y algunas capitanías privadas. En esta decisión contaron razones geográficas: resultaba más fácil viajar de Belém o São Luis a Lisboa que a Bahía. En 1715 Piauí se transformó en capitanía real y en 1737 la capital del Estado se trasladó de São Luis a Belém. Las capitanías del sur, Espíritu Santo, Río de Janeiro y São Vicente, se separaron en dos oportunidades de Bahía (en 1527-1528 y en 1608-1613) y fueron gobernadas independientemente. En 1640 se nombró un virrey para gobernar el Estado del Brasil, cargo que desapareció poco después para reaparecer nuevamente en 1663. En realidad, el título de virrey se daba al gobernador de Bahía, que sólo mandaba en su capitanía. A fines del siglo XVII y durante el XVIII prosiguió el proceso de racionalización del poder y el reagrupamiento de capitanías. Las de tamaño medio se convirtieron en subordinadas, con un capitán general al frente de varias, que sumaba su título al de gobernador. Se crearon así las gobernaciones de Río de Janeiro (1698), São Paulo (1709) y Pernambuco (1715), lo que supuso una pérdida del poder del virrey, al ser las capitanías generales más dependientes de Lisboa que de Bahía.

3. Economía y sociedad en el ciclo del azúcar

El primer motor económico de Brasil fue el azúcar, que comenzó a explotarse de forma importante en las décadas de 1530 y 1540 y entre 1580 y 1680 Brasil se convirtió en su principal productor y exportador mundial. La mayor parte de los colonos permanecía en la costa, que contaba con buenos suelos, un clima adecuado, suficiente oferta de mano de obra y transporte barato a los puertos metropolitanos, que permitían el desarrollo de la producción azucarera en un período de creciente demanda europea. Las capitanías de Bahía y Pernambuco se transformaron en los principales centros azucareros, por razones climáticas, geográficas, políticas y económicas, aunque había plantaciones e ingenios en todas las capitanías de Brasil. El éxito del cultivo de la caña dependía de una adecuada combinación del suelo y las lluvias. Los suelos de la zona eran muy fértiles y podían soportar cultivos durante más de 60 años. Los ingenios se ubicaron cerca de los puertos exportadores o en las orillas de los ríos si tenían molinos hidráulicos. A partir de 1640 se produjo una caída en la producción, si bien entre 1640 y 1660 las exportaciones aumentaron por el fin de la ocupación holandesa de Pernambuco y la reorganización del sector azucarero. En la década de 1660, la creación de la Companhia Geral do Comercio, la implantación del sistema de flotas, el final de la guerra y la recuperación de la producción de Pernambuco relanzaron la exportación.

La economía se distinguió por su diversidad regional, aunque en los siglos XVI y XVII estaba limitada a la franja costera. El nordeste fue el primer centro de colonización y de urbanización, mientras que el sur formaba parte de la periferia y no tenía relación con el mercado mundial. La cercanía a los puertos metropolitanos explica esta situación, de modo que hasta 1763 Salvador fue la capital de Brasil y su única ciudad importante. En las primeras décadas, la economía azucarera giró en torno a las empresas comerciales, las grandes propiedades orientadas a la exportación y al trabajo forzado, centrado en la esclavitud. Pese a su mayor precio, los esclavos negros resultaban más rentables que los indios por su mayor productividad. Sólo en las zonas periféricas, con explotaciones menos rentables, se mantuvo la esclavitud indígena. La esclavitud adquirió tal importancia que durante el siglo XVII el comercio entre Portugal, Brasil y el resto del Imperio estuvo dominado por el tráfico de azúcar en una dirección y el de esclavos en otra. La trata negrera estaba abierta a los portugueses, y en África actuaban unos intermediarios, *tangasmaus o lançados* en Guinea y pombeiros en Angola.

Según Mauro, las condiciones de la trata eran espantosas. Las embarcaciones, *tumbeiros* o coches fúnebres, solían ir sobrecargadas con más de 500 esclavos por viaje, cuya duración oscilaba entre 35 días de Angola a Pernambuco, 40 a Bahía y más de 50 a Río de Janeiro. Las pésimas condiciones higiénicas provocaban la muerte de un gran número de esclavos, a veces la mitad. Una vez en Brasil, y pasado el tiempo necesario para su recuperación, los sobrevivientes se subastaban entre los colonos, fundamentalmente de Salvador y Río de Janeiro. En función de la alta tasa de mortalidad y de los peligros de navegación, los beneficios de los transportistas no eran elevados, especialmente cuando el precio de los esclavos era bajo. Entre 1500 y 1870 Brasil fue el mayor importador de esclavos del continente. Philip Curtin habla de 3.647.000, el 38% del total. Inicialmente, los señores de ingenio fueron autorizados a importar sus propios esclavos, pero desde la segunda mitad del siglo XVI la trata comenzó a intensificarse. La participación de Brasil en la trata durante el siglo XVII, el siglo del azúcar, fue del 41,8%, superior a la media del período 1500-1870 en casi cuatro puntos. Durante el período colonial el azúcar fue el principal cultivo esclavista, y entre el 60 y el 70% de los africanos sobrevivientes al viaje transatlántico terminó trabajando en alguna colonia europea. Mientras en las colonias británicas, francesas y holandesas del Caribe la mayoría de los esclavos importados trabajaba en la producción azucarera, en la América española sólo lo hacía entre el 30 y el 50% del total. En Brasil se utilizó un 40% en los ingenios azucareros y un 20% en la minería, dedicándose el resto a otras tareas.

Cuando los holandeses invadieron Pernambuco en 1630, había en Brasil unos 350 ingenios funcionando, básicamente con esclavos africanos. Hasta 1570 casi no hubo africanos en los ingenios del nordeste y la mano de obra se compuso mayoritariamente de indios esclavizados. El apogeo del sistema de ingenios tuvo lugar en las décadas finales del siglo XVI y hasta 1630. Posteriormente los plantadores brasileños afrontaron la competencia de la producción del Caribe, sin dominar los mercados atlánticos como en el pasado. Si tras la *restauração* Holanda y Portugal firmaron la paz, en 1654 todo Brasil volvió a estar en manos de Portugal. Las destrucciones provocadas por las operaciones bélicas fueron la causa de que Pernambuco tardara más de un siglo en reconstruir sus ingenios, ganados y demás recursos. Pero al fin, en 1670, Brasil competía nuevamente con el Caribe.

Una pregunta de difícil respuesta es cuánto azúcar se producía. Se dice que un pequeño ingenio elaboraba entre 3.000 y 4.000 arrobas anuales (de 43 a 58 toneladas) y uno grande entre 10 y 12.000 arrobas (de 145 a 175 toneladas). La productividad anual dependía de la gestión del ingenio y de ciertas cuestiones exógenas, como la interrupción del tráfico marítimo o los factores climáticos. Había variaciones regionales dependiendo de los suelos y el tamaño de los ingenios: 160 toneladas promedio por ingenio en Bahía frente a las 15 de Pernambuco. A finales del siglo XVII la proliferación de pequeños ingenios en Río de Janeiro y Pernambuco hizo descender el promedio. Por otra parte, resulta muy difícil calcular la producción del Brasil bajo control holandés, aunque se estima que nunca se superaron las 600.000 arrobas anuales. El Cuadro 10.2. muestra la evolución de la producción brasileña, según el número de ingenios, a lo largo del siglo XVII.

Hasta mediados del siglo XVIII el tabaco seguía en importancia al azúcar y su principal centro productor era el Reconcavo de Bahía, origen del 90% de las exportaciones. Se desconoce la fecha exacta de su introducción en Brasil, aunque en 1620 sus exportaciones ya eran considerables. Su cultivo era intensivo y se desarrollaba en pequeñas granjas familiares o en unidades mayores de 20 a 40 esclavos. Para crecer necesitaba seis meses, mucho menos que el azúcar, y en determinadas condiciones se obtenían dos cosechas anuales. Si bien el tabaco era un cultivo menos prestigioso y caro que el azúcar, también dependía del trabajo esclavo. Su exportación estaba vinculada a su calidad, y para asegurarse una oferta suficiente de buen tabaco, Portugal prohibió la exportación al África de las dos categorías superiores. El *refugado*, un tabaco de tercera calidad, era el más popular en África y el que se utilizaba para la compra de esclavos.

La agricultura, como el resto de las actividades económicas y sociales, estaba muy jerarquizada. Las mejores tierras se dedicaban al azúcar y al tabaco. Por el contrario, la agricultura de subsistencia, especialmente la mandioca, se consideraba una ocupación menos noble, en manos de campesinos humildes,

Cuadro 10.2. Producción brasileña de azúcar (en arrobas)

Año	N.º de ingenios	Producción
1614	192	700.000
1637	350	900.000
1710	528	1.295.700

Fuente: S. Schwartz, «Colonial Brazil, c.1580-c.1750: Plantations and Peripheries», en *Cambridge History of Latin America*, vol. II, p. 438.

y relegada a tierras marginales. La ganadería se limitó inicialmente al consumo interno, aunque luego comenzarían a exportarse algunos derivados. La explotación ganadera difería del modelo general, al no competir con las tierras dedicadas a cultivos exportables y porque debido a la movilidad del ganado no era necesario que las haciendas ganaderas estuvieran cerca de la costa.

La mandioca fue un cultivo indígena adoptado por los portugueses al ver que el trigo y otros cereales no se desarrollaban en el trópico. Su explotación en las zonas azucareras se limitó a las tierras marginales. Los grandes plantadores querían evitar las granjas de subsistencia centradas en la mandioca para dedicar las mejores tierras al azúcar, y por los efectos negativos de la roza tenía sobre los bosques que abastecían de leña a los ingenios. Su producción no se limitó a pequeñas unidades, ya que había grandes explotaciones que producían abundante mandioca para ser vendida como harina a los ingenios y ciudades costeras. A finales del período colonial Brasil era un importante productor de cereales: trigo y arroz. La producción y exportación de trigo, importante desde 1770, se centró en Rio Grande do Sul. Cuando se habla de café se suele pensar en São Paulo, pero hay que recordar que la producción brasileña comenzó en el Amazonas. El café fue llevado de Cayena, en la Guayana Francesa, y comenzó a cultivarse en algunas granjas de los alrededores de Belém hacia 1720, iniciándose a principios de la década siguiente los embarques a Portugal. Desde 1760 su cultivo se extendió del norte del Brasil a Pernambuco, Bahía, Río de Janeiro, Minas Gerais y São Paulo.

La ganadería fue la principal actividad económica del interior, lo que llevó en 1701 a prohibir la cría de ganado en los 80 kilómetros más próximos a la costa. En el siglo XVI se introdujeron distintas variedades de ganado europeo. Los caballos se desarrollaron en Bahía y en 1580 había un intenso comercio con Pernambuco y Angola. El ganado vacuno era el más importante, dada la demanda de animales de tiro de los ingenios; inclusive los más pequeños se usaban en los molinos. Un ingenio necesitaba entre 30 y 60 bueyes, y su demanda aumentaba por la elevada mortalidad de los animales durante la zafra. Los ingenios también consumían cantidades importantes de sebo, cueros y carne. Si bien en las tierras marginales del ingenio se criaba algo de ganado, la región ganadera por antonomasia fue el interior, especialmente el *sertão* de Piauí, Maranhão, Paraíba, Rio Grande do Norte y Ceará. En la primera década del siglo XVIII había en los territorios nordestinos cerca de 1.300.000 cabezas, que satisfacían la demanda de los productores de tabaco y azúcar y de los centros urbanos.

Pese a las limitaciones legales que acotaban las *sesmarias* a tres leguas cuadradas, las propiedades en el *sertão* eran extensas y las estancias ganaderas superaban los cientos o miles de hectáreas y a fines del siglo XVII algunas eran mayores que ciertas provincias portuguesas. Fuera del control metropolitano, la gran propiedad del *sertão* adquirió características propias. Los *fazendeiros* ejercían su poder sobre los esclavos y agregados y se peleaban entre ellos por el control de ríos y aguadas. Durante el siglo XVIII la frontera ganadera en Maranhão y Goiás se expandió gracias al incremento de la exportación de cueros y pieles desde Bahía y Pernambuco. En 1749 ya había en Pernambuco 27 curtiembres, que daban trabajo a más de 300 esclavos. La caída de la producción minera en la segunda mitad del siglo XVIII y el descenso de la demanda de productos ganaderos convirtieron en tierra árida la mayor parte del interior.

Los grandes plantadores o latifundistas y los comerciantes dedicados al comercio ultramarino estaban en la cima de la pirámide social. Al ser los ingenios el centro de la economía colonial, no era raro que los plantadores *(senhores de engenho)* tuvieran un gran poder social, político y económico, especialmente en la costa del nordeste y, más tarde, en Río de Janeiro. Los plantadores no solían ser de origen noble y veían en el azúcar una forma de ascenso social y una importante fuente de riqueza, de ahí que hicieran de la lucha por el estatus social y su reconocimiento mediante los símbolos externos de nobleza (títulos, pertenencia a órdenes militares y mayorazgos) algo propio de su grupo. Pero aunque los *senhores de engenho* eran una poderosa aristocracia colonial, no pudieron convertirse en nobleza hereditaria. Su poder dependía del ingenio, y éste cambiaba de manos con frecuencia, de modo que muchos comerciantes se convirtieron en propietarios de tierras y consolidaron su ascenso social. Los estudios de Gilberto Freyre muestran la importancia de la familia extensa, integrada por parientes consanguíneos y parientes políticos, protegidos y allegados, bajo el manto protector de una figura patriarcal y masculina. El predominio de la familia ampliada era claro en los grupos dominantes, especialmente del nordeste, ya que en los de menor condición social, casi no existía. Algo similar pasaba con la familia nuclear, y era frecuente que las mujeres menos pudientes gozaran de mayor independencia cuando no estaban sujetas a una relación de pareja estable.

En un nivel inferior estaban los blancos y negros libres que desarrollaban tareas diversas en los ingenios. La producción azucarera y el abastecimiento de las refinerías dependían de un grupo de agricultores que no eran dueños de su propio ingenio, los *lavradores de cana*, que eran un estrato diferenciado de la sociedad colonial. En el siglo XVIII también estaban los agregados o moradores, campesinos vinculados al ingenio. Había dos clases de trabajadores, los que recibían un salario anual *(soldada)* y los que percibían un jornal por el trabajo realizado. Entre los primeros destacaban los maestros azucareros, capataces, embaladores, boteros y a veces los encargados de hervir la caña. A los carpinteros, albañiles y leñadores se los contrataba según las necesidades del ingenio.

Los esclavos integraban los estratos más bajos de la sociedad, pero con grandes diferencias entre ellos, comenzando por las existentes entre negros e indios. Los esclavos trabajaban en los campos, en los ingenios, en las minas o como criados de servicio en la casa grande, la casa del *senhor de engenho,* aunque también se los veía en las ciudades, donde realizaban duras tareas, como el transporte de cargas, personas o excrementos, o se empleaban en la construcción. También había artesanos y vendedores ambulantes que coexistían con aquellos que se alquilaban a terceros para realizar tareas concretas. Por último estaban los esclavos de ganancia, una figura cotidiana en Río de Janeiro a fines del período colonial, a quienes sus amos permitían ganar dinero vendiendo productos o prestando servicios a cambio de una cantidad diaria o semanal. Las diferencias también se establecían en relación al color o al tiempo de permanencia en Brasil. Los recién llegados de África, que no sabían portugués ni conocían las costumbres locales eran llamados *boçales*; los *ladinos* ya hablaban la lengua y estaban medianamente adaptados, y los criollos habían nacido en América. En Brasil, los numerosos africanos o criollos libres o libertos representaban a fines del período colonial el 42% de los africanos y afrobrasileños, aunque su condición era ambigua y frecuentemente volvían a ser esclavizados.

Al término del siglo XVI había tres conjuntos urbanos definibles como ciudades, y los tres eran puertos: Salvador, Río de Janeiro y Filipeia (hoy João Pessoa). También había 14 pueblos. En el siglo siguiente ya había siete ciudades y 51 pueblos; convertidos en diez ciudades y 118 puertos en el XVIII. A fines del siglo XVIII la mayor ciudad era Salvador, con 50.000 habitantes, seguida de Río de Janeiro con 45.000, y Recife, São Luis y São Paulo, que tenían entre 20.000 y 25.000 habitantes cada una. Estas cifras se refieren al conjunto del término municipal, lo que implica que una proporción considerable vivía en zonas rurales y que la agricultura era la actividad más importante de todos los sectores sociales. En 1776, el 73,8% de la población urbana se concentraba en los puertos, destacando Paraíba, Pernambuco, Salvador y Río de Janeiro. En la segunda mitad del siglo XVIII, Salvador, que había perdido la capitalidad, mantuvo su primacía sobre Río de Janeiro. Sin embargo, entre 1808 y 1822, con el traslado de la corte, la población carioca se duplicó.

4. La expansión de la frontera y la colonización de la periferia brasileña

La frontera europea marcaba la separación entre las sociedades indígenas y la penetración de la cultura portuguesa. Para los colonos la frontera era el límite de la civilización, y más allá estaba la barbarie del *sertão* o de la selva amazónica. La frontera seguía una línea oscilante y flexible, y si durante mucho tiempo permaneció estable fue debido a la ausencia de incentivos materiales, salvo la caza de los indios. Durante los siglos XVI y XVII la expansión fronteriza se centró en cuatro zonas:

1. El sur, los actuales estados de Rio Grande do Sul, Santa Catarina, Paraná, São Paulo y Mato Grosso.
2. El centro, en torno a la región de Bahía.
3. El interior nordestino.
4. El Amazonas, explotado desde Maranhão y Pará.

10. El Brasil colonial

Los extremos norte y sur tuvieron una colonización distinta a las zonas de plantación de la costa del nordeste, y São Vicente en el sur y Maranhão-Pará en el norte fueron áreas periféricas durante el siglo XVII. Pese a sus diferencias, ambas zonas eran pobres, con un número reducido de habitantes blancos, pocas mujeres y ningún esclavo, y un claro dominio de la población y la cultura indígena. Con el tiempo se desarrolló el mestizaje y los escasos colonos que había hicieron de la ocupación del *sertão* y de la explotación de la población india su modo de vida.

A comienzos del siglo XVII las tribus del sur comenzaron a sentir el efecto de una doble expansión europea. Los jesuitas españoles, con sus misiones, empujaban hacia el este por el río Paraná y el alto Uruguay, mientras los paulistas penetraban en la selva buscando esclavos. Los jesuitas se habían desplazado hacia la Guairá, una zona que los portugueses consideraban propia. El descenso de la población indígena en los alrededores de São Paulo y los rumores sobre la existencia de metales preciosos y esmeraldas en el interior, obligaron a los paulistas a mirar al *sertão*. En la década de 1580, las *bandeiras*, los mamelucos (término local que alude al mestizo) y los indios aliados marcharon hacia el oeste y el sur para capturar indígenas. Muy pronto el gobierno comenzó a utilizar a las *bandeiras* en la explotación del interior, para reforzar la presencia lusa en zonas de conflicto y para controlar a los indígenas.

La periferia norte repitió algunos esquemas del sur, pero con planteamientos originales. Hasta 1612, momento en que los franceses llegaron a Maranhão y fundaron São Luis, los portugueses se habían desentendido de la región. El temor a la presencia gala provocó su expulsión y la fundación de Belém en 1616. La geografía condicionó la colonización del nordeste, al ser más fácil viajar de Maranhão y Pará a Lisboa que al Salvador, y muy difícil alcanzar la desembocadura del Amazonas por mar. El aislamiento, el clima y la vegetación otorgaron un toque distintivo a la expansión fronteriza en el Amazonas. En 1637 Pedro Teixeira llegó por vía fluvial al Perú y en 1690 los portugueses se instalaron en Manaos, un puerto sobre el río Negro.

La población europea era escasa. En el Estado de Maranhão sólo había 800 europeos en 1672. A partir de 1700 Belém comenzó a crecer. Ese año tenía 500 habitantes y en 1750 alcanzó los 2.500. Los indios fueron la clave del desarrollo, ya que la Corona, los colonos y las órdenes religiosas querían someterlos al control europeo. La región se pobló de religiosos, especialmente franciscanos, que se establecieron en Pará, y jesuitas, la orden más importante desde la década de 1640. Hacia 1740 cerca de 50.000 indios vivían en reducciones de los jesuitas y los franciscanos. El algodón, destinado al consumo interno y que también circulaba como moneda (hasta finales del siglo XVIII no se exportaba en cantidades significativas) fue uno de los estímulos de la colonización. Los esfuerzos para desarrollar otros cultivos como el índigo o el café tuvieron escaso resultado, y los colonos basaron su actividad en los productos de la selva o *drogas do sertão*: vainilla, zarzaparrilla, tinturas y, especialmente, el cacao. La Corona trató de estimular la producción cacaotera entre 1678 y 1681, ofreciendo ventajas fiscales, pero los colonos preferían enviar a sus indios en busca del cacao silvestre del Amazonas en lugar de cultivar la variedad doméstica, mucho más dulce.

La crisis económica de 1680 y el fin del ciclo del azúcar dieron un nuevo impulso a la expansión fronteriza. En 1695, algunas *bandeiras* paulistas internadas en el *sertão*, entre Ouro Preto y Diamantina, en Minas Gerais, hicieron los primeros descubrimientos importantes de oro, que se encontraría también en Bahía, Goiás y Mato Grosso. Brasil conoció una verdadera fiebre del oro, dando lugar en Portugal a la primera gran corriente migratoria hacia Brasil que afecto a 670.000 personas entre 1700 y 1760. Durante el reinado de Juan V (1706-1750) la producción de oro y su exportación a Portugal crecieron considerablemente, calculándose una producción de 740.334 kilos para todo el siglo XVIII. También se descubrieron diamantes al norte de Minas Gerais, aunque de menor importancia económica que el oro. La producción de diamantes se incrementó rápidamente, a tal punto que su precio en el mercado mundial cayó un 75%. Durante el siglo XVIII se extrajeron 615 kilos de Minas Gerais, y en menor cantidad de Bahía, Mato Grosso y Goiás. En esa época Brasil dejó de ser un archipiélago costero y se convirtió en un subcontinente. Durante el ciclo del oro se produjo la apertura y colonización del lejano oeste, que provocó una profunda reorganización de la administración colonial. En 1720 Minas Gerais se separó de la capitanía de Río de Janeiro para formar una capitanía autónoma y en 1744 y 1748 Goiás y Mato Grosso, respectivamente, formaron capitanías separadas de la de São Paulo.

El ciclo del oro tuvo un gran impacto sobre el comercio atlántico, permitió equilibrar la balanza comercial con Inglaterra, solucionó los problemas financieros de Portugal e incidió de forma especial sobre la trata negrera, ya que la explotación de las minas requería gran cantidad de mano de obra. La Corona no quería desanimar las actividades mineras, pero al mismo tiempo trataba de proteger a aquellos sectores de la sociedad y la economía colonial que podían verse afectados. Como pensó que el oro podía provocar una invasión de Brasil, prohibió la explotación de determinados yacimientos, por temor al despoblamiento de las ciudades costeras que podían quedar así a merced de posibles ataques extranjeros.

La producción minera se convirtió en una presa para la Hacienda, que hizo del impuesto al oro uno de sus ingresos más saneados. Pese a ello, su forma de recaudarlo cambió al menos en doce oportunidades, pasando alternativamente del quinto pagado por el oro, en polvo o pepitas, a la capitación que gravaba a los esclavos ocupados en funciones mineras, pero también a aquellos que trabajaban en tiendas, tabernas o se dedicaban al cultivo de la mandioca. Los que no tenían esclavos pagaban igual y se podía cobrar una tasa a cada batea en explotación. Ninguna de estas formas gozaba del favor de la Corona, que se quejaba de que ambos métodos se prestaban a la evasión o al contrabando, ni de sus súbditos. Desde la perspectiva regia la casa de fundición tenía la ventaja de la rapidez y facilidad recaudadora, ya que la capitación podía registrar demoras de dos o tres años. Los cambios rápidos y constantes en la minería y los distintos tipos de explotación (aluvión, minas a cielo abierto, galerías, etc.) impidieron desarrollarse un sistema tributario único y uniforme, lo que provocó complicaciones en la minería y el comercio. La recaudación del quinto es uno de los mejores indicadores para estudiar la evolución de la minería. En Minas Gerais, de 1752 a 1762 se recaudó un promedio de 108 arrobas anuales, que en el decenio siguiente cayeron a 83,2 y a 70,8 entre 1772 y 1777. La minería demandaba todo tipo de mercancías, y al igual que en México y Perú, facilitó la integración económica de vastos espacios, atravesados por las redes comerciales. Ganado vacuno y alimentos eran productos importantes que llegaban a las minas, junto con las mulas y otros insumos. El incremento de la demanda en los centros mineros, no limitada a los alimentos, provocó un generalizado aumento de precios. El ciclo del oro vivió su época de mayor esplendor entre 1733 y 1748, para luego comenzar a declinar, lo que afectó no sólo a los centros mineros sino también a las ciudades de la región. Así, por ejemplo, Ouro Preto que llegó a tener 40.000 habitantes en 1740, sólo contaba 7.000 a principios del siglo XIX.

Un hito importante en la expansión hacia el sur fue la fundación de Colonia do Sacramento (1680), que durante la Guerra de Sucesión española cayó en poder de España, pero en razón de lo estipulado en el Tratado de Utrecht fue posteriormente devuelto a Portugal. Colonia, situada frente a Buenos Aires, señala el deseo portugués de mantener abierto el comercio con el Río de la Plata, mediante el contrabando, para acceder a la plata potosina. El conflicto por el dominio del Río de la Plata se reinició en 1723. Tres años más tarde los españoles fundaron Montevideo y frenaron la ambición portuguesa de controlar la orilla norte del Río de la Plata. Juan V firmó, en 1750, el Tratado de Madrid en reemplazo de los de Tordesillas y Utrecht, que trazaba las fronteras entre las posesiones americanas de España y Portugal. La actividad portuguesa en los confines sur y norte del Brasil, desde el alto Paraná y el Paraguay hasta los yacimiento auríferos de Mato Grosso y el Amazonas, condujo a la firma del Tratado, que debe ser visto como un triunfo diplomático de los negociadores lusos. En lo que aquí interesa, Portugal renunciaba a todos sus derechos sobre Colonia y reconocía la soberanía española en el Río de la Plata, mientras España abandonaba los territorios al este del río Uruguay, incluidas las Siete Misiones. Las negociaciones para la implementación del Tratado se desarrollaron en un clima de mutua desconfianza, y en las Siete Misiones, los jesuitas españoles y los indios guaraníes rechazaron la orden de abandonar la zona, provocando durante dos años las Guerras Guaraníticas (1754-1756).

En 1761 se firmó el Tratado de El Pardo, que anulaba al de Madrid, pero las disputas fronterizas continuaron hasta la firma del Tratado de San Ildefonso (1777), menos favorable a los intereses portugueses, que obtenían Río Grande de San Pedro y la isla de Santa Catarina pero perdían Colonia y las Siete Misiones. La firma del Tratado fue seguida por el envío de comisiones encargadas de demarcar la frontera, si bien sus progresos fueron muy lentos debido al enfrentamiento hispano-portugués. Mientras continuaban las operaciones militares en el sur, Pombal intentó explotar las ventajas alcanzadas en áreas clave del norte y el oeste. Se trataba de amplias regiones, muchas inexploradas, pertenecientes al Estado de Maranhão, y fronterizas con las colonias francesas, holandesas y españolas del norte del Amazonas, y de la capitanía de Mato Grosso, considerada la llave que podía abrir las puertas del Perú. Al tiempo que actuaban las comisiones demarcadoras de límites, los portugueses reforzaban sus defensas sobre el Amazonas y sus principales afluentes, construyendo fuertes e instalando colonos, los *casais* de Azores y Madeira.

5. Reforma y crisis del sistema colonial

El período 1750-1808 debe considerarse la última fase del período colonial, porque, como señala Alden, los años de 1808 a 1822, cuando la corte portuguesa se estableció en Río de Janeiro, marcan la transición de la colonia al imperio independiente. El período comienza con el cenit y la depresión mineros. La adecuación a esta nueva situación supuso la vuelta a la riqueza tradicional: la agricultura. De esta coyuntura se benefició el litoral costero, y no el interior, gracias a la expansión de sus recursos tradicionales (azúcar y tabaco) y al desarrollo de nuevas exportaciones, especialmente algodón y arroz, pero también cacao, café e índigo. En esta época se produjo la expulsión de los jesuitas, se limitó la actividad de otras órdenes religiosas y Portugal perdió dos guerras. Sin embargo, un tercer conflicto en 1801 le permitió ganar nuevas tierras de clima templado, idóneas para la agricultura y la ganadería, con las que el Brasil colonial alcanzó sus máximos límites territoriales.

Durante la segunda mitad del siglo XVIII y los primeros años del XIX, coincidiendo con los reinados de José I (1750-1777), María I (1772-1792) y el regente don Juan (1792-1816), la política colonial estuvo en manos de tres grandes hombres: Sebastião José de Carvalho e Melo, marqués de Pombal; Martinho de Mello e Castro y Rodrigo de Souza Coutinho. Los tres eran *estrangeirados*, habían acumulado experiencia en las cortes europeas más avanzadas y deseaban modernizar su país; pertenecían a la nobleza, y habían estudiado leyes en la Universidad de Coimbra; su política era absolutista e ilustrada, de corte mercantilista, y pensaban que Brasil era vital para la metrópoli, de ahí que intentaran expandir el territorio colonial reforzando sus estructuras políticas, jurídicas y militares. Uno de los principales objetivos era preservar la integridad del Imperio, lo que finalmente se logró con el establecimiento de la corte portuguesa en Río de Janeiro en 1808. Sin embargo, la crisis económica que golpeó a Brasil entre mediados del siglo XVIII y 1780 debido al comportamiento del sector azucarero y de la minería del oro, impidió llevar a buen puerto el paquete reformista en materia económica.

En un proceso similar al de las reformas borbónicas, Pombal completó la reorganización administrativa de Brasil, que había comenzado durante el reinado de Juan V. Su principal objetivo era aumentar la explotación colonial, aunque el proceso se presentara como el intento más coherente de la Corona para dotar a la colonia de una estructura política y administrativa que sirviera a las necesidades geográficas y estratégicas surgidas del Tratado de Madrid. Pombal fue el político que mejor comprendió los desequilibrios de Portugal, y su política se concentró en incrementar los ingresos de la Corona estimulando el comercio, especialmente el brasileño, y reduciendo el déficit de la balanza de pagos y la dependencia frente a Inglaterra. A partir de 1752 se sentaron las bases para la reorganización de Brasil. Desde un punto de vista político se adoptaron dos tipos de medidas. La creación de nuevas capitanías en los territorios más extensos y de difícil administración directa, y la vuelta a la administración real de aquellas capitanías pequeñas que permanecían en manos privadas, sin explotar. Lo sucedido con Maranhão fue claro. El nuevo Estado surgió de la fusión de tres capitanías reales y seis pequeñas capitanías privadas, pero adquirió su madurez con la creación del Estado de Gran Pará y Maranhão en 1751. Para facilitar su gobernabilidad, el nuevo Estado se dividió en dos gobernaciones, con un gobernador y capitán general que residía en Belém y un gobernador diputado asentado en la vieja sede de la gobernación: San Luis. Una medida más trascendente fue el traslado de la capital a Río de Janeiro en 1763, cuando el virrey recibió el título de Vice-Rei e Capitão General do Mar e Terra do Estado do Brasil. Si bien sus atribuciones se extendían a todas las capitanías, su autoridad concreta se limitaba a la capitanía en la que residía. Bajo su control directo sólo estaban las capitanías subordinadas de Río de Janeiro. Los restantes gobernadores dependían directamente del Ministerio de Marina y Ultramar. Únicamente en caso de emergencia, el virrey podía solicitar ayuda militar a las otras capitanías. La Corona reconocía así los cambios producidos en Brasil durante el siglo XVIII tanto en materia económica, como política y estratégica. La nueva situación supuso la pérdida de influencia del nordeste (Bahía y Pernambuco) en detrimento del centro (Minas Gerais, São Paulo y Río de Janeiro) y del sur (Santa Catarina, Río Grande de São Pedro y Colonia do Sacramento). Pero por encima de la gobernabilidad de territorios más o menos extensos, las autoridades portuguesas trataron de mantener unidas sus posesiones sudamericanas. Así, en 1774 se disolvió el Estado de Gran Pará y Maranhão y su territorio se integró en el Gran Estado de Brasil, en un fenómeno distinto al de la América española, donde se constituyeron nuevos virreinatos.

La simplificación de las divisiones políticas no fue acompañada por un proceso similar en la maquinaria burocrática-administrativa ni en la metrópoli ni en las colonias. Por el contrario, durante la segunda mitad del siglo XVIII, cuando la dependencia colonial se hizo más evidente, hubo una marcada tendencia a reforzar la autoridad política en contra de la autonomía local. A lo largo de la segunda mitad del siglo XVIII se intentó, sin demasiado éxito, fortalecer y racionalizar la maquinaria del gobierno colonial. Pombal fue el gran impulsor del movimiento reformista, al otorgar al Ministerio de Marina y Ultramar la jurisdicción sobre todos los órganos metropolitanos con alguna responsabilidad en temas americanos. Este máximo cuerpo, bajo el control directo del rey, era el responsable del nombramiento de las principales jerarquías coloniales (el virrey, los gobernadores, los oficiales de Hacienda y Justicia y los altos cargos eclesiásticos y militares). También se le encargó supervisar la política colonial, la marcha de la economía, la administración de justicia y los asuntos de las misiones. Algunos temas se siguieron tratando por los canales tradicionales: el Conselho Ultramarino, la Mesa da Consciência e Ordens, el Conselho da Fazenda y la Junta do Tabaco. No sólo no desapareció la intrincada maraña de autoridades de diverso signo y el solapamiento de sus funciones, sino que la situación se complicó con nuevos órganos administrativos. Entre éstos destaca la Junta do Comercio (1755), formada para impulsar y regular el comercio y lo relacionado con el tráfico y la navegación, incluida la organización de flotas y la represión del contrabando. La Junta, vital para la política pombalina de desarrollo industrial metropolitano y símbolo de la alianza entre los grandes comerciantes vinculados al monopolio del tabaco y el gobierno central, obtuvo en 1788 el rango de tribunal real, como Real Junta do Comercio, Agricultura, Fábricas e Navegações destes Reinos e seus Dominios. El Erário Régio o Real Hacienda, fundado en 1761 y del que Pombal fue su primer presidente, controló todas las transacciones financieras entre la metrópoli y sus colonias.

El principal baluarte de la defensa de los intereses de los colonos eran los ayuntamientos, cuya administración se convertiría en fuente de conflictos con Lisboa. En ausencia del virrey o del gobernador era el Ayuntamiento (Senado da Câmara) de la capital el responsable de la administración de la cosa pública, aunque para limitar los poderes de los colonos, en 1770 Pombal otorgó esa prerrogativa a un gobierno provisional de tres miembros: el obispo, el *chanceler* de la *Relação* o presidente de la Audiencia y el oficial militar de mayor rango. Sólo si el *chanceler* no podía ocupar su puesto, el *ouvridor* del ayuntamiento asumía el cargo. En materia judicial, la primera medida del gobierno de José I fue establecer una segunda Audiencia (1751) en Río de Janeiro. La modernización de la justicia, sintetizada en el abandono del derecho romano y canónico, se compara a otras medidas de Pombal, como la garantía de libertad a los indios (1755 y 1759), la abolición de la trata y la esclavitud en Portugal (1761 y 1773), el fin de la discriminación a los cristianos nuevos (1768 y 1773), el paso del Tribunal de la Inquisición a la jurisdicción gubernamental (1769) y la reforma de la Universidad de Coimbra.

Las reformas, con motivaciones económicas concretas, afectaron a la economía brasileña y repercutieron en la actividad comercial. Dada la importancia de las exportaciones americanas en la balanza comercial portuguesa y en los ingresos de la Corona, Pombal intentó estimular el comercio introduciendo las medidas fiscales necesarias para controlar la producción, los precios y los costes del transporte. En lo referente al oro, se prohibió utilizar el metal sin quintar como medio de pago; por otra parte, el intento de dominar la producción de diamantes fue infructuoso, un problema que se vería agravado con la caída de los precios en los mercados internacionales. En este contexto, el azúcar siguió siendo el principal producto de exportación: en 1760 el 50% del valor de las exportaciones correspondía al azúcar, mientras que el oro representaba el 46%. El azúcar y el tabaco se gravaron tanto que no podían competir con los productos antillanos, de ahí el intento por reducir los aranceles y los costos de transporte, y fomentar los cultivos tradicionales en nuevas áreas: el tabaco en Río de Janeiro y el azúcar en la cuenca amazónica. Semejante desarrollo económico requería de gran cantidad de esclavos, lo que llevaría, finalmente, a incrementar y facilitar su tráfico.

Para aumentar los beneficios del comercio y reprimir el contrabando se reforzó el sistema de flotas y se prohibió utilizar navíos sueltos *(comissários volantes)*. La supresión de estos registros se adecuaba a la política pombalina de estructurar un fuerte sector comercial, expulsando a los pequeños intermediarios en beneficio de los grandes capitalistas y las compañías monopólicas. Para atraer a los grandes capitales, se establecieron otras compañías, ofreciendo importantes contrapartidas sociales a los grandes inversores: mientras los nobles recibían garantías de que no perderían su condición, los oficiales reales, comerciantes y terratenientes criollos que compraban un número destacado de acciones tenían acceso a las órdenes militares y la oportunidad de ennoblecerse. A los extranjeros se les dejaba participar en pie de igualdad con los nacionales. Las nuevas compañías se dedicaban a la construcción naval, al desarrollo del comercio y al fomento de vastas áreas brasileñas, perfeccionando los métodos tradicionales de producción e introduciendo nuevos cultivos. Pombal esperaba controlar la actividad económica con las compañías, evitar la sobreproducción, fijar los precios según los mercados europeos, garantizar la calidad de los productos y equilibrar la balanza comercial.

En la década de 1760, el continuo declive de la exportación azucarera, la disminución de la recaudación fiscal y el elevado coste de la guerra en Europa y el sur de Brasil alteraron las bases económicas del Imperio. Volvía a ser perentorio reducir el déficit de la balanza comercial, estimulando la producción de manufacturas portuguesas que compitieran con los productos franceses e ingleses. Esta política de sustitución de importaciones fue apoyada con medidas crediticias por la Junta de Comercio. Las grandes compañías del norte y del nordeste ayudaron a estimular la producción y exportación de productos tradicionales y a fomentar la introducción de nuevos cultivos exportables. A partir de 1765, Pombal intentó diversificar la agricultura colonial, un proyecto encargado al virrey de Brasil, el segundo marqués de Lavradío (1769-1779), que cosechó éxitos y fracasos. Entre los últimos estaba el tabaco de Río de Janeiro y São Paulo, que por su baja calidad sólo podía venderse en el mercado local o en África. También fracasaron el algodón, la seda y el cáñamo. Por el contrario, la cochinilla se desarrolló en Río Grande de São Pedro y en la isla de Santa Catarina y la producción azucarera se expandió al noreste de Río de Janeiro. Entre 1769 y 1778 se dobló el número de ingenios, la producción creció un 235% y el aguardiente *(cachaça)* un 100%. El trigo, cultivado en São Paulo, se introdujo en Río Grande de São Pedro. También se desarrollaron el arroz y el índigo.

La caída de los jesuitas se vincula a la firma del Tratado de Madrid de 1750 y a las reformas pombalinas. Pombal se había transformado en el gran enemigo de la orden y para sus propósitos se valió de su hermano, Francisco Xavier de Mendoça Furtado, gobernador del Estado del Gran Pará, y del obispo de Pará, el dominico Miguel de Bulhoes e Sousa. Ambos remitieron informes a la Corte con las quejas de los colonos sobre el maltrato a los indios, su riqueza, el monopolio de las especias y, sobre todo, las negociaciones con los jesuitas españoles contra los intereses estatales. La persecución contra la orden se intensificó ante el argumento de Pombal de que la Compañía había constituido un estado dentro del estado y era un peligro para la seguridad del Brasil. Finalmente se los expulsó en 1759 y se confiscaron todas sus posesiones, que fueron subastadas.

La muerte de José I y la caída de Pombal tras la coronación de María I supusieron algunos cambios políticos, aunque en materia económica se mantuvieron las líneas trazadas con anterioridad. Las compañías monopólicas que comerciaban con Brasil, abolidas entre 1777 y 1778, fueron afectadas por los cambios y vieron crecer su impopularidad, no sólo entre los comerciantes portugueses y brasileños, sino también entre los terratenientes coloniales. La eliminación de las compañías monopólicas permitió restablecer el libre comercio entre Portugal y el norte de Brasil. El desarrollo de exportaciones nuevas junto a otras tradicionales fue favorecido por dos cambios geopolíticos. El primero, en 1777 cuando la guerra de independencia de las Trece Colonias obligó a Gran Bretaña a buscar fuentes de abastecimiento para su industria textil algodonera. El segundo después de 1789, cuando la Revolución Francesa estalló en Haití y la guerra revolucionaria se extendió por Europa, lo que le permitió a Brasil conquistar nuevos mercados internacionales, gracias al azúcar, el algodón, el tabaco, el índigo, la cochinilla y el cacao. Para proteger los intereses metropolitanos Mello e Castro dictó un decreto ordenando el cierre de los talleres textiles coloniales, excepto los que producían ropa basta de algodón para los esclavos y telas para empacar. El espíritu del decreto pone de relieve el deseo portugués de mantener al Brasil dedicado únicamente a la agricultura, la ganadería y la extracción de productos coloniales, restringiendo la mayor parte de las actividades manufactureras a la metrópoli.

6. El comercio colonial

Como señala Boris Fausto, si bien los portugueses fueron precursores en la expansión marítima europea, carecían de los medios para monopolizar el comercio colonial. En el siglo XVI las grandes plazas mercantiles estaban en Holanda y no en Portugal. En esa época, los holandeses habían sido socios comerciales de los portugueses y transportaban en sus barcos sal y vino lusos o azúcar brasileño a cambio de manufacturas, tejidos, cobre y quesos. En la centuria siguiente cambiaron las alianzas e Inglaterra se convirtió en el socio privilegiado de Portugal. Estos cambios en la política exterior afectaron el principio luso de «exclusividad» colonial, que variaba según las alianzas y oscilaba entre un sistema centralizado con concesiones especiales y otro de relativa libertad. Antes de que el rey don Sebastián decretara en 1571 la exclusividad de los navíos portugueses en el comercio con Brasil, hubo una época de relativa libertad comercial cuyo comienzo se podría situar en 1530.

Debido a la distancia y la naturaleza del comercio luso-brasileño, las embarcaciones que lo realizaban no eran tan grandes como las que circulaban por las rutas asiáticas. Las más utilizadas eran la carabela y el navío, lentos y pequeños pero capaces de transportar cargas pesadas. Parece probable que durante la unión con España comenzaran a utilizarse los galeones, respondiendo a una tendencia de la época vinculada al aumento en el tamaño de las embarcaciones, algunas de las cuales se construyeron en astilleros brasileños. Portugal no tenía una flota mercante adecuada y el voluminoso comercio del azúcar requería numerosas embarcaciones para evitar que las cargas se pudrieran en los muelles. Era frecuente encontrar navíos ingleses u holandeses navegando con licencia portuguesa, por lo que a la Mesa do Bem Comum dos Mercaderes le resultó imposible mantener un estricto monopolio sobre el comercio colonial.

A tal punto eran inadecuados los recursos navales lusos, que era imposible defender el comercio del azúcar de los constantes ataques de los corsarios holandeses. Tras una iniciativa del jesuita Antonio Vieira, se creó la monopólica Companhia Geral do Comercio, para garantizar la navegación entre Lisboa y Brasil con una flota convoyada por buques de guerra. El capital para su fundación provino de los cristianos nuevos condenados por la Inquisición y de contribuciones de comerciantes lisboetas. Si inicialmente la compañía fue bien recibida y sus primeros pasos fueron prometedores, una serie de problemas a principios de la década de 1660 la convirtieron en propiedad estatal, administrada por la Junta de Comercio, dependiente a su vez del Consejo de Hacienda. A partir de la unión con España, se intentó aplicar el modelo español, más estricto en lo referente al monopolio, y reprimir el contrabando de ingleses y holandeses. Si bien se otorgaron numerosas licencias a los comerciantes españoles, sus intentos por copar el comercio luso fracasaron, mientras los portugueses supieron aprovechar la ausencia de fronteras políticas. Los comerciantes que se dedicaban a la trata comenzaron a introducir esclavos en las colonias españolas y, con ellos, abundantes manufacturas europeas. Los portugueses dedicados a este tráfico (por lo general cristianos nuevos) pudieron establecerse en las principales colonias españolas, como Lima, Potosí, Cartagena y México. El tráfico alcanzó tal envergadura que el metal altoperuano se transformó en moneda corriente en Brasil.

La situación cambió tras la Restauración. Juan IV estableció el libre comercio, pero en 1649 se pasó a un sistema centralizado de flotas. Sendos acuerdos angloportugueses (1642 y 1654) reafirmaron y extendieron el estatus de la colonia de comerciantes británicos en Lisboa, a la que se le concedió plenos privilegios para participar del comercio colonial. Posteriormente se restablecieron las relaciones comerciales con los holandeses (1661), franceses (1667) y españoles (1668). Los lazos con Inglaterra se volvieron a reforzar con la firma del Tratado de Methuen (1703), por el cual los portugueses abastecían de vino y aceite de oliva a los ingleses a cambio de textiles, otras manufacturas y trigo. Si bien la Companhia Geral do Comercio se abolió en 1720, el sistema de flotas se mantuvo hasta 1765-1766, cuando el marqués de Pombal acabó con él para expandir el comercio y restringir la actividad de los comerciantes ingleses. Desde entonces, los navíos con licencia pudieron comerciar con Río de Janeiro, Bahía y los puertos sobre los que no pesaban derechos monopólicos, y al año siguiente se autorizó el comercio de cabotaje entre los puertos brasileños. Hacia 1797-1798 se instituyó un sistema de buques correo que comunicaba dos veces al mes la metrópoli con los principales puertos del Brasil.

Para el comercio del Brasil, Pombal creó dos compañías monopólicas en el marco de sus políticas mercantilistas, que llevaron a abandonar el sistema de flotas. La Companhia Geral do Comercio do Grão Pará e Maranhão (1755) debía introducir esclavos negros en la cuenca amazónica después de la abolición de la esclavitud indígena, contribuir al desarrollo agrario y controlar la importación de manufacturas. La Compañía fue importante en el desarrollo del algodón y el arroz, así como en el aumento de las exportaciones (maderas para la construcción, drogas y productos tintóreos). La Companhia Geral do Comercio de Pernambuco e Paraíba (1759), una réplica de la anterior, debía reavivar la economía agraria del nordeste. Trató de remediar la escasez de mano de obra importando esclavos, y también intentó relanzar la producción y exportación de azúcar; incrementar las exportaciones de cuero, tabaco, y algunos productos nuevos como el cacao; y desarrollar el mercado para las manufacturas portuguesas. Paralelo al comercio legal, desarrollado a través de Lisboa por mercaderes portugueses y extranjeros con licencia real, tenía lugar un importante comercio directo, o contrabando, con el resto de Europa. En él se mostraban activos los ingleses, los españoles (vía Canarias), los franceses (vía La Rochelle) y, fundamentalmente, los holandeses. Amsterdam era el principal mercado mundial del azúcar y, a fin de garantizar su abastecimiento, los holandeses combinaban la piratería con el comercio legal y el contrabando.

A finales del siglo XVI el azúcar había dejado de ser una droga de oferta limitada y se había transformado en un alimento de gran consumo, siendo Brasil su mayor exportador. Sin embargo, el éxito de la economía azucarera brasileña se decidía en los puertos de Amsterdam, Londres, Hamburgo y Génova. La producción azucarera, que era la principal actividad exportadora, se recuperó a fines del período colonial. El volumen de las exportaciones fue estimulado por precios internacionales más favorables al final de la década de 1770 y en la de 1790, cuando la producción azucarera no se limitaba a las áreas tradicionales de Pernambuco, Bahía y Río de Janeiro, y se había extendido a São Paulo, donde se convirtió en el principal cultivo. Durante décadas la producción azucarera había permanecido estancada, situación que se mantuvo hasta el establecimiento de la compañía monopólica del nordeste. En 1761 había en la región de Pernambuco y Paraíba 268 ingenios, los mismos que 40 años atrás, y de ellos 40 no funcionaban. En 1777 su número había aumentado a 390 y las exportaciones se duplicaron. Durante las décadas de 1760 y 1770 Pernambuco recuperó el lugar de principal productor azucarero, perdido a manos de Bahía a mediados del siglo anterior. Esta situación fue transitoria, ya que la producción también creció en Bahía, e igualmente se produjeron cambios profundos en Río de Janeiro y São Paulo, de modo que las exportaciones totales pasaron de 875.000 arrobas en 1790 a 1.720.000 arrobas en 1807.

Otro producto que alcanzó un lugar destacado en el comercio atlántico fue el tabaco. Durante la primera mitad del siglo XVII los portugueses trataron de restringir la producción de tabaco en la Península y en los archipiélagos atlánticos, a fin de incrementar los cultivos brasileños. En 1674 se estableció la Junta do Tabaco para supervisar su comercio. A medida que la trata se incrementaba, el tabaco y el aguardiente de caña *(cachaça)* se convirtieron en los productos más utilizados para el intercambio por esclavos en las costas africanas. En las últimas décadas del período colonial, Bahía continuó siendo el principal productor tabacalero, con el 90% del total nacional. El volumen de las exportaciones creció notablemente. De un promedio anual de 320.000 arrobas entre 1750 y 1766 se pasó a 615.000 en la década de 1780, aunque a finales de siglo sus exportaciones disminuyeron en términos relativos por el aumento de otros productos exportables, no sólo el azúcar sino también el algodón.

El algodón comenzó a cultivarse con fines comerciales hacia 1760, cuando la compañía de Maranhão realizó algunas pequeñas compras. En principio su cultivo se limitó al delta de los ríos Mearim e Itapicurú, pero luego se extendió y en la década de 1790 su centro productor se estableció en los alrededores de Caxias, 275 kilómetros al sudeste de São Luis. En la década de 1780 la frontera del algodón se desplazó al interior, debido al clima más seco y a un suelo más adecuado. Por el contrario, los esfuerzos para desarrollarlo en Río de Janeiro y São Paulo fracasaron. Maranhão lideró la producción de algodón durante cuatro décadas. El algodón era para Maranhão lo que el cacao para Pará o el azúcar para Bahía, Río de Janeiro y São Paulo, un producto dominante que justificaba el despacho de un gran número de barcos. Muchos factores intervinieron en el rápido aumento del algodón, un cultivo menos complicado que el azúcar y que no requería un equipo costoso.

Junto con los esclavos y el marfil africano, las importaciones brasileñas incluían una gran variedad de productos. Un buen número de barcos que retornaban a Europa desde Asia, en el siglo XVII y especialmente en el XVIII, hacían escala en Bahía, donde descargaban sedas y otros productos de lujo. De Europa llegaban manufacturas de todo tipo, incluidas herramientas, insumos para los ingenios (especialmente productos de cobre), armas y textiles. La mayor parte de estas mercancías eran de origen inglés y francés, y Lisboa se limitaba a reexportarlas. Algunos comestibles (carne salada) y otros productos (cueros, plata) provenían del Río de la Plata. De Oporto y Madeira se importaban vinos y pescado salado. Por su parte la sal, convertida en 1632 en un monopolio fiscal vigente hasta 1801, jugó un papel importante en el comercio atlántico. Este monopolio era visto como opresivo para los intereses ganaderos, agrarios y urbanos. Tras su abolición se lo reemplazó por un sistema de tasa que se cobraba en las salinas del litoral y del interior y por la creación de un nuevo monopolio gubernamental sobre el salitre y la pólvora.

Ya en los últimos años del período colonial hubo una activa participación brasileña en el comercio exterior portugués. Entre 1789 y 1807 el volumen del comercio luso se cuadruplicó. En esos años Brasil aportó entre la mitad y las dos terceras partes de los productos que contribuyeron a la expansión del comercio metropolitano. Gracias a las reexportaciones de productos brasileños de origen no-mineral, la balanza comercial entre Portugal y su principal socio comercial, Inglaterra, se alteró completamente a finales del período colonial. Desde principios del siglo XVIII hasta 1791 la balanza había sido favorable a Inglaterra, pero de 1791 a 1801 se invirtió a favor de Portugal. El 37,5% de los productos exportados por Portugal a Inglaterra eran de origen brasileño. Sin embargo, la exportación de manufacturas portuguesas con destino a sus colonias cayó un 69% entre 1801 y 1807. Pese los efectos negativos de la guerra en el mar, desde la década de 1780 hubo un importante y creciente comercio directo entre Inglaterra y Brasil. Como consecuencia del mismo, Portugal se encontró en la absurda situación, desde el punto de vista metropolitano, de tener déficit en su balanza comercial con distintas regiones de Brasil.

11. La presencia americana de las otras potencias europeas

Pese al esfuerzo de las potencias ibéricas, su intento de ser las únicas propietarias del Nuevo Mundo se quedó en la nada, ya que el resto de Europa no reconocía los títulos jurídicos en los que Castilla y Portugal basaban su exclusividad: las bulas pontificias y el Tratado de Tordesillas. Para Inglaterra, Francia y Holanda los únicos argumentos que garantizaban la posesión colonial eran el descubrimiento, seguido de la ocupación y poblamiento del territorio. Con este bagaje político-jurídico, las estrategias europeas variaban según su vocación atlantista y la evolución de las alianzas: no era lo mismo enfrentarse a España o Portugal que ser aliado suyo. Por eso, la expansión europea en América estuvo condicionada por las guerras y los posteriores tratados de paz, que en el siglo XVII y, especialmente, en el XVIII variaban constantemente el mapa del reparto colonial.

Tras el descubrimiento colombino muchos europeos quisieron seguir la estela del Almirante en su búsqueda de Asia y cuando se conoció la existencia de los imperios inca y azteca y la riqueza de Potosí y Zacatecas fue imposible levantar un dique de contención a la codicia europea. La demanda de metales preciosos, estimulada por el mercantilismo, fue un acicate para los otros intentos de colonización en los territorios americanos. Franceses, ingleses, holandeses, suecos y daneses se apropiaron de diversas partes de América entre los siglos XVI al XVIII y le otorgaron al continente americano un perfil propio. Los métodos de aproximación variaron: la colonización clásica de Francia, Holanda, Suecia e Inglaterra en América del Norte a partir del siglo XVII; la ocupación de posesiones portuguesas por Francia y Holanda en los siglos XVI y XVII; la más sencilla práctica del comercio, generalmente designado contrabando, al alcance de cualquier país con vocación comercial; y, por último, la piratería, el corso y el filibusterismo, centrados en el Caribe, aunque practicados en todo tiempo y lugar. Todos estos intentos, especialmente los exitosos, configuraron un mapa de América plurilingüe y distinto del soñado por España y Portugal.

Los estímulos para la presencia europea en América fueron varios. En primer lugar, las cuestiones geopolíticas, como la necesidad de encontrar el paso transatlántico para llegar a Asia, o el deseo de compensar el poder colonial de España y Portugal, que podía romper el equilibrio europeo. En segundo lugar, los metales preciosos, ya que el comercio con Oriente se pagaba en oro y plata, que no se producían en Europa. Las rutas españolas eran un blanco apetecido por los piratas, corsarios, bucaneros y filibusteros de todo pelaje y origen, complementados por el comercio y el contrabando. La actividad de piratas y corsarios no se dirigía exclusivamente contra los españoles, y variaba en función de los intereses nacionales, que dependían de las alianzas europeas. Tercero, los productos tropicales (azúcar, café, tabaco, algodón o cacao) eran demandados de forma creciente por las manufacturas y las sociedades europeas. Y por último, la sal, vital para la salazón de carne y pescado, fue un estímulo para la expansión holandesa en América.

Holanda había desarrollado en el siglo XVI una importante industria de salazón de carne y pescado, como prueba el hecho que las 150 embarcaciones dedicadas a la pesca del arenque a mediados del siglo XVI fueran 4.000 una centuria después. Al carecer de sal, los holandeses se aprovisionaban en las salinas de Setúbal, Portugal, y Cabo Verde, pero cuando Felipe II llegó al trono portugués y a la vista de sus disputas con Holanda, prohibió a los holandeses abastecerse en las salinas lusas y éstos comenzaron a buscarlas en América. En 1599, una flota encontró sal de gema en Araya, en el Caribe venezolano, que era mejor que la portuguesa y, encima gratis. Como el viaje de ida se hacía de vacío, se podía llevar manufacturas a bordo para venderlas de contrabando en Cumaná y la isla Margarita. Así fue como al año siguiente partieron 100 cargueros de los puertos holandeses. España no se cruzó de brazos, expulsó a los holandeses y construyó el castillo de Santiago del Arroyo en Araya, convertido durante un cuarto de siglo en un importante frente de lucha. En 1623 los holandeses abandonaron la zona y buscaron otras salinas en Brasil y el Caribe, especialmente en la costa venezolana. Los enfrentamientos por las salinas fueron constantes, especialmente en Curaçao, San Martín, Aruba y Bonaire. La paz de Westfalia, de 1648, garantizó a Holanda Curaçao y la mitad de San Martín.

Hasta 1660 Inglaterra no tuvo una política colonial clara y sus colonias en América del Norte crecieron por el esfuerzo de individuos, pequeños grupos y compañías comerciales. Las cosas cambiaron con Carlos II, que conquistó Nueva Holanda y levantó cuatro colonias entre Nueva Inglaterra y Maryland. La fundación de las dos Carolinas permitió expandir la frontera hacia el sur. El símbolo del cambio de política fueron las Leyes de Comercio y Navegación. Entre 1660 y 1672 se sancionaron las medidas legislativas que regularían el comercio y la navegación con las colonias, orientadas en los principios mercantilistas. Según ellas, todo el comercio entre Inglaterra y sus colonias debía hacerse en buques ingleses o coloniales y mandados por ingleses y todas las importaciones de manufacturas europeas debían pasar previamente por la metrópoli. Ciertos productos coloniales, entre los que destacaban el tabaco, el azúcar, el algodón y algunos bienes tropicales producidos en las islas caribeñas, o Indias occidentales, sólo podían exportarse a Inglaterra, a fin de controlar unos mercados cautivos y de estimular, en la medida de lo posible, las manufacturas metropolitanas. Las medidas proteccionistas dieron su fruto y en las fechas previas a la independencia un 33% del total de las exportaciones inglesas se vendía en los mercados de las Trece Colonias frente al 16% de décadas anteriores. Mucho se ha discutido sobre el impacto del proteccionismo en las colonias, pero en líneas generales se puede asumir que no fue un obstáculo para el crecimiento económico colonial y que su impacto se limitó a productos y regiones concretas.

Jacobo II intentó centralizar la administración colonial según el modelo español e intentó crear dos virreinatos, pero su alejamiento del trono acabó con la propuesta. Sus sucesores, Guillermo y María, dieron una doble vuelta de tuerca a la consolidación del poder real en América del Norte. Hacia adentro, intentando someter a los colonos a la disciplina regia, y hacia afuera, luchando con Francia y España por el control territorial. Según las teorías económicas dominantes, las colonias más favorables para Inglaterra eran las de las Indias Occidentales y las de América del Norte situadas al sur de Chesapeake, que producían los productos tropicales o semitropicales demandados por la sociedad inglesa e importaban manufacturas y productos de lujo elaborados en Inglaterra.

A lo largo del siglo XVIII continuó la tendencia iniciada con Carlos II: la centralización de las colonias bajo la égida del rey. En 1752 once de las trece colonias dependían del monarca y sólo Maryland y Pennsylvania no estaban en manos reales. Hasta entonces, los colonos solían coincidir con la política exterior inglesa, especialmente en la defensa de sus intereses ante los franceses, españoles e indios. Sin embargo, a partir de la paz de París, que en 1763 entregó Canadá a la Corona inglesa, las cosas comenzaron a cambiar. Pese a los esfuerzos metropolitanos, el poder de los gobernadores no se había consolidado y las asambleas territoriales tenían amplios poderes parlamentarios, lo que otorgaba a las colonias una amplia autonomía. De hecho, sólo la política exterior, el comercio colonial y la guerra eran controlados por el monarca y el Parlamento inglés, mientras que los restantes asuntos los resolvían los colonos. Cuando vieron que la Nueva Francia no se organizaba según sus expectativas, aumentó el sentimiento de agravio, reforzado en 1768 con la creación de la Secretaría Americana, dirigida por un secretario de Estado para las colonias. Esta medida puso de manifiesto la voluntad de Jorge III de reforzar los lazos coloniales, como se vio con las disposiciones que obstaculizaban el libre comercio o la construcción de manufacturas en las colonias. Por eso, el aumento de la presión fiscal fue la gota que colmó la paciencia de los colonos.

El siglo XVIII supuso un cambio importante en los territorios americanos, impulsado por el avance del capitalismo europeo. Las colonias producían metales preciosos, materias primas y productos tropicales y también eran importantes mercados para las manufacturas surgidas de la revolución industrial. A lo largo del siglo, las posesiones americanas adquirieron una importancia creciente y fueron una constante moneda de cambio en las diversas guerras continentales, como prueban las permanentes modificaciones territoriales tras cada tratado de paz.

1. Los primeros pasos

La búsqueda del paso hacia Asia movilizó a franceses e ingleses en América, especialmente en la parte norte del continente. A fines del siglo XV el italiano Giovanni Caboto, John Cabot en inglés, realizó un par de viajes con ese objetivo. En el primero visitó el norte de Terranova, probablemente la península del Labrador y en el segundo bordeó buena parte de la costa de América del Norte, desde Terranova hasta las Carolinas o la Florida. La única consecuencia duradera de estos viajes fue dar a la Corona inglesa un título «legal» sobre América del Norte y contra las reclamaciones de España y Francia. Durante casi tres cuartos de siglo los ingleses no hicieron prácticamente nada para reactivar la experiencia de Gaboto. El problema no respondía únicamente a una cuestión de voluntarismo sino de recursos. Inglaterra era un país pobre, volcado en sus problemas internos y sin los medios para financiar una empresa de largo aliento como era la colonización americana.

Los tesoros americanos estimularon la avidez de franceses, holandeses e ingleses, y en 1521 algunos corsarios franceses se apoderaron de parte del botín de Hernán Cortés. Los navegantes galos también estaban interesados en encontrar el paso transoceánico, como prueban los tempranos viajes de descubrimiento de Jean Denis y Tomás Aubert en los primeros años del siglo XVI. En la década siguiente, el barón de Lery intentó establecer una colonia en Terranova. Buscando el paso transatlántico, en 1524 Giovanni Verrazzano, un florentino al servicio del armador galo Jean Ango, llegó a la bahía de Chesapeake, en Carolina del Norte. Posteriormente navegó hacia el norte, pasó por Manhattan y Maine, hasta arribar a Terranova, de la que tomó posesión en nombre del rey de Francia. Por ese entonces, se pensaba que el Pacífico estaba al alcance de la mano, una creencia que se mantuvo hasta principios del siglo XVII, cuando los colonizadores ingleses de Virginia creían poder llegar a pie a la Mar del Sur. Entre 1534 y 1541, Jacques Cartier hizo lo mismo durante sus tres viajes al golfo de San Lorenzo, en Canadá, cuando descubrió Quebec y Mont Real. En su último viaje intentó colonizar en la

11. La presencia americana de las otras potencias europeas

zona del San Lorenzo, fundando Cap Rouge, pero el hambre, el frío y los ataques de los indios obligaron a los colonos a retornar a su país.

Cuando Francia se vio envuelta en sus guerras de religión, América cayó prácticamente en el olvido hasta el siglo siguiente, en un fenómeno similar al ocurrido en Inglaterra, aunque el corte no fue radical, ya que pescadores y traficantes de pieles siguieron visitando Terranova y Canadá durante la segunda mitad del siglo XVI. En la misma época, los franceses intentaron establecerse en Brasil y la Florida, pero con éxito limitado. El almirante Coligny envió a Nicolás Durand de Villegagnon a Brasil, donde en 1556 fundó la France Antarctique, una colonia de hugonotes en la bahía de Guanabara, en Río de Janeiro. Allí permanecieron once años, hasta que los portugueses los expulsaron. Fue un precedente de otra experiencia colonizadora de principios del siglo XVII, la Francia Equinoccial de Daniel de la Touche, también de existencia efímera. Por otra parte, los intentos de Francia de establecerse en la Florida, con las fundaciones de Santa Elena y Pensacola, respondían al deseo galo de contar con una base para atacar a las flotas españolas.

Durante el reinado de Isabel I, de 1558 a 1603, Inglaterra redobló sus ataques contra España, que alcanzaron su cenit en 1588, con la destrucción de la Armada Invencible. En lo que aquí nos atañe hay que mencionar la vuelta al mundo de Francis Drake, entre 1577 y 1580, que llegó a California tras asolar las costas de Chile y Perú, y la captura en 1587 del galeón de Manila por Thomas Cavendish. Drake, Cavendish y otros marinos, como John Hawkins o John Lowell, recibieron de la reina la patente de corso que los habilitaba para atacar los bienes y posesiones de España o se dedicaban al contrabando. Entre 1562 y 1567 Hawkins y Lowell llegaron a diversos puertos del Caribe español y de la costa venezolana donde, tras amenazar a las autoridades, vendieron esclavos robados y otros productos de contrabando. A partir de 1568 la piratería inglesa comenzó a martillar constantemente las posesiones y embarcaciones españolas, hasta que en 1604 se firmó la paz entre España e Inglaterra.

En las décadas de 1570 y 1580 se reanudaron los viajes de descubrimiento, impulsados por Martin Frobisher y John Davis, vinculados a la Sociedad de Comerciantes Aventureros, ya que los ingleses seguían buscando el paso intercontinental en la parte norte de América. Frobischer hizo dos viajes hasta el extremo septentrional, en 1576 y 1577, donde entró en contacto con los esquimales y creyó haber encontrado oro. A la búsqueda del metal dorado se envió al año siguiente una expedición de 15 embarcaciones, que constató que se trataba de pirita oscura, lo que aplacó el entusiasmo por la región. Davis volvió a intentar la búsqueda en 1583, 1586 y 1586, navegando entre los 66º 40´ y los 72º 12´ de latitud Norte. En 1583 Humphrey Gilbert tomó posesión de Terranova en nombre de la reina Isabel, pero murió en el viaje de regreso. El verdadero impulsor de la colonización fue Walter Raleigh, miembro de la nobleza inglesa y formado en la Universidad de Oxford, que en 1584 organizó una expedición dirigida por Arthur Barlow y Philiph Amydas hasta un lugar al que llamarían Virginia, en Roanoke, Carolina del Norte. La relación con los indios no fue fácil y los colonos ingleses tuvieron que regresar a su país, si bien en 1587 se envió un nuevo grupo al mismo destino, con igual suerte que el anterior.

2. Las Trece Colonias

Las colonias fundadas por los ingleses en América del Norte, las Trece Colonias que darían lugar a los Estados Unidos, se presentan como un modelo exitoso y diferente al del sistema colonial español, destacando el sistema de propiedad, el carácter emprendedor de los colonos y el peso de la religión. Las colonias inglesas en América del Norte respondían a diversos patrones de ocupación, que dependían del responsable de la empresa: compañías comerciales o propietarios individuales. Todas estaban a cargo de un gobernador, generalmente designado por el titular de la propiedad, aunque en algunas había un elevado margen de autogobierno. El gobernador solía estar acompañado por un consejo y una asamblea legislativa o parlamento local que elaboraba leyes de aplicación restringida. Con el tiempo, se estableció que la aprobación de las normas legislativas dependería del gobernador y de la Corona, lo que en más de una oportunidad generó algún conflicto.

El crecimiento económico de las colonias dependió de sus potencialidades, pero fue favorecido por la abundancia de tierras de labor y la posibilidad de expansión ilimitada de la frontera, convertida en uno de los principales impulsos de la región y en un fuerte atractivo para los nuevos inmigrantes. En 1660 las colonias poseían entre 60 y 70.000 habitantes, que fueron 250.000 a principios del siglo XVIII. De ellos, 92.000 (el 36,8%) vivían en Nueva Inglaterra y las otras colonias del norte; 53.000 (el 21,2%) en las colonias del centro y 105.000 (42%) en el sur. Desde entonces, el crecimiento demográfico regional fue espectacular: 1.600.000 habitantes en 1760 y 2.100.000 diez años después. A diferencia de las colonias españolas y Brasil, era una población mayoritariamente blanca, al ser prácticamente inexistente el mestizaje con los indios. A mediados del siglo XVII, sólo el 4% de los habitantes de las colonias eran esclavos de origen africano, establecidos en las plantaciones del sur, que llegaron al máximo del 22% en 1770. El auge de la trata esclavista en las Trece Colonias se produjo entre 1780 y 1810, después de la independencia, ya que en esos 30 años se importaron tantos esclavos como en los 160 años anteriores.

Estos datos contrastan con el Caribe, donde los esclavos constituían el grupo social mayoritario. La proporción entre los distintos grupos cambió antes de la independencia, con un aumento superior al 100% de los esclavos africanos. Algunas estimaciones señalan que desde el descubrimiento de América hasta 1870, las Trece Colonias primero y los Estados Unidos después fueron el quinto importador del Nuevo Mundo, con 596.000 esclavos;

11. La presencia americana de las otras potencias europeas

precedido por Brasil, 3.647.000; Haití, 864.000; Jamaica, 748.000 y Cuba, 702.000 (véase Figura 11.1). Los esclavos norteamericanos no sólo vivían más que sus pares del Caribe sino también se reproducían en mayor cantidad. Mientras en las Antillas la mayoría de los esclavos a fines del siglo XVII eran de origen africano, en las Trece Colonias la mayor parte de los negros había nacido en América.

En 1770, los blancos eran el 78,5% de la población y los negros el 21,5% restante, aunque estaban distribuidos de forma desigual en el territorio. El 90% vivía en las colonias del sur, donde se habían desarrollado las grandes plantaciones. La distribución territorial de la población se mantuvo, aunque aumentó el peso del sur en relación al centro y al norte: en 1770 las colonias del sur tenían el 47%, frente al 27% del norte y el 26% del centro. La afluencia de inmigrantes europeos a las colonias norteamericanas, no sólo ingleses sino también alemanes, irlandeses, franceses y escoceses, impactó en una sociedad estimulada por la vocación de trabajo y progreso de los recién llegados y sus familias. Pero este hecho también relajó la rígida moralidad imperante y dio lugar a una sociedad que sabía aprovechar sus oportunidades y que tenía en el éxito y la ganancia uno de sus móviles principales. Sin embargo, hubo valores que se mantuvieron, como la importancia de la educación o el peso de las instituciones representativas y democráticas. En este sentido, las

Figura 11.1. Importación de esclavos negros en América, 1492-1870

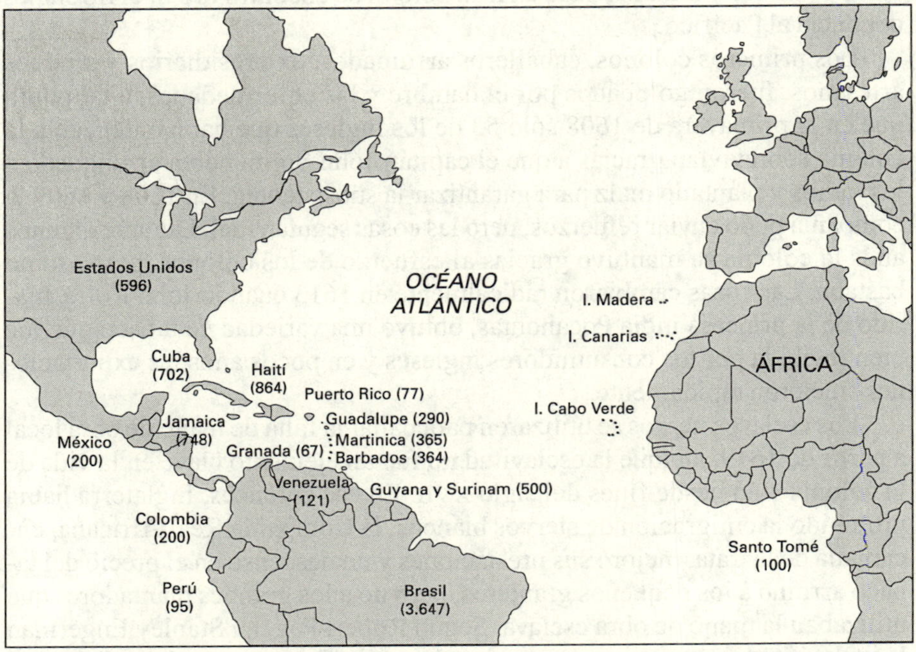

Fuente: Robert Fogel y Stanley Engerman, *Tiempo en la cruz. La economía esclavista en los Estados Unidos*, Madrid, 1981, p. 14.

tasas de analfabetismo eran muy bajas para la época: 10% en el norte y 50% en el sur, donde aumentaba por el elevado número de esclavos. Este *input* dotó al capital humano local de un potencial inexistente en otras partes del mundo. Aquí, al igual que en los países del norte de Europa, la costumbre protestante de leer la Biblia fue un excelente estímulo para la alfabetización.

La llegada de Jacobo I al trono en 1603 acabó con las guerras con España y Escocia y permitió liberar fuerzas y capitales, hasta entonces comprometidos en otras tareas, para la aventura ultramarina. Doce de las Trece Colonias fueron el resultado de la acción de dos grandes corrientes colonizadoras. A principios del siglo XVII, dos grupos de capitalistas de Londres y Bristol formaron dos compañías monopólicas que se repartieron los derechos de colonización de Virginia. Mientras la compañía de Bristol se ocupó de Virginia del Norte, rebautizada Nueva Inglaterra en 1620, la de Londres tuvo a su cargo Virginia del Sur, que incluía Maryland y Carolina. El primer viaje organizado por la Compañía de Londres llegó a la bahía de Chesapeake, Virginia, en abril de 1607. Éste sería el límite entre los territorios del norte y los del sur, entre la pequeña y la mediana explotación frente a la gran propiedad y la plantación orientada al cultivo de especies tropicales y subtropicales, como el algodón, el tabaco y el azúcar. Navegando río arriba, a orillas del James, el capitán Newport fundó la ciudad de Jamestown, en un lugar tan castigado por la malaria que debió ser abandonado rápidamente. Los principales objetivos de la Compañía de Londres habían sido convertir a los indígenas, encontrar yacimientos de oro y hallar el paso a Asia, pero ni se encontró oro ni el río James conducía al Pacífico.

Los primeros colonos, caballeros arruinados, ex presidiarios y algunos artesanos, fueron golpeados por el hambre y las enfermedades, a tal punto que en la primavera de 1608 sólo 53 de los ingleses que habían llegado a la colonia sobrevivían gracias a que el capitán John Smith había apaciguado a los indios y plantado maíz para garantizar la subsistencia. En 1608 y 1609 la compañía pudo enviar refuerzos, pero las cosas seguían mal. Durante algunos años la colonia se mantuvo gracias al esfuerzo de los colonos, pero eso no bastaba. Las cosas cambiaron radicalmente en 1613 cuando John Rolfe, marido de la princesa india Pocahontas, obtuvo una variedad de tabaco que fue bien recibida por los consumidores ingleses y en pocos años las exportaciones crecieron rápidamente.

Los esclavos negros se utilizaron para paliar la falta de mano de obra local a partir de 1619, aunque la esclavitud no fue un elemento clave en la vida de la colonia sino desde fines del siglo XVII. En ese entonces, Inglaterra había prohibido la emigración de siervos blancos, la Compañía Real Africana, encargada de la trata, mejoró sus prestaciones y un descenso en el precio del tabaco arruinó a los pequeños granjeros, pero no a los grandes plantadores que utilizaban la mano de obra esclava. Según Robert Fogel y Stanley Engerman la esclavitud no era un sistema irracional mantenido por unos plantadores que no comprendieron o no se preocuparon por saber cuáles eran sus intereses económicos, ya que la compra de un esclavo era una inversión rentable con rendimientos comparables a otras actividades productivas.

Virginia sufrió un cambio radical entre 1615 y 1625. De ser una colonia arruinada, regida con una rígida disciplina y aborrecida por los colonos, se transformó en una región pujante que floreció con la introducción de la propiedad privada. A medida que vencían los contratos de los siervos asalariados de la Compañía, éstos se iban convirtiendo en arrendatarios aparceros, de tal forma que hacia 1619 las haciendas arrendadas se extendían 30 kilómetros a lo largo de las orillas del río James. Entonces había cerca de 1.000 personas en la colonia. A partir de 1618 la compañía puso en práctica los *head-rights*, que implicaba otorgar 20 hectáreas en propiedad a aquellos inmigrantes que se costeaban el viaje o a aquellos que le pagaban el pasaje a un inmigrante.

Ese año, la Compañía ordenó al gobernador trasladar el derecho y el sistema procesal inglés a la colonia. También se convocó una asamblea representativa con facultades para promulgar leyes locales, que debían ser aprobadas por la Compañía en Inglaterra. En julio de 1619 se eligieron 22 «burgueses», dos por cada uno de los once distritos de la colonia, mediante el voto de todos los hombres mayores de 17 años. Para la historiografía tradicional norteamericana éste fue el inicio de la democracia en Estados Unidos y el comienzo del gobierno del pueblo por el pueblo. Es evidente que esa asamblea electiva, cuyo único cometido formal era ser un parlamento local para ayudar al gobernador, debía dar numerosos pasos hacia formas de gobierno democráticas, más allá del mito fundacional, ya que, por ejemplo, la Compañía de Londres tenía más poder que la asamblea. Cuando esos pasos se dieron se permitió el rápido desarrollo de un gobierno representativo y republicano, especialmente a partir de la independencia. Uno de los condicionantes de la vida colonial era la actividad de los indios, pero las relaciones con ellos no eran fáciles. En 1622 un ataque indígena destruyó buena parte de las infraestructuras en los alrededores de Jamestown, mató a 300 personas, hombres, mujeres y niños, y liquidó las ganancias de tres años. Tras las denuncias de los accionistas y el correspondiente proceso judicial, el rey disolvió la Compañía en 1624 y Virginia se convirtió en una provincia real o colonia de la Corona. Este hecho no supuso la pérdida de la autonomía conquistada, pese a que desde entonces el gobernador y el consejo eran nombrados por el monarca. En 1625 los colonos planearon un castigo contra los indígenas, que se cobró más de mil víctimas, lo que les permitió ocupar buena parte de sus tierras.

Maryland, la segunda colonia en establecerse, se desarrolló a partir de Virginia, donde se había instalado sir George Calvert, lord Baltimore. Cuando fue expulsado por católico, consiguió que el rey le concediera un territorio para llevar a sus correligionarios y a su muerte, el segundo lord Baltimore organizó la expedición que en 1634 se asentaría en Maryland, con la llegada de 220 colonos, entre ellos dos jesuitas. Con el correr del tiempo los protestantes se convirtieron en mayoría entre los colonos y en 1649 la asamblea de

Maryland votó una ley de tolerancia religiosa. Ésta fue anulada después del conflicto entre los pequeños agricultores protestantes y los terratenientes católicos.

La fundación de Nueva Inglaterra, en el actual estado de Massachussets, se vincula al desarrollo del puritanismo, una variante extrema de la Iglesia anglicana que impulsaba una profunda reforma protestante. Los conflictos con la Iglesia oficial llevaron a los puritanos a desterrarse en Leyden, Holanda, en 1609, desde donde consiguieron una concesión de la Compañía de Virginia para asentarse en América. Un grupo de comerciantes londinenses financió una expedición que daría origen al viaje del *Mayflower* y sus famosos peregrinos. El 11 de noviembre de 1620, 101 peregrinos, llamados así por considerarse apátridas, llegaron a la bahía de Cod, fuera de la jurisdicción de Virginia. Al arribar a un lugar distinto al previsto, los colonos deliberaron sobre su futuro y firmaron un compromiso para autogobernarse según la voluntad de la mayoría. Como señalan Morison, Commager y Leuchtenburg, el pacto de Mayflower, de 1620, y la Asamblea de Virginia, de 1619, se constituyeron en las dos piedras fundacionales del entramado institucional y democrático de Estados Unidos.

Los colonos se instalaron en Plymouth, donde enfrentaron unas duras condiciones, que el primer invierno se cobró la vida de la mitad de los peregrinos, pero cuando en abril de 1621 el *Mayflower* regresó a Inglaterra, ninguno de los sobrevivientes quiso embarcarse. La situación de los colonos varió cuando se les unió Squanto, un indio que les enseñó a pescar y a cultivar maíz. En octubre de ese año obtuvieron una abundante cosecha y luego celebraron la primera fiesta de Acción de Gracias. La alianza con los indios wampanoag, del cacique Massasoit, complicó la situación de la colonia, que durante un tiempo contó con escasos excedentes para repartir entre sus habitantes. Los primeros diez años fueron muy duros, aunque en 1626 los colonos ya habían cancelado la deuda que tenían con la Compañía de Londres para financiar su viaje. En 1628 se estableció una pequeña colonia en Salem y a partir de 1630 las cosas se aceleraron. Ese año zarpó en dirección a Nueva Inglaterra una flota de diecisiete embarcaciones, con 1.000 personas, que fundaron Boston y otros seis emplazamientos en sus alrededores. En 1640 Nueva Inglaterra tenía 22.500 habitantes, una cifra importante en comparación con los 5.000 establecidos en Virginia y Maryland.

En 1629 la recién creada Compañía de la Bahía de Massachusetts obtuvo de Carlos I importantes privilegios, que dotaron a la colonia de un estatus prácticamente independiente de Inglaterra. Los accionistas, conocidos como hombres libres, se convirtieron en electores y establecieron un Consejo General, de base representativa, encargando de las cuestiones legislativas, elegido anualmente, al igual que el gobernador, vicegobernador y sus diputados. Ni el rey ni el Parlamento de Londres podían incidir en los actos del gobierno local, donde sólo intervenían los miembros de la Iglesia, lo que excluía a los no puritanos de cualquier forma de participación política. En 1641 se adoptó

11. La presencia americana de las otras potencias europeas

un Código de libertades que incluía el juicio por jurados, la aprobación de impuestos por la representación ciudadana, un justo proceso para los casos de pena de muerte, la prohibición de la tortura y la igualdad para los extranjeros. Todos los cargos, tanto los ejecutivos como los parlamentarios, se elegían anualmente y el mismo día, lo que le confirió al sistema electoral de Nueva Inglaterra un carácter modélico que sería imitado en buena parte de las Trece Colonias. El puritanismo impregnaba las actividades cotidianas y la tierra se repartía por comunidades, a cuyo frente siempre había un pastor. La educación recibió un fuerte impulso. En 1638 se creó el Colegio de Harvard y en 1639 se introdujo la imprenta en Cambridge. En 1643 se creó la Confederación de Nueva Inglaterra, o las Colonias Unidas de Nueva Inglaterra, con la participación de Plymouth, Massachusetts, Connecticut y New Haven. Su principal objetivo era defenderse de los ataques de los indios, holandeses o franceses. Pese a los conflictos limítrofes entre las colonias, la liga se mantuvo y fue esencial en la guerra india de 1675-1676.

Antes de 1640 se crearon otras tres colonias puritanas, que darían lugar a dos de los modernos Estados de la Unión. En 1636, un grupo puritano, liderado por los reverendos John Cotton y Thomas Hooker, migró hacia el oeste, al río Connecticut, donde fundaron Withersfield y Hartford. En 1637 el comerciante londinense Theophilus Eaton y el reverendo John Davenport se instalaron en New Haven, cuyo influjo se extendió por ambas riberas del estrecho de Long Island, pese a mantenerse separada de Connecticut hasta 1662. La colonia de Rhode Island, que en 1647 comprendía Providence, Newport y Portsmouth, se creó a partir de cuatro grupos distintos de herejes puritanos. Hasta 1680 todas estas colonias eran prácticamente independientes de Inglaterra, pero en 1691 la Corona asumió su control. En 1622 se pobló New Hamphsire, a partir de un permiso de Nueva Inglaterra, para fundar entre los ríos Merrimack y Kennebec.

Holandeses y suecos intentaron establecerse entre Nueva Inglaterra y Virginia. Si bien tuvieron un éxito limitado, sus colonias fueron finalmente absorbidas por los ingleses. En 1602 se creó la Compañía Holandesa de las Indias Orientales, una pujante empresa mercantil que compitió con los portugueses en Asia y que en su búsqueda por reducir costes también se propuso encontrar el paso transatlántico. El marino inglés Henry Hudson, al servicio de la Compañía, llegó a Manhattan, en 1609, y remontó el río que lleva su nombre hasta el centro de la Confederación Iroquesa y de las ricas zonas peleteras del San Lorenzo. Si bien la compañía no estaba interesada en el negocio de las pieles, algunos holandeses se dedicaron a él. Posteriormente los capitanes Block y Mey exploraron la costa, desde el cabo Maine hasta el cabo Delaware y algunos comerciantes holandeses comenzaron a cambiar sus manufacturas por pieles y otros productos de la tierra a los indios y a los colonos ingleses.

En 1621 se constituyó la Compañía Holandesa de las Indias Occidentales, que reclamó el territorio entre el cabo Cod y el río Delaware y en 1623 unos colonos holandeses fundaron el fuerte de Nassau, en Gloucester, Nueva Jersey, y en 1624 el de Orange (Albany). En 1626 se levantó de forma definitiva el fuerte Amsterdam, en Manhattan, convertido en el centro de Nueva Holanda, junto a los pueblos de Harlem y Brooklyn y otros poblados vecinos. La colonia prosperaba gracias al comercio de pieles. En 1653 contaba con 2.000 habitantes y era regida por un gobernador y un consejo nombrados por la Compañía, y no tenía instituciones representativas. Entre los gobernadores holandeses destacó Peter Stuyvesant, quien expandió Nueva Holanda a costa de sus vecinos. Éste fue el caso de Nueva Suecia, a orillas del Delaware, anexionada en 1655. El rey Gustavo Adolfo había impulsado la creación de la Compañía de la Nueva Suecia, que fundó la colonia que llevaba su nombre, luego conocida como Delaware. En 1638 una expedición al mando de Peter Minuit llegó a la bahía de Delaware donde fundó fuerte Cristina, poblada con suecos y finlandeses. Carlos II de Inglaterra decidió conceder las colonias holandesas a su hermano Jacobo, el duque de York, y a fines de agosto de 1664 una flota inglesa apareció frente a Nueva Amsterdam para intimar su rendición, lo que se produjo de forma casi inmediata. Terminó así la presencia holandesa en la zona, convertida en Nueva York. En ese entonces poblaban la ciudad 1.500 personas y en toda la colonia no superaban las 7.000, lo que contrasta con las 70.000 que había en Nueva Inglaterra. En 1685, cuando Jacobo II ocupó el trono, Nueva York se convirtió en colonia real.

Después de la ocupación de Nueva Holanda, el duque de York cedió a dos amigos, sir George Carteret y lord Berkeley, un territorio entre los ríos Delaware y Hudson, que sería la colonia de Nueva Jersey. El contrato establecía que la colonia estaría al mando de un gobernador, ayudado por un consejo electivo, y que habría libertad religiosa. En 1674 Berkeley vendió su mitad de Nueva Jersey a dos cuáqueros que a su vez la arrendarían a su correligionario William Penn, el fundador de Pennsylvania. Penn pertenecía a la Sociedad de Amigos, los cuáqueros, que buscaban la esencia de Dios en el interior de cada hombre. Penn quería una colonia de su propiedad para desarrollar la libertad política y religiosa y en 1681 creó la provincia de Pennsylvania, donde posteriormente fundó Filadelfia. Pennsylvania tuvo en sus orígenes el código más liberal del mundo y la pena de muerte sólo se aplicaba a los delitos de asesinato. Sin embargo, sus leyes fueron rechazadas en Inglaterra y en 1717 terminaron siendo similares, por su rigor, al resto de las colonias.

La restauración de la dinastía Estuardo y la llegada de Carlos II al trono no sólo dotó de contenido a la política colonial inglesa, sino también aceleró la expansión de la frontera meridional en lo que sería la Carolina. Un grupo de ocho promotores y políticos, liderados por sir John Colleton, un rico plantador de Barbados, y Anthony Ashley Cooper, obtuvo del monarca la propiedad de las tierras situadas entre los 31 y los 36º N, ampliada un año más tarde a toda la franja comprendida entre Daytona, Florida, y la frontera entre Virginia y Carolina. En colaboración con John Locke, el conde de Shaftesbury redactó una especie de Constitución de corte aristocrático, que intentaba crear un sistema feudal, basado en una nobleza local latifundista. A diferencia de las otras colonias, en la asamblea sólo podían participar los nobles y los propietarios. En 1670 se fundó Charlestown, que sería el centro de la colonia. La llegada de hugonotes franceses, escoceses e irlandeses le otorgó a la colonia un matiz más cosmopolita que al resto. A principios del siglo XVIII habitaban en la colonia 5.000 personas, la mitad esclavos africanos. En el sur, los pobladores comenzaron produciendo alimentos para las Indias Occidentales y también se dedicaban a obtener pieles. Para ello se internaban hacia los Apalaches, especialmente hacia Alabama. El cultivo de arroz y de añil fue el eje de la actividad económica de la colonia, caracterizada por sus plantaciones. La situación era distinta en el norte, poblada con aventureros venidos de Nueva Inglaterra y con un grupo de suizoalemanes que habían fundado Nueva Berna. Carolina del Norte era más pobre e igualitaria que el sur y carecía de sus plantaciones y esclavos. En 1729, todos los propietarios originarios de Carolina, salvo lord Granville, vendieron sus tierras a la Corona, dando lugar a las provincias reales de Carolina del Norte y del Sur, dirigidas cada una por un gobernador real. Georgia fue la última de las Trece Colonias, creada en el siglo XVIII bajo el impulso de James Oglethorpe, fundador de la ciudad de Savannah en 1733. Los planteamientos filantrópicos iniciales fueron abandonados y se terminó adoptando el sistema de plantaciones de Carolina del Sur. En 1752, Georgia también pasó a depender de la Corona.

Desde Canadá, los franceses se expandieron por el Mississippi, pensando que sería la llave para llegar al Pacífico. Así, crearon una colonia en Luisiana, cuya existencia, durante años, impidió el avance inglés hacia el oeste y hacia el golfo de México, aunque propició enfrentamientos entre los colonos de Inglaterra y Francia, especialmente en el siglo XVIII. Los franceses buscaban una ruta alternativa al San Lorenzo y cuando encontraron el Mississippi vieron una excelente vía de comunicación entre sus posesiones norteamericanas y las del Caribe. El jesuita Jean Nicolet fue uno de los primeros en explorar el Mississippi y después de una temporada entre los indios nipissings, incursionó en el lago Michigan, en 1634, desde donde cruzó la divisoria de aguas entre los ríos San Lorenzo y Mississippi. En la década de 1660 algunos jesuitas sintieron curiosidad por esas tierras y en 1673 el gobernador Frontenac organizó una expedición para explorar el gran río, dirigida por el jesuita Marquette y el trampero Louis Jolliet. Ambos navegaron más de mil kilómetros aguas abajo y al llegar al río Arkansas decidieron retornar, pensando que estaban en tierras españolas. La principal conclusión de su viaje fue que el Mississippi no desembocaba en el Pacífico, sino en el golfo de México.

En 1682 Cavallier de la Salle llegó a la desembocadura del Mississippi y tomó posesión de esas tierras en nombre del rey, llamándolas Luisiana. Era un territorio extenso, entre los Grandes Lagos y el golfo de México y desde los montes Allegany hasta la frontera de Nueva España, interpuesto entre los dominios ingleses y españoles. La Salle volvió a Francia en busca del apoyo real y luego retornó para colonizar en la desembocadura del Mississippi, pero se equivocó de destino y llegó a Texas. Allí murió casi toda la tripulación y él fue asesinado por dos de sus hombres. La colonización de Luisiana, donde también se desarrolló la economía de plantación, se produjo a principios del siglo XVIII, aprovechando la Guerra de Sucesión española. Mobile se fundó en 1711 y Nueva Orleans en 1718. Varias compañías comerciales, como la del escocés John Law, se ocuparon de la colonización, pero en 1731 todo el territorio se convirtió en provincia real. Los distintos tratados de paz europeos del siglo XVIII fueron recortando su territorio. Según el Tratado de París, de 1763, España recibió de Francia una parte de la Luisiana como compensación por la entrega de la Florida a Inglaterra, aunque la recuperaría en 1783. Es bueno recordar que el Tratado de París cambió el mapa colonial: Francia cedió a Inglaterra parte del Canadá y los territorios situados al este del Mississippi, excepto Nueva Orleans y España cedió a Portugal la Colonia do Sacramento en el Río de la Plata. En 1800 España devolvió a Francia su parte de la Luisiana y finalmente Napoleón se la vendió a Estados Unidos en 1803 a cambio de una suma simbólica.

3. Canadá

Nueva Francia tuvo un importante impulso desde comienzos del siglo XVII. En 1608, Samuel de Champlain se instaló en Quebec, centro de la expansión gala en la región. Si bien Champlain se alió con los indios hurones contra los iroqueses, constató un escaso interés por desarrollar la colonia, de modo que hasta 1628 las iniciativas fueron escasas. Los dos objetivos de la colonización francesa fueron la conversión de los indígenas y la comercialización de pieles de castor, martas y otros animales. En 1629 los ingleses ocuparon Quebec y si bien lo devolvieron tres años después, a cambio de una cantidad de dinero, Francia comenzó a mirar la zona con un renovado interés estratégico. Desde mediados de siglo, los enfrentamientos con Inglaterra por las posesiones canadienses y de Nueva Inglaterra se hicieron constantes, aunque solían coincidir con las guerras europeas que tenían en América, y también en el Caribe, otro frente de lucha. Esto ocurrió, por ejemplo, con la llamada Guerra del Rey Guillermo, de 1688 a 1697, librada simultáneamente a la Guerra de la Liga de Augsburgo y que concluyó con la paz de Ryswick. En esta oportunidad, los franceses con sus indios aliados atacaron las colonias inglesas. Esta medida fue respondida con la conquista de Port Royal y Quebec en 1690, aunque no se trató de una ocupación permanente.

La colonización había estado a cargo de distintas compañías comerciales, la mayor parte de las cuales quebró por la mala evolución de los negocios coloniales. La excepción fue la Compañía de los Cien Asociados, fundada por el cardenal Richelieu, que mantuvo una situación monopólica hasta 1663, cuando Canadá se convirtió en provincia real, bajo Luis XIV. Desde entonces, un gobernador general se encargó de la defensa y de las relaciones con los indios y con el exterior, mientras la justicia, la policía y las finanzas estaban a cargo de un intendente. El gobernador general residía en Quebec y tenía ayudantes en Montreal, Trois Rivières y Cap Breton. También se nombró un obispo, François de Laval, al que se puso al frente de la Iglesia colonial y fundó la primera universidad de Canadá. En el siglo XVIII la administración colonial sufrió pocas modificaciones. Quizá la más importante haya sido la creación del Consejo Superior, en 1703, un organismo consultivo del gobernador general integrado por el intendente, el obispo, cuatro o doce consejeros, cuatro asesores, un procurador general y un escribano.

En 1653, el Canadá francés tenía 2.000 colonos, que a fines del siglo XVII eran 20.000, una cifra bastante menor que las 250.000 que había en las Trece Colonias. En 1763, cuando fue cedida a Inglaterra, la colonia tenía 65.000 habitantes, repartidos en el medio rural y las tres ciudades Quebec (15.000 habitantes), Montreal (4.000) y Trois Rivières. Los franceses ocuparon un territorio extenso, mal comunicado y de población escasa, lo contrario que ocurría en las Trece Colonias. La densidad de población fue menor que la de la América española, pese a los esfuerzos de la Corona francesa por impulsar la emigración a Canadá. Se puede decir que Nueva Francia era un gigante con pies de barro. Al igual que en la América española, la evangelización de los indios fue importante, lo que le valió a la Iglesia católica poder y prestigio, como evidencia el hecho de que casi la cuarta parte de las tierras de Canadá le pertenecían. El territorio se regía con organismos metropolitanos, siendo muy escaso el margen de maniobra de las autoridades sobre el terreno. La economía colonial francesa giró sobre el comercio de pieles, lo que permitió la presencia de numerosos hombres solos en Canadá. El mestizaje, fundamentalmente con los indios algonquinos, fue una realidad más perceptible que en el mundo anglosajón. Pese al intento metropolitano de construir una sociedad señorial, esto no fue posible por el tipo de actividad económica, que dio lugar a una sociedad bastante igualitaria y libre, pese a que no fue posible erradicar las actitudes nobiliarias.

Mientras los ingleses se centraban en las explotaciones agrarias y pesqueras y los portugueses y los españoles en la minería y la agricultura, los franceses se ocupaban de la caza y la pesca, lo que tornó a las colonias muy dependientes de la metrópoli, desde donde le llegaban buena parte de los abastecimientos. En resumen, se podría decir que la economía no cubrió las expectativas metropolitanas de sacar un buen rendimiento de sus colonias, pero también porque ni el comercio de pieles ni la pesca produjeron las sinergias suficientes para arrastrar al conjunto de la economía, y porque la falta de mano de obra limitó la producción agropecuaria, a tal punto que en 1740 el campo sufrió un importante proceso de despoblamiento en beneficio de las ciudades.

El siglo XVIII encontró a los galos abocados a defender Nueva Francia de los constantes ataques ingleses. Para ello construyeron un amplio sistema de fortificaciones que debía atender a varios frentes: frenar el avance inglés y tener a los indios de su lado, mantener abiertas las comunicaciones con Luisiana a través del Mississippi y continuar las exploraciones hacia el oeste. Así, reforzaron sus posiciones entre los lagos Hurón y Michigan, fundaron el fuerte Pontchartrain, en Detroit, y construyeron algunos enclaves entre los Grandes Lagos y el curso superior del Mississippi. Dentro de la estrategia global francesa, la relación con los indios era importante y en los primeros años del siglo dieron algunos pasos significativos para reforzarla, como un tratado de paz con los iroqueses o la búsqueda de una relación distendida con las tribus de Ohio, Indiana e Illinois. Ahora bien, el enfrentamiento entre Francia e Inglaterra en la Guerra de Sucesión española dio a los ingleses una nueva excusa para atacar Canadá y apoderarse de Quebec y Montreal, en 1711. Por el Tratado de Utrecht, Inglaterra recibió Terranova, Acadia (rebautizada como Nueva Escocia) y la bahía de Hudson, y se asentaron de forma permanente en Canadá.

Los franceses intentaron compensar sus pérdidas territoriales expandiéndose hacia el oeste, hacia el lago Winnipeg, en el norte, y hacia Nebraska, Wyoming y Montana, algo más al sur. Para proteger la ruta hacia Luisiana construyeron unos 60 fuertes entre Montreal y Nueva Orleans, pero la Guerra de Sucesión de Austria recrudeció una vez más las tensiones anglo-francesas en la región. Las escaramuzas continuaron con resultados alternos hasta la llegada de William Pitt al gobierno de Londres, en 1758, que planteó una ofensiva en toda regla contra las posesiones francesas. Ese año, las fuerzas inglesas conquistaron Louisbourg, en la desembocadura del San Lorenzo, Fort Frontenac y Fort Duquesne, cortando las comunicaciones con Luisiana y al año siguiente Quebec y Montreal. Por el Tratado de París de 1763, Francia perdió Canadá, Tobago y Dominica, aunque consiguió la devolución de Guadalupe y Martinica. De este modo concluyó la aventura francesa en América del Norte, si bien algunos años más tarde intentarían devolverle el golpe a Inglaterra apoyando a los rebeldes de las Trece Colonias en su proyecto independentista.

La conquista de Canadá planteó una serie de problemas y de desafíos a la administración colonial inglesa, que había incorporado unos vastos territorios habitados por católicos franco parlantes sin tener el aparato administrativo para gestionarlos. Las opciones eran muchas, pero su aplicación podía conducir a pésimos resultados. Implantar la religión y la lengua de Inglaterra de forma generalizada hubiera generado una situación de protesta entre los colonos. Otra opción era integrar a Canadá en las Trece Colonias, pero en vez de beneficiar a la Corona sólo habría servido a los intereses de los colonos, al mejorar su posición contra la política real de reforzar el vínculo colonial y habría incrementado la conflictividad. De ahí que se optara por mantener el statu quo. En esta línea se sancionó en 1763 la Royal Proclamation, que nombraba un gobernador general para administrar la colonia, acompañado posteriormente de un consejo o asamblea en la que participaban ingleses y franceses. Mientras los franceses se quedaron en su sitio, muy pocos pobladores de las Trece Colonias quisieron mudarse. En 1774 se definió el perfil de la colonia con la sanción del Acta de Quebec, por la cual los franceses mantenían su lengua, que sería oficial, su cultura y su derecho civil en tanto no colisionara con el derecho penal inglés, mientras que Quebec, el nombre dado a Nueva Francia, podía expandirse hacia Ohio y el Mississippi. El Acta fue bien recibida por los canadienses pero mal en las Trece Colonias, cuyos dirigentes esperaban anexionarse Canadá. Cuando las Trece Colonias se independizaron, el norte, que apoyó a la monarquía, se distanció del sur. Para colmo, numerosos monárquicos de las Trece Colonias se refugiaron en Canadá y entonces se formaron las dos comunidades, de ingleses y franceses, legitimadas por el Acta Constitucional de 1791 que reconoció la existencia del Alto y del Bajo Canadá.

4. El Caribe

En el Caribe, ingleses, franceses y holandeses, pero también los daneses, basaron la colonización en la existencia de grandes propiedades o plantaciones, dedicadas al cultivo de caña de azúcar y explotadas con mano de obra esclava. En las Antillas y en el resto de América, el azúcar fue el principal cultivo esclavista y entre el 60 y el 70% de los africanos introducidos en el Nuevo Mundo terminó en alguna colonia azucarera europea. Pese a ello, el primer contacto con la región llegó de la mano de la piratería y el contrabando. Posteriormente trataron de ocupar las islas deshabitadas o de desalojar, si era posible, a los españoles de sus emplazamientos más vulnerables. El Caribe atraía la atención de los gobiernos del Viejo Mundo al ser el paso de las flotas españolas cargadas de plata. Con el tiempo habría que añadir la producción tropical de sus plantaciones, muy bien recibida en los mercados europeos. Éste fue el caso, por ejemplo, de Saint Thomas, ocupada en 1666 por Dinamarca, que prosperó rápidamente gracias a los cultivos de caña de azúcar y algodón. Estas colonias fueron llamadas las Indias Occidentales y tuvieron una estrecha relación con las posesiones de América del Norte, especialmente en el caso inglés. Las Trece Colonias comenzaron a abastecer a las Antillas de sal, carne, pescado, cereales, legumbres, madera y ganados, productos regionales de escasa salida en los mercados europeos. A cambio, obtenían azúcar, y sus derivados, y otros productos tropicales. Entre los productos exportados destacaba la melaza, utilizada para producir ron. Para afrontar este transporte regional, los ingleses construyeron la mayor parte de las embarcaciones en astilleros de Nueva Inglaterra.

Los primeros en llegar al Caribe fueron los franceses y la isla de San Cristóbal se convirtió en la cabeza de puente de la expansión gala. En 1627 el cardenal Richelieu otorgó a Pierre Balain, que había estado en la isla cinco años atrás, una licencia para que la explotara la Compañía de Saint Christophe. Balain coincidió con el inglés Thomas Warner y tras un breve período de convivencia decidieron dividirla en dos partes: Saint Christophe y Saint Kitts. Al poco tiempo unos y otros fueron desalojados por los españoles. Los fugitivos se dedicaron a la piratería, los famosos bucaneros. Mientras unos se refugiaban en la costa dominicana, otros se instalaban en Barbada y Tortuga. La ocupación española duró poco, al no ser rentable mantener una guarnición permanente ni instalar una población fija de colonos. Esto permitió a franceses e ingleses retornar al cabo de un tiempo. Las plantaciones de azúcar y de tabaco mantuvieron activa la isla, cuyas autoridades mandaron a algunos colonos a poblar la vecina Nevis.

La acción de los bucaneros hacía cada vez más mella entre los españoles, que reaccionaron violentamente. Desde Santo Domingo atacaron la Tortuga en 1630, con cierto éxito y desalojaron a todos los piratas de la isla. Éstos se desparramaron por las islas cercanas, como Antigua, Monserrate, Guadalupe y Martinica. Las acciones de represalia o de expulsión de sus bases se repitieron, como en 1654, pero eran éxitos transitorios, ya que tras la salida de los españoles, los bucaneros volvían a sus refugios. La única opción, no rentable, era dejar un destacamento permanente. Ante la retirada de las fuerzas españolas, en 1639 se repobló la Tortuga, cuyo gobierno, hasta 1689, estuvo a cargo de la Cofradía de los Hermanos de la Costa, una hermandad de piratas, el origen de los filibusteros, al servicio de Inglaterra o Francia, que atacaban sistemáticamente las posesiones españolas. Mientras tanto, los franceses colonizaban Granada, Dominica, Santa Lucía y Martinica, donde introdujeron la caña de azúcar llevada desde Brasil. En 1635 fundaron Cayenne, en la Guayana Francesa, ocupada en 1653 por los holandeses y recobrada en 1664. Tras la pérdida de Canadá, el gobierno francés intentó hacer de la Guyana una colonia ejemplar. Para ello envió 13.000 colonos de Alsacia y Lorena, pero el intento fue en vano. La mitad murió en poco tiempo a causa del clima y el resto retornó rápidamente a la metrópoli.

En 1664, el gobernador de Tortuga, Jerome Deschamps, vendió en 15.000 libras a la Compañía Francesa de las Indias Occidentales sus derechos sobre la isla. La compañía nombró gobernador a Bertrand d'Ogeron, que en poco tiempo cambió la fisonomía insular y comenzó a colonizar la costa occidental de la vecina Saint Domingue, empezando por construir su capital, Port-de-Paix. Asentó a los filibusteros, trajo siervos blancos y prostitutas (las mujeres no tenían cabida en la isla hasta entonces) e impulsó los cultivos de cacao, maíz, tabaco y café. En 1667 Luis XIV suprimió la Compañía de las Indias Occidentales, que se había apropiado de la costa noroccidental de Santo Domingo, Haití. En 1697, como consecuencia del tratado de Ryswick, España cedió a Francia el tercio de la isla o Saint Domingue. Las posesiones francesas en el Caribe se completaron con Guadalupe, Martinica, San Martín, San Bartolomé, Dominica, Santa Lucía y Granada, que desarrollaron la economía de plantación utilizando esclavos africanos. A lo largo del siglo XVIII el Caribe no escapó al trasiego territorial provocado por las guerras metropolitanas. Durante la Guerra de los Siete Años, de 1756 a 1763, los ingleses conquistaron todas las islas francesas del Caribe menos Saint Domingue, luego devueltas por el Tratado de París. Un proceso similar se produciría con cada guerra europea: ocupación de las islas por Inglaterra y devolución tras la paz.

El siglo XVIII conoció el despegue económico de Saint Domingue, como prueba su crecimiento demográfico. De los 83.000 habitantes de 1730 pasó a medio millón durante la Revolución francesa: 452.000 esclavos, 40.000 blancos y 28.000 libertos. La expansión de la economía de plantación hizo de Haití el primer productor mundial de azúcar y obligó a importar más de 800.000 esclavos entre 1750 y 1789. Hacia 1770 Haití producía 107.000 toneladas de azúcar, casi tanto como la producción total inglesa. La especialización azucarera dependió de los productos llegados de la parte española (carne, alimentos, animales de tiro, etc.), aunque con el tiempo la demanda haitiana se abastecía desde Venezuela, Puerto Rico o inclusive las Trece Colonias. Saint Domingue, al igual que Martinica y Guadalupe, era regida por un gobernador y un intendente.

El siglo XVII, especialmente entre 1625 y 1675, fue la época de la hegemonía de Holanda en los mares del mundo y hacia 1670 su flota mercante desplazaba un tonelaje mayor al de las de Francia, Inglaterra, España y Alemania juntas. Con sus técnicas navales y de salazón controlaban la pesca de bacalao en Islandia, la de arenque en el mar del Norte y la de ballena en las islas noruegas de Spitzberg, en el Ártico. Sus factorías y depósitos comerciales en los puntos estratégicos del planeta les permitieron consolidar su supremacía marítima. En 1621 crearon la Compañía Holandesa de las Indias Occidentales, que montó almacenes de distribución en la Tortuga, San Cristóbal (Saint Kitts) y Curaçao. El declive de la Compañía comenzó tras la separación de Portugal de España, aunque a mediados del siglo XVII se dedicó a la trata negrera, lo que evitó su desaparición, aunque quebró en 1674. En la primera mitad del siglo los ingleses se establecieron en Surinam e impulsaron las plantaciones de caña de azúcar. Hacia 1770, con una producción anual cercana a las 15.000 toneladas, mayoritariamente de Surinam, Holanda era el cuarto productor mundial de azúcar, detrás de Francia, Inglaterra y Portugal. Si bien por la paz de Breda, 1667, los ingleses cedieron Surinam a los holandeses a cambio de Nueva Amsterdam, la volvieron a ocupar en 1799, durante la guerra contra Francia y en 1816 la restituyeron a Holanda. En el siglo XVIII se modificó la política colonial holandesa, que en lugar de muchas colonias apostó por enclaves estratégicamente ubicados y en el Caribe sólo conservaron Curaçao, Aruba y Bonaire, las islas Inútiles, y Surinam, la Guayana Holandesa.

La presencia inglesa en el Caribe fue una constante en la segunda mitad del siglo XVI, pero su primer asentamiento data de fines de la década de 1620 cuando fundaron Saint Kitts, aunque después de su expulsión por los españoles, algunos colonos se establecieron en la vecina Nevis. En 1625 un contingente inglés llegó a Barbados, donde plantaron caña de azúcar e importaron esclavos africanos, impulsando un rápido despegue de la economía de plantación, de modo que en 1663 había 50.000 esclavos. Un fenómeno similar ocurrió en San Vicente, Monserrate, Antigua y Santa Lucía. A mediados del siglo XVII había 60.000 colonos ingleses en Saint Kitts, Nevis y Barbados. Sin duda, la mayor y más importante colonia inglesa del Caribe fue Jamaica. Su conquista, en 1655, se debió a la organización de una expedición para atacar el Caribe español, que después de hacer escala en Barbados, Antigua, Nevis y Saint Kitts reunió 57 buques y 13.000 hombres. El objetivo era conquistar Santo Domingo, pero ante la resistencia optaron por Jamaica, más desguarnecida, cuya capital, Santiago de la Vega, cayó el 17 de mayo de 1655. El crecimiento de la isla, gracias a las grandes plantaciones de caña introducidas desde Barbados, llevó a que a fines del siglo XVII contara con unos 75.000 esclavos y 8.000 colonos ingleses. El tamaño de las plantaciones de azúcar de Jamaica se entiende si vemos que su promedio a fines del siglo XVIII era de 180 esclavos, mientras que en Virginia y Maryland, en la misma época, era de sólo 13. Belice, en la costa atlántica de Guatemala, se había convertido en un refugio de bucaneros adonde se iba a buscar palo campeche, un producto tintóreo muy demandado en Europa. Por el Tratado de Utrecht, 1713, España cedió a Inglaterra unos derechos de explotación forestal en Belice, que quedó subordinado administrativamente a Jamaica. Estas posesiones se ampliaron con los establecimientos en Honduras y Mosquitía.

Junto a la agricultura, el comercio o contrabando con las posesiones españolas y las Trece Colonias y la piratería sirvieron para impulsar la economía. El símbolo más claro de la actividad de los piratas en el Caribe fue el capitán Morgan, que en 1671 asaltó Panamá, después de conquistar Portobelo a fines del año anterior y cruzar el istmo. Tras saquear y quemar Panamá se retiró con 175 mulas cargadas de oro, plata y joyas y 600 prisioneros. Carlos II de Inglaterra lo recompensó nombrándolo gobernador de Jamaica. Si bien este hecho marcó el punto de máximo esplendor de los filibusteros ingleses, también fue el inicio de su rápido declive, ya que la actividad pirata podía amenazar a las Trece Colonias. Así se prohibió al gobernador de Jamaica otorgar patentes de corso y se amnistiaba a quienes se habían dedicado a la piratería. Aunque algunos rechazaron la oferta y continuaron su actividad al amparo de los franceses, la situación cambió en el último cuarto del siglo XVII. En 1797 se reforzó la presencia inglesa en el Caribe con la conquista de Trinidad, convertida en una importante base comercial frente a las costas venezolanas. La independencia de las Trece Colonias fue un duro golpe para las posesiones inglesas caribeñas, ante el aumento de la presión fiscal y el endurecimiento del vínculo colonial, aunque la independencia de Haití y la rebelión de los esclavos permitieron un nuevo resurgir de su economía.

5. Los diferentes sistemas coloniales

Cuando se piensa en el atraso latinoamericano, suele plantearse inmediatamente la comparación con Estados Unidos, tratando de ver las diferencias entre los sistemas de colonización, especialmente el inglés y el español. Es un

11. La presencia americana de las otras potencias europeas

ejercicio complicado, que alude a realidades diferentes y pone en contacto períodos cronológicos distintos, al ser de mucha trascendencia el origen temporal de cada proceso colonizador. El desembarco español en el Caribe comenzó a fines del siglo XV y fue algo más tardío en el continente, mientras que los ingleses desembarcaron en América del Norte un siglo después. Esta diferencia tuvo serias consecuencias en el proceso de construcción institucional. Mientras las instituciones hispánicas son herederas de la Edad Media y del feudalismo, las instituciones inglesas son hijas de la Edad Moderna y del primer capitalismo.

La comparación se suele realizar entre el Imperio español y las colonias de América del Norte que darían lugar a Estados Unidos. Sin embargo, se habla poco, y sería pertinente hacerlo, de comparar las colonias españolas del Caribe, Cuba y Puerto Rico, con las Indias Occidentales; o Belice con Guatemala o las Guyanas con Venezuela. El análisis de la colonización inglesa se centra en zonas de clima templado, similar al europeo, frente a las áreas tropicales y subtropicales con presencia española. A esto se agrega la amplitud y localización de los espacios colonizados. Los ingleses se ubicaron en las costas o en su cercanía y en espacios relativamente pequeños, mientras los españoles ocuparon los altiplanos y se movían en grandes distancias y con obstáculos geográficos insalvables, que dificultaban las comunicaciones. Las zonas elegidas tenían un perfil demográfico y cultural muy diferente. Los españoles se instalaron donde los imperios indígenas habían desarrollado la agricultura intensiva, con poblaciones muy densas para poder sacar partido de la mano de obra, mientras los ingleses ocuparon zonas habitadas por tribus cazadoras o recolectoras o de una agricultura de subsistencia de hábitos semisedentarios. Si en un caso el contacto era ineludible, y el mestizaje se incorporaba a la realidad cotidiana, en el otro la separación de culturas era la norma.

Otro punto de comparación radica en la propiedad de la tierra y en la estructura familiar. Una oferta de tierras prácticamente inagotable y la posibilidad de una constante expansión de la frontera dotaron a la colonización norteamericana de una impronta peculiar, marcada por la figura del granjero, un pequeño o mediano propietario, que vivía con su familia y estaba movido por una ética emprendedora. El mundo español era básicamente urbano y contrastaba con el predominio de la campiña en la sociedad anglosajona. Es verdad que en algunas zonas había plantaciones que trabajaban con esclavos y el latifundista no era extraño a la sociedad local, pero el prototipo estaba encarnado en ese colono maduro que había llegado al Nuevo Mundo acompañado de su familia. En la América española domina la imagen del conquistador, un hombre más joven, generalmente soltero, que llegaba solo. Mientras el colono inglés pensaba instalarse para siempre en las colonias, el español soñaba con retornar rico a la Península, con «hacer la América». La estructura económica era diferente, ya que si bien en ambos casos la agricultura era la principal actividad, en las colonias españolas la minería de metales preciosos se había convertido en uno de los ejes productivos. Por lo general, y salvo en el Caribe, mientras los españoles trataron de aprovechar sistemáticamente la mano de obra indígena, los ingleses apostaron por la esclavitud. En el Caribe, unos y otros echaron mano de lo único que tenían a mano, los esclavos, y esto tendió a homogeneizar todos los sistemas coloniales de la región.

12. Economía y reformas borbónicas

El siglo XVIII se vincula con la época de las Luces, de la Ilustración. Fue también un momento de cambio ejemplificado por revolución de la independencia de las Trece Colonias y por la Revolución francesa. La Revolución industrial trasladó parte de los cambios que se vivían en Europa a la economía. El mundo colonial no fue ajeno a estas transformaciones y aquí y allá se intentaron políticas para centralizar el control de los imperios y vincularlos más a las respectivas metrópolis. Los imperios español y portugués participaron de este movimiento generalizado que en forma amplia afectó a todo Occidente. Las reformas borbónicas y pombalinas fueron las herramientas de las que se valieron los monarcas y los sectores ilustrados ibéricos para modernizar los imperios. El resultado de ambas no fue todo lo ideal que sus impulsores hubieran deseado pues liberaron demasiadas tensiones en las colonias americanas. Este proceso fue acompañado del crecimiento económico regional, aunque no es éste el lugar para entrar en la polémica de si las reformas estimularon el crecimiento o fue al revés. En realidad se trata de una polémica estéril, dado que tanto las reformas como el crecimiento se extendieron durante un período temporal bastante prolongado, lo que antes que de causalidades nos obligaría a hablar de interacciones permanentes.

1. La economía

El siglo XVIII hispanoamericano suele presentarse como un período de crecimiento económico, espoleado por la Revolución industrial y las transformaciones agrarias y mercantiles vinculadas a la misma que se vivían en Europa. Sin embargo, el crecimiento económico no afectó a toda la región simultáneamente, ya que generó claras desigualdades regionales y sociales. Los historiadores colonialistas insisten en que la producción y la actividad económica se incrementaron en México y en algunas zonas periféricas del Imperio como Venezuela y el Río de la Plata. Por su parte, y sin llegar al estancamiento, el fenómeno fue algo más lento en el Perú. Allí donde se reactivó la actividad económica fue tras una prolongada situación de parálisis que afectó a las colonias españolas durante buena parte del siglo XVII. A grandes líneas y con las diferencias regionales del caso, la fase recesiva se puede situar entre 1620-1630 y 1710-1720. Por lo general, se ha tendido a considerar que la reactivación se produjo en la segunda mitad del siglo XVIII, coincidiendo con las reformas borbónicas más importantes, como la creación de las intendencias o el establecimiento del «Reglamento de comercio libre», sancionado en 1778. Sin embargo, recientemente se ha insistido en que el mayor impulso al crecimiento tuvo lugar en la primera mitad del siglo y no en la segunda.

A principios del siglo XVIII cambió la tendencia económica de la América española gracias a la recuperación de la minería de plata altoperuana y novohispana, al comportamiento de la producción agrícola y manufacturera y al desempeño del comercio (transatlántico, local e interregional). En Brasil también se dio una expansión sin precedentes en las exportaciones de oro. Las autoridades encargadas de las reformas, de modernizar el aparato administrativo indiano, produjeron una documentación más precisa que la de sus antecesores, y que se presta más a interpretaciones cuantitativas. En este sentido, vemos que una de las consecuencias de las visitas de Gálvez a Nueva España y de Areche al Perú es que las estadísticas coloniales ganaron en seriedad y precisión.

Es importante señalar que en esta época el crecimiento económico no fue exclusivo del mundo americano. En Europa se atravesaba una coyuntura alcista y los inicios de la industrialización repercutían directamente sobre los mercados coloniales, que se constituyeron en una vía adecuada para la absorción de los excedentes metropolitanos, a tal punto que Inglaterra multiplicó por diez el comercio con sus colonias entre principios del siglo XVIII y 1774. Europa también incrementó la demanda de metales preciosos, lo que incidió directamente sobre la producción minera americana. Este proceso condujo a transformaciones en las pautas de producción y consumo de las manufacturas europeas, además de plantear nuevas demandas de materias primas en los mercados de Europa que incidieron en la producción colonial. Gradualmente, la minería de plata dejo de ser la producción dominante en los dos grandes espacios coloniales y comenzó a ser desplazada por otros productos de origen agrícola o ganadero. Ahora bien, en contra de lo que se suele decir, hasta finales del siglo XVIII el mercado interno fue complementario y no contradictorio con la inserción de la economía americana en los mercados internacionales. Como no podía ser de otra manera, las transformaciones institucionales intentaron incidir sobre algunos de los pilares de la dominación colonial, como el monopolio andaluz, aunque no todas tuvieron los mismos resultados. En lo referente al monopolio, primero se cambió la cabecera del sistema de flotas, que en 1717 pasó de Sevilla a Cádiz, y posteriormente fue derrotado por la ofensiva comercial de las potencias rivales, vinculadas al desarrollo capitalista y la industrialización.

A pesar de que la plata dominó las exportaciones hasta después de la independencia, e inclusive en algunos países durante más tiempo, el incremento de la demanda europea llevó a que el sistema colonial en su conjunto dejara de ser monoexportador y se orientara a una mayor especialización regional, especialmente en el Caribe y en las áreas tropicales y subtropicales. Los cambios regionales en todo el Imperio fueron más que perceptibles y modificaron la organización del espacio, la ocupación del territorio y hasta la fisonomía del paisaje. Inclusive la minería de metales preciosos fue perdiendo su fuerza cohesionadora en los espacios coloniales, debilitando con ello la división regional del trabajo. Cuando se habla de la fractura del Imperio y del surgimiento de las nuevas naciones no habría que perder de vista la creciente especialización regional del siglo XVIII y el desarrollo de las intendencias. Los cambios mercantiles fueron favorecidos por la atlantización de Occidente, un proceso impulsado por la mejora en las técnicas de navegación a vela y los avances tecnológicos en la construcción de navíos. De este modo, las distancias entre América y Europa medidas en días de navegación se redujeron y, de forma consecuente, bajaron los fletes. El acercamiento entre Europa y América se vio potenciado por la apertura de la ruta del cabo de Hornos a principios del siglo XVIII, que facilitó a los comerciantes europeos acceder a los mercados del Pacífico español. Un siglo más tarde, esta ruta sería clave en la comunicación de ambas costas de Estados Unidos.

En el siglo XVIII México se convirtió en la principal colonia del Imperio gracias al crecimiento de la minería y a la recuperación demográfica. Después de la Revolución francesa, Cuba ocuparía un lugar destacado al convertirse en uno de los principales productores mundiales de azúcar. Según las fuentes fiscales, las dos terceras partes de las rentas coloniales de España provenían de México. La fortaleza y vitalidad de su economía se observan igualmente en el volumen y el ritmo de su crecimiento demográfico, en la riqueza de sus clases dirigentes y en el capital disponible por los grandes comerciantes novohispanos para emprender nuevos e importantes negocios tanto dentro como fuera de México. El desarrollo de los yacimientos mineros del norte de la Nueva España fue uno de los motores del crecimiento económico mexicano, y estuvo acompañado por el crecimiento agrario en regiones como Guanajuato, Guadalajara y Valladolid. Pero este crecimiento fue paralelo al estancamiento de amplias zonas del centro y sur de México. El caso del Bajío mexicano, estudiado por David Brading, es uno de los más significativos: mientras Guanajuato era su principal centro argentífero, en Querétaro se elaboraban textiles de lana y en San Miguel el Grande, Celaya y Salamanca se desarrollaban otras manufacturas textiles. El crecimiento demográfico de la región fue mayor que en el resto de México, pasando de 156.140 habitantes en 1742 a casi 400.000 a fines del siglo.

Pese a la importancia del territorio mexicano, algunas posesiones del Caribe, como Cuba, destacaron por su ritmo de crecimiento. Con cierto retraso frente a las islas de Francia, Inglaterra y Holanda, las Antillas españolas alteraron la producción tradicional colonial basada en la ganadería extensiva, y apostaron por la agricultura tropical de plantación explotada con mano de obra esclava. Cuba y Puerto Rico encabezaron el cambio, centrado en la producción del tabaco y, fundamentalmente, del azúcar. En Nueva Granada, dependiente de las exportaciones de oro y de los contactos con la economía británica a través de Jamaica, destacaba Venezuela, donde la oligarquía de Caracas se orientaba al mercado mundial con sus exportaciones de cacao. Venezuela tenía la mitad de la población de Nueva Granada, pero su potencial económico era mayor y sus exportaciones doblaban a las de sus vecinos.

Algunas regiones tendieron a modificarse por razones económicas y otras por cuestiones administrativas vinculadas a la labor reformista de los Borbones y al desarrollo del despotismo ilustrado. El virreinato peruano experimentó en carne propia la acción transformadora del reformismo, ya que a lo largo del siglo su territorio sufrió múltiples escisiones y del tronco primitivo se separaron los virreinatos de Nueva Granada y el Río de la Plata. Sin embargo, la puesta en explotación de los ricos yacimientos del Cerro de Pasco permitió que la producción de plata peruana se mantuviera. De este modo, la coyuntura local acompañó, aunque a un ritmo más modesto, la tendencia generalizada al crecimiento presente en las restantes colonias.

1.1. La población

A lo largo del siglo XVIII la población acompañó a la economía en su crecimiento. Este hecho implicaba el inicio de la recuperación después de la conquista, si bien el movimiento demográfico debe inscribirse en una fase mayor, de larga duración, entre el segundo tercio del siglo XVII y el principio del siglo XX. Entre 1750 y 1800, América Central y América del Sur crecieron a una tasa promedio anual del 0,8%, aunque dentro del modelo demográfico tradicional. No hubo cambios estructurales profundos y la población siguió siendo golpeada por las enfermedades y epidemias, las contingencias climáticas y el resultado de las cosechas. A fines del período colonial la población del Imperio se estimaba en 13 millones de personas, casi la mitad en México. Tras la catástrofe demográfica de la conquista la población indígena tendió a estabilizarse, y a mediados del siglo XVIII tuvo lugar una primera etapa de crecimiento, extendida hasta principios del siglo XIX. Durante el siglo XVIII la población siguió siendo mayoritariamente indígena, con un alto porcentaje de blancos y negros, pero también mulatos y mestizos, dados los múltiples cruces étnicos.

12. Economía y reformas borbónicas

En México, la población pasó de 3.336.000 personas en 1742 a 6.122.000 en 1810, de los cuales un 60% era indígena y un 22% mestizos y mulatos. Los españoles, tanto peninsulares como americanos, pasaron del 11% en 1742 al 18% en 1810. Las diferencias regionales seguían siendo apreciables. En los territorios del sur, dotados de la mayor población indígena antes de la conquista, se mantenía el predominio indio, mientras que la presencia de los blancos era más importante en territorios relativamente despoblados del norte. En América Central había 1.500.000 habitantes, más de la mitad indios, menos del 20% blancos y el resto mestizos, negros y mulatos. En 1792 había en el Perú algo más de un millón de personas: casi un 56% indios, un 23% mestizos, un 7% negros y un 14% blancos. A diferencia de lo ocurrido en Nueva España, la caída indígena se prolongó hasta mediados del siglo XVIII. Si para 1620 N. D. Cook estimaba la población indígena en casi 600.000 personas, el censo de 1754 registraba algo más de 400.000 indios, lo que suponía la pérdida de casi un tercio de los habitantes. Según otros datos, parecería que en vez de estar frente a una reducción de la población estuviésemos frente a un desplazamiento étnico registrado por un crecimiento en el número de mestizos, a pesar de que en la llamada «mancha india» (el sur de Perú y el altiplano altoperuano) la población nativa seguía siendo mayoritaria.

El crecimiento urbano no sólo permite medir la recuperación demográfica general, sino también constatar la mayor vitalidad del crecimiento económico mexicano frente al Perú. Las ciudades más grandes e importantes comenzaron a crecer desde el comienzo del siglo XVIII, un movimiento que prácticamente no se detuvo hasta la emancipación, por razones estrictamente demográficas como el crecimiento vegetativo de la población urbana, el incremento de la población mestiza, la recuperación de los indígenas y el aumento de la inmigración blanca y de la trata negrera, a lo que hay que sumar las motivaciones económicas vinculadas al crecimiento de los mercados. México era la mayor ciudad americana y a fines del siglo XVIII contaba con 130.000 habitantes, seguida por La Habana, que en 1825 alcanzaría esa cifra. Lima apenas tenía poco más de 50.000 habitantes y Buenos Aires y Caracas estaban a punto de alcanzarlos. Potosí conoció un fenómeno inverso, ya que su despoblación acompañó la caída de la producción minera, pasando de 150.000 habitantes en el momento de mayor esplendor a 22.000 en 1799.

El componente blanco era escaso en el conjunto de la población de la América española desde la conquista. El aporte migratorio peninsular fue bajo y la tendencia continuó durante todo el siglo XVIII. A principios del XIX los españoles y residentes en América no llegaban a 200.000 y el resto de la población blanca era de origen criollo. A diferencia del siglo XVI, la región cantábrica tuvo un claro protagonismo. Galicia, Asturias, Santander, País Vasco y Navarra fueron las provincias que más inmigrantes aportaron, y los originarios de las dos últimas conformaron un sector muy dinámico de la sociedad colonial, junto a catalanes y canarios. En poco tiempo los vascos escalaron posiciones en algunas oligarquías regionales, como lo prueba el caso chileno.

La trata también se intensificó en el siglo XVIII, especialmente en la segunda mitad. El descubrimiento de oro en Brasil aumentó la demanda de esclavos negros, y entre 1701 y 1760 entraron en los puertos brasileños casi un millón de africanos. En la América española la importación de esclavos fue menos intensa que en Brasil, aunque en las últimas décadas del siglo la demanda de las plantaciones del Caribe propició un notable aumento. Pese a los asientos firmados con franceses e ingleses, la trata no creció de forma significativa, y entre 1701 y 1760 las colonias españolas sólo adquirieron 181.000 esclavos. En la segunda mitad del siglo XVIII se intentó que los súbditos y compañías españoles se hicieran cargo de la trata, lo que evitaría el drenaje de metales preciosos al extranjero, y para ello se decidió la exención de algunos impuestos y la concesión de estímulos y privilegios. En 1789 se autorizó el libre comercio de esclavos con Cuba, Santo Domingo, Puerto Rico y Venezuela, una franquicia ampliada posteriormente a otras regiones. La expansión azucarera cubana requirió de un gran número de esclavos, que pasaron del 43,8% en 1774 al 55% en 1817, cuando la población pasó de 170.000 habitantes a 570.000.

1.2. La agricultura

La cuestión que se plantea en este punto es si el crecimiento demográfico del siglo XVIII generó un movimiento similar en la agricultura o si fue la producción agraria la que tiró de la variable demográfica. Todo parece indicar que el crecimiento demográfico favoreció un incremento de la demanda, no sólo alimenticia, y afectó la tenencia y explotación de la tierra. La evolución de los diezmos eclesiásticos confirma esta tendencia, aunque es una fuente con muchas limitaciones, ya que no sólo refleja el volumen producido, sino también los precios de las mercancías. Entre 1770 y 1790 México conoció un crecimiento espectacular en la recaudación de los diezmos, al igual que Chile y Paraguay, aunque la falta de estudios sistemáticos sobre aquéllos impide determinar si el crecimiento en la recaudación se debió al incremento de la producción agrícola o a la mayor presión y efectividad recaudadora.

El incremento de la demanda urbana, consecuencia del crecimiento de las ciudades, afectó a la producción de alimentos, como ocurrió con la producción de trigo del Valle Central de Chile, orientada a satisfacer las necesidades peruanas. La demanda de Lima y otras ciudades del virreinato creció después del terremoto de 1687 que asoló los cultivos de cereal de la costa peruana. Con el tiempo se consolidó el tráfico entre Chile y Perú, que pasó de 728 toneladas exportadas en 1694 a 5.525 en 1734 y 9.328 en 1751. Desde entonces las cifras comenzaron a bajar, aunque en 1776 se exportaron 6.579 toneladas de trigo. La demanda urbana y minera afectó a otros centros cerealeros, como Cochabamba en el Alto Perú o Los Altos y el Bajío en el norte de México. Para garantizar el abasto a las ciudades, en los centros urbanos más importantes comenzaron a construirse silos y alhóndigas, que también eran un freno ante las fuertes oscilaciones de precios, dependientes de las cosechas.

Las exportaciones seguían dominadas por la minería, pese a la emergencia de algunos productos destacados. Si excluimos los metales preciosos, las principales mercancías exportadas eran productos tintóreos, azúcar, cueros, tabaco y cacao. Entre 1717 y 1738 las exportaciones de tabaco suponían el 40% de las ventas no mineras y las de cacao casi el 30%. El azúcar exportado a Europa se producía básicamente en las Antillas no españolas, y en menor medida en Brasil. La gran expansión de la agricultura cañera cubana comenzó después de la crisis de Haití. El *boom* del cacao venezolano coincidió con el dominio de la monopolista Compañía Guipuzcoana de Caracas, que desde su creación en 1728 se impuso de forma gradual a los cosecheros venezolanos. Entre 1740 y 1749, la Compañía exportó algo más de 170.000 fanegas de cacao, mientras los comerciantes locales vendieron en México, Canarias y las Antillas 258.324 fanegas. A mediados de siglo la Compañía ya se había consolidado en la región, lo que le permitió aumentar sus exportaciones y superar a los comerciantes independientes. Entre 1750-1764 sus ventas excedieron el medio millón de fanegas, frente a las 375.000 de los comerciantes.

El azúcar fue el primer producto del Caribe que originó un tráfico transatlántico de cierta consideración. Los españoles la habían llevado a las Antillas y desde allí se expandió por las tierras bajas de México, especialmente en Morelos, Veracruz y Michoacán, donde tuvo un éxito relativamente importante. Posteriormente su cultivo se extendió por la costa norte del Perú, permitiendo el desarrollo de la agricultura de regadío. En México, Perú y otras áreas continentales, la producción azucarera se orientaba a la demanda local y regional, exportándose sólo una pequeña parte. A mediados del siglo XVIII, Inglaterra y Francia controlaban más del 80% del total mundial de las exportaciones de azúcar. El mayor exportador mundial de azúcar y café era la colonia francesa de Saint Domingue (la actual Haití), mientras las colonias inglesas de Jamaica, Saint Kitts, Antigua, Granada y Barbados, conocidas como las *Sugar Islands*, exportaban al mercado británico y parte del europeo. Hasta 1760 las colonias españolas de la región, especialmente Cuba y Puerto Rico, apenas habían exportado sus productos, manteniéndose prácticamente al margen de la economía esclavista de plantación. En esa década se produjo la ocupación británica de La Habana y de otras posesiones cubanas, lo que se convirtió en un estímulo importante para la oligarquía local, base de la famosa sacarocracia.

Entre 1760 y 1790 hubo un lento pero constante crecimiento del sector exportador de Cuba y Puerto Rico, y a fines de siglo se produjo la gran expansión azucarera, acompañada del café y el tabaco. Cuba pasó de exportar sólo el 2,6% del total mundial en 1760, ocupando el undécimo lugar entre los exportadores, al 7,84% en 1792, subiendo al tercer puesto, detrás de Jamaica y Brasil. Puerto Rico siguió un camino similar, aunque su importancia fue menor. Las exportaciones cubanas crecieron a ritmos insospechados. De un promedio anual de 480.000 arrobas entre 1764-1769, en el quinquenio de 1786-1790 se pasó a 1.100.000 arrobas; y en 1805 se alcanzaron las 2.500.000 arrobas. El azúcar cubano se exportaba refinado, a diferencia de las restantes exportaciones antillanas de azúcar cruda, refinada en Europa. La independencia de las Trece Colonias abrió las puertas del mercado norteamericano al azúcar cubano, tras la ruptura con las colonias del Caribe que seguían fieles al Imperio británico, y si bien las relaciones comerciales y políticas con Inglaterra, la antigua metrópoli, se restablecieron en poco tiempo, no por ello se trató de una cuestión coyuntural, ya que los lazos comerciales entre Cuba y Estados Unidos siguieron siendo importantes. El despegue cubano fue favorecido por la independencia de Haití y la revolución de sus esclavos, que con sus ataques a los plantadores franceses dislocaron la actividad económica de la colonia.

1.3. La minería

La minería americana de metales preciosos alcanzó en el siglo XVIII cotas que nunca antes había tenido ni tendría jamás. En ese entonces, la producción de plata suponía el 90% del total mundial y el oro el 85%. El avance de la minería de metales preciosos se apoyó en la producción de los yacimientos argentíferos del norte de México y en el gran impulso del oro brasileño, especialmente en los primeros sesenta años del siglo XVIII. En lo que a la minería de plata se refiere, hubo una pérdida relativa de la producción del Alto Perú, sobre todo de Potosí, desplazada claramente por la novohispana, pese a que durante los siglos XVI y XVII la producción altoperuana hubiera sido la dominante. Entre 1700 y 1770 se cuadruplicó la plata acuñada en México, que pasó de ser entre el 15 y el 20% del total americano en el siglo XVI al 60% en el último tercio del XVIII. En la misma época, el rendimiento medio de los yacimientos potosinos apenas alcanzaba el 25-40% del novohispano. La minería potosina perduró por la pervivencia de la mita, que alcanzó por entonces sus niveles máximos de explotación.

Cuando en 1776 se creó el virreinato del Río de la Plata, con el Alto Perú en su jurisdicción, Potosí era la sombra de lo que había sido en el pasado. Su población se había contraído en casi un 80%, y debido a la baja rentabilidad y la falta de inversiones, la plata comenzó a extraerse de los vertederos en vez de las galerías excavadas en el interior de la montaña. La separación de Potosí de la jurisdicción limeña hizo caer la producción oficial de plata peruana un 60%. Sin embargo, si seguimos mirando al conjunto de la minería andina, se observan dos períodos bien diferenciados en el siglo XVIII, separados por la mitad de la centuria. En la primera etapa la tendencia fue alcista y con el predominio del Alto Perú frente al Bajo Perú, no sólo Potosí sino también Oruro. Esta situación comenzó a variar hacia 1780, coincidiendo con el auge de los yacimientos del Cerro de Pasco.

La recuperación de la producción argentífera de la Nueva España fue previa a la del Perú. Según el testimonio de Fausto de Elhuyar, un técnico enviado por la Corona para modernizar la minería mexicana a fines del período colonial, en 1706 la acuñación de la Casa de la Moneda de la Ciudad de México recuperó el nivel de 1632, estimado en más de 5 millones de pesos. Durante todo el siglo, y hasta 1810, las cifras mexicanas de acuñación de oro y plata muestran una tendencia alcista. En Nueva España, la introducción de medidas modernizadoras incrementó la producción y mejoró las cifras de acuñación. Entre 1772 y 1804 ésta aumentó a razón del 1,09% anual. Esta doble tendencia significó un considerable incremento de la exportación de circulante hacia la Península.

A fines del siglo XVIII, la minería mexicana había alcanzado un grado de concentración bastante apreciable que incidía en la organización de la actividad productiva. Las minas más importantes, que daban trabajo a más de mil personas, requerían inversiones de capital que solían superar el millón de pesos. Por el contrario, en el Perú la minería se organizaba a pequeña escala, siendo muy pocos los mineros que explotaban más de dos pozos. En 1790, sobre 706 mineros registrados, 28 explotaban tres pozos y 26 cuatro. A lo largo del siglo XVIII, y a diferencia de períodos anteriores, aumentó el atraso tecnológico de la minería americana en comparación con la europea. Entonces comenzó a utilizarse la pólvora a gran escala, y aunque su uso está probado desde 1730, sólo alcanzaría una dimensión considerable a finales de siglo. El desagüe de las minas era un problema de gran envergadura y en la segunda década del XIX se introdujeron algunos avances tecnológicos importantes. En los yacimientos del Cerro de Pasco se comenzaron a usar bombas de vapor inglesas para drenar las galerías, aunque con resultados limitados. A medida que se explotaban galerías más profundas, aumentaban los costos de las obras de desagüe y se incrementaba la demanda de mano de obra minera. Los Borbones mostraron una gran preocupación por mejorar las técnicas de extracción y beneficio de la plata en los yacimientos americanos, y por eso intentaron desarrollar el método de amalgamación empleado en el Imperio austro-húngaro, mucho más rápido y de menor consumo de mercurio. Se desplazó una misión metalúrgica al mando de Fausto de Elhuyar, que entre otros resultados permitió el envío de técnicos mineros a Nueva Granada, Chile, Nueva España y Perú. Aunque el principal objetivo de los expertos era modernizar el beneficio del metal, también se esperaba introducir algunas técnicas europeas en la explotación de las minas y la extracción del mineral. Pese a los esfuerzos de los expertos, la resistencia de los mineros a ser más controlados impidió que el nuevo método de amalgamación se impusiese en las colonias.

Uno de los objetivos de las reformas borbónicas en la minería, similar al de las restantes áreas económicas, fue incrementar los ingresos de la Real Hacienda a través de la presión fiscal y la eficiencia del sector. Para ello debían mejorar las condiciones del ciclo productivo, especialmente en la dependencia de los mineros con el capital comercial, que adelantaba parte de las inversiones del sector. A mediados del siglo XVIII comenzaron a probarse algunas reformas técnicas en Potosí, con la intención de mejorar el proceso de amalgamación y aumentar la productividad en el refinado del metal. La Compañía de Azogueros de Potosí, fundada en 1746, permitió a los mineros recibir un 7% más por cada marco de plata producido. Otras medidas afectaron a la mita. En la primera mitad del siglo XVIII, el número de mitayos que cumplían sus obligaciones en el Cerro Rico había descendido constantemente. Si en 1692 había 4.145 mitayos, éstos pasaron a 3.199 en 1736, 2.817 en 1740 y 2.919 en 1754, por eso se buscó aumentar el número de trabajadores en las minas potosinas. Las reformas también buscaron financiar la producción minera, creando bancos de avío y rescate para prestar dinero a los mineros a bajos tipos de interés. En Nueva España, los bancos de rescate surgieron en la última década del siglo y tenían que comprar las piñas de plata a mayor precio del que pagaban los comerciantes a los mineros. Los bancos de rescate podían vender azogue en pequeñas cantidades, ya que la mayoría de los mineros carecía del capital suficiente para comprarlo directamente en las delegaciones de la Real Hacienda. La venta de azogue era un mecanismo más de los comerciantes para incrementar su control sobre los productores al prestarles dinero para adquirir el mercurio.

    José de Gálvez fue el principal impulsor de las reformas en la minería y la creación del gremio minero fue uno de sus mayores logros. En 1774 algunos mineros mexicanos propusieron crear un gremio cuyo cometido fuese la difusión de la industria y la creación de un colegio técnico. El gremio estaría encabezado por un tribunal minero asentado en la capital, con delegaciones o diputaciones en los yacimientos más importantes y entre sus principales funciones estaría facilitar préstamos a los mineros y financiar a los bancos locales de rescate, a fin de liberar a los mineros de menores recursos de los préstamos adelantados por los comerciantes o aviadores. En 1785 la Corona decidió aplicar en los virreinatos del Perú y el Río de la Plata las ordenanzas mineras de la Nueva España, disponiendo la creación de un tribunal de minería en Potosí, aunque el proyecto no llegó a aprobarse. De acuerdo con las ordenanzas, todos los mineros debían incorporarse al gremio de su virreinato. Para financiar a los tribunales, colegios técnicos y bancos de rescate se dispuso cobrar a los mineros un real por cada marco de plata registrado en las dependencias de la Real Hacienda.

2. Las reformas borbónicas

El cambio de dinastía protagonizado por los Borbones desde el principio del siglo XVIII repercutió decididamente en el funcionamiento del Imperio. Una vez consolidado el gobierno de Felipe V, tras la Guerra de sucesión que opuso a sus partidarios con los seguidores del archiduque Carlos, comenzaron a desarrollarse una serie de reformas cuyos objetivos eran incrementar la recaudación fiscal, reforzar los lazos de dominación entre la metrópoli y sus colonias e introducir nuevos y más eficientes criterios de gobernabilidad en las posesiones coloniales de modo de poder contar con una burocracia y un ejército eficientes que permitiera a España mantenerse entre las principales potencias. Esto significa que una parte de la modernización española debía financiarse con recursos americanos. Por eso, las reformas ensayadas por los Borbones deben verse en el marco más general de la modernización de la monarquía, pero también desde la perspectiva del colonialismo de la época. Resulta común situar las reformas borbónicas en la segunda mitad del siglo XVIII, asociadas a la figura de Carlos III, el rey ilustrado, al que se presenta como el mayor impulsor del programa reformista. Sin embargo, las reformas, con programa o sin él, se realizaron durante toda la centuria. En realidad, algunas de las transformaciones de mayor profundidad y calado, especialmente las que tuvieron grandes repercusiones en la vida colonial, se produjeron en la primera mitad del siglo y no en la segunda. De forma recurrente los historiadores se suelen preguntar si las reformas tuvieron éxito al ser aplicadas, si lograron mejorar el funcionamiento del sistema colonial, si reforzaron el poder real y si se cumplieron la mayor parte de los objetivos propuestos, cuestiones que trataremos de aclarar en las próximas páginas.

Las reformas fueron un conjunto de medidas administrativas centradas en la economía y la administración pública, aunque sin ninguna tentación de incidir en lo social. Las reformas económicas afectaron a la minería, la agricultura (se propuso fomentar algunas especies como el cáñamo), el comercio colonial, la Real Hacienda y la fiscalidad. Las reformas en la administración buscaron aumentar la eficacia de los gestores y simplificar la labor de las distintas autoridades, cuya gestión solía superponerse. De ese modo se crearon nuevos virreinatos, se introdujeron las intendencias y las superintendencias, y se intentó acabar con los corregimientos y los abusos de los corregidores. Un objetivo de las reformas, vinculado al crecimiento económico americano de la primera mitad del siglo XVIII, era replantear el funcionamiento del Imperio, de acuerdo con las teorías en boga en la Europa de la época. Así, las colonias debían dejar de proveer únicamente metales preciosos para convertirse en abastecedoras de otras materias primas, alimentos e insumos a la metrópoli, a la vez que potenciales mercados consumidores de las manufacturas metropolitanas. España intentaba recorrer los pasos de una incipiente industrialización, como prueba el impulso dado a las manufacturas reales. Sin embargo, el débil estado de las manufacturas peninsulares impidió, salvo algunas excepciones como los textiles catalanes, que el sueño modernizador se hiciera realidad.

El objetivo más importante de las reformas era el fiscal. Se buscaba, por todos los medios al alcance de la administración, incrementar el potencial recaudatorio de la Real Hacienda, acicateada por las demandas constantes de la Corona, de modo que entre mediados y finales del siglo XVIII el aumento de la presión fiscal, la mejor gestión de la recaudación y un mayor control administrativo triplicaron las rentas públicas. En México, los ingresos tributarios pasaron de seis a dieciocho millones de pesos. El aumento en la recaudación no sólo permitió mejorar la gestión de la burocracia colonial, dotándola de mayores recursos, sino también incrementar las remesas que la Real Hacienda transfería a la metrópoli. El aumento de la presión tributaria provocó el estallido de algunas protestas de claro contenido antifiscal, erróneamente asociadas por algunos historiadores a movimientos precursores de la emancipación.

El objetivo militar de las reformas buscaba mejorar la defensa del Imperio ante las continuas agresiones de las potencias europeas rivales en los territorios americanos. Había una cuestión añadida, ya que a lo largo del siglo XVIII las guerras entre las potencias europeas tenían en América otro frente de lucha. De este modo, los ingleses y rusos se tornaban cada vez más peligrosos en las costas pacíficas de América del Norte, amenazando las Californias. Ingleses y franceses redoblaban la tensión desde sus colonias en la costa atlántica norteamericana y el Caribe. Desde allí, los galos junto a holandeses, suecos y daneses intentaban penetrar en el núcleo del Imperio español. Las mayores necesidades defensivas dieron lugar a un completo programa de construcciones, al reforzamiento de las fuerzas armadas imperiales y de las milicias locales y a la potenciación de las Capitanías Generales, organizaciones administrativas de contenido militar. Según apunta David Brading, en 1771 había en las colonias españolas 43.000 soldados reales, desigualmente distribuidos. Las mayores guarniciones estaban en los puntos más vulnerables, como La Habana o Caracas, mientras que los mejor protegidos debían valerse con propias fuerzas. La creación de la Comandancia General de las Provincias Internas, en el norte de México, debía frenar la penetración británica en los territorios propios.

2.1. Las reformas administrativas. Las intendencias

El estudio de las reformas administrativas distingue las que afectaron a los organismos metropolitanos de los responsables de la gestión colonial sobre el terreno, y en todos los casos se ve la influencia de la administración francesa, el modelo a seguir. Esto se observa tanto en las Secretarías de Estado como en las Intendencias. Los cambios constantes en el sistema administrativo que se intentó implementar reflejan los conflictos en la corte en relación con el mundo colonial y la falta de un proyecto claro para gobernar el Imperio. De ahí las tensiones entre los distintos grupos de poder con intereses en América que se movían en torno al gobierno. En 1714 se crearon las Secretarías de Estado, Marina, Guerra, Hacienda, Gracia y Justicia, cuyo ámbito de intervención era sectorial, con independencia del lugar del Imperio afectado. El cambio supuso una modificación radical respecto al Consejo de Indias, que tenía la exclusividad de lo concerniente al mundo colonial. Se estipuló inicialmente que los asuntos americanos fueran atendidos por la Secretaría de Marina y que el Consejo de Indias quedara relegado como un órgano consultivo, lo que provocó serias resistencias entre los miembros del Consejo y quienes de una u otra manera dependían de él. En 1754, Fernando VI separó la Secretaría de Indias de la de Marina, al querer un organismo especializado para atender los asuntos coloniales, y en 1787, Carlos III creó dos Secretarías de Despacho de Indias, una para los asuntos eclesiásticos y de gracia y justicia y la otra competente en lo relacionado con guerra, hacienda, comercio y navegación. Sin embargo, en 1790, Carlos IV suprimió las dos Secretarías de Indias y volvió al sistema francés de cinco secretarías, atendiendo cada una de ellas los problemas americanos relacionados con su ramo.

En América, el movimiento reformista experimentó un gran impulso a partir de la visita general (inspección) de José de Gálvez al virreinato de la Nueva España. Sus informes mostraron las resistencias que enfrentaban las reformas y el funcionamiento de una administración colonial lastrada por la burocracia y la corrupción. Gálvez fue una figura clave del programa reformista de Carlos III en las colonias, y supo transmitir su impronta personal a su tarea reformadora. En 1765 fue nombrado visitador general para Nueva España y debió implementar las reformas aprobadas en la metrópoli, al tiempo que debió enfrentar las reacciones provocadas por la expulsión de los jesuitas. Sus medidas fiscales incrementaron la recaudación con la creación del estanco del tabaco y los cambios en el sistema de aduanas y el cobro de las alcabalas. También reorganizó el ejército y sustituyó las milicias urbanas por un cuerpo regular. Frenó la expansión rusa en el Pacífico e impulsó la colonización de California. En 1767 fue nombrado ministro del Consejo de Indias y en 1775 secretario de Estado de Indias, desde donde siguió avanzando en la política reformista, con la introducción del sistema de intendencias, que implicaba una profunda transformación administrativa, la creación del virreinato del Río de la Plata, la organización de la Comandancia General de las Provincias del Norte, en el virreinato de México y el impulso al decreto de Comercio Libre de 1778. En 1772 el rey le otorgó el marquesado de Sonora, como recompensa a su labor. La visita de Gálvez a México fue complementada por las de Areche al Perú, Gutiérrez de Piñeres a Nueva Granada y León Pizarro a Quito.

En América las reformas también habían comenzado antes de la visita de Gálvez. En lo referente a la creación de nuevas unidades administrativas hay que destacar el surgimiento de dos nuevos virreinatos: Nueva Granada, creado en 1717, suprimido en 1724 y restablecido en 1739, y Río de la Plata (o Buenos Aires), creado en 1776. También se dio mayor poder de decisión a ciertas autoridades regionales dentro de los virreinatos, como a las autoridades de Venezuela y Quito en el virreinato de Nueva Granada; Cuba, Santo Domingo y Guatemala en el virreinato de la Nueva España y Chile en el virreinato del Perú. El virreinato del Nuevo Reino de Granada contó inicialmente con los territorios de Nueva Granada, Venezuela, Quito y Panamá. El del Río de la Plata sumó a las gobernaciones de Córdoba, Tucumán y Paraguay las del Alto Perú, a fin de financiar con la plata potosina sus necesidades burocráticas y defensivas. Uno de los motivos que impulsó la creación del virreinato de Buenos Aires fue el conflicto fronterizo con los portugueses por los territorios de Paraguay y la Banda Oriental del Río de la Plata (hoy Uruguay), donde habían fundado la Colonia do Sacramento, cabeza de puente de los contrabandistas portugueses y británicos.

El sistema de intendencias, según el modelo francés, fue una piedra angular a la hora de crear una administración moderna, eficiente y centralizada. El secretario de Indias, José de Gálvez, quería limitar las atribuciones de los virreyes a las esferas gubernativa y militar, dejando los temas hacendísticos, económicos y de gestión administrativa en manos especializadas. El proyecto de Gálvez de crear intendencias comenzó con éxitos parciales. El sistema se ensayó inicialmente en la metrópoli y después en Cuba, tras la recuperación de La Habana en 1764, para luego ser difundido con resultados dispares en casi todo el territorio americano. Mientras en Nueva Granada fue imposible establecer el sistema de intendencias, éstas tuvieron bastante éxito en Venezuela. Las reformas también alcanzaron a los órganos de Justicia, especialmente a las Audiencias. Se suprimieron viejos tribunales (como la Audiencia de Panamá en 1751), se crearon otros nuevos (Audiencia de Caracas, 1783 y de Cuzco, 1787) y se insistió en la moralización de los existentes, ante la excesiva corrupción que los caracterizaba. Para ello se nombraron nuevos oidores, la mayor parte de origen peninsular y pertenecientes al nuevo funcionariado ilustrado.

Uno de los objetivos de la introducción de las intendencias era la descentralización administrativa, la mejora en la gestión y un mayor control por los órganos de gobierno metropolitanos, tratando de romper definitivamente los lazos entre las autoridades coloniales y las oligarquías locales, aunque en este último punto el fracaso fue completo. Por lo general, el juicio de las oligarquías sobre las reformas borbónicas fue demoledor, al pensar que era un avance del centralismo contra el autogobierno de los cabildos existente con los Austrias. Para ellas, la anterior dinastía no sólo era más católica, sino también más respetuosa de la autonomía americana. Las reformas también generaron frustración entre los funcionarios desplazados y tensiones entre los afectados por los cambios. Ciertos grupos de las oligarquías locales, marginados ante la llegada de nuevos burócratas y técnicos desde la Península, fueron acumulando agravios, algunos de los cuales se manifestaron en el estallido de los movimientos emancipadores y que de forma esquemática se sintetizaron en la pugna entre criollos y peninsulares. Ahora bien, la conclusión de que las reformas borbónicas condujeron automáticamente a la independencia de las colonias americanas debe ser evitada.

2.2. La liberalización del comercio

Las distintas reformas comerciales no sólo afectaron al comercio transatlántico, sino también incidieron en la transformación de los circuitos mercantiles interregionales y favorecieron el desarrollo de ciertos centros exportadores de productos primarios al margen de la minería tradicional. La ruptura paulatina de los espacios coloniales comenzó a dar sus frutos en Venezuela y, posteriormente, en Cuba, las dos únicas regiones capaces de expandir su economía al margen de las exportaciones de minerales. Como se quería primar el funcionamiento de las manufacturas metropolitanas, las reformas incidieron más profundamente en las importaciones que en las exportaciones. Pese a ello, las medidas liberalizadoras sobre los rígidos marcos del comercio colonial acercaron los mercados americanos a la producción europea, especialmente la inglesa y la francesa. Así se produjo un progresivo abaratamiento en los precios de las manufacturas importadas, junto a un aumento considerable en el volumen de las importaciones, más visible en los mercados cercanos a los puertos.

La primera reforma que afectó el funcionamiento del sistema monopólico fue el proyecto para la flota de 1711, uno de los primeros intentos de reorganizar y legislar sobre el comercio colonial. Las reformas iniciales fueron de escasa entidad, centrándose en los impuestos que gravaban los intercambios pero no en la organización del tráfico. Las reformas más importantes estuvieron vinculadas a José Patiño (intendente general de Marina, presidente del Tribunal de Contratación de la Casa de Contratación y superintendente del Reino de Sevilla) y al almirante Andrés del Pez (presidente del Consejo de Indias, secretario del Despacho Universal de Marina e Indias y en 1721 ministro de Marina) y afectaron a la Casa de Contratación. En 1717, se ordenó su traslado de Sevilla a Cádiz. La reforma de la Casa de Contratación, que también afectó al tráfico colonial, no se limitó a un cambio de emplazamiento, ya que se pretendió racionalizar su estructura y su gestión administrativa. Ante la parálisis que atenazaba al sistema de flotas y galeones, la reforma más importante fue la organización y establecimiento de un servicio regular de avisos o buques correo que mantuviera comunicaciones regulares y rápidas entre la metrópoli y sus colonias.

En 1720 se publicó el *Proyecto para Galeones y Flotas del Perú y Nueva España y para Navíos de Registro y Avisos*, la principal medida reformista de estos años, que hacía un análisis detallado de la política de la Corona en cuestiones mercantiles y enumeraba los impuestos que debían cobrarse en la «Carrera de Indias». El proyecto de 1720 intentaba regularizar el sistema, después de las numerosas cancelaciones y retrasos de las décadas anteriores. Si el tiempo lo permitía, las flotas y los galeones debían zarpar el 1 de junio y el 1 de septiembre, respectivamente, sin esperar a que los comerciantes completasen sus cargas. Se reglamentaba el tiempo de viaje y la duración de las escalas en las colonias de un modo estricto, así como el momento más adecuado para el retorno, ya que la experiencia demostraba lo perjudicial de los desajustes para el sistema comercial. Pese a las expectativas en el nuevo reglamento, no se regularizó el sistema de flotas y galeones ni se reactivó el comercio.

Entre las principales disposiciones del Proyecto de 1720 estaba la creación de los navíos de registro, o buques que navegaban directamente a los puertos atlánticos sin necesidad de adecuarse al ritmo de la flota, siempre que tuvieran la licencia real preceptiva. En aquellos casos que se supiera de alguna colonia desabastecida, podía autorizarse la partida de algún registro. En el medio plazo su funcionamiento supondría un golpe definitivo para el sistema de flotas y galeones, al garantizar el abastecimiento regular y más rápido del mercado americano. ¿Cuál era, entonces, la utilidad del viejo sistema? Las flotas, convoyadas por navíos de guerra, permitían un traslado más seguro de los caudales públicos y privados desde los puertos americanos a la metrópoli. También permitían controlar el flujo de importaciones e influir en la marcha de los mercados, lo que no beneficiaba ni a todos los comerciantes ni a todas las regiones por igual. Así por ejemplo, los navíos de registro permitieron normalizar el abastecimiento de puertos como el de Buenos Aires, alejados de los circuitos oficiales. En la década de 1740, los navíos de registro comenzaron a llegar a los puertos del Pacífico a través de la ruta del cabo de Hornos. Los comerciantes limeños, nucleados en el Consulado de Comercio, trataron de entorpecer la venta de los productos traídos en los registros, como también habían hecho los mercaderes mexicanos, en una clara prueba de los perjuicios que las medidas liberalizadoras provocaban a los grandes comerciantes de Lima y de la ciudad de México.

El ritmo de las reformas comerciales se intensificó en la segunda mitad del siglo XVIII. En 1764 se estableció un servicio regular de correos marítimos para facilitar las comunicaciones con las colonias. Cada mes debía salir un navío de aviso en dirección a América del Norte y cada dos otro hacia América del Sur. Un año después se permitió comerciar entre las islas de Cuba, Santo Domingo, Puerto Rico, Margarita y Trinidad, y con los puertos españoles de Cádiz, Sevilla, Alicante, Cartagena, Málaga, Barcelona, Santander, La Coruña y Gijón. Simultáneamente se abolieron algunos impuestos que gravaban el comercio y se autorizaron los intercambios de productos locales entre las islas mencionadas. Como la última medida permitió reactivar el comercio, se decidió extenderla gradualmente a otros puertos. En 1768 se autorizó a Luisiana; en 1770 a Yucatán y Campeche y en 1776 a Santa Marta y Río del Hacha, en Nueva Granada. También se incluyeron los puertos de El Ferrol, Palma de Mallorca y Santa Cruz de Tenerife. En 1774 se autorizó el comercio intercolonial y se habilitó el puerto mexicano de Acapulco para el comercio del Pacífico. Sin embargo, se mantuvieron otras prohibiciones, como la que impedía comerciar a Chile y Perú con Nueva España, Tierra Firme y Santa Fe, con vino, aguardiente, vinagre, aceite de oliva, aceitunas, pasas y almendras, al tratarse de productos que podían ser abastecidos desde la Península.

12. Economía y reformas borbónicas

Estas medidas impulsaron el crecimiento de la actividad mercantil, que se mantuvo durante buena parte de la centuria, básicamente tras la sanción del «Reglamento y aranceles reales para el comercio libre de España a Indias», del 12 de octubre de 1778, símbolo por antonomasia de las reformas mercantiles. En el Reglamento se fundió toda la normativa anterior, incluida la autorización concedida a principios de ese año a Buenos Aires, Chile y Perú para comerciar con los puertos peninsulares habilitados. El Reglamento autorizaba el comercio colonial a Sevilla, Cádiz, Málaga, Almería, Cartagena, Alicante, Alfaques de Tortosa, Barcelona, Santander, Gijón, La Coruña, Palma de Mallorca y Santa Cruz de Tenerife. En América se habilitó a San Juan de Puerto Rico, Santo Domingo, Montecristi, Santiago de Cuba, Trinidad (Cuba), Batabanó, La Habana, isla Margarita, isla Trinidad, Campeche, golfo de Santo Tomás de Castilla y Omoa (Guatemala), Cartagena, Santa Marta, Río del Hacha, Portobelo, Chagre, Montevideo, Buenos Aires, Valparaíso, Concepción, Arica, El Callao y Guayaquil. México y Venezuela inicialmente excluidos, fueron incorporados a las concesiones del Reglamento en 1789. El Reglamento señalaba que «sólo un Comercio libre y protegido entre Españoles Europeos y Americanos puede establecer [...] la Agricultura, la Industria y la Población a su antiguo vigor». Esta frase muestra la naturaleza del espíritu reformista que inspiró el Reglamento. La mención al «comercio libre y protegido» podría parecer contradictoria. Sin embargo, en contra de lo que se cree, el Reglamento no autorizaba la libertad de comercio, sino que sólo introducía una serie de disposiciones para facilitar la actividad mercantil de los españoles —europeos o americanos— ya que los extranjeros seguían teóricamente excluidos del comercio colonial.

El Reglamento suprimía la Casa de Contratación y creaba una serie de juzgados de arribada, responsables del despacho de los buques en los puertos habilitados. Únicamente mantuvo los impuestos de alcabalas y almojarifazgos, eliminando los restantes impuestos y tributos que gravaban el comercio colonial, como el de palmeo, tonelada, San Telmo, extranjería, visitas, reconocimiento de carenas, habilitaciones y licencias de navegar, con el fin de simplificar el sistema tributario. También elaboró un completo arancel que rebajó los derechos de numerosos productos y eliminó otros más, además de reducir los derechos del metal precioso enviado a la metrópoli. Las repercusiones del Reglamento variaron según criterios de índole local y regional. En México afectó seriamente a los comerciantes del Consulado de la capital, ya que la competencia de nuevos mercaderes incrementó el volumen de las mercaderías importadas y bajó los precios.

El traslado a los mares americanos de los conflictos bélicos europeos repercutió en el comercio colonial. Como consecuencia de la guerra contra la Francia revolucionaria (1793-1795), la Corona autorizó a partir de 1795 el comercio de sus colonias con otras colonias extranjeras de América, aunque los comerciantes españoles no podían adquirir manufacturas de origen europeo. La duración de los conflictos amplió las medidas liberalizadoras. En 1797 se autorizó a los mercaderes españoles a comerciar en barcos de potencias neutrales. Aparentemente las expediciones estaban en manos de comerciantes neutrales para evitar que embarcaciones enemigas incautaran los cargamentos, aunque era frecuente que los comerciantes españoles se camuflaran detrás de un pabellón neutral o que contrataran embarcaciones de ese origen. Para ello, otorgaban registros y facturas falsas. En 1799 se suspendieron estas prerrogativas, que volvieron a concederse en 1805 coincidiendo con un nuevo conflicto con Gran Bretaña. Las guerras napoleónicas y el posterior proceso emancipador conducirían al final del comercio colonial, al menos en la forma tradicionalmente conocida, y de las reformas mercantiles implementadas por los Borbones.

2.3. Las reformas fiscales y el aumento de la presión tributaria

En el siglo XVIII, como parte del proyecto modernizador, se incrementó el monopolio y la presión fiscal de la Real Hacienda al pasar a su administración directa una serie de impuestos hasta entonces arrendados a particulares o a ciertas corporaciones, como las alcabalas o los almojarifazgos. Cuando la Real Hacienda se hizo cargo de la gestión directa de las alcabalas, se amplió la red aduanera a las provincias del interior de forma de mejorar su cobro, lo que permitió incrementar considerablemente la recaudación. Esto provocó asonadas y motines urbanos, en protesta por el incremento de los impuestos, siendo el de Arequipa uno de los casos más conocidos. Si bien las reformas no se limitaron a la Real Hacienda, la mayor parte de las adoptadas en materia económica tenían un contenido fiscal. En el siglo XVIII, México proporcionaba las dos terceras partes de las rentas americanas, y se había convertido en la colonia más importante del Imperio, desplazando al Perú. Las rentas mexicanas se triplicaron en la segunda mitad del siglo XVIII y su aumento fue superior al crecimiento de la población o la producción, de modo que podría pensarse que las responsables directas de la mayor recaudación fueron las mejoras introducidas en la gestión tributaria y la mayor presión fiscal.

Hasta principios del siglo, la máxima institución con competencia en materia fiscal era el Consejo de Indias, pero a partir de 1717, tras la creación de las Secretarías de Despacho, todo lo concerniente a la gestión hacendística colonial se encomendó a la Secretaría del Despacho Universal de Asuntos de Indias. Los virreyes eran los responsables en los límites de su jurisdicción, aunque también aquí se introdujeron importantes modificaciones. Entre 1745 y 1751 se ampliaron las funciones y prerrogativas hacendísticas de los virreyes, equiparados a los superintendentes generales. Pese a su potestad en materia fiscal, los virreyes debían ser asistidos por una Junta de Hacienda, integrada por los oidores de la Audiencia, el fiscal, los oficiales reales de la Caja Real de la capital virreinal y un escribano de la Real Hacienda. A lo largo del siglo XVIII los virreyes hicieron un amplio uso de las Juntas de Hacienda, a

12. Economía y reformas borbónicas

fin de corresponsabilizarlas de su gestión, diluyendo su responsabilidad ante posibles fracasos. A mediados de siglo se redefinieron las competencias del cuerpo, que pasó a llamarse Junta Superior de la Real Hacienda, y fue responsable de la administración de justicia en los temas relacionados con la problemática fiscal, el control del gasto militar y el manejo del erario público.

Una de las piezas fundamentales del sistema eran las Cajas Reales, que solían establecerse en las capitales virreinales y en las sedes de las gobernaciones más importantes. Durante el siglo XVIII se crearon nuevas Cajas, en consonancia con los esfuerzos por aumentar el control fiscal, pero se cerraron aquellas que no garantizaban un mínimo de actividad y no se autofinanciaban. En Nueva España el número de Cajas creció constantemente, intensificándose el proceso a finales de la centuria, mientras que en Perú su número se contrajo y de las once Cajas que había en 1760 se pasó a siete a finales del período colonial. Tras la introducción del sistema de intendencias, los oficiales reales con categoría de ministros se redujeron a dos en cada Caja: contador y tesorero. Por el contrario, se aumentaron los sueldos y las plantillas a fin de mejorar los rendimientos, la eficacia administrativa y la claridad de la gestión. La mayor parte de las medidas reformistas en materia fiscal se tomaron entre 1773 y 1785, bajo el influjo de Gálvez, aunque en los años anteriores ya se había producido un proceso de adecuación de las estructuras fiscales al cambio que se avecinaba. Pese a las expectativas, no todas las medidas planificadas pudieron llevarse a cabo; algunas sólo se cumplieron a medias y en otros casos se debió volver atrás, como ocurrió con el sistema de contabilidad por partida doble.

El inicio de las reformas fiscales estuvo en las visitas de Areche y Gálvez, al Perú y México, respectivamente. Uno de sus primeros objetivos fue reformar la Real Hacienda, lo que motivó los primeros conflictos con las autoridades y la sociedad colonial. Así surgió la acción obstruccionista de los virreyes, que intentaban trabar la labor de los visitadores. Aunque inicialmente los virreyes fueron derrotados, perdiendo algunas de sus facultades en materia hacendística que pasaron a manos de los superintendentes —funcionarios diferenciados de los virreyes—, a largo plazo, el poder virreinal se impuso y su figura incorporó la del superintendente. Uno de los objetivos básicos de la reforma era eliminar los atrasos en la rendición de cuentas. Para mejorar la puntualidad y la transparencia se intentó introducir el método de contabilidad por partida doble, en reemplazo del tradicional y vigente de cargo y data. Sin embargo, la resistencia de los funcionarios a un mayor control por parte de la superioridad hizo fracasar los intentos por implantar las modificaciones ensayadas. También se introdujeron algunas modificaciones en los sistemas de organización y gestión de la contabilidad.

Segunda parte

Las independencias

El mundo en 1784

13. Las independencias de Estados Unidos y Haití

La segunda mitad del siglo XVIII estuvo bajo el signo de la Ilustración. Las ideas políticas y económicas comenzaron a cambiar y las relaciones entre las potencias europeas y sus colonias ultramarinas, establecidas con criterios mercantilistas, fueron afectadas por estas transformaciones. La profunda revolución política que significó la independencia de Estados Unidos afectó a Europa y al resto de América, pese a no ser el primer experimento republicano de Occidente. Su influencia sobre la Revolución francesa fue notable y a su vez, los sucesos iniciados con la toma de la Bastilla condujeron a la emancipación de Haití. Todo esto tuvo un influjo nada despreciable, aunque contradictorio, sobre los procesos emancipadores de la América hispana y portuguesa.

Si en algún lugar de América la Revolución francesa tuvo un impacto directo y temprano fue en la isla de La Española, que debido al levantamiento de los mulatos y los esclavos negros conoció en poco tiempo una coyuntura de extrema violencia. Los grandes plantadores blancos de Saint Domingue, la parte francesa de la isla, fueron desposeídos de sus propiedades y del control del territorio ante el avance de la revolución, y los antiguos esclavos se convirtieron en propietarios y gobernantes. La parte española de la isla también enfrentó algunos acontecimientos inesperados y traumáticos, como la cesión de su territorio a Francia en 1795, las invasiones haitianas de 1801 y 1805 y la dura lucha de 1805 y 1809 para expulsar a los invasores. La violencia y los enfrentamientos quedaron grabados en la memoria de los dominicanos y serían fielmente transmitidos al resto de las colonias españolas por los

125.000 refugiados que entre 1795 y 1810 abandonaron la isla. A diferencia de lo ocurrido en las Trece Colonias y de lo que ocurriría en la América española, la independencia de Haití tendría mayores repercusiones sociales que políticas.

1. La independencia de Estados Unidos

1.1. Las Trece Colonias frente a los intentos metropolitanos de reforzar el poder imperial

Las Trece Colonias de América del Norte (Virginia, Massachusetts, Maryland, Connecticut, Rhode Island, Carolina del Sur y del Norte, New York, New Hampshire, Pennsylvania, New Jersey, Delaware y Georgia) eran uno de los núcleos más dinámicos del Imperio inglés, tanto en lo que se refiere a sus relaciones comerciales, especialmente con la metrópoli y las Indias Occidentales, como a las relaciones sociales y políticas y también por las posibilidades de expansión fronteriza. Desde este último punto de vista, las colonias inglesas se caracterizaron por una abundancia prácticamente ilimitada de tierras y por la falta relativa de mano de obra, lo que otorgaba a la sociedad colonial un perfil peculiar e igualitario, basado en el desarrollo de los pequeños y medianos propietarios, los granjeros, aunque esto no excluía la existencia de un número importante de grandes propietarios. La independencia de las Trece Colonias en 1776 y el fin del vínculo colonial fue un fenómeno de grandes consecuencias internacionales, tanto por el creciente poderío de la antigua metrópoli, como por la enorme potencialidad intuida en la nueva nación. Sin embargo, la repercusión del surgimiento de una nueva república fue también política e ideológica, con un fuerte impacto en el mundo de las ideas.

En los territorios sureños donde dominaba la gran plantación dedicada al cultivo de especies tropicales y subtropicales, como el tabaco, el azúcar o el algodón, se intentó compensar la falta de trabajadores con la importación masiva de esclavos negros procedentes de África. En los territorios del norte y el interior, a medida que éste se iba colonizando hacia el oeste, los granjeros coexistían con los burgueses, con los comerciantes y con otros habitantes de las ciudades, aunque la importancia del mundo urbano era muy distinta a lo que ocurría en la América española. Al oeste se extendía la móvil y vasta frontera con los indígenas, permanentemente ampliada por la acción decidida de cazadores y tramperos, y luego consolidada por comerciantes y labradores.

El sistema colonial inglés, al igual que los restantes colonialismos europeos, había descansado sobre premisas mercantilistas que beneficiaron a grupos concretos, tanto en la metrópoli como entre los colonos, un punto que no abunda en su lista de agravios. Si bien los historiadores económicos discuten si el Imperio resultaba rentable para la metrópoli o era, por el contrario, una pesada carga, de lo que no hay duda ninguna es que éste benefició a mucha gente, a ambos lados del Atlántico. Pese a que las *Navigation Acts* (Leyes de Navegación) aseguraban el monopolio a los comerciantes ingleses, el sistema protegía a los productos coloniales y garantizaba mercados seguros tanto a las plantaciones sureñas como a los cultivos de cereales del centro y el norte. A su sombra también se había desarrollado una activa industria naval en los astilleros de las colonias americanas, a tal punto que en torno a 1776, casi la cuarta parte de las 7.000 embarcaciones que bajo pabellón inglés se dedicaban al comercio atlántico había sido construida en las Trece Colonias o en las islas del Caribe. Si bien la Nueva Inglaterra y las restantes posesiones continentales no se beneficiaron del monopolio en la misma medida que las plantaciones del Caribe, el recurso sistemático al contrabando y el incumplimiento de las leyes inglesas por los colonos permitieron el surgimiento de una economía floreciente, uno de los pilares de la nueva república.

Desde el punto de vista político, la administración colonial dependía mayoritariamente de gobernadores nombrados por la Corona, pero los colonos gozaban de amplias prerrogativas, expresadas en los diversos organismos legislativos existentes. Algunas colonias, como Massachusetts, Rhode Island y Connecticut, eran propiedad de compañías comerciales y eran ellas quienes designaban sus gobiernos, aunque también aquí las legislaturas locales eran importantes. En Rhode Island y Connecticut los accionistas eran los ciudadanos y las colonias se gobernaban por el voto de los accionistas, conocidos como «hombres libres». Al igual que en Gran Bretaña, el funcionamiento de los órganos legislativos coloniales descansaba en la teoría política de los derechos naturales, basada en los *Two Treatises on Government (Dos Tratados sobre el Gobierno)*, de John Locke, publicados para justificar la actuación de la Revolución Gloriosa de 1688 y 1689 en Inglaterra, y habían conducido al predominio del Parlamento sobre la Corona. Pero las colonias no eran igual que la metrópoli, razón por la cual los conflictos con la Corona por cuestiones de soberanía y de autogobierno eran continuos. El principal punto en discusión era si los colonos, en tanto ingleses, tenían el derecho natural a ser gobernados por sus propios representantes elegidos o si la Corona tenía una autoridad superior que le permitía imponer sus puntos de vista. Pese a las limitaciones existentes, no hay duda que las posibilidades de actuación política de los colonos norteamericanos, asentadas sobre el peso de sus asambleas legislativas, eran mayores que las de sus vecinos españoles.

Se puede decir que el proceso de independencia de las Trece Colonias comenzó en 1763, cuando la Paz de París puso fin simultáneamente a la Guerra de los Siete Años, que había enfrentado a Francia, Austria, Rusia y posteriormente España con Inglaterra y Prusia y también a las Guerras Indias entre Inglaterra y Francia. Como ya se ha visto, la Paz de París remodeló el mapa colonial de América del Norte y el Caribe. Si partimos de la base de que uno de los motivos principales de la guerra había sido el control de las colonias norteamericanas, vemos como el triunfo en la contienda le permitió a Inglaterra apoderarse de Canadá, pero también de otros territorios de América del Norte y el Caribe. De este modo, los ingleses pasaron a controlar, además de Canadá, Nueva Escocia, Cabo Bretón, San Vicente, Tobago, Dominica, Granada y Florida, amén de otras posesiones, como Senegal y Menorca. Por su parte, España recuperó Cuba y la Luisiana, incluyendo Nueva Orleans. La victoria del ejército inglés otorgó a los colonos una nueva sensación de seguridad, favorecida por la desaparición de algunos de los peligros tradicionales que acechaban sus fronteras, tanto desde el norte como desde el oeste, desde donde amenazaban los franceses y los indígenas, aunque también hay que constatar el riesgo de un ataque español. La reducción, o la eliminación, de estos peligros les otorgó a los colonos la posibilidad de expandir la frontera hacia el oeste. En este nuevo contexto, el Imperio inglés en América del Norte llegó a ser muy vasto, y se extendía desde la península del Labrador hasta las costas de Florida, mientras que por el interior llegaba hasta los Apalaches. Las tierras canadienses, recién conquistadas por los ingleses, tenían una muy débil densidad de población, siendo cazadores y misioneros los únicos que se atrevían a circular por el interior, al margen de las tribus indígenas.

La conquista del Canadá y la ampliación del Imperio americano llevaron al primer plano la cuestión de la administración territorial y de su seguridad militar. Con ese fin y para evitar que los franceses quebrantaran el tratado de paz y buscando que las tribus indígenas aliadas de los franceses se mantuvieran en calma, el gobierno de Londres desplegó nueve batallones en la región. A pesar de todo, el problema indio debió ser replanteado por el sangriento levantamiento del cacique Pontiac, de los ottawas. Para proteger sus posesiones, los ingleses construyeron un buen número de fuertes, que debían funcionar como una eficaz línea defensiva para los colonos. Sin embargo, y para evitar altercados futuros con los indios, decidieron proteger sus tierras de caza situadas más allá de los Apalaches. Como los colonos pensaron que la Corona quería levantar una barrera en su expansión hacia el oeste, vivieron la construcción de los fuertes como una agresión y una muestra de los límites que la metrópoli quería imponerles. Por eso, fueron muchos los colonos, como George Washington, que decidieron desoír los acuerdos firmados entre el gobierno inglés y los indios y trataron de adquirir la mayor extensión posible de tierras.

La política inglesa de defensa y seguridad del territorio y la liberalidad con la que manejaban el problema indígena encrespó todavía más la relación entre Londres y los colonos. Esta postura requería numerosas tropas y un despliegue algo caro de mantener, pero las autoridades metropolitanas no pensaban asumir un gasto creciente en la defensa de los territorios americanos y esperaba un mayor esfuerzo de los colonos. Sin embargo, éstos no estaban dispuestos a asumir gratuitamente el costo de semejante despliegue militar y comenzaron a exigir algunas contrapartidas a cambio de su esfuerzo económico. De este modo, los intentos metropolitanos de reforzar el poder central, aumentar la eficacia del Imperio y revertir sobre los colonos una parte importante de los gastos de su defensa y administración se convirtieron en una fuente de disputa entre las dos partes, que llevaría a la Guerra de la Independencia. La pretensión de la Corona de incrementar la eficiencia de la administración colonial permite una comparación con las reformas borbónicas, especialmente las implementadas durante el reinado de Carlos III a la vez que preguntarse por las consecuencias de las medidas adoptadas por ingleses y españoles sobre la integridad de sus respectivos imperios. Lo que está claro en ambos casos es que mientras las colonias tenían un importante grado de autonomía a partir de unos vínculos más o menos laxos con las autoridades metropolitanas, los márgenes de actuación de los colonos en lo referente a la administración de las colonias y, especialmente, en todo aquello que implicaba su vida cotidiana, eran elevados, pero cuando las cosas cambiaron el conflicto estuvo servido. Precisamente, en el instante en que el gobierno metropolitano quiso mejorar la eficacia del sistema colonial, lo que equivalía a sacar un mayor rendimiento del mismo, las críticas en América aumentaron y tanto en el norte como en el sur surgieron voces que empezaron a hablar de la tiranía metropolitana. Un imperio eficaz lesiona en mayor medida los intereses de los colonos que uno que no funciona y a partir de ese momento se incrementa el volumen de sus protestas, que en el caso de encontrar los cauces adecuados puede terminar en el estallido de un conflicto.

Para poder costear los elevados gastos de mantenimiento del Imperio, el gobierno colonial dirigido por George Grenville aumentó la presión tributaria con un conjunto de medidas de fuerte contenido fiscal que comenzaron a ensayarse a partir de 1764. Entre ellas figuraba la creación de nuevos impuestos y tasas, el aumento de otros y una mejor gestión tributaria. Del conjunto de medidas destacan la sanción de la *Sugar Act* (Ley del azúcar), que gravaba el comercio azucarero y la *Stamp Act* (Ley de timbres o de sellos), que establecía que la tasa que se cobraba por los timbres puestos en los documentos legales, periódicos, naipes y dados, debería financiar los gastos de la defensa de las colonias. Si bien los cálculos eran modestos, ya que se esperaba que los ingresos provenientes de estas dos leyes cubrieran solamente 60.000 de las 350.000 libras esterlinas que hacían falta para mantener a las tropas inglesas en América del Norte, las protestas fueron de una gran intensidad y tendieron a aumentar de tono. La oposición se convirtió en un boicoteo al comercio colonial y la prueba de su éxito es que los intercambios se contrajeron un 25%. Las cosas no quedaron ahí, ya que a iniciativa de Massachusetts se reunieron en Nueva York representantes de nueve colonias en lo que se conoció como el Congreso de la Ley del Timbre, que elaboró un extenso memorial de agravios, que sería presentado al Parlamento de Londres. La protesta, a la que se sumaron los comerciantes ingleses perjudicados por la disminución del comercio, alcanzó tal resonancia que el Parlamento derogó rápidamente la ley. Pese a esta solución aparente del problema, la cuestión de fondo seguía sin resolverse y esto presagiaba tiempos de tormenta.

1.2. La quiebra del orden colonial y la Guerra de la Independencia

William Pitt «el Viejo», al ocupar otra vez el cargo de primer ministro, se mostraba dispuesto a reconocer el derecho de los colonos a decidir libremente en cuestiones tributarias, sin embargo, su flexibilidad era menor en otras materias relacionadas con la gestión de las colonias y fue totalmente radical en su rechazo a la independencia colonial. Para atajar el conflicto y no indisponer a los colonos en contra del gobierno metropolitano, Pitt propuso desarrollar nuevas fuentes de financiación para poder enfrentar los gastos coloniales. Entre las medidas proyectadas estaba el aumento de los impuestos cobrados en las colonias a las importaciones de té, vidrio, papel y pinturas embarcadas en Inglaterra. Esta medida no satisfizo a los colonos, que volvieron a protestar aunque no con la intensidad que en ocasiones pasadas. A fines de 1773 una turba de bostonianos destruyó un cargamento de casi 105.000 libras de té perteneciente a la Compañía de las Indias Orientales. Ante el giro de los acontecimientos, el gobierno de Londres consideró los hechos como criminales y en marzo de 1774 se decidió cerrar el puerto de Boston. La respuesta de los colonos no fue menos contundente y decidieron ampliar el boicot al comercio inglés. De este modo, las importaciones inglesas se contrajeron significativamente, pasando de algo más de 2.500.000 libras esterlinas a 200.000. En diciembre de 1775, con más de 600 barcos paralizados en los puertos de Londres, el gobierno inglés prohibió cualquier manifestación del comercio colonial.

El principal argumento de los colonos para cuestionar la legalidad de las medidas del gobierno inglés era la falta de legitimidad del Parlamento de Londres para decidir en aquellas cuestiones que incidían directamente sobre sus intereses y su vida cotidiana, al ser un organismo legislativo en el que no estaban representados. Su lema fue *no taxation without representation* («no contribución fiscal sin representación»), siguiendo la consigna enarbolada por James Otis en 1764. Querían contraponer la representación virtual del Parlamento inglés con la representación efectiva deseada por los colonos. Mientras tanto, el Parlamento intentaba reafirmar su plena soberanía legislativa, inclusive en las colonias, un argumento sensible a la opinión de un grupo significativo de colonos. La discusión en torno a la legitimidad del gobierno de Londres y del Parlamento para intervenir en los asuntos americanos dividió a los colonos entre los *whigs* (radicales), partidarios de reivindicar una mayor dosis de autogobierno, y los *tories* (leales), que anteponían la lealtad a Gran Bretaña, a la Corona y al Parlamento por encima de los intereses locales o particulares.

Si bien los *whigs* estaban en minoría frente a los *tories*, la agresividad de líderes como Thomas Jefferson, Benjamin Franklin y Samuel y John Adams, impulsó la revolución americana, esa gran revolución política que en muy poco tiempo acabó totalmente con el pacto colonial. De este modo, la declaración de la Independencia de las Trece Colonias dio lugar a un período de intensas discusiones sobre la forma que debería adquirir el autogobierno y las relaciones entre los diversos territorios implicados, que sólo terminaría con la sanción de la Constitución de los Estados Unidos de América de 1787. Si bien la mayor parte de las ideas esgrimidas por los colonos rebelados contra Inglaterra no eran nuevas, lo revolucionario fue el modo en que esas ideas conocidas dejaron de ser ideales piadosos de solidaridad para convertirse en ideales impulsores de la acción política adaptados a la coyuntura norteamericana y a la idiosincrasia de su población.

Los *whigs* partían de la premisa de que el Imperio era una federación de sociedades soberanas, unidas entre sí por su nacionalidad común, por la existencia de un monarca común y bajo la administración común de la Corona y el Parlamento, que se ocupaban de los intereses intercoloniales ingleses. A partir de allí, una de sus primeras demandas era que Inglaterra reconociera la soberanía de cada colonia dentro de las fronteras previamente establecidas y cuando sus pretensiones no fueron tenidas en cuenta los colonos insistieron en lo que sería uno de sus tópicos favoritos: la tiranía británica. En las Trece Colonias se produjo un fenómeno similar al que se viviría posteriormente en la independencia de la América española, ya que para enfrentarse a un enemigo que formaba parte del propio pasado era necesaria su previa satanización. De ahí, que la larga lista de agravios introducida por Jefferson en la declaración de Independencia tuviera un claro motivo propagandístico.

En una línea de continuidad con las tradiciones políticas inglesas, los colonos comenzaron a asumir parcelas de poder. En septiembre de 1774 se reunió en Filadelfia el Primer Congreso Continental, que tenía como uno de sus objetivos extender al conjunto de las Trece Colonias un conflicto hasta entonces centrado en Massachusetts. Frente a esta propuesta, las posturas de moderados y radicales estaban enfrentadas. Mientras los primeros, liderados por Joseph Galloway de Pennsylvania, abogaban por crear un Parlamento intercolonial que debía coordinar con el Parlamento inglés la administración de los asuntos coloniales, los más radicales, con Samuel Adams de Massachusetts y Patrick Henry de Virginia, eran partidarios de la autonomía. Desde su perspectiva, las leyes aprobadas por el Parlamento inglés carecían de validez en las colonias. Como suele suceder en estos casos, dominados por un ambiente de gran excitación, los extremismos terminan imponiéndose a la moderación, lo que llevó a la derrota de la propuesta de Galloway por un solo voto. Mientras tanto, el Congreso provincial de Massachusetts reunido en Concord, que sólo representaba a su colonia, asumió como gobierno revolucionario, lo que supuso un quiebro importante de la legalidad imperante.

Thomas Gage, gobernador de Massachusetts y comandante en jefe de las fuerzas británicas acantonadas en la colonia, recibió la orden de confiscar todo el material militar en manos de los colonos y de capturar a los principales líderes subversivos Samuel Adams y John Hancock. Pero la misión era muy complicada, ya que los colonos contaban con unas milicias muy bien entrenadas y mejor armadas, lo que, según Gage requería de 20.000 soldados para reconquistar Nueva Inglaterra. Este embrión de lo que sería el ejército rebelde era un enemigo considerable. Aunque el gobierno metropolitano no estaba de acuerdo en enviar a las colonias semejante cantidad de soldados, sí pensaba que había llegado el momento de hacer algo. En abril de 1775, comenzaron los combates en los alrededores de Boston. Las duras batallas de Lexington y Concord, donde los rebeldes opusieron una dura resistencia a las tropas realistas, marcaron un punto de inflexión en la contienda. La causa independentista aumentó en popularidad y en los meses de abril y mayo de ese año el ejército rebelde, acantonado en Cambridge, continuó creciendo. En junio, los ingleses al mando de Gage obtuvieron una victoria pírrica en Bunker Hill, en las cercanías de Boston, que estabilizaría durante un tiempo el frente de batalla.

Ante la evolución del conflicto bélico se reunió el Segundo Congreso Continental en mayo de 1775, que realizó una extraña pirueta regalista, más con el ánimo de ganar tiempo que de atraerse el favor del monarca. De modo que se proclamó la lealtad a Inglaterra y se pidió a Jorge III la defensa de las colonias ante los ataques irracionales del Parlamento. Este manifiesto, similar al de «viva el buen rey, abajo el mal gobierno» que estaría en boca de los independentistas hispanoamericanos, no fue escuchado por el monarca. Las verdaderas intenciones del Congreso no se ven en sus peticiones sino en sus medidas concretas. Entre ellas estaban la creación de un ejército continental, puesto a las órdenes de George Washington, la emisión de dinero continental y el establecimiento del United Colonies Post Office (Servicio de Correos de las Colonias Unidas), bajo el control de Benjamin Franklin.

La marcha de los acontecimientos y la radicalización de ambas posturas llevaban de forma inevitable al estallido. Finalmente, en agosto de 1775, Jorge III se dirigió al Parlamento británico en un duro discurso en el que señaló que la rebelión de los colonos se había convertido en una guerra abierta. El 22 de diciembre, el gobierno inglés decidió confiscar todas las embarcaciones mercantes y de guerra propiedad de los colonos. Mientras, al otro lado del Atlántico, el clima de rebelión se iba extendiendo, lo que permitió que se fuera extendiendo la idea independentista, hasta entonces enarbolada por una minoría ilustrada y radicalizada. La rápida difusión a principios de 1776, de *Common Sense*, un panfleto escrito por Thomas Paine, un cuáquero radical recién llegado de Inglaterra, sirvió para mudar el ánimo de mucha gente a favor de la Revolución americana. Paine abogaba por la independencia de forma directa y estaba convencido del apoyo de los enemigos tradicionales de Inglaterra, España y Francia, en la aventura independentista. Después de Massachusetts, las colonias fueron rompiendo una a una los vínculos legales con la metrópoli (las primeras fueron Carolina del Norte, Rhode Island y Virginia). A fines de la primavera de 1776, Virginia dio instrucciones a sus representantes en el Congreso para aprobar una resolución que proclamaba a las Trece Colonias estados soberanos e independientes de Inglaterra. La resolución fue presentada el 7 de junio por Richard Henry Lee y después de una dura discusión, el 2 de julio se aprobó la moción de Virginia y el 4 se declaró la independencia. El acta de declaración de la independencia, uno de los puntos culminantes de la Revolución americana, plasmaba las principales ideas de los independentistas radicales, basadas en la libertad de los hombres y la igualdad de los ciudadanos en lo tocante a sus libertades, derechos y responsabilidades. De acuerdo con esta interpretación, el pacto social firmado por el pueblo de las colonias con la Corona había sido violado de forma sistemática por Inglaterra, impulsando a los pueblos de cada una de las Trece Colonias a empuñar las armas en defensa de sus intereses, para finalmente construir unos nuevos Estados dotados de plena soberanía. De este modo, tras la ruptura total con las autoridades inglesas, nacían los Estados Unidos de América, una república independiente y soberana.

Habíamos definido la batalla de Bunker Hill como una victoria pírrica del ejército realista. Tras su desenlace, las fuerzas independentistas mandadas por George Washington intentaron de forma rápida y exitosa rearmarse y reorganizarse, aunque entonces quedaba un largo camino para hablar de un ejército norteamericano eficiente y estructurado. Pese a ello, y basándose en un gran voluntarismo, con su limitado poderío pudieron aumentar el asedio sobre las tropas inglesas refugiadas en Boston. En marzo de 1776 la situación de los «casacas rojas», el ejército inglés, era sumamente complicada y no tuvieron más opción que replegarse en dirección al norte, hacia Halifax, en Nueva Escocia. El comandante de las tropas, sir William Howe, buscaba un refugio seguro para sus hombres y los numerosos *tories* norteamericanos que habían decidido acompañarlo en su desplazamiento. Este hecho indica la magnitud del enfrentamiento que había dividido en dos a la sociedad colonial y la falta de unanimidad de las ideas independentistas, pese a las teorías en contrario difundidas por los propagandistas de la Revolución americana.

Pero si Bunker Hill fue una victoria pírrica, la jugada de Howe fue una retirada estratégica, que no sólo permitió un respiro a las tropas inglesas sino también cambió la marcha de la guerra. En agosto de ese año Howe tomó Nueva York, pese a que Washington había trasladado allí sus tropas con el ánimo de atajar cualquier avance inglés. La estrategia inglesa buscaba cortar en dos a las colonias rebeldes, fijando una línea militar desde Nueva York a Canadá, a través del río Hudson y del lago Champlain. Ante la contundencia del avance inglés, Washington debió retirarse y fijó su campamento a orillas del río Delaware, frente a Trenton. La toma de Filadelfia fue un paso más en la ofensiva inglesa, apoyada en la mayor capacidad militar de los «casacas rojas», que les permitían imponerse una y otra vez en los campos de batalla a las milicias norteamericanas, mal vestidas y peor armadas, como ocurrió durante casi todo el año de 1777. A fines de ese año Washington se retiró a sus cuarteles de invierno en Pennsylvania y entonces el desenlace parecía inminente para unas fuerzas completamente desmoralizadas. En esos meses, las fuerzas rebeldes sólo tuvieron una victoria, al derrotar en Saratoga a los refuerzos británicos provenientes de Canadá. Los 5.000 hombres al mando del general John Burgoyne fueron vencidos por un ejército irregular compuesto en buena parte por campesinos y cazadores bajo el mando del general Horatio Gates.

La intervención francesa fue un elemento que ayudó a cambiar el rumbo de una guerra hasta entonces favorable claramente a Inglaterra. Francia acudió en ayuda de los rebeldes debido a su tradicional animadversión y a los viejos rencores contra Inglaterra. Inicialmente, y por motivaciones políticas, la ayuda francesa se mantuvo en secreto. De este modo, el gobierno de París concedió una serie de préstamos monetarios y entregó armas, municiones y pertrechos a los norteamericanos. Tras la derrota británica en Saratoga los franceses decidieron involucrarse más en la guerra y reconocieron la independencia de las Trece Colonias. En febrero de 1778 se firmó un tratado de alianza y comercio con el nuevo país, gracias a los esfuerzos negociadores de Benjamin Franklin. A partir de este momento la contienda se internacionalizó, ya que Francia envió un ejército y una flota. Posteriormente, España (en 1779) y Holanda (en 1780) entraron en la guerra.

Entre 1778 y 1781 la coyuntura bélica fue favorable a los ingleses. Después de su retirada de Filadelfia, su principal objetivo fue la conquista de las colonias del sur. A fines de 1778 conquistaron Savannah, en mayo de 1780 se apoderaron de Charleston y en el verano de 1781 parecía que el fin de la guerra estaba cerca dado su control sobre la mayor parte de los territorios del sur. En este contexto, el envío de la primera flota francesa en auxilio de sus aliados norteamericanos, al mando del conde d'Estaing, no tuvo ninguna incidencia práctica sobre la contienda. Ante el rumbo inequívoco de los acontecimientos, los franceses decidieron tomarse en serio la ayuda a los norteamericanos, y en el verano de 1780 enviaron una expedición de 6.000 hombres y en mayo siguiente una escuadra naval al mando del conde de Barras. Las consecuencias de este apoyo terrestre y naval se evidenciaron rápidamente y la guerra dio un giro definitivo. La llegada de un contingente militar francés, al mando del conde de Rochambeau, reforzó el ejército de Washington, que avanzó sobre Virginia, al tiempo que la armada francesa se asentaba en la bahía de Chesapeake, dificultando los movimientos de la marina de guerra inglesa. Era tan abrumadora la superioridad independentista, que las fuerzas inglesas, mandadas por lord Cornwallis rindieron el 17 de octubre de 1781. El fin de los enfrentamientos en América del Norte no supuso el fin de la guerra, ya que las potencias continuaron peleando en otras zonas del mundo, hasta que un nuevo Tratado de París, éste de 1783, acabó con la guerra. Un punto importante del Tratado fue que Inglaterra aceptaba la independencia de las Trece Colonias y reconocía la existencia de un país nuevo, los Estados Unidos de América y sus derechos sobre los territorios ubicados entre los grandes lagos y Florida, nuevamente cedida a España.

1.3. El surgimiento del orden republicano

Como en la América española, la revolución de independencia o Revolución americana, fue eminentemente política y no afectó ni al sistema social ni al económico de lo que sería Estados Unidos, pese a las afirmaciones de reforma social hechas por algunos historiadores norteamericanos, panegiristas de su proceso emancipador. Entre 1776 y 1788 los políticos *whigs* controlaron el gobierno de los estados de la Unión, con sus sistemas políticos particulares, basados en su propia evolución histórica. De modo que los sistemas políticos, los sistemas electorales, las constituciones y el tipo de gobierno diferían de un caso a otro. Mientras en Carolina del Sur se desarrolló una forma de sufragio censitario, sólo podían votar los propietarios y quienes tenían un determinado nivel de renta, en Pennsylvania se impuso algo parecido al sufragio universal, aunque las mujeres no podían votar. La primera Constitución de Estados Unidos fue sancionada en 1778 por el Congreso Continental bajo la fórmula de un documento titulado los Artículos de la Confederación. Sin embargo, la unanimidad no caracterizaba la opinión de las antiguas colonias o los nuevos estados de la Unión, por lo que hubo que esperar hasta 1781 para que el documento fuera ratificado por la totalidad de las asambleas legislativas.

El carácter asambleario de aquellos años acrecentó el papel de los parlamentos regionales, mientras que los ejecutivos vieron como sus atribuciones se habían reducido al mínimo. En algunos estados el poder del gobernador llegó a ser prácticamente testimonial, aunque la realidad de cada estado era diferente. A esto hay que sumar un temor presente en el ánimo de los congresistas de 1778, que se negaban repetir lo que estimaban los vicios coloniales, entre los que sobresalía la excesiva concentración de poder en una sola persona, razón por la cual impulsaban la formación de gobiernos débiles, contrarrestados por parlamentos con una amplia capacidad de decisión e intervención. Tampoco sancionaron la existencia de un gobierno central único y defendieron la soberanía de cada colonia. Para coordinar la gestión gubernamental y la acción de las Trece Colonias se decidió mantener el Congreso Continental federativo y se creó un comité provisional encargado de la coordinación, pero sin atribuciones ejecutivas. De este modo, el Congreso adoptó una estructura unicameral en la que estaban representados los estados como entidades soberanas e independientes, de modo que el Congreso no representaba la voluntad popular, ya que ésta se expresaba a través de los gobiernos y los parlamentos estatales.

El peso político del sector más radical y el estado asambleario amenazaron la estabilidad y la gobernabilidad de un país que no terminaba de encontrar su rumbo en medio del fárrago revolucionario. Ante la incertidumbre provocada por esta coyuntura, el comercio se contrajo hasta niveles desconocidos, una situación agravada por la depreciación del papel moneda emitido por el Congreso Continental y por los estados. Los billetes perdieron prácticamente todo su valor y se dejaron de usar en las transacciones.

Los perjuicios del radicalismo político eran cada vez más claros para la mayoría de la población, lo que llevó a que se impusiera un mayor pragmatismo frente a las posturas maximalistas de los *whigs*. Para salir de la situación caótica que se atravesaba, Alexander Hamilton impulsó la modificación de la

Constitución de la Confederación buscando una mayor unidad política entre todos los estados de la Unión a la vez que intentaba dotar de mayor contenido y más poder al gobierno central. Pronto se abandonó la idea de reformar la primera Constitución, de modo tal que la Asamblea Constituyente, reunida en Filadelfia en 1787, se propuso redactar una nueva y aquí también se impuso el peso de los moderados y conservadores frente a los sectores más radicales. Hamilton y James Madison tuvieron un papel destacado en la redacción del nuevo texto constitucional, que creó un sistema político totalmente nuevo que si bien reconocía la soberanía de cada uno de los trece estados, sentaba las bases de una nación única e indivisible, en la cual los estados delegaban algunas funciones. La nueva estructura admitía la existencia de tres poderes (ejecutivo, legislativo y judicial) y la búsqueda de un equilibrio permanente entre los mismos, mediante un eficaz sistema de *checks and balances*, de controles y contrapesos. Las limitaciones del primer parlamento unicameral se superaron instaurando otro bicameral, donde el Senado representaba a los estados, la antigua función del Congreso, mientras que la Cámara de Representantes expresaba al pueblo. También se dio mayor poder al poder ejecutivo que tuvo mayores prerrogativas, al dotarlo del mando de las fuerzas armadas de la Confederación y de la dirección de la política internacional. El poder del ejecutivo se consolidó al otorgarle el derecho de veto sobre las leyes aprobadas por el Congreso, lo que significaba una seria limitación a cualquier tentación de dictadura parlamentaria.

Ante este ataque de realismo y pragmatismo, la mayoría de los *whigs*, liderados por George Mason, autor de la Declaración de Derechos de Virginia de 1776, y Patrick Henry se opusieron al nuevo texto constitucional al estimar que se habían traicionado los principios de defensa de la libertad individual, uno de los principales estandartes enarbolados por los radicales durante la Guerra de la Independencia. Pero no todos los liberales eran de la misma opinión. Algunos, como James Madison, se declararon firmes defensores del nuevo ordenamiento constitucional en el convencimiento de que un gobierno central fuerte podía garantizar mejor la defensa de tales derechos y no la endeble estructura político-administrativa emanada de ese texto confuso que fueron los Artículos de la Confederación. La fuerte oposición radical obligó a adoptar un acuerdo de compromiso, muy lejano de las aspiraciones máximas de unos y de otros, que expresaría claramente las bases sobre las que se asienta el funcionamiento de la política norteamericana, expresión de su sistema democrático.

La ratificación de la Constitución por todos los estados no fue sencilla, dado que la creación de un gobierno central imponía límites concretos a la soberanía de cada uno, algo no muy bien visto por una parte importante de las sociedades locales. En este proceso jugó un papel destacado el periódico *El Federalista*, donde entre 1787 y 1788 aparecieron artículos de autores relevantes, como Madison, Hamilton y John Jay. La nueva Constitución se pudo aprobar cuando se prometió sancionar una declaración de derechos que garantizara de forma eficaz las garantías individuales frente a las arbitrariedades del ejecutivo. De este modo, uno de los primeros actos del recién inaugurado Congreso federal, en junio de 1789, fue incluir en el texto constitucional doce enmiendas redactadas por Madison, que deberían ser aprobadas por los estados, aunque sólo diez fueron sancionadas. Se trató de las primeras diez enmiendas constitucionales, que prohibían al Congreso aprobar leyes limitadoras de la libertad de religión, de palabra y de prensa o de los derechos de reunión y de petición al gobierno. También se garantizaba el derecho del pueblo a portar armas, la seguridad de los ciudadanos contra detenciones y registros arbitrarios y el derecho al juicio por jurados y que nadie podría ser privado de su vida, libertad o propiedad si no era a través del debido proceso legal.

La elección de Washington como presidente de la Unión en 1789 fue un paso decisivo en la institucionalización del país. Su gestión a lo largo de los cuatro años de gobierno permitió su reelección en 1793. La llegada de Washington a la presidencia le confirió al gobierno una orientación conservadora y pragmática. Alexander Hamilton fue designado secretario del Tesoro y se convirtió en el hombre más poderoso del nuevo gobierno. Su programa económico buscaba crear un banco nacional, retirar de circulación el desprestigiado y devaluado dinero continental, buscar nuevos ingresos fiscales con los que financiar la burocracia estatal y adoptar una política proteccionista de la industria nacional. A fin de tranquilizar a los acreedores y poder garantizar el flujo de recursos financieros a las arcas del Tesoro, se dispuso que el gobierno federal se hiciera cargo de las deudas provenientes del período colonial y de todas las causadas por los estados durante la guerra. Hamilton basaba su política en la defensa del «bienestar general» en contra de la soberanía de los estados, lo que suponía una injerencia clara en algunos de sus derechos particulares. De este modo, no fueron infrecuentes las protestas de los estados contra las violaciones de su soberanía. Estas protestas se trasladaron al gabinete del presidente Washington, donde los enfrentamientos entre Hamilton y Jefferson, el secretario de Estado, no hicieron sino aumentar. Jefferson se convirtió en un gran defensor de los derechos de los estados y fue el principal portavoz de quienes se oponían a la libre interpretación de la Constitución y al incremento del gobierno federal.

Jefferson renunció a su cargo y concentró sus esfuerzos en organizar a los liberales en lo que sería el partido republicano, heredero ideológico de los *whigs* coloniales. Enfrentado al partido republicano estaría el partido federalista, frontalmente opuesto a los planteamientos jeffersonianos. Las bases de este otro nuevo partido serían sentadas por los seguidores de Hamilton, John Adams y Jay, entre otros líderes. Los federalistas provenían del ala conservadora de los *whigs,* aunque habían logrado incorporar a numerosos *tories*. La construcción de partidos nacionales no fue un proceso fácil, dadas las grandes diferencias políticas y sociales entre los estados del norte y los del sur. Mientras el partido federalista era más fuerte en el norte, el republicano tenía sus bases en el sur. Las diferencias entre ambos partidos se ahondaron con la Revolución francesa y su impacto en los Estados Unidos. Los republicanos vivieron el triunfo revolucionario como un paso más en la lucha por la libertad, mientras que los federalistas se centraron en el peso político del terror y en lo que podía ocurrir si la plebe se hacía con el poder en un país como Estados Unidos.

La elección presidencial de 1797 permitió que John Adams sucediera a Washington. Durante su mandato las relaciones con Francia se deterioraron de forma acelerada y sólo su prudencia evitó la guerra, aunque una ola de sentimientos antifranceses se apoderó de la población. Thomas Jefferson fue el tercer presidente de Estados Unidos y gobernó entre 1801 y 1809. Su elección no supuso el retorno al radicalismo, sino el inicio de una nueva era marcada por la progresiva concentración del poder en torno a la figura del presidente, ya instalado en la nueva capital: Washington.

2. La independencia de Haití

2.1. Azúcar y crecimiento económico

Los franceses habían comenzado a instalarse en la parte occidental de la isla de La Española, conocida como Saint Domingue desde finales del siglo XVII y que a partir de la independencia alcanzada el 1 de enero de 1804 adoptó el primitivo nombre indígena de Haití. Los bucaneros, en su huida de sus perseguidores españoles, se refugiaron en la vecina isla de la Tortuga y desde allí se expandieron a Saint Domingue. Sin prisas, sentaron las bases de lo que un siglo más tarde sería la colonia antillana más productiva, gracias al desarrollo de la economía de plantación y a la masiva introducción de esclavos africanos. La producción de Saint Domingue se orientó al cultivo del azúcar, seguido del café, algodón e índigo. Como la ganadería había sido la actividad tradicional de la parte española de la isla, se produjo una notable integración entre ambas economías, dada la demanda de las plantaciones haitianas de animales vivos, carne y otros productos derivados.

A partir de 1783, coincidiendo con la Paz de París, que puso fin a la Guerra de la Independencia de Estados Unidos, la parte francesa de La Española comenzó un espectacular proceso de crecimiento, apoyado en el aumento de la productividad que tornó más competitiva la producción azucarera de la isla en relación con las colonias inglesas. La independencia de los Estados Unidos, la ruptura de relaciones comerciales con Inglaterra y la quiebra del monopolio comercial inglés, beneficiaron a Saint Domingue. Los comerciantes norteamericanos cambiaron sus fuentes de aprovisionamiento de azúcar, abandonando a los plantadores de las *Sugar islands*, sus proveedores tradicionales, de modo que el auge de las Antillas francesas desplazó a Jamaica y Barbados de su condición hegemónica en la producción y el comercio azucareros. El número de plantaciones y de ingenios creció rápidamente y con ellos la cantidad de esclavos que arribaba regularmente a las costas haitianas. Frank Moya Pons calcula que en las vísperas de la Revolución francesa llegaban anualmente a la parte francesa de la isla cerca de 30.000 negros y de los 172.000 esclavos de 1754, se pasó a 240.000 en 1777 y a más de 450.000 en 1789, llegando a ser el entre el 85% y el 90% de la población. Otros autores hablan de medio millón de esclavos en la misma época. De ellos, 400.000 trabajaban en las plantaciones y en los casi 800 ingenios existentes. Los 100.000 restantes eran libres, y la mitad negros libertos (afranchis).

Este rápido proceso de crecimiento tuvo sus costes. Los primeros afectados fueron los plantadores, conocidos como los grandes blancos, dada su debilidad financiera y su dependencia del capital comercial. La trata, controlada por compañías monopólicas, pasó a manos de comerciantes de Burdeos, Nantes y Marsella, los propietarios de las refinerías de azúcar instaladas en los puertos metropolitanos que monopolizaban las importaciones. Éstos estaban en condiciones de adelantar dinero a los plantadores para afrontar los gastos del ciclo productivo (compra de esclavos, insumos, materias primas y alimentos, pago de salarios, etc.), tornándolos más vulnerables frente al capital comercial. Esta situación aumentó el resentimiento entre los plantadores, que se vieron tentados a seguir los pasos independentistas de los colonos norteamericanos. La Revolución francesa tuvo un fuerte impacto y muchas de las estructuras organizativas galas fueron adoptadas por los sectores sociales libres, blancos o mulatos, que eran los mejor organizados. La rápida politización y la convocatoria de los Estados Generales llevó a muchos haitianos a pensar que sus demandas políticas y económicas podían ser satisfechas, a tal punto que en las reuniones del Club Massiac, de París, se apuntó la necesidad de buscar la autonomía política para la colonia de modo de escapar de las presiones metropolitanas. En un nivel social inferior estaban los casi 40.000 pequeños blancos (burócratas, soldados, pequeños plantadores, comerciantes, administradores de plantación, etc.), que tenían una difícil relación con los casi 28.000 mulatos libres que había antes de la Revolución francesa y que se dedicaban mayoritariamente a la industria azucarera, ya que poseían la tercera parte de las plantaciones (y de los esclavos) de Haití. La legislación francesa reconocía el derecho de sucesión para los hijos de blancos y esclavas negras, siempre y cuando hubieran sido reconocidos por los padres. Como buena parte de los plantadores vivía en la isla sin familia, un buen número de hijos naturales mulatos accedió a la propiedad de la tierra.

La envidia de los pequeños blancos ante los mulatos enriquecidos generó una serie de leyes discriminatorias y colonialistas para frenar el ascenso social de los mulatos y convertirlos en ciudadanos de segunda categoría, pese a que teóricamente eran hombres libres. En 1758 se les prohibió portar armas, en 1771 se les impidió ocupar cargos en los tribunales o en las milicias y ejercer la medicina, en 1779 se los obligó a vestirse de manera especial para denotar su condición, en 1781 no pudieron utilizar los títulos de *monsieur* y *ma-*

dame (señor y señora) y finalmente se prohibió a las mulatas casarse con blancos. Esto implicaba crear distintos tipos de hombres libres, pese a que el Código Negro declaraba su igualdad legal. Algunos mulatos ricos que imitaban a los plantadores pasaban temporadas en París, donde formaron la Sociedad de los Amigos de los Negros, muy bien acogida por los grupos franceses más radicales. Al comenzar la revolución, los mulatos pagaron una gran suma de dinero para saldar la deuda pública, a fin de que la Asamblea Nacional les concediera todos los derechos ciudadanos, fundamental para oponerse a las leyes discriminatorias de los pequeños y los grandes blancos. Este reconocimiento no fue sencillo, ante la oposición de importantes grupos de la burguesía, especialmente aquéllos vinculados a la trata y a la industria azucarera. Su argumento era que una medida semejante sería el principio del reconocimiento de los derechos de los negros, lo que implicaría el fin de la esclavitud, base de la prosperidad de las plantaciones.

Los plantadores haitianos endurecieron su política con los mulatos y en 1790 constituyeron una Asamblea Colonial, bajo su total control, que consideraba inadmisible cualquier reivindicación mulata sobre sus derechos políticos; también se encargó del gobierno local y de designar los delegados a la Asamblea Nacional. La postura de los blancos condujo a una mayor radicalización social y a una independencia de hecho declarada por los plantadores. La rigidez de la postura de los blancos llevó a los mulatos a recurrir a la violencia y en octubre de 1790 la Sociedad de los Amigos de los Negros envió a Vicente Ogé a Saint Domingue para dirigir un levantamiento junto a uno de sus hermanos y a Jean-Baptiste Chavannes, pero los cabecillas fueron capturados y ejecutados, acabando con la rebelión. El fracaso de los mulatos se debió a su aislamiento social, al evitar vincularse a los esclavos negros, a los que consideraban sus inferiores. Bajo el influjo de la Revolución francesa y de la independencia de las Trece Colonias, los mulatos comenzaron a hablar de igualdad e independencia y a organizarse para enfrentar violentamente a los plantadores y a las autoridades francesas, a quienes responsabilizaban de su discriminación. El incremento de la violencia agravó la situación, al aumentar el número de víctimas en ambos bandos y la sensación de inestabilidad. La consecuencia directa del proceso independentista haitiano fue el surgimiento de un Estado militar y una sociedad en armas que vería normal el levantamiento de los distintos grupos sociales: blancos, mulatos o negros. Mientras los blancos y los mulatos se enfrentaban entre sí, nadie se ocupaba de los esclavos negros, cuya situación no dejaba de empeorar a la vez que sus amos discutían de derechos humanos, libertad, igualdad y autonomía. Rápidamente se convencieron de que había llegado la hora de hacer valer para sí dichos conceptos y, de forma inesperada, se rebelaron en las plantaciones del norte, en agosto de 1791, iniciando una década de violencia e incertidumbre.

2.2. Los esclavos entran en acción. El liderazgo de Toussaint Louverture

Los plantadores, blancos y mulatos, entendían que las reivindicaciones de los esclavos negros, comenzando por su emancipación, supondrían su ruina y la quiebra del sistema de plantación. De este modo, dejaron de lado sus rencillas para unirse coyunturalmente con Francia en la represión de los esclavos. A fines de 1791 llegó de la metrópoli una Comisión Civil que debía impulsar la coalición contra los negros, que tenía, sin embargo, unas bases muy inestables, al no haber desaparecido la animadversión recíproca, y condenaba la alianza al fracaso. La rebelión y su represión se caracterizaron por su brutalidad y sadismo. Si una columna de esclavos que marchaba a conquistar Cap François era encabezada por un niño blanco clavado en una lanza a modo de estandarte, los blancos intentaron aniquilar a todos los sublevados. En marzo de 1792 los mulatos obtuvieron la equiparación de sus derechos con los blancos, pero no por eso cesaron los conflictos inter étnicos entre los plantadores. En septiembre de 1792 llegó a Cap François una segunda Comisión Civil, junto a una expedición de 6.000 soldados para acabar con la revolución.

Ante la intensificación del conflicto, unos y otros buscaron apoyos externos. Los esclavos apostaron por los españoles de Santo Domingo, que les proveían de alimentos, armas y municiones, al pensar que era la mejor manera de expulsar a los franceses de la isla. Por eso, los jefes rebeldes Biassou y Jean François aumentaron sus contactos con los españoles. Los blancos y mulatos miraron a los ingleses, dado su tradicional enfrentamiento con Francia y su deseo de apoderarse de Haití, los grandes blancos solicitaron a Jamaica un contingente armado para liquidar la rebelión de los esclavos, pensando que podrían usarla posteriormente para resolver el problema mulato. La postura de los grandes blancos contraria al gobierno revolucionario se debía al apoyo de París a los mulatos. El triunfo jacobino complicó las cosas y la guerra con Inglaterra, Holanda y España repercutió en Haití y en el resto del Caribe. De ahí el apoyo de Jamaica a los plantadores y el envío de tropas a Saint Domingue, que ocuparon el sur y la costa oeste de Haití, ya que los ingleses pensaban que podrían recuperar el control de la producción azucarera. Por su parte, los españoles, aliados a los esclavos rebeldes, también invadieron la parte francesa de la isla y conquistaron la mayor parte del norte.

La acción simultánea de ingleses y españoles decantó la situación y ante el riesgo de que Saint Domingue cayera en poder de Inglaterra la situación conoció un giro dramático. El jacobino Leger-Félicité Sonthonax, el alto comisionado francés en la isla, convocó a los negros en su defensa. El incentivo fue la abolición de la esclavitud el 29 de abril de 1793, aunque excediéndose en las funciones asignadas. La medida de Sonthonax fue rechazada por parte de los rebeldes, que decidió mantener su alianza con los españoles, pero Toussaint Louverture, un médico de las fuerzas revolucionarias convertido en uno de sus principales líderes, decidió aceptar la iniciativa francesa y el mantenimiento de los lazos coloniales con la metrópoli, se incorporó a las filas galas con 4.000 hombres y cambió el rumbo de los acontecimientos. Toussaint, de 50 años de edad, había aprendido a leer y escribir con los misioneros capuchinos y era veterinario en una plantación del norte. Los mulatos también se dividieron entre los que apoyaron a los franceses y los más ricos, que mantuvieron la alianza con los blancos y respaldaron la intervención inglesa. Ante la falta de apoyo de los esclavos, los españoles abandonaron los territorios conquistados y al desaparecer un foco de tensión, los franceses pudieron centrarse en los ingleses. La derrota de España se plasmó en la Paz de Basilea de 1795, según la cual los españoles recuperaron las posesiones perdidas en la guerra a cambio de otorgar a Francia el control del sector oriental de la isla.

La guerra con los británicos duró cinco años más, que costaron al ejército invasor 25.000 hombres. Su desarrollo consolidó el ascenso de Toussaint, que se convirtió en el hombre más poderoso de la colonia. En 1796 fue ascendido a general de brigada y al año siguiente a general de división. Su poder se hizo evidente en abril de 1798 tras la retirada inglesa, cuando el general Maitland negoció en secreto con Toussaint. Los ingleses se comprometieron a abandonar la isla a cambio de concesiones comerciales y Maitland garantizó la protección inglesa si Toussaint abandonaba a Francia y elegía la independencia, pero como éste no confiaba en los ingleses prefirió gobernar en nombre de Francia, aunque esto supusiera mantener los vínculos coloniales. También estableció relaciones con los Estados Unidos. Los mulatos, encabezados por el general André Rigaud, se resistieron a ser gobernados por un negro y en febrero de 1799 se volvieron a rebelar, con lo que comenzó un nuevo enfrentamiento, esta vez entre negros y mulatos. La superioridad numérica de los primeros y las dotes militares de Toussaint les permitieron imponerse en una contienda brutal que se extendió un año y medio, hasta que en agosto de 1800 los mulatos fueron derrotados y Rigaud debió abandonar la isla.

Consolidado en su posición, Toussaint intentó reactivar la producción azucarera y normalizar la situación política. Su objetivo implicaba mantener el sistema de plantación y devolvió las instalaciones a los propietarios que no se habían ido y obligó a los negros a retornar a sus viejos empleos, donde trabajarían como asalariados. El producto de las cosechas se dividiría entre los trabajadores y los patronos, un 25% cada uno, y el otro 50% iría a la Hacienda en concepto de impuestos. En octubre de 1800 Toussaint sancionó un código que regulaba el funcionamiento del sistema agrario. La llegada de Napoleón al poder y su proyecto de recomponer el Imperio colonial para destinar sus ganancias a financiar sus guerras europeas era una amenaza contra Toussaint. Esto implicaba que Haití debía controlar toda la isla de La Española, en contra de lo estipulado en el Tratado de Basilea, y que las plantaciones debían producir a pleno rendimiento con los negros nuevamente sometidos a la esclavitud. Toussaint era un obstáculo que había que quitar de en medio, aunque su sagacidad le permitió anticipar algunas decisiones de Napoleón e invadir la parte española de la isla. El 26 de enero de 1801, ante la consternación de los españoles y de los numerosos franceses que se habían refugiado en la capital, ocupó la ciudad de Santo Domingo y rápidamente unificó las dos colonias, nombró a algunos funcionarios para su gestión y dictó las órdenes oportunas para afrontar la reactivación económica, tras lo cual retornó a Haití para preparar su defensa. Napoleón se negó a aceptar la solución de Toussaint y tras conseguir que España le devolviera la Luisiana se dispuso a ocupar militarmente La Española con una flota de más de 80 embarcaciones y 58.000 soldados al mando de su cuñado, el general Victor-Emmanuel Leclerc. Los franceses desembarcaron a principios de 1802 y ante la impotencia de los negros se apropiaron de Santo Domingo y de las principales poblaciones del occidente. Los franceses capturaron en junio a Toussaint por la traición de algunos de sus hombres, y falleció de frío al año siguiente en su prisión francesa, adonde había sido enviado junto con su familia.

Tras el estupor inicial, los negros se reagruparon bajo el mando de Jean-Jacques Dessalines, uno de los lugartenientes y tío de Toussaint, y del general Henri Cristophe, y en su lucha dejaron de lado las tácticas contemporizadoras de Toussaint, ante la imposibilidad de llegar a algún acuerdo con Francia. Los negros adoptaron la táctica de la tierra arrasada, destruyendo todo lo que encontraban a su paso, para impedir el aprovisionamiento de las tropas galas, que también se vieron afectadas por la fiebre amarilla. A fines de 1803 los franceses abandonaron Saint Domingue, con innumerables bajas y 7.000 prisioneros. Según las cifras oficiales francesas, la campaña dominicana se cobró más de 50.000 hombres, entre ellos el propio general Leclerc. El 1 de enero de 1804 Dessalines y sus seguidores proclamaron la independencia de Haití. Siguiendo el ejemplo de Napoleón, Dessalines se proclamó emperador, y si bien su cargo era electivo tenía la potestad de nombrar a su sucesor. Por su parte, los generales del ejército haitiano formaron un Consejo de Estado que ayudaba al emperador en su tarea legislativa. Sin embargo, dada la situación de inestabilidad que se vivía, le fue imposible pacificar el país. Prueba de ello fue su propio fusilamiento, en 1806, y la división de la isla en Norte y Sur con gobiernos diferentes. El Norte, con centro en Cap Haitien, fue gobernado por Henri Cristophe, coronado como Henri I, que reinó hasta 1820 con mano dura. El estallido de una gran rebelión en 1820 forzó su suicidio. Alexandre Petion, el «presidente de la República de Haití», gobernó el Sur entre 1808 y 1818. Petion era un mulato educado en Francia, de talante liberal, que permitió el florecimiento de las libertades, pero su mal manejo de la economía llevó el país a la ruina. Su sucesor fue Jean-Pierre Boyer, que reunificó la isla tras el suicidio de Cristophe. En el nuevo país no eran los blancos sino los *anciens* y los *nouveaux libres* (viejos y nuevos libres) los que integraban los grupos sociales más privilegiados. Sin embargo, rápidamente los mulatos, gracias a su conocimiento del funcionamiento de la administración, desplazaron a los oficiales negros que controlaban al ejército. De modo que la desigualdad social y económica se impuso en Haití.

14. La independencia de Hispanoamérica

En el primer cuarto del siglo XIX los dos grandes imperios ibéricos en América atravesaban una coyuntura política delicada, a tal punto que hacia 1825, con las únicas excepciones de Cuba y Puerto Rico, más Filipinas, la práctica totalidad de las colonias se habían emancipado de sus metrópolis. De este modo, la independencia americana supuso un cataclismo político allí donde tuvo lugar y originó un complicado proceso de formación de nuevos Estados nacionales. En los dos casos, el disparador independentista fue la invasión napoleónica de la península Ibérica, a lo que hay que agregar las consecuencias de las reformas borbónicas y las pombalinas, con sus importantes transformaciones en la organización de la administración y la economía coloniales, que afectaron incluso a las relaciones sociales. Pese a la coincidencia cronológica, la emancipación de la América española se diferenció de la de Brasil por la intensidad y la violencia de los enfrentamientos y porque mientras Brasil mantuvo su unidad territorial y política y se convirtió en una monarquía parlamentaria, las antiguas colonias hispanas se fragmentaron en numerosas repúblicas en el centro y sur del continente. A esto se añade la separación de una parte importante del territorio mexicano, que terminó anexionándose a Estados Unidos.

Durante casi tres siglos el Imperio español se había mantenido unido bajo el manto protector de la monarquía hispana, a tal punto que todos los habitantes nacidos en las colonias, con independencia de su emplazamiento, se reconocían por el mismo nombre: americanos. Éste es un dato importante para analizar la emancipación como un todo y no, como las distintas historiografías latinoamericanas, compartimentándola a partir de las actuales fronteras nacionales. Es más, para entender la independencia hay que verla como un fenómeno global, que ocurre simultáneamente a ambas orillas del Atlántico aunque, eso sí, con sus acontecimientos decisivos en una sola orilla, la americana. Por eso, cuando se recuerda el sueño bolivariano de la unidad americana, se trata de un intento por volver a la realidad colonial aunque en un marco de independencia de la Corona.

1. Las causas de la revolución

La primera pregunta es por qué las colonias españolas se emanciparon de su metrópoli después de tres siglos de intensas relaciones. Si bien la pregunta admite múltiples interpretaciones, la mayor parte de las respuestas tradicionales convergen en su aproximación positivista al problema de las causas, una discusión que ha intensificado la imaginación de muchos historiadores, que en su búsqueda se han remontado a los tiempos precolombinos. Se buscaba una épica y una continuidad nada evidentes entre las luchas indígenas contra los invasores europeos y la emancipación, intentando fraguar explicaciones inmanentes y teleológicas justificativas de los proyectos nacionales posteriores al nacimiento republicano. Así, se definen dinámicas preexistentes que conducían irremediablemente al surgimiento de la nación argentina, peruana, guatemalteca o mexicana, por dar sólo algunos ejemplos. En algunos casos estamos cerca de posturas próximas al indigenismo, que buscan legitimarse a partir de una tradición permanente de lucha contra los conquistadores ibéricos y sus sucesores. Otros historiadores realizan un gran esfuerzo clasificatorio para hablar de causas externas e internas. Vinculado directamente a esta preocupación por las causas está el tema de los movimientos precursores de la revolución, toda una serie de movimientos sociales de índole muy diversa, ocurridos a lo largo del siglo XVIII, o inclusive antes, que intentan relacionarse con la dinámica emancipadora.

Más allá de causas próximas o lejanas, endógenas o exógenas, la invasión napoleónica, la acefalía y el vacío de poder crearon el marco político e institucional para el estallido emancipador. Pero es en la coyuntura americana y en los cambios ocurridos en las colonias durante el siglo XVIII, especialmente las reformas económicas y administrativas, donde hay que buscar los elementos necesarios para interpretar el funcionamiento de las élites coloniales y la independencia. Pese a ello, hay que prestar a España y a la evolución de la política metropolitana la merecida atención, entre otras cosas, porque como señaló Claudio Véliz, la tradición centralista española fue omnipresente en las colonias. Pero como no todas las élites hispanoamericanas la asimilaron del mismo modo, surgieron diferencias regionales. Desde la perspectiva americana, la invasión napoleónica tampoco es fundamental para explicar la independencia. Jorge Domínguez apunta que cada colonia respondió de distinta manera a la guerra europea y a la invasión de la Península y que la diferencia

14. La independencia de Hispanoamérica

entre ellas dependió del vínculo político entre el gobierno y las élites y entre las mismas élites, que variaba de una colonia a otra. Esta situación está en la base del proceso de desmembración del Imperio, paralelo a la emancipación, donde no todas las élites respondieron del mismo modo al reto independentista. Mientras las de México y Perú, las más importantes del Imperio, buscaron mantener los vínculos con España, al menos en la primera etapa de la emancipación, las de las zonas marginales, menos dependientes de la minería argentífera, fueron desde el comienzo partidarias de un independentismo más agresivo, al entender que unas naciones independientes defenderían mejor sus intereses que la vieja España. Las excepciones fueron Cuba, Puerto Rico y Filipinas. En Cuba, por ejemplo, la magnitud de los cambios en el sector azucarero modificó íntegramente las normas de la relación colonial e hizo innecesario ese paso.

Las reformas borbónicas habían intentado modernizar la administración colonial para aumentar los ingresos metropolitanos. Desde esta perspectiva, una administración colonial más centralizada y eficiente implica, con las necesarias matizaciones, menor libertad de acción para las colonias y los colonos. Al igual que en las Trece Colonias, el mayor control de la actividad económica de los colonos por las autoridades metropolitanas, lo que podría entenderse como una mayor explotación de los colonos, fue clave en el deterioro del marco político y jurídico y del clima de convivencia que condujo a la emancipación. A esto se añade la legislación impulsada por los liberales en las Cortes de Cádiz, como la libertad de prensa, la abolición del tributo indígena, de los privilegios jurisdiccionales o de la pureza de sangre para ingresar en el ejército, en muchos casos normas recogidas en la Constitución de 1812, que fueron mal vistas por algunas oligarquías locales. De ahí que, cuando se produjo la restauración de Fernando VII en 1814, asistamos a un realineamiento de las oligarquías de México y Perú con el absolutismo fernandino. El retorno de los liberales al poder en España durante el trienio constitucional amenazó la continuidad de aquellas políticas que garantizaban el mantenimiento de los privilegios oligárquicos, lo que condujo a estas élites a considerar que había llegado el momento de emanciparse. Era una especie de salida «gatopardista» que intentaba cambiar algo para que la composición social de las antiguas colonias no se viera afectada.

El conflicto entre criollos y peninsulares o españoles americanos y españoles europeos se suele presentar como una de las principales causas, si no la principal, de la independencia. Si bien buena parte de los agravios presentados para justificar la emancipación eran reales, estamos frente a explicaciones *ex post* más que *ex ante,* ya que la mayor parte de las teorías sobre la discriminación criolla se elaboraron durante o con posterioridad a las guerras de independencia y sirvieron básicamente para justificar el corte radical de los americanos con su pasado español. Se trataba de una dolorosa operación que buscaba la satanización del ahora enemigo y hasta entonces parte de su propio pasado, que era el único modo de luchar contra la propia historia y separarse radicalmente de ella a fin de forjar las nuevas identidades nacionales que no debían estar contaminadas por lo «español». De ahí el profundo antihispanismo que durante décadas se respiró en las nuevas repúblicas.

Pero no había sólo criollos en un bando y peninsulares en el otro, ya que no todos los patriotas eran americanos ni todos los realistas europeos. La línea divisoria entre ambos grupos era muy tenue y la contradicción criollo-peninsular no siempre era el elemento determinante en los conflictos políticos y sociales que estaban en juego. No hay que olvidar el juego de intereses y solidaridades cruzadas vividas en los momentos previos a la independencia, cuando emisarios partidarios de los Borbones, de las autoridades españolas, de Napoleón o incluso de la infanta Carlota Joaquina, hermana de Fernando VII, llegaron a las colonias buscando el apoyo para sus propias causas. La coyuntura independentista fue muy lábil y estuvo marcada por la aparición de nuevas tendencias políticas y permanentes cambios de bando: liberales, absolutistas, constitucionalistas, autonomistas, independentistas, monárquicos, etc. Tanto los criollos como los peninsulares hoy adscribían a un grupo y mañana podían vincularse a otro en función de consideraciones muy diversas. Por eso, presentar la emancipación como producto del enfrentamiento entre criollos y peninsulares es una operación simplista y maniquea que requiere ser revisada desde la perspectiva de la Historia política y de las ideas, centrándose en la conducta de los distintos grupos de presión a fin de determinar qué es lo que estaba en juego en cada momento, obviando simplificaciones excesivas y considerando que la mayor parte de los enfrentamientos se daban dentro de las élites locales o regionales y no con la Corona o sus representantes. Así, por ejemplo, el comportamiento de los terratenientes y el de los burócratas coloniales peninsulares frente a la independencia no fue el mismo. Pero no sólo eso. Las diferencias, tanto de tiempo como de forma y de reivindicaciones en los procesos independentistas vividos en los núcleos del Imperio, México y Perú, respecto a las zonas periféricas, como Venezuela o el Río de la Plata, requiere mirar más allá de las contradicciones entre criollos y peninsulares.

Las cosas empezaron a cambiar a partir del proceso emancipador. En las zonas controladas por los independentistas, que comenzaron a llamarse patriotas, la guerra apartó a los peninsulares de los cargos políticos importantes, aunque solía aplicarse una excepción que obliga a relativizar el enfrentamiento entre criollos y peninsulares: todos los peninsulares, y fueron muchos, que reconocían a los gobiernos revolucionarios, apoyaban la independencia y pagaban sus impuestos eran considerados americanos. La condición de peninsular sólo se mantenía si no se acataba la nueva legalidad y a las nuevas autoridades. En Buenos Aires, se prohibió a los españoles ejercer el comercio al por menor desde 1813, aunque durante años encabezaron las listas de las contribuciones forzosas para sostener a la Revolución. Al mismo tiempo, los criollos realistas eran perseguidos y muchos preferían abandonar América para instalarse en Europa junto a los peninsulares que creían que no valía la pena seguir viviendo en las colonias. Simultáneamente, allí donde se mantenía el orden colonial ocurría exactamente lo contrario.

Si bien de los enfrentamientos remiten a la justificación ideológica de las nuevas nacionalidades, esto no implica que la lista de agravios esgrimida por los grupos y los líderes independentistas no se base en hechos reales. Quizá la «Carta de Jamaica» de Simón Bolívar sea una pieza paradigmática. De todas formas, siguiendo a Tulio Halperín Donghi, se puede decir que a comienzos del proceso emancipador nadie podía pronosticar un desenlace tan rápido y radical, incluido el hundimiento del Imperio. Situándonos en ese momento, lo más factible era presagiar una prolongada etapa de transición, que con sus reajustes, podía haber terminado en la autodeterminación de las colonias. Un agravio importante esgrimido por los independentistas aludía al peso de los peninsulares en la administración colonial, especialmente en los altos cargos, algo claro en la etapa de la gran inmigración española de las décadas finales del siglo XVIII. Los vínculos que podían establecer los burócratas con las élites locales eran un inconveniente para una administración que aspiraba a ser más centralista y eficiente, por lo que a la hora de los nombramientos se apostaba por los peninsulares sin contactos previos con las colonias. A esto se agrega su cercanía a los centros de decisión metropolitanos y su capacidad de influir sobre los responsables de los nombramientos, que solían recaer en gente de su confianza. Estas prevenciones respondían a la capacidad de las oligarquías americanas de influir sobre la burocracia colonial, aunque cada caso debe explicarse por sus circunstancias: capacidad de corrupción, establecimiento de vínculos familiares en el lugar de destino, redes de parentesco, etc. Las reformas comerciales, la emigración y la intensificación de los intercambios facilitaron una mayor presencia de comerciantes peninsulares, que solían amenazar las posiciones de los mercaderes ya establecidos en América.

La renovación ideológica en Indias, impulsada por las ideas de la Ilustración, no tuvo en el mundo español un contenido proburgués y revolucionario como en otras partes de Europa. Más allá del peso de los «filósofos», no hay que olvidar el componente católico, de defensa del orden estamental y las repetidas muestras de fidelidad a la Corona de la Ilustración española. La crítica a los defectos de la sociedad colonial o la discusión sobre las reformas económicas modernizadoras se mantenían dentro de los límites del sistema y no cuestionaban la Corona ni la existencia del Imperio. Pese a ello, entre las causas del proceso emancipador se suele incluir la influencia de la independencia de las Trece Colonias y la Revolución francesa. La influencia de ambos procesos históricos a través de los libros, del contacto directo o del desarrollo de nuevas formas de sociabilidad en salones, tertulias, cafés, clubes y sociedades se limitó a grupos ilustrados de tamaño reducido y a veces marginal dentro de las élites. Allí convergían los burgueses con los aristócratas, los comerciantes con los burócratas y los letrados con algunos clérigos inquietos. Inicialmente sólo quienes podían leer o estaban en condiciones de viajar podían entender lo que ocurría en Estados Unidos o en Francia, pero las nuevas formas de sociabilidad fueron creando un nuevo estado de opinión en las colonias. Si bien éste fue insuficiente para explicar los cambios, sí favoreció la velocidad del proceso emancipador después de la invasión napoleónica y permitió justificar el estallido de las guerras independentistas con las ideas de las revoluciones norteamericana y francesa. Tras la independencia de Estados Unidos y su experiencia republicana y especialmente después de la Revolución francesa, se levantaron voces condenando la explotación en las colonias españolas y defendiendo la emancipación, aunque eran casos aislados. Francisco de Miranda, que pagó con el destierro su osadía y debió exiliarse durante años en Inglaterra, fue uno de los ejemplos más notables.

El liberalismo caló en muchos líderes de la independencia, al igual que el pensamiento utilitarista de Jeremy Bentham, y su incidencia aumentó iniciado el proceso emancipador, como prueba su influjo en el desarrollo de partidos liberales en los nuevos países. El liberalismo, que carecía de la mayoría de las respuestas para un momento de incertidumbre como el que se vivía, fue incapaz de aglutinar a la mayoría de los líderes americanos. Esto se observa en el comportamiento de dos de los máximos libertadores, José de San Martín y Simón Bolívar, y en sus reticencias frente a la noción de soberanía popular y los gobiernos representativos. Mientras San Martín no creyó nunca en la república, como prueban sus intentos de recrear la monarquía en el Perú, Bolívar era un defensor del republicanismo, pero con un desarrollado componente autoritario y elitista.

Los movimientos sociales del siglo XVIII fueron presentados como movimientos precursores, buscando en ellos precedentes de la emancipación, aunque hay que insistir en su heterogeneidad, como prueban las revueltas agrarias novohispanas, las conspiraciones brasileñas de fines del siglo XVIII o los movimientos indígenas andinos. Entre ellos se puede mencionar la «rebelión de los barrios», en Quito en 1765; la «rebelión de los pasquines» de Arequipa en 1780; o la «revuelta de los comuneros» de 1781, con motivaciones antifiscales, propias del Antiguo Régimen, más que deseos de emancipación. También hay que diferenciar las revueltas de los indios de las de los esclavos, aunque su impacto sobre el sentir de los sectores dirigentes haya sido más o menos similar. En la revuelta armada de Túpac Amaru, los indios se levantaron al grito de «viva el buen rey y abajo el mal gobierno». Sin embargo, la peligrosidad del movimiento indígena en las zonas donde su presencia era mayoritaria, como el Alto Perú, hizo que la Corona fuera vista por las clases más adineradas como un dique a favor de sus privilegios. La peligrosidad de los sectores indígenas fue realzada por el levantamiento de negros y mestizos en Haití y las matanzas de los plantadores y terratenientes blancos y mulatos, que afectaron a las colonias dominadas por la economía de plantación, como Cuba y Venezuela, que ya habían conocido algunas sublevaciones de esclavos.

2. ¿De qué revolución se habla?

Se suele presentar a los procesos emancipadores como revoluciones y a los movimientos independentistas como revolucionarios, aunque muy pocos son los historiadores que definen la revolución de la que hablan. Algunas escuelas historiográficas, como la argentina o la paraguaya, aluden al término «revolución» para referirse a la independencia, un término popularizado en las distintas ideologías nacionales a través de los manuales escolares. Ante la indeterminación ideológica y la inconcreción del concepto de revolución anticolonial, deberíamos preguntarnos si realmente hubo revolución y en caso de tener una respuesta positiva, explicitar de qué revolución estamos hablando. Es evidente que no fue una revolución económica, ya que en líneas generales las estructuras productivas y de comercialización siguieron siendo las mismas, y si bien las guerras de independencia y las guerras civiles produjeron importantes daños materiales, ninguno fue irrecuperable y en pocos años las economías regionales retornaron a los niveles productivos previos a la emancipación. Las guerras de independencia supusieron un enorme consumo de riqueza para financiar los gastos de armamento y mantenimiento de los ejércitos. Más allá de las donaciones de los miembros de la élite, la guerra aumentó la presión fiscal, centrada en un primer momento en las exacciones a los opositores al gobierno, haya sido patriota o realista, pero que luego alcanzó a casi todos los grupos sociales. La guerra también supuso la destrucción de parte del aparato productivo: fábricas, molinos o campos de labor arrasados por los combates, aunque la devastación no fue tan tremenda como se pensó y la vuelta a la normalidad se produjo en menos tiempo del esperado.

Tampoco fue una revolución social. La desvinculación de la metrópoli tuvo efectos no deseados en las relaciones sociales, debidos en parte a la movilización popular en los bandos enfrentados por las guerras de independencia, en algunos casos verdaderas guerras civiles. Halperín Donghi habló de «barbarización del estilo político» y de la militarización y de la ruralización de la sociedad rioplatense, aunque ninguna de esas situaciones impulsó cambios revolucionarios más o menos profundos, si bien en ciertas circunstancias se produjeron fenómenos de inversión social y el resquebrajamiento de la disciplina social. También asistimos a la agudización de los conflictos entre indios y blancos y entre ricos y pobres. Pero, por lo general, los grupos que condujeron el proceso emancipador se resistieron a introducir cambios sociales o jurídicos de consideración, ya que en lo fundamental se mantuvo el marco institucional hispánico, que garantizaba las posiciones de los grupos dominantes. Los cambios se produjeron por la vía de los hechos, dada la necesidad de constituir ejércitos más fuertes y numerosos, lo que hizo evidente el hecho de que los miembros de la aristocracia sólo alcanzaban para nutrir las filas de oficiales. Para tener más soldados había que reclutarlos entre las clases menos pudientes o ganarse el favor de indios, mestizos y negros, atrayéndolos con promesas que implicaban la abolición total o parcial del tributo o la esclavitud. De este modo se seguía una práctica más tolerante frente al ascenso social de grupos tradicionalmente subordinados, que permitió a los oficiales destacados, incluidos los mestizos, una rápida carrera castrense. Varios mestizos alcanzaron el generalato en el ejército realista peruano, entre ellos Ramón Castilla, Andrés Santa Cruz o Agustín Gamarra.

En realidad, estamos frente a una revolución política originada en el nacimiento del ciudadano y de la ciudadanía, que propició en las antiguas colonias la construcción de nuevas formas de organización política basadas en una nueva legitimidad. La lógica de la legitimidad de una sociedad corporativa como la colonial permitió el avance del proceso emancipador, dando paso a nuevas formas de representación basadas en los individuos, como comprueba la incidencia de la teoría pactista en el comienzo del proceso, cuando se constituyeron las Juntas de Gobierno apoyadas en la legitimidad de los cabildos, depositarios de la soberanía de los pueblos. Posteriormente las cosas cambiaron y se apeló a la ciudadanía para elegir autoridades y representantes del pueblo mediante elecciones celebradas con una intensidad desconocida anteriormente. Las fórmulas de la convocatoria variaron de un sitio a otro y en el Río de la Plata, donde no se llegó a aplicar la Constitución liberal de 1812, los comicios se rigieron según la reglamentación elaborada para elegir a los representantes a Cortes de 1809. El alumbramiento de la individualidad fue acompañado por la desaparición de los súbditos del monarca y por la mayor o menor supresión gradual de las corporaciones propias del Antiguo Régimen. Durante el proceso emancipador algunos de los dirigentes más radicales apostaron por el cambio de gobierno y por la construcción del orden republicano y representativo, un punto que no alcanzó la unanimidad entre quienes querían la emancipación. El surgimiento de las repúblicas y la construcción de Estados fue la otra cara de esta revolución política. Aquí hay una vertiente distinta a las explicaciones teleológicas, ya que la insistencia en hablar de un inexistente «Estado colonial» pretende marcar una línea de continuidad, un antes y un después, que vincularía el orden colonial con el republicano.

El abogado porteño Mariano Moreno, partidario de las ideas de Rousseau, sintetizó las viejas teorías pactistas con la defensa de los derechos individuales al escribir en la *Gaceta de Buenos Aires* que «con la disolución de la Junta Central de Sevilla, no sólo cada pueblo había reasumido la autoridad que de consuno habían conferido al monarca, sino que cada hombre debía considerarse en el estado anterior al pacto social de que derivan las obligaciones que ligan al rey con sus vasallos». Para el caso francés, Rosanvallon insiste en el cambio que supuso la figura del ciudadano y la extensión del concepto «un hombre, un voto», y podemos pensar en un impacto similar en las colonias. Si bien en la primera década independiente el ciudadano se asimiló al vecino, se mantuvo vigente el «mandato imperativo», los diputados electos eran compromisarios de sus electores y debían atenerse a las instrucciones recibidas, no por ello dejó de profundizarse en una realidad diferente a la colonial. Pese a la insistencia en hablar de las élites en los contextos más diversos, no se debe desconocer la importancia que la política tuvo entre los sectores más pobres o marginales de la sociedad y entre los indígenas. La revolución política los afectó de un modo directo, al tiempo que vieron en la nueva coyuntura una oportunidad para formar nuevos ayuntamientos constitucionales, allí donde se aplicó la Constitución liberal de 1812, y para participar y mejorar su posición social y política.

3. Las primeras experiencias juntistas

La invasión napoleónica fue el catalizador de la emancipación. La caída de Carlos IV y Fernando VII produjo un vacío de poder que afectó la vida colonial y para cubrirlo se intentó imitar a las Juntas Provinciales peninsulares, si bien las motivaciones no fueron iguales. En España, la primera junta se constituyó en Oviedo el 25 de mayo de 1808, seguida por otras en las partes más diversas. El 25 de septiembre comenzó a andar la Junta Central, en Aranjuez. En América, a lo largo de 1809, se constituyeron juntas en La Paz, en julio, y en Quito, en agosto. El movimiento prosiguió al año siguiente en los más diversos puntos del Imperio. Era un movimiento urbano, apoyado en la legitimidad de los cabildos, considerados, por efecto de la teoría pactista, los depositarios de la soberanía de los pueblos. Sin embargo las cosas no eran tan sencillas, dada la desconfianza existente entre los distintos grupos dirigentes. Algunos intentaron consolidar las posiciones alcanzadas y para no comprometerse invocaron en casi todos sus actos el respeto al orden establecido, un movimiento conocido como el mantenimiento de la «máscara de Fernando VII». En ese entonces, los distintos poderes y grupos locales competían por el control jurisdiccional y los grandes cuerpos judiciales y corporativos, como las Audiencias o los Consulados, intentaron legitimarse basándose en su autoridad tradicional y a los poderes delegados, mientras trataban de aprovecharse de la coyuntura para consolidar su situación y resolver viejos pleitos con otros grupos locales con los que compartían el poder.

En medio del desconcierto por la falta del monarca, la infanta Carlota Joaquina, hermana de Fernando VII y esposa del regente de Portugal, llegó a Río de Janeiro junto con la corte portuguesa huida de Portugal. Como su padre y su hermano estaban presos, la infanta estaba ansiosa por hacerse con el trono de España y comenzó a intrigar con las autoridades coloniales y las élites del Perú, del Alto Perú y del Río de la Plata, presentándose como la mejor alternativa ante el vacío de poder. Los sucesos en la Península repercutieron en la vida política colonial. En todas partes hubo movimientos destinados a consolidar a ciertas autoridades o desplazar a otras. Si bien estos hechos fueron analizados como parte del enfrentamiento criollo-peninsular, las divisiones entre los grupos, generalmente en el interior de las élites, solían responder a cuestiones locales. La ausencia de un hilo conductor en la mayoría de las colonias explica por qué algunas juntas fueron impulsadas por criollos y otras por peninsulares, aunque todos proclamaban su fidelidad al rey. En los primeros años del proceso emancipador las líneas divisorias entre los distintos grupos no estaban claras y mientras en un lugar se podía apoyar una determinada postura en otro se respaldaba la contraria.

En México, el partido peninsular reaccionó contra el virrey Iturrigaray, que según ellos se apoyaba en el cabildo de la capital, de predominio criollo y que con su colaboración organizó una junta que gobernaba en nombre de Fernando VII. Un golpe reemplazó al virrey, el 15 de septiembre de 1808, y la Audiencia reconoció el cambio. En Buenos Aires, la posición del virrey Liniers era muy delicada, dado su origen francés, y el cabildo, bajo control peninsular, intentó derrocarlo a principios de 1809, pero fue impedido por las milicias locales. La guarnición naval de Montevideo, integrada mayoritariamente por oficiales españoles, desconoció la autoridad del virrey y estableció una junta para gobernar el virreinato, pero su influencia no pasó de la órbita local. En Chile, los criollos impulsaron el nombramiento del coronel Francisco García Carrasco como gobernador interino, ante la oposición de la Audiencia. La deferencia de los colonos por las autoridades y la integridad del Imperio comenzó a perderse en 1808, cuando se llegó a rozar la rebelión, se hizo evidente la inestabilidad y se provocó la intervención de los virreyes. Entonces, el mensaje de la infanta Carlota Joaquina llegó a una dividida Audiencia de Charcas, cuyo presidente fue ganado para su causa. Mientras los oidores impulsaron una junta, que gobernaría en nombre del rey, algunos grupos mestizos se rebelaron en La Paz y amenazaron el orden establecido. Ante la imposibilidad de restablecer el orden con los medios locales, los virreyes de Buenos Aires y Lima enviaron tropas. Más al norte, en la Audiencia de Quito, su presidente e intendente fue depuesto en agosto de 1809 por una conspiración oligárquica que colocó al marqués de Selva Alegre al frente de una junta que pese a gobernar en nombre del rey fue depuesta en 1810 por tropas enviadas por el virrey de Nueva Granada. La ejecución de los principales líderes muestra la dureza en la represión y la radicalización de las posturas, un fenómeno no limitado a Quito y que apunta a la creación de un clima con posturas polarizadas o revolucionarias.

El viejo orden colonial estaba debilitado y próximo a derrumbarse, pero su futuro era incierto en un momento en que se debían rediscutir las relaciones entre la metrópoli y sus colonias y el papel de las oligarquías locales y los burócratas peninsulares. En algunos sitios el proceso emancipador comenzó cuando algunos criollos quisieron desplazar a las autoridades, carentes del respaldo y la legitimidad otorgadas por la Corona al nombrarlas. Estas situaciones pusieron a prueba la cohesión interna de las élites locales y regionales, pero como el precedente de Haití estaba fresco, el tema se convertía en secundario frente a la amenaza potencial o real de una sublevación indígena o negra. Por eso, cuando tras las primeras protestas mexicanas lideradas por Hidalgo se percibió la magnitud de la rebelión indígena, los sectores dominantes, criollos y peninsulares, cerraron filas y acallaron cualquier posibilidad de asonada po-

14. La independencia de Hispanoamérica

pular. En el Perú, la proximidad de la rebelión de Túpac Amaru tuvo consecuencias semejantes sobre el comportamiento de los sectores dominantes. En Cuba y Puerto Rico el referente haitiano era importante como para impedir cualquier movimiento que repitiera una experiencia similar y habría que preguntarse si no fue un estímulo para paralizar cualquier aventura independentista de la población esclava. Sin embargo, en Venezuela la situación era diferente y allí se hicieron presentes otras circunstancias que permitieron el estallido emancipador.

En 1810 el avance francés parecía imparable y sólo Cádiz seguía controlado por los españoles. La Junta de Sevilla se disolvió y el autodenominado Consejo de Regencia, en Cádiz desde febrero, carecía de la representatividad y legitimidad necesarias y dejaba a las colonias en una situación favorable para redefinir el vínculo colonial. Durante 1808 y 1809, ante el espectáculo del trono vacante, las autoridades coloniales, tanto las designadas en la Península por los órganos interinos correspondientes o las autoimpuestas en las colonias aprovechando el desorden reinante, gobernaron en nombre de Fernando VII y tuvieron un gran margen de autonomía. Pese a los esfuerzos de los gobernantes, especialmente los partidarios de mantener los vínculos coloniales, la caída de Sevilla abrió las puertas de la independencia. Como parte de su mensaje, los independentistas se erigieron en defensores de la legalidad y en los continuadores del viejo orden colonial, aunque estaban sentando las bases de un sistema totalmente nuevo. Ante el riesgo de caer en el caos, las élites locales preferían introducir pocas modificaciones, dando escasas oportunidades de ascenso social a los grupos inferiores. Sin embargo, una vez abierto el proceso revolucionario, algunos cambios terminaron siendo inevitables, a consecuencia de la guerra y del esfuerzo de las autoridades por mantenerse en el poder. El proceso emancipador se radicalizó y en muchos casos devino en una abierta guerra civil.

La ausencia del rey revivió las teorías pactistas y revalorizó el papel de los pueblos, cuya principal fuente de legitimidad fueron los cabildos, unos órganos colectivos que no habían recibido su poder de una autoridad central inexistente o ilegítima. Pese a ser poco representativos de la población urbana, los cargos municipales se renovaban tras un proceso electoral aunque era normal la cooptación. Era frecuente la convocatoria del cabildo abierto para adoptar las decisiones más trascendentes, al tratarse de una asamblea más amplia, integrada por los notables de la ciudad. A los ojos del pueblo este mecanismo otorgaba una ventaja manifiesta a las oligarquías locales frente a las burocracias administrativas, ya que en casi todas partes los cabildos abiertos establecieron Juntas de Gobierno en reemplazo de los antiguos gobernantes. En menos de seis meses surgieron juntas en Caracas (19 de abril), Buenos Aires (25 de mayo), Bogotá (20 de julio) y Santiago de Chile (18 de septiembre). En algunos casos la antigua autoridad aprobó, de mayor o menor grado, lo actuado por el cabildo abierto (Caracas, Buenos Aires) o se puso al frente de las juntas (el virrey en Bogotá, el gobernador interino en Santiago) (véase Cuadro 14.1).

Cuadro 14.1. Juntas de Gobierno en Hispanoamérica, 1808-1811

Fecha	Junta
21-IX-1808	Junta de Montevideo presidida por el virrey Elío.
1808	Junta de México convocada por el virrey Iturrigaray y el cabildo de la capital.
16-VII-1809	Junta de La Paz.
10-VIII-1809	Junta Suprema de Quito.
XII-1809	Junta de Valladolid, Nueva España.
19-IV-1810	Junta Suprema de Caracas.
25-V-1810	Primera Junta de Buenos Aires.
20-VII-1810	Junta de Santa Fe de Bogotá.
18-IX-1810	Junta Gubernativa de Santiago de Chile.
X-1810	Segunda Junta de Quito.
I-1811	Junta Grande del Río de la Plata.
1811	Junta Gubernativa de Asunción del Paraguay.
VIII-1811	Junta de Zitácuaro.

Fuente: Guillermo Palacios y Fabio Moraga: *La independencia y el comienzo de los regímenes representativos*, Madrid, 2002, p. 72.

La situación de conflictividad se vio agravada por la proclama del Grito de Dolores, de Miguel Hidalgo, en México, el 16 de septiembre, que afectaba a la colonia más importante e hizo sonar todas las alarmas en la Península. Sin embargo, las dificultades políticas, militares y especialmente económicas de España, envuelta en su propia guerra de independencia, dificultaron la toma de las decisiones políticas adecuadas y el envío de tropas para reconquistar las colonias. Pese a los esfuerzos realizados, hasta 1814 no se enviaron expediciones militares de envergadura, que sólo conocieron algún éxito en Venezuela y Nueva Granada. El regreso de Fernando al trono inauguró una nueva etapa en la lucha contrarrevolucionaria marcada por el peso del absolutismo. El monarca no se resignó a la independencia americana y puso todo su esfuerzo en la reconquista, aunque su principal problema era la escasez de recursos para financiar las expediciones militares. El fin del experimento liberal y la presencia de Fernando VII marcaron un punto de difícil retorno en la emancipación y eliminaron cualquier posibilidad de negociación.

En 1815 quedaba poco de la revolución iniciada en América del Sur y sólo Buenos Aires resistía. Pese a los deseos de Fernando, partidario de un uso masivo de la fuerza, sólo se pudo enviar a las colonias un reducido contingente militar, que, salvo en Venezuela y Nueva Granada, no supuso una amenaza para la causa de la independencia. Sin embargo, la restauración absolutista influyó en el ánimo de los rebeldes, que veían amenazadas sus posiciones. Con una buena dosis de oportunismo en el Perú y en el Río de la Plata afloraron algunos proyectos monárquicos y la restauración se convirtió en una amenaza para la causa patriota. El alzamiento de Rafael del Riego, el 1 de enero de 1820, permitió el retorno de la Constitución de 1812 e impidió que la mayor expedición preparada para invadir América llegara a su destino, probablemente Venezuela o el Río de la Plata. Con el Trienio constitucional, las élites americanas fieles a la Corona conocieron nuevas incertidumbres y se produjo el efecto no deseado de la aceleración de la emancipación en México y Perú. Y si bien los liberales españoles eran más dialogantes que los absolutistas, a una buena parte de ellos no les hacía ninguna gracia perder las colonias. La restauración de 1823, que podía haber tranquilizado a las élites conservadoras de México y Perú, las colonias más unidas a España, llegó tarde, cuando la independencia ya era irreversible.

Los cambios internacionales fueron importantes, y en 1814 mientras Francia y las demás potencias continentales apoyaron la restauración, Inglaterra no estaba dispuesta a ser desplazada de su posición hegemónica. La restauración de Fernando permitió que el gobierno de Londres dejara de lado la ambigüedad con la que había intentado no perjudicar a una aliada como España, y en su lugar se convirtió en una potencia neutral que no se oponía a armar a los independentistas o que súbditos ingleses, voluntarios o mercenarios, se enrolaran en los ejércitos americanos. No fue, sin embargo, una postura definitiva, y acabado el trienio constitucional y con la restauración absolutista, la neutralidad inicial se decantó al reconocimiento de las repúblicas, lo que ayudaría a terminar el enfrentamiento bélico. Estados Unidos habían firmado en 1814 la Paz de Gante, que acabó con los problemas pendientes de su independencia, y a partir de ese momento su neutralidad se decantó a favor de los gobiernos americanos. Con la compra de la Florida española en 1822 sus compromisos con España se redujeron y la proclamación de la doctrina Monroe, «América para los americanos», al año siguiente, sería un freno para la reconquista de la América española por el absolutismo europeo.

En Perú y México las cosas habían seguido derroteros diferentes que en el resto del imperio. En Perú, la habilidad del virrey Abascal y la postura de las oligarquías regionales permitieron mantener el statu quo y convertir al virreinato en un bastión contrarrevolucionario. En México, la violencia de los levantamientos iniciales, encabezados por Miguel Hidalgo y José María Morelos, y su carácter indígena y campesino llevaron a las élites a una postura semejante. Se ven dos modelos distintos de plantear la independencia con importantes diferencias regionales.

4. El Río de la Plata y Chile

Buenos Aires comenzó formalmente el proceso independentista el 25 de mayo de 1810. Sus pasos posteriores buscaban consolidar la posición del nuevo gobierno en todo el virreinato y para eso debían exportar la revolución más allá de los límites del cabildo porteño, aunque la operación tuvo resultados contradictorios. Montevideo siguió controlada por la marina de guerra española y Paraguay, tras fracasar la misión de Manuel Belgrano en busca de apoyos para la causa emancipadora, se separó de Buenos Aires para seguir un camino propio y aislacionista. La misión al norte impuso el orden porteño en Córdoba y Tucumán y ocupó casi sin resistencia el Alto Perú, garantizando a Buenos Aires el control de la plata potosina, aunque en poco tiempo el ejército peruano enviado por el virrey Abascal y mandado por el general Goyeneche retomaría el control del territorio altoperuano. El equipo gobernante se dividió en dos tendencias antagónicas: una moderada, encabezada por el presidente de la Junta de Gobierno, el jefe de milicias Cornelio Saavedra, y otra más radical o jacobina, liderada por el secretario de la Junta, el abogado Mariano Moreno. Para afianzar su posición, los radicales decidieron endurecer la represión con los proespañoles, expulsaron al virrey y a los oidores de la Audiencia y fusilaron a los jefes del partido «realista», comenzando por el ex virrey Liniers. Al ser elegida por un cabildo abierto, la Junta sólo respondía a la autoridad del cabildo de Buenos Aires, su única fuente de soberanía y como se quería extender el dominio del nuevo gobierno a todo el virreinato y ampliar su legitimidad era necesario incorporar a representantes del interior. Esto ocurrió a fines de 1810 con la llamada Junta Grande. La ampliación permitió incorporar a políticos de las provincias y colocó al partido jacobino en minoría, lo que llevó a Moreno a renunciar como secretario de la Junta. Fue designado para una misión diplomática en Londres, pero murió durante el viaje.

Si bien la movilización indígena era escasa, los enviados porteños al Alto Perú intentaron ganar a los indios para su causa eliminando el tributo indígena. La medida no los convenció ni tampoco a las élites altoperuanas, poco atraídas por el «populismo» porteño. En julio de 1811 el general Goyeneche derrotó a los porteños en Huaqui y privó a Buenos Aires de la plata potosina y del control del Alto Perú, que volvió a depender de Lima. La frontera entre las Audiencias de Buenos Aires y Charcas separó a quienes abogaban por la revolución o por el mantenimiento del vínculo colonial y allí Martín Güemes y sus campesinos salteños defendieron a Buenos Aires del Perú. Si los porteños trataban de extender la base social de la revolución con los indios del Alto Perú o los campesinos de Salta era por la distancia con Buenos Aires, ya que en su proximidad las cosas no eran iguales, como muestra su política hacia la Banda Oriental (hoy Uruguay). La presión de los mandos navales en Montevideo la convirtió en un potente foco opositor a Buenos Aires, pero los porteños suspendieron en 1811 las acciones militares ante la presencia de los portugueses. José Artigas sublevó a la campaña de la Banda Oriental, inicialmente con el apoyo de Buenos Aires, aunque luego con su oposición, ya que la llamada revolución artiguista contenía una serie de reivindicaciones populares que no entusiasmaban a las élites porteñas. Cuando los portugueses intentaron ocupar la Banda Oriental, Artigas impulsó el éxodo del pueblo uruguayo a la vecina provincia de Entre Ríos, controlada por Buenos Aires. Entonces se rearmó una nueva e inestable alianza con los porteños que aguantó hasta 1813, cuando se quebró definitivamente. En 1814, mientras el ejército porteño mandado por el general Carlos María de Alvear conquistaba Montevideo, Artigas controlaba las provincias de Corrientes, Entre Ríos y Santa Fe (anteriormente pertenecientes a la intendencia de Buenos Aires) y se declaraba «protector de los pueblos libres». Su control territorial era sólo político, ya que las oligarquías provinciales rechazaban sus reivindicaciones sobre el acceso de los campesinos a la tierra. La influencia de Artigas se extendería a Córdoba en medio del enfrentamiento con Buenos Aires, ya que para sus dirigentes, Artigas amenazaba el futuro de la revolución y simbolizaba un movimiento de protesta social que debía ser reprimido. La ampliación de la base social revolucionaria sólo ocurrió en la Banda Oriental y no en el resto de los territorios partidarios de Artigas, que seguían siendo manejados por sus oligarquías contra Buenos Aires.

La Junta Grande de Buenos Aires la controlaron los moderados, pero su excesivo tamaño llevó a la formación de un Triunvirato, caracterizado por su dureza represiva contra quienes no se sometían a su autoridad, aunque un golpe militar acabó con el predominio de las milicias, vigente desde 1807, y alejó a los saavedristas del poder. Desde entonces, octubre de 1812, los oficiales del ejército regular formado después de la independencia controlaron la situación política. Su principal instrumento fue la logia Lautaro, que hasta 1819 influyó en la política porteña. Alvear y José de San Martín, oficiales retornados de España en 1812 tras haber luchado en la guerra contra los franceses, eran dos de sus miembros más reputados. San Martín creó un cuerpo de caballería bien entrenado, los Granaderos a Caballo, que contrastaba con la improvisación de los ejércitos de uno y otro bando y pudo, en 1813, imponerse a los españoles en San Lorenzo, a orillas del Paraná. Su victoria consolidó su posición política y le fue encomendado el mando del derrotado Ejército del Norte, para destinarlo luego como intendente en Cuyo. En Mendoza, donde se había refugiado la oposición chilena, armó un ejército para expulsar a los españoles del Perú. Para ello, en vez de atacar a través del Alto Perú, lo que había fracasado en dos oportunidades, invadiría Chile y desde allí pasaría a Lima por mar.

En 1813 se reunió en Buenos Aires una Asamblea legislativa, soberana y con plenos poderes. Si bien no declaró la independencia, adoptó importantes decisiones, como la supresión del mayorazgo, de los títulos nobiliarios y de la Inquisición y otorgó la libertad a los hijos de las esclavas. También oficializó la bandera, el escudo y el himno de una nación que no se atrevía a independizarse definitivamente. La restauración de Fernando VII amenazó el proceso de emancipación, que atravesaba serias dificultades políticas internas. La coyuntura obligó a concentrar el poder y en lugar del Triunvirato surgió la figura del Director Supremo, el primer gobierno unipersonal de Buenos Aires. Con grandes esfuerzos la revolución sobrevivió en el Río de la Plata, gracias, entre otras cosas, a que España nunca lanzó una ofensiva directa en su contra. El 9 de julio de 1816 un congreso reunido en Tucumán, con delegados de todo el territorio controlado por Buenos Aires, declaró la independencia, ya que la presión del Director Supremo, Juan Martín de Pueyrredón, hombre de la logia Lautaro, aceleró la decisión emancipadora. El punto más débil del nuevo gobierno era su relación con la zona artiguista y para debilitar a Artigas favoreció la invasión portuguesa de la Banda Oriental. En 1819 se sancionó una constitución centralista, que pese a mantener la ficción republicana tenía un importante contenido monárquico. El rechazo del interior y la oposición del artiguismo acabaron con el gobierno de Pueyrredón, agotado políticamente y arruinado económicamente por los sacrificios realizados para financiar al ejército de San Martín. Desde entonces, poca vida le quedaba al Estado centralizado que Buenos Aires había intentado construir. Los caudillos de Santa Fe y Entre Ríos, cada vez menos dependientes de Artigas, serían los responsables de su destrucción.

En Chile, el movimiento fundacional de la Patria Vieja no se había consolidado por los choques entre el ala radical de José Miguel Carrera y sus hermanos y el sector moderado de Bernardo O'Higgins. La Junta, establecida en septiembre de 1810, convocó un congreso nacional que se dividió entre reformistas y revolucionarios. Si los primeros querían acabar con la opresión colonial y obtener más autonomía dentro de la nación española con una Constitución, los últimos apostaban por la independencia y decían que la lealtad a Fernando VII era sólo una ficción, o una máscara. Los revolucionarios, minoritarios, derrocaron al gobierno del Congreso y lo reemplazaron por el general Carrera, al frente de una coalición de miembros de las élites de Santiago y la Concepción. La Constitución aprobada en 1812 instauró un Senado con siete legisladores y puso el ejecutivo en manos de Carrera, señalando que en su ausencia el país sería gobernado por una junta de tres miembros. Sin embargo, terminó siendo relevado por O'Higgins ante su incapacidad militar. La situación se complicó en 1813 con el desembarco de un cuerpo expedicionario peruano en el sur, que en poco tiempo se apoderó de la mayor parte del país. Después de la derrota de O'Higgins en Rancagua, en octubre de 1814, el general Osorio, al mando del ejército realista, entró en Santiago y obligó a los líderes independentistas a refugiarse en Mendoza, al otro lado de la cordillera, desde donde continuaron resistiendo a los peruanos y manteniendo sus enfrentamientos intestinos.

A Mendoza destinaron a San Martín para organizar el ejército que invadiría Chile. Entre la moderación centrista de O'Higgins y el populismo de los Carrera, San Martín prefirió al primero como su aliado para la aventura transandina. A comienzos de 1817, San Martín inició el cruce de los Andes al mando de un disciplinado ejército de 3.000 hombres, con el que obtuvo el 12 de febrero la decisiva victoria de Chacabuco, que le abrió las puertas de Santiago y permitió nombrar a O'Higgins como Director Supremo de la República de Chile. En marzo, el ejército de San Martín fue vencido en Cancha Rayada, lo que estuvo a punto de abortar la aventura emancipadora, pero la rápida recomposición de las fuerzas y el triunfo de Maipú salvaron al gobierno revolucionario. Pese a todo, no se pudo acabar con la resistencia española que durante años aguantó en el sur, pese a la dura política represiva contra los partidarios de la Corona y contra los disidentes internos.

5. San Martín y la empresa peruana

Tras la liberación de Chile, Lima y el Perú eran los objetivos de San Martín, lo que requería una potente flota de guerra. Los barcos y las tripulaciones se consiguieron en Gran Bretaña y Estados Unidos y el mando de la escuadra se encargó a lord Cochrane, que también practicó el corso en las costas del Pacífico. Con esos ingresos, la flota de siete barcos de guerra se amplió con dieciséis transportes. En agosto de 1820, San Martín se embarcó al Perú con 4.500 hombres, una cantidad exigua para derrotar al contingente realista de 20.000 soldados. San Martín esperaba trastocar el orden colonial, aprovechando el cansancio de la sociedad peruana con una guerra inacabable y pensaba que el bloqueo comercial minaría la lealtad realista de los hacendados costeños. De ser necesario, utilizaría la carta indígena, algo que también hacían los realistas. La empresa comenzó con buenos augurios. El desembarco en Pisco fue seguido de rebeliones espontáneas en Guayaquil y Trujillo y el norte giró hacia la causa republicana, ya que el marqués de Torre Tagle, el intendente de la región, cambió sus preferencias políticas, probablemente afectado por los vientos liberales que venían de España. En el sur, la campaña de la sierra afectó a la retaguardia limeña. A principios de 1821 el jefe realista, el general José de la Serna, derrocó al virrey Joaquín de la Pedrezuela y comenzó a negociar con San Martín para crear un Perú independiente y monárquico. El acuerdo fue rechazado por el ejército español, acantonado en El Callao, pero dada su debilidad fue incapaz de evitar la entrada de San Martín en Lima en julio de 1821, que fue nombrado Protector del Perú independiente.

El nuevo gobierno fue el más conservador de los establecidos en América desde 1815, dada su reacción frente al constitucionalismo liberal español y el deseo de ganarse a la oligarquía local que miraba preocupada el giro político de España. Mientras, continuaba la campaña en la sierra, que era una continua sangría para los dos bandos. La situación de San Martín era comprometida, ya que la ayuda de Lima y las principales ciudades peruanas seguía siendo escasa. En 1822, la situación era de estancamiento y sólo la ayuda extranjera podría romper el statu quo, ayuda que San Martín estaba dispuesto a pedir a Bolívar. En julio de 1822 los dos libertadores se encontraron en secreto en Guayaquil, tras lo cual San Martín anunció su retirada del Perú y dejó que Bolívar liderara la acción emancipadora. Después de sofocar algunos brotes rebeldes en Pasto, Bolívar pasó a Perú a mediados de 1823, cuando había dos presidentes: José de la Riva Agüero, que tras ser derrocado por el congreso se refugió en Trujillo, y el marqués de Torre Tagle, nombrado por el congreso en lugar de Riva Agüero e instalado en Lima. La movilidad de la situación la muestra el hecho de que Riva Agüero negociaba simultáneamente con Bolívar y con los realistas. A éstos les proponía crear una monarquía independiente al frente de un Borbón español, mientras intentaba expulsar a Bolívar. Al conocerse esta situación, Riva Agüero fue detenido y deportado y Torre Tagle fue encargado por Bolívar para negociar con los españoles.

A comienzos de 1824, después de que un motín del destacamento de Buenos Aires en El Callao entregara la guarnición a los realistas, Torre Tagle con la mayor parte de su gobierno y numerosos diputados se pasaron a la causa monárquica, cuando el régimen liberal en España había caído y la Corona era nuevamente confiable. Sin embargo, gracias a su poder militar, Bolívar retomó el control de la situación y en agosto triunfó en Junín y consolidó su posición en la sierra. El último acto de la independencia peruana tuvo lugar en Ayacucho, en diciembre de 1824, cuando el general Antonio José de Sucre, al mando de un ejército de colombianos, chilenos, rioplatenses y peruanos, derrotó y capturó al virrey La Serna. La resistencia realista continuó hasta 1826 en la guarnición de El Callao y hasta 1825 en el Alto Perú, al mando de Olañeta, cuando Sucre terminó con la resistencia y a pedido de las élites de Charcas y Potosí creó la república de Bolivia en homenaje al Libertador.

6. La gesta de Bolívar: Venezuela y Colombia

Francisco de Miranda fue puesto a la cabeza de la Junta surgida de los sucesos del Jueves Santo de 1810 en Caracas, pero no fue bien recibido por la oligarquía cacaotera, los mantuanos, un grupo clave en el movimiento emancipador. Fiel a sí mismo, Miranda radicalizó la revolución y en junio de 1811 declaró la independencia, aunque con un escaso control de Venezuela, limitado al litoral cacaotero, mientras el oeste y el interior permanecían leales a Fernando VII, como la base naval de Coro, al oeste de Caracas. El terremoto que asoló a la capital, interpretado como un castigo divino por los realistas, cambió la marcha de los acontecimientos. El capitán Domingo de Monteverde, jefe de la base de Coro, tomó la iniciativa y la guarnición de Puerto Cabello abandonó la causa revolucionaria y esto se sumó al mayor malestar entre los esclavos negros en las plantaciones de cacao, que llevó a los mantuanos, influidos por la independencia de Haití, a acabar con el experimento revolucionario y firmar un armisticio. En un episodio confuso, en el que intervino Bolívar, los realistas capturaron a Miranda, mientras Bolívar se refugiaba en Nueva Granada. Si bien los hacendados caraqueños cesaban en su lucha, la rebelión continuó en la costa de Cumaná y en la isla Margarita, impulsada por los negros y mulatos, que incrementaron el nivel de violencia matando a numerosos colonos canarios. Éstos se organizaron para repeler los ataques y su respuesta fue igualmente violenta, dando comienzo la guerra a muerte, institucionalizada por Bolívar desde junio de 1813. Santiago Mariño, el líder rebelde de Cumaná, avanzó desde el este, mientras Bolívar, de nuevo en los Andes venezolanos, entró en Caracas en agosto. La derrota de Monteverde impulsó la consolidación de José Tomás Boves como nuevo jefe realista, con la entrada en la guerra de los llaneros, que lo apoyaron en una campaña exitosa contra los costeros de Mariño y los andinos de Bolívar, quien huyó nuevamente a Nueva Granada para luego refugiarse en Jamaica.

Venezuela se convirtió en una fortaleza española, reforzada en 1815 por el envío de 10.000 hombres al mando del general Pablo Morillo para acabar con la revolución en Nueva Granada. En Colombia, la respuesta contra la rebelión se concentró en el sur, especialmente en Pasto y Popayán, próximas a los centros realistas de Quito y Perú. Al igual que en Chile, los conflictos entre los líderes independentistas pusieron en peligro la revolución y el radical Antonio Nariño se impuso al moderado Lozano y se convirtió en el presidente de la república de Cundinamarca, contraria a la integración en las Provincias Unidas de Nueva Granada, con las que se había enfrentado. En 1814, los realistas peruanos avanzaron desde Popayán a Antioquia y tomaron prisionero a Nariño. Fue entonces cuando la confederación de Nueva Granada, apoyada por Bolívar, conquistó Bogotá, pero dada su debilidad no pudo controlar toda su jurisdicción. Esto permitió que Morillo, después de conquistar Cartagena, entrara en Bogotá.

En 1817, Bolívar reinició el proceso emancipador en Venezuela desde Haití, pero su situación era más desesperada que la de San Martín, por su falta de recursos y apoyos políticos. El impulso a la causa independentista requirió cortar los lazos de los mantuanos con la revolución, al primar éstos sus propios intereses sobre la política. Pese al autoritarismo del caudillo, esto dotó a la revolución bolivariana de un componente popular, cuya fuerza hizo posible extender su república de Colombia a Guayaquil y proyectar su influencia hasta el Alto Perú. En 1816 para atraer a los esclavos a sus filas, Bolívar prometió liberarlos, lo que dio un nuevo impulso a la revolución. Al año siguiente, su alianza con el jefe guerrillero José Antonio Páez, también de Los Llanos, fue una de las claves de su triunfo. Inicialmente Bolívar pensó en tomar Caracas, pero al cerrarle el paso Morillo retornó a Los Llanos y a la Guayana para cruzar los Andes hacia Colombia, al mando de 3.000 hombres. Su triunfo en Boyacá le permitiría controlar Bogotá y el centro y norte de Nueva Granada, salvo Panamá. Eran los primeros pasos de la república de la Gran Colombia, cuya existencia y estructura política se formalizaron en 1819 por el Congreso de Angostura. Surgió así una suerte de república federal, presidida por Bolívar e integrada por Nueva Granada y Venezuela, cada una con un vicepresidente responsable de las tareas administrativas, mientras Bolívar proseguía la guerra. Desde entonces, la liberación de Venezuela fue una cuestión prioritaria, ya que las noticias del triunfo liberal en España fueron nefastas para el bando realista, que veía mermar sus fuerzas. La victoria de Carabobo le permitió a Bolívar entrar en Caracas en 1821. Ese mismo año, Sucre, tras sus triunfos en Riobamba y Pichincha, conquistó Quito y Bolívar derrotaba a las fuerzas realistas de Pasto, en los Andes, cuya fortaleza radicaba en su población mestiza, inclinada hacia la monarquía por la prédica del obispo. Esto libró a Colombia de amenazas y dejó las manos libres a Bolívar para intervenir en el Perú.

En 1821 se celebró el congreso de Cúcuta, que dotó a Colombia de una organización más centralizada que la de Angostura: Venezuela, Nueva Granada y Quito perdieron su autonomía al dividirse todo el territorio en departamentos gobernados desde Bogotá. El vicepresidente Francisco de Paula Santander asumió la tarea organizativa. La autoridad de Bogotá sobre Venezuela era bastante relativa, ya que Páez, dueño del poder militar, controlaba la vida política. En Bogotá no se veía con buenos ojos la gestión liberal de Santander y el futuro, inestable y autoritario, no tenía buenas perspectivas para Nueva Granada.

7. Nueva España y América Central

La emancipación mexicana impulsada por la protesta india y mestiza tuvo características distintas a la de América del Sur y fue liderada por Miguel Hidalgo, cura de Dolores. En septiembre de 1810 proclamó su célebre Grito de Dolores, manifestándose a favor de la independencia, el rey, la religión y la virgen india de Guadalupe y contra los peninsulares. Su prédica fue seguida por los peones de las haciendas y las minas. En su avance conquistó la ciudad de Guanajuato, tras provocar una matanza en la alhóndiga, donde habían buscado refugio los soldados y los notables de la ciudad. La marcha de los rebeldes, una masa mal armada de indios y mestizos, prosiguió y Querétaro, San Luis Potosí y Guadalajara cayeron en sus manos. Al llegar a la ciudad de México, los 80.000 hombres de Hidalgo derrotaron a los 7.000 del ejército del general Trujillo, aunque con muchas bajas. Trujillo se retiró a la capital, que pudo ser conquistada por Hidalgo, pero éste optó por retroceder para reorganizar sus filas, algo que terminó siendo contraproducente para sus planes, ya que la retirada se convirtió en fuga. Hidalgo fue capturado en Chihuahua y posteriormente ejecutado. La crueldad de las acciones revolucionarias mermó el interés por el movimiento emancipador, que durante una década careció del respaldo oligárquico.

José María Morelos, otro cura, continuó los pasos de Hidalgo, pero esta vez desde el sur del país. Como tenía un ejército más disciplinado que el de Hidalgo, en 1812 controlaba casi todo el sur de México. Entre los puntos más destacados de un programa que cautivó la atención popular destaca la abolición de las diferencias de castas y la subdivisión de los grandes latifundios cañeros de los hacendados realistas. A fin de institucionalizar la revolución, Morelos convocó un congreso en Chilpancingo, donde se manifestaron las mismas tendencias antagónicas presentes en el frente militar. Pese a todo y en un exceso de legalismo, Morelos aceptó las resoluciones contradictorias emanadas del congreso, que acabarían con la revolución y con su vida, ya que murió ejecutado en 1815. El radicalismo de Morelos fortificó la unidad entre criollos y peninsulares en las élites españolas, ya que todos respaldaban la legalidad vigente y fueron quienes devolvieron a México a su lugar en el Imperio. La jerarquía eclesiástica, que vio amenazadas sus propiedades y posiciones por la acción de los revolucionarios, también se unió a la coalición oligárquica.

Los sucesos desencadenados en España tras el alzamiento de Riego a comienzos de 1820, asustaron a las élites mexicanas. El temor por los cambios de los liberales metropolitanos, que afectarían las relaciones con las colonias, movió a los partidarios de la Corona a manifestarse ahora a favor de la independencia, siguiendo al militar de origen criollo Agustín Iturbide. Junto a Vicente Guerrero, un viejo resistente de la época de Morelos, Iturbide diseñó el Plan de Iguala, origen de la independencia de un México que debería ser gobernado por un infante español designado por Fernando VII. Si bien el plan garantizaba la independencia, la unidad en el catolicismo y la igualdad entre peninsulares y criollos, Fernando VII no apoyó el acuerdo, lo que cambió los planes de Iturbide, que tras obtener el respaldo de casi todo el país, entró triunfante en la capital y sentó las bases del que debería ser el nuevo Imperio mexicano. Una de las primeras medidas de Iturbide fue proponer a las autoridades centroamericanas adherirse al Plan de Iguala. El 15 de septiembre de 1821, en la ciudad de Guatemala, se votó la independencia y la anexión a México. Fue una «revolución desde arriba» que dejó intactas a la mayoría de las autoridades coloniales. Sin embargo, la vinculación a México duró muy poco. En 1823, tras el fracaso del imperio de Iturbide, un nuevo congreso se reunió en Guatemala para proclamar la independencia de América Central en la figura de una república federal, que bajo el lema de «Dios, unión y libertad» nucleaba a todos los territorios centroamericanos.

8. El comienzo de las prácticas electorales

La invasión de España por las tropas napoleónicas y el descabezamiento de la monarquía llevaron a primer lugar la cuestión de la soberanía y de la representación. Se ha aludido más arriba a como los pueblos pugnaban por retrotraer el control de la soberanía a su control directo y de ahí el gran impulso conocido por las Juntas desde mayo de 1808, tanto en la Península como en las colonias, donde entre 1809 y 1814 tuvieron lugar cinco procesos electorales distintos, convertidos en un referente importante del desarrollo de la ciudadanía en América. En esos años se conoció una gran transformación en las prácticas electorales, que pasaron de los usos corporativos propios del Antiguo Régimen en las elecciones para las Juntas Provisionales de Gobierno, de 1809, a los comicios para elegir a los cargos de los ayuntamientos y las diputaciones provinciales, que tuvieron lugar bajo pautas modernas y con un sufragio prácticamente universal.

En enero de 1809, la Junta Central, actuando como la máxima autoridad del Imperio español, decretó que las posesiones americanas, en tanto reinos y provincias, tenían los mismos derechos que sus homólogos peninsulares para enviar representantes a Sevilla. Como señalan Guillermo Palacios y Fabio Moraga, de este modo la nación española se definía como una federación de provincias a ambos lados del Atlántico y se reconocía formalmente el estatuto político de los reinos y provincias de América y los derechos de sus habitantes, a la vez que se instituía el comienzo de los procesos electorales en América, por más que no se tratara de elecciones populares, sino de procesos inmersos en los mecanismos del Antiguo Régimen. La Junta Central ordenó que los virreinatos de Nueva España, Perú, Nueva Granada y Buenos Aires, las capitanías generales de Cuba, Puerto Rico, Guatemala y Chile y las provincias de Venezuela y Filipinas eligieran representantes para incorporarse a ella. Se trataba de un sistema de elección indirecto en varios grados, limitado a las ciudades capitales de provincia, que llevaba a los cabildos a elegir una terna integrada por tres vecinos. Finalmente, un sorteo decidiría el nombre del representante ante la Junta. Se trataba de incorporar diputados americanos, pero la medida, claramente asimétrica, fue causa de reclamaciones, ya que mientras las provincias peninsulares elegían 36 representantes, las americanas sólo tendrían nueve. Si bien la mayoría de los representantes nunca se incorporó a la Junta, fue el comienzo de unas prácticas de importantes repercusiones en la formación de la ciudadanía.

Al año siguiente se dio un paso más, cuando el 1 de enero de 1810 la Junta Central convocó elecciones para elegir representantes a Cortes Generales. Como en el caso anterior, hubo una discriminación negativa de las posesiones americanas, ya que mientras en la Península se elegía un diputado por cada 50.000 habitantes, en América cada provincia, aunque era un término no claramente definido, sólo elegía uno. Las elecciones se celebraron en agosto de 1810, siguiendo las «Instrucciones que deberán observarse para la elección de diputados de Cortes», la primera ley electoral española. Esta normativa autorizaba la elección de mestizos y se planteaba estudiar la participación de los indígenas. Los comicios no pudieron celebrarse en Buenos Aires, Chile, Caracas y Nueva Granada, controladas por los rebeldes. Los mecanismos electorales no eran iguales en España que en las colonias, siendo más modernos en la Península donde votaban los vecinos de las parroquias, mientras que en América sólo se votaba en los cabildos sin la participación de toda la población, aunque se autorizaba a los indios y mestizos a votar y ser votados como representantes a Cortes. A fines de 1810 se votó en todas partes menos en Chile, Nueva Granada, Río de la Plata y algunas zonas de Venezuela. Por el especial momento que se vivía se trató de unas elecciones que despertaron un gran interés popular, aunque los comicios tuvieron resultados desiguales y no se pudieron elegir todos los diputados propuestos. De todas formas, en estos años se sentaron las bases de los que serían los mecanismos electorales y representativos de los sistemas políticos latinoamericanos.

15. Brasil: de la independencia a la república

A fines del siglo XVIII la ocupación territorial de Brasil seguía siendo sumamente desigual y concentrada básicamente en una estrecha franja del litoral costero, donde se localizaba más de la mitad de la población. Desde Salvador de Bahía hasta el arroyo Chuí al sur encontramos cinco grandes agrupamientos de población: los pernambucanos, del nordeste; los bahianos, del este; los mineros, del sudeste; los cariocas, de Río de Janeiro y los gauchos, del sur. Es en este terreno donde se desarrolló la Ilustración, que tiñó con su influjo los movimientos sociales del siglo XVIII, aunque la emancipación respondió a otros factores, vinculados al traslado de la corte portuguesa a Río de Janeiro. Sin embargo, ni las ideas de la Ilustración, ni de la independencia de Estados Unidos ni de la Revolución francesa, fueron suficientes para impulsar la independencia de Brasil. Lo mismo se puede decir de la orden de la Corona de cerrar las fábricas y manufacturas coloniales como consecuencia de las reformas pombalinas, que generaron una importante sensación de malestar pero no bastaron para romper los lazos con la metrópoli. Sin embargo, fue en esos años cuando se comenzó a forjar la identidad nacional brasileña. Como plantea Boris Fausto, se discute mucho acerca del momento en que la sociedad colonial comenzó a pensar en Brasil como una unidad distinta de Portugal. Con todo, hubo que esperar hasta 1822, con la corte instalada en Río de Janeiro para que la independencia del Brasil prosperara y quizá fue este hecho uno de los elementos que permite explicar las grandes diferencias con la emancipación de Hispanoamérica: enfrentamientos armados y ruptura de los territorios imperiales.

1. Los precedentes de la emancipación

La Ilustración tuvo mucho peso en el clima intelectual que reinaba en el Brasil de fines del siglo XVIII. El debate intelectual en el seno de sus élites impulsó la creación de la Academia Científica y de la Sociedade Litérbaria y facilitó la discusión y una difusión limitada de las ideas renovadoras procedentes de Estados Unidos y de la Revolución francesa, ya que, al igual que en el Imperio español, algunos grupos reducidos y cultos accedieron directamente a las fuentes de las nuevas ideas. Las élites más dinámicas eran las de Bahía y Río de Janeiro, los principales centros de poder del Brasil colonial. Pese a sus aparentes contradicciones, los plantadores bahianos y la burocracia carioca eran complementarios, especialmente frente a las amenazas surgidas de otros grupos regionales en ascenso, como fue el caso de la élite de Minas Gerais, gracias a la expansión de la minería del oro. Como en la América española, en los últimos años del siglo XVIII y principios del XIX asistimos a varias rebeliones, generalmente interpretadas como precedentes de la emancipación, pero de una lógica local propia y con un contenido antifiscal. La visión tradicional de la historiografía brasileña coincide con Machado de Assis, que en 1872 aludió al «instinto de nacionalidad» de los brasileños, valorando el impacto de la Inconfidencia mineira de 1789; de la conspiración «dos Alfaiates», de Bahía, en 1798; de la Revolución de Pernambuco de 1817 o de la Confederación del Ecuador de 1824, en las que se pusieron en juego valores e ideas republicanas pero que fueron incapaces de convertirse en movimientos nacionales y de expandir la idea de independencia al conjunto de la sociedad.

La primera de estas rebeliones ocurrió en 1789 y fue la Inconfidencia mineira de Ouro Preto, un centro minero en decadencia de Minas Gerais. Los conspiradores, que no pasaban de 20, fueron liderados por un grupo de intelectuales locales y paulistas, influidos por las ideas ilustradas, el independentismo de América del Norte y el liberalismo europeo. Entre los dirigentes de la asonada había algunos clérigos, un hacendado local y dos oficiales de dragones, entre ellos el famoso Tiradentes («sacamuelas»). Su principal objetivo era establecer una república democrática en Minas Gerais que derogara las restricciones a las exportaciones de oro y diamantes, estimulara la producción manufacturera y condonara la deuda con Portugal. La revuelta debía estallar cuando el gobernador anunciara el cobro de la impopular derrama, un impuesto muy gravoso que debía ser pagado por cada habitante de la capitanía, lo que nos habla de su contenido antifiscal. Los conspiradores jugaban con el fuerte rechazo al impuesto entre los sectores populares y esperaban incorporar a su causa a los descontentos con la política fiscal. Sin embargo, el gobernador fue alertado de la conjura y tras suspender el cobro de la derrama reprimió a los rebeldes. Cinco de los principales líderes fueron expulsados a Angola y el máximo cabecilla, Tiradentes, fue ejecutado, para convertirse en el primer mártir republicano de la emancipación. La actitud de Tiradentes, asumiendo toda la responsabilidad por la conspiración y su sacrificio final favoreció la mitificación de su figura a tal punto que con los años la fecha de su ejecución y posterior decapitación, el 21 de abril, se convirtió en fiesta nacional. La represión portuguesa llegó al extremo de prohibir imprentas, bibliotecas o ciertos libros, y generó un cúmulo de agravios entre ciertos sectores de las élites brasileñas.

En los años siguientes hubo otros intentos de rebelión, también frustrados, como el movimiento de 1794 en Río de Janeiro, de marcada influencia ilustrada, o la «conjura de los sastres» (*alfaiates*) de Bahía, en 1798. Se trató de un movimiento caracterizado por el color y la condición social de sus integrantes: mulatos y negros, libres o libertos, ligados a profesiones urbanas, como soldados o artesanos, entre ellos varios sastres. En 1797 se produjeron varios motines en Bahía por la carestía de la vida y la escasez de alimentos, que fueron creando el clima propicio para la rebelión. Entre las principales reivindicaciones de los conjurados estaban la proclamación de una república, el fin de la esclavitud, el libre comercio y el aumento del salario de los militares. La revuelta fue duramente reprimida ateniendo a las órdenes de la corte, que temía la propagación de las ideas revolucionarias entre los esclavos negros y los mulatos, a la vista de los precedentes haitianos, a tal punto que cuatro de los principales acusados fueron ahorcados y descuartizados.

2. La corte se instala en Río

Más allá de la importancia de estos acontecimientos de ámbito local o regional, el principal impulso para la emancipación provino de la metrópoli. En este punto, la gran diferencia con la América española fue el traslado de la corte de los Braganza a Río de Janeiro, que permitió a Brasil dejar de ser una colonia relegada en el conjunto del Imperio para convertirse en un importante centro de decisión política. En noviembre de 1807 los franceses cruzaron la frontera española e invadieron Portugal para forzar a sus autoridades a sumarse al bloqueo continental contra Gran Bretaña y pusieron al regente don Juan entre la disyuntiva de la fidelidad a sus aliados británicos o la dominación por el ejército galo. Al decantarse por los británicos, el regente decidió en pocos días refugiarse en Brasil, llevando todos sus caudales junto a la familia real y 10.000 cortesanos y burócratas en un convoy protegido por una escuadra británica. El 22 de enero de 1808 la corte llegó a Bahía, donde fue recibida. Nada ni nadie podían presagiar que la fuga de Lisboa de la casa de Braganza provocaría catorce años después la independencia del Brasil. Tras instalarse en Río, don Juan desarrolló un amplio programa reformista para cambiar las relaciones coloniales, ya que la presencia real no sintonizaba bien con un Brasil dependiente y colonial. Por ello se decidió reconocer al Brasil como la sede del Imperio y se equipararon los estatus de la metrópoli y la colonia y finalmente, en 1815, se pasó del virreinato al Reino Unido de Portugal, Brasil y Algarves. El traslado de la corte implicó la paradoja de que la política exterior portuguesa y el gobierno de la antigua metrópoli fueran decididos desde la colonia, un hecho que incidió sobre la relación colonial, al impulsar el renacer de la vida económica, intelectual y científica brasileña, y ser un factor impulsor de la propia identidad, lo que fue visto por muchos portugueses como una postergación en sus aspiraciones de progreso.

La Carta Regia, promulgada en enero de 1809, abrió transitoriamente los puertos brasileños a los navíos aliados. De este modo se abolió el monopolio comercial, y fueron muchos los comerciantes y las casas comerciales ingleses que se instalaron en las principales ciudades y puertos del país. En 1810, don Juan firmó un tratado comercial con Inglaterra que abrió a sus comerciantes los puertos y mercados brasileños, aunque imponía cláusulas discriminatorias para los mercaderes portugueses. Si la Carta Regia estableció un derecho de importación del 24%, el tratado de 1810 impuso unos aranceles a los ingleses del 15% mientras que los portugueses tenían que pagar un punto más. Esta discriminación se acabó en 1816, cuando se igualaron los aranceles.

Entre las reformas administrativas destacó la creación del Consejo de Estado en Río y de la Suprema Corte de Justicia, un alto tribunal auditor que entendía en cuestiones fiscales. También se fundó un banco y una imprenta, se inauguró una biblioteca real con los fondos traídos desde Lisboa, se crearon facultades de derecho y medicina y una academia militar y se comenzó a publicar un periódico. Estos hechos tendieron a revalorizar el papel de las oligarquías locales y condujeron, a medio plazo, a la independencia. El paso de los años consolidó el papel de la corte en Brasil, pero también de los cortesanos, ya que se había creado una tupida red de intereses que dificultaban su regreso a Portugal, pese a haber desaparecido las causas que habían obligado su traslado a Brasil. Muchos cortesanos, especialmente los más poderosos, se habían convertido en hacendados, adquiriendo tierras o contrayendo alianzas matrimoniales con las herederas locales, que a su vez buscaban un rápido ennoblecimiento. Un caso significativo fue el del conde de Barca que, hasta su muerte en 1817, fue ministro de Estado, adquirió extensas posesiones ganaderas en Rio Grande do Sul y se dedicó a exportar cueros.

La liberalización del comercio y la abolición del monopolio abrieron la economía y estimularon los intercambios externos. A consecuencia de esta apertura y del empuje de las exportaciones, que seguían basadas en el azúcar y el algodón, cambió el signo de la balanza comercial: mientras las importaciones se multiplicaron por cinco y pasaron de 4.000 contos de reis en 1812 a 19.700 en 1822, las exportaciones lo hicieron por nueve, pasando de 2.500 contos a 22.500. La devaluación de la moneda de oro fue uno de los motivos del crecimiento de las cifras en contos de reis. No debe verse como algo totalmente negativo, ya que mejoró la competitividad de las exportaciones, aunque aumentó los precios de las importaciones pagadas en moneda local, afectando a los consumidores. Sin embargo, las importaciones de manufacturas europeas aumentaron por la liberalización del comercio y la ubicación próxima a la costa de los principales centros económicos brasileños.

La presencia inglesa se intensificó con posterioridad a la independencia, en 1822, cuando había casi cien casas comerciales instaladas: 60 en Río, 20 en Bahía y 16 en Pernambuco. En Londres se organizaron cuatro sociedades anónimas para invertir en la minería, aunque no tuvieron éxito al ser afectadas por la crisis bursátil de 1825. En 1824 y 1825 Brasil negoció dos empréstitos con bancos ingleses por 3.200.000 libras esterlinas. Los fondos recaudados se destinarían a liquidar viejas deudas y a compensar monetariamente a Portugal por la pérdida de sus colonias. La fortaleza del comercio exterior brasileño le permitió seguir pagando los intereses de su deuda externa en 1828, cuando tras la crisis de 1825, las restantes repúblicas latinoamericanas habían suspendido los pagos.

El expansionismo portugués, en este caso a cargo de Brasil, se centró en el Río de la Plata y más expresamente en la Colonia do Sacramento. Juan VI impulsó dos intervenciones militares en la Banda Oriental, en 1811 y en 1816. La derrota de Artigas les garantizó el control de lo que sería el Uruguay y en 1821 se creó el Estado Cisplatino. En 1825, Juan Antonio de Lavalleja, al mando de los «treinta y tres orientales» encabezó un levantamiento armado para expulsar a los portugueses y tras la guerra entre Brasil y Argentina, de tres años de duración, la República Oriental del Uruguay emergió como un nuevo Estado independiente, que en el futuro debería luchar por mantener una posición equidistante entre sus dos vecinos.

3. La independencia

A ambos lados del Atlántico surgieron tensiones que incidieron en el rumbo de los acontecimientos y obligaron a tomar ciertas decisiones. En 1816 había muerto María I y el regente comenzó a reinar como Juan VI. En Brasil, al año siguiente, estalló una rebelión en Pernambuco, limitada al nordeste, en respuesta a las duras condiciones económicas y a los privilegios de los portugueses en relación a los americanos. Esto movilizó a amplios sectores de la sociedad local y dio lugar a una república independiente que sólo fue sometida tras tres meses de represión, cuando las tropas portuguesas ocuparon Recife en mayo de 1817. En Portugal, a la partida de los franceses, el gobierno recayó en un regente impopular y despótico, que fue creando el clima para la revolución liberal de 1820, que convocó a las Cortes y reivindicó el retorno de Juan VI a Lisboa. En abril de 1821, y ante la gravedad de los hechos, el rey regresó a Europa tras nombrar a su hijo de veinticuatro años, don Pedro, como regente para asuntos brasileños. El rey y sus 3.000 acompañantes volvieron a Portugal tras saquear las arcas del Banco de Brasil, lo que agravó la situación de la Hacienda colonial. En enero de 1821 se convocaron las Cortes en Portugal, con el objetivo de promulgar una Constitución. Muchos brasileños querían participar en el proceso constitucional porque pensaban que contar con un texto escrito sería muy beneficioso. Sin embargo, pronto se impuso el desánimo ante el rumbo de los acontecimientos en la metrópoli, contrario a los intereses brasileños, ya que como habían hecho los diputados españoles, los liberales portugueses reforzaron los lazos coloniales en vez de favorecer la autonomía de Brasil. Los diputados querían plena obediencia a las directrices metropolitanas y ordenaron el retorno del rey a Portugal. De este modo, Brasil volvía a ser colonia tras un breve sueño imperial: ya no era más la metrópoli sino que dependía de ella.

Como los portugueses querían aumentar la dominación colonial, los brasileños convirtieron a Juan VI en el símbolo de la unidad nacional y lo presionaron para que no abandonara Brasil. Posteriormente el «partido brasileño» concentró sus esfuerzos en lograr que don Pedro permaneciera en la colonia, y su figura comenzó a aglutinar a las oligarquías regionales de Bahía, Río, São Paulo y Minas. El papel de las oligarquías regionales fue clave para abortar los movimientos centrífugos y separatistas y garantizar la continuidad administrativa, y muchos autores consideran que el proceso que condujo a la independencia de Brasil fue un pacto político entre las élites. De este modo, al limitarse los enfrentamientos armados se garantizó una transición incruenta y se evitó la guerra civil. La ausencia de enfrentamientos internos, con su secuela de onerosos gastos para el gobierno, fue una de las causas de la prosperidad brasileña en las décadas centrales del siglo XIX y también permitió que se mantuviera la estabilidad política y social y la unidad territorial. El 7 de septiembre de 1822 se dio el Grito de Ipiranga («la independencia o la muerte»), que de hecho implicaba la emancipación. Desde ese momento, los acontecimientos se aceleraron y el 12 de octubre don Pedro fue proclamado emperador constitucional y el 1 de diciembre, con sólo 24 años, fue coronado. Lord Cochrane, al que habíamos visto al servicio de Chile, ayudó a expulsar a las guarniciones portuguesas acantonadas en Bahía, Maranhão y Pará, opuestas a la independencia. A fines de 1823 ya había prácticamente concluido el proceso emancipador, cuando se expulsó a las tropas acantonadas en Río y se sofocó la rebelión de las tropas portuguesas que ocupaban Montevideo.

El reconocimiento internacional de la independencia por Estados Unidos se logró en 1824, aunque Inglaterra ya la reconocía de hecho. Unas hábiles negociaciones con el embajador británico, George Canning, le permitieron a don Pedro firmar dos tratados con Portugal y Gran Bretaña en 1825. La solución institucional prevista comenzaba por la coronación de don Juan como emperador del Brasil y su inmediata abdicación en su hijo. El tratado con Portugal tenía una cláusula secreta para indemnizar con dos millones de libras a don Juan por la pérdida de Brasil, que también debía hacerse cargo de la deuda portuguesa con Gran Bretaña. El tratado, sin embargo, dejaba abierta la cuestión sucesoria en Portugal, ya que quien ocupaba el primer puesto en la línea sucesoria era el rey de un país extranjero.

4. El Imperio y el reinado de don Pedro

Los liberales brasileños depositaron sus expectativas en don Pedro, especialmente tras la jura de la Constitución, aunque éstas fueron defraudadas por el peculiar sesgo de la monarquía parlamentaria brasileña. Ante el temor de ver recortados sus poderes, el regente disolvió la Asamblea Constituyente a los siete meses de haberse reunido por primera vez, aunque la posterior gestión del monarca se caracterizó por su liberalismo. La Constitución de 1824, que perduraría durante casi medio siglo, convirtió Brasil en una monarquía parlamentaria, unitaria y centralizada, al aplicar la Declaración de los Derechos del Hombre y del Ciudadano de la Francia revolucionaria. Sin embargo, las libertades civiles y la igualdad ante la ley sólo se garantizaban a los grupos privilegiados pero no a los esclavos, al reconocer la propiedad y la esclavitud como derechos inalienables. Pese a los poderes conferidos a la Corona, la Constitución era formalmente liberal, al seguir el modelo inglés, con una Cámara de Diputados renovada periódicamente y un Senado vitalicio. El rey, asistido por un Consejo de Estado, encabezaba el poder ejecutivo y nombraba y cesaba al primer ministro con independencia del Parlamento, nombraba a los miembros del Consejo de Estado, designaba a los senadores a partir de las ternas más votadas, convocaba o disolvía la Cámara de Diputados y convocaba elecciones parlamentarias. De modo que si la Cámara rechazaba un gabinete designado por el emperador, éste podía disolverla y convocar nuevas elecciones. El emperador era el responsable de nombrar y promover a los funcionarios civiles y militares, de reglamentar la legislación aprobada por el Parlamento y de distribuir los recursos entre los distintos organismos de la administración, a lo que unía sus plenas competencias en materia religiosa.

Los comienzos de la vida política de Brasil no fueron sencillos. Pernambuco se volvió a sublevar en 1817, cuando intentó crear la Confederación del Ecuador, de corte liberal y republicano, en una reacción contra una monarquía no democrática y el peso portugués en la corte de Río de Janeiro. El éxito de los rebeldes hubiera supuesto la secesión de una parte del país y para reprimirlos don Pedro suspendió las garantías legales. Al poco tiempo estalló otro foco de conflicto en el sur, donde también se intentó establecer un Estado independiente. La muerte de Juan VI, rey de Portugal y padre del emperador de Brasil, en 1826, aumentó las dificultades entre don Pedro y sus súbditos al asumir la corona portuguesa. Si bien renunció rápidamente al cargo, fue incapaz de acabar con la idea de que prestaba más atención a los asuntos portugueses que a los brasileños, una creencia muy difundida entre sus súbditos. Hasta 1826 no se había convocado al Parlamento, un ejemplo de la degradación del sistema político. Si a esto le sumamos las dificultades económicas se puede entender por qué numerosas voces alertaban del peligro de un estallido revolucionario. Finalmente y ante la falta de los apoyos políticos necesarios, el 7 de abril de 1831 el emperador abdicó en su hijo Pedro de Alcántara, de cinco años de edad, tras reconocer que *meu filho tem sobre mim a ventagem de ser brasileiro* («mi hijo tiene sobre mí la ventaja de ser brasileño»). El futuro Pedro II había nacido el 12 de diciembre de 1825 en Río de Janeiro y era hijo de Amelia de Leuchtenberg, la segunda esposa del emperador. Pacíficamente y sin levantar grandes odios, don Pedro partió al exilio europeo junto a su familia. Su salida del escenario nacional facilitó el reemplazo de la burocracia imperial, continuadora de la colonial, por la oligarquía terrateniente, vinculada al desarrollo agroexportador.

Pedro de Alcántara reinaría como Pedro II, pero dada su corta edad, el gobierno quedó en manos de un Consejo de Regencia, de tres personas, lo que complicaba la toma de decisiones, especialmente en los momentos difíciles. El período de la regencia se extendería entre 1831 y 1840, unos años de inestabilidad con pulsiones republicanas. Esto aumentó la inseguridad de la política, en un tiempo complicado que cuestionaba la monarquía y la integridad del país, destacando las sublevaciones en ciertas provincias, cuya represión no fue nada fácil para las autoridades de Río de Janeiro. Las zonas más conflictivas eran las más apartadas de la capital, como Pará y Rio Grande do Sul. Después de la abdicación de Pedro I las tendencias políticas tendieron a polarizarse y los liberales se escindieron en distintas fuerzas. Por un lado, los moderados, partidarios de mantener el sistema institucional del Primer Reinado; por el otro, los exaltados, más radicales, que impulsaban reformas profundas, pero que paradójicamente convergieron con los restauradores, con los que terminarían fundando el Partido Conservador. De este modo, los liberales estuvieron presentes en todos los partidos políticos del Segundo Imperio (1840-1889), incluido el Partido Conservador. Al igual que en otros países de América Latina, las diferencias políticas e ideológicas entre liberales y conservadores eran de matiz y por eso Estevão Rezende Martins señala que no debe sorprender que las grandes reformas liberales de la época hayan sido hechas por gobiernos conservadores.

La proliferación de los conflictos y la persistencia de las fuerzas centrífugas llevaron a la reforma constitucional de 1834 que intentaba la descentralización provincial mediante el reforzamiento del poder local. Gracias a esta reforma administrativa, se convirtió a la monarquía hereditaria en lo más parecido a una república federal. Para agilizar la labor del gobierno el número de regentes se redujo a uno, en lugar de los tres iniciales. En 1835 asumió el puesto Diego Feijó, quien centró su acción de gobierno en luchar contra las tendencias centrífugas opuestas a la consolidación del poder central. Dos años más tarde, el regente fue obligado a renunciar y su cargo fue ocupado por el conservador Pedro de Araújo Lima. La construcción de la nación planteó problemas enormes a la opinión pública, tensionada entre la estabilidad y las tendencias separatistas o federalistas, aunque finalmente la apuesta por el statu quo fue clara, lo que favoreció el consenso social sobre la monarquía y la figura del joven monarca. La estabilidad fue reforzada por la existencia de un grupo de buenos políticos, con experiencia en la administración, que facilitó el mantenimiento de la monarquía y el restablecimiento de la autoridad y el orden, garantizando la unidad del Estado y la preeminencia del poder civil sobre los militares.

A medida que el príncipe crecía, su mayoría de edad se convirtió en un problema. En 1840 fue declarado mayor de edad y coronado en 1841 como Pedro II, aunque hasta 1847 no gobernó de forma efectiva. En 1840 se incorporó una cláusula adicional a la Constitución para permitir el funcionamiento de las asambleas legislativas provinciales, que habían funcionado antes de 1834. Cuando Pedro II asumió el gobierno, todavía no se había consolidado la paz en Brasil. La rebelión *farroupilha* de Rio Grande do Sul se extendió hasta 1845 con su perfil separatista y republicano, que atrajo en su momento al revolucionario italiano Giuseppe Garibaldi. A comienzos de 1849 volvió a estallar una nueva rebelión, la revolución *praiera,* esta vez de signo liberal, en Recife. Esta reacción a la caída del gobierno liberal, vinculada a las revoluciones que en 1848 estallaron en Europa, fue la última ocasión en el siglo XIX en que se echó mano de la lucha armada para resolver cuestiones políticas. La revuelta fue duramente sofocada en breve tiempo y en 1852 Pedro II decretó una amnistía general para impulsar la reconciliación nacional. Sin duda alguna, fue el origen de un período de cuarenta años de paz y prosperidad en Brasil, que coincidió con su reinado. Una coyuntura tan estable no se conoció en la mayoría de los países latinoamericanos.

En 1853 comenzó una nueva etapa política, conocida como el período de la conciliación, al cohabitar en un mismo gabinete ministros liberales y conservadores El emperador situó al marqués de Paraná al frente del gobierno, que se planteó el consenso entre los dos principales partidos, el Conservador y el Liberal, en torno a su plan de acción. Sin embargo, el acuerdo interpartidario no duró demasiado, a tal punto que en sendas ocasiones, en 1863 y 1868, el rey se vio en la disyuntiva de disolver la Cámara de Diputados por los enfrentamientos entre conservadores y liberales, que afectaban la gobernabilidad. La existencia de gabinetes inestables llevó al rey a participar más activamente en la política nacional, provocando un debate en la opinión pública sobre la oportunidad de su conducta. El constante uso de la prerrogativa regia de disolver el Parlamento y convocar elecciones anticipadas minaba el prestigio de la monarquía y la del propio monarca y aumentaba la vulnerabilidad de su figura.

Cuadro 15.1. Evolución del sistema partidario del Imperio, 1831-1870

1831	1840	1864	1870
Restauradores	Partido Conservador		Partido Conservador
Liberales monarquistas	Partido Liberal	Partido Progresista	Partido Liberal
Republicanos		Partido Republicano	

Fuente: Estevão C. de Rezende Martins, «Brasil visto por sí mismo (siglos XVIII-XIX)», en Josefina Z. Vázquez y Manuel Miño Grijalba (eds.), *La construcción de las naciones latinoamericanas, 1820-1870,* Madrid, 2003.

Si bien en está época la continuidad fue la norma predominante, se produjeron algunas novedades de interés. Así, se potenciaron las relaciones diplomáticas y comerciales con Europa y Estados Unidos, lo que expandió las exportaciones agrícolas. Pedro II se convirtió en el principal embajador de su país y en 1871, 1876 y 1888 viajó a Europa y en 1876 a Estados Unidos. Las oligarquías regionales seguían siendo las mismas, aunque con una clara conciencia nacional, de pertenencia a la «nación brasileña», y de formar parte de una clase dominante, con un proyecto nacional estructurado y coherente. Esta clase dominante se mostró dispuesta a asumir sus responsabilidades y afrontó sin grandes complicaciones la construcción de una nación y del Estado correspondiente. Sin embargo, este hecho no dotó de homogeneidad a la oligarquía rural, integrada por los nordestinos azucareros y algodoneros, los paulistas cafeteros y los ganaderos asentados en el interior, como Rio Grande do Sul y Minas Gerais.

La agricultura de plantación, orientada a la exportación, descansaba en el uso intensivo del trabajo esclavo. En 1818 la población del Brasil superaba los 3.800.000 habitantes y sólo algo más de un millón, el 27,3%, eran blancos. Los indios eran el 6,5%, 250.000, mientras que los esclavos negros de origen africano eran más de la mitad, el 50,7% o 1.930.000 personas, mientras los mulatos y mestizos representaban el 15,4% restante, 585.000. Según el censo de 1872, seis de cada diez brasileños eran negros, un fenómeno debido a que entre 1811 y 1850 ingresaron al Brasil 1.141.700 africanos, pese al control británico de los mares. Entre 1811 y 1820 llegaron 266.800 esclavos; 325.000 entre 1821 y 1830; 212.000 entre 1831 y 1840 y 338.300 entre 1841 y 1850. A partir de entonces el descenso fue evidente y entre 1851 y 1860 sólo llegaron 3.300 esclavos. La gran dependencia de la esclavitud explica el reiterado incumplimiento del tratado firmado con Gran Bretaña en 1826 en lo relativo a la finalización de la trata. Pese a las presiones de ciertos gobiernos extranjeros, como el de Estados Unidos, y de la actitud declarativa de algunos gobernantes locales, el fracaso a la hora de abolir la esclavitud se explica por el exceso de la demanda nacional. La injerencia inglesa fue considerada ultrajante para la soberanía brasileña, pero las presiones del gobierno de Londres para acabar con la trata aumentaron tras la firma del Tratado de Aberdeen (1845). Brasil ilegalizó el comercio negrero en 1850 y dos años después éste había desaparecido. Acabar con la trata en los mares no equivalía a acabar con la esclavitud, que se mantuvo gracias a los negros que trabajaban en las plantaciones y al crecimiento natural de los esclavos.

La abolición de la esclavitud se produjo en 1888. La discusión sobre el uso de la mano de obra esclava fue cada vez más álgida y rápidamente los argumentos ideológicos se mezclaron con los económicos. En la década de 1860, los abolicionistas iniciaron una campaña de agitación pública, intensificada por la abolición de la esclavitud en Estados Unidos, en 1863, decretada por Abraham Lincoln, cuando Brasil era el único gran país occidental que mantenía un sistema esclavista. En 1871, el Congreso brasileño sancionó la ley Río Branco, que establecía la libertad de vientres (los hijos de las esclavas nacían libres) y creaba un fondo de emancipación, para facilitar y acelerar la manumisión de los esclavos negros por sus propietarios. Pese a sus aparentes logros, la ley no satisfizo a nadie: los plantadores se sentían cada vez más amenazados y los abolicionistas consideraban insuficiente el límite alcanzado. Estos últimos, liderados por Joaquim Nabuco de Araújo, un joven abogado y publicista, querían la abolición total de la esclavitud y su libro de 1883, *O Abolicionismo,* trazaba un cuadro maniqueo de la esclavitud, en línea con el abolicionismo más radical. En 1884, Ceará y Amazonas liberaron los esclavos y al año siguiente todos los esclavos de más de 60 años fueron manumitidos. En 1888 se declaró la libertad total para los casi 700.000 negros que aún permanecían esclavizados, sin ningún tipo de compensación para los propietarios, lo que llevó a la oligarquía plantadora a retirar su apoyo al monarca en una coyuntura tan crispada. El Parlamento abolió la esclavitud por motivos políticos, que no económicos, ya que si el sistema funcionaba era porque seguía siendo rentable para los plantadores. Los esclavos oponían una resistencia cada vez más violenta a la esclavitud, mientras algunas presiones a favor de la abolición provenían de plantadores con plantaciones en zonas de reciente incorporación sin un abastecimiento regular de esclavos que preferían dar mayores facilidades para la inmigración de trabajadores blancos. También destacaban las manifestaciones de los sectores medios, incluidos militares y burócratas, que aspiraban a vivir en una sociedad moderna. La dispersión de la población negra, tras la abolición, afectó a todo el país. Muchos negros abandonaron las plantaciones para emigrar a las ciudades, aunque hubo algunos, los menos, que se dirigieron a otras zonas agrarias. Solían ocupar los estratos más pobres y su nivel de vida fue más bajo que el de los blancos.

5. Orden y progreso

El período entre 1870 y la Primera Guerra Mundial, o la crisis de 1930, se sintetiza en el lema «orden y progreso» incluido en la bandera brasileña. Fueron años de rápido crecimiento económico y de importantes transformaciones estructurales, posibles, en buena parte, por la llegada de inmigrantes y capitales extranjeros. La población pasó de 4 a 10 millones de habitantes, los ingresos públicos aumentaron 14 veces y el producto nacional se multiplicó por diez. En 1889 ya se habían construido más de 8.000 kilómetros de vías férreas y sólo ese año llegaron a los puertos del país más de 100.000 inmigrantes europeos. El crecimiento demográfico se basó más en la inmigración que en el crecimiento vegetativo y afectó especialmente a los grandes estados del sur, como São Paulo o Rio Grande do Sul, que estaban expandiendo su frontera agrícola. La inmigración aumentó considerablemente después de la abolición de la esclavitud, por la demanda creciente de mano de obra asalariada proveniente de numerosas empresas, especialmente cafeteras. La inmigración europea modificó la distribución étnica, al producirse un aumento relativo en el número de blancos a costa del retroceso de negros e indios. En la década de 1870 llegaron menos de 200.000 inmigrantes, que pasaron del medio millón en la década siguiente. Fue en la década de 1890 cuando llegaron más de un millón de inmigrantes, italianos y españoles en su mayor parte, pero también portugueses, judíos que huían de la Europa oriental y de la disgregación del Imperio otomano, así como de otras partes de Europa. Las llegadas tuvieron altas y bajas en función de la evolución de la coyuntura interna e internacional, como muestran las tasas de crecimiento de la inmigración. Entre 1872 y 1890 la tasa fue del 0,38%, subió al 0,60% entre 1891 y 1900 y bajó al 0,22% entre 1921 y 1930. Después de la crisis de 1929, y ante el aumento del paro en los centros urbanos y en la industria del café, se tomaron una serie de medidas para limitar la inmigración. De todas formas, la inmigración neta entre 1872 y 1930 se estima en 2,2 millones.

La apertura del país y el desarrollo del sector exportador impulsaron el crecimiento económico. La Europa nórdica y occidental y Estados Unidos demandaban grandes cantidades de alimentos, materias primas y otros productos tropicales para sus economías en vías de industrialización. El abaratamiento de los costes de transporte también impulsó el crecimiento exportador, que vivió su gran *boom* entre 1870 y 1930, a tal punto que entre las décadas de 1870 y 1920 las exportaciones crecieron a una tasa anual del 1,6%.

Fue en las décadas de 1850 y 1860 cuando se sentaron las bases para la transformación posterior. La creación de nuevos bancos expandió el sector financiero y el crecimiento de la demanda interna y la apertura de algunas fábricas favoreció una industrialización temprana. El sector financiero, como otras actividades vinculadas a la exportación, se desarrolló rápidamente, especialmente entre 1888 y 1895, 1905 a 1913 y 1924 a 1929. Las inversiones inglesas y estadounidenses, mayoritarias entre las extranjeras, pasaron de 53 millones de libras esterlinas en 1880 a 385 millones en 1929. Más de la mitad del capital invertido sirvió para financiar al gobierno central y a los estados y ayuntamientos. La mayoría de los bancos de capital inglés se fundaron en la década de 1860, al amparo de una ley británica que favorecía su presencia en el extranjero. Hasta 1880, Brasil había sido el país latinoamericano más favorecido por las inversiones británicas, que luego encontrarían mejores oportunidades en el Río de la Plata. Entre 1850 y 1875 Brasil recibió 23.500.000 libras esterlinas en empréstitos extranjeros, siendo el segundo país latinoamericano detrás del Perú en el volumen de la deuda negociada. En esas mismas fechas la casa de N. M. Rothschild e hijo, de Londres, se convirtió prácticamente en el banquero oficial del Imperio y emitió distintos empréstitos para financiar inversiones en Brasil. Las más importantes se dirigieron a la construcción ferroviaria, destacando la Minas & Rio Railway Company y la São Paulo Railway Company. Otras inversiones financiaron la construcción de infraestructura, urbana y de transportes, como puertos o servicios públicos urbanos: gas, electricidad, agua o tranvías.

La mejora en las comunicaciones, tanto internacionales como internas, favoreció la expansión de las exportaciones. El barón de Mauá, Irineus da Souza, que en 1851 fundó el banco Mauá y luego construyó el primer ferrocarril brasileño, fue una de las figuras descollantes del período, que invirtió dinero en la instalación del alumbrado a gas en Río de Janeiro y en la creación de una compañía naviera, cuyas embarcaciones de vapor surcarían el Amazonas. En este proceso fue clave el tendido de miles de kilómetros de vías férreas y líneas telegráficas, y la incorporación de buques de vapor y cascos de acero a la navegación. En 1853 se comenzó a construir el camino de la «unión y la industria» entre Río de Janeiro y Minas Gerais. En 1855 se inició la construcción del ferrocarril de Pedro II y en 1860 la línea Santos-São Paulo, vital para las exportaciones de café. La participación del Brasil, junto a Argentina y Uruguay, en la Guerra de la Triple Alianza (1864-1870) contra el Paraguay, supuso que numerosos recursos, nacionales o provenientes de empréstitos extranjeros, se destinaran a la compra de armas y al sostenimiento de los ejércitos, postergando la construcción ferroviaria. En 1870 Brasil apenas contaba con 740 kilómetros de vías férreas. La construcción ferroviaria se aceleró a partir de la década de 1880. En 1889 se habían construido 9.600 kilómetros de vías, 16.000 en 1906 y 32.000 en 1930. La mayor parte de las líneas llegaban a São Paulo y lo comunicaban con Minas Gerais, Río de Janeiro y Rio Grande do Sul. Su trazado dependía del sector exportador y del abastecimiento de un mercado urbano en expansión, como el paulista. Los constructores buscaban el negocio del transporte de carga y pasajeros, lo que condicionó el trazado de la red a las regiones más pujantes y, pese a su amplitud, el ferrocarril no pudo garantizar buenas comunicaciones a todo el país, especialmente en aquellas regiones de baja densidad de población o de escaso potencial exportador.

El ferrocarril permitió no sólo la puesta en explotación de nuevas tierras para el cultivo del café, sino también que Brasil sacara mayor partido de sus ventajas comparativas. La mejora en las comunicaciones convirtió al café en el primer producto exportable, delante del azúcar. El café se había introducido en el siglo XVIII y rápidamente se adaptó a las condiciones climáticas y edafológicas del sudeste brasileño, aunque sólo después de la independencia su explotación llegó a tener cierta importancia. La expansión del cafetal se basó en los elevados beneficios de su explotación, debidos a la ventaja comparativa del clima y la abundancia de tierras, y también a los numerosos inmigrantes que proporcionaban una abundante oferta de mano de obra y a las inversiones extranjeras que transferían recursos a la agricultura de exportación. A esto se suma el hecho de que el café era una mercancía de fácil transporte y almacenamiento, que no demandaba complejos procesos de transformación industrial para su exportación. Su explotación se producía en grandes propiedades y con costes de producción sumamente bajos, a diferencia de Colombia, Guatemala o Jamaica, donde primaba el minifundio o la mediana propiedad. Las exportaciones de café pasaron de 60.000 toneladas anuales en la década de 1830, a 216.000 en la década de 1870 y en 1901 se exportaron 880.000 toneladas. De acuerdo con su valor, entre 1870 y 1875 el promedio anual de las exportaciones de café fue de 400 millones de libras esterlinas y de 1.130 millones entre 1895 y 1900. También se incrementó su participación en el valor total de las exportaciones, que pasó del 46% en 1901 al 53% en 1908, y numerosos autores comenzaron a hablar de monoexportación. En la primera década del siglo XX Brasil producía el 77% del total mundial y sus cafetos sumaban los dos tercios del total de arbustos cultivados en el mundo, lo que le permitió controlar el mercado mundial de café y también sus precios. El avance de otros competidores, americanos y extraamericanos, marcó el retroceso de la producción brasileña que en 1940 sólo sumaba el 60% del total mundial.

Las exportaciones brasileñas tuvieron un buen ritmo de crecimiento. En 1870 Brasil exportaba el triple que Chile, Perú y México o el doble que Argentina, aunque en los años siguientes no pudo igualar a su vecino rioplatense. En un momento se pensó que el caucho diversificaría sus exportaciones, dada la demanda de la industria automotriz norteamericana y europea, que aumentó su precio en los mercados internacionales. La tonelada de caucho que en 1840 costaba 40 libras esterlinas subió a 182 en 1870 y a 512 en 1911, incidiendo en un aumento del valor y el volumen de las exportaciones. El caucho se transformó en el segundo producto exportable, con el 25% del total. El crecimiento del sector no duró mucho tiempo y su caída fue catastrófica, dada la competencia de nuevas áreas productoras y el desarrollo de la goma sintética. En 1930, en plena crisis, las exportaciones cayeron desde las 38.500 toneladas exportadas en 1911 a 6.000, una cantidad inferior a la de 1870. Otros productos exportables, aunque de una incidencia menor en el volumen total, eran el cacao (Brasil abastecía el 10% del mercado mundial), la carne vacuna, la madera y otros productos forestales. El nordeste había mantenido su hegemonía durante el *boom* de las exportaciones de azúcar y algodón. Si el algodón conoció un repunte importante en los años de la Guerra de Secesión en Estados Unidos, el azúcar tuvo una breve expansión en las dos últimas décadas del siglo XIX, aunque fue incapaz de resistir a la presión de nuevos y viejos competidores y la introducción de la remolacha azucarera. A partir de 1898 la situación se agravó porque la producción de Cuba y Puerto Rico tuvo un acceso privilegiado al mercado estadounidense. El avance del café, en los estados de São Paulo, Minas Gerais y Río de Janeiro, llevó a la crisis a la economía nordestina.

6. La crisis del Imperio

El sistema político, basado en elecciones indirectas, producto de su propio desarrollo constitucional, era similar al existente en otras regiones del mundo, como Europa o buena parte de América. Al igual que en otras partes, el caciquismo y el clientelismo eran frecuentes, tanto como las acusaciones de fraude electoral. En 1842, 1855 y 1860 se ensayaron algunas reformas electorales para dotar al sistema de mayor legitimidad acabando con el fraude, pero sin demasiado éxito. El derecho a voto se limitaba al sexo masculino y para ejercerlo había que ser mayor de edad, con 25 años, salvo los oficiales del ejército y los casados que la adquirían a los 21, y había que tener un nivel de ingresos mínimo de 100 milreis anuales, provenientes de las rentas de las propiedades o del trabajo, una cantidad duplicada en 1846 y el doble para poder ser elegido. Después de medio siglo la cantidad exigida era tan baja que estaba prácticamente al alcance de cualquier brasileño. Como no existían restricciones para los analfabetos, se puede decir que existía un sufragio universal de hecho. Como ha señalado Richard Graham, las elecciones eran eventos populares donde los líderes locales reafirmaban su preeminencia ante una amplia audiencia. En 1881 se sancionó la ley Saraiva que introdujo las elecciones directas, pero también apartó de la práctica del voto a los analfabetos. Se quería que los esclavos negros que alcanzaban la libertad permanecieran fuera del sistema político y de hecho a partir de ese año se produjo una importante caída en la participación electoral.

El régimen de gobierno era una monarquía parlamentaria. El emperador designaba al primer ministro y éste nombraba a los ministros de su gabinete y también a sus colaboradores. El control de ambas cámaras era vital para que el ejecutivo se asegurara la gobernabilidad del país. El Senado era una pieza clave del sistema político y para ser senador había que ser mayor de 40 años. Los senadores solían monopolizar importantes posiciones en el gobierno y los miembros del Consejo de Estado se reclutaban entre ellos. Muchos senadores eran elegidos presidentes de provincia y más del 40% tenían títulos de nobleza. La alternancia entre liberales y conservadores era corriente, aunque en última instancia el poder dependía del emperador, que tenía funciones ejecutivas y podía nombrar y cesar a los altos cargos del gobierno. La identidad de intereses entre el emperador y la oligarquía favoreció el funcionamiento del sistema político. Pedro II pensaba que el Parlamento debía controlar tanto la dirección política del país como su gestión administrativa, mientras que su papel quedaba reservado a la supervisión general y a constituirse en salvaguarda de la Constitución.

La idea de progreso, presente en la actuación imperial, estaba ligada al desarrollo educativo. La educación era una de las mejores vías para salir del atraso y el emperador se interesó en mejorarla a tal punto que cuando se proclamó la república había más de 6.000 centros de enseñanza primaria y secundaria distribuidos por todo el país. Los más prestigiosos eran el Colegio Imperial Pedro II, en Río de Janeiro, y las dos escuelas agrarias imperiales, destinadas a mejorar la calidad de la agricultura y propiciar un mayor crecimiento económico, que propició el crecimiento de algunas ciudades y la emergencia de nuevos grupos sociales. La vida urbana se modificó rápidamente con la mejora de las infraestructuras: la instalación de agua, gas y cloacas, la pavimentación de calles y la puesta en marcha de nuevos sistemas de transporte, como los tranvías. En 1872, Río de Janeiro tenía 275.000 habitantes, de los cuales 84.000 eran extranjeros, y en 1890 había duplicado su población. São Paulo pasó de tener una tasa de crecimiento anual del 5% entre 1872 y 1886 al 8% entre 1886 y 1890. Salvador, que en 1872 tenía 129.000 habitantes, contaba con 174.000 en 1890.

Al final del siglo XIX aumentó la pérdida del prestigio político de la monarquía. Algunos líderes del Partido Conservador fundaron la Liga Progresista, de claro contenido liberal, cuya plataforma fue presentada en 1864. Entre sus reivindicaciones estaban la descentralización del sistema político, la reforma electoral y la reforma del sistema judicial, un nuevo Código Civil y algunas modificaciones en el Código de Comercio, especialmente en lo referente a sociedades anónimas y quiebras. El Partido Liberal tampoco se libró de las disidencias internas y en 1868 se escindió un ala radical y algunos de sus miembros más destacados fundaron en 1870 el Partido Republicano. Inicialmente fue un partido minoritario y de escasa implantación social, pero sus objetivos pronto fueron reconocidos por el grueso de la población y los clubes republicanos proliferaron en São Paulo, Río de Janeiro, Rio Grande do Sul y Minas Gerais. En el manifiesto fundacional del partido se señalaba: «Somos de América y queremos ser republicanos». Sus miembros pertenecían mayoritariamente a los sectores medios y en el grupo fundacional sólo había un plantador, frente a catorce abogados, diez periodistas, nueve médicos, ocho comerciantes, cinco ingenieros, tres funcionarios y dos maestros. El Partido Republicano acudió a las elecciones aliado con el Partido Conservador, y Prudente José de Morais e Barros y Manuel Ferraz de Campos Salles, los dos primeros presidentes civiles de la república, fueron los primeros diputados republicanos que accedieron al Parlamento.

Las tensiones se desbordaron con el estallido de la Guerra de la Triple Alianza, entre Brasil, Argentina y Uruguay contra Paraguay. El elevado coste del conflicto, tanto material como en vidas humanas, y su larga duración enfrentaron a las autoridades civiles con los militares por la conducción de la guerra, aunque lo que estaba en juego era la subordinación de los militares al poder civil. Aunque, por otra parte, la guerra sirvió para abroquelar el nacionalismo brasileño, dotándolo de un sentido de unidad del que carecía anteriormente. Otro elemento que tendía a agudizar las tensiones con los militares era la preferencia del emperador por la Armada, en detrimento del Ejército de Tierra. La oligarquía terrateniente, a consecuencia de la política antiesclavista del gobierno («el Brasil era el café y el café era negro»), se sumó a la oposición al emperador pero posteriormente ésta se extendió a otros sectores sociales. Uno fue la Iglesia, que empezó a tener dificultades con el Estado, ante su política liberal y a la postura del papa Pío IX de reforzar la institución eclesiástica. La agresiva política papal fue continuada por una camada de jóvenes curas brasileños que habían estudiado en seminarios europeos y retornaban a Brasil con un elevado espíritu misionero, después de haberse formado en el integrismo y el antiliberalismo. El clima se enrareció en 1873 por una polémica sobre la masonería. Mientras la Iglesia la condenaba y prohibía a sus fieles ser masones, muchos de los políticos más importantes lo eran. Tras un duro debate, el gobierno encarceló en 1874 al obispo de Olinda, condenó a otro y sancionó a numerosos clérigos tradicionalistas. El conflicto privó a la Corona del apoyo de buena parte del clero, como se demostró en la protesta nordestina de los *quebra quilos*, unos rebeldes contrarios a la introducción del sistema métrico decimal que tenían el apoyo del clero más integrista. Los campesinos no sólo se negaban a aceptar la existencia de los kilogramos, sino también el empadronamiento y los nuevos impuestos. Una de sus principales consignas era «abajo los masones», prueba de su postura antigubernamental y su alineación con el clero tradicionalista.

En el incipiente mundo industrial también aparecieron signos de conflicto. Los cada vez más numerosos trabajadores urbanos demostraban su protesta por la subida de los bienes de subsistencia. El 1 de enero de 1880 se produjo la *revolta dos vintens,* la revuelta del centavo, la más seria de toda la época y que provocó la caída del gabinete. En 1881 se creó en Río de Janeiro la Asociación Industrial, que en su manifiesto fundacional acusaba al gobierno de obstaculizar sus empresas y de ignorar sus esfuerzos en favor del crecimiento económico. Pese a las contradicciones entre obreros y patronos, no era inusual que coincidieran en sus demandas, tanto proteccionistas como librecambistas. El Corpo Colectivo União Operária solicitó al emperador la exención de impuestos para la importación de maquinarias y la abolición de ciertos privilegios y monopolios. El número de organizaciones obreras aumentó y con ellas aparecieron los primeros grupos anarquistas y socialistas, que también se mostrarían contrarios a la monarquía.

El crecimiento económico y demográfico del sur y de la región de São Paulo amenazaba el tradicional predominio político y económico del nordeste. La representación política provincial se había fijado según la población existente en los años iniciales del imperio y desde entonces habían ocurrido numerosos cambios demográficos, como la inmigración, que no habían sido considerados. Por eso se primaban algunas provincias que estaban perdiendo importancia relativa, como Bahía o Minas Gerais, en detrimento de otras que habían aumentado su población, como São Paulo, pero no tenían el número de representantes adecuados. La burguesía paulista comenzó a discrepar de los métodos tradicionales de control político de las oligarquías nordestinas, especialmente las de Bahía y Pernambuco, y se alineó con el Partido Liberal y el Republicano, opuestos al imperio tanto parlamentaria como extraparlamentariamente. Los republicanos levantaron la bandera del federalismo y los liberales afirmaban que el sistema parlamentario respetaba más la voluntad del monarca que la del pueblo soberano.

Pedro II carecía de hijos varones, dos murieron muy pequeños, lo que complicaba el tema sucesorio. La legítima heredera era la princesa Isabel, que era sumamente impopular, al igual que su marido, el conde D'Eu, un antiguo general de la Guerra de la Triple Alianza. Otra fuente de tensiones entre los militares era la injerencia del poder central en asuntos típicamente castrenses, como los ascensos, que dependían del emperador y del Consejo de Estado. Los oficiales querían depender directamente del ministro de Guerra que solía ser un militar y era más influenciable. Al concluir la guerra contra el Paraguay, el ejército se convirtió en un cuerpo más cohesionado y democrático y en una fuerza con deseos de mayor protagonismo político. La voluntad de Pedro II de mantener a los militares en los cuarteles le granjeó su oposición. Benjamín Constant, profesor de la Escuela Militar de Río de Janeiro, abogó abiertamente en favor de la república y su postura fue respaldada por los periódicos dirigidos por Quintino Bocayuba y Ruy Barbosa. Las enseñanzas positivistas de Constant terminarían decantando a los militares hacia la república.

A mediados de la década de 1880 los líderes del Partido Republicano pensaban que la reforma del sistema era imposible dentro de las reglas de juego vigentes y que sólo una revolución militar acabaría con la monarquía. Así comenzaron las conspiraciones entre algunos oficiales y en 1887 se creó el Club Militar, un centro de reunión de la oficialidad descontenta. La idea de que los intereses corporativos de los militares habían sido maltratados por las autoridades civiles aumentó su papel opositor, junto al rol más activo que el ejército tuvo en la vida política desde 1870 y las ambiciones de muchos jefes militares. Comenzó a considerarse normal que una participación activa en la vida pública (cuanto más elevada mejor) era el mejor cierre de cualquier carrera militar.

El emperador, cada vez más aislado pese a su política reformista, iba perdiendo sus apoyos políticos y sociales. El 15 de noviembre de 1889 estalló un golpe militar incruento encabezado por el mariscal Manuel Deodoro da Fonseca, que terminó con el imperio y proclamó la república federal. Pedro II abdicó y partió al exilio y si bien el gobierno provisional puso a su disposición una fuerte cantidad de dinero, la rechazó, para instalarse en una modesta casa de París, donde falleció a fines de 1891. La república no supuso ningún cambio fundamental y su proclamación fue obra de la acción concertada de tres grupos: una facción de la oficialidad, los plantadores paulistas y los miembros de las clases medias urbanas, contrarios al menguado prestigio de la monarquía. Si bien estos grupos permanecieron unidos en la oposición, una vez que la república comenzó su andadura las contradicciones entre ellos estallaron. La caída del Imperio se debió más a la fuerza creciente de sus opositores que al poderío de los defensores de la república.

Tercera parte
América Latina contemporánea

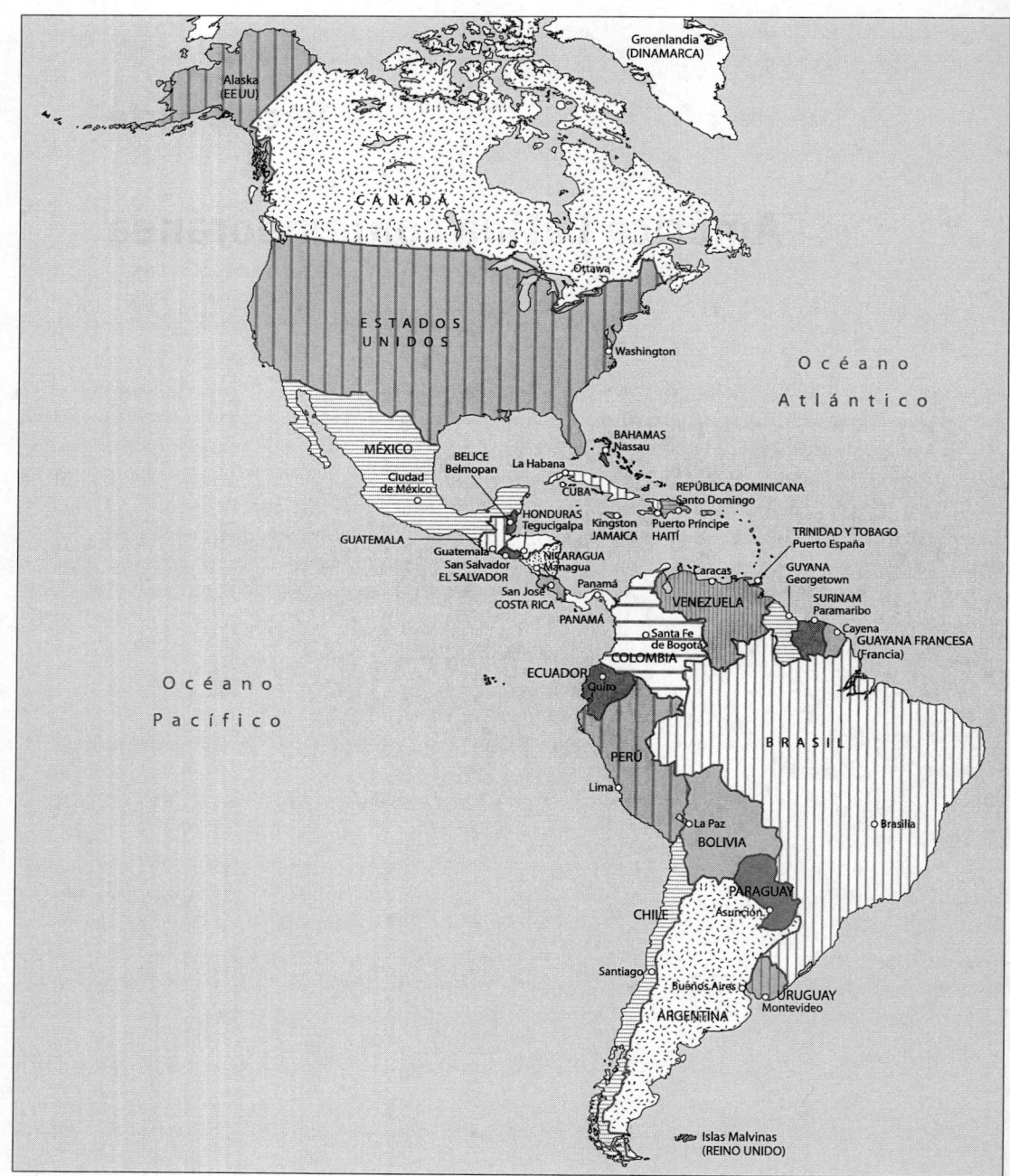

Los países americanos al comienzo del siglo XXI

16. Las consecuencias políticas y económicas de la independencia

En las décadas siguientes a la emancipación latinoamericana se sentaron las bases de los que serían los nuevos Estados independientes. Fueron años de confrontación entre distintos proyectos nacionales, que terminarían forjando la actual conformación política del subcontinente. En contra de lo que tradicionalmente afirmaban algunas historiografías nacionales, no había nada escrito antes de 1808 que permitiera afirmar que las actuales repúblicas iban a ser el producto final de ese complicado proceso. Hoy tenemos un determinado dibujo de las fronteras, pero podríamos perfectamente tener otro muy diferente. Así por ejemplo, el Alto Perú fue invadido por el ejército de Buenos Aires, aunque la oposición de sus elites facilitó la reconquista del ejército peruano. Tras la independencia surgió Bolivia, pero la Confederación Peruano-Boliviana pudo haber generado un país distinto, más cercano en su trazado al viejo virreinato del Perú. El proyecto fracasó, por diversas razones, entre otras por la oposición de los países vecinos. Este ejemplo, que no es el único, nos permite tener una idea del tipo de problemas que se plantearán en este capítulo sobre la construcción nacional. Para ello comenzaremos viendo los reajustes regionales producidos después de la emancipación, el proceso constitucional, el caudillismo y la evolución de los procesos electorales.

Desde el punto de vista de la historia económica todavía sabemos poco sobre la primera mitad del siglo XIX y faltan estudios cuantitativos de alcance nacional y regional. El funcionamiento de los nuevos gobiernos independientes estuvo condicionado por la guerra. Primero las guerras de independencia contra el odiado enemigo español y luego las guerras civiles para determinar el control del territorio y del poder entre las distintas élites regionales. Desde la perspectiva de las consecuencias económicas no es un problema simple, ya que los gobiernos estaban preocupados por conseguir los fondos para financiar las guerras en las que participaban, una necesidad que condicionaba sus políticas económicas. Había que comprar barcos y armas, municiones, uniformes y pertrechos, alimentos (cuando no se los requisaba) y pagar los salarios a los oficiales y a la tropa, aunque fuera a destiempo. Posteriormente hubo que financiar los déficit generados por las aventuras bélicas. Desde este punto de vista interesan la evolución de los flujos comerciales externos y el reacomodamiento de las líneas internas de comunicación y transporte, el papel de los comerciantes, las finanzas y el rol del imperialismo inglés en el continente, y por último, las relaciones de las nuevas repúblicas hispanoamericanas con su antigua metrópoli, España.

1. Las consecuencias políticas

La finalización de las guerras de independencia aclaró el confuso panorama de la vida política regional en lo referente a los enfrentamientos con la metrópoli, aunque dejó pendiente la organización política interna. Los nuevos gobiernos debieron enfrentar grandes desafíos: la pacificación de los territorios bajo su mando y la construcción de los aparatos estatales que aseguraran la gobernabilidad. Esto requería algunas definiciones, prácticamente inexistentes en casi todos los países: ¿cuál era el proyecto nacional que permitiría construir el nuevo Estado y cuáles los límites de la república sobre la que se ejercería la soberanía nacional? Las guerras civiles que hasta mediados del siglo XIX estallaron irregularmente por la geografía americana sólo permitieron encuadrar el tema y dejar perfiladas las fronteras nacionales. Por lo general, los enfrentamientos civiles adquirieron perfiles violentos, aunque prácticamente todos se solucionaron y una vez alcanzada la actual configuración nacional no se produjeron rebrotes secesionistas. Salvo algunas diferencias por cuestiones limítrofes puntuales entre países vecinos, no ha habido grandes problemas, salvo los suscitados por la creación de Panamá a principios del siglo XX.

A partir de la emancipación, muchos fenómenos particulares aunque no exclusivos de la vida política y social latinoamericana, como el latifundismo, el caudillismo, el militarismo y la corrupción se explican con el concepto de «herencia colonial», que permite afirmar que América Latina es ingobernable y se encuentra en un estado de postración y catástrofe debido a su raíz hispánica y por compartir con su antigua metrópoli la misma lengua e instituciones. Sin embargo, no todos los países americanos funcionan igual y los procesos históricos y las fuerzas sociales han modelado culturas políticas diferentes. Las explicaciones globales, como la herencia colonial o la teoría de la dependencia, son posibles porque nuestro desconocimiento de la historia política de la primera mitad del siglo XIX es grande. Si bien las historias nacionales que más han avanzado son las de Argentina y México, lo común es extender las certezas de los últimos años del período colonial o retrotraer las válidas para el período iniciado en 1870-1880.

2. La nueva realidad regional

El primer fenómeno observable sobre las consecuencias del movimiento emancipador hispanoamericano es la nueva realidad nacional y regional surgida a causa de la disolución del Imperio colonial y la creación de nuevas unidades políticas y administrativas. No fue un mecanismo automático, sino un proceso de larga duración cuyos límites cronológicos se sitúan entre 1750 y 1850. Los virreinatos del Perú y el Río de la Plata se desgajaron en varios países: Argentina, Bolivia, Chile, Ecuador, Paraguay, Perú y Uruguay. La Gran Colombia y América Central dieron origen a nuevas unidades: Colombia, Venezuela y Ecuador, por un lado, y Costa Rica, El Salvador, Guatemala, Honduras y Nicaragua por el otro. Del virreinato mexicano se separaron miles de kilómetros cuadrados que terminaron incorporados a Estados Unidos y constituyen los actuales estados de California, Arizona, Nuevo México y Texas. En poco tiempo, el secular esfuerzo unificador y centralizador de la monarquía española saltó por los aires.

Según estos hechos, algunos historiadores, de un modo maniqueo e influidos por ciertas tendencias nacionalistas y dependentistas, hablan de la balcanización o satelización de América Latina, coincidiendo con posturas nacionalistas de izquierda y derecha. Las explicaciones al uso cargan las tintas contra la maldad intrínseca del imperialismo británico, que para explotar mejor a las nuevas repúblicas impuso la pérfida teoría del divide y vencerás. El historiador argentino Dardo Pérez Guilhou, famoso por su integrismo, señaló: «La América española, durante y después de la guerra de su independencia, tiene que organizar su riqueza de acuerdo con los dictados que le impone Inglaterra. Desaparece la incipiente industria hispanoamericana y pasan estos países a ser productores de materias primas para la gran máquina industrial inglesa, que, además, impone su calidad y sus precios». Conceptos similares expresó el más izquierdista historiador uruguayo Vivian Trías, al señalar que «la independencia de España dio lugar a la satelización de las [...] Provincias Unidas del Río de la Plata por el Imperio inglés».

Estas afirmaciones llevan a comparar el desarrollo de la América española y la portuguesa. ¿Por qué en Brasil, que tras la independencia soportó una presencia británica mayor que los países hispanoamericanos, dada la alianza entre Portugal y el Reino Unido, no existió tal balcanización, pese a las tendencias secesionistas existentes en Rio Grande do Sul y otras regiones? ¿Cuánto tuvo que ver este proceso con las diferencias entre los ilustrados portugueses y españoles y la fundación de intendencias en la América española, para muchos la base de las futuras nacionalidades? ¿Qué fuerza política tenían el gobierno y los comerciantes y banqueros ingleses, en la primera mitad del siglo XIX, para controlar a los gobiernos y las oligarquías latinoamericanos? ¿Tenían las autoridades británicas algún proyecto político, alguna teoría colonial «estratégica» para aplicar en todo el continente o sólo respondían a las presiones de sus comerciantes e inversores con intereses en la región? ¿No prefería Inglaterra, o mejor dicho los comerciantes ingleses, comerciar en un único y extenso mercado o negociar con un solo gobierno en vez de hacerlo con varios?

Se ha señalado que una consecuencia de la independencia fue la reorganización nacional y regional, aunque se trató de un fenómeno de larga duración que va de 1750 a 1850 y que terminó de definirse en la segunda mitad del siglo XIX, cuando la mayor parte de los países latinoamericanos había adquirido su perfil exportador. El trazado de los límites de los Estados y la construcción de las naciones se vinculaban a la identidad. Cuando se independizaron, estaban en juego varias identidades y proyectos nacionales, apoyados por distintos grupos oligárquicos con intereses políticos y económicos diferenciados. Por un lado estaban quienes, como Bolívar, partían de la identidad americana para defender la creación de una gran confederación continental. Esta postura coincidía con otros proyectos menores, impulsados por oligarquías regionales, que en el caso uruguayo formaron un Estado nuevo y que en otras no tuvieron tanto éxito y debieron conformarse incorporándose a estructuras políticas más amplias, como le pasó a la oligarquía arequipeña. Esta realidad no sólo tuvo repercusiones políticas sino también económicas: las nuevas unidades políticas, su trazado fronterizo y su control territorial, la creación de nuevos patrones monetarios y metrológicos y la introducción de nuevos sistemas legislativos que modificaron los usos indianos en materia de propiedad y contratación y también las reglas de juego aceptadas dificultaron los intercambios entre las nuevas repúblicas. También hay que ver que el abandono de los planteamientos mercantilistas, los cambios en la economía mundial, la industrialización de Europa occidental y las nuevas concepciones coloniales reducían la importancia de los centros mineros en beneficio de la agricultura tropical. La creciente importancia exportadora del azúcar, café, cacao, tabaco, índigo, algodón, grana o cochinilla, e inclusive de algunos derivados ganaderos como los cueros, hablan de la puesta en valor de áreas hasta entonces marginales en el Imperio español.

Las guerras de independencia provocaron cambios sociales importantes. Uno afectó a la esclavitud, ya que los nuevos Estados no querían abolirla inmediatamente y en algunos casos subsistió hasta la segunda mitad del siglo XIX. Hasta entonces se adoptaron soluciones de compromiso: la prohibición de la trata o la libertad para los hijos de esclavos. Sin embargo, al movilizar a los esclavos para alistarlos en las guerras, de independencia o en las civiles, los gobiernos debieron conceder amplias manumisiones, a tal punto que los esclavos domésticos prácticamente desaparecieron y la esclavitud sólo se mantuvo donde había agricultura de plantación. El resquebrajamiento de la disciplina social bajó la productividad, como ocurrió con el cacao venezolano o en las haciendas azucareras de la costa norte peruana. Esta situación, junto al elevado precio de los esclavos y las dificultades de su abastecimiento regular, explican que en casi toda América del Sur, con la principal excepción de Brasil, la esclavitud fuera prácticamente abolida a mediados del siglo XIX. La independencia también afectó a las masas indias, aunque los derechos de las comunidades se mantuvieron bastante tiempo, especialmente donde había importantes grupos indígenas: México, Guatemala, Perú, Bolivia y Ecuador.

La independencia acentuó la función exportadora de las antiguas colonias. Buena parte de los territorios americanos solía mirar al interior del continente, especialmente a los centros mineros cuyo abastecimiento garantizaba. La independencia hizo girar la vista hacia los mercados europeos y norteamericanos, aunque el perfil exportador latinoamericano y la explotación sistemática de las ventajas competitivas de cada país se alcanzaron mayoritariamente en la segunda mitad del XIX, pese a que la nueva realidad regional se terminaría de modelar con el ferrocarril y la navegación a vapor. La primera mitad del siglo fue un período de «estancamiento», de adecuación a la nueva realidad y no de expansión de las actividades exportadoras, especialmente después de 1825, cuando la presencia comercial y financiera de los británicos se retrajo a consecuencia de la crisis de la deuda externa. Esta situación permitió mantener las rutas comerciales interregionales de la colonia, rutas que no respetaban el trazado de las fronteras republicanas. La urgente necesidad de numerario de los gobiernos llevó a primar los ingresos aduaneros, convertidos en la principal fuente de financiación fiscal. Las nuevas fronteras no supusieron la desaparición automática de los flujos existentes, como se ve con las importaciones de ponchos y ponchillos al Paraguay. Entre 1806 y 1809 el mercado paraguayo absorbía una cifra anual que oscilaba entre 20 mil y 23 mil unidades. Pese a lo que podría pensarse, la independencia no tuvo efectos depresivos, ya que la demanda se mantuvo estable hasta 1817 con un promedio anual de 25.774 piezas. La contracción ocurrió en el trienio siguiente, de 1818 a 1820, cuando el volumen se redujo a la mitad y en 1821 el mercado se colapsó totalmente.

3. Política e instituciones

El proceso de organización de los Estados implicaba reemplazar las viejas estructuras coloniales por nuevas instituciones. Al comienzo, las oligarquías y los funcionarios afines tendieron a ocupar los puestos vacantes por el cambio de sistema político, situándose en las mejores condiciones para controlar los aparatos administrativos republicanos, con independencia de su formato. Agotado el debate ideológico sobre la forma republicana de gobierno y descartada la monarquía, la discusión giró en torno a liberales y conservadores y federalistas y centralistas. Las diferencias entre liberales y conservadores eran mínimas y tenían más que ver con cuestiones religiosas o educativas que con definiciones políticas o ideológicas, aunque más de una vez los enfrentamientos entre ambos terminaron con una guerra. La oposición entre federalistas y centralistas afectaba a la organización administrativa del país y al modelo a aplicar para gobernarlo, aunque no siempre estaba claro quién se ubicaba en cada bando, como ocurrió en el Río de la Plata o con el venezolano Antonio Leocadio Guzmán, que llamó federalista a su causa sólo porque sus rivales se reclamaban centralistas. En ambos casos, el principal problema consistía en saber qué sector o sectores de la élite se quedaban con el poder y lograban subordinar a los demás a su proyecto de nación. La defensa de criterios doctrinarios y el intento de transplantar un cierto modelo constitucional ocupó un lugar secundario en la discusión al ser las definiciones más útiles para diferenciarse del rival que para asumir positivamente los valores autoproclamados.

Según Halperín Donghi, una de las consecuencias de las guerras de independencia fue que la sociedad emergente fue afectada por un proceso de ruralización y militarización que impulsó el surgimiento del caudillismo y el fomento de clientelas políticas. En realidad, el caudillo, cacique en términos políticos, ya existía en la sociedad colonial y su presencia se basaba en las relaciones patrón-cliente y en el desarrollo de lazos de fidelidad y lealtades personales a cambio de seguridad y favores. En México, por ejemplo, se formaban sistemas de patronazgo de tipo piramidal que trasladan las relaciones clientelares de una pirámide a otra a lo largo de toda la escala social, lo que implicaba que algunos caudillos dependían de otros caudillos. Éste fue el caso de los caudillos militares situados al frente de los gobiernos de las nuevas repúblicas, que adquirieron el título de director supremo en Chile, Paraguay o el Río de la Plata o de protector en la Confederación Peruano-Boliviana. Juan Manuel de Rosas, al frente de la provincia de Buenos Aires, ejerció el poder hasta 1852. También encontramos a otros caudillos que constituyeron ejércitos personales, conocidos como montoneras, o que se aliaban con grupos indígenas. Era frecuente que los caudillos causaran serios problemas de orden público y de inestabilidad del sistema político al desarrollar prolongadas guerras de guerrillas contra otros caudillos o contra el poder central. En este sentido, el Facundo Quiroga dibujado por Domingo Sarmiento representa el prototipo del caudillo rural, defensor del orden tradicional y de la barbarie y opuesto, por tanto, al orden civilizatorio de los liberales latinoamericanos.

La diferencia entre el antes y el después de la independencia era que los caudillos coloniales pertenecían a una sociedad poco militarizada, a diferencia de lo ocurrido en los nuevos Estados. La militarización fue necesaria en la búsqueda de un sistema democrático, pero una vez consolidado, la militarización amenazó el desarrollo de la democracia. Si la ruralización y la militarización convirtieron al caudillo en uno de los arquetipos latinoamericanos del siglo XIX, la inestabilidad política y el debilitamiento del poder central revalorizaron su figura, a tal punto que se convirtieron en los garantes del orden y la cohesión social. A escala local o regional ese orden debía, frecuentemente, defenderse con las armas. El caudillo existía al margen de las opciones políticas o ideológicas: los había federalistas o centralistas, y liberales o conservadores, pero también muchos cambiaban de bando junto con sus lealtades personales o cuando las circunstancias lo aconsejaban.

La emancipación no transformó socialmente el mundo rural, aunque revalorizó a los propietarios rurales en comparación con la posición subordinada que tenían en la colonia. Esto se debía, en parte, al mayor empobrecimiento relativo de las élites urbanas, más afectadas por las confiscaciones realizadas por los gobiernos en su búsqueda de fondos para financiar las guerras. Los propietarios seguían mandando en el campo y eran los encargados de mantener el orden público. Sin embargo, a partir de la emancipación tanto las élites rurales como las urbanas conocieron importantes transformaciones. El reparto de tierras entre los oficiales que combatieron en las guerras de independencia, algo notable en el caso venezolano, sirvió para renovar a la élite de los propietarios. En esta época la violencia era cotidiana y la movilización bélica se convirtió en movilización política. La prolongación de las contiendas obligó a los bandos enfrentados a sumar al esfuerzo bélico a amplios grupos sociales no vinculados a las oligarquías, lo que sólo fue posible a cambio de contrapartidas. En el Río de la Plata, México y Venezuela, y de un modo más limitado en Chile o Colombia, la rapidez de la movilización militar dificultó disciplinar a los indios o los esclavos convocados a las armas.

La desmovilización de los ejércitos que participaron en las guerras de independencia no siempre fue posible, ya que en determinadas ocasiones las autoridades no querían o no podían ir en su contra. El favor de los militares fue, en más de una ocasión, vital para la gobernabilidad. Esto exigió dedicar al gasto militar las partidas presupuestarias más saneadas, ya que sólo en personal el tamaño de los ejércitos era muy superior al reducido número de los funcionarios que trabajaban en los ministerios, a tal punto que el gasto militar solía superar el 50% de todos los gastos del Estado. El presupuesto de defensa se dedicaba a pagar los salarios a la tropa y a la oficialidad y también a la adquisición de armas y municiones, de modo de evitar cualquier conflicto gremial o reivindicativo de los militares. En este sentido hay que recordar el elevado número de revoluciones, asonadas y pronunciamientos que tacharon la historia política latinoamericana del siglo XIX. En México y Perú, buena parte de la oficialidad provenía del ejército realista acantonado en los principales virreinatos, lo que otorgó a los militares profesionales un peso mayor que en otros países.

Allí donde los ejércitos habían peleado más allá de sus fronteras, caso de argentinos, chilenos, venezolanos o colombianos, las milicias locales, más vinculadas a las estructuras locales de poder que las fuerzas regulares, fueron la garantía del orden mientras duraba la ausencia del ejército regular. Mantener a las milicias era menos costoso que financiar a los ejércitos, aunque a medida que las milicias se consolidaban demandaban mayores partidas presupuestarias y se asemejaban cada vez más al ejército regular. Éste era uno de los motivos de la recurrencia de las guerras civiles durante gran parte del siglo XIX, pero la frecuencia de los enfrentamientos bélicos no dependía sólo del estamento militar, sino también de la falta de una política o un sector social hegemónicos que se impusieran al resto de la sociedad. Algunos viajeros extranjeros y testigos locales exageraron la índole y el alcance de los conflictos armados decimonónicos al centrar sus descripciones en la ferocidad de los bandos y en la destrucción social generalizada, pese a que los años de paz solían ser más que los de conflictos bélicos. Sin embargo, la abundancia de las guerras fue negativa para la economía, especialmente por el gasto militar que consumía buena parte del capital disponible. Otro aspecto negativo era el número de víctimas, más importante en conflictos prolongados, como la Guerra Federal venezolana o la que enfrentó a los colombianos Tomás Cipriano Mosquera y Mariano Ospina Rodríguez. Las batallas afectaban al aparato productivo, especialmente a los ganados, cultivos y campos de labor. El reclutamiento no era fácil y se solía echar mano a procedimientos violentos para enganchar a campesinos y otros trabajadores, lo que hacía normal las continuas deserciones, más abundantes durante la época de la siembra y la cosecha. En la segunda mitad del siglo, México y Venezuela fueron afectadas por las peores guerras civiles conocidas desde la independencia, que en México se vieron agravadas por la invasión francesa.

El desigual control del territorio convirtió el reemplazo de la administración colonial por la republicana en una tarea nada sencilla, lo que explica la pervivencia de numerosas instituciones del Antiguo Régimen, como la legislación indiana, aunque subsistieron las figuras de buena parte de las autoridades hispanas, a veces manteniendo el nombre y las funciones y otras con las funciones cambiadas. Ningún gobierno dominaba todo el territorio de su teórico país y si a esto le sumamos la ruralización de las sociedades americanas, se explica el peso de las desigualdades regionales. La debilidad del poder central lo obligaba a alcanzar acuerdos o alianzas con los poderes locales, y no sólo con los blancos y mestizos sino también con los indígenas, como ocurrió con las comunidades de México o Guatemala. Cuando no se podía aplastar a las voces discordantes, los nuevos aparatos estatales y sus cada vez más complejos sistemas burocráticos no pudieron ser dominados por una determinada facción política o un grupo social, sino que surgieron del compromiso y la síntesis.

La construcción del nuevo aparato estatal empeoró el funcionamiento de la administración pública en comparación con la colonia, mientras el debate sobre los sistemas de gobierno acaparó la atención social. En este punto afloró la discusión sobre la naturaleza constitucional de los nuevos regímenes, encuadrada por las cuatro grandes influencias recibidas: la Constitución liberal de Cádiz de 1812, que influyó en el primer constitucionalismo latinoamericano; la experiencia constitucionalista y federal norteamericana reproducida en numerosos textos de las nuevas repúblicas; las ideas igualitaristas de la

Revolución francesa y las revoluciones europeas de 1830 y 1848, de gran impacto en la vida política regional; y, por último, la tradición consuetudinaria británica. Las primeras constituciones, las de Nueva Granada, Venezuela y Chile, se redactaron durante las guerras de independencia, entre 1811 y 1812. Todas partían de considerar la existencia del contrato social y la soberanía popular, aunque algunas promulgadas en los primeros años tenían un sello autoritario y centralista, en clara respuesta a la coyuntura, como fueron las constituciones impulsadas por Bolívar, a tal punto que algunos autores hablan de un modelo constitucional napoleónico-bolivariano. Los textos abogaban por ejecutivos fuertes, aunque la mayoría tenía una impronta liberal que garantizaba los derechos individuales (libertades cívicas, igualdad ante la ley, seguridad, derecho de propiedad, etc.) y en algunos casos la libertad de prensa y la división de poderes.

La Constitución de Cádiz influyó en numerosas constituciones hasta principios de la década de 1830: Gran Colombia (1821), Nueva Granada (1830 y 1832), Venezuela (1830), Perú (1823 y 1828), Argentina (1826), Uruguay (1830) y Chile (1828). También comenzó a sentirse el constitucionalismo norteamericano, reivindicado por las tendencias federalistas vinculadas a los deseos de las regiones de no someterse a un poder central y a los equilibrios entre las distintas élites regionales. Este fue el caso de Nueva Granada y Venezuela y de la Constitución mexicana de 1824, aunque esta última sólo se hizo sentir en los artículos de la Confederación, ya que el conjunto del texto tuvo marcadas influencias gaditanas. El enfrentamiento entre federalistas y centralistas se extendió hasta mediados del siglo xix, provocando conflictos violentos en México, América Central y Argentina, mientras en Chile durante la década de 1820 y en Nueva Granada (de 1838 a 1842) fue un fenómeno más episódico. Los primeros ensayos constitucionales buscaban asegurar la gobernabilidad de los países, pero ante la inestabilidad que se vivía y la persistencia de las guerras civiles, las constituciones aprobadas se renovaban frecuentemente o terminaban convirtiéndose en letra muerta. La ausencia de un marco constitucional consensuado y de reglas de juego claras explica por qué muchos gobiernos fueron reemplazados con revoluciones y no por elecciones.

Los años posteriores a la independencia fueron dominados por el enfrentamiento entre el deseo de los reformistas liberales de transformar la sociedad colonial y la voluntad conservadora de mantener el orden. A fines de la década de 1830 casi toda la región conoció una ola de conservadurismo, paralela al estancamiento económico y la inestabilidad política. Entonces se desarrolló una nueva tanda de constituciones centralistas, que buscaban reforzar las facultades del ejecutivo. El crecimiento y la apertura económicos de fines de la década de 1840 fueron paralelos a un rebrote liberal y reformista según muestran los textos constitucionales. Frank Safford señala que entre 1845 y 1870 ocurrió una segunda oleada federalista en México, Colombia, Venezuela y, en menor medida, en Perú. Argentina también incorporó una estructura federal en su Constitución.

La orientación exportadora de las nuevas economías tuvo repercusiones sociales, que afectaron a los estratos más bajos de la población, especialmente a indios y negros. Simultáneamente y como consecuencia del avance del liberalismo, los privilegios de algunos grupos y corporaciones, como los gremios de artesanos y mineros, desaparecieron bajo el principio de la igualdad ante la ley. La Iglesia y los militares, las dos mayores corporaciones del momento, vieron desaparecer los fueros militar y eclesiástico aunque conservaron gran parte de sus privilegios. Por eso, la existencia de ciertas instituciones eclesiásticas, fiestas religiosas, pago de diezmos, censos, propiedades o manos muertas, contradecía los principios del liberalismo económico y provocó la reacción de muchos gobiernos contra el estatus de la Iglesia. Las políticas liberales antieclesiásticas fueron favorecidas por la negativa del Vaticano a reconocer a las nuevas repúblicas, siguiendo la actitud española.

El desarrollo del trabajo asalariado, cada vez más importante, fue acorralando a la esclavitud, salvo en Brasil y Cuba. En 1870, Paraguay se convirtió en la última de las repúblicas hispanoamericanas en abolir la esclavitud, aunque fue una medida testimonial dada la falta de esclavos. Cuba seguía integrada al Imperio y su principal actividad económica, la producción azucarera, se explotaba con mano de obra esclava. Las restricciones internacionales a la trata plantearon graves problemas para abastecer de esclavos a las plantaciones, y se echó mano a la inmigración de indios de Yucatán, *coolies* chinos o campesinos gallegos y canarios. Durante la Guerra de los Diez Años, los dos bandos en pugna ofrecieron manumitir a quienes se enrolaban en sus filas y en 1870, con la ley Moret, comenzó la desaparición de la esclavitud, que se consumaría en 1886. En otras partes del continente se intentaba desmantelar las bases de la propiedad comunal indígena. El liberalismo estimaba que la propiedad comunitaria y los privilegios corporativos eran contradictorios con la igualdad ciudadana y el predominio del individuo. Sin embargo, detrás de estas actitudes no había sólo motivaciones ideológicas, ya que los terratenientes y otros sectores sociales buscaban ampliar el mercado de tierras con las propiedades indígenas y para eso había que debilitar la posición de los indios convirtiéndolos en ciudadanos y propietarios individuales.

El régimen liberal colombiano manumitió a los esclavos en 1850 e intentó acabar con los privilegios corporativos eliminando numerosas prerrogativas de las comunidades indígenas, comenzando por la propiedad de la tierra. En Perú y Venezuela se abolió la esclavitud en 1854. En Bolivia, el gobierno de Mariano Melgarejo despojó a las comunidades indígenas y entre 1866 y 1868 les expropió todas sus tierras ante los apuros financieros del Estado. Luego se abolió el tributo indígena, aunque rápidamente fue restablecido como contribución personal. Estas medidas provocaron protestas y rebeliones indígenas hasta 1872. La expropiación no fue un buen negocio para el Estado, pero sí para los particulares que habían comprado tierras. El ataque contra las comunidades buscaba apropiarse de las tierras indígenas, pero también quería crear un mercado de trabajo, ante la creciente demanda de la economía exportadora. A mediados del siglo XIX las comunidades bolivianas contaban con algo más de 620.000 indios, el 51% de la población rural. La pérdida de sus propiedades estimuló el proceso migratorio dirigido a las principales ciudades, que se aceleraría con el nuevo siglo. En México, la ley Lerdo de 1856, inicialmente dirigida contra la Iglesia y las órdenes religiosas, afectó a las propiedades comunitarias, al igual que otras leyes de la reforma liberal cuyos efectos no se sintieron hasta el porfiriato.

4. Liberales y conservadores

Las principales opciones presentes en la arena política de la época fueron los liberales y los conservadores. En los años que siguieron a la emancipación el proceso de toma de decisiones, que no la participación política, estaba restringido a un grupo muy reducido de ciudadanos, en unos momentos en que los partidos políticos comenzaban a adquirir un perfil propio. Todavía no eran agrupaciones organizadas y burocratizadas sino estructuras orientadas a ganar elecciones que se activaban cuando llegaban los comicios y luego atravesaban un período de aletargamiento. Lo más frecuente en los momentos iniciales de la vida republicana era que la actividad política se concentrara en los clubes y tertulias donde acudían los miembros de las élites. La vida política giraba en torno a las relaciones personales y familiares, los lazos regionales y las redes informales, que solían estar por encima de las diferencias ideológicas o interpartidarias. A la vista de estas cuestiones resulta difícil definir globalmente a liberales y conservadores, cuyas características variaban de un país a otro, dependiendo de su composición social, del peso de las comunidades indígenas, de la existencia de grupos de artesanos urbanos, de los campesinos, etc. Las escasas diferencias entre liberales y conservadores convertía en más importante la adscripción partidaria, basada en lealtades personales, que la ideológica. Esto no significa que no existiera una línea de pensamiento liberal y otra conservadora, aunque éstas no siempre se reflejaban de modo homogéneo en la vida política y partidaria.

Entre 1820 y 1845 el liberalismo manchesteriano influyó en materia económica sobre los políticos latinoamericanos, a tal punto que los liberales y conservadores surgieron de sus filas. Estas diferencias se ven en Chile, donde los «pelucones» o «estanqueros» (conservadores) se enfrentaron a los «pipiolos» (liberales y federalistas), si bien unos y otros carecían de coherencia ideológica, tanto en temas políticos como en materia doctrinaria. De ahí que muchos liberales económicos defendieran posturas proteccionistas cuando la coyuntura comercial así lo requería, como prueban las actitudes del mexicano Lucas Alamán o del colombiano Alejandro Osorio. Sin embargo, desde mediados de siglo los liberales renovaron su fe librecambista ante el incremento exportador, aunque el proteccionismo mexicano fue la principal excepción. Hasta la década de 1840 el conservadurismo actuó sin una doctrina demasiado elaborada y al basar su práctica política en el ejercicio del poder tampoco la necesitaban. Esto dificulta definir a los regímenes conservadores, que incluían un amplio espectro de posibilidades, entre las cuales estaban regímenes tan diversos como el de Diego Portales, en Chile, el de Páez, en Venezuela o el de Rosas en el Río de la Plata. Tanto Rosas como Portales estaban obsesionados por el orden, aunque los mecanismos implementados por uno y otro fueron muy diversos. El régimen de Rosas fue una prolongada dictadura, asentada en el poder de Buenos Aires sobre las provincias del interior y en la existencia de una dura represión interior, asentada en un grupo denominado la «mazorca». Por su parte, el régimen portaliano dotó de una serie de instituciones al Estado chileno que le permitieron atravesar una prolongada fase de estabilidad.

5. Gran Bretaña y Estados Unidos

Después de la independencia, las potencias europeas y Estados Unidos intensificaron su presencia en la región con el argumento de que tenían que defender a sus súbditos en peligro u obligar a algunos gobiernos a pagar las deudas contraídas con sus bancos o inversores. Esta situación provocó en más de una oportunidad invasiones armadas en distintos países, una historia caracterizada por la actuación del Reino Unido y Estados Unidos. Francia fue el tercer protagonista, seguida por España, mientras Italia y Alemania se hacían presentes de una u otra manera. En la primera mitad del siglo XIX, México, el Río de la Plata y Nueva Granada enfrentaron bloqueos de ingleses o franceses, mientras que México y América Central soportaron la presencia de Estados Unidos. Ante la incapacidad de las élites nacionales para resolver sus propios problemas no era infrecuente verlas llamando a las potencias extranjeras en su auxilio, en aquellas ocasiones en que los enfrentamientos interoligárquicos dificultan la gobernabilidad. Así fue como los uruguayos reclamaron el auxilio de Brasil en su enfrentamiento con Buenos Aires entre 1817 y 1825 o los exiliados argentinos en Montevideo se aliaron a los franceses para intentar derrotar a la dictadura rosista.

Gran Bretaña se convirtió en la potencia extranjera más influyente, ya que todos los gobiernos se interesaron desde la independencia en mantener relaciones con Londres. El rápido reconocimiento de las nuevas repúblicas por el gobierno británico alejó los temores del regreso del orden colonial, a tal punto que el siguiente mensaje de Bolívar refleja bastante bien el sentir generalizado de los hispanoamericanos: «La América no olvidará jamás que Mr. Canning [el ministro británico de exteriores] hizo respetar sus derechos». En efecto, a fines de 1824 Inglaterra negoció tratados comerciales con México y Colombia y luego con las Provincias Unidas del Río de la Plata. La prudencia británica a la hora de plantear sus relaciones permitió que éstas se desarrollaran sobre bases sólidas y nada coyunturales. Estados Unidos, por su parte, co-

16. Las consecuencias políticas y económicas de la independencia

menzó a consolidar su posición hacia mediados de siglo, especialmente en México, América Central y el Caribe. Desde la formulación de la doctrina Monroe, el interés por los territorios vecinos había ido en aumento y de entonces destacan la guerra con México, su afán expansionista en Cuba y el tratado de 1850 para solucionar el diferendo con el Reino Unido sobre la construcción de un canal interoceánico en Nicaragua. El expansionismo norteamericano fue impulsado por el descubrimiento de oro en California y la necesidad de asegurar las comunicaciones con el Pacífico, para lo cual América Central era vital. Por el contrario, la presencia de Estados Unidos en América del Sur a lo largo del siglo XIX no fue comparable a la británica.

En 1836 estalló la guerra en Texas. Los colonos del sur de Estados Unidos que se habían instalado allí, favorecidos por el federalismo de los gobiernos liberales, rechazaron la vuelta al centralismo conservador. Santa Anna intentó someter a los rebeldes, pero tras su victoria pírrica en El Álamo fue derrotado en San Jacinto. Los tejanos se terminaron independizando pero no fueron reconocidos por el gobierno de México, pese a la idea de que podría servir para frenar el expansionismo norteamericano creando un estado tapón con respaldo británico. En 1845 estalló la guerra con Estados Unidos y los liberales moderados ofrecieron al general Santa Anna el mando del ejército nacional. En poco tiempo los norteamericanos ganaron la guerra y con la paz de 1848 México perdió casi la mitad de su territorio. En 1838, los franceses habían invadido México reclamando indemnizaciones para sus súbditos afectados por las guerras civiles. Si bien vieron satisfecho su objetivo, fue a costa de fabricar un mártir, el general Santa Anna, que perdió una pierna en un combate con los franceses. La gran invasión gala ocurriría años más tarde, después de que Juárez recuperara el control de la capital, cuando los acreedores europeos presionaban a sus autoridades para obligar al gobierno liberal de México a reconocer las deudas acumuladas por los conservadores. Falto de fondos, Juárez se negó a pagar y en julio de 1861 declaró la cesación de pagos. El 31 de octubre, Francia, Gran Bretaña y España firmaron la Convención Tripartita para invadir México. Pero, los británicos y españoles rompieron muy pronto su alianza, tras la ocupación de Veracruz.

Un tópico tradicional sobre la independencia es que tras la emancipación y de forma casi automática, sin solución de continuidad, la dominación española fue reemplazada por la británica. Esta creencia es seguida de la inevitable pregunta: ¿entonces para qué emanciparse? Como la presencia inglesa fue básicamente económica, algunos autores hablan de un «imperialismo informal». Junto a los comerciantes británicos arribaron los franceses, alemanes y norteamericanos, que tuvieron una menor repercusión económica. En el primer cuarto del siglo XIX se observa un aumento de la presencia comercial y financiera británica, al amparo de la protección otorgada por su propio gobierno y ante el temor a las represalias navales de las autoridades latinoamericanas. La mayor producción de excedentes manufacturados, principalmente textiles, y el bloqueo napoleónico habían revalorizado el papel de los mercados americanos, aunque sólo entre 1805 y 1808 éstos fueron importantes para los mercaderes británicos. Las importaciones británicas en América Latina crecieron rápidamente a partir de 1805, bien indirectamente a través de la infraestructura mercantil de los pueblos de la bahía de Cádiz, bien directamente por las rutas del contrabando. Ese año el valor de los productos importados fue de 7.700.000 libras y el máximo se alcanzó en 1809 con 18.500.000 libras, para caer posteriormente. En 1811 apenas se superaban los 11.500.000 libras y el mínimo se alcanzó en 1816 con 2.100.000 libras. A partir de 1825, y en las décadas de 1830 y 1840, las importaciones británicas oscilaban entre los 4 y los 6 millones de libras, correspondiendo al Brasil entre la tercera parte y la mitad del tráfico.

Estas cifras permitieron argumentar que el control de los mercaderes británicos sobre el comercio latinoamericano fue casi total, una interpretación que apunta a una desigual competencia con las manufacturas locales, condenadas a desaparecer; a la postergación de los comerciantes americanos, por su menor capacidad financiera; al aumento del paro y a la dificultad para desarrollar marinas mercantes propias. A partir de 1810 los británicos exportaron textiles baratos de algodón, creando una demanda inexistente, ya que el consumo popular se centraba en productos de lana de baja calidad. Sin embargo, esto no significó la destrucción de las manufacturas locales, que sobrevivieron hasta bien entrada la segunda mitad del siglo XIX, cuando se construyeron los ferrocarriles. Más afectadas que las manufacturas locales, o nacionales, fueron algunos circuitos interregionales, como el de los textiles peruanos baratos que abastecían al virreinato del Río de la Plata o el de los tejidos de algodón de Socorro, en Nueva Granada, comercializados en la zona aurífera de Antioquia. En este último caso, cuando el oro se destinó a pagar las importaciones de textiles, los intercambios internos se resintieron. Las distancias americanas y los accidentes geográficos (grandes cordilleras, ríos infranqueables y falta de puentes y caminos) fueron una eficaz barrera proteccionista que favoreció durante décadas la subsistencia de la artesanía tradicional. También se ha señalado que el golpe contra las manufacturas fue previo al desembarco masivo de los británicos y que la importación española de productos de lujo antes de la emancipación había limitado de forma considerable las manufacturas urbanas. La revolución industrial inglesa aumentó la productividad de las manufacturas y permitió a los productos británicos bajar sus precios. La mejora en los términos de intercambio para las exportaciones latinoamericanas favoreció la apertura económica, aunque ésta no sería evidente sino a partir de mediados del siglo.

Otro sector donde la presencia británica fue importante fue el financiero, aunque tras la independencia no hubo un movimiento masivo de inversiones británicas. Tampoco de otro origen, por la inseguridad de un continente que recién emergía de sus guerras de independencia. La caída en la producción de metales preciosos y el aumento de los gastos gubernamentales por los enfrentamientos bélicos, requirieron la llegada de capitales, provenientes mayoritariamente de empréstitos negociados por bancos británicos. Los crecientes gastos financieros aumentaron la necesidad de capitales foráneos, aunque la crisis que afectó a la *City* londinense en 1825 hizo que a partir de ese momento cesara la presencia financiera inglesa en el continente y que hubiera que esperar hasta la segunda mitad del siglo XIX para que los lazos se restablecieran. En la expansión del endeudamiento externo influyó el mayor coste del dinero en los mercados americanos. D. C. M. Platt señaló que en 1824 el gobierno de Buenos Aires intentó aprovechar la coyuntura favorable del mercado londinense, ante la imposibilidad de obtener préstamos locales por menos del 14% de interés anual.

Hasta 1825 los empréstitos latinoamericanos negociados en Londres sumaron más de 20 millones de libras esterlinas, destacando por su contratación Colombia y México, seguidos a gran distancia por Brasil (véase Cuadro 16.1). Como señala Carlos Marichal, la atracción de las riquezas latinoamericanas, reales o imaginarias, fue un reclamo decisivo en uno de los primeros auges bursátiles del capitalismo del siglo XIX. Colombia fue el primer país en firmar un contrato por un empréstito en 1822, seguida de Chile y Perú. En 1825 la mayoría de las nuevas repúblicas habían iniciado el camino de la deuda externa. Los bonos de Argentina, Brasil, la Federación Centroamericana, Chile, Gran Colombia, México y Perú se compraban y vendían con entera normalidad en la bolsa londinense hasta la catástrofe financiera de diciembre de 1825. A fines de la década de 1820 los países latinoamericanos estaban sumidos en una grave crisis financiera vinculada con la deuda externa. En abril de 1826 Perú suspendió pagos y a los pocos meses fue seguido por la Gran Colombia. A mediados de 1828, con la única excepción de Brasil, todos los países habían suspendido sus pagos de la deuda y ningún banco londinense quería saber nada de realizar negocios en América Latina.

En relación con la minería también se realizaron inversiones directas de capital europeo que trataban de beneficiarse del *boom* financiero de 1824-1825. Se crearon numerosas empresas, algunas con fines especulativos, para

Cuadro 16.1. Total de bonos emitidos en Londres, 1822-1825 (en libras esterlinas)

Brasil	3.200.000
Buenos Aires	1.000.000
Centroamérica	163.000
Chile	1.000.000
Colombia	6.750.000
México	6.400.000
Perú	1.816.000
Total	20.329.300

Fuente: Carlos Marichal, *Historia de la deuda externa de América Latina*, Madrid, 1988, p. 40.

invertir en los yacimientos de México, Perú, Colombia, Argentina y Brasil. En esos años se crearon en Londres 624 sociedades anónimas, de las que sólo 46 tenían negocios con América, pero su importancia era mayor de lo aparente. La mayor parte de estas inversiones fracasaron, bien porque el entusiasmo de los mercaderes e inversores británicos era paralelo a su ignorancia y al desconocimiento del territorio americano, del funcionamiento de sus mercados y del comportamiento de sus nuevos socios, bien porque la insuficiencia de capitales condenó al fracaso a muchas inversiones programadas con cuidado. Fue frecuente que modernas maquinarias a vapor, importadas de Gran Bretaña, se oxidaran en los puertos sin ser trasladadas a los centros mineros porque no había transporte adecuado. Comportamientos exitosos del tipo de la empresa minera de capital anglomexicano Real del Monte no abundaban.

Se suele juzgar el endeudamiento externo como algo negativo para las economías latinoamericanas, partiendo del criterio mercantilista de que el déficit de la balanza de pagos es perjudicial para el desarrollo, olvidando que las inversiones extranjeras permiten disponer a los países de un mayor volumen de recursos. En la mayor parte de América Latina, el capital extranjero, especialmente desde la segunda mitad del siglo, colaboró a financiar la construcción de las infraestructuras económicas, a poner en valor los recursos primarios hasta entonces inexplotados o subexplotados y a aumentar el volumen de las exportaciones.

6. La reconstrucción de la economía

Las guerras de independencia habían arrasado buena parte de los recursos productivos, de modo que la reconstrucción económica fue prioritaria en una coyuntura marcada por la falta de capitales. El estancamiento fue la nota dominante. Los mercados internos seguían demandando bienes y servicios aunque a un ritmo menor y su abastecimiento permitió mantener un cierto nivel de producción. Sin embargo, todavía queda mucho por conocer sobre su funcionamiento, ya que el acento se ha puesto en la agricultura de exportación. Se ha visto como se producía un paulatino dislocamiento de algunos circuitos regionales, lo que unido a la quiebra de numerosos circuitos de exportación, condujo al estancamiento, aunque con diferencias regionales bastante apreciables. También es importante atender a la producción de las comunidades indígenas, orientada al autoconsumo, pero también con vínculos con el mercado, especialmente para contar con el numerario necesario para pagar el tributo. En las décadas posteriores a la independencia, las comunidades opusieron resistencia a las políticas de los gobiernos liberales.

En lo referente a las manufacturas, México fue el único país que conservó un sector textil lanero importante en torno a la producción de Puebla. México tenía una población y un mercado interno mayores que los de los otros países latinoamericanos y esto era un estímulo importante para los empresarios.

16. Las consecuencias políticas y económicas de la independencia

También allí seguían funcionando los circuitos comerciales de la época colonial. La expansión exportadora estaba condicionada por la falta de infraestructuras y las malas comunicaciones que dificultaban y encarecían el traslado de los productos agrícolas de las zonas de producción a los puertos de exportación. Si las distancias protegían a las manufacturas locales, también desanimaban, por no ser competitivas, a numerosas actividades que podrían convertirse en exportables. Los intercambios internacionales de mediados de siglo apenas alcanzaban los niveles de 1810. Algunos países comenzaron a aprovechar tímidamente las ventajas competitivas que en la segunda mitad del siglo impulsarían el crecimiento basado en la apertura económica y la exportación de productos primarios. Venezuela y el Río de la Plata, con sus exportaciones agrícolas, en un caso, y ganaderas, en el otro, fueron dos casos notables de las primeras décadas independientes. También destacó el café en Costa Rica y Venezuela. Por el contrario, el desempeño de México, Perú y Bolivia, que seguía dependiendo de las exportaciones de la minería de plata, un sector afectado por las guerras de independencia, fue más flojo. En Perú, la demanda británica de lana de alpaca y vicuña favoreció la evolución de su balanza comercial, aunque no lo suficiente como para compensar la enorme caída provocada por la situación minera. Cuba fue un caso aparte, ya que la agricultura de plantación orientada al cultivo del azúcar, con mano de obra esclava, permitió que entre 1815 y 1850 la producción pasara de 40.000 toneladas a 200.000.

Las necesidades fiscales y la inexistencia de sistemas tributarios modernos, basados en impuesto directos, condujeron a la apertura económica, que permitió que los impuestos aduaneros se convirtieran en la base del sistema fiscal. Las exportaciones aportaban las divisas necesarias para pagar los productos importados, que eran precisamente los que tributaban. De todas formas, el tamaño limitado de las haciendas públicas, sumado a su escasa capacidad recaudadora en un medio marcado por la inestabilidad política e institucional, dificultaron enormemente la labor del Estado en la reconstrucción. Los apuros de la Hacienda tendieron a mantener el tributo indígena o a encarar con calma su modificación. Tras su abolición por las Cortes de Cádiz en 1811, sólo México no lo reimplantó, pero Bolivia y Perú (donde había sido abolido por San Martín, en 1821) no hicieron lo mismo. Los intentos de ambos países para abolir el tributo fracasaron por su incidencia sobre la recaudación fiscal, debida a la caída de la actividad minera y la escasa magnitud de sus exportaciones. En Perú, tras cinco años de ensayo sanmartiniano, se repuso el tributo con el nombre de contribución indígena y fue necesario esperar al auge guanero para solventar la cuestión. En Bolivia, su importancia era mayor, porque la recaudación aduanera era menor, y en 1826 se revocó la anulación decretada por Bolívar un año antes. El tributo supuso cerca del 80% de los ingresos fiscales bolivianos entre 1835 y 1865, y a partir de allí su importancia decreció y fue finalmente abolido en 1882.

7. El comercio exterior y la apertura librecambista

Una serie de explicaciones basadas en la teoría de la dependencia y en la existencia de relaciones asimétricas entre el centro y la periferia insistían en que la especialización comercial latinoamericana orientada a la venta de productos primarios a cambio de manufacturas provocaba desigualdades económicas y subdesarrollo. Algunos autores puntualizaban que la apertura exterior llevaba al atraso económico y se llegó a decir que los ferrocarriles eran un medio de explotación y colonización. Detrás de estas interpretaciones subyace la idea de que si el esfuerzo y el capital puesto al servicio del sector exportador se hubieran dirigido a producir manufacturas para el mercado interno, América Latina habría salido del subdesarrollo. Sin embargo, una correcta interpretación de las consecuencias del proceso emancipador sobre el sector exterior debe atender a la realidad previa a la independencia. También resulta interesante conocer la obra de los historiadores liberales latinoamericanos del siglo XIX, para quienes la independencia permitió eliminar todas o casi todas las barreras que impedían el desarrollo del libre comercio, y por ende del desarrollo económico, comenzando por el monopolio sevillano.

La necesidad de aumentar los ingresos fiscales a través de las aduanas exteriores fue un gran estímulo para potenciar las importaciones y en general las relaciones económicas con el exterior. En México, los ingresos aduaneros supusieron el 50% de sus ingresos fiscales en la década de 1820; en Argentina el porcentaje fue del 80%. El papel de las rentas aduaneras se acrecienta si tenemos en cuenta el hundimiento en las recaudaciones de las antiguas Cajas del interior. Bolivia fue la mayor excepción, ya que allí, entre 1835 y 1865, el 80% de los ingresos fiscales provino del tributo indígena y una de las razones de que este tributo sobreviviera durante largas décadas después de su primera abolición fue la dificultad de la Hacienda para reemplazarlo por otros ingresos. Al mismo tiempo, los indígenas veían en el tributo la mejor garantía para defender el marco jurídico-institucional proveniente de la colonia que garantizaba la existencia de sus privilegios corporativos, comenzando por la existencia misma de las comunidades indígenas.

La independencia y la liberalización del comercio no sólo permitieron la apertura de nuevos mercados, sino también el debilitamiento del comercio con España. Para calibrar con exactitud lo que esto supuso, habría que recomponer los flujos comerciales previos, ya que los huecos en el abastecimiento de productos importados en los mercados nacionales fueron cubiertos por comerciantes británicos y norteamericanos. Sin embargo, las diversidades geográficas y regionales que llevaban a la existencia de tres tipos distintos de países exportadores, mineros, de agricultura tropical y de agricultura o ganadería templada, implicaron resultados muy distintos en la apertura económica, también vinculados a la profundidad de las reformas mercantiles. La eliminación de los privilegios de tipo corporativo o gremial introdujo un factor de estabilidad en el mercado. La guerra fue otro factor

16. Las consecuencias políticas y económicas de la independencia

que facilitó la implantación de medidas librecambistas, ya que los pertrechos y abastecimientos militares, armas, municiones o barcos de guerra, debían adquirirse prioritariamente en el exterior, ante la falta de empresarios y mano de obra especializada en los mercados locales. En Argentina y Brasil, ejemplos de economías exportadoras exitosas, los avances del comercio libre fueron más importantes que en otros países. Junto con los cambios legislativos, Argentina y Brasil fueron favorecidos por el incremento de los intercambios atlánticos, en detrimento del papel que en el pasado había tenido el Pacífico, lo que terminó castigando a Perú, Bolivia o Ecuador, que tradicionalmente habían orientado su comercio por la vertiente del Pacífico y que en la primera mitad del siglo XIX estaban al margen de los principales circuitos comerciales mundiales. Sólo la revalorización de la ruta del cabo de Hornos, a consecuencia del comercio con Australia y Nueva Zelanda y del *boom* minero en California atenuaría esta situación.

Antes de la emancipación, las exportaciones anuales de Buenos Aires alcanzaban el millón de libras esterlinas y en 1822 habían subido a 1.340.000 libras. Pero es importante no prestar atención sólo a los totales, sino también a la composición de las exportaciones, que durante el período colonial se componían mayoritariamente de metales preciosos. En este sentido, los cueros pasaron de 301.934 arrobas en 1812 a 824.947 en 1815. Este éxito de la economía rioplatense se debe a la temprana apertura de su comercio al mercado mundial, lo que permitió aumentar la producción e incorporar nuevas zonas a la producción exportadora, a efectos de equilibrar la balanza comercial.

Tampoco hay que perder de vista la situación financiera. Las guerras de emancipación y las guerras civiles destruyeron una buena parte de la riqueza nacional que sería necesario cuantificar: molinos, haciendas, campos de labor, etc. A esto se suma el éxodo de españoles peninsulares e incluso algunos españoles americanos rumbo a la Península y otros puntos de Europa, que generó una importante salida de capitales. Esta falta de fondos dificultó la actividad económica e impidió la financiación de un buen número de actividades productivas, comenzando por las vinculadas con la reconstrucción del país. Éste era el caso de la minería y su demanda de fuertes inversiones de capital, más necesarias cuando había que relanzar la producción después de un período de cierta inactividad. La fuga de capitales fue alentada por algunos grupos de las élites ante la conflictividad e inseguridad existentes y muchos preferían colocar su dinero en bancos ingleses y franceses que ofrecían una mayor seguridad pese a pagar tipos de interés menores que en España. No se debe olvidar que después de la Guerra de la Independencia y la restauración de Fernando VII siguieron el liberal Trienio Constitucional, una nueva restauración absolutista y las guerras carlistas. México y Lima, los principales centros mercantiles de la América española, fueron los más afectados por la fuga de capitales. El cónsul británico en Lima, Charles Milner Ricketts, alertaba en 1825 del descenso del capital comercial en la capital, que había bajado a un millón de pesos frente a los 15 millones disponibles entre 1790 y 1800. Entre

1819 y 1825 los buques británicos extrajeron del Perú 27 millones de pesos en metálico y no eran sólo giros de los comerciantes británicos, sino remesas de peninsulares y criollos. En México, los grandes comerciantes españoles se habían llevado más de cien millones de pesos, lo que provocó la expulsión de los peninsulares de México.

Otro mecanismo para cubrir las necesidades fiscales de los países era el de los empréstitos forzosos que afectaron inicialmente a los comerciantes españoles. Sin embargo, en la medida que las necesidades gubernamentales aumentaban éstos recaían sobre los mercaderes americanos e inclusive sobre los extranjeros, como los británicos. En Buenos Aires, las contribuciones extraordinarias para hacer frente a los gastos bélicos supusieron entre 1812 y 1817 una suma cercana a los 600.000 pesos. Ahora bien, estas contribuciones forzosas no afectaban únicamente a la gente de recursos y repercutían sobre los sectores populares. Cuando el dinero era insuficiente, algo frecuente, los gobiernos acudían a los agiotistas, comerciantes especializados en prestar dinero a plazos cortos o muy cortos y con muy altos tipos de interés por el elevado riesgo de las operaciones crediticias. Estos personajes se encontraban en toda América, desde Montevideo hasta México. Los estrechos vínculos que establecerían los agiotistas con los gobiernos les permitían aumentar su influencia política, algo fundamental para recuperar las inversiones por vías distintas al pago del capital y los intereses.

8. La minería

Los países productores de metales preciosos atravesaron una situación más complicada que quienes orientaron su actividad exportadora a la producción agrícola y ganadera. Chile fue una notable excepción por la expansión vivida en sus yacimientos de cobre y sus bajos costes de explotación, lo que permitió aumentar su producción y sus exportaciones de metal para pagar sus importaciones de manufacturas. La extracción del cobre chileno fue favorecida por un sistema de transporte y comercialización que acercaba los centros productores a los puertos exportadores, lo que no ocurría en otras latitudes, y por la mayor disponibilidad de mano de obra. A esto hay que añadir la puesta en explotación de nuevos yacimientos, como la importante mina de plata de El Chañarcillo, descubierta después de la emancipación.

Las cosas fueron más complicadas en México, Perú y Bolivia, que seguían centradas en la producción de plata. Sin embargo, antes de hablar de las exportaciones argentíferas sería necesario detenerse en el estado de la minería después de la emancipación. Resultaba corriente oír que tras la independencia el sector minero de estos tres países entró en quiebra, aunque últimamente se tiende a relativizar los efectos destructivos de las guerras sobre el aparato productivo. Sin embargo, se produjo una parálisis de la producción causada por la escasez de capitales. El mercurio seguía siendo el principal insumo en la obtención de la plata por amalgamación, lo que aumentaba los costes de explotación y las necesidades financieras. Los costes aumentaban si tenemos en cuenta que el azogue debía ser importado, ya que en México no había y los yacimientos de Huancavelica, en Perú, estaban en decadencia. Sólo algunos centros argentíferos siguieron en explotación, aunque en condiciones difíciles. En México y en Bolivia la reactivación de la producción de plata se centró en la puesta en explotación de nuevos yacimientos, como ocurrió en la región de Zacatecas, más que en la reactivación de yacimientos abandonados. En México y Perú las exportaciones de plata se redujeron considerablemente. En México se pasó de una media de exportaciones superior a los 2 millones de libras esterlinas entre 1796 y 1820 a menos de medio millón en 1823. Heraclio Bonilla mostró que la contracción fue más dramática en el Perú, que pasó de una media exportadora superior a 1.330.000 libras entre 1791 y 1795, cuando estaba en explotación el yacimiento de Cerro de Pasco, a 94.290 en 1826. En ambos casos, al igual que en otros países, la independencia no sólo supuso la reducción de la cuantía de sus exportaciones sino también transformó unas balanzas comerciales tradicionalmente con superávit en deficitarias. La minería de oro de Nueva Granada atravesó una situación semejante.

9. Las relaciones con España

En este punto hay que insistir en las diferencias entre la fragmentación de los imperios de España y Portugal. Mientras el proceso emancipador brasileño fue pacífico y acordado con su metrópoli, en la América española las cosas tomaron otros derroteros y las autoridades, tanto las absolutistas como las liberales, se empeñaron en la reconquista militar de sus posesiones. Durante la vida de Fernando VII fue imposible el reconocimiento de las nuevas repúblicas. Estas circunstancias incidieron sobre el tipo de relaciones establecidas posteriormente. La estrategia inicial de los absolutistas y de los liberales españoles consistió en impulsar la reconquista armada. Este enconamiento y el papel reservado a Cuba y Puerto Rico, no sólo como productoras de café y azúcar sino también como intermediarias de productos coloniales de otras partes del continente, complicaron las cosas. A esto se suma, a partir de 1836, la posibilidad de que los gobiernos liberales españoles pudieran plantearse políticas más flexibles de reconquista de los mercados perdidos. Fue precisamente ese año cuando Isabel II reconoció la independencia de México. El reconocimiento de las restantes repúblicas americanas fue un proceso largo y dilatado: Ecuador, 1840; Venezuela, 1845; Costa Rica, 1850; Argentina, 1859; Guatemala, 1864; Uruguay, 1870; Perú, 1879; y Chile, 1883. Por su parte, el mantenimiento de Cuba y Puerto Rico le permitió a España proseguir el ensayo del Caribe de modernizar sus estructuras coloniales.

Se suele insistir en que tras la emancipación, las relaciones comerciales entre españoles e hispanoamericanos se interrumpieron, con las excepciones mencionadas. Las cifras de Leandro Prados son concluyentes. Mientras las exportaciones a Hispanoamérica pasaron de ser el 39,2% del total en 1792 al 0,1% en 1827, las importaciones tuvieron un movimiento similar: del 20,7 al 0,1% entre las mismas fechas. Con independencia de estas cifras, algunos elementos nos hacen pensar en una mayor importancia de ese comercio. Primero, el mantenimiento de pautas de consumo en las dos orillas del Atlántico que garantizaba la demanda de productos peninsulares en América (vinos, aceite de oliva, frutos secos, sal, etc.), y de productos coloniales en España (cacao, tinturas, cueros, etc.). Segundo, el incremento del comercio de Cuba y Puerto Rico con la metrópoli, tanto por el aumento de sus exportaciones, como por su papel de intermediario entre España y América. Tercero, el papel de numerosos comerciantes de larga experiencia en el comercio con América, que no abandonaron sus actividades anteriores. Y por último el contrabando, especialmente el realizado por Gibraltar. Las exportaciones españolas a América Latina en 1872, excluyendo a Cuba y Puerto Rico, fueron el 5,5% y las importaciones el 3,4% del total, lo que habla de una recuperación de los flujos que no se produjo de un día para otro.

Un circuito muy importante a analizar vinculaba a Cádiz, el Río de la Plata y Cuba y Puerto Rico durante buena parte del siglo XIX. Cádiz abastecía de sal a los saladeros de Buenos Aires y Montevideo. Estos cargamentos solían acompañarse de vinos, frutos secos, alpargatas y textiles y retornaban con cueros, aunque había algunos navíos que continuaban al Perú para cargar guano. Sin embargo, la mayoría de las embarcaciones llevaban carne salada para alimentar a los esclavos de las plantaciones de Cuba y Puerto Rico. En las islas cambiaban la carga por azúcar, tabaco y ron y retornaban a Cádiz. A esto se suma el tráfico clandestino de esclavos, muy relevante en algunas regiones como Cataluña y Galicia y que permitieron la formación de importantes fortunas.

17. El desarrollo de los regímenes oligárquicos

Desde mediados del siglo XIX la vida política y económica comenzó a discurrir por carriles diferentes a los de las décadas anteriores. Los conflictos entre los distintos proyectos nacionales, causa de guerras civiles, se habían cerrado con la práctica finalización del proceso de formación de las naciones latinoamericanas. La gran excepción fue Panamá que en 1903 se separó de Colombia como consecuencia de la Guerra de los Mil Días. Esto no quiere decir que hubieran desaparecido las guerras civiles, relacionadas con la lucha por el poder. Desde un punto de vista institucional, continuó el proceso de sanción de constituciones, algunas más duraderas que otras, como la argentina de 1853-1861, que se mantuvo inalterada hasta 1949. El desarrollo institucional permitió avanzar en el desmantelamiento de la legislación indiana, hasta entonces supletoria de las leyes nacionales. Un gran paso fue la sanción de Códigos Civiles, siguiendo la estela del venezolano Andrés Bello, encargado de redactar el Código Civil de Chile, aprobado por el Congreso Nacional en 1855.

Desde una perspectiva económica, en estos años se consolidó la apertura de las décadas anteriores, de modo que la orientación exportadora y la apertura garantizaron el crecimiento de numerosos países. Sin embargo, el crecimiento no fue homogéneo y benefició más a determinadas regiones y sectores sociales en detrimento de otros. Las regiones más vinculadas a los núcleos exportadores aprovecharon mejor la apertura que las vinculadas a las economías tradicionales, al permitir la libre circulación de capitales, de mercancías y de fuerza de trabajo, lo que permitió contar con la financiación, los insumos y maquinaria y los trabajadores necesarios para la expansión económica. Como se ha mencionado, una parte de la historiografía responsabiliza del atraso económico y del subdesarrollo latinoamericanos al librecambismo de estos años y a la falta de protección a la manufactura tradicional, arcaica e incapaz de competir con la producción inglesa y del resto de Europa y Estados Unidos, en plena Revolución industrial.

El comportamiento económico exitoso y el incremento exportador permitió consolidar los sistemas políticos, basados en el predominio oligárquico. En la mayor parte de la región el panorama político se fue consolidando en torno a un bipartidismo, que solía enfrentar a liberales y conservadores, la expresión de dos maneras distintas de entender la política y el manejo de la cosa pública, aunque con escasas diferencias prácticas. Por eso, sus posturas eran compartidas por los mismos grupos sociales: la aristocracia, la burocracia estatal y los profesionales liberales y otros grupos urbanos. Uno de los principales problemas de los gobiernos era la debilidad del aparato estatal, acentuada por la falta de integración al Estado de las regiones marginales y de ciertos grupos subordinados, como indios o negros. Esta situación tendió a revalorizar el papel de intermediarios de los caciques o caudillos, personajes claves que vinculaban a sus regiones con el poder central. La extensión de la burocracia a los confines más lejanos del país y la profesionalización de las fuerzas armadas fueron dos de los mecanismos que permitieron reforzar al Estado.

1. Del estancamiento a la apertura económica

Entre mediados del siglo xix y el comienzo de las décadas de 1870 o 1880, cuando se aceleró el crecimiento económico basado en el auge exportador, se sentaron las bases de una prolongada fase de crecimiento que, con los correspondientes altibajos, se extendió hasta la Primera Guerra Mundial o hasta la Crisis de 1929. El crecimiento se apoyó en la expansión europea entre 1850 y la crisis de 1873, que aumentó la demanda de productos latinoamericanos en Europa y Estados Unidos. Si bien el Reino Unido seguía siendo la principal potencia económica, surgieron otros países, como Estados Unidos, Francia y Alemania, que compitieron con los británicos en los mercados de América Latina. En la década de 1860, la mayor parte de la región vivía una fase de crecimiento. Entre 1850 y 1873 las importaciones británicas de productos latinoamericanos crecieron casi un 300%, mientras que las exportaciones lo hicieron un 400%. Sin embargo, ¿hasta qué punto las exportaciones favorecieron el crecimiento económico?, o visto desde otra perspectiva, ¿cuál fue el efecto de la apertura sobre la economía? Las respuestas se han vinculado a la polémica entre la autonomía o la dependencia económicas.

Junto con la expansión del capitalismo europeo, la coyuntura económica y comercial fue favorecida por el descubrimiento de oro en California, lo que reactivó la navegación por el cabo de Hornos y el papel de los puertos chilenos y peruanos. También se benefició América Central y especialmente Panamá a partir de la construcción del canal interoceánico. El incremento de la navegación y el aumento de la demanda californiana permitieron el crecimiento de las exportaciones. Si en la década de 1840 anclaron en los puertos chilenos unos 1.400 navíos anuales provenientes de Europa y Estados Unidos, en el decenio siguiente, en plena fiebre del oro, el promedio fue superior a los 3.000. Los ingresos aduaneros se convirtieron en la panacea de los Estados y en el Perú la expansión del sector exportador permitió modificar la base del sistema impositivo, acabando con el tributo indígena. Sin embargo, la historia de las exportaciones latinoamericanas no es lineal, ya que algunos productos primarios eran reemplazados por otros, el rápido auge de un producto era seguido por su declive o la competitividad de un producto desaparecía ante la aparición de algún competidor internacional. Las exportaciones del caucho amazónico son un ejemplo, no el único, de productos con un éxito exportador seguido de una decadencia fulminante.

Carlos Marichal señala que la inversión extranjera se incrementó en esos años y que en la década de 1860, Argentina, Brasil, Chile y Perú, y algunas pequeñas repúblicas como Honduras, Costa Rica o Paraguay, negociaban sus empréstitos en los mercados bursátiles de Londres, París o Amsterdam. Una parte de los créditos se destinó a la construcción ferroviaria, siguiendo la estrategia de promover el desarrollo con endeudamiento externo. Los países que más se endeudaron fueron Perú (52 millones de libras esterlinas), Brasil (23 millones y medio), México (casi 17 millones) y Argentina (13 millones y medio). Las transferencias financieras las impulsaron los bancos británicos que comenzaron a instalarse en la región, al amparo de legislaciones favorables. El trazado ferroviario impulsó una fase expansiva que continuó en el período siguiente. Salvo algunas excepciones, los primeros ferrocarriles latinoamericanos estaban vinculados al sector exportador y el Estado y algunos inversionistas locales impulsaban su construcción recurriendo al endeudamiento externo. El ferrocarril que en 1873 unió la ciudad de México con el puerto de Veracruz fue construido y explotado por una compañía privada mexicana, aunque parte de los fondos había sido adelantada por los franceses. La falta de capitales locales hizo necesario acudir a los inversionistas extranjeros, especialmente británicos. Éste fue el caso del ferrocarril que se comenzó a construir en 1857 en el norte de la provincia de Buenos Aires, impulsado por capitalistas locales vinculados al negocio de exportación de lanas, pero que ante la falta de recursos terminó en manos de compañías extranjeras.

Argentina, Chile y Perú incrementaron sensiblemente sus exportaciones, aunque sin igualar a Cuba. Entre 1861 y 1864, el promedio anual de las exportaciones cubanas fue de 57 millones de pesos, una cifra que no se redujo ni siquiera al comienzo de la Guerra de los Diez Años (1868-1878), mientras que las exportaciones argentinas, chilenas y peruanas a principios de la década de 1870 oscilaban en torno a los 30 millones de pesos anuales, seguidas por las mexicanas con 24 millones. Las exportaciones chilenas se centraban en el cobre, gracias a los yacimientos de Coquimbo y Copiapó en el Norte Chico. En la década de 1860, Chile fue el primer exportador mundial de cobre, pero perdió esa posición por los avances tecnológicos de la minería norteamericana, que llegó a producir a precios inferiores que los chilenos. En poco tiempo el cobre chileno dejó de ser competitivo y desapareció durante unas décadas de los mercados internacionales. Las exportaciones argentinas se centraron en la producción agrícola y ganadera, en lo que se conoce como el complejo agropecuario. A mediados del siglo XIX se produjo un importante avance del ganado ovino en la provincia de Buenos Aires, que permitió exportar grandes cantidades de lana, pero al final de la década el sector entró en crisis y fue reemplazado por la ganadería vacuna. En pocos años más, gracias a la expansión de la frontera agrícola y del ferrocarril, le llegaría el turno a los cereales.

El crecimiento económico apoyado en el desarrollo del sector exportador y la recuperación y expansión de ciertos sectores vinculados a los servicios, como el comercial y el financiero, permitieron el renacer de la vida urbana después del retroceso vivido durante las guerras de independencia. Sin embargo, los ganadores de este proceso fueron las capitales, los puertos y algunas ciudades importantes para la exportación. Esto ocurrió con Barranquilla y Guayaquil, que crecieron mucho más rápido que las capitales de sus respectivos países, o con Rosario, que a la sombra de las exportaciones de cereales llego a disputar a Buenos Aires la capitalidad de la república. En 1870, México era la mayor ciudad de América Latina, con 220.000 habitantes, seguida por La Habana y Buenos Aires, con 200.000, aunque esta última ya había iniciado un rápido crecimiento que le permitiría multiplicar en las décadas siguientes varias veces el tamaño de su población. Mientras Lima, Montevideo y Santiago superaban los 100.000 habitantes, Bogotá y Caracas se habían quedado estancadas en los 50.000.

2. La consolidación de las economías exportadoras

El crecimiento de las naciones más industrializadas, la diversificación de la demanda de materias primas, insumos y alimentos en los mercados internacionales y el descenso de los precios relativos de algunas manufacturas, consecuencia del avance tecnológico y la mecanización, aumentó la importancia del comercio internacional desde mediados del siglo XIX. Por eso, América Latina pudo incrementar sus exportaciones de materias primas y alimentos y las importaciones de manufacturas, insumos y bienes de capital. Hasta la Primera Guerra Mundial, las exportaciones de manufacturas en el mercado mundial crecieron más rápido que las materias primas, un 4,5% anual frente a un 3%. En contra de lo que comúnmente se dice, el aumento en las importaciones de manufacturas estaría indicando la vitalidad de la economía latinoamericana, al ser el volumen de las importaciones una variable dependiente de las exportaciones y del tamaño del mercado interior.

La diversidad de los productos primarios exportados llevó a Carlos Díaz Alejandro a hablar de la «lotería de mercancías», ya que su comportamiento en los mercados internacionales era muy heterogéneo y resulta imposible generalizar sobre la evolución de sus precios o sobre las tendencias de su comercialización. En líneas generales se puede afirmar que las economías exportadoras crecieron a buen ritmo hasta comienzos del siglo XX, e inclusive hasta la Primera Guerra Mundial. Las crisis internacionales, como las de 1873 o la de 1890, afectaron las balanzas de pagos latinoamericanas, pero tras una breve caída el crecimiento se recuperaba. Entre 1872 y 1878 las exportaciones latinoamericanas al Reino Unido descendieron un 37%, el mismo porcentaje en que se contrajeron las importaciones entre 1872 y 1876. El estallido de la Primera Guerra y los ataques alemanes contra el tráfico marítimo en el Atlántico también afectaron a ciertas exportaciones y en Argentina, entre 1914 y 1918, la recaudación aduanera se redujo en un 30%. No ocurrió lo mismo con las exportaciones dirigidas al mercado norteamericano, sobre todo las que utilizaban la ruta del océano Pacífico.

Si en el siglo XIX la evolución de los términos de intercambio favoreció a las materias primas, el signo cambió en el XX ante el deterioro del precio de algunas materias primas y el encarecimiento de ciertas manufacturas, especialmente bienes de equipo. La mayor demanda de bienes de capital por unas economías en crecimiento también influyó en el movimiento relativo de los precios. Los productos exportados por las economías latinoamericanas se pueden agrupar en tres grupos: 1) productos agrícolas y ganaderos de clima templado: cereales (maíz, trigo, etc.), carne ovina y vacuna, lanas, cueros y otros derivados del ganado; 2) productos agrícolas tropicales, producidos generalmente en régimen de plantación, aunque no de forma exclusiva: café, azúcar, algodón, tabaco, cacao, plátanos, caucho, henequén, etc.; y 3) metales y minerales: plata, oro, esmeraldas, cobre, estaño, salitre, petróleo y huano. Se elegía explotar un determinado producto en función de las ventajas comparativas de cada país: tipo y fertilidad del suelo, clima, disponibilidad de mano de obra, yacimientos minerales, proximidad de los centros productores a los puertos exportadores, etc. Se habla de la especialización monoexportadora de las economías latinoamericanas, como en Brasil con el café o en Cuba con el azúcar, pero hay casos de países que exportaban productos de dos o tres de los grupos indicados, en proporciones variables, como México, Colombia o Perú.

2.1. La ganadería y la agricultura templada

La producción agrícola y ganadera de clima templado se expandió rápidamente desde mediados del siglo XIX. Su epicentro fue la pampa argentina, aunque se extendió a otras regiones del país y al Uruguay, el sur de Brasil y el centro de Chile. Las exportaciones argentinas y uruguayas de lana, cueros, carne y cereales (trigo, maíz, centeno, cebada, etc.) crecieron espectacularmente y dada su alta competitividad conquistaron los mercados europeos. Las estructuras agrícolas más arcaicas debieron ceder su lugar a explotaciones capitalistas orientadas al mercado. La lucha por los mercados internacionales fue dura, ya que hubo que competir con Estados Unidos, Canadá, Australia y Nueva Zelanda, los llamados países nuevos o de reciente colonización, que compartían algunas ventajas comparativas con Argentina y Uruguay. La producción cerealera argentina comenzó a crecer lentamente desde 1860, en detrimento de la ganadería lanar, que posteriormente sería reemplazada por el ganado vacuno. La ampliación de la zona de cultivo gracias a nuevas roturaciones extendió el horizonte cerealero, aunque el motor que aceleró los cultivos y las exportaciones fue el ferrocarril, que acercó las zonas productoras a los puertos exportadores. También fue importante la pacificación de las tierras de frontera, gracias a la práctica eliminación del peligro indígena, presente en algunas zonas de las provincias de Buenos Aires, Santa Fe y el sur de Córdoba en los años centrales de la segunda mitad del siglo. Los numerosos inmigrantes llegados a la Argentina solucionaron la falta de mano de obra de la región pampeana y facilitaron la expansión del cereal, especialmente trigo y maíz. De este modo, entre 1895 y 1914 se agregaron al cultivo 22 millones de hectáreas, de las que cerca de 20 correspondían a la región pampeana. La expansión de las exportaciones agropecuarias requería fuertes inversiones en obras públicas a cargo del Estado y a su endeudamiento interno y externo y de algunas obras de infraestructura impulsadas por inversionistas nacionales y extranjeros. Las obras públicas permitieron expandir la actividad económica; así se amplió la red ferroviaria, que pasó de 2.500 kilómetros en 1880 a 33.000 kilómetros en 1914 (veáse Cuadro 17.1) y se construyeron los puertos de Buenos Aires, La Plata-Ensenada y Rosario, conectados a la red ferroviaria y vitales para las exportaciones.

Un escaso número de empresas exportadoras, algunas pertenecientes a sociedades europeas y norteamericanas y otras de capital argentino, como

Cuadro 17.1. Extensión de la red ferroviaria argentina (1857-1913) (en kilómetros)

Años	Extensión
1857	10
1860	39
1870	732
1880	2.313
1890	9.254
1900	16.767
1910	27.713
1913	33.478

Fuente: Roberto Cortés Conde y Ezequiel Gallo, *La formación de la Argentina moderna*, Buenos Aires, 1967, p. 47.

Bunge y Born monopolizaron en poco tiempo el comercio de granos y harinas. La producción y exportación de carnes aumentaría por las innovaciones tecnológicas en materia de congelado y enfriado y por las mejoras en las técnicas de navegación y transporte. Los ingleses dominaron los frigoríficos en la segunda mitad del siglo XIX, junto a algunos en manos de capitales nacionales, aunque a partir de 1905 unos y otros debieron dejar un lugar cada vez más destacado a los frigoríficos estadounidenses, especialmente a los de Chicago, que estaban ampliando sus negocios internacionales. El mercado británico se convirtió en el mejor consumidor de las carnes congeladas y enfriadas argentinas. La mejora en las técnicas de enfriado y el desarrollo de los buques frigoríficos posibilitó el aumento en las exportaciones de *chilled*, carne enfriada, el favorito de los consumidores británicos, tanto por su precio, muy competitivo en relación con la carne fresca inglesa, como por su calidad.

La provincia de Buenos Aires se había convertido en el principal centro productor de carne vacuna, y al comenzar la Primera Guerra Mundial había desplazado a Santa Fe del primer puesto en la producción de cereales gracias a la fertilidad de sus tierras, la cercanía a los puertos exportadores, la inmigración y los capitales extranjeros. Entre 1875 y 1891 la cabaña bovina se duplicó y pasó de 12,5 millones de cabezas a 24 millones. La cría y producción del ganado mejoró a partir del último cuarto del siglo XIX con la introducción de reproductores de raza de origen británico (*shorthorn* del norte de Inglaterra y *aberdeen angus* de Escocia), la selección de las especies, los cuidados fitosanitarios y el alambrado de los campos. En Buenos Aires se difundió el arrendamiento de tierras, que permitía a los grandes terratenientes la rotación de cultivos. Los arrendatarios cultivaban cereales durante la vigencia de sus contratos, de una duración máxima de cinco años, pero antes de devolver las tierras al propietario y cambiar de explotación debían sembrar plantas forrajeras. Esto facilitaba a los propietarios la cría del ganado vacuno y daba lugar a una producción agrícola-ganadera sólidamente integrada y rentable para las dos partes contratantes: terratenientes y arrendatarios.

2.2. La expansión del café y de los cultivos tropicales

El café fue el producto tropical que conoció una rápida expansión y su consumo mundial creció durante el siglo XIX a un ritmo superior al incremento de la renta de los países desarrollados. El principal mercado fue el norteamericano, que en la década de 1880 absorbía el 40% de la demanda mundial, seguido de Francia y Alemania. El dinamismo de la demanda exigió una rápida respuesta de los productores al punto que la expansión de los cultivos transformó el paisaje de las regiones intertropicales de media altura: São Paulo en Brasil y algunas zonas de Colombia, Venezuela, México y América Central, y desplazó a los productores tradicionales, de las Antillas, que vieron amenazadas sus antiguas posiciones. Desde la década de 1810, Brasil había tenido un gran desarrollo cafetero y entre 1821-1825 y 1851-1855 la exportación pasó de 208 sacos anuales a 2.514 sacos, con un ritmo de crecimiento de casi el 9%. En 1898, las exportaciones brasileñas casi alcanzaron los 25 millones de libras esterlinas, prácticamente la misma cantidad que las argentinas, y a principios del siglo XX Brasil controlaba más del 70% del comercio mundial del café. Esto permitió a los terratenientes brasileños, especialmente los paulistas, colocarse en una posición de mayor fuerza que sus restantes colegas latinoamericanos, de modo que estuvieron en mejores condiciones para defenderse de las oscilaciones de los precios internacionales y de las presiones de los grandes comerciantes. El café fue el motor del crecimiento económico brasileño, ya que su explotación mediante técnicas extensivas supuso un alto consumo de tierra y mano de obra. La abundante oferta de tierras permitía que una vez agotadas las que estaban en cultivo se abandonaran, trasladando la explotación a un nuevo emplazamiento, de modo que la frontera cafetera se desplazaba continuamente hacia el interior, hacia el oeste, en busca de nuevas zonas que roturar, ya que la mayor parte de las explotaciones tenían lugar en el marco de la gran propiedad, a diferencia de Colombia, donde predominaban los medianos productores.

Los brasileños impusieron la costumbre de retener las cosechas del café en épocas de sobreproducción y precios bajos pese a sus elevados costes. Este mecanismo fue posible por el auxilio financiero del Estado, ya que el gobierno central y el del estado de São Paulo se alternaron en subsidiar a los exportadores del café. En 1930, en medio de la Gran Depresión y de la contracción del comercio internacional, el sistema se desplomó. La práctica brasileña de proteger su producción del desplome de los precios no sólo benefició a los productores locales, sino también a otros exportadores, como los colombianos, cuyas ventas se expandieron a la sombra del paraguas protector brasileño, que mantenía elevados los precios en los mercados internacionales. Colombia pasó de exportar una media anual de 220 mil sacos en el quinquenio 1880-1884 a casi 617 mil en 1905-1909.

La abundante mano de obra requerida recibía una parte de su pago en dinero y la otra en especie. Para satisfacer la demanda de trabajadores, el mayor problema del sector en las décadas centrales del siglo XIX, los terratenientes paulistas recurrieron a los inmigrantes, en su mayoría italianos y portugueses, pero también numerosos españoles (véase Cuadro 17.2). El flujo inmigratorio fue considerable y antes de 1914 llegaron al país casi 2 millones de personas, una cantidad insuficiente para cubrir todas las necesidades del país. El crecimiento demográfico repercutió en las ciudades y São Paulo, el principal centro cafetalero, pasó de 65.000 habitantes en 1890 a 350.000 en 1905. Las expectativas de los inmigrantes europeos frente a los países receptores eran elevadas, a tal punto que el principal atractivo de países como Brasil o Argentina eran sus condiciones económicas, especialmente el nivel salarial, mejores que las de los lugares de origen. Las posibilidades de enriquecimiento y ascenso social también eran mayores y si bien la vida del inmigrante era

17. El desarrollo de los regímenes oligárquicos

Cuadro 17.2. Origen de los inmigrantes brasileños (1819-1959)

	Número (en miles)	Porcentaje sobre el total
Portugal	1.718	31,0
Italia	1.614	29,1
España	694	12,5
Alemania	257	4,6
Japón	222	4,0
Rusia	125	2,3
Otros	906	16,4
Total	5.536	100,0

Fuente: Nicolás Sánchez-Albornoz, *La población de América Latina*, Madrid, 1973, p. 184.

muy dura, y por cada uno que hacía «la América» había muchos cuya experiencia no podría catalogarse como exitosa, las nuevas condiciones de vida poco tenían que ver con la miseria dejada atrás. Sólo esto explica que cientos de miles de europeos estuvieran dispuestos a dejar sus regiones de origen para embarcarse en una aventura de incierto final y en condiciones de explotación infrahumanas, como gustan insistir algunas explicaciones al uso. En la década de 1920 se incrementó el número de italianos propietarios de explotaciones cafeteras en la región de São Paulo.

La producción del café en otros países del continente era diferente a la brasileña, dado el comportamiento de los factores de producción, tierra, trabajo y capital. En Brasil abundaban las tierras vírgenes que permitían ampliar indefinidamente la frontera del café, en la zona delimitada por los ríos Paraná, Paranapanema y Grande, mientras que en los otros países había más mano de obra, originada en el crecimiento demográfico, como en Colombia o El Salvador, o bien en la mayor vinculación de las comunidades indígenas a la economía de mercado, Guatemala, que obligaba a sus miembros a trabajar a cambio de un salario. Los sistemas de explotación del café dependían del régimen de propiedad de la tierra, y variaban de un país a otro, de una región a otra. En Guatemala y México había grandes haciendas cafetaleras, mientras en Colombia predominaba la mediana explotación y haciendas a cargo de arrendatarios. Pese a esta diversidad, en casi todos los casos predominaba la debilidad de los productores frente a los comerciantes. Esta debilidad descansaba en la escasa flexibilidad del café frente a las variaciones de la demanda. Cuando habían madurado los cafetos sembrados en una coyuntura de aumento de precios, el productor podía encontrarse con que la situación había cambiado y que sus nuevas plantas incrementaban el efecto de la sobreproducción y de la caída de los precios, dado su prolongado tiempo de maduración. La especulación estaba a la orden del día, favorecida por las variaciones estacionales de los precios y por las oscilaciones del mercado internacional. Las crisis de sobreproducción se repetían con frecuencia: 1896, 1906, 1913. Así fue como los comerciantes alemanes establecidos en Colombia pasaron a controlar el 60% de las tierras cafeteras, que explotaron más productivamente que los hacendados locales.

El azúcar también ocupó un lugar destacado entre los cultivos tropicales, especialmente en Cuba, Puerto Rico y Perú. La producción de las islas del Caribe se orientó al mercado de Estados Unidos. Si en algunos países hubo una concentración de la propiedad en manos de las empresas industrializadoras azucareras, en Cuba los ingenios controlaban la producción, gracias a las compras que realizaban a los productores. Otros cultivos tropicales de cierta importancia en los mercados internacionales fueron el henequén, que en 1898 suponía el 15% de las exportaciones mexicanas, o el banano, cultivado en las zonas bajas y húmedas del litoral caribeño, Guatemala, Honduras, Nicaragua, Costa Rica, Panamá, Colombia y Venezuela, y en la costa pacífica de Ecuador y Costa Rica. A principios del siglo XX la compañía norteamericana United Fruit alcanzó una sólida posición en la región gracias a que controlaba importantes extensiones de tierras en todos esos países y el gran poder alcanzado por estas multinacionales llevó a hablar de «repúblicas bananeras». Las exportaciones bananeras se convirtieron en el mayor rubro de exportación en varios países centroamericanos, siendo el mercado estadounidense el principal comprador. La cercanía a los mercados fue la ventaja comparativa de la producción centroamericana frente a la procedente de otros continentes.

En contraposición a la prolongada prosperidad bananera se sitúa la efímera explotación de caucho en el Amazonas, gracias al «sangrado» de árboles silvestres, *hevea brasiliensis*, una explotación que generó un gran e inesperado *boom* pero que no pudo mantenerse durante mucho tiempo. La obtención del caucho fue una actividad depredadora en la región amazónica de Colombia, Ecuador, Perú y Venezuela, mucho más que en la selva brasileña, ya que la explotación de la mano de obra y la eliminación de árboles eran más intensivas. Las exportaciones crecieron rápidamente a partir de la década de 1870 y multiplicaron su volumen varias veces en pocos años. El caucho pasó del 19% del valor de las exportaciones brasileñas al 25%, entre 1899 y 1910, hasta que en 1912 se alcanzó el techo de las exportaciones, con 31.000 toneladas. La ciudad de Manaus, que tuvo 100.000 habitantes y un teatro de ópera, se convirtió en el símbolo de esa rápida expansión, que benefició principalmente a los comerciantes. La acción de los *siringueiros*, recolectores de caucho, facilitó la rápida penetración de la frontera amazónica a través de los afluentes del río Amazonas, y en 1902 Brasil compró a Bolivia el inmenso territorio de Acre. El *boom* del caucho finalizó cuando Malasia y las Indias holandesas desarrollaron plantaciones caucheras que reemplazaron la explotación de los árboles silvestres del Amazonas.

2.3. Las exportaciones mineras

Durante el siglo XIX, la plata fue el principal mineral explotado en América Latina. Pese al trauma de la emancipación, el sector se recuperó desde mediados del siglo XIX, con fuertes inversiones de capital extranjero, que permitieron importar una tecnología extractiva más eficiente y mejorar las comunicaciones, con ferrocarriles que reducían el precio en los puertos exportadores. En México y Perú los inversores más importantes fueron los norteamericanos y británicos. Sus inversiones habían comenzado después de la independencia, pero salvo algún caso aislado, como el de la compañía anglo-mexicana Real del Monte, no habían tenido éxito durante la primera mitad del siglo. En Bolivia fueron los «patriarcas de la plata», prohombres locales sostenidos por financistas chilenos y británicos, los que hicieron posible ese crecimiento. A fines del siglo XIX, la producción de México, Perú y Bolivia alcanzó los mejores resultados desde la época colonial. Las exportaciones de plata fueron considerables y México se convirtió en un gran productor mundial y en 1898 la plata era el 60% de las exportaciones mexicanas, con 7.500.000 libras esterlinas. En Bolivia eran 1.500.000 libras y el 70% del total en 1897 y en Perú un millón de libras. Ante el avance del patrón oro en casi todo el mundo y el abandono de la plata como metal de amonedación, la producción de Bolivia y Perú se estancó.

A lo largo del siglo XX, la extracción de otros metales, como el cobre y el estaño, reemplazarían en América del Sur a la plata como principal actividad minera. El salitre también fue importante. En Chile, los yacimientos salitreros habían sido el principal botín de la guerra librada contra la alianza peruano-boliviana, y permitió mitigar los efectos de la crisis de 1873. Era un excelente fertilizante de gran demanda por la agricultura europea, pero también un importante insumo en la fabricación de pólvora. La producción salitrera dominó las exportaciones chilenas hasta la Gran Crisis de los años treinta. Sin embargo, la finalización de la Primera Guerra Mundial y el desarrollo de fertilizantes sintéticos en Alemania supondrían el comienzo del declive del sector. Gracias al salitre crecieron ciudades del norte de Chile, como Iquique o Antofagasta. Después de la guerra y del desplome del salitre que afectó a Chile y al Perú, su lugar fue ocupado por el cobre. En Perú, la compañía norteamericana Cerro de Pasco Copper Corporation controló la explotación a gran escala de un yacimiento situado a más de 4.000 metros de altura, donde surgió un complejo minero-industrial con la tecnología más moderna y que gracias al ferrocarril, una obra maestra de la ingeniería, unió el centro minero con el puerto de El Callao. En Chile se encuentran los yacimientos de cobre a cielo abierto más grandes del mundo, controlados por capitales norteamericanos.

Bolivia vivió bajo el signo de la plata, en torno a Potosí y Oruro, pero desde comienzos del siglo XX el estaño dominó la escena, después del desplome de los precios de la plata en los mercados internacionales. La expansión minera se realizó con capital nacional, aportado por los grandes comerciantes y la aristocracia terrateniente del valle de Cochabamba. De allí eran Aniceto Arce, presidente de la república entre 1888 y 1892, y Simón Patiño, dos de los mineros más exitosos, aunque de diferente extracción social y dedicándose uno a la plata y el otro al estaño. Junto con Arce, Gregorio Pacheco y la familia Aramayo fueron los líderes del crecimiento minero iniciado en la década de 1860. Los mineros alcanzaron un importante poder social y político y se constituyeron en una de las más sólidas oligarquías del país y pronto exigieron un gobierno civil estable, más adecuado para la marcha de sus negocios, y ferrocarriles para exportar sus productos. En la década de 1870 comenzó a llegar capital extranjero. El paso de la plata al estaño provocó cambios en la élite minera, el ascenso de un nuevo grupo empresarial y una invasión de compañías extranjeras. El control del sector recayó en manos bolivianas, como Patiño, Avelino Aramayo o Mauricio Hochschild, un minero extranjero afincado en el país, que terminarían creando grupos empresariales sumamente poderosos. La minería había alcanzado un buen nivel tecnológico y tras la crisis de la plata, se pudieron transferir al estaño los recursos y la tecnología. En el período conservador, 1884-1899, se construyó la infraestructura para comunicar los yacimientos mineros con el mar, gracias a la existencia de transporte barato, y comenzaron las exportaciones a gran escala en medio de una coyuntura favorable, beneficiada por el agotamiento de los yacimientos europeos y las nuevas demandas industriales para el estaño. La Primera Guerra Mundial fue un duro golpe para los mineros, que vieron como la contienda afectaba al sistema comercial internacional y al flujo de capitales que garantizaba las inversiones en el sector.

Las exportaciones peruanas de guano fueron uno de los ejemplos más exitosos por su rápido crecimiento y por las ganancias generadas, pero también uno de los más cuestionados por su aporte al crecimiento económico y los beneficios generados. Desde la década de 1840 hasta el inicio de la Guerra del Pacífico, las exportaciones peruanas y la evolución política y económica del país se centraron en un producto utilizado por la agricultura europea como fertilizante natural. Su demanda estaba garantizada por un sector en rápida renovación y necesitado de aumentar su producción a fin de alimentar a los cuantiosos contingentes que emigraban a las ciudades europeas para incorporarse a la industria. Y en esos años se exportaron casi 11 millones de toneladas con un valor de 100 millones de libras esterlinas. El guano era propiedad del Estado en tanto dueño del suelo y el subsuelo, según la legislación indiana, y era el encargado de su explotación. Sin embargo, por las características del producto y por su localización en islotes deshabitados frente a las costas, su explotación apenas requería de infraestructuras, no necesitaba de ningún proceso de transformación, pero tampoco facilitaba el crecimiento del mercado interior. El Perú también exportaba, aunque en cantidades menores, cobre, nitratos, materias primas para la industria textil (algodón y lana) y azúcar. Los ingresos aduaneros comenzaron a crecer y en 1847 se consolidó la deuda interna y desde 1848 se comenzó a liquidar la externa, de 4.400.000 libras esterlinas. Los ingresos provenientes del guano eran suficiente garantía para que los gobiernos pudieran negociar exitosamente nuevos préstamos extranjeros, construir infraestructuras y rearmar su ejército. En 25 años la recaudación fiscal se quintuplicó y los ingresos provenientes del guano que en 1846-1847 eran el 5% del total crecieron al 80% entre 1869 y 1875, con lo que se pudo desarrollar una burocracia más eficiente. El dinero del guano llegaba a casi todas partes. De este modo, Lima pudo contar con alumbrado a gas en 1850 y se construyó un ferrocarril que la comunicaba con El Callao. El impacto del liberalismo y de las tendencias modernizadoras se hicieron sentir en las leyes, especialmente con la sanción del Código Civil, en 1852, que anuló todos los privilegios corporativos. Era un claro ataque a las comunidades indígenas, unido a la abolición del tributo, en 1854. Y si bien el patrimonio de las comunidades sólo se terminó de liquidar en el siglo XX, la conversión de los indios en ciudadanos los dejaba inermes ante el ataque de hacendados y mercaderes. Con los recursos del guano también se abolió la esclavitud, ya que Perú tenía algo más de 25.000 esclavos. Con ese dinero se indemnizó a cada propietario con 300 pesos por esclavo y se evitó la conflictividad política conocida en otros lugares, como Brasil. Los ganadores de esta medida fueron los hacendados de la costa norte, que invirtieron parte de las indemnizaciones en la modernización de sus haciendas azucareras, orientadas a la exportación y que pudieron aumentar sus ventas, que pasaron del 28% del total de las exportaciones en 1862 al 32% en 1879. La abolición del tributo indígena y de la esclavitud le valieron el título de Libertador al presidente Ramón Castilla.

Algunas casas limeñas convertidas en consignatarias se encargaron de la exportación del guano desde 1860, mientras que su comercialización seguía en manos de comerciantes europeos. Los consignatarios cumplieron una función similar a la de los agiotistas mexicanos y gracias a la especulación y a la utilización de recursos públicos se enriquecieron rápidamente. La debilidad política del Estado y la debilidad financiera de la Hacienda Pública explican esta situación. El ministro de Hacienda Nicolás de Piérola eliminó las concesiones a las casas peruanas centrándolas en la compañía francesa de Augusto Dreyfus, asociada a la Société Générale de París, y liberó al gobierno de los compromisos con los anteriores consignatarios. Se contrataron nuevos empréstitos en Europa, especialmente en Londres, para reforzar el poder del Estado y construir obras de infraestructura, como los ferrocarriles, tarea en la que destacó Henry Meiggs, que ya lo había hecho en Chile. En 1873, el gobierno peruano enfrentó los efectos de una crisis internacional que sacudió a un país endeudado y dependiente del sector financiero internacional y que en 1876 entró por segunda vez en cesación de pagos. Entonces se comenzó a construir el ferrocarril entre Lima y Cerro de Pasco, vital para la expansión minera y más al sur comenzaron a explotarse los nitratos. Para consolidar el control de su explotación, el presidente Pardo decretó el monopolio estatal en 1873 y en 1875 expropió los yacimientos. Ante esta situación, los mineros británicos y chilenos, los principales afectados, trasladaron sus empresas al norte de Chile, desde donde comenzaron a agitar contra el gobierno peruano. La disputa por el salitre, que involucró también a Chile y Bolivia, provocó la guerra. La contienda enfrentó a los chilenos, ávidos de controlar la producción de salitre, con la alianza peruano-boliviana. En febrero de 1879 el ejército chileno tomó el puerto boliviano de Antofagasta y en abril comenzó la guerra. A fin de año, Chile invadió la provincia peruana de Tarapacá, que se anexaría, y tras conquistar el sur del país ocupó Lima en enero de 1881.

3. La financiación de las exportaciones y el endeudamiento externo

En un medio caracterizado por la falta de capitales, los inversionistas europeos y norteamericanos pudieron ocupar posiciones destacadas en algunos sectores económicos claves, especialmente los vinculados al transporte y comercialización de los productos exportables. El capital extranjero se captaba contratando empréstitos negociados por los gobiernos en los mercados europeos de capitales, siendo Londres el más importante, seguido por París y Berlín. Desde fines del siglo XIX Nueva York aumentaría su importancia. El endeudamiento externo fue una vía de financiación más, complementada por inversiones internas, aunque estas últimas han merecido escasa atención de los investigadores. Destaca el endeudamiento interno de los Estados, junto a las provincias y ayuntamientos, y los inversionistas privados que canalizaban sus fondos a actividades productivas. Y si bien las últimas fueron menos importantes que las primeras, cumplieron un papel eficaz en el crecimiento económico. El destino de los préstamos del exterior es importante y se relaciona directamente con las decisiones políticas de los gobernantes locales. Mientras algunos países los destinaban a financiar la construcción de infraestructuras, como ferrocarriles, puertos o caminos, otros los dedicaban a refinanciar las deudas anteriores. En el primer caso está la Argentina de la década de 1880; en el segundo hay varios ejemplos significativos. Brasil contrató en 1889 un empréstito de 20 millones de libras esterlinas que sólo sirvió para convertir los bonos de las emisiones de 1865, 1871, 1875 y 1885. Lo mismo ocurrió con el empréstito de 10 millones de libras contratado ese mismo año por México.

La crisis financiera de 1873 provocó la suspensión de pagos de muchos países y la caída en picado de la cotización de los bonos de los países deudores. Por eso, los banqueros británicos se negaron a negociar nuevos empréstitos, de modo que en Perú y América Central, la crisis condujo a la recesión y tras la suspensión de pagos, aumentaron las dificultades para conseguir dinero fresco en los mercados internacionales. Otros países, pese a las dificultades, no entraron en bancarrota y pudieron recuperarse más rápidamente. De todas formas, la negociación con los bancos extranjeros y los tenedores de los bonos fue lenta y complicada, y los países más ricos y más grandes, como Argentina, Brasil o México, podían negociar desde una postura más ventajosa. A fines de la década siguiente, y especialmente en la década de 1870, las exportaciones recomenzaron su camino ascendente y las economías volvieron a crecer. El optimismo hizo abandonar la cautela de los años anteriores frente al endeudamiento externo y se volvieron a contratar empréstitos en los mercados internacionales. La negociación fue selectiva y dos países, Argentina y Uruguay, consiguieron el 60% de los empréstitos negociados. La permisividad argentina al contratar créditos se dejaría sentir en los efectos que la crisis de 1890 tuvo sobre su economía, y no sólo en el sistema monetario y financiero. También hay que considerar la recesión, los apuros de las haciendas públicas en sus distintos niveles y el aumento en el número de quiebras. Una de las consecuencias que la larga renegociación de la deuda tuvo para la política argentina fue que el gobierno central asumió las deudas de las provincias y ayuntamientos. De este modo, al concentrar el gobierno central el poder financiero dio un fuerte golpe a las tendencias federalistas imperantes en el país.

4. La sociedad

4.1. El comienzo de las migraciones internacionales

En la primera mitad del siglo XIX la población latinoamericana pasó por una fase de estancamiento, aunque en la segunda mitad se produjo un crecimiento sostenido, que contrasta con las bajas tasas de crecimiento de los primeros cincuenta años del siglo. La tendencia alcista continuó a un ritmo algo menor, como se observa en el Cuadro 17.3, en las primeras décadas del siglo XX. Entre 1850 y 1900 la población latinoamericana se duplicó, pasando de 30 millones y medio a 62 millones y de 1900 a 1930 el crecimiento fue del 68% y se superaron los 104 millones. Este crecimiento se vincula a la inmigración generada por el aumento en la demanda de mano de obra provocada por la apertura económica y la exportación de productos agrícolas, ya que las exportaciones mineras no requerían demasiados trabajadores. La inmigración afectó a los países de la vertiente atlántica, como Argentina, Brasil, Cuba y Uruguay, o Chile en el Pacífico, que recibieron un mayor caudal de inmigrantes.

Algunos europeos se trasladaron a América después de la independencia pero en cantidades poco significativas, como las colonias de alemanes o suizos en el sur del Brasil y en el sur de Chile, o en Venezuela y Perú, y las de galeses en la Patagonia argentina. La inmigración masiva de europeos comenzó en las décadas de 1870 y 1880. Los inmigrantes fueron atraídos por la posibilidad de encontrar trabajo y por mejores condiciones económicas que en sus lugares de origen, comenzando por un nivel salarial más elevado que el promedio europeo. Algunos países competían con Estados Unidos, que tenían una larga experiencia en política inmigratoria. La zona templada de América

Cuadro 17.3. La población de América Latina (en miles) y sus tasas de crecimiento (1850-1930)

	1850	1900	1930	1850-1900	1900-1930
Argentina	1.100	4.693	11.936	2,9	3,1
Bolivia	1.374	1.696	2.153	0,4	0,8
Brasil	7.230	17.980	33.568	1,8	2,1
Colombia	2.065	3.825	7.350	1,2	2,0
Costa Rica	101	297	499	2,2	1,7
Cuba	1.186	1.583	3.837	0,6	3,0
Chile	1.443	2.959	4.365	1,4	1,3
Ecuador	816	1.400	2.160	1,1	1,5
El Salvador	366	766	1.443	1,0	2,1
Guatemala	850	1.300	1.771	0,9	1,0
Haití	938	1.560	2.422	1,0	1,5
Honduras	350	500	948	0,7	1,5
México	7.662	13.607	16.589	1,0	0,8
Nicaragua	300	478	742	0,9	1,5
Panamá	135	263	502	1,4	2,7
Paraguay	350	440	880	0,4	2,3
Perú	2.001	3.791	5.651	1,3	1,4
Puerto Rico	495	959	1.552	1,4	1,6
República Dominicana	146	515	1.227	2,4	2,9
Uruguay	132	915	1.599	4.0	1,9
Venezuela	1.490	2.344	2.950	0,9	0,8
Total	30.530	61.871	104.144	1,4	1,7

Fuente: Nicolás Sánchez-Albornoz, «The Population of Latin America, 1850-1930», *The Cambridge History of Latin America*, vol. IV, 1986, p. 122.

del Sur experimentó un mayor crecimiento, comenzando por Argentina. Uruguay fue otro caso notable, ya que en la segunda mitad del siglo XIX multiplicó por siete sus habitantes. Brasil se convirtió en el país más poblado de América Latina y desplazó a México.

La inmigración neta a Argentina fue de casi 4 millones de europeos, 2 millones en Brasil y 600.000 en Cuba y Uruguay. En Chile se estima una inmigración cercana a 200.000 personas. A Venezuela llegaron 300.000 europeos entre 1905 y 1930, pero sólo un 10% permaneció allí. La inmigración a México fue de algo menos de 34.000 personas entre 1904 y 1924, aunque la inestabilidad causada por la Revolución mexicana no favoreció la inmigración. Las cifras anteriores hacen referencia a la inmigración neta, ya que el número de europeos llegados por aquellos años fue muy superior, pero no todos se quedaban. Algunos retornaban a sus lugares de origen y otros decidían cambiar de país. A Argentina llegaron numerosos trabajadores estacionales, o golondrinas, debido a los elevados salarios que se pagaban en Argentina, los ba-

17. El desarrollo de los regímenes oligárquicos

jos precios del transporte marítimo y a que el período de menor actividad en el calendario agrícola del Mediterráneo coincidía con el de mayor actividad en Argentina y facilitaba los desplazamientos. Los trabajadores viajaban por una campaña agrícola, o por dos o tres años, y al finalizar su estancia volvían con algunos ahorros. De este modo, más de un emigrante pudo comprar tierras en sus regiones de origen. En Argentina sólo permaneció el 34% de los inmigrantes arribados entre 1881 y 1930. En Brasil la cifra fue algo superior, el 46% de los llegados entre 1892 y 1930.

La mayoría de los inmigrantes llegó del sur y del este de Europa, variando su proporción en función del país receptor. Los italianos fueron el grupo más importante entre los inmigrantes llegados a Brasil y Argentina. De los 4 millones de extranjeros arribados al Brasil entre 1881 y 1930, los italianos fueron el 36%, desplazando a los portugueses, cuya importancia había sido mayor en las décadas posteriores a la independencia. Por detrás venían los españoles. En los países rioplatenses, la inmigración italiana también fue mayoritaria, seguida por la española. Otras minorías llegaron en proporciones variables: japoneses al Brasil, rusos (inmigrantes de Europa del Este) y turcos (sirios, libaneses y armenios) a Argentina. En Cuba, la presencia española fue mayoritaria. Los inmigrantes no se repartían en las mismas proporciones entre hombres y mujeres y el arquetipo de inmigrante era un hombre adulto y soltero.

4.2. Los grupos urbanos

El desarrollo exportador y el crecimiento demográfico revalorizaron el papel de las ciudades. El crecimiento urbano fue muy rápido en Argentina, Chile, Cuba y Venezuela. En Argentina, la población en ciudades de más de 10.000 habitantes pasó del 17,3% en 1896 al 38,1% en 1914, en Chile entre las mismas fechas se pasó del 15,2 al 38% y en Venezuela del 16,8 al 36,7%. Sin embargo, había países donde seguía predominando la población rural, como Brasil, Colombia, México y Perú. El crecimiento afectó a las ciudades más importantes de cada país, que solían ser una o dos. En algunos casos la ciudad más importante, que solía coincidir con la capital, llegó a tener la tercera parte o inclusive la mitad de la población nacional, siendo el de Montevideo el caso más espectacular. Entre 1895 y 1910 la ciudad de México triplicó su población y alcanzó el millón de habitantes, incluyendo los suburbios. Entre 1898 y 1918 Buenos Aires también multiplicó por tres su población y llegó a 1.600.000 habitantes. Bogotá, La Habana, Lima, Montevideo y Santiago de Chile fueron otras ciudades con un crecimiento considerable. El crecimiento económico y urbano permitió el desarrollo de sectores medios, mayoritariamente ilustrados, que reclamaban mayor participación en la vida política local y nacional. Las primeras, y más importantes, transformaciones afectaron a la política nacional, ya que el crecimiento de la población urbana tuvo efectos mínimos en la esfera local. Los gobiernos municipales solían ser débiles y su falta de recursos los hizo dependientes del poder central, aunque fue en esas décadas cuando comenzó a desarrollarse la autonomía municipal. Por eso, entre las reivindicaciones de algunos grupos que representaban a los sectores medios urbanos estaba la recaudación de algunos impuestos por los ayuntamientos o que la población urbana eligiera a los jueces de paz y los consejos escolares. La influencia norteamericana fue muy importante y muchos viajeros latinoamericanos quedaban fascinados por el desarrollo de la vida local en Estados Unidos, especialmente el gobierno de pueblos y ciudades.

5. Política, elecciones y ciudadanía

Desde su nacimiento como repúblicas, los países latinoamericanos tuvieron en las elecciones el principal mecanismo de selección de sus autoridades ejecutivas (presidentes y, en determinados casos, gobernadores y alcaldes), de sus parlamentarios (nacionales y provinciales) y de sus representantes municipales. Esto no implica la existencia de regímenes plenamente democráticos o la inexistencia de asonadas, pronunciamientos, revoluciones o golpes de Estado o la acción de importantes grupos de presión. Las oligarquías solían tener un peso determinante en la vida política, pero su actividad se desarrollaba en unos cauces determinados y de acuerdo con reglas de juego más o menos codificadas y compartidas por los actores políticos y sociales. En este sentido, los sistemas políticos latinoamericanos no tenían grandes diferencias con los de Europa o Estados Unidos. Con mayores o menores imperfecciones se trataba de construir sistemas representativos en donde, obviamente, la participación política no se limitaba a las elecciones. Las asociaciones se desarrollaban y en ellas participaban incluso aquellos que legalmente no podían votar, como las mujeres, los jóvenes o los inmigrantes.

Las elecciones, celebradas regularmente, no sólo servían para renovar a las autoridades y poner un límite temporal a los mandatos de los cargos electos, sino también para dotar de legitimidad a los mismos. Bajo el influjo de la convocatoria a Cortes de 1809 y del proceso emancipador, las elecciones abrieron nuevos cauces para la participación política de los ciudadanos desde las primeras décadas del siglo XIX. Si bien el paso de una sociedad de súbditos a otra de ciudadanos no se produjo del día a la noche y fue parte de un largo proceso, muchas veces contradictorio y plagado de avances y retrocesos, éste fue dando lugar a la mejora de los mecanismos representativos y a la construcción de estructuras políticas homologables a las existentes en Europa occidental y Estados Unidos, por aquel entonces los únicos lugares del mundo con sistemas políticos comparables a los latinoamericanos.

Los avances recientes en la historia política permiten dejar atrás una serie de tópicos sobre los procesos y las prácticas electorales, centrados en la creencia de que las elecciones latinoamericanas del siglo XIX eran una mera farsa y a lo sumo «un fenómeno curioso» que sólo servía para reforzar a los

17. El desarrollo de los regímenes oligárquicos

regímenes oligárquicos. La idea dominante era que las elecciones estaban controladas por los gobiernos y por las maquinarias electorales de los partidos políticos oficialistas, o situacionistas, que impedía la alternancia en el poder y la representación de las minorías en los parlamentos. De este modo, los caudillos y el clientelismo jugaban un papel clave en este sistema, lo que convertía a los comicios en cualquier cosa menos en la expresión de la voluntad popular, ya que, para colmo de males, las elecciones estaban marcadas por el fraude y la violencia permanente, lo que distorsionaba todavía más la pretendida pureza de sus resultados. Sin embargo, hoy sabemos que en países como Colombia o Argentina se votaba prácticamente todos los años y en ciertas oportunidades más de una vez al año, ya que no solían coincidir en una misma jornada las elecciones nacionales, provinciales y locales. Por tanto y más allá de los tópicos al uso, deberíamos preguntarnos cuál era el empeño de las clases gobernantes de mantener la institución electoral, que aparentemente sólo tenía un carácter teatral o meramente decorativo, y cuál era la motivación de los sectores populares y de los más variados y diversos grupos sociales en acudir regularmente a las urnas y convalidar con su presencia unos resultados que a priori iban en contra de sus propios intereses. Aquí encontramos la cuestión de la soberanía popular y de la legitimidad de origen de las autoridades, fundamental para los gobiernos republicanos.

Otro tópico similar era el de la marginación de los sectores populares de los procesos electorales, controlados y al servicio de las oligarquías dominantes. Investigaciones recientes han comenzado a avanzar en la participación de los católicos y de la Iglesia católica en los comicios, más allá de su enfrentamiento con los liberalismos dominantes. Hilda Sábato y Elías Palti demostraron como en Buenos Aires, en las décadas centrales del siglo XIX, votaban básicamente los sectores populares, ya que los integrantes de las clases acomodadas preferían mantenerse al margen del comicio por el temor de verse involucrados en hechos de violencia asociados al control de las escasas mesas electorales, generalmente en los atrios de las iglesias y sus zonas circundantes. Sólo en el caso de una gran incertidumbre ante el resultado electoral estos sectores se movilizaban. Sin embargo, dada la trascendencia que tenía la inscripción en el padrón electoral dentro del funcionamiento del sistema, la pregunta de quién se inscribía puede tener un mayor interés que la de quién votaba. Hay que tener presente que la inscripción en el padrón, rol o censo electoral era el requisito previo al ejercicio del voto y que sólo los inscritos podían ejercer sus derechos cívicos. Para el caso boliviano, Marta Irurozqui ha insistido en el hecho de que una de las formas de fraude más común en el país andino era la falsificación de la documentación de los electores, de modo que numerosos analfabetos, generalmente indígenas, pudieran votar.

La idea anterior se fundamenta en la creencia de la existencia del voto censitario o de la exclusión de los analfabetos en casi todos los países. En este punto, la casuística es muy variada, dependiendo las limitaciones al voto de países y fechas, y complicándose el asunto por las múltiples reformas introducidas en esos años en casi todas las naciones. Para la primera mitad del siglo XIX David Bushnell muestra algunas restricciones al voto en Colombia y Buenos Aires. En la Argentina, por ejemplo, tal como recoge la Constitución Nacional de 1853-1860, inspirada en la Constitución de la provincia de Buenos Aires de 1821, no existió ningún criterio restrictivo para ejercer el derecho al voto. Por eso, en contra de lo que generalmente se asume, el conjunto de reformas conocidas como Ley Sáenz Peña y aprobadas en 1911 y 1912 por el Congreso nacional, no introdujeron el sufragio universal en la Argentina, sino el voto secreto y obligatorio. En Colombia, el sufragio universal masculino también se originó en 1853; en México y Venezuela en 1857; mientras que en Chile hubo que esperar a la reforma constitucional de 1970 para que los analfabetos pudieran votar. Muchos países latinoamericanos tuvieron sufragio universal masculino antes de que se difundiera en Europa.

La participación electoral variaba de país a país e incluso de elección a elección y es posible encontrar picos de alta participación en las elecciones más competidas. Uno de los esfuerzos de los líderes partidarios era movilizar al electorado para llevarlo a votar. Se partía de la premisa de que a más participación, mayor legitimidad de la elección y de los electos. Esto no implicaba que no se falsificaran padrones y no se sustituyeran personas en el momento de la votación, pero todo se hacía para aparentar un gran participación ciudadana. A mediados del siglo XIX, Colombia era de los países sudamericanos con mayor nivel de participación electoral, pese a las trabas geográficas. El aumento en la participación dotó de mayor estabilidad a los procesos electorales, al ser más difícil y complicada la manipulación de los resultados y la movilización clientelar de los votantes. Con más electores algunas prácticas habituales, como la compra del voto, se convertían en operaciones difíciles de financiar. El control sistemático del electorado requería ingentes recursos económicos, que solían salir de los fondos públicos. En Perú, con anterioridad a la reforma electoral de 1896 ni se podía registrar en los padrones electorales a toda su población, ni se controlaba la totalidad del territorio. La participación electoral estaba en cierta medida condicionada por la violencia y por cierta predictibilidad en el desenlace del comicio, especialmente en los distritos campesinos o menos poblados, ya que de acuerdo al número y a la condición de las personas inscritas en el padrón, los caudillos, especialmente los de las zonas rurales, podían especular, con escaso margen de error, sobre el resultado electoral.

Si bien la violencia estaba presente en las elecciones y en las campañas, sus consecuencias han sido sobredimensionadas. Por lo general se alude a los comicios con muertos y heridos, convertidos en la norma, y no a los muy abundantes que terminaban en paz y prácticamente sin incidentes. La violencia electoral estaba vinculada al deseo de los partidos participantes en la contienda de hacerse con el control de las mesas, la mejor manera de controlar a quien votaba y, eventualmente, regular el flujo de votantes, lo que en Perú se denominaba «el encierro y la toma de mesas». Para ello había que copar los sitios donde éstas estaban emplazadas, generalmente los atrios de las iglesias, y defenderlos a golpes o a balazos si era necesario.

El concepto de «gobiernos electores» ha tenido un cierto impacto entre los historiadores, y ha llevado a François-Xavier Guerra a hablar de ficciones democráticas en muchos países en el último tercio del siglo XIX. Las elecciones argentinas bajo la hegemonía del PAN (Partido Autonomista Nacional) o el caso del México de Porfirio Díaz pueden ser claros ejemplos de la intervención gubernamental en el resultado de los comicios. Durante el porfiriato, el control gubernamental era prácticamente total y la competencia electoral fue reemplazada por la unanimidad política, un extremo al que en esta época no se llegaba en prácticamente ningún otro país de la región, donde sí se desarrollaban ciertas formas de competencia electoral. El caso contrario lo encontramos en Chile, donde el poder presidencial nunca fue ilimitado y desde mediados del siglo XIX estaba restringido.

La corrupción y el fraude electoral eran fenómenos universales donde se votaba. Por eso, hay que preguntarse cuán generales eran y cuánto de específicamente latinoamericano tenían. Al enjuiciar el funcionamiento de los sistemas electorales hay que tener presentes estas circunstancias para no caer en el anacronismo y la descalificación. El carácter universal del fraude y de la corrupción electoral no implica negar su existencia, ni que tuvieran ritmos e intensidades distintas según los distintos países implicados. Cuando los contemporáneos se referían al fraude o a la corrupción electoral solían aludir a un conjunto de prácticas teóricamente dirigidas a distorsionar el valor y el significado del sufragio, mediante la falsificación del escrutinio, la intimidación de los votantes, la suplantación de la personalidad de numerosos ciudadanos o el cohecho. Por eso hay que diferenciar estas prácticas de la influencia electoral que los jefes políticos, los caciques, los caudillos o los terratenientes ejercían según relaciones de deferencia, patronazgo o clientelismo. En las últimas décadas del siglo XIX el fraude era un componente estructural del sistema electoral, a tal punto que valdría la pena preguntarse si afectaba a la competencia o si servía para ganar elecciones o era, por el contrario, una herramienta para favorecer la movilización y la participación popular en los comicios. Todos los actores políticos incurrían en mecanismos fraudulentos con la misma intensidad y de forma generalizada. La diferencia estaba en el momento en que se denunciaba el fraude, ya que sólo los perdedores se quejaban, mientras los ganadores no cuestionaban la limpieza electoral. Era un mecanismo corriente en Colombia, Argentina, y otras partes del continente. De todas formas, las denuncias acerca del fraude respondían a una especie de ritual cuyo objetivo era justificar posteriores alzamientos revolucionarios en contra de las autoridades electas.

Hasta la aparición de los Registros Civiles y la confección de padrones permanentes de población, a efectos del servicio militar obligatorio o con otros fines, el momento clave en que se producía el fraude era el de la inscripción en los registros electorales y no el del escrutinio. Por lo general eran las autoridades locales las responsables de confeccionar de forma periódica los padrones electorales, una labor que solía recaer en los mayores contribuyentes de los ayuntamientos o municipios. La fotografía supuso un revulsivo, junto con los padrones permanentes y centralizados, en la lucha contra el fraude, al limitar la discrecionalidad de las autoridades para identificar, o negarse a hacerlo, a las personas.

La denuncia sistemática del fraude permitía transmitir un barniz de credibilidad que permitía a sus autores aparecer a los ojos del público como defensores de la limpieza electoral, aunque un papel de este tipo estaba limitado a aquellos que de forma casi constante estaban en la oposición, como la Liga del Sur de Santa Fe, Argentina, al ser una actitud no compatible con el oficialismo. Otra conducta propia de la oposición, aunque no ejercida de forma sistemática, era la abstención, que podía convertirse en un arma de chantaje político a los gobiernos, como demostraron los radicales de Hipólito Yrigoyen, un verdadero maestro al utilizar la abstención en la lucha política. Por lo general, la oposición se abstenía cuando tenía un alto grado de certidumbre sobre su derrota, más probable en las décadas iniciales de este período que en las finales, cuando había aumentado la participación y existían censos electorales permanentes, que implicaban un menor control del electorado por los caudillos y los aparatos partidarios.

6. Liberales y conservadores

Desde mediados de siglo, los liberales comenzaron a contar con el respaldo de los artesanos urbanos, de gran importancia en Colombia y algo menor en Chile, México y Perú. La protesta de los liberales venezolanos, difundida en Caracas por los periodistas Tomás Lander y Antonio Leocadio Guzmán, antiguo colaborador de Páez, se hizo más intensa en 1846 y, a diferencia de otros países, se extendió a la campaña ante las dificultades de los campesinos golpeados por los precios del café y un crédito más caro. En este contexto, el destino de los ingresos fiscales se convirtió en un tema polémico ya que se dedicaban básicamente al pago de la deuda externa, mientras la oposición liberal quería más inversiones en obras públicas. La conflictividad aumentó y en 1848 el general José Tadeo Monagas, presidente desde 1847 con el apoyo de Páez, se volvió contra su protector para acabar con la república conservadora e iniciar el período de la oligarquía liberal. En 1858, ante el aumento de la corrupción, el desorden y la conflictividad de la época de los Monagas, la alianza de liberales y conservadores desplazó al clan gobernante y puso el fin a la «oligarquía liberal». Se volvió a plantear la carrera por el poder entre azules (conservadores) y amarillos (liberales), que azuzó una nueva guerra civil, la Guerra Federal, entre 1859 y 1863. En 1861 Páez retornó a la vida política para encabezar la resistencia azul, pero pese a su gobierno dictatorial no pudo imponer sus puntos de vista. La falta de acuerdo entre las facciones oligárquicas propició la revolución amarilla, liderada por Guzmán Blanco, que supo canalizar el descontento popular. El régimen liberal promulgó en 1864 una nueva Constitución, democrática y federalista, que instauraba el sufragio universal masculino. Se emprendieron numerosas reformas, como la modernización de los transportes, la codificación y reforma del derecho privado, la introducción del matrimonio y los cementerios civiles, la supresión de las órdenes religiosas y la potenciación de la enseñanza primaria.

La batalla de Caseros, en 1852, supuso el fin de la dictadura de Juan Manuel de Rosas y del orden conservador en la provincia de Buenos Aires. A partir de ese momento fue posible la puesta en marcha del proyecto de construcción de la Argentina, plasmado en la Constitución de 1853 y en el predominio de Buenos Aires sobre el interior. La Constitución, claramente influida por el pensamiento de Juan Bautista Alberdi, adoptó un sistema federal aunque con un fuerte presidencialismo. La influencia liberal, ejemplificada en la figura de los presidentes Bartolomé Mitre (1862-1868) y Domingo Faustino Sarmiento (1868-1874), sirvió para sentar las bases del nuevo país, cuya construcción sería rematada por la llamada «generación del 80», representada por el general Julio A. Roca, presidente entre 1880 y 1886 y entre 1898 y 1904 y por el Partido Autonomista Nacional (PAN). En realidad el PAN funcionaba como un partido «casi» único que englobaba a liberales y conservadores, aunque llevó a cabo un programa reformista que garantizó el progreso argentino.

Desde mediados de siglo los conservadores adquirieron más coherencia doctrinaria. La evolución del mexicano Alamán, que influido por Edmund Burke desarrolló en los años cuarenta un discurso más elaborado y centrado en la autoridad y la defensa de la tradición. A esto se sumó la defensa de la Iglesia, al considerar que la soberanía provenía de la razón divina, apoyados en el tradicionalismo y el escolasticismo español, como ocurrió con el cura peruano Bartolomé Herrera. El giro radical de las revoluciones europeas de 1848 llevó a muchos liberales moderados a evolucionar hacia el conservadurismo, en reacción a los planteamientos radicales que se habían esgrimido y ante el temor que esas ideas se trasplantaran a América. Dada la tenue línea que separaba las posiciones políticas de las diferentes facciones de las élites, encontramos que el mayor punto de discrepancia estaba en las posturas frente a la Iglesia católica. Este punto es más trascendente si tenemos en cuenta que desde mediados de siglo la cuestión religiosa se había convertido en un serio problema político en México, Colombia, Chile o Perú, ya que los grupos más liberales abogaban por la separación entre la Iglesia y el Estado, mientras que los conservadores creían que la Iglesia era clave en la defensa del orden social.

Probablemente haya sido el ecuatoriano Gabriel García Moreno el líder conservador que desarrolló una labor de gobierno más militante en defensa del catolicismo. García Moreno gobernó su país autoritariamente entre 1860 y 1875 y lo consagró al Sagrado Corazón. También permitió el retorno de los jesuitas y en 1863 firmó un concordato con el Vaticano, muy favorable para la Iglesia. Pese a su posicionamiento religioso, pacificó el país, impulsó la educación primaria y en 1861 introdujo el sufragio universal, lo que lo enemistó con el clero pese a sus posturas ideológicas. En 1865 finalizó su mandato, pero ante la ineficiencia de sus sucesores volvió al gobierno en 1869 y se hizo proclamar Jefe Supremo. Sus continuas arbitrariedades incrementaron la protesta popular y en 1875 fue asesinado. El conservador Ospina fue elegido presidente de Colombia en 1857. Creía que la religión era una fuerza de movilización política, razón por la cual una de sus primeras medidas de gobierno fue permitir el retorno de los jesuitas. Si bien los conservadores ya habían autorizado el regreso en 1844, en 1850 fueron expulsados nuevamente por los liberales. Éstos estaban convencidos que los conservadores no respetaban el federalismo y la discusión desembocó en una guerra civil. Los liberales se impusieron y en 1861 hicieron presidente a Tomás Cipriano Mosquera, un antiguo líder conservador convertido en liberal. Una de sus primeras medidas fue expulsar una vez más a los jesuitas, aunque esta vez fueron acompañados por las restantes órdenes religiosas. También se suprimieron los conventos y monasterios y se desamortizaron todas sus propiedades.

6.1. La «Reforma» mexicana

En México, la pugna entre liberales y conservadores tuvo un perfil local muy marcado tras el componente monárquico que había caracterizado a los conservadores. La arena política había sido ocupada por los escoceses, conservadores apoyados por la filial de logia masónica escocesa establecida en México, y los yorkinos, liberales y federalistas respaldados por la filial de la logia de Nueva York. Los escoceses, que tenían algunas alianzas entre los británicos, pensaban en la rápida reconstrucción del país gracias a la recuperación minera, la expansión agrícola a partir de ciertos productos exportables y el saneamiento del Tesoro, tarea en la que el Reino Unido debía ser capital. Un desprendimiento católico de los escoceses reforzó el conservadurismo, que tuvo en Lucas Alamán a uno de sus líderes más cualificados. Alamán se dotó de un perfil beligerante contra las medidas liberales, la tolerancia religiosa y la desamortización que amenazaba los bienes de la Iglesia. El intento conservador de imponer al presidente, en reemplazo de Guadalupe Victoria, fracasó y el liberal Vicente Guerrero fue elegido presidente con el respaldo de Santa Anna. El intento español de reconquistar México fue rechazado por Santa Anna, lo que llevó al vicepresidente Anastasio Bustamante, con el respaldo del ejército y de los conservadores de Alamán, a deponer al presidente Guerrero, que fue ejecutado. Bustamante no pudo mantenerse en el poder porque dada su debilidad política se acercó a la Iglesia. A principios de 1832, Santa Anna, cuya imagen pública se había reforzado tras la derrota de los españoles, encabezó un pronunciamiento contra Bustamante y en marzo de 1833 fue elegido presidente. Su identificación con Guerrero le valió el respaldo de los liberales, especialmente el de su líder José María Luis Mora. El vicepresidente, Valentín Gómez Farías, gobernó respaldado en un congreso liberal que avanzó sobre los privilegios eclesiásticos y castrenses. Al poco tiempo Santa Anna expulsó a los liberales del gobierno y se convirtió en el gran defensor del orden conservador. Comenzó así un período de alternancia entre liberales y conservadores, con las frecuentes reapariciones de Santa Anna, que culminó en 1855, cuando una revolución liberal cerró el ciclo y envió a Santa Anna al exilio, donde permaneció hasta 1874.

Las revoluciones europeas de 1848 también tuvieron sus efectos de moderación en México. Un grupo de políticos encabezado por Luis Gonzaga Cuevas y Bernardo Couto se volcó a los conservadores ante los ataques a la propiedad en Europa y la virulencia que estaba adquiriendo en México el anticlericalismo. La muerte de Alamán en 1853 favoreció el relevo generacional. La Reforma permitió la consolidación de un grupo de jóvenes liberales, en ascenso desde la década de 1840 y que había roto con la generación de la independencia. La condena papal a la Constitución liberal de 1857 enconó aún más las posturas en torno al problema eclesiástico. La revolución liberal de 1854 llevó al primer plano a dos líderes provinciales: el ex gobernador de Michoacán, Melchor Ocampo, y el ex gobernador de Oaxaca, Benito Juárez. Las consecuencias de la revolución fueron el ascenso del general Juan Álvarez a la presidencia y la aplicación del plan de Ayutla, el conjunto de reivindicaciones liberales y anticlericales que dio contenido a la llamada Reforma mexicana. La Reforma se estructuró sobre dos leyes fundamentales: la ley Juárez, que abolió el fuero eclesiástico, y la ley Lerdo, que prohibía la propiedad comunal de la tierra. Esto último afectó tanto a la Iglesia y las órdenes religiosas como a las comunidades indígenas. Así se llegó a abolir los fueros eclesiásticos, desamortizar las propiedades de la Iglesia y secularizar el registro de nacimientos, defunciones y matrimonios.

La consolidación liberal fue complicada y sólo ocurrió después de una prolongada guerra civil. Mientras los conservadores ocupaban la ciudad de México, los liberales controlaron Veracruz y las provincias del norte, lo que les permitió manejar las rentas aduaneras. En 1857 se proclamó la nueva Constitución y al año siguiente Benito Juárez asumió la presidencia. En 1861 conquistaron la capital, pero la guerra se prolongó en algunas provincias y fue en ese contexto cuando los británicos, franceses y españoles ocuparon Veracruz, a principios de 1862, con apoyo conservador. Mientras los británicos y españoles se negaron a continuar la aventura, los franceses prosiguieron la invasión y en junio de 1863 entraron en la ciudad de México rodeados del fervor de los eclesiásticos y los conservadores que querían acabar con las conquistas de la Reforma. En 1864 Maximiliano fue coronado emperador, aunque debió hacer frente a resistencia que proseguía en el norte, donde Juárez tenía el apoyo de la población. Si bien los franceses se retiraron en 1866, Maximiliano se mantuvo en el poder apoyado por los conservadores, lo que no impidió su derrota y su ejecución por orden de Juárez. México quedó en una situación lamentable y para agilizar su reconstrucción, Juárez recortó el gasto militar y del Estado, salvo en educación. Juárez murió en 1872 y fue sucedido por Sebastián Lerdo de Tejada, un abogado liberal que había apoyado la Reforma. Los liberales habían ganado en Porfirio Díaz un enemigo implacable, que en 1871 se había levantado contra la reelección de Juárez y en 1875 contra Lerdo, esta vez exitosamente, lo que marcaría el comienzo de la larga experiencia porfiriana.

18. El esplendor latinoamericano. De 1880 a la Primera Guerra Mundial

El período que va de 1880 a la Primera Guerra Mundial podría definirse como el de la consolidación de los proyectos políticos y económicos de las élites latinoamericanas, conocidas como oligarquías. En algunos países el crecimiento económico se produjo en el marco de sistemas políticos representativos o democráticos, mientras que en otros, por el contrario, fueron regímenes más o menos autoritarios, más o menos dictatoriales, los que impulsaron el crecimiento, aunque casi siempre con un Parlamento en funciones. Esto ocurrió en el México del porfiriato, una aventura política que apostó por la modernización y el progreso y finalmente terminó desbordada por la Revolución mexicana. Sin embargo, en uno y otro caso las actitudes de las élites, como las de otros grupos sociales, estuvieron influidas por las ideas positivistas y por un nacionalismo en expansión que permearía a todas las ideas políticas y se convertiría en la lente a través de la cual distintas generaciones latinoamericanas interpretarían su propia realidad. En este sentido, el *Ariel* del uruguayo Rodó se convertiría en la llamada de atención frente a lo que se percibiría como una amenaza creciente para la región: el imperialismo norteamericano. Esta sensación se hizo más intensa a partir de la Guerra de Cuba de 1898 y de la solidaridad que provocó la desigual lucha de España contra Estados Unidos.

1. Política y partidos

1.1. Revoluciones, guerras civiles y elecciones

Mientras algunos países avanzaban en la consolidación de sus sistemas democráticos y las sucesivas elecciones presidenciales o parlamentarias marcaban la vida política con su cadencia, como en Argentina o Brasil, otros vulneraban las leyes o permitían la instauración de gobiernos dictatoriales. En algunos de estos últimos, la presión por el restablecimiento de las reglas de juego era una práctica muy difundida, como prueba la consigna de Porfirio Díaz, «sufragio libre y no reelección», incumplida durante bastante tiempo por su autor para luego reaparecer en la Revolución mexicana. Buena parte de las revoluciones, guerras civiles y otras formas de levantamiento, asonadas o pronunciamientos de la segunda mitad del siglo XIX eran inseparables de los procesos electorales y estaban impulsadas por sectores destacados de las élites nacionales o locales. Esta situación comenzó a cambiar en las primeras décadas del siglo XX, cuando aparecieron grupos sociales identificados como peligrosos y se cambió la percepción sobre los movimientos revolucionarios.

Los resultados de la elección presidencial de 1880 en Argentina dieron lugar a una guerra civil. En Colombia, los conservadores se impusieron en la Guerra de los Mil Días (1899-1902), el enfrentamiento más cruento del período. Hasta entonces, los movimientos revolucionarios tenían más de restauración, de vuelta a un pasado idílico marcado por la plena vigencia de los valores republicanos, que de un profundo cambio social o económico, como serían las revoluciones del siglo XX, la mexicana o la cubana entre otras. En tanto los líderes y los ideólogos revolucionarios pertenecían a las élites políticas o sociales, las sociedades solían vivir estos conflictos con cierta normalidad, dentro de su dramatismo. Esto ocurrió, por ejemplo, con la Revolución de 1890 en la Argentina y luego con las revoluciones radicales de 1893 y 1905. Sin embargo, tras el influjo de la Revolución mexicana y de la Revolución rusa las cosas ya no fueron iguales y las revoluciones comenzaron a ser violentamente reprimidas. La Revolución mexicana presenta la rara situación de haber comenzado como una revolución decimonónica marcada por el deseo de restauración del viejo orden liberal, como pretendía Madero, para derivar en una revolución social propia del siglo XX. Las montoneras peruanas y la guerra civil librada entre 1894 y 1895 se adaptan a esta idea de restauración. Carmen Mc Evoy distingue dos bandos opuestos: «la nación entera» que luchaba por recuperar «su dignidad ultrajada» y el «gobierno usurpador» representado por Andrés Avelino Cáceres, «un soldado» que nada respetaba. Hasta noviembre de 1894, la guerra civil entre el gobierno y la coalición opositora se había cobrado 2.000 muertos y había afectado a la economía. En octubre de ese año Nicolás de Piérola se había hecho con el mando de la montonera.

1.2. Expansión del sufragio y reformas electorales

Tomando como referencia los estudios de Marshall y Rokkan se estimaba que en América Latina se había producido una evolución gradual y lineal del electorado, pero en contra de lo asumido, hoy sabemos que salvo en Chile no hubo una evolución gradual, sino frecuentes movimientos de péndulo que cambiaban las reglas de juego y ampliaban o contraían el universo electoral. Los dos casos más significativos de reducción del número de ciudadanos con derecho a voto fueron Perú y Brasil. A fines del siglo XIX, las respectivas reformas electorales de 1896 y 1881 introdujeron el requisito de saber leer y escribir para poder votar, de modo que de un plumazo se cercenaran los derechos electorales de los indígenas andinos y de los ex esclavos negros. En Guatemala, la Constitución de 1921 restringió la ciudadanía y el voto a los alfabetos, o a aquellos que desempeñaran cargos municipales, una medida contra los indígenas. En Costa Rica, la reforma de 1917 estableció que 10 años más tarde se exigiría a los ciudadanos leer y escribir. Junto a la exclusión de los analfabetos, o los negros o los indios por cuestiones principistas, doctrinarias o inclusive raciales, hay que atender a la correlación entre el voto urbano y el voto rural y a los enfrentamientos en el seno de las élites. Colombia, que a mediados del siglo XIX había adoptado el sufragio universal, incorporó nuevas restricciones en décadas posteriores. Por eso, el estudio de las reformas electorales no debe centrarse en las leyes o los decretos que las hicieron posible, sino que deben ser tratadas como un proceso, aunque no en todos los países hubo reformas relevantes en este período. En Bolivia, por ejemplo, el reglamento electoral promulgado en noviembre de 1839 estuvo vigente hasta 1952.

Algunas reformas electorales de fines del siglo XIX y principios del XX tendieron a ampliar el electorado. La reforma chilena de 1874 estableció que todos los varones alfabetos mayores de edad podían votar sin justificar los ingresos necesarios para ejercer su derecho al sufragio. En la práctica, esta medida implicaba la adopción casi plena del sufragio universal e impulsó una mayor competencia electoral. En América Central, desde la década de 1890, Honduras, Nicaragua y El Salvador tuvieron de hecho el sufragio universal masculino. Dentro del conjunto de reformas el caso argentino es singular, ya que se suele asumir acríticamente que la reforma electoral de 1911-1912, conocida como Ley Sáenz Peña, introdujo el sufragio universal, obligatorio y secreto. En realidad, desde la década de 1820 en la provincia de Buenos Aires no había ningún tipo de restricciones al voto, ni por instrucción ni de carácter censitario, y esta normativa fue recogida en la Constitución de 1853-1860. De hecho, la reforma Sáenz Peña se basaba en buena medida en una anterior de 1902, impulsada por Joaquín V. González, el ministro del Interior durante la segunda presidencia del general Roca, que introdujo las circunscripciones uninominales. Así fue como en las elecciones de 1904 se eligió diputado nacional al candidato socialista Alfredo Palacios. Sin embargo, la reforma no cuajó y las circunscripciones uninominales fueron rápidamente abandonadas.

1.3. La formación de los sistemas de partidos

El mundo electoral requería una activa participación de los partidos políticos, algo imprescindible en las democracias representativas. En las últimas décadas del siglo XIX y primeras del XX comienzan a irrumpir algunos partidos políticos que pueden definirse como modernos, aunque al mismo tiempo comenzó la modernización de ciertos partidos tradicionales. Entre las nuevas agrupaciones están los partidos radicales argentino y chileno y el APRA (Alianza Popular Revolucionaria Americana) peruano. Si los partidos Liberal y Conservador de Colombia o el Blanco y el Colorado de Uruguay debieron adaptarse a la nueva realidad, hubo otros que desaparecieron como el PAN (Partido Autonomista Nacional) argentino ante su incapacidad de adecuar sus estructuras y su liderazgo a los cambios producidos en su entorno político y social. Entre otras cuestiones, un partido moderno requería autoridades estables, elegidas por los afiliados en convenciones o congresos, que también nominaban a los candidatos partidarios. Esta situación dotaba a los partidos de un perfil menos personalista, aunque el liderazgo y el caudillismo siguieron jugando un papel relevante. En algunos casos, los partidos modernos adoptaban un carácter doctrinario, lo que implicaba utilizar un programa o plataforma de contenidos no coyunturales y aprobado por la convención del partido y no por un grupo de notables elegidos ad hoc, como en el pasado. A veces, todos estos elementos estaban presentes simultáneamente y en otras sólo algunos de ellos eran evidentes. Si desde el punto de vista organizativo la influencia norteamericana es innegable, desde el punto de vista ideológico la influencia es mucho más variada y compleja, como prueba el impacto de la Revolución mexicana y de la Revolución rusa en el desarrollo político de América Latina.

Al comenzar el período, los partidos Liberal y Conservador no representaban a un sector social concreto, no eran partidos de clase, sino que tenían vínculos con toda la sociedad, ya que su cometido era ganar las elecciones y para eso debían movilizar electores de todos los sectores sociales. Era frecuente que los partidos tradicionales fueran un conglomerado aluvional de distintas facciones o grupos, a veces distinguidos unos de otros por el peso de sus líderes y otras por intereses divergentes. Este faccionalismo se observa en el Partido Liberal colombiano, que bajo el liderazgo de Núñez vivió momentos decisivos, en los grupos liberales bolivianos que dieron lugar al nacimiento del Partido Republicano o en el Partido Liberal paraguayo dividido en una facción de gobierno y otra de oposición. En las décadas centrales del siglo XIX hubo una cierta tendencia a movilizar a los sectores populares, dada la renuencia de las clases más acomodadas a movilizarse ante las molestias de la violencia electoral. En la medida que los comicios se volvieron más pacíficos y competidos, gracias a las reformas electorales que mejoraban el acto comicial, aumentó la participación de todos los sectores sociales.

En el último cuarto del siglo XIX comenzaron a desarrollarse determinadas opciones políticas que en algunos casos se convirtieron en verdaderos partidos que representaban propuestas políticas o ideológicas concretas, como las agrupaciones católicas. Los partidos socialistas, anarquistas y posteriormente los comunistas decían hablar en nombre de la clase obrera. Argentina, Brasil, Uruguay y México tuvieron movimientos anarquistas, pero mientras en los tres primeros casos estaban vinculados al movimiento inmigratorio y a la recepción de cuadros y militantes europeos, en México el desarrollo de organizaciones ácratas estuvo más ligado a la tradición liberal y radical mexicana que al aporte libertario extranjero. En tanto la vida urbana se iba haciendo más compleja, aparecieron grupos que representaban los intereses de los sectores medios urbanos.

El funcionamiento de los partidos y su libre concurrencia a las elecciones son un buen síntoma para medir la madurez de los sistemas políticos, no siempre democráticos. Era frecuente que se proscribiera o se vedara la concurrencia a las urnas a los partidos de izquierda o a otros enfrentados con el oficialismo, lo que de implicaba recortar los derechos ciudadanos. Un caso atípico en las ilegalizaciones fue el del Partido Independiente de Color de Cuba, fundado en 1907 y proscrito tres años después basándose en una ley que ilegalizaba a los partidos étnicos ya que podían llevar a una «guerra de colores». En todos los casos el trasfondo era el mismo: cerrar el paso a las denominadas clases peligrosas y limitar su potencial revolucionario y desestabilizador. Pero el problema seguía siendo el mismo: ¿cómo integrar, con el menor coste político posible, a los nuevos o viejos grupos sociales que cuestionaban el funcionamiento del sistema?

El sistema de partidos existente en cada país no respondía a criterios claros ni a unos esquemas de desarrollo económico o social determinados, sino al desarrollo político nacional. ¿Por qué Chile desarrolló un sistema pluripartidista estable a diferencia del resto de la región? Los motivos que explican por qué en las últimas décadas del siglo XIX existieron algunos sistemas unipartidistas (Argentina, Brasil o México) son prácticamente los mismos que justifican el bipartidismo (Uruguay, Bolivia, Paraguay, Colombia, Venezuela o casi todos los de América Central), pero siempre son insuficientes. El México de la Reforma liberal y de la Constitución de 1857 dio paso al porfiriato, un régimen con escaso margen de maniobra para el desarrollo democrático y de los partidos políticos, a la vista de las reelecciones sucesivas de Porfirio Díaz y el oficialista Partido Liberal era el único partido nacional, con algunas similitudes al PAN de Argentina. Más que frente a un partido estructurado encontramos agrupaciones de notables con ramificaciones en los estados y regiones y una presencia local importante. Pese a su teórico carácter liberal, los católicos tenían en él una importante presencia política. En los últimos años del porfiriato surgieron nuevas opciones, como el Partido Democrático, fundado en 1908, vinculado al general Bernardo Reyes, o el Partido Nacionalista Democrático, que finalmente terminó en la órbita del maderismo. Más a la izquierda, algunos anarquistas y gente de origen variado fundaron en 1906 el Partido Liberal Mexicano, liderado por Ricardo Flores Magón.

En las últimas décadas del Imperio español se desarrollaron en Cuba dos partidos, uno liberal y otro conservador, según el modelo del turnismo en la España de la Restauración. Teóricamente ambos debían turnarse en el gobierno y la administración insular, aunque por su carácter autonomista, el Partido Liberal de la Isla de Cuba fue rechazado como aliado por las autoridades coloniales y las metropolitanas, que preferían a los conservadores de la Unión Constitucional, vocero de los intereses de los comerciantes y burócratas peninsulares. La yuxtaposición de la lucha política con el fenómeno colonial favoreció la aparición de opciones que cortaban transversalmente a las anteriores, especialmente a los liberales, como podían ser los independentistas, una de cuyas expresiones fue el Partido Revolucionario Cubano fundado por José Martí. Tras la Guerra de Independencia (1895-1898) y la ocupación norteamericana, el panorama político comenzó a cambiar. Desapareció el autonomismo y se desarrollaron opciones claramente liberales. Tras el gobierno de Estrada Palma se impulsó desde el poder al Partido Moderado, de contenidos antiliberales. Posteriormente se desarrolló un nuevo Partido Conservador que en poco tiempo alcanzaría el poder.

En América Central, en la década de 1870, se produjo el ascenso de varios gobiernos liberales, como el de Tomás Guardia (1870-1882) en Costa Rica o el de Justo Rufino Barrios (1873-1885) en Guatemala, donde, tras la muerte de Barrios, gobernaron los liberales hasta la larga dictadura de Manuel Estrada Cabrera (1898-1920). En Honduras se desarrolló un sistema bipartidista, centrado en el Partido Liberal y el Partido Nacional (conservador). En Nicaragua, en la década de 1920, los liberales y conservadores se enfrentaron en una guerra civil, en la que Augusto César Sandino tuvo una destacada actuación en las filas liberales. Era frecuente que los períodos dictatoriales fueran sucedidos por otros donde los partidos concurrían libremente a las elecciones, que permitían la alternancia de gobiernos liberales y conservadores.

En Colombia, el bipartidismo Liberal-Conservador era la norma, aunque en 1880 se produjeron algunas divisiones dentro del liberalismo con la marcha de Rafael Núñez, que tuvo una actividad política considerable entre 1880 y 1894. Tras la Guerra de los Mil Días y la larga hegemonía conservadora, los liberales adoptaron políticas reformistas para ganarse el favor del electorado. En Venezuela también se dio la oposición entre conservadores (azules) y liberales (amarillos). Las últimas décadas del siglo fueron dominadas por la figura del liberal Antonio Guzmán Blanco, aunque luego hubo un largo período de gobiernos autoritarios, comenzando por los de Cipriano Castro (1899-1908) y la prolongada dictadura de Juan Vicente Gómez, asentada en la represión y en las exportaciones de petróleo a partir de la década de 1920. En Ecuador, la vida política enfrentaba a liberales y conservadores. El período fue inaugurado con el asesinato de Gabriel García Moreno en 1875 y siguió con la dictadura del general Eloy Alfaro (1895-1901), líder del Partido Liberal Radical. Durante su gobierno se construyó el ferrocarril entre Guayaquil y Quito. Le sucedió Leónidas Plaza (1901-1906) contra el que se sublevó y en

1906 fue nombrado de nuevo presidente, siendo derrocado por otro golpe militar en 1911.

En Perú se creó en 1872 el Partido Civilista para limitar y evitar la hegemonía militar. Las dificultades del civilismo para estabilizarse en el poder aumentaron con la Guerra del Pacífico (1879-1883) y el surgimiento del Partido Democrático de Nicolás de Piérola. El impacto de la Revolución mexicana y de la Reforma Universitaria, iniciada en 1918 en Córdoba, Argentina, permitió el surgimiento del APRA, liderada por Víctor Raúl Haya de la Torre, con una ideología ecléctica que combinaba el marxismo con la socialdemocracia y los adaptaba a la peculiar estructura social peruana y al peso del mundo indígena. Simultáneamente y bajo el influjo de José Carlos Mariátegui, autor de los *Siete ensayos de interpretación de la realidad peruana* (1928), se desarrolló el Partido Socialista del Perú, que con una ideología heterodoxa intentó combinar la herencia incaica con la doctrina revolucionaria. En Bolivia, la dicotomía liberal-conservadora se modificó tras la Primera Guerra Mundial y el surgimiento del Partido Republicano, producto de un grupo liberal disidente. Simultáneamente la izquierda se mostró muy activa. Un grupo de exiliados que en 1923 habían fundado el Partido Obrero Revolucionario, cuatro años más tarde y ya de regreso en el país crearon el Partido Obrero, Laborista o Socialista. En Paraguay encontramos dos partidos, el Liberal y el Colorado, cuyo nombre oficial era el de Asociación Nacional Republicana (ANR). Mientras el primero se oponía a la tradición autoritaria de Francisco de Solano López, el dictador que provocó la carnicería de la Guerra del Paraguay, los colorados intentaban resucitar la tradición lopizta. En 1904, un movimiento armado dio lugar a una prolongada hegemonía liberal.

En Brasil también estaban los partidos liberal y conservador, aunque su trayectoria fue influida por la proclamación de la república en 1889. En su lugar surgió un sistema unipartidista, hegemonizado por el Partido Republicano, en la línea del PAN. El peso de los partidos regionales era importante en sintonía con el caso argentino y de una influencia creciente en el sistema político nacional. Así surgieron Partidos Republicanos en los estados, vinculados sólo teóricamente al tronco nacional, siendo los más importantes los implantados en los principales centros urbanos: Río de Janeiro, São Paulo, Minas Gerais y Rio Grande do Sul. El unipartidismo de cada estado escondía una polarización regional entre las élites políticas de São Paulo y Minas Gerais. En la década de 1920 el sistema se hizo algo más complejo en los estados de São Paulo y Rio Grande do Sul. En São Paulo, frente al Partido Republicano Paulista se sitúo el Partido Democrático, de pensamiento liberal progresista o radical. En Rio Grande do Sul, el Partido Republicano Riograndense, de tradición positivista, centralista y autoritaria se enfrentaba al Libertador, de un estilo federal y más partidario de la descentralización, tanto nacional como estatal. En Brasil, como en Argentina, el peso y la capacidad de influencia de los partidos locales y regionales imposibilitó la consolidación de partidos nacionales. En Argentina, la excepción fue la Unión Cívica Radical.

Desde muy pronto el sistema político chileno evolucionó hasta dar lugar a uno de los sistemas de partidos más estable y competitivo de la región. Comenzó con dos partidos: el Conservador (pelucón) y el Liberal (pipiolo). En 1863 se fundó el Partido Radical, que se consolidó rápidamente como un partido moderno y doctrinario. En 1888 se celebró su primera Convención Nacional, con delegados de 43 comités o asambleas locales, encargada de redactar los estatutos y el programa partidario. Luego se fundaría el Partido Demócrata, inspirado en la socialdemocracia belga, que inicialmente tuvo respaldo sindical. En 1912, el sindicalista Luis Emilio Recabarren abandonó el Partido Demócrata y formó el Partido Socialista.

En la Argentina unificada, posterior a 1880, fue evidente el predominio del PAN, aunque el sistema político sería influido por el peso de los inmigrantes, que sólo podían votar en algunas provincias en los comicios locales. La contestación política al gobierno de Juárez Celman (que renunció a consecuencia de la Revolución del Parque de 1890) llevó al surgimiento de la Unión Cívica, una coalición de amplio espectro liderada por Aristóbulo del Valle y Leandro Alem, donde estaban presentes desde los mitristas a los católicos, y con un importante componente juvenil. De sus filas surgiría la Unión Cívica Radical. Dada la fuerte implantación de los partidos provinciales coaligados en el PAN, tras su desaparición fue imposible formar un fuerte partido nacional de orientación liberal conservadora capaz de enfrentarse con éxito al radicalismo de Hipólito Yrigoyen. El ensayo más serio realizado en este sentido fue el Partido Demócrata Progresista, liderado por Lisandro de la Torre, que fracasó en su intento de aglutinar a los herederos del PAN. En Uruguay se habían desarrollado desde principios del siglo XIX dos partidos: el Nacional o Blanco, de extracción rural, conservador y católico; y el Partido Colorado, más liberal y con mayores apoyos urbanos.

2. La actividad política de los grupos urbanos

La integración a la vida política de los grupos medios se realizó de muy distintas maneras, una de las cuales era el recurso a la violencia, como en el México revolucionario. Sin llegar a esos extremos, los movimientos políticos que expresaban a grupos sociales emergentes y contemplaban resignadamente como los sistemas políticos controlados por la vieja política y por unas prácticas electorales viciadas les cerraban el camino al poder, ensayaron algunas intentonas revolucionarias, a veces con el apoyo de algún sector del ejército, como en Buenos Aires en 1890 y 1905, en Lima, Guayaquil o Quito en 1895 y en Asunción en 1904. Cuando el sufragio se expandió, se hizo más transparente y hubo mayores garantías, algunos partidos comenzaron a apostar por la opción electoral. Las reformas introdujeron el sufragio universal, secreto y obligatorio, según los casos. En las primeras décadas del siglo XX en países como Argentina, Uruguay, Chile y Colombia la convocatoria de elecciones era periódica, mientras en otros países los gobiernos dictatoriales se sucedían constantemente. Algunos experimentos autoritarios, como los desarrollados posteriormente en Chile y Perú, también sirvieron para integrar a los grupos sociales emergentes, en una dura batalla por ampliar la base social del Estado e incorporar con plenos derechos a los nuevos actores sociales.

En las últimas décadas del siglo XIX comenzaron a actuar los primeros movimientos políticos de los sectores medios decididos a disputar el poder a las oligarquías nacionales: el radicalismo argentino, el Partido Demócrata peruano y el Partido Colorado de Uruguay bajo el liderazgo de José Batlle y Ordóñez. Los partidos emergentes se formaban a partir de la convergencia de grupos sociales diversos, lo que suponía perder coherencia al incorporar a sus filas a aristócratas y terratenientes. Sus valores y propuestas solían ser los mismos que los de los partidos oligárquicos y el sólo hecho de plantear una alternativa de gobierno no implicaba reivindicar posturas más progresistas o modernizantes que las sostenidas por las liberales oligarquías gobernantes. Era frecuente que las élites apostaran por la modernización del país, ante la oposición de la Iglesia y de algunos sectores medios, más apegados a la tradición. De ahí, que en algunas coyunturas, el radicalismo argentino o el Partido Demócrata peruano se aliaran a ciertos grupos católicos ante el anticlericalismo de las élites liberales. Los nuevos partidos tampoco solían tener alternativas viables frente a las políticas económicas y sociales de los regímenes oligárquicos.

En Perú, la incapacidad de Nicolás de Piérola y sus seguidores de presentar una alternativa al régimen oligárquico los llevaron, en 1895, a aliarse con sus enemigos civilistas para llegar al poder. Su gobierno generó un insólito consenso en materia económica y planteó recuperar el prestigio del gobierno civil promoviendo algunas transformaciones en el Ejército, como su subordinación al poder civil, el recorte presupuestario y la disminución de los efectivos armados. También importó instructores militares franceses e instauró el servicio militar obligatorio. La política económica implantó el patrón oro, que benefició a los exportadores y a los ingresos aduaneros. En materia fiscal reformó la estructura tributaria, encargó la recaudación fiscal a una sociedad mixta, acabó con el tributo indígena e instauró un arancel para proteger a las industrias en expansión, como el textil. Dichas reformas dotaron al Perú de una estructura administrativa capaz de ampliar el poder del Estado, gracias a los recursos originados en la agricultura costeña, la minería del cobre, las nuevas explotaciones petrolíferas, la ganadería de la sierra y también por el *boom* del caucho amazónico, entre 1892 y 1910. La llegada del ferrocarril a Puno en 1908 expandió las exportaciones de lana. El crecimiento industrial, y el proceso de urbanización de Lima y en menor medida de otras ciudades de la costa y del interior, permitió la organización del movimiento obrero y las primeras manifestaciones proletarias de signo socialista y anarquista, a tal punto que en 1911 se produjo en Lima la primera huelga general. Jorge Basadre definió al período que va de la revolución de 1895 a la Primera Guerra Mundial como la «república aristocrática». Sin embargo, la expansión económica no pudo integrar al Estado y a la vida política a las masas indígenas serranas, un proceso aún inacabado. Tampoco lo logró Augusto Leguía, pese a atravesar de caminos las serranías utilizando la colaboración obligada de la mano de obra indígena tras sancionar la Ley de Conscripción Vial. Los gobiernos posteriores continuaron el camino modernizador, aunque en lo político se marchaba al autoritarismo. La nominación de Manuel Pardo, presidente entre 1904 y 1908, provocó disensiones en el Partido Civilista, intensificadas durante su mandato por la discusión sobre la cuestión social. La unidad del partido se resquebrajó con Leguía (1908-1912), que rompió con Pardo, su predecesor y protector.

3. El movimiento obrero

Los artesanos de algunas ciudades habían aumentado su importancia en estas décadas, si bien la población seguía siendo mayoritariamente rural. En México, según el censo de 1910, había 873.436 artesanos y obreros, casi el 16% de la población activa. En la última década del siglo XIX y en la primera del XX surgió el movimiento obrero en las ciudades con un cierto desarrollo artesanal o manufacturero, aunque todavía no se puede hablar de un proletariado vinculado al sector fabril. México, Buenos Aires, Santiago de Chile, São Paulo o incluso Bogotá conocieron un rápido desarrollo sindical. En México, los obreros industriales pasaron de 45.806 en 1895 a 58.838 en 1910. En Brasil, sobre una población total de 30 millones de habitantes, había en 1920 más de 275.000 trabajadores fabriles, con una media de 21 trabajadores por establecimiento. En Argentina el promedio era inferior, 10. En 1914 había 242.138 personas trabajando en la industria, incluyendo al personal administrativo, y 24.203 establecimientos catalogados como industriales.

La escasez relativa de trabajadores manuales en relación con los sectores medios, especialmente en las ciudades, restó impacto a las primeras movilizaciones obreras, como muestra la escasa incidencia de las huelgas en la vida urbana. La fuerza sindical se notaba en las actividades vinculadas a la exportación, como la minería o los transportes y algunos gremios adquirieron un gran poder de presión o de negociación, como los ferroviarios y los mineros del salitre chileno. Sin embargo, quienes vivían al margen del comercio exterior carecían de fuerza, dada la facilidad de importar los productos que podían ser afectados por las huelgas. Se suele vincular el desarrollo del movimiento obrero a la izquierda anarquista o socialista, pero también se desarrollaron sindicatos católicos, reforzados con la doctrina social de la Iglesia, especialmente a partir de 1891, con la encíclica *Rerum Novarum*.

Los sindicatos se desarrollaron en un contexto hostil ante la intransigencia de los industriales para negociar las condiciones de trabajo y los salarios. El Estado mantenía una actitud ambigua en los enfrentamientos entre el capital y el trabajo y es imposible hablar de una tendencia general. La historia del movimiento obrero es paralela a la represión gubernamental, facilitada por la condición de extranjeros de muchos dirigentes sindicales deportados a la primera de cambio. En Chile, algunas huelgas y manifestaciones obreras fueron duramente reprimidas, como en Valparaíso (1903), Santiago (1905) y Antofagasta (1906), aunque el suceso más conocido fue la matanza del centro salitrero de Iquique en 1907. En el México de Porfirio Díaz la represión alcanzó su punto máximo con la huelga minera de Cananea, en Sonora, en 1906 y con la masacre de los huelguistas textiles de Río Blanco, en 1907. Algunos sindicalistas, especialmente los anarquistas, apoyaban la acción directa y el terrorismo. En 1909, el jefe de la policía de Buenos Aires fue asesinado por una bomba arrojada por un militante anarquista y el gobierno respondió con la sanción de la Ley de Residencia, que permitía expulsar del país a los extranjeros considerados agitadores. Si bien las referencias a la mediación gubernamental en los conflictos gremiales son escasas, se trata de un punto importante, como ocurrió en Argentina durante el gobierno de Hipólito Yrigoyen.

Los primeros sindicatos solían ser de tipógrafos y linotipistas, obreros de la construcción, panaderos y otros oficios vinculados a la producción de alimentos. También fueron importantes los sastres, zapateros, sombreros y los artesanos del vidrio, el metal u otros materiales. La creciente presencia de artesanos y la inmigración de sindicalistas españoles e italianos impulsó la creación de grupos anarquistas y anarco-sindicalistas en Brasil, Argentina y Uruguay, muchos nucleados en las Federaciones Obreras Regionales. En México, en la década de 1870, comenzó a actuar el Gran Círculo de Obreros, una coordinadora dominada por los anarquistas, que luego recibiría subsidios del gobierno. El primer grupo marxista de América Latina fue el club Vorwärts, de Buenos Aires, fundado en 1882 por inmigrantes alemanes, que tuvo representación en la Primera Internacional. La llegada de refugiados de la Comuna de París y de otros levantamientos europeos reforzó la presencia de la Primera Internacional en algunos países. El crecimiento del movimiento sindical fue paralelo a la expansión del tejido industrial, lo que permitió fundar y organizar sindicatos y partidos políticos autoproclamados defensores de los derechos de los trabajadores. En México se creó uno de los primeros partidos socialistas latinoamericanos, gracias a la labor de los hermanos Ricardo y Enrique Flores Magón, inicialmente nucleados en el Partido Liberal Mexicano. En Argentina se desarrolló a partir de 1896 un Partido Socialista fuerte bajo el impulso de Juan B. Justo, de implantación urbana y de un claro carácter parlamentario. Menos reformista sería el Partido Obrero Socialista de Chile, fundado en 1912 por Luis Emilio Recabarren.

4. Los problemas limítrofes

Después de la independencia, los nuevos gobiernos encontraron que los límites fronterizos heredados de la colonia solían estar defectuosamente trazados o que los mapas tenían bastantes incorrecciones, dado el desconocimiento de las zonas marginales. Estas situaciones provocarían disputas entre países vecinos, que en algunos casos llegaron al enfrentamiento armado, como en la zona andina y la cuenca amazónica. En estas décadas se produjeron cambios fronterizos, como los que afectaron a Chile, Perú y Bolivia tras la Guerra del Pacífico. Algunos conflictos se resolvieron pacíficamente, bien por acuerdos políticos o arbitrales o bien por compra, como en el caso de Acre. Otro caso importante fue el de Panamá, surgido como un desprendimiento de Colombia.

Bolivia tuvo problemas con todos sus vecinos: Perú, Chile, Brasil, Argentina y Paraguay. Con Brasil el conflicto fue por el control de la zona cauchera de Acre y su definitiva cesión a cambio de 2.500.000 libras esterlinas fue la mayor pérdida territorial del país. Los problemas con Chile, posteriores a la Guerra del Pacífico, tuvieron un principio de solución en 1904, con la firma de un tratado de paz, según el cual Chile logró el dominio de todos los territorios costeros ocupados a Bolivia en la guerra a cambio de una indemnización de 300.000 libras y el compromiso formal de construir un ferrocarril de Arica a La Paz, lo que significa aceptar la pérdida de su salida al mar. Los problemas con Perú se sometieron al arbitraje argentino y el laudo se conoció en 1909. Dado su desacuerdo, Bolivia rompió relaciones diplomáticas con Argentina y fue necesario esperar a 1912 para solucionar el conflicto. Perú estuvo a punto de llegar a la guerra con el Ecuador, en varias oportunidades, por cuestiones fronterizas. En 1904, la Argentina invitó a Chile a resolver el problema del trazado de la frontera en el canal de Beagle, cuestionando la titularidad chilena sobre las islas Picton, Lennox y Nueva, que sólo se resolvió a fines del siglo XX.

En Brasil, la colonización de tierras nuevas y la expansión fronteriza respondían a la estrategia planteada a principios del siglo XX por el barón de Rio Branco que en 1902 fue ministro de Asuntos Exteriores. Durante 15 años de negociaciones, Rio Branco definió las actuales fronteras del Brasil, causa de permanentes conflictos con sus vecinos. La gestión de Rio Branco fue refrendada en 1905, cuando el Vaticano creó un cardenalato en Brasil, el único de América del Sur, un triunfo diplomático del barón. Su resultado más espectacular fue la incorporación de más de medio millón de kilómetros cuadrados al territorio nacional. En 1903 firmó el acuerdo de Petrópolis con el gobierno boliviano, que incorporó el territorio de Acre y el 12 de junio firmó otro tratado con Perú, que involucraba a los territorios de la cuenca del Alto Jurúa, desde el nacimiento hasta la boca y la margen izquierda del río Breu y de la cuenca del Alto Purús, desde el paralelo 11° hasta Catai.

4.1. El canal de Panamá

Una muestra del intervencionismo norteamericano en el Caribe y América Central se observa en la creación de Panamá como país independiente, intentando resolver definitiva y favorablemente a sus intereses la comunicación interoceánica. La creación del nuevo país se hizo a costa de territorios colombianos. Desde mediados del siglo XIX funcionaba en el istmo de Panamá un ferrocarril de capital norteamericano que vinculaba el Atlántico con el Pacífico, pero que no bastaba para garantizar buenas comunicaciones entre los dos océanos, mucho más acuciantes a partir del descubrimiento de oro en California y Alaska y de la colonización del oeste. La importancia estratégica de una vía de comunicación fluvial entre el océano Pacífico y el Atlántico era clave para la economía norteamericana, pero la presencia en solitario de Estados Unidos no fue nada fácil, dado el interés británico. Desde un principio, se especuló con la construcción de un canal que atravesara el istmo. Un intento frustrado fue realizado por Estados Unidos en Nicaragua mientras duró la presencia de William Walker en el país.

Con el aval del gobierno colombiano, Ferdinand de Lesseps planeó construir un canal interoceánico paralelo al ferrocarril. Las obras comenzaron en 1878 y se desarrollaban lentamente. En 1889 los costos eran mayores de lo esperado y los resultados sensiblemente menores y un escándalo financiero provocó la quiebra de la compañía de Lesseps, que en compensación dejó a los acreedores los restos de las excavaciones y la maquinaria utilizada. Éstos formaron la nueva Compañía del Canal de Panamá, posteriormente adquirida en 40 millones de dólares por capitales norteamericanos. La importancia del canal para Estados Unidos aumentó a partir de 1898, cuando la incorporación de los archipiélagos de Filipinas y Hawai revalorizó la vertiente del Pacífico. En 1903, un tratado con el gobierno colombiano (el Hay-Herrán) entregó en arriendo a la Compañía del Canal una franja de seis millas de ancho durante nueve años a cambio de 10 millones de dólares y un alquiler anual de 250.000. Como el Congreso colombiano no ratificó el tratado por considerarlo una amenaza contra su soberanía, el 3 de noviembre, un alzamiento dirigido por las autoridades de la Compañía forzó la proclamación de la nueva república, que en tres días fue reconocida por Estados Unidos. Los acontecimiento se aceleraron. El 18 de noviembre se firmó en Washington un acuerdo con los representantes de la nueva república de Panamá, según el cual Estados Unidos recibió una franja de tierra de diez millas de ancho, con derecho de soberanía y la posibilidad de construir las fortificaciones necesarias para su defensa. Las cláusulas económicas eran similares a las anteriores, aunque el artículo VII reconocía el derecho de Estados Unidos a intervenir militarmente en Panamá si estimaba que la paz y el orden estaban amenazados.

5. El porfiriato y la Revolución mexicana

En los últimos años del siglo XIX se desarrolló en México la más eficaz dictadura modernizadora de América Latina, impulsora del crecimiento económico. El general Porfirio Díaz comenzó su marcha hacia el poder como heredero de la Reforma liberal y anticlerical de Benito Juárez, pero con el tiempo abandonó sus principios por una postura más ecléctica. Su gobierno fue respaldado por los terratenientes y la Iglesia, contrarios a la Reforma. Los primeros fueron partidarios del avance de la gran propiedad a costa de las comunidades indígenas, de los baldíos y de la desamortización de las tierras eclesiásticas. Díaz fue el restaurador del orden, el «tirano honrado» que con su estilo autoritario condujo férreamente al país por la senda del progreso. El progreso era la consigna que simbolizaba las ansias transformadoras de los latinoamericanos, y en México el camino al progreso debía superar la organización económica y social heredada del Imperio español. Para muchos dirigentes porfiristas el camino a la modernización pasaba por la europeización de un país rural y atrasado, aunque el modelo norteamericano también estaba presente. Durante el porfiriato, el progresismo y el conservadurismo, dos caras de la misma moneda, se confundían y esto dificulta adscribir a Díaz a un campo determinado, aunque hay quien señala que con él se produjo la consolidación y la muerte del liberalismo mexicano. Díaz llegó al poder en 1876 tras derrocar a Lerdo de Tejada con la consigna de «sufragio efectivo: no reelección». Y si bien hasta 1880 cumplió con la no reelección, luego la olvidó. Entre 1884 y 1911 se sucedió en el poder siete veces en otras tantas reelecciones.

Porfirio Díaz supo atraer cuantiosas inversiones extranjeras, especialmente norteamericanas, para financiar su programa modernizador, la construcción ferroviaria y el relanzamiento de la minería de plata en el norte. La agricultura orientada a la exportación tuvo un rápido crecimiento, pasando de 20 millones de pesos en 1887-1888 a 50 millones en 1903-1904, gracias al henequén de Yucatán, al café, al cacao, al chicle y al hule. Fue un proceso facilitado por la concentración latifundista, que también favoreció la orientación mercantil de la agricultura. Los bajos salarios explican el escaso atractivo de México para los inmigrantes europeos y que el incremento demográfico se basara en el crecimiento vegetativo, pasando de 9.500.000 habitantes en 1876 a 15 millones en 1910. La «*pax* porfiriana» se impuso por la represión y la consolidación de un sistema basado en las relaciones personales, que cooptaba a los dirigentes de los grupos políticos más influyentes. Su estilo se centró en la búsqueda de la conciliación, lo que no excluyó el estallido de conflictos y rebeliones, como las guerras contra los indios yaqui en Sonora, entre 1887 y 1910-1911. Díaz se rodeó inicialmente de un grupo de jóvenes tecnócratas, los «científicos», influidos por Gabino Barreda, un intelectual que había evolucionado del liberalismo al positivismo francés. Una de sus preocupaciones era presentar la inevitabilidad histórica del porfiriato, una etapa más en el camino del progreso. El historiador Justo Sierra compartía este punto de vista, ya que para él, la dictadura de Díaz era una etapa necesaria en la evolución hacia la modernización y la democracia.

Uno de los «científicos» más descollante fue José Yves Limantour, secretario de Hacienda desde 1893, cargo que ostentó hasta la caída de Díaz en 1911. A principios del siglo XX los «científicos» ocupaban una posición relevante y se esperaba que Limantour fuera elegido presidente en 1904, pero las disputas entre Limantour y el secretario de Guerra, general Bernardo Reyes, obligaron a Díaz a prolongar su mandato de cuatro a seis años, para luego solicitar una sexta reelección en 1906. La crisis sucesoria afectó la credibilidad del régimen y facilitó algunas manifestaciones en su contra. Los empresarios norteños, especialmente de la emergente industria siderúrgica de Monterrey, se enfrentaron al poder de los «científicos» y a su alianza con los inversionistas extranjeros. Los industriales, beneficiados por la política económica porfiriana, adoptaron una postura nacionalista y reivindicativa contra Limantour. Estos acontecimientos paralizaron al régimen. Su falta de reflejos políticos expresaba la senilidad del presidente y su gobierno. En 1910, Díaz tenía 70 años, dos de sus ocho ministros superaban los 80 y otros tres tenían más de 60. El más joven era Limantour, con 57, pero con 17 años al frente de la Secretaría de Hacienda. La senilidad de los cuadros dirigentes también se sentía en el resto de la Administración. 17 de los 20 gobernadores tenían más de 60 años y ocho eran mayores de 70. En el Congreso y en el Poder Judicial la vejez de los jueces y diputados era relevante. En el ejército federal no era raro encontrar generales de más de 80 años, coroneles de 70 y capitanes de 60.

Tras un prolongado silencio político muchos grupos de oposición comenzaron a expresarse aprovechando la debilidad del régimen, destacando el futuro líder revolucionario y gran hacendado norteño Francisco Madero, creador del Partido Antirreeleccionista. Como la consigna de acabar con la reelección no acabó con la maquinaria electoral de Díaz, Madero se convirtió en una amenaza para el dictador y por eso terminó en el exilio tras pasar por la cárcel. En octubre de 1910 Madero lanzó el Plan de San Luis Potosí, el origen de la revolución, que unía las reivindicaciones políticas de la oligarquía norteña a la devolución de las tierras a los campesinos. El 20 de noviembre de 1910, Madero convocó a la revolución contra el porfiriato desde su refugio de San Antonio, Texas, al otro lado de la frontera. Nuevamente se esgrimía la consigna de «sufragio efectivo, no reelección» que en su momento había levantado el propio Díaz.

La revolución es presentada de formas muy diversas: un movimiento político para acabar con el porfiriato; un movimiento social para responder a las reclamaciones de los campesinos sin tierras; o un movimiento regional impulsado por las nuevas zonas en ascenso favorecidas por la expansión económica, básicamente la frontera norte. Al inicio de la revolución, el principal foco insurgente estaba en el norte, la región de mayor crecimiento y más opuesta al reeleccionismo porfiriano, que impedía a sus élites llegar al poder. Pero Madero y sus seguidores no se limitaron a las reivindicaciones de mayor participación de las élites norteñas, sino que incorporaron las reclamaciones del campesinado. De este modo, Pascual Orozco y Pancho Villa, dos importantes caudillos campesinos del norte, se aliaron a las fuerzas maderistas. Los campesinos del norte convergieron con el movimiento agrarista del sur, sobre todo con los rebeldes de Morelos liderados por Emiliano Zapata. Los maderistas se impusieron rápidamente tras conquistar Chihuahua, Baja California y Veracruz y en marzo de 1911 Ciudad Juárez. El 21 de mayo negociaron un acuerdo con los representantes de Díaz para acabar con el conflicto, que renunció y partió a Francia. El gobierno provisional convocó elecciones generales coincidiendo con la acelerada descomposición del régimen y facilitó el acceso de Madero a la presidencia. La salida negociada de la crisis y el rápido derrumbe del porfiriato mantuvieron algunas de las bases del régimen, como la administración o el ejército federal, y garantizaron cierta estabilidad. El nuevo gobierno permitió que los grupos postergados presentaran sus agravios, pero al ser imposible atender tantas demandas contradictorias comenzaron los conflictos entre los grupos revolucionarios, con enfrentamientos constantes hasta el «maximato». Zapata, con su negativa a desarmar a sus campesinos, se enfrentó a Madero, partidario de la ley y la constitución y contrario a la violencia y las expropiaciones. Las contradicciones políticas entre los líderes revolucionarios aumentaron cuando el presidente quiso remediar la falta de cuadros en la administración incorporando porfiristas y liberales a un gabinete que contaba sólo con dos revolucionarios. El conflicto con el ala más radical aumentó cuando se disolvió el Partido Antirreeleccionista para crear el más moderado Partido Constitucional Progresista.

Las diferencias regionales sobre las que descansan los muchos Méxicos permiten hablar de varias revoluciones: agraria, social, indígena, obrera o burguesa; y hablar de varias revoluciones implica aludir a distintos proyectos revolucionarios. Sin embargo, las cosas no están claras en lo referente a la revolución agraria, porque las reivindicaciones de los trabajadores de las haciendas norteñas no coincidían con las de los campesinos del centro y del sur, zonas más densamente pobladas y con mayor presión sobre las tierras cultivables. La timidez de la política agraria de Madero lo enfrentó con Zapata, una situación que llegó al conflicto armado tras el alzamiento de Orozco en Chihuahua. En noviembre de 1911 Zapata lanzó el Plan de Ayala, que reconocía las reivindicaciones campesinas y la expropiación con indemnización de la tercera parte de los grandes latifundios; y simultáneamente reconoció a Orozco como jefe de la revolución.

Madero mandó reprimir a los rebeldes con un ejército al mando del general Victoriano Huerta, un militar del ejército porfirista. Cumplido su objetivo, Huerta retornó a la capital para doblegar a Félix Díaz, un sobrino del ex presidente, alzado contra Madero. Después de un enfrentamiento algo teatral, Huerta y Díaz, protegidos por el representante diplomático norteamericano, Henry Lane Wilson, apresaron y asesinaron al presidente. El magnicidio mostró la ambición de Huerta, un personaje dado a la traición y a la usurpación y conocido por su ejercicio tiránico del gobierno, que debió enfrentar una fuerte oposición: Pancho Villa, en Chihuahua, y Venustiano Carranza, un rico hacendado, senador porfirista y gobernador maderista de Coahuila. Carranza era el autor del Plan Guadalupe, que planteaba la revolución constitucionalista contra Huerta, al que desplazaría de la dirección revolucionaria. El presidente Woodrow Wilson no reconoció al gobierno de Huerta, pese a que contó con el apoyo norteamericano al llegar a la presidencia. Wilson respaldó a Carranza y con el pretexto de un incidente armado con un destacamento estadounidense en la zona petrolera de Tampico, ordenó ocupar el puerto de Veracruz, en abril de 1914, privando a Huerta de las rentas aduaneras. Hay muchas interpretaciones centradas en el peso del petróleo y en las presiones de Estados Unidos para condicionar la revolución, pero las caídas de Huerta y Madero responden a la evolución de los sucesos internos y a la correlación de fuerzas entre los revolucionarios. Mientras Pancho Villa y su División del Norte aumentaban sus acciones armadas, el agrarismo de Zapata proseguía en Morelos, al sobrevivir a la represión del gobierno federal, y la acción de unos y otros puso contra las cuerdas a Huerta, que huyó en julio de 1914. El 20 de agosto los constitucionalistas ocuparon la ciudad de México y abrieron un nuevo período revolucionario. La derrota de Huerta y la disolución de su gobierno amenazaron la gobernabilidad de la revolución, que atravesó una etapa de fragmentación política de mano de los caudillos rurales, generalmente sin experiencia política, y sus bandas armadas. Para neutralizar a estos caudillos, pacificar a los campesinos, acabar con la anarquía y favorecer la gobernabilidad, los líderes constitucionalistas levantaron la bandera de la reforma agraria.

La debilidad de las alianzas agravó las contradicciones de los distintos grupos. Carranza quería la Jefatura Suprema, pero la oposición de Villa y Zapata fue tenaz, hasta que en noviembre lo expulsaron de la capital y reanudaron los enfrentamientos armados. Carranza se refugió en Veracruz y con el control de las rentas aduaneras, el apoyo del líder de Sonora Álvaro Obregón y de Estados Unidos reconquistó el poder tras vencer a los agraristas. En 1915 derrotó a Pancho Villa y la conflictividad comenzó a remitir. Su gobierno fue reconocido por Estados Unidos, buscó institucionalizar y consolidar la revolución, pacificó el país e incluyó entre los objetivos constitucionalistas la reforma agraria, la sindicalización de los obreros y el derecho de huelga. También disolvió al ejército federal, quitando a la oligarquía porfirista una de sus pocas bases de poder. Mientras, Obregón se convirtió en el hombre fuerte del régimen y aumentó su influencia en el entorno de Carranza. En 1917 se proclamó una nueva Constitución, que en sus líneas generales sigue vigente, y dotó a la revolución de un marco legal e institucional. El texto, de contenido intervencionista y nacionalista, recogía demandas de los obreros y campesinos, comenzando por algunas propuestas agraristas, aunque ni los villistas ni los zapatistas participaron en su redacción. La Constitución heredó el anticlericalismo de 1857 y otras reivindicaciones sociales, como la protección a los trabajadores o el reconocimiento de los sindicatos. También nacionalizó las riquezas del subsuelo, fundamental para el sector petrolífero y minero. Un fallo de la Corte Suprema de 1927 negó carácter retroactivo al artículo constitucional, tranquilizó a los inversionistas extranjeros con intereses en el sector y normalizó las relaciones comerciales con Estados Unidos, el principal mercado de las exportaciones mexicanas.

Las tendencias normalizadoras eran apoyadas por Obregón, que acumulaba influencia política, y por eso Carranza intentó impedir su carrera presidencial con un golpe militar, fracasado. Su asesinato, en mayo de 1920, y la eliminación de Zapata, en 1919, y Villa, en 1923, permitirían el triunfo de Obregón y la institucionalización de la revolución. Tras el interinato de Adolfo Huerta, Obregón ganó las elecciones apoyado por el Partido Liberal Constitucionalista, los agraristas de Gildardo Magaña, la anarquista Confederación Regional Obrera Mexicana (CROM), sectores del ejército y las clases medias urbanas y algunos intelectuales, como José Vasconcelos. Estos apoyos le permitieron gobernar en calma y sin complicaciones políticas. El petróleo, controlado por empresas norteamericanas y británicas, fue uno de los principales productos de exportación.

La propiedad de la tierra fue un problema central para los gobiernos revolucionarios. Obregón y Plutarco Elías Calles, su sucesor desde 1924, intentaron limitar la restauración de tierras a las comunidades indígenas a través de los ejidos y optaron por repartir una parte de las haciendas confiscadas a los campesinos de forma individual. Otra parte fue devuelta a los propietarios prerrevolucionarios o se repartió entre los líderes de la revolución y sus allegados. Si la mayoría de los hacendados norteños apoyó la revolución y mantuvo sus propiedades, en el centro y el sur la fuerza del movimiento campesino y la presión por la reforma agraria fueron mayores. Esto permitió repartir 1.500.000 hectáreas frente a las 173.000 de Carranza. En 1926, la política anticlerical de Calles fue respondida por el movimiento cristero con la consigna de «Viva Cristo Rey y la Virgen de Guadalupe». El movimiento amenazó la estabilidad del país y enfrentó al ejército hasta 1929, cuando se llegó a un acuerdo entre México y el Vaticano con la mediación de Estados Unidos y Calles se comprometió a no arremeter contra el catolicismo y la Iglesia, pero siguió aplicando las leyes secularizadoras.

La sucesión de Calles provocó más problemas. En 1928 se derogó el principio de la no reelección a favor de Obregón, pero su asesinato generó nuevas inquietudes. Para pacificar el país, Calles creó el Partido Nacional Revolucionario (PNR), con los jefes militares y los caudillos regionales favorables al régimen y las organizaciones y grupos sociales partidarios de la revolución. Calles se convirtió en el Jefe Máximo del PNR y así comenzó el «maximato», el dominio político del Jefe Máximo que coexistía con presidentes más o menos irrelevantes, como Pascual Ortiz Rubio, que derrotó en las elecciones a Vasconcelos. En 1933 se eligió candidato oficial al secretario de Guerra, el general Lázaro Cárdenas, con fama de honesto y progresista. Su campaña presagió un giro radical en el gobierno y tras su elección tomó algunas medidas opuestas a la voluntad del Jefe Máximo con el apoyo de caudillos campesinos provinciales y del movimiento obrero, insatisfechos con su gestión. Los ataques de Calles contra Cárdenas llevaron a Vicente Lombardo

Toledano, el mayor dirigente obrero, a crear el Comité Nacional de Defensa Proletaria en su apoyo. El enfrentamiento terminó con la victoria presidencial, el fin del maximato y la salida de Calles a Estados Unidos en 1935.

6. Las guerras civiles en Colombia

La población colombiana creció entre 1870 y 1928, pasando de 3 millones de habitantes a 7.200.000, en un proceso paralelo al auge económico. Las exportaciones, especialmente de tabaco y quina, atravesaron a mediados de la década de 1880 una difícil coyuntura y provocaron, en 1885, el fin del régimen liberal. La reactivación exportadora no vino de la minería, sino del relanzamiento de la producción cafetalera, cuya producción y comercialización permanecieron en manos colombianas pese a las inversiones extranjeras. Los cultivos iban de Santander hasta Cundinamarca y Tolima y por el oeste en dirección a Antioquia y Caldas. La expansión en las tierras templadas provocó importantes migraciones internas y la generación de miles de nuevos empleos. La red ferroviaria se amplió y pasó de 200 kilómetros en 1885, a 901 en 1909, 1.480 en 1922 y 3.262 en 1934. El crecimiento económico estimuló el crecimiento urbano y en 1928 Bogotá, Barranquilla, Cali y Medellín superaban los 100.000 habitantes. Esto supuso un incremento de los sectores medios y en menor medida del proletariado, gracias a la expansión industrial, centrada en la producción de bienes de consumo (textiles, alimentos y bebidas). El desarrollo de instituciones gremiales o políticas que defendieran a los trabajadores o adoptaran posturas de izquierda fue escaso, debido al papel del Partido Liberal, el referente político del artesanado urbano.

La conversión política del presidente Rafael Núñez le permitió al conservadurismo tener un programa y un líder. Apoyados en la Constitución de 1886, los conservadores se mantuvieron en el poder hasta 1930. La nueva Constitución, a través del voto cualificado y elecciones indirectas, restauró el poder central y vació de contenido a los gobiernos locales. Los estados se convirtieron en departamentos, sus autoridades eran de libre designación presidencial y a los alcaldes los nombraban los gobernadores. También se cumplieron otras reivindicaciones conservadoras: se declaró el catolicismo religión nacional, se eliminó la libertad de prensa y se instauró la censura previa. El control de la maquinaria electoral, con la ayuda de la Iglesia y de los funcionarios gubernamentales, permitió a los conservadores consolidar su presencia institucional y marginar a los liberales.

El estallido de la Guerra de los Mil Días, de 1899 a 1902, con miles de víctimas y enormes pérdidas económicas y financieras, agravada por el descenso en el precio internacional del café, evidenció las contradicciones y limitaciones del régimen. Una de las causas de la guerra fue la cuestión de Panamá. Finalizada la guerra volvió la estabilidad, favorecida por la compartimentación regional, el peso de la población rural y la existencia de otras ciudades que competían con Bogotá. En 1904, el presidente José Manuel Marroquín fue sucedido por el general Rafael Reyes (1904-1909), de influencia positivista y que gobernó de forma dictatorial. Como señala Malcolm Deas, Reyes aspiraba a convertirse en el Porfirio Díaz colombiano mediante una gestión modernizadora y eficiente. Tras su partida y un nuevo cambio en las reglas que regulaban la presidencia (se pasaba nuevamente a períodos de cuatro años en lugar de seis, se prohibía la reelección y se realizaban elecciones directas), el líder de la Unión Republicana, Carlos Restrepo, fue elegido presidente. Hasta 1930 las elecciones se realizaron cada cuatro años y gracias al control del aparato electoral y, en menor medida al fraude, los conservadores se mantuvieron en el poder. Recién en este último año los liberales, encabezados por Enrique Olaya Herrera, pudieron ganar las elecciones.

7. El fin del Imperio español

Después de 1825, España vio reducidas sus posesiones americanas a Cuba y Puerto Rico. Y si bien la metrópoli se esforzó por mantener los nexos coloniales, habría que preguntarse hasta qué punto se beneficiaba de sus colonias. Los mayores beneficios los obtenía un pequeño grupo de peninsulares con intereses en los negocios coloniales y la trata, junto con los grandes plantadores isleños, ya que el coste de mantener el Imperio era elevado. En la segunda mitad del siglo XIX se había despejado el panorama sobre los socios mercantiles y los flujos comerciales de Cuba y Puerto Rico. La importancia del mercado norteamericano fue creciendo y las adquisiciones estadounidenses de azúcar superaban a las peninsulares. En 1850 Cuba exportó a España 7 millones de pesos y a Estados Unidos 28 millones. En 1890 la situación se decantó definitivamente a favor del comercio con Estados Unidos, donde se vendieron 61 millones de pesos, contra los 7 vendidos en España. Los intereses norteamericanos se consolidaban en la economía cubana, mientras las insurrecciones independentistas se veían como un factor desestabilizador que amenazaba las inversiones.

En 1868 comenzó la Guerra de los Diez Años, un serio intento de emancipación, aprovechando el desconcierto ante la revolución que había estallado en España. La guerra redujo la producción azucarera y el número de ingenios, pero la debilidad militar de los insurgentes y la falta de apoyo popular les impidieron imponerse al ejército español. La Paz del Zanjón, de febrero de 1878, puso fin a la contienda, pero faltó imaginación y sobraron intereses para solucionar el problema colonial y para refundar las relaciones entre españoles y cubanos sobre una renovada convivencia. Los historiadores cubanos interpretan el acuerdo como el inicio de una nueva era que permitió gozar de las libertades formales propias de un Estado de derecho: libertad de expresión, la posibilidad de constituir partidos políticos y la elección de ayuntamientos y diputaciones provinciales. Tras la paz estallaron algunas insurrecciones que no amenazaron la estabilidad del sistema y entre 1878 y 1895 Cuba gozó de las suficientes libertades como para que la relación colonial subsistiera. Al amparo de la Paz del Zanjón surgieron el Partido Autonomista y el Partido Unión Constitucional. El fracaso de los autonomistas convirtió al Partido Revolucionario Cubano, de José Martí, en el motor de la rebelión y el encargado de aglutinar a los partidarios de la emancipación. Frente al modelo cubano de enfrentamiento con la metrópoli, los hacendados de Puerto Rico, deseosos de obtener la autonomía, prefirieron la vía moderada de la presión política sobre las autoridades coloniales y metropolitanas.

El Grito de Baire, el 24 de febrero de 1895, inició la Segunda Guerra de Independencia. La crisis azucarera de 1884 y el descontento generalizado en la isla ampliaron la base social del movimiento emancipador, a diferencia de la Guerra de los Diez Años. Con respaldo popular y solucionado el problema del liderazgo, la guerra avanzó bajo la dirección de los generales Antonio Maceo y Máximo Gómez y de José Martí. Pese a los esfuerzos del gobernador general Arsenio Martínez Campos la rebelión se extendió y la parte oriental de Cuba cayó en poder de los rebeldes. En diez meses la insurrección se extendió por toda la colonia y el gobierno de Madrid se propuso acabar con ella. A fines de 1896 el ejército español al mando del general Valeriano Weyler había aumentado a 200.000 hombres y si bien la represión se endureció no se pudo invertir la marcha de la guerra. La política española de tierra arrasada provocó cuantiosas pérdidas entre los rebeldes, pero también entre los españoles que tuvieron más de 62.000 muertos. El gobierno de Estados Unidos, que ambicionaba adquirir la isla, temía una revolución social que afectara a sus inversionistas y recelaba de la capacidad pacificadora del gobierno español. Martí había condenado las ambiciones anexionistas estadounidenses, pero su muerte, en 1896, impidió consolidar su liderazgo en el movimiento independentista.

La vuelta de los liberales al poder en Madrid permitió, en enero de 1898, un gobierno autonomista en La Habana. La marcha atrás de la política metropolitana llevó a un nuevo conflicto en un momento de indefinición, agravado por el rechazo de los más radicales a la propuesta pacificadora española. En esas mismas fechas, el gobierno de Estados Unidos envió el crucero *Maine* a La Habana para proteger los intereses norteamericanos. El 15 de febrero, en un confuso accidente, el crucero ardió y fue el pretexto para que Estados Unidos declarara la guerra a España e interviniera en Cuba, Puerto Rico y Filipinas, donde impuso su superioridad militar, como muestran los enfrentamientos navales de Santiago de Cuba y Cavite. Finalmente España perdió Cuba y Puerto Rico, en el Caribe y Filipinas y Guam en el Pacífico. En América Latina los sucesos de 1898 fueron una llamada de atención para muchos intelectuales, preocupados por el poderío de Estados Unidos y por sus efectos nocivos sobre el resto del continente. Desde México hasta el Cono Sur se alertaba de los peligros del imperialismo y del expansionismo norteamericano, aunque los gobiernos y sus diplomacias adoptaron posiciones más cautelosas, como Argentina, que rápidamente declaró su neutralidad en el conflicto.

Después de la Guerra de 1898 los caminos de Cuba y Puerto Rico se separaron, según las posturas de sus grupos dominantes frente a la independencia. El Tratado de París convirtió a Puerto Rico en una posesión norteamericana, pero la invasión de 1898 no sólo fue un cambio de metrópoli, sino también de las relaciones económicas con los dominadores. De estar a fines del siglo XIX bajo el control de una metrópoli proteccionista pasaron, a principios del XX, a manos de una gran potencia capitalista, con una economía abierta y en franca expansión. En Cuba, el esquema político se había complicado, ya que al enfrentamiento entre los partidos políticos locales se sumaba la dominación económica, militar y política de Estados Unidos. Los liberales habían apoyado la emancipación, mientras que los conservadores se habían mantenido a favor de la vinculación imperial. La Constitución de 1900, aprobada por una convención dominada por los liberales, incluía el sufragio universal y la representación de las minorías en el Parlamento.

Entre el 1 de enero de 1899 y mayo de 1902, Cuba tuvo una administración militar, lo que no agradaba a los independentistas, que veían en Estados Unidos un nuevo poder colonial. El primer presidente fue Tomás Estrada Palma, un liberal moderado apoyado por una amplia coalición de liberales y conservadores. La enmienda Platt, aprobada por el Congreso norteamericano en febrero de 1901, e incorporada por la presión norteamericana al texto constitucional, concedía a Estados Unidos la posibilidad de intervenir en la isla cuando lo considerara oportuno para proteger la libertad, la propiedad individual y los intereses norteamericanos. A partir de 1903 Cuba arrendó a Estados Unidos, por 200 dólares anuales, la zona de Guantánamo, que todavía hoy es utilizada como base naval. Una consecuencia de las garantías otorgadas por la enmienda Platt a los capitales norteamericanos fue el incremento de sus inversiones en Cuba, que llegaron a ser casi la cuarta parte de las inversiones norteamericanas en América Latina y que en 1896 sumaron 50 millones de dólares, 220 en 1913 y 919 millones en las vísperas de la Gran Depresión, concentrándose de forma preferencial en el sector azucarero, pero cubriendo también otras áreas, especialmente en el sector servicios (comercio, banca, turismo, etc.).

En 1902 se firmó un acuerdo comercial entre Cuba y Estados Unidos, que complementaba económicamente a la enmienda Platt. Estados Unidos redujo un 20% las tarifas aduaneras a diversos productos cubanos, entre ellos el azúcar y el tabaco, que dominaban las exportaciones, y Cuba redujo entre un 20 y un 40% los aranceles a los productos norteamericanos, preferentemente manufacturas. El crecimiento del comercio cubano-norteamericano, que entre 1904 y 1928 se multiplicó por cinco, fue consecuencia directa del tratado. Las exportaciones cubanas suponían el 16,6% del total del azúcar consumido en Estados Unidos y pasaron al 28,2% entre 1897-1901 y 1932. Un crecimiento más espectacular tuvo la producción de Puerto Rico, que en las mismas fechas pasó del 2,1% al 14,7% del azúcar consumido en Estados Unidos. El crecimiento de la industria azucarera de Puerto Rico se debió a fuertes inversiones de capital norteamericano, en un muy corto espacio de tiempo, en tierras y maquinaria, convirtiéndose en monoproductor de azúcar, con el consiguiente retroceso de los cultivos de café (que había conocido una gran expansión en las dos últimas décadas del siglo XIX) y del tabaco.

En Puerto Rico, después de la división del Partido Autonomista en 1897 y de la invasión norteamericana se reorganizaron las fuerzas políticas, lo que afectó a la «gran familia puertorriqueña». Se crearon dos partidos: el Federal y el Republicano. El Federal representaba los intereses de los hacendados y pretendía mantener su hegemonía social, mientras que el Republicano expresaba a los sectores urbanos en ascenso, que querían crear un sistema social y político liberal y moderno. Para muchos puertorriqueños la invasión de 1898 simbolizó la llegada del liberalismo y la modernidad tras largos siglos de dominación colonial. Con el tiempo, la postura frente a la dominación norteamericana fue un factor de identificación política y de división entre los puertorriqueños, que debían optar por permanecer vinculados a Estados Unidos o seguir por el difícil camino de la independencia.

8. La consolidación de las exportaciones

Hacia 1880 la consolidación de las economías primario exportadoras había acelerado el crecimiento económico. La demanda de nuevos productos respondía a los cambios en el mercado mundial y también a las transformaciones internas: la expansión de la frontera agrícola, la construcción de infraestructuras, particularmente puertos y ferrocarriles, el crecimiento demográfico y la inmigración y el surgimiento de nuevos grupos urbanos. El crecimiento económico se produjo a costa de desequilibrios que facilitaron el desarrollo de algunas regiones y condenaron a otras al atraso y al subdesarrollo. Esta situación ha llevado a hablar de economías duales, donde coexistían una parte moderna y dinámica, vinculada al mercado internacional con otra antigua y atrasada, orientada al autoconsumo y explotada por la moderna. De alguna manera se reproducía en el plano interno la interpretación dependentista entre países centrales y periféricos, donde los primeros explotan a los segundos en función de una determinada división internacional del trabajo, que en el caso de las economías duales se referiría a una división nacional. Para que la teoría de la dependencia funcione es necesario que la incorporación de los países periféricos, los latinoamericanos, a una cierta especialización productiva se deba más a imposiciones de los países centrales que a elecciones racionales de las oligarquías nacionales *cipayas* o vendepatrias, convertidas en comparsas del imperialismo. La teoría de la dependencia ha introducido el factor externo, el imperialismo, como el principal argumento interpretativo de la historia latinoamericana. Sin negar la importancia de las inversiones extranjeras, ni los vínculos con Gran Bretaña y Estados Unidos, ni las presiones políticas de estos dos últimos países sobre los gobiernos latinoamericanos, centraremos el análisis en los procesos internos, en las políticas de los gobiernos y en el manejo de las relaciones internacionales.

Se ha dicho que los ingresos del sector exportador beneficiaron no sólo al capital extranjero sino también a las oligarquías, que habrían hecho un uso improductivo de sus ganancias en gastos suntuarios (construcción de palacetes, viajes a Europa, fiestas, etc.), sin reinvertirlos en la industria u otras actividades productivas y sin preocuparse por el desarrollo nacional ni por los sectores sociales menos favorecidos. Por el contrario, hay quien dice que las exportaciones tuvieron un signo positivo para la economía y dinamizaron el crecimiento. Las repercusiones o encadenamientos que podía promover la actividad exportadora estimulaban otras actividades productivas o el abastecimiento de algunos enclaves exportadores. Como los impuestos aduaneros eran la principal fuente de ingresos fiscales, tanto las obras de infraestructuras, como la mayor parte de los gastos en educación, sanidad y en acondicionamiento urbano fueron posibles por la apertura económica y el endeudamiento externo favorecido por orientación exportadora de las economías, que adquieren su madurez en la mayor parte de los países en torno a la década de 1880.

A partir de la década de 1920 las explotaciones petrolíferas, dispersas por el continente, comenzaron a concentrarse. México marchaba a la cabeza del proceso seguido de Venezuela, Colombia y Perú. En plena Revolución mexicana, el petróleo se convirtió en el principal producto de exportación. En la Venezuela de Juan Vicente Gómez, la costa de Maracaibo se cubrió de torres de perforación y de pozos de explotación, al tiempo que en la vecina Curaçao, la Royal Dutch Shell, una compañía de capital anglo-holandés, instaló refinerías para obtener combustible del crudo venezolano. Las compañías norteamericanas, comenzando por la Standard Oil, refinaban en Estados Unidos. En Colombia, Perú y hasta Argentina (donde la empresa estatal Yacimientos Petrolíferos Fiscales dominaba la explotación) la producción crecía muy lentamente.

9. Las inversiones extranjeras y la actividad productiva

En la década de 1880, las inversiones extranjeras directas de empresas británicas y de compañías francesas, alemanas y norteamericanas alcanzaron un volumen comparable al endeudamiento latinoamericano en los mercados financieros internacionales. Carlos Marichal señala que no se trataba de consolidar posiciones en la banca o en el comercio internacional, sino de invertir en transportes y en algunas actividades productivas vinculadas a ferrocarriles, tranvías, minas, ingenios azucareros, molinos harineros y compañías de gas, electricidad o teléfonos. En esa década, el 80% de las inversiones directas británicas se concentraron en los cinco países de mayor producción: Argentina (37%), México (17%), Brasil (14%), Chile (7%) y Uruguay (5%),

18. El esplendor latinoamericano. De 1880 a la Primera Guerra Mundial

donde también la construcción de ferrocarriles y el desarrollo urbano avanzaba más rápidamente. Después de la Primera Guerra Mundial hubo un incremento de las inversiones directas norteamericanas en varios países, especialmente en Cuba, México y Chile, aunque sin préstamos a largo plazo para los gobiernos. Algunas firmas, predecesoras de las actuales transnacionales, se instalaron en esta época en América Latina.

Hasta fines de la década de 1880, el predominio de los bancos británicos no estaba amenazado por otros bancos europeos, especialmente franceses o alemanes, ni por los norteamericanos. Los Rothschild eran prácticamente los banqueros oficiales de Brasil y Chile y los Baring Brothers los de Argentina y Uruguay. A finales del siglo XIX las posiciones británicas comenzaron a ser afectadas. En México, los banqueros alemanes controlaron los créditos internacionales del gobierno desde 1888, aunque compartieron el negocio con franceses y norteamericanos. En Brasil, Argentina y Chile los franceses y alemanes se hicieron más activos que en el pasado. Después de 1898, los capitales norteamericanos aumentaron su presencia en el Caribe. Sin embargo, tras la Primera Guerra cambió la correlación de fuerzas entre las potencias: mientras Gran Bretaña salió debilitada de la guerra, Estados Unidos vio reforzada su posición. De todas formas, habría que esperar a los años treinta, y especialmente al fin de la Segunda Guerra Mundial, con el mayor debilitamiento británico, para que esa situación quedara perfilada.

El reemplazo de la dominación británica por la estadounidense se ejemplifica, según Halperín Donghi, con el fin de la era del ferrocarril y el inicio de la del automóvil que cambió los caminos de hierro por los de asfalto. Tras la Primera Guerra la presencia norteamericana se intensificó en los países del Pacífico y también se hizo sentir en Brasil, Argentina y Uruguay. A diferencia de las inversiones europeas, los capitales norteamericanos se invirtieron en actividades productivas mediante empréstitos negociados con los gobiernos o en la búsqueda del control de empresas de transporte o comerciales. Numerosas empresas norteamericanas se instalaron en la región para fabricar sus propios productos o para ensamblarlos. México fue una excepción y a la sombra del porfiriato se produjo una fuerte inversión de capitales norteamericanos en ferrocarriles y minería, desde la década de 1880.

En 1914 los gobiernos latinoamericanos debían a los mercados internacionales 2.000 millones de dólares. La mitad era de empréstitos contratados el siglo anterior que se seguían pagando, y el resto nuevos empréstitos negociados durante el auge crediticio de 1904 a 1914. Después de la guerra, y más concretamente entre 1921 y 1928, la mayoría de los países latinoamericanos entró en una verdadera vorágine crediticia conocida como la «danza de los millones». En esos años se emitieron 50 empréstitos nacionales, 40 provinciales y 25 municipales, por casi 2.000 millones de dólares. Brasil fue el país más endeudado con 600 millones de dólares y Argentina, Chile y Colombia también aumentaron sus riesgos. En términos *per cápita*, los países más endeudados fueron Cuba, Bolivia y Uruguay.

10. El comienzo de la industrialización

Las teorías estructuralistas vinculadas a la CEPAL (Comisión Económica de las Naciones Unidas para América Latina) insisten en la importancia de la crisis de 1929 en la industrialización, trazando una frontera entre el antes y el después de 1930. El antes estaría bajo el signo de la actividad primario exportadora y el después en la industrialización sustitutiva de importaciones. Trabajos recientes plantean la existencia de un sector industrial pujante en algunos países, que sin ocupar un papel determinante en la estructura económica, que seguía siendo básicamente agraria, sí se vinculaba al desarrollo exportador. Las naciones de mayor crecimiento, con un mercado interno más amplio, fueron las que antes de la Gran Depresión habían desarrollado un sector industrial más extenso. Éste fue el caso de Brasil, cuya producción industrial en 1929 ya representaba el 11,7% de la renta nacional, una cifra todavía muy lejana a la producción agraria.

Una pregunta recurrente al estudiar el crecimiento económico en América Latina se vincula a su tardía industrialización en comparación con Europa, Estados Unidos o Japón. La explicación tradicional de que América Latina optó, o fue obligada, por un determinado papel en la división internacional del trabajo es poco convincente. Para los terratenientes era más rentable invertir en la exportación que en la producción manufacturera, una elección racional y no forzada por las presiones de los comerciantes extranjeros. La falta de empresarios y de capitales era otra traba en el camino de la industrialización. Las distancias, el mal estado de los caminos y las comunicaciones y los accidentes geográficos impedían homogeneizar y extender el mercado interno. Con altos costes de producción y una demanda limitada era difícil, y poco rentable, dedicarse a la industria. Siguiendo a Colin Lewis vemos tres etapas en el proceso de industrialización previo a 1930. En primer lugar, el período posterior a la independencia, con sus bruscos reajustes en las manufacturas y artesanías coloniales y que en algunos casos permitieron impulsar las industrias modernas. La segunda etapa (1870-1880 a 1914) se vincula a la expansión de las exportaciones, cuando el desarrollo económico e institucional sentó las bases para un mercado consumidor de manufacturas. Las industrias surgidas entonces estaban al servicio del sector exportador o se dedicaban a abastecer a los centros urbanos más importantes. La tercera etapa, desde la Primera Guerra a la Gran Depresión, se caracteriza por importantes cambios en la escala de la producción y en la composición de los productos manufacturados. En algunos países, la tercera etapa habría comenzado a principios del siglo XX. Antes de la guerra las manufacturas locales comenzaron a elaborar un amplio número de productos. La industria chilena en 1914 ya se había diversificado y producía aceites industriales, maquinaria para la minería y papel. En la Argentina, el número de obreros metalúrgicos pasó de 6.000 en 1895 a más de 14.600 en 1914. En Brasil, el sector siderúrgico estaba muy asentado y la industria textil algodonera se expandió a partir de 1905, cuando cerca de 100 fábricas con más de 40.000 obreros producían 250.000 metros anuales de telas.

La Primera Guerra Mundial también influyó en América Latina. Los intercambios fueron afectados por la contienda y por los ataques contra los buques mercantes que cruzaban el Atlántico. Al exportar menos, había menos dinero para pagar las importaciones, mientras se contrajo la producción de manufacturas y bienes de equipo exportables de los países europeos implicados en la guerra, obligados a concentrar su esfuerzo en la producción de armas y pertrechos bélicos. También se resintió la importación de manufacturas europeas, lo que impulsó la primera experiencia de industrialización por sustitución de importaciones. Los países con una cierta capacidad instalada comenzaron a producir las manufacturas que habían dejado de llegar a fin de abastecer el mercado interno. Muchos talleres de reparación se convirtieron en fábricas y fue necesario aumentar los turnos de trabajo para incrementar la producción. Por su importancia futura es importante destacar algunos casos de industrialización, como los de Monterrey, en México; la región de São Paulo y los alrededores de Buenos Aires. Si bien la producción se centró en artículos de consumo, en Monterrey destacó la industria siderúrgica. Esta industria tenía la ventaja de consumir una parte de insumos nacionales, lo que no afectaba negativamente a la balanza de pagos, a diferencia de lo que ocurriría con las industrias desarrolladas después de los años treinta a partir de la experiencia sustitutiva.

19. Economía y sociedad en la crisis del sistema oligárquico

El período de entreguerras en América Latina, como en otras partes de Occidente, fue una época de transformaciones políticas, ideológicas, económicas y culturales. Desde un punto de vista económico, estos años vieron el giro a la autarquía y la industrialización sustitutiva de importaciones, un proceso que miraba al interior de los países, buscando en el mercado interno o nacional la palanca del crecimiento económico. Pero éste sólo podía llegar, de acuerdo con las creencias de la época, de la mano de una intervención creciente del Estado ante la escasa capacidad de riesgo de los empresarios locales y su escaso margen de maniobra financiera. Dado el carácter supletorio de las administraciones públicas, el Estado no sólo debía ser el Estado providencia sino también el Estado empresario, el Estado gestor y el Estado planificador. La industrialización fue un proceso complejo, no iniciado automáticamente después de la crisis del 30, y, en realidad, fue más notable y exitoso allí donde antes de la Primera Guerra Mundial existía un tejido industrial y un mercado interno. De todas formas, la autarquía y el exceso de subsidios a la producción atrofiaron las economías y otorgaron un sesgo parasitario a numerosos agentes económicos.

1. La economía

El inicio de la Primera Guerra fue el comienzo de grandes transformaciones económicas y la Crisis de 1929 confirmaría el cambio de tendencia en las economías regionales. Si en las décadas finales del siglo XIX y los años iniciales del siglo XX la coyuntura se caracterizó por un rápido crecimiento económico, la Primera Guerra desaceleró su ritmo y aumentó la inestabilidad en los mercados internacionales. Este clima de mayor incertidumbre fue favorecido por los cambios de la economía mundial que alteraban el funcionamiento de los mercados. El estallido de la Crisis de 1929 fue uno de los momentos críticos de esas transformaciones, con turbulencias dentro y fuera del hemisferio occidental, mucho más intensas en las regiones periféricas, como América Latina, más vulnerables a los vaivenes del comercio internacional y a las retiradas de capital. Las diferencias entre el antes y el después de la Crisis en las economías latinoamericanas fueron profundas, aunque esto no significa que se abandonaran las actividades exportadoras, propias del período anterior.

América Latina reaccionó a las turbulencias de la posguerra con mecanismos similares a los de los países centrales: aumento arancelario y cierre de los mercados, es decir, mayores niveles de protección. Esta tendencia era contraria a los mecanismos del *laissez-faire* que regulaban los mercados internacionales, los latinoamericanos incluidos, basados en la libre circulación del trabajo, mercancías y capitales. Uno de los problemas persistentes en la región tras la Crisis fue que la mayoría de los gobiernos mantuvo el intervencionismo y el proteccionismo, reforzados por las políticas industrialistas de las décadas de 1940 y 1950. Concluida la Segunda Guerra Mundial y tras la recuperación posterior a la Gran Depresión, entre 1945 y 1973, comenzó un nuevo período de crecimiento acelerado, basado en la industrialización por sustitución de importaciones, liderado por México y Brasil que se convertirían con Argentina en las mayores economías regionales. El crecimiento fue acompañado de avances en obras públicas e infraestructuras, que potenciaron la consolidación del mercado interno. Si en las últimas décadas del siglo XIX y las primeras del XX las infraestructuras giraron en torno al ferrocarril, convertido en el símbolo del progreso, desde la Primera Guerra su papel fue reemplazado por las carreteras, el automóvil y la aviación comercial. En la búsqueda de infraestructuras se potenció la mejora en los puertos destinados al comercio exterior, la expansión del regadío, la producción de energía eléctrica y la instalación de teléfonos. Sin embargo, en los años cuarenta, la red regional de carreteras era insuficiente y condenaba al aislamiento a regiones importantes. El proyecto de la Carretera Panamericana, que debía unir por tierra y sin interrupciones geográficas a Nueva York con Buenos Aires, estaba bastante incompleto. Las redes nacionales de carreteras debían luchar con distancias kilométricas y complicados accidentes naturales, por eso, la aviación comercial se desarrolló en las décadas de 1930 y 1940, ya que el avión permitía comunicar fácilmente localidades separadas por varios días de viaje por tierra. Junto a los vuelos interiores se desarrollaron los internacionales, que en el caso de Estados Unidos fueron operados por Pan American Airways y Pan American Grace. En ese entonces también se fundaron algunas compañías aéreas con capital alemán, muy influyente en algunos países de América Central y del Sur en los años previos a la Segunda Guerra Mundial.

Al igual que con el ferrocarril, las carreteras se integraron en circuitos nacionales, casi estancos, con escasos contactos transfronterizos, que no favorecían las comunicaciones bilaterales ni impulsaban la integración regional. Las exportaciones se centraban en el mercado europeo y norteamericano, al ser escasos los intercambios interregionales y bilaterales. Algunos países no habían terminado de configurar el mercado nacional en los años treinta, cuando subsistían importantes diferencias regionales. En México, la península de Yucatán no tenía lazos ferroviarios con el resto del país y la mayor parte de sus intercambios comerciales con Estados Unidos se realizaban por vía marítima, especialmente a los puertos atlánticos. En esta época se produjeron cambios institucionales relevantes que repercutieron sobre la economía. En la década de 1920 comenzaron a generalizarse los bancos centrales debido al impulso de Estados Unidos y, en menor medida, de Gran Bretaña. Las aduanas y los entes encargados de la recaudación impositiva adquirieron una mayor dimensión. Como consecuencia de la Crisis de 1929, el Estado se convirtió en un actor privilegiado, en ciertas ocasiones casi único, en la promoción del crecimiento, relegando a un segundo plano a los empresarios. Entre las décadas de 1940 y 1960, los cambios institucionales se centraron en el desarrollo de empresas públicas, bancos de desarrollo, agencias encargadas de promover el crecimiento industrial y la adquisición de productos nacionales (el «compre nacional») y organismos similares.

1.1. Estados Unidos

En lo referente a las inversiones extranjeras, el período comenzó con una presencia cada vez más agresiva de las empresas norteamericanas, en detrimento del capital británico, una situación favorecida por la crisis terminal del patrón oro, que provocó el reemplazo definitivo de la libra esterlina por el dólar estadounidense. Las inversiones directas, especialmente en la extracción de materias primas estratégicas o vinculadas a la industria bélica, aumentaron considerablemente. La «diplomacia del dólar» y la debilidad financiera europea favorecieron la penetración del capital norteamericano a mediados de la década de 1920. Los fondos norteamericanos comenzaron a invertirse en el sector minero e industrial y también en el financiero, ya que en 1914 se autorizó a los bancos norteamericanos a abrir sucursales en el exterior. En 1919, el National City Bank, el mayor banco multinacional norteamericano, tenía 42 sucursales en nueve países y en 1926 los bancos norteamericanos tenían 61 oficinas en toda la región. En esos años numerosas empresas norteamericanas empezaron a desembarcar en el subcontinente. En México, entre 1924 y 1928 se instalaron Ford, Colgate, Palmolive, British-American Tobacco e International Match.

Hasta la Primera Guerra Mundial, la presencia norteamericana se concentraba en México, América Central y el Caribe y luego se hizo más intensa en América del Sur, comenzando por los países del Pacífico y Brasil, Argentina y Uruguay, aunque todavía de forma poco masiva. En el siglo XX, los capitales norteamericanos se invertían en actividades productivas; mientras que en el XIX las inversiones extranjeras, fundamentalmente europeas, querían controlar empresas de transporte o comerciales. Para financiar la construcción de obras públicas e infraestructuras era frecuente negociar directamente los empréstitos en los principales mercados de Europa o de Estados Unidos. La pérdida de la importancia relativa de los capitales europeos no afectó a todos los países por igual, ya que los intereses británicos y franceses resistieron mejor que los de Bélgica u Holanda. La Primera Guerra prácticamente expulsó de muchos mercados latinoamericanos a los capitales alemanes en beneficio de Estados Unidos y Gran Bretaña. El Reino Unido sólo siguió contando en Argentina y aunque seguía siendo el mayor destino de sus exportaciones agrícolas y ganaderas, Estados Unidos era su principal importador de manufacturas. Entre 1913 y 1929 el comercio norteamericano con América Latina creció más rápidamente que el británico, ayudado en parte por la apertura del canal de Panamá. En esos años, las importaciones estadounidenses de productos latinoamericanos se incrementaron un 110%, frente al 45% de las importaciones británicas. Al mismo tiempo, las exportaciones norteamericanas a la región aumentaron un 161%. En la década de 1920, la presencia norteamericana fue reforzada por la política crediticia de los bancos norteamericanos: la llamada «danza de los millones» drenó dinero fácil y barato hacia países como Perú y Colombia.

La década de 1920 fue un período de crecimiento económico irregular y de aumento del endeudamiento externo. Las inversiones norteamericanas pasaron de 1.500 millones de dólares en 1924 a más de 3.000 en 1929. Los préstamos norteamericanos formaban parte de la política expansiva de Estados Unidos en América Central y el Caribe. En los países más débiles, como Nicaragua, fue necesario ceder el control de las aduanas, y en algunos casos de los ferrocarriles, para garantizar el pago de los intereses de la deuda externa. Cuando en 1929 se interrumpieron los flujos de capitales a los mercados de los países en vías de desarrollo, debido al aumento en los tipos de interés en Estados Unidos, las repercusiones sobre la balanza de pagos fueron muy serias. Las misiones Kemmerer, de 1923 a 1933, muestran el aumento de la influencia norteamericana. Edwin Kemmerer, un funcionario de la Reserva Federal norteamericana conocido como el *Money Doctor* (el doctor dinero), fue asesor financiero de México y Guatemala y encabezó misiones técnicas en Colombia, Chile, Ecuador, Bolivia y Perú, que impulsaron la creación de Bancos Centrales y ordenaron los sistemas monetarios y tributarios.

1.2. Los inicios de la industrialización

La afirmación de que la década de 1930, marcada por el intervencionismo estatal y el proteccionismo económico, fue un punto de inflexión en el desarrollo de América Latina debe ser matizada, al exagerar el contraste entre el antes y el después de la Crisis. La explicación convencional, o estructuralista, sobre la industrialización deriva de la CEPAL, creada en 1948, que interpretó los años de la Gran Depresión como el tránsito de un modelo de crecimiento basado en las exportaciones de productos primarios a otro orientado hacia el mercado interior a través de la industrialización sustitutiva. Esta teoría se sintetiza en el cambio del crecimiento hacia fuera por el crecimiento hacia adentro. Pero, para medir el impacto de las transformaciones económicas en el subcontinente hay que analizar no sólo las consecuencias de la Gran Depresión, sino también el comportamiento económico en la década precedente. Esto no implica negar la aceleración en la industrialización sustitutiva y la formulación de políticas públicas intervencionistas y comprometidas con el crecimiento. También hay que insistir en las continuidades, especialmente en la estructura productiva: por lo general las exportaciones mantuvieron su composición y en la mayor parte de los países los tres productos más exportados seguían generando, como mínimo, la mitad de los ingresos del sector exterior. En 10 países, Bolivia, Brasil, Colombia, Cuba, El Salvador, Honduras, Guatemala, Nicaragua, República Dominicana y Venezuela, un solo producto representaba más de la mitad de las exportaciones. Las relaciones comerciales de América Latina en los mercados internacionales fueron afectadas por la evolución desfavorable de los términos reales de intercambio. Si en el siglo XIX la evolución de los precios relativos favoreció a las materias primas, a lo largo del siglo XX el signo cambió a favor de las manufacturas. Al mismo tiempo, en las dos primeras décadas del siglo XX, se observa un aumento del proteccionismo, favorecido por el ascenso de Estados Unidos como primera potencia económica internacional, y como su producción primaria competía con algunos productos latinoamericanos exportables (carne, cereales, petróleo, minerales), se aceleraron las tendencias proteccionistas existentes en la región.

La década de 1920 se inició con una depresión de alcance internacional entre 1920 y 1921, que pese a su brevedad saturó a los mercados internacionales y afectó los precios de algunas materias primas, como el azúcar. En esos años, América Latina seguía dependiendo de sus exportaciones primarias, aunque ya se habían producido cambios importantes (veáse Cuadro 19.1). Las economías más grandes de la región, comenzando por Argentina, Brasil, Chile y México, habían desarrollado su mercado interior y consolidado su producción manufacturera, y una parte nada desdeñable de su demanda interna era satisfecha por la producción local. Pese a que las exportaciones seguían siendo básicamente las mismas: minerales (plata, cobre, petróleo); cereales y carne y productos tropicales (café, azúcar, bananas, cacao, etc.), durante

Cuadro 19.1. Apertura de las economías latinoamericanas

	Exportaciones como porcentaje del PIB		Exportaciones + importaciones como porcentaje del PIB	
	1928	1938	1928	1938
Argentina	29,8	15,7	59,7	35,7
Brasil	17,0	21,2	38,8	33,3
Colombia	24,8	24,1	62,8	43,5
Costa Rica	56,5	47,3	109,6	80,7
Chile	35,1	32,7	57,2	44,9
El Salvador	48,7	45,9	81,0	62,4
Guatemala	22,7	17,5	51,2	29,5
Honduras	52,1	22,1	69,8	39,5
México	31,4	13,9	47,7	25,5
Nicaragua	25,1	23,9	54,9	42,3
Perú	33,6	28,3	53,2	42,6
Uruguay	18,0	18,2	38,0	37,1
Venezuela	37,7	29,0	120,4	55,7

Fuente: Victor Bulmer-Thomas, «Las economías latinoamericanas, 1929-1939», en Leslie Bethell (ed.), *Historia de América Latina*, vol. 11, Barcelona, 1997.

las Guerras Mundiales los productos estratégicos (petróleo, cobre, cinc, estaño, etc.) tuvieron mejor salida. Los productores brasileños de café mantuvieron la política de sostén de precios, especialmente desde 1924, cuando la sobreproducción se hizo permanente y si bien se mantuvieron altos sus precios en el mercado internacional y el monto de las exportaciones, se perpetuó la sobreproducción. Los campesinos cafeteros tenían en los precios garantizados un estímulo para mantener su actividad, al margen de los mercados. Otros países productores, como Colombia y la mayor parte de los centroamericanos, competidores del Brasil, aprovecharon la coyuntura, sin inversiones adicionales. La demanda de materias primas estratégicas se incrementó y las compañías norteamericanas comenzaron a invertir en su producción para controlar la oferta. El cobre se explotaba en Chile y Perú, donde la norteamericana Cerro de Pasco Copper Corporation controlaba la explotación a gran escala. En Chile se encuentran los yacimientos de cobre a cielo abierto más grandes del mundo y los capitales norteamericanos controlaban el negocio. Con el petróleo, como ya vimos, pasó otro tanto de lo mismo.

1.3. La Gran Depresión

El lugar destacado de Estados Unidos en la economía internacional contagió los efectos de la crisis bursátil de Wall Street, la Bolsa de Nueva York, a todo el mundo. Algunos efectos depresivos ya se habían sentido en 1928, cuando

19. Economía y sociedad en la crisis del sistema oligárquico

la Reserva Federal subió los tipos de interés y América Latina comenzó a recibir señales preocupantes sobre sus economías. El aumento de tipos supuso la retirada de cuantiosos capitales ante la mayor rentabilidad ofrecida en Estados Unidos. La política monetaria de la Reserva Federal, calificada de irresponsable, desequilibró el sistema económico mundial. Los elevados tipos de Nueva York, Londres y París impulsaron la fuga de capitales de América Latina y afectaron a la financiación de numerosos proyectos y el equilibrio de sus balanzas de pagos. Muchos países, dependientes del capital extranjero, no pudieron mantener las reglas de la ortodoxia monetaria, como la libre convertibilidad del dinero, y abandonaron el patrón oro, en un proceso iniciado durante la Primera Guerra Mundial. Uruguay dio el primer paso, en abril de 1929, y el mismo año siguieron Argentina y Brasil. En 1930 se descolgó Venezuela. El proceso se aceleró en 1931, cuando Gran Bretaña abandonó la convertibilidad seguida de México, Bolivia y El Salvador. En 1932 siguieron Colombia, Nicaragua, Costa Rica, Chile, Perú y Ecuador, y Honduras se resistió hasta abril de 1933.

Durante la Primera Guerra, Estados Unidos aumentó su peso relativo en el comercio y las finanzas internacionales, aunque sin asumir el liderazgo, lo que sólo ocurrió tras la conferencia de Breton Woods y la creación del Fondo Monetario Internacional (FMI) en 1944. Ya entonces Estados Unidos, hasta entonces el mayor proveedor de manufacturas de México, América Central y el Caribe, se convirtió en el principal mercado importador de América Latina. Su cuota de importaciones alcanzó el 25% en América del Sur y casi el 80% en el Caribe, México incluido, donde las importaciones norteamericanas pasaron del 50 al 70% del total, mientras que las exportaciones al país vecino se mantuvieron entre el 70 y el 80%. La falta de liderazgo económico supuso que ningún gobierno desarrollara un plan coordinado para limitar los efectos de la recesión. Una de las consecuencias más duraderas de la Crisis fue el reemplazo del Reino Unido como primera potencia económica mundial por Estados Unidos. Esto se sintió más en América del Sur, un área dominada por la libra esterlina, que en América Central, México y el Caribe, donde la influencia norteamericana era mayor. En la década de 1920, Estados Unidos había invertido 5.000 millones de dólares (la tercera parte de sus inversiones mundiales), recibiendo cinco países más de las tres cuartas partes del total: Cuba (1.066 millones), Argentina (808 millones), Chile (701 millones), México (694 millones) y Brasil (557 millones).

Para los exportadores de productos primarios, el final de la década de 1920 fue difícil, aunque con un razonable equilibrio en la balanza de pagos. El café brasileño alcanzó su precio máximo en marzo de 1929 y luego bajó pronunciadamente. Lo mismo ocurrió con el azúcar cubano en marzo de 1928 y el trigo argentino en mayo de 1927. Así se derrumbó el control brasileño del mercado cafetero internacional, mientras el azúcar cubano y el cacao ecuatoriano pasaban por apuros y los nitratos chilenos sufrían la competencia de los abonos sintéticos. En México, las tensiones se sintieron desde mediados de la década de 1920, en buena medida por el descenso de las exportaciones petroleras, pero también por el impacto negativo de la Revolución sobre la economía. Después de 1926, cuando se hundieron las exportaciones de plata por la caída del precio en el mercado mundial, el déficit del balance de pagos se incrementó considerablemente, favorecido por la fuga de capitales a Estados Unidos y la retirada de la inversión extranjera. Tras su estallido, la Crisis repercutió sobre la economía latinoamericana. La inestabilidad de sus mercados sólo podía compensarse con una adecuada financiación exterior, pero la interrupción en el flujo de capitales norteamericanos y la caída en las exportaciones de algunos productos acentuaron las consecuencias negativas de la crisis. Europa también se vio afectada por la recesión, lo que arrastró a unos mercados estrechamente vinculados a las economías latinoamericanas.

La Crisis fue importada desde el exterior. Está demostrado que se inició en los países centrales y de allí se propagó a la periferia. Los mecanismos de transmisión de la Crisis fueron básicamente cuatro: la contracción del comercio internacional; el deterioro de los términos reales de intercambio; el reflujo de capital a los países acreedores y la caída de los precios en los mercados internacionales, deflación. La contracción del comercio internacional afectó directamente a América Latina. En 1929, el 48% del total de sus exportaciones se dirigían a Estados Unidos y en 1932 bajaron al 41,5%. Al no exportar todos los países en proporciones similares, las repercusiones de la crisis fueron distintas. México colocó en los mercados estadounidenses el 75% de sus exportaciones y sólo el 22% en Europa; Brasil exportó a Estados Unidos y a Europa cantidades similares: el 45%; mientras que Argentina vendió a Estados Unidos sólo un 9%, un 29% a Gran Bretaña y un 35% a las restantes naciones europeas.

El nuevo escenario económico acabó con el multilateralismo anterior y las economías más poderosas, como Estados Unidos y Gran Bretaña, los mayores socios comerciales latinoamericanos, adoptaron estrategias defensivas para protegerse de la crisis o para atravesarla con el menor coste posible, aumentando sus aranceles, estableciendo pactos bilaterales de comercio o de defensa de sus mercados coloniales y fijando contingentes para el intercambio de divisas. Estas medidas dificultaban la normalidad de los flujos comerciales y financieros internacionales y afectaron los balances comerciales latinoamericanos. Si bien América Latina sufría las mismas desventajas que el resto de la periferia, sus países no integraban ningún imperio, formal o informal, salvo Jamaica y Puerto Rico, beneficiadas del paraguas protector de sus metrópolis. Puerto Rico aumentó la importación norteamericana de azúcar a expensas de Cuba y Jamaica la de plátanos al Reino Unido en detrimento de América Central. Pese a que el proteccionismo perjudicó a la mayoría de los países, su filosofía fue rápidamente incorporada. Algunos, como Brasil o Chile, fijaron cuotas de importación o establecieron aranceles disuasorios y otros, como Argentina, a fin de garantizar sus exportaciones de carne a Gran Bretaña, facilitaron la importación de productos británicos, con unas rebajas arancelarias fijadas en el Tratado Roca-Runciman, firmado en 1933. Pese a las severas críticas que sufrió el Tratado por parte de los nacionalistas argentinos, sin él difícilmente las carnes argentinas se hubieran colocado en el mercado británico tras la firma del Acuerdo de Ottawa. Algo similar realizó Cuba en 1934, reduciendo los aranceles para las importaciones norteamericanas, como parte de sus negociaciones para mantener sus cuotas de importación de azúcar.

En América Latina también aumentó la intervención estatal en la economía, en una especie de keynesianismo antes de Keynes: se abandonó la convertibilidad del dinero; se depreció las tasas de cambio, especialmente las aplicadas para financiar las importaciones; se subieron los aranceles; se controló el cambio de divisas; se establecieron cuotas a la importación; se firmaron acuerdos bilaterales de compensación; se crearon nuevos impuestos y se aumentó la recaudación de impuestos no aduaneros. Los países que en el pasado habían apostado por la ortodoxia y el liberalismo económicos, abandonaron sus principios para caer en los brazos de la intervención estatal. Las políticas intervencionistas incrementaron la participación del gasto público en el Producto Interior Bruto (PIB) y las funciones reguladoras del gobierno.

En la década de 1930 se fortalecieron y crearon instituciones públicas para conceder créditos a mediano y largo plazo y reactivar la economía, aunque la participación gubernamental a gran escala en el crédito público fue un fenómeno posterior. En ese entonces, la mayoría de los gobiernos se comprometió a promover el crecimiento y la transformación estructural. En Brasil, desde 1937, el gobierno populista de Getúlio Vargas siguió una política intervencionista; en México, Lázaro Cárdenas aceleró la reforma agraria, en 1938 nacionalizó la industria petrolera, creó Petróleos Mexicanos (PEMEX) y expandió el presupuesto federal aumentando el gasto público. En Chile, en 1939, se creó la Corporación Chilena de Fomento (CORFO), una agencia nacional para canalizar el crédito público hacia actividades productivas, especialmente las vinculadas a la industria. Los efectos de la intervención estatal y del proteccionismo se hicieron más evidentes tras la Segunda Guerra, cuando se cerraron paulatinamente las economías latinoamericanas ante los avances de la industrialización sustitutiva.

Las consecuencias de la Crisis variaron de país a país, según el comportamiento de los precios de sus exportaciones. El Cuadro 19.2 muestra como nueve países vieron descender el precio de sus exportaciones en más de un 50% entre 1928 y 1932. Carlos Díaz-Alejandro habló de la «lotería de mercancías», ya que ni a todos los países les fue igual ni todos los productos tuvieron el mismo comportamiento. Quienes más perdieron fueron los más afectados por la caída de precios y por la disminución de sus exportaciones, como Bolivia y México. A Chile le fue peor, al desplomarse el precio del salitre, y a otros no les fue tan mal, como a la Argentina, que tras la firma del Pacto Roca-Runciman redujo los efectos negativos de la Conferencia de Ottawa y mantuvo buena parte del mercado británico de carne. Argentina y los demás

Cuadro 19.2. Cambios en el valor y volumen de las exportaciones, términos reales de intercambio y poder de compra de las exportaciones en 1932 (1928 = 100)

	Valor de las exportaciones	Exportaciones (volumen)	Términos reales de intercambio	Poder de compra de las exportaciones
Argentina	37	88	68	60
Bolivia	79(a)	48(a)	s.d.	s.d.
Brasil	43	86	65	56
Chile	47	31	57	17
Colombia	48	102	63	65
Costa Rica	54	81	78	65
Ecuador	51	83	74	60
El Salvador	30	75	52	38
Guatemala	37	101	54	55
Haití	49(b)	104(b)	s.d.	s.d.
Honduras	91	101	130	133
México	49	58	64	37
Nicaragua	50	78	71	59
Perú	39	76	62	43
República Dominicana	55(b)	106	81(b)	87(b)
Venezuela	81	100	101	100
América Latina	36	78	56	43

(a) 1929 = 100; (b) 1930 = 100

Fuente: Victor Bulmer-Thomas, *The Economic History of Latin America Since Independence*, Cambridge, 1994.

exportadores ganaderos y de agricultura templada trasladaron al mercado interno buena parte de las exportaciones, pero los exportadores de minerales (Chile, Bolivia, Perú y México) o productos tropicales (Cuba) no pudieron hacer lo mismo. Entre 1928 y 1932, en Chile se redujeron las exportaciones casi un 70% por los nitratos. Con un menor impacto, y separados en varios grupos encontramos a Bolivia y México (52 y 42%, respectivamente); El Salvador, Nicaragua y Perú (del 22 al 25%) y Argentina, Brasil, Costa Rica y Ecuador (del 12 al 19%). Por el contrario, Colombia, Guatemala, Haití, Honduras, la República Dominicana y Venezuela mantuvieron el volumen exportador. México fue el país grande que más notó la crisis; la caída de su renta comenzó en 1929, y no en 1930, y el punto mínimo se alcanzó en 1932, cuando el PIB era un 19% menor que en 1930. En 1933 ya había comenzado la recuperación mexicana, algo importante ante su vecindad con Estados Unidos. Argentina tuvo una tendencia similar, aunque la caída y la recuperación fueron menos pronunciados. El punto de inflexión también se sitúa en 1932, cuando su PIB cayó un 13,8% en relación al de 1929. En 1935 ya había recuperado el nivel de renta de 1929. Brasil tuvo una evolución distinta y en su caso corresponde hablar de estancamiento o recesión, ya que la caída fue muy leve. El punto mínimo se alcanzó en 1931 y en 1933 ya se había superado el PIB de 1929.

La recesión en América Latina fue menos profunda de lo que se afirma y sus efectos económicos y sus repercusiones sociales y políticas poco duraderas. En términos de empleo, sus consecuencias no fueron demasiado serias, ya que la mayoría de la población activa se dedicaba a la agricultura, cerca del 70% en México y Brasil, y pudo dedicar buena parte de su tiempo a producir para el autoconsumo, de modo que el sector agrícola se convirtió en un amortiguador frente a la contracción económica o a la inestabilidad. En casi todos los casos, la recuperación comenzó a mediados de la década de 1930. Victor Bulmer-Thomas distingue tres tipos de países, según su ritmo de recuperación: los de recuperación rápida fueron aquellos donde el PIB creció más del 50% entre la Depresión y 1939 (Brasil, Costa Rica, Cuba, Chile, Guatemala, México, Perú y Venezuela); en los de recuperación media el PIB creció más de un 20% (Argentina, Colombia y El Salvador) y en los de recuperación lenta menos de esa cifra (Honduras, Nicaragua y Uruguay y casi con toda probabilidad Panamá y Paraguay).

1.4. La industrialización por sustitución de importaciones

Si bien la Gran Depresión afectó seriamente al sector exportador, la recuperación no fue precedida de cambios estructurales, aunque el éxito de los programas nacionales de estabilización permitió restaurar en poco tiempo el equilibrio externo. En torno a 1932, casi todos los países, salvo Honduras y Nicaragua, habían ordenado sus cuentas externas, pero no ocurrió lo mismo con el déficit interno. Los países que más rápido se industrializaron fueron los que más habían crecido antes de la Crisis y habían comenzado a diversificar sus economías, los que tenían un mercado interno, industrias y empresarios, técnicos y trabajadores y el capital necesario. La contracción en las importaciones, especialmente en los artículos de consumo, obligó a desempolvar una receta de la Primera Guerra Mundial y allí donde se pudo, de las industrias y los talleres locales comenzaron a salir los productos de gran consumo que hasta entonces se importaban.

Gracias al impulso recibido en la década de 1930, la industrialización sustitutiva avanzó en la producción de bienes de consumo final, aunque cambió la composición de las manufacturas. Alimentos y bebidas, y textiles y calzado mantuvieron el predominio, aunque aparecieron nuevos productos: electrodomésticos, bicicletas y motocicletas, armado de automóviles, productos químicos y farmacéuticos, etc., a veces favorecidos por la Segunda Guerra. En 1939, el aporte del sector industrial al PIB todavía era modesto. Sólo en Argentina alcanzaba el 23% y donde habían crecido más las manufacturas las cifras eran menores: Chile, 18%; México, 16%; Uruguay, 15,9%; Brasil, 14,5%; Perú, 10% y Colombia, 9,1%. El desarrollo de la industrialización sustitutiva no cesó la dependencia importadora sino que la modificó. Si antes del auge manufacturero se importaban artículos para el consumo, luego hubo que importar materias primas, insumos y maquinaria para fabricar lo que antes se compraba fuera, lo que, sumado a la disminución de las exportaciones tradicionales, provocó constantes crisis en la balanza de pagos. En tanto el éxito industrial descansaba en la autarquía y el proteccionismo, el exceso de subsidios dificultaba un crecimiento armónico, pero la popularidad del sector se debió a su empuje durante la recuperación de la Crisis. En Argentina, Brasil o México el sector industrial fue el que más creció y aportó al PIB durante la década de 1930.

La autarquía fue producto de la contracción comercial y financiera internacionales. La caída de la demanda arrastró los precios de las exportaciones y la falta de dinero fresco amenazó la continuidad de muchas obras públicas e infraestructuras dependientes de la financiación externa. Las restricciones monetarias y la evolución desfavorable de los tipos de cambio llevaron a decretar la moratoria en el pago del servicio de la deuda externa, aunque Venezuela pudo cancelarla en 1930 por el mantenimiento de los precios del petróleo. Honduras, Haití y la República Dominicana siguieron pagando la deuda externa pero no la deuda interna, pero Argentina decidió pagar ambas para mantener el crédito internacional. La caída exportadora tuvo consecuencias funestas en todas las economías: se redujo la recaudación de los impuestos aduaneros, bajó la capacidad de importar y se fijaron prioridades para las importaciones, se establecieron cuotas de importación y aranceles selectivos a ciertos productos para facilitar su importación y disuadir la adquisición de otros y se fijaron precios máximos y cupos de producción, para evitar la sobreproducción y la caída de los precios de las exportaciones. Así surgieron Juntas Reguladoras dedicadas a vigilar la producción y la exportación. Otro campo de acción fue el de las políticas monetarias, que comenzaron a fijar distintos tipos de cambios o a autorizar la adquisición y venta de divisas. Para mejorar la gestión monetaria y el control de la emisión de dinero se crearon Bancos Centrales, aunque algunos ya existían, como el Banco de México, creado en 1925. En los países andinos los bancos siguieron el modelo de la Reserva Federal estadounidense, influidos por las Misiones Kemmerer, mientras que otros mantuvieron el modelo británico, como el Banco Central Argentino.

Antes de 1929 las manufacturas ocupaban un lugar secundario en unas economías exportadoras y por eso la industrialización sustitutiva fue una de las paradojas de la década de 1930, cuando la recuperación dependía de las exportaciones y los grupos exportadores mantenían cuotas importantes de poder. Sin embargo, en términos relativos el crecimiento industrial fue superior al del PIB en la mayoría de los países y demuestra la gran vitalidad del sector manufacturero. Pese a un proteccionismo moderado, las políticas gubernamentales centradas en el sector primario eran neutrales con la industria. Algunas manufacturas, como los frigoríficos argentinos o los ingenios azucareros, transformaban ligeramente los productos primarios exportados, mientras que las industrias sustitutivas comenzaron produciendo bienes de consumo final, la forma más sencilla de comenzar: la tecnología requerida era menos compleja, necesitaba menores inversiones de capital y tenían un mercado interior. La industrialización presionó sobre la capacidad instalada y a principios de la década de 1930 muchas fábricas textiles trabajaban dos o tres turnos diarios y prácticamente habían alcanzando el límite de su producción.

En las décadas de 1940 y 1950 el motor del crecimiento económico fue la industrialización sustitutiva (véase Cuadro 19.3). Si bien se redujo la actividad de algunos sectores vinculados a la exportación, otros dirigidos al mercado interno aumentaron su producción: textiles, materiales de construcción (especialmente cemento), refinado de petróleo, ruedas de automóviles, productos farmacéuticos, los sanitarios y alimentos procesados —conservas y pastas—. Destacan los textiles con un crecimiento superior al 10% anual durante los años treinta. La mayor excepción fue Brasil, con una industrialización temprana en el textil, calzado, ropa y alimentos, de modo que crecieron más rápido las industrias de bienes intermedios y de capital. También fue importante el aporte de experiencia y capital humano de algunos nuevos empresarios, mayoritariamente de la Europa en crisis.

La Segunda Guerra Mundial amenazó los mercados de exportación y financieros tradicionales, las fuentes de abastecimiento de una parte importante de las manufacturas y a los medios de transporte que garantizaban el comercio trasatlántico, especialmente por la labor de la flota de guerra alemana. El bloqueo británico a Alemania fue perjudicial para América Latina, que perdió el mercado germano y el la Europa continental controlado por los nazis que consumían casi un tercio de sus exportaciones. Las importaciones británicas continuaron pero limitadas a productos esenciales, azúcar o petróleo, y se pagaban en una cuenta en libras esterlinas sólo útil para financiar la compra de productos británicos. Por eso, las reservas en divisas se acumularon en los países que hicieron un esfuerzo exportador. En algunos casos se destinaron a restablecer el pago de la deuda externa, paralizado por las moratorias pasadas y quienes cumplieron sus compromisos financieros retornaron a los mercados de capitales. Las industrias sustitutivas se consolidaron por la dificultad de importar manufacturas de consumo final de los países en guerra, que habían reorientado su producción al esfuerzo bélico, dejando de lado los productos superfluos. En medio de la guerra, sólo se podía mantener las exportaciones con una flota mercante propia, un objetivo convertido en prioritario para muchos gobiernos que hacían del nacionalismo económico una de sus banderas políticas a la vez que una fuente de gasto y endeudamiento importante, aunque en los casos exitosos, como el argentino, fue un motivo de orgullo de las políticas oficiales.

Cuadro 19.3. Evolución de la participación de la industria en el PIB

	1945	1950	1955
Argentina	25	24	25
Brasil	17	21	23
Colombia	11	14	15
Costa Rica	12	12	12
Chile	23	23	23
El Salvador	12	13	14
Guatemala	13	11	11
Honduras	7	9	12
México	19	19	19
Nicaragua	11	11	11
Perú	13	14	15
Uruguay	18	20	23
Venezuela	15	11	13

Fuente: Rose-Mary Thorp, «Las economías latinoamericanas, 1939-c. 1950», en Leslie Bethell (ed.), *Historia de América Latina*, vol. 11, p. 69, Barcelona, 1997.

Las necesidades bélicas de Estados Unidos influyeron en la expansión industrial gracias a su ayuda para ampliar la producción de los sectores estratégicos en manos de gobiernos amigos. La industria avanzó en su conquista del mercado interno y algunos países con excedentes industriales, como Brasil y México, se lanzaron a la búsqueda de mercados exteriores en otros países latinoamericanos y algunas colonias africanas, aisladas de sus metrópolis. La ayuda norteamericana siguió llegando a la planta brasileña de Volta Redonda en forma de acero, maquinaria y equipos o a la Corporación Peruana de Santa, dedicada a producir hierro y acero. En julio de 1941 México firmó un convenio comercial con Estados Unidos para exportar su producción de 11 productos estratégicos. Argentina y Chile fueron los más perjudicados por la falta de ayuda norteamericana, debido a su neutralidad o, inclusive, a su antinorteamericanismo, que en el caso argentino justificó las acusaciones de simpatías con el nazismo del gobierno y las Fuerzas Armadas. El caso chileno fue similar por su negativa a aplicar los acuerdos panamericanos para limitar y controlar la presencia alemana, una postura recubierta de justificaciones económicas, respaldada por algunos sectores de la sociedad y de parte de sus Fuerzas Armadas muy favorables a la Alemania nazi. Sin embargo, Chile cambió de actitud más rápido que Argentina y en enero de 1943 rompió relaciones con el Eje, lo que le permitió normalizar sus relaciones económicas y políticas con Estados Unidos.

Tras la Segunda Guerra, y pese a las expectativas de una rápida recuperación de la economía mundial, se acentuaron las tendencias autárquicas y la transferencia de recursos del sector primario-exportador al industrial, al que en última instancia subsidiaban. La profundización de la industrialización su-

19. Economía y sociedad en la crisis del sistema oligárquico

puso un esfuerzo de innovación tecnológica para mantener el crecimiento económico. Esto implicaba mayores inversiones, aunque el exceso de protección primaba la ineficiencia y no rentabilizaba el esfuerzo en mejorar la tecnología de las fábricas y mantener la competitividad de las empresas. La industrialización también requería invertir en infraestructuras para mejorar las comunicaciones, desde caminos, puertos y aeropuertos, o para producir la energía necesaria para las fábricas. Ante la magnitud de estas inversiones, primó el argumento de que el Estado debía suplir a los inversores privados, carentes de capital. Con el tiempo se abandonó la teoría de proteger sólo a las industrias en crecimiento (o infantes) y los industriales, que controlaban el mercado interno como si fuera cautivo, dejaron de reinvertir los beneficios en sus empresas, que se tornaron obsoletas. La protección indiscriminada sólo sirvió para financiar con déficit público y con apoyo sindical a unas empresas cada vez menos competitivas y más incompetentes. Pese al nacionalismo declarativo de las políticas autárquicas, algunas empresas protegidas, especialmente del sector automotriz, químico y electrónico, eran extranjeras.

Tras la Segunda Guerra Mundial se produjeron algunos cambios en la estructura económica. La planificación se convirtió en un arma de las políticas públicas, lo que hizo imparable el avance del intervencionismo estatal. Las políticas industrialistas, avaladas por la entonces muy influyente CEPAL y su principal impulsor el economista argentino Raúl Prebisch renovaron, en parte, a las élites y afianzaron a aquellos grupos que apostaban por la industrialización en detrimento de algunos sectores de la oligarquía tradicional exportadora, aunque en algunos casos hubo una cierta integración entre la llamada burguesía nacional y la oligarquía terrateniente y exportadora. Otro grupo partidario de la industrialización y de peso creciente fue la burocracia estatal, especialmente los militares, que esgrimiendo razones de seguridad nacional controlaron fábricas de explosivos y armamentos, pero también de productos químicos, electrónicos, etc. Burócratas, militares y tecnócratas, los encargados de gestionar y administrar la industrialización, medraban de los presupuestos nacionales.

La industrialización permitió aglutinar a distintos grupos en un equilibrio inestable. Eran necesarios acuerdos con los obreros industriales para disminuir la conflictividad laboral introduciendo criterios de moderación en la explotación de la fuerza de trabajo por los patronos. Pero los empresarios no siempre coincidían con sus gobiernos, ya que una medida semejante suponía una merma en sus ganancias o en su poder. El intervencionismo y la planificación económica tenía numerosos ejemplos en el mundo: la experiencia industrializadora de la Unión Soviética; el fascismo en Italia y Alemania o el *New Deal* norteamericano. El México de Cárdenas, el Brasil de Vargas y la Argentina de Perón son los ejemplos locales más claros. Los sectores populares urbanos, en tanto consumidores, eran partidarios de participar en el reparto, aunque lo esencial era garantizar su nivel de ingreso, su capacidad de consumo y la defensa de sus puestos de trabajo. En el caso del ingreso y del consumo, el proteccionismo encarecía los artículos de consumo, ante la subida de los precios impulsada por los subsidios y los aranceles, que impedían las importaciones baratas y producían, de hecho, un descenso de los salarios reales. De ahí la importancia de recubrir el discurso industrializador con un barniz nacionalista que sostuviera que sólo un país con industria propia podía desarrollarse. Cuando los asalariados se convertían en trabajadores fabriles, la defensa de su puesto de trabajo era la defensa del sector industrial. La industrialización también requería de empresarios y en algunos países los gobiernos se dedicaron a crearlos, favoreciendo a determinados grupos con concesiones de obras públicas (carreteras, diques, etc.) o de empresas de servicios (electricidad, gas, teléfonos, agua, etc.).

2. La sociedad

2.1. La evolución demográfica: el fin de la inmigración masiva y la urbanización

Entre 1920 y 1950, América Latina tuvo un alto crecimiento demográfico (véanse Cuadros 19.4 y 19.5), aunque el ritmo no fue igual en todos los países, al intervenir el crecimiento vegetativo o la inmigración. El crecimiento constante de la población le permitió alcanzar el volumen de Estados Unidos en 1946. La inmigración trasatlántica tuvo un comportamiento dispar y si bien su impacto fue importante en los años veinte, prácticamente se paralizó tras la Gran Depresión, cuando finalizó la época de las migraciones masivas. La recesión y el descenso de los salarios reales provocó el retorno de muchos inmigrantes a su lugares de origen, donde tenían redes de protección social más eficaces. Entre 1900 y 1930 la población del continente pasó de 61,9 millones de habitantes a 104,1 millones, con una tasa de crecimiento anual del 1,7%. México y América Central tenían 22,5 millones; el Caribe 9,2 millones y América del Sur 72,7 millones. En la zona templada de América del Sur la tasa de crecimiento fue del 2,4% (destacando el 3,1 de Argentina), mientras en el Caribe la tasa fue algo menor: el 2,3% y en México de sólo el 0,8%, aunque aquí hay que considerar el impacto negativo causado por la emigración mexicana a Estados Unidos, especialmente en las zonas fronterizas, estimada para 1920 en medio millón de personas. América Latina tenía una densidad territorial muy baja: a fines de la década de 1950 sólo el 7% de la población mundial vivía en ella, cuando su superficie suponía el 16% de las tierras habitables del planeta. Tras una paralización momentánea del crecimiento a consecuencia de la Crisis, la población creció a ritmos mayores que en el pasado. En 1940, se alcanzaron los 126 millones y en 1950 más de 159 millones. La tasa anual de crecimiento pasó de 1,9 en la década de 1930 a 2,3 en la siguiente, anunciando nuevos y más acelerados incrementos. Mientras el crecimiento se mantuvo prácticamente estable en el Caribe y la zona templada de Amé-

Cuadro 19.4. La población de América Latina (1900-1950)

	1900	1930	1940	1950
América Central continental				
México	13.607	16.589	19.815	26.640
Guatemala	1.425	1.771	2.201	3.024
El Salvador	932	1.443	1.633	1.922
Honduras	443	948	1.119	1.389
Nicaragua	448	742	893	1.133
Costa Rica	285	499	619	849
Panamá	—	502	595	765
Subtotal	17.410	22.494	26.875	35.722
Caribe				
Cuba	1.573	3.837	4.566	5.520
Puerto Rico	953	1.552	1.880	2.218
Rep. Dominicana	700	1.400	1.759	2.303
Haití	1.270	2.422	2.825	3.380
Subtotal	4.496	9.211	11.030	13.421
América del Sur tropical				
Brasil	17.318	35.568	41.233	52.326
Colombia	3.825	7.350	9.077	11.629
Perú	3.791	5.651	6.681	7.968
Venezuela	2.344	2.950	3.710	5.330
Ecuador	1.400	2.160	2.586	3.225
Bolivia	1.696	2.153	2.508	3.013
Subtotal	30.374	53.832	65.795	83.491
América del Sur templada				
Argentina	4.743	11.896	14.169	17.085
Chile	2.904	4.424	5.147	6.058
Uruguay	915	1.704	1.947	2.198
Paraguay	440	880	1.111	1.337
Subtotal	9.002	18.904	22.374	26.678
Total de América Latina	61.012	104.441	126.074	159.312

Fuente: Nicolás Sánchez-Albornoz, *La población de América Latina desde los tiempos precolombinos al año 2000,* Madrid, 1973, pp.192 y 212.

rica del Sur, se aceleró en México y América Central y algo menos en la zona tropical de América del Sur. Entre 1930 y 1950 el incremento medio anual de la región fue del 2,2%.

Algunos gobiernos empezaron a invertir en salud pública e infraestructuras urbanas, comenzando por las ciudades más importantes, lo que hizo descender las tasas de mortalidad, especialmente en las zonas urbanas, y esto, junto al aumento de la natalidad, contribuyó al crecimiento demográfico. Con las mejoras en las redes cloacales y de agua corriente, ciertas enfermedades endémicas, como el cólera o la fiebre amarilla, prácticamente desaparecieron

Cuadro 19.5. Tasa anual de crecimiento demográfico por decenios en América Latina (1930-1950)

	1930-1940	1940-1950
América Central continental		
México	1,8	2,9
Guatemala	2,1	3,2
El Salvador	1,2	1,6
Honduras	2,6	2,1
Nicaragua	1,8	2,4
Costa Rica	2,1	3,1
Panamá	1,7	2,5
Subtotal	1,8	2,8
Caribe		
Cuba	1,7	1,9
Puerto Rico	1,9	1,6
Rep. Dominicana	2,3	2,8
Haití	1,5	1,8
Subtotal	1,8	1,9
América del Sur tropical		
Brasil	2,3	2,6
Colombia	2,1	2,5
Perú	1,6	1,6
Venezuela	2,3	2,6
Ecuador	1,8	2,2
Bolivia	1,5	1,9
Subtotal	2,0	2,3
América del Sur templada		
Argentina	1,7	1,9
Chile	1,5	1,6
Uruguay	1,3	1,2
Paraguay	2,3	1,9
Subtotal	1,7	1,8
Total de América Latina	1,9	2,3

Fuente: Nicolás Sánchez-Albornoz, *La población de América Latina desde los tiempos precolombinos al año 2000,* Madrid, 1973, p. 213.

de muchos países. También se comenzó a invertir en seguridad social y en los años veinte y treinta los cinco países más destacados eran Argentina, Uruguay, Cuba, Chile y Brasil, con programas que incluían pensiones y beneficios para los enfermos. Antes de 1930, los pioneros en estos programas eran Uruguay, Argentina y Chile, con esquemas similares a los de la Europa meridional y occidental en la misma época. A fines de la década de 1930, se habían desarrollado los sistemas brasileño, chileno y uruguayo y México hizo lo propio a principios de la década siguiente.

19. Economía y sociedad en la crisis del sistema oligárquico

El aporte migratorio europeo se centraba en un pequeño grupo de países que demandaba mano de obra extranjera, como Argentina, Brasil, Uruguay o Cuba. Entre 1920 y 1930 se reactivó la inmigración y las restricciones de Estados Unidos a la llegada de inmigrantes favoreció la presencia de europeos en América Latina. En 1914, la Argentina contaba con 2.400.000 inmigrantes, especialmente españoles e italianos, cuando casi la tercera parte de la población era extranjera y la inmigración neta era de un millón de personas, Uruguay apenas superó los 170.000, Cuba los 140.000 y Chile sólo llegó a 40.000. En Brasil, el aporte migratorio fue algo inferior que el argentino y al igual que en el período 1880-1930, destacaron los españoles e italianos, aunque también llegó gente de Europa oriental, Rusia y Ucrania fundamentalmente; del Imperio turco otomano: Siria, Líbano y Turquía; y de otros países como Japón.

Numerosos países impusieron restricciones más o menos prolongadas a la inmigración tras la Crisis, abandonando los principios de *laissez-faire* de sus políticas poblacionales desde la segunda mitad del siglo XIX. Uruguay suspendió la entrada de inmigrantes por un año desde julio de 1932 y luego el Parlamento votó una ley que centralizó en el Instituto Nacional de Trabajo la concesión de los permisos de llegada y limitó hasta 1937 el arribo de nuevos inmigrantes. Argentina cerró sus fronteras entre 1931 y 1935 y desde 1940 restringió la llegada de inmigrantes. Brasil incluyó sus restricciones a la inmigración en la Constitución de 1934 y estableció un sistema de cuotas a la entrada de extranjeros. Chile favoreció la colonización pero no la inmigración y México prohibió en 1936 la entrada de trabajadores y sólo admitió a quienes dispusieran de recursos suficientes. Como señala Nicolás Sánchez-Albornoz, estas medidas buscaban evitar que las condiciones generales del empleo, agravadas por la recesión, se siguieran deteriorando y que el aumento del paro repercutiera sobre la situación social y laboral.

La Guerra Civil española y la barbarie nazi, con su secuela de exiliados y refugiados, se sintieron en América Latina y muchos países comenzaron a eliminar las barreras existentes. El México de Lázaro Cárdenas admitió a numerosos exiliados republicanos, un aporte de mano de obra cualificada que dinamizó la economía y el mundo académico y cultural. Algo similar ocurrió en Argentina, Chile, Cuba y Santo Domingo. Se estima que llegaron a América Latina entre 50.000 y 150.000 refugiados republicanos. Las cifras más fiables hablan de 50.000 exiliados en México y 30.000 en el resto del continente. En 1938 Venezuela, que había recibido escasos inmigrantes europeos, creó el Instituto Técnico de Inmigración y Colonización para asentar colonos extranjeros en el campo. Si bien llegó un número importante de inmigrantes, españoles fundamentalmente, atraídos por el crecimiento, éstos no se asentaron en el campo, como se buscaba, sino en las ciudades, comenzando por Caracas.

El crecimiento demográfico comenzó a expulsar a numerosas personas de las zonas rurales hacia los centros urbanos y a partir de la década de 1940 se comienza a hablar de una explosión urbana. Si bien algunos países comenzaron el proceso de urbanización unos años antes y otros en la década siguiente, es innegable la importancia de las migraciones internas y los desafíos planteados a los gobiernos, que debieron atender las demandas de los migrantes internos: vivienda, trabajo, infraestructuras urbanas (luz, agua, cloacas), educación, salud, etc. Si el latifundismo no favorecía la retención de los campesinos, la cantidad de migrantes rurales que llegaba a las ciudades tampoco podía ser absorbido satisfactoriamente, ante la insuficiencia de las infraestructuras y de la oferta de trabajo. La falta de viviendas en el perímetro urbano impulsó la construcción de cinturones de miseria en la periferia de las grandes ciudades: villas miseria en Buenos Aires, favelas en Río de Janeiro, barriadas en Lima, cantegriles en Montevideo, barrios callampas en Santiago de Chile, colonias proletarias en la ciudad de México, rancherías en Caracas o barrios de invasión en Bogotá. La urbanización se benefició del crecimiento demográfico y en 1930, Argentina y Uruguay tenían el porcentaje de población urbana y la tasa promedio anual de crecimiento mayores. En Argentina, en 1914, un 33,5% de la población vivía en ciudades de más de 20.000 habitantes, Chile alcanzó el 32,4% en 1930; Cuba el 20,1% en 1931 y Venezuela el 17% en 1926. Por su parte, México llegó al 15,6% en 1930; Brasil al 15,3% en 1940; Perú al 14,6% en 1940 y Colombia sólo al 8,7% en 1928. Las grandes ciudades impulsaron el cambio social y en tanto los países se urbanizaban e industrializaban, algo más palpable en los años cuarenta, se produjo la terciarización de sus sociedades, que implicaba un mayor crecimiento de los servicios en relación a la agricultura y la industria. En respuesta a la urbanización y la conflictividad social de los años veinte y treinta se quiso mejorar la educación básica y reducir la tasa de analfabetismo que cayó del 63% en 1900 al 46,5% en 1950. La educación no fue una prioridad en muchos países, pero Uruguay y Argentina son dos importantes excepciones y entre 1930 y 1960 en 10 países avanzó la lucha contra el analfabetismo.

    Las migraciones internas no solían producirse directamente del campo a las grandes ciudades: un primer paso llevaba a los campesinos a los centros urbanos de menor tamaño, capitales de provincia o centros regionales, para luego pasar a las grandes urbes. En 1930, los países no tenían más que dos ciudades de más de 100.000 habitantes, salvo Brasil, México y Argentina, aunque casi todos tenían una que reunía entre la quinta y la tercera parte de la población nacional. En 1930, estas grandes ciudades primarias eran muy importantes en Argentina, Cuba, Chile, México y Perú. Brasil era diferente, con sus grandes urbes: Río de Janeiro, São Paulo, Recife, Salvador y Porto Alegre. Entre los países pequeños, como señala Scobie, destacan Uruguay y Ecuador. Montevideo concentraba en 1930 más de la tercera parte de la población total, mientras que en Ecuador, la población de la capital, Quito, emplazada en la zona andina, tenía poco más de 100.000 habitantes, casi la misma cantidad que el puerto de Guayaquil. En 1914 las tres ciudades más grandes de la Argentina (Buenos Aires, Rosario y Córdoba) reunían casi la cuarta parte del total nacional, mientras que en Cuba, en 1931, las dos ciudades más grandes (La

Habana y Santiago) sólo llegaban al 10%. En Chile, en 1931, Santiago y Valparaíso tenían el 20,7%; en Perú, Lima tenía el 8,4% en 1940 y en México, la capital, Guadalajara, Monterrey y Puebla tenían un 8,8% en 1940. En 1950 Brasil era el único país con dos ciudades de más de un millón de habitantes.

Las capitales nacionales solían concentrar diversas funciones, eran el principal referente administrativo y burocrático y reunían las actividades comerciales, económicas, financieras y culturales, también eran los centros urbanos más dinámicos, los que tenían más población y los que más rápido crecían, como Caracas o Lima. En 1950, las ciudades más grandes eran Buenos Aires (5.213.000 habitantes), Río de Janeiro (3.052.000), São Paulo (2.449.000), México (2.234.000), Santiago de Chile (1.275.000), La Habana (1.081.000) y Lima (947.000). Con la excepción de São Paulo, las restantes eran capitales nacionales. Otras capitales destacadas eran Caracas (694.000), Montevideo (609.000), Bogotá (607.000), La Paz (300.000), Guatemala (294.000), Guayaquil (259.000), Quito (210.000) y Santo Domingo (182.000).

2.2. El mundo rural

A principios de la década de los veinte, la estructura agraria mantenía sus principales características, aunque habían comenzado a transformarse en los países más urbanizados e industrializados. Las regiones seguían siendo básicamente agrarias, la agricultura era el principal sector económico, el que tenía el mayor porcentaje de población activa y cuyo aporte al PIB era considerable. La estructura de la tenencia de la tierra se mantenía inalterable, pese a que en algunos países había cambiado la composición de los propietarios, lo que propició una cierta renovación de las élites. Pese a las transformaciones de estos años, países como Chile mantuvieron la estructura de la propiedad agraria y la concentración de la propiedad en torno al latifundio, al tiempo que una parte de la producción agraria siguió girando en torno a los fundos de inquilinaje. Entre 1920 y 1950 el campo vivió un doble proceso que afectó a las estructuras agrarias: la emigración hacia las ciudades redujo la población rural; y la reformulación del problema agrario y de los latifundios introdujo la reforma agraria en la agenda política y social. Sin embargo, con la excepción de México, las reformas agrarias fueron posteriores a 1950. El mundo rural fue visto como la suma de todos los males al identificarlo con el atraso y el subdesarrollo. Raúl Prebisch llegó a decir que en la estructura agraria «se encuentra generalmente el punto de estrangulamiento interno más pertinaz en el desarrollo latinoamericano». Entre sus problemas estaba el gran porcentaje de la producción dedicada al autoconsumo que no pasaba por el mercado; el régimen de trabajo arcaico que pagaba a muchos campesinos en especies y tenía un aporte al crecimiento del mercado interno prácticamente nulo, y el elevado número de campesinos que vivía bajo la línea de pobreza. A esto había que sumar el régimen de tenencia de la tierra que dificultaba la incorporación de tecnología al mundo rural; la precariedad de las inversiones productivas y la deficiente política agraria del Estado. Así, la reforma agraria se convirtió en la solución para eliminar las trabas agrícolas al desarrollo.

Hubo algunos conflictos campesinos importantes que respondían a la presión de los trabajadores agrarios sobre la tierra cultivable. Uno de los movimientos campesinos más destacados fue el movimiento cristero mexicano de fines de la década de 1920, aunque respondía a otras motivaciones, vinculadas a cuestiones políticas y religiosas. También hay que destacar la incidencia de las Ligas camponesas (ligas campesinas), en la periferia de Recife, Brasil, en 1945, bajo la influencia del Partido Comunista. En algunos países, los límites entre campesinos e indígenas son bastante difusos y algunos connotados movimientos de defensa de la tierra confundían ambos ingredientes. En 1932 hubo algunas sublevaciones campesinas de cierta consideración en El Salvador, Perú y Ecuador. En El Salvador, la represión se cobró la vida de 30.000 campesinos. En Perú, la rebelión estuvo asociada a la sublevación aprista en Trujillo.

2.3. Los sindicatos

El sindicalismo comenzó a desarrollarse a finales del siglo XIX por el impulso anarquista y el impacto de la Revolución rusa y si bien también participaron los socialistas, la diversidad ideológica y organizativa de los sindicatos fue notable con organizaciones católicas, el obrerismo fascista y el sindicalismo populista. La irrupción de la clase obrera como actor político llevó a hablar de las «clases peligrosas» y del riesgo de desestabilización social, lo que convirtió a la represión en el arma preferida de las élites para limitar los efectos de la acción política de los sindicatos y los partidos de izquierda. El alto número de artesanos manuales urbanos influyó en los sindicatos de oficios: fontaneros, caldereros o linotipistas. En Chile, Uruguay, México y Bolivia se crearon grandes centrales sindicales, aunque no hay que olvidar al sindicalismo argentino, ya que los enfrentamientos entre anarquistas y socialistas, y socialistas y comunistas impidieron la unidad sindical. En la década de 1920 ya era patente el declinar del anarcosindicalismo, aunque a instancias de la Asociación Internacional de Trabajadores (AIT), de inspiración anarquista, se fundó en 1929 la Asociación Continental Americana de Trabajadores (ACAT), que fue incapaz de aglutinar a todas las federaciones adheridas a la AIT, como las federaciones de Cuba, Chile y Perú.

No todos los sindicatos fueron revolucionarios y reivindicativos y los reformistas y hasta los colaboracionistas, que llegaron a tener el respaldo de algunos gobiernos, tuvieron un amplio espacio. La Confederación Obrera Pan Americana (COPA) se creó en Tamaulipas, México, en 1918 y fue el principal intento de la época de constituir una organización obrera continental y re-

19. Economía y sociedad en la crisis del sistema oligárquico

formista impulsada por Estados Unidos, una corriente que recibió el nombre de monroismo al vincularla con la doctrina Monroe y el papel dirigente de los sindicatos norteamericanos. A la reunión fundacional acudieron delegados de Estados Unidos y México y también de Colombia, Costa Rica, Guatemala y El Salvador. La Crisis de 1929 fue un duro golpe para la COPA, que en 1930 celebró en La Habana su último congreso. Pese a ello, el sindicalismo norteamericano a través de la AFL, y luego de la AFL-CIO, y el Departamento de Estado mantuvieron su interés en controlar los sindicatos de América Latina y en crear alguna organización panamericana que englobara a los trabajadores del continente, un esfuerzo más relevante durante la Guerra Fría y la lucha contra el comunismo soviético. Los sindicatos y agrupaciones de trabajadores católicos tuvieron gran influencia en algunos países. En 1922 se fundó en México la Confederación Nacional Católica del Trabajo y diez años más tarde se creó en Brasil el Círculo de Obreros Cristianos. También fueron importantes los sindicatos de Costa Rica y Ecuador. La organización definitiva del sindicalismo cristiano se produjo en 1954, bajo el impulso de la Confederación Internacional de Sindicatos Cristianos (CSIC) que convocó en Chile el Primer Congreso de Sindicalismo Cristiano, del que salió la Confederación Latinoamericana de Agrupaciones Sindicales Cristianos (CLASC). Los sindicatos católicos recogían los postulados de la doctrina social de la Iglesia y respondían a las directrices emanadas de la jerarquía católica en su lucha contra el liberalismo.

El desarrollo de partidos comunistas y su deseo de convertirse en los representantes del proletariado nacional impulsó la creación de sindicatos de clase, de un incipiente desarrollo en los años veinte, como algunos sindicatos campesinos en Chile, Perú y México o de empleados administrativos en Argentina y Chile. En 1921 se creó la Internacional Sindical Roja (ISR), centrada en los países coloniales y semicoloniales, aunque se relacionó con América Latina y a sus primeros congresos asistieron representantes de México, Argentina, Chile y Brasil. En 1927, la ISR concentró su acción de agitación y propaganda en Asia y América Latina y en 1928 creó el Secretariado Sindical Latinoamericano. Ese mismo año el Komintern adoptó la política de «clase contra clase», que obligó a los comunistas a abandonar los sindicatos en los que participaban para crear otros marxista-leninistas. En 1929, a impulso de la ISR, se fundó en Montevideo, la Confederación Sindical Latino-Americana (CSLA), que al igual que la COPA tenía una clara vocación continental. A su congreso constituyente asistieron delegados de 15 países: Argentina, Brasil, Bolivia, Colombia, Costa Rica, Cuba, Ecuador, El Salvador, Guatemala, México, Panamá, Paraguay, Perú, Uruguay y Venezuela. El principal objetivo de la CSLA era luchar por la revolución continental, de signo bolchevique, relegando a un segundo plano las reivindicaciones específicamente obreras y sindicales. El fracaso del sindicalismo de la CSLA y la política comunista de frentes populares llevaron a la Tercera Internacional a cambiar su programa sindical, abandonando las reivindicaciones antipatronales para centrarse en el frente antifascista. Por eso, apoyaron la fundación, en la ciudad de México, en 1938, de la Confederación de Trabajadores de América Latina (CTAL), que sería el arma principal de agitación y propaganda del sindicalismo antifascista. En su nacimiento fue decisivo el sindicalista mexicano Vicente Lombardo Toledano. El antifascismo y el enfrentamiento ideológico con las potencias del Eje le permitieron a la CTAL abogar por la conciliación entre el capital y el trabajo. La Internacional Comunista vio en ella una herramienta de acción prioritaria y decidió hacer suyas sus posturas e impulsar sus banderas político-ideológicas: el frente único sindical, la lucha de clases y el internacionalismo proletario, pero adaptadas a los nuevos tiempos.

El populismo también impulsó algunas iniciativas sindicales continentales, aunque dada su falta de homogeneidad sus propuestas se vinculaban a las posturas de los líderes o de los grupos que las impulsaban, lo que hacía muy difícil coordinar estas iniciativas. El peronismo impulsó la Asociación de Trabajadores de América Latina (ATLAS), que vio la luz en México en 1952 y el aprismo apostó por la Confederación Interamericana de Trabajadores (CIT), constituida en Lima en 1948. Ambas centrales estaban marcadas por la Guerra Fría y se hacían eco de un anticomunismo militante. Sin embargo las dos hacían gala de su anticapitalismo, mucho más claro en el caso del ATLAS, a partir de la postura tercerista del peronismo. Los problemas laborales y sociales de la clase obrera impulsaron políticas de reforma social, que buscaban integrar pacíficamente a sindicatos y proletarios, aunque la patronal solía oponerse a las políticas gubernamentales que supusieran beneficios para los obreros. Entre las reformas más corrientes destacan la reducción de la jornada de trabajo a 8 horas, la reglamentación del trabajo femenino e infantil, el pago de indemnizaciones en caso de accidentes de trabajo, la mejora en las condiciones de trabajo e higiene de las instalaciones fabriles, vacaciones y pensiones. La oposición de la patronal explica la profunda labor de persuasión que tuvieron que aplicar tanto Vargas, en Brasil, como Perón, en Argentina, para convencer a los patronos, algo que no siempre lograron, de las ventajas de sus políticas populistas y de conciliación laboral. Se asume que los gobiernos tomaban partido por la patronal, una creencia basada en América Central y los enclaves bananeros, donde los gobiernos débiles solían responder a las demandas de las empresas norteamericanas. Sin embargo, la intervención estatal no siempre favorecía a los patronos, como en Argentina y Brasil, donde era frecuente la mediación o el arbitraje gubernamental a favor de los obreros.

2.4. La Iglesia católica

En este período se produjo una gran ofensiva de la Iglesia católica contra el liberalismo, ya que, en algunos casos, el avance secular había recortado el poder político de la Iglesia, con una pérdida de privilegios y riquezas. El mensaje eclesiástico, ultramontano y antiliberal, se expresaba de forma similar en todo el continente y como señala Loris Zanatta, la invocación al magisterio pontificio era una constante en el mensaje eclesiástico del «renacimiento católico», marcado por un proceso simultáneo de romanización (subordinación a los dictados del Vaticano) y nacionalización de las estructuras eclesiásticas, aunque con diferencias nacionales considerables. Iglesias separadas del Estado, como en Brasil, Uruguay, Chile y México, un caso especial después de la Revolución, y otros países donde la Iglesia estaba vinculada constitucionalmente al Estado. Lentamente en la década de 1920, y de forma más acelerada a partir de 1930, la Iglesia se dotó de estructuras eficientes para cumplir su labor, como conferencias episcopales o la mejora en el funcionamiento de los seminarios y la formación del clero. Una pieza clave en la política de la Iglesia, especialmente en la organización del laicado y su subordinación al clero y a la jerarquía eclesiástica, fue la Acción Católica. Dentro de ella, el catolicismo social se manifestó en distintas organizaciones como la Juventud Obrera Católica o la Juventud Estudiantil Católica. La Acción Católica se convirtió en un movimiento de masas en los países más importantes, dependiente de la jerarquía eclesiástica para actuar al margen de los partidos políticos. Pese a su carácter apolítico, la Iglesia solía defender a los regímenes conservadores e, incluso, fraudulentos. Esta actitud respondía a los privilegios de la Iglesia, que dependían más del sesgo ideológico de los gobiernos que del estatus legal de cada país. De todas formas, su teórica apoliticidad dotó a la Iglesia de mayor autonomía frente al Estado y le permitió llegar a las masas con su mensaje pastoral. Este proceso no hubiera rendido los frutos deseados si no hubiera habido una política coherente y continental del Vaticano.

Los congresos eucarísticos fueron clave para la mayor proyección social de la Iglesia, un proceso que permitió a las autoridades eclesiásticas nacionales negociar mejor con las autoridades políticas. También tuvo su importancia la Doctrina Social de la Iglesia, impulsada por la encíclica *Rerum Novarum* para ganar el apoyo de otros grupos sociales, como los trabajadores urbanos que vivían al margen de la Iglesia. La Doctrina Social se oponía a la lucha de clases, al marxismo y a los cambios revolucionarios y de un modo paternalista abogaba por la intervención del Estado. También impulsaba la creación de sindicatos católicos y la fundación de Círculos de Obreros Católicos. Siguiendo el modelo alemán, se crearon Ligas Sociales, como la Liga Social Argentina o la Liga Social Agraria, en México. La postura militante de la Iglesia en contra de la izquierda restó protagonismo a las organizaciones socialistas entre los sectores obreros, las mujeres y la población no sindicalizada. En la búsqueda de una tercera posición entre capitalismo y socialismo, o entre liberalismo y comunismo, muchos católicos apostaron por soluciones corporativas y se recostaron en el fascismo. En esta misma línea, se explica el apoyo de la Iglesia al populismo, como ocurrió a mediados de los cuarenta con el peronismo, aunque las relaciones entre Perón y el episcopado terminaron siendo muy tensas.

De este modo, las posiciones de la Iglesia en la vida política, social, educativa y económica mejoraron, aunque el avance dependió de cada caso. Algunos países, como Argentina o Brasil, conocieron cambios sustantivos y en otros, México o Uruguay, fueron menos espectaculares. Hubo otros, Colombia o Perú, donde al contrario de la norma general se produjeron avances en la laicización de la vida pública. Pero más allá de las diferencias, la respuesta de la Iglesia fue homogénea y se caracterizó por su ataque al liberalismo y al marxismo, pero también al positivismo y a otras amenazas seculares. De ahí que abogara por convertirse en la religión oficial del Estado en todos los países y se opusiera a avalar cualquier separación entre la Iglesia y el Estado.

20. La política en la crisis del sistema oligárquico

El período de entreguerras fue una época de turbulencias provocadas por el ascenso de tendencias autoritarias de izquierda, el estalinismo, y de derecha, el fascismo, el nazismo y el falangismo, que se cobraron conjuntamente millones de víctimas en todo el mundo. El poso democrático de América Latina evitó la consolidación de estas amenazas contra las libertades públicas y los derechos humanos, aunque la debilidad del Estado impidió consolidar democracias estables y eficaces. Las respuestas autóctonas a los cambios que se estaban produciendo se centraron en el populismo, un movimiento político de difícil definición, caracterizado por la búsqueda de la integración de amplias capas sociales en los sistemas políticos nacionales gracias a costosas y generosas políticas redistributivas. El varguismo, el cardenismo, el peronismo o el ibañismo fueron algunas de las variantes populistas entre las décadas de 1930 y 1950.

1. La incorporación de los excluidos

Al finalizar la Primera Guerra y comenzar la década de 1920 el panorama político permitía definir a la mayoría de los gobiernos como democráticos, una mirada optimista que se veía reforzada si se proyectaba más allá de la región, especialmente a Europa, dominada por opciones totalitarias y antidemocráticas, como el fascismo, el nazismo y el estalinismo. Mientras países de solera democrática veían como sus instituciones eran cuestionadas, en América Latina se ensayaban otras soluciones, también de riesgo para la democracia, que se había ido consolidando en una región caracterizada por las repúblicas representativas y las elecciones. Éste era el medio de legitimar a quienes ocupaban el poder y de renovar periódica y regularmente a las autoridades y parlamentarios, aunque en algunos casos la competencia y el libre e igualitario acceso a los comicios, la transparencia y la participación electoral tenían una serie de limitaciones que daban pie a algunas dudas sobre el funcionamiento del sistema político. Había países, como Ecuador o la mayoría de los de América Central, que por la fragilidad de sus Estados tenían serios problemas en avanzar hacia una democracia consolidada.

En este proceso, la conflictividad y la violencia estuvieron presentes, ya que el desafío de los sectores dirigentes era la incorporación de los grupos excluidos, como los campesinos, los indígenas o las mujeres. También se buscaba la participación de grupos recientemente desarrollados, como los sectores medios urbanos o el proletariado industrial. El avance de la frontera interior planteó la subordinación de las zonas periféricas y de su escasa población a los aparatos centrales del Estado. El desafío reformista tuvo múltiples respuestas: en algunos casos la apertura la inició el régimen y los reformistas fueron los conservadores o liberales, mientras que en otros, la presión por los cambios y la transformación social vino de los sectores medios o bajos. La Revolución mexicana fue un caso especial y en 1917 una nueva Constitución, todavía vigente pese a las enmiendas, intentaba plasmar los cambios producidos. En otros países los intentos reformistas también se manifestaron en nuevas constituciones. Era frecuente que su autoría surgiera de ciertos gobiernos autoritarios que intentaban sentar los principios y las reglas que debían regir su labor de gobierno y el deseo del dictador de ingresar en el panteón de los héroes nacionales. Uruguay en 1917, Perú en 1920, Chile en 1925, Brasil en 1934, Colombia en 1936, Venezuela en 1936 y 1947, y Argentina en 1949 aprobaron nuevas constituciones, de un éxito y duración desigual, al no ser producto del consenso social sino del trágala impuesto por la dictadura de turno y su vigencia solía vincularse al régimen que la había propiciado.

En la década de 1920 surgieron nuevas amenazas contra la democracia y la estabilidad republicana, que en más de un caso alteraron la gobernabilidad de algunos países. Las democracias se vieron afectadas por la Revolución rusa y la consolidación del estalinismo en la Unión Soviética; el advenimiento del fascismo y el nazismo en Italia y Alemania (sin olvidar al franquismo); la Gran Depresión; el triunfo aliado en la Segunda Guerra y la derrota del fascismo por la democracia; y la Guerra Fría y el enfrentamiento entre Occidente y el mundo comunista. Más allá de los coqueteos de algunos regímenes autoritarios con el fascismo, su implantación en la región fue bastante marginal, si bien se desarrollaron movimientos o partidos asimilables a esa postura, mientras que sectores importantes de las élites tradicionales y de los grupos emergentes se dejaron seducir por los éxitos iniciales del corporativismo fascistizante, aunque ninguna república de la región pasó por el drama totalitario de Europa.

20. La política en la crisis del sistema oligárquico

Al comenzar la década de 1910, cuando empezaba a celebrarse el primer centenario de la emancipación, en México se producía el mayor estallido social de la historia americana, de importantes consecuencias políticas e ideológicas en la sociedad mexicana y en el resto del continente. En otros países, los nuevos grupos sociales, fundamentalmente urbanos, comenzaron a cuestionar el poder de las oligarquías dominantes y las burocracias estatales. Pese a que en casi todo el continente los sistemas representativos habían ido construyendo instituciones democráticas y las élites nacionales y regionales se habían renovado, algunas interpretaciones historiográficas hablan del derrumbe del Estado oligárquico. En realidad, se observa la profundización de los procesos de democratización allí donde las prácticas políticas permitieron una mayor competencia entre partidos y las reformas electorales incrementaron el número de votantes o condujeron a la aprobación del sufragio universal (masculino), como en Uruguay en 1918.

Desde la perspectiva de la consolidación democrática, las instituciones electorales evolucionaron mejor donde había competencia política. Destaca el caso chileno y su sistema pluripartidista de fines del siglo XIX, mientras que el bipartidismo tradicional entre liberales y conservadores y la falta de tradición de elecciones competidas dieron lugar a la presión popular por una mayor participación. Frente al fraude y la manipulación de los comicios, los sectores medios recurrían a la revolución, como los radicales argentinos, para restaurar en sus países el ideal republicano. La famosa y ya citada reforma electoral argentina de 1912, conocida popularmente como ley Sáenz Peña, es uno de los ejemplos más exitosos que condujeron a un importante, aunque paulatino, incremento en el número de votantes. Sin embargo, no fue éste el único caso en el que una reforma electoral propició la expansión del mercado electoral. Contrariamente a lo que se cree, esta reforma no introdujo el sufragio universal masculino en Argentina, ya que la Constitución de 1853, entonces vigente, no reconocía ninguna limitación al voto, ni por criterios de riqueza ni educativos. Ahora bien, no todas las reformas electorales de fines del siglo XIX y principios del XX tenían como objetivo ampliar el sufragio o incorporar a sectores sociales o étnicos excluidos. Esta preocupación comenzó a hacerse presente entre la década de 1920 y la de 1950, con la excepción de Uruguay y México, que comenzaron antes. Dos casos de reformas restrictivas fueron Perú y Brasil, a fines del siglo XIX, que introdujeron el requisito de saber leer y escribir para ejercer el derecho al sufragio. La discriminación de los derechos cívicos y políticos de los indígenas en los países andinos (Bolivia, Perú y Ecuador) y también en Guatemala y México se iba a constituir en un serio problema político.

El cuestionamiento de la legalidad por los grupos excluidos implicaba el comienzo del proceso, pacífico o conflictivo y sangriento, de incorporación de los grupos emergentes. La lucha por las reivindicaciones políticas de los sectores medios recogían el derecho a participar en la vida política sin limitaciones ni restricciones y una mayor apertura política y electoral, aunque sin pretender ser una alternativa de poder al modelo oligárquico. Sólo ponían en cuestión el funcionamiento del sistema pero no sus axiomas ni sus reglas de juego y en ningún caso, los sectores medios emergentes plantearon modelos sociales alternativos. En algunos casos, estos procesos se desarrollaron de un modo más o menos violento, como la Revolución mexicana, y en otros, aunque sin estar exentos de algunas manifestaciones de fuerza, los objetivos se cumplieron de forma más pacífica, como ocurrió con el radicalismo argentino antes de conquistar la presidencia en 1916. La evolución del APRA podría situarse en un lugar intermedio. Para incorporar a los sectores medios hubo que modificar las reglas del juego, crear mecanismos de participación electoral e institucional y buscar la plena integración de los recién llegados a los aparatos burocráticos nacionales.

Buena parte de esta transición política se produjo tras la Gran Depresión, especialmente allí donde había comenzado la industrialización, lo que permitió que la incorporación de nuevos sectores sociales la hicieran Estados menos partidarios del libre mercado y más proclives a la intervención económica. Los Estados asumieron nuevas responsabilidades en materia de bienestar social y se decantaron por la modernización económica impulsando la creación de instituciones adecuadas. Este contexto de reforma y transformación favoreció la emergencia de nuevos líderes, algunos de los cuales pertenecían a las élites tradicionales, mientras otros estaban relacionados con los sectores medios emergentes. Estos nuevos dirigentes solían ser partidarios de la reforma y las transformaciones y terminaban enfrentados a los defensores del viejo orden. El aumento de los trabajadores urbanos y el poderío del movimiento sindical solían forzar la sustitución de la represión por otros mecanismos institucionales, muchas veces de corte paternalista o populista. Pero no fue el Estado el único actor que modificó sus puntos de vista sobre el proletariado, ya que los partidos políticos comenzaron a ver a los trabajadores como posibles votantes y algunos, no sólo los de izquierda, adaptaron sus plataformas al sentir de la masa obrera. La transformación en la postura del Estado comenzó con el reconocimiento del papel de los sindicatos como actores sociales legítimos y no como meros representantes o portavoces de planteamientos subversivos o revolucionarios.

La incorporación de los excluidos significaba reconocer su condición de votantes y ciudadanos y su vinculación al Estado y a los partidos políticos. Algunos ciudadanos de origen obrero ingresaron a las burocracias estatales y destacados líderes sindicales se sumaron a los aparatos de los partidos políticos. La movilización popular, la presencia de las masas en la calle y la ocupación de los espacios públicos fueron, en más de una oportunidad, el camino para tomar el poder, como ocurrió con la movilización popular para liberar al coronel Juan Domingo Perón el 17 de octubre de 1945, después de que los militares lo encarcelaran. Las interpretaciones próximas al populismo tienden a presentar estos hechos como democratizadores o como la irrupción del pueblo en la política. La gestión de Getúlio Vargas, en Brasil, y de Lázaro

Cárdenas, en México, en la década de 1930, y de Juan Domingo Perón, en la siguiente, son ejemplos del proceso de incorporación de los grupos subordinados, cuyos antecedentes más destacados los encontramos en el México revolucionario o en el Uruguay de Batlle. En líneas generales se puede situar el inicio de estos procesos en torno a las siguientes fechas o acontecimientos: en Argentina, la elección de Hipólito Yrigoyen en 1916 y la llegada de los radicales al poder; en Perú, la segunda presidencia de Augusto Leguía, iniciada en 1919; en Chile la elección de Arturo Alessandri, en 1920; en Brasil la revolución de 1930 y la toma del poder por Getúlio Vargas; en Colombia el inicio de un nuevo período liberal en 1930 y la elección de Enrique Olaya Herrera; y en Venezuela la muerte del dictador Juan Vicente Gómez. En lo referente al aporte del populismo y la incorporación de los sectores excluidos al reforzamiento de la democracia se observan efectos contradictorios. Al incorporar a las masas mediante la extensión del voto, el populismo se convierte en un elemento democratizador, pero como ese proceso se produce mediante movimientos no autónomos y dependientes de líderes carismáticos o autoritarios, con los que las masas se identifican acríticamente, se pone en duda su carácter democrático. Por otra parte, el carácter maniqueo del discurso populista divide a la sociedad en dos campos antagónicos, ya que la oligarquía representa el mal y sólo se puede acabar con ella mediante su destrucción. En lugar de reconocer al otro como un adversario se lo sataniza y resulta imposible el diálogo.

2. El populismo

La idea surgida en los años veinte de que el Estado liberal había tocado techo y era incapaz de impulsar el bienestar general se extendió por América Latina, donde el liberalismo dio paso a ideologías y movimientos políticos definibles como populistas que planteaban la incorporación de las masas al sistema político. Entre sus postulados estaba el impulso al crecimiento y al desarrollo mediante estrategias partidarias de la conciliación de clases y, ya en los años cincuenta, la industrialización sustitutiva convirtió algunas formas de populismo en desarrollismo. Una dificultad del populismo es su ubicación política y su definición ideológica, al ser muy endebles y contradictorias sus señas de identidad, ya que los movimientos populistas en general, y los latinoamericanos en particular, no suelen regirse por corpus doctrinarios ni tienen programas políticos coherentes. Resulta casi imposible aproximarse ideológicamente al populismo y casi es más práctico estudiarlo por sus efectos políticos que por sus componentes ideológicos.

En la práctica, el populismo implica la postergación de los derechos y las libertades individuales y políticos y de los valores democráticos en detrimento de los intereses populares, la eficacia administrativa y la capacidad estatal para generar el desarrollo. Ante la incapacidad de las élites económicas de impulsar la modernidad, le tocaba al Estado ese papel dirigente y reemplazar al mercado como asignador de recursos. Para que el Estado cumpliera las nuevas misiones asignadas era necesario reforzar el poder presidencial. El populismo tenía un fuerte contenido nacionalista y antiimperialista y su discurso mezclaba elementos progresistas con otros reaccionarios o fascistas. Pese a esta aparente confusión ideológica, algunos movimientos populistas contaron, gracias a su capacidad de movilización social y su capacidad de apelar al pueblo, con la fuerza para llegar con sus propuestas a los sectores medios urbanos y a los trabajadores industriales. El peso de un líder carismático, como Vargas o Perón, era decisivo y llevaba al primer plano de la escena política la relación afectiva y directa entre el líder y las masas. El mensaje del líder se dirigía directamente al pueblo, eliminando los intermediarios de cualquier tipo, para poder conquistar el corazón de sus interlocutores (las masas, el pueblo o las clases populares).

Los atributos personales del líder, comenzando por sus dotes varoniles o machistas, solían ser claves en el liderazgo carismático, como se ve en el colombiano Gaitán y el peruano Sánchez Cerro. Ambos eran de origen mestizo y de tez oscura y ambos hacían gala de su condición popular de forma ostensible, de modo que el pueblo percibiera sus diferencias con las oligarquías blancas de origen europeo. El carácter antioligárquico permitía a los líderes carismáticos aumentar su cotización en el mercado político, reforzada por la capacidad movilizadora de sus partidos o movimientos. El discurso populista era maniqueo y distinguía entre el pueblo y la oligarquía o entre la patria y la antipatria, de modo que se estaba con el pueblo y con la patria o con la oligarquía y el imperialismo, en definitiva, la antipatria, una categoría que condensaba el mal absoluto. Pese a la retórica y la parafernalia del populismo, éste tenía muy poco de revolucionario y sus consignas eran nacionalistas, estatistas y reformistas. Su discurso apostaba por la industrialización y la autarquía, al considerarlas las vías adecuadas para impulsar el crecimiento y el desarrollo. El reformismo populista, denunciado por los partidos de izquierda, tendía a reforzar su indefinición, ya que las reformas prometidas, especialmente las relativas a la protección laboral o a la modificación de los sistemas productivos y distributivos, eran moderadas y no amenazaban el statu quo. Su reformismo no impedía que las promesas aludieran al papel providencial y asistencial del Estado intervencionista, aunque muy pocas veces se especificaban los pasos a dar para cumplir los objetivos o financiar las promesas.

Otra característica del populismo era su carácter aluvional y su capacidad de reunir a grupos de un amplio espectro ideológico, que también dificulta su clasificación dentro de los esquemas de izquierda o derecha. Gracias a su componente aluvional, encontramos a grupos procedentes del nacionalismo católico y tradicionalista y otros de raíz anarquista o comunista. Muchos autores hablan de su componente interclasista, que sería el mejor camino para superar la lucha de clases y el riesgo revolucionario de la izquierda marxista. Se puede considerar a Acción Democrática (AD), de Venezuela, un ejemplo exitoso de populismo, debido a la homogeneidad de sus objetivos políticos y de sus militantes. Con el tiempo, AD abandonó algunas de sus notas más populistas y adquirió un tono más socialdemócrata. Entre los populismos que pudieron institucionalizarse y trascender la desaparición de sus máximos líderes están el APRA, el peronismo, AD o el Partido de Liberación Nacional de Costa Rica.

Al mismo tiempo que el populismo quería profundizar en la prestación de servicios sociales y sanitarios a cargo del Estado, encauzaba la movilización social y laboral que le había permitido llegar al poder. La domesticación de los sindicatos y otras organizaciones sociales de los trabajadores y los sectores populares era un mecanismo de control social. Esta postura no era respaldada por las confederaciones patronales, que veían con recelo el desarrollo de los movimientos populistas y que un exceso de benevolencia al atender las reclamaciones obreras podía atentar contra sus intereses económicos y corporativos. Uno de los rasgos del populismo latinoamericano fue la coexistencia de movimientos populares fuertes con sindicatos débiles. El peronismo fue la principal excepción, al convivir un movimiento político de masas con un sindicalismo articulado en torno a la Confederación General del Trabajo (CGT), representativo de la clase obrera. Era normal que el populismo recibiera críticas tanto de su izquierda como de su derecha. Éstas se debían a su apuesta por la tercera vía o la tercera posición, en terminología peronista, una postura equidistante del marxismo y del capitalismo y el liberalismo. Los partidos marxistas y los sindicatos de orientación clasista insistían en el carácter reformista del populismo y en que eran válvulas de escape para el sistema frente a la combatividad obrera. Por su parte, la patronal y los sectores sociales y políticos más tradicionales o reaccionarios enfatizaban el discurso demagógico y su proximidad al comunismo, confundiendo la movilización popular con la lucha de clases de las organizaciones marxistas.

El populismo, que había comenzado a desarrollarse con el cardenismo en México y el varguismo en Brasil, adquirió en los años cuarenta un impulso renovado. En Colombia, el liberal Jorge Eliecer Gaitán creó el UNIR, un movimiento populista de escasa vida, y que acabó violentamente junto a su creador, dando lugar al famoso «bogotazo». Más suerte tuvo Perón, que sentó las bases de un impresionante movimiento populista, que gobernó por primera vez entre 1946 y 1955. El populismo ecuatoriano, cuyo principal referente fue José María Velasco Ibarra, constituyó un caso particular. A diferencia de otros populismos exitosos, el velasquismo fue más paternalista y menos corporativo y reformista, ya que no tuvo un carácter proteccionista e intervencionista al no ser producto de una alianza entre la burguesía industrial emergente y la clase obrera. Otra diferencia entre el velasquismo y los restantes populismos latinoamericanos fue su defensa del sufragio libre; aunque tampoco impulsó el surgimiento de ninguna fuerza organizada y formó la Federación Nacional Velasquista, una fachada política de fines electorales.

3. Los cambios políticos

Las transformaciones ideológicas en Europa provocaron cambios políticos importantes, aunque en las décadas de 1920 y 1930 los nuevos partidos, tanto los de izquierda como los de corte fascista, tuvieron escasos éxitos electorales, lo que habla de su bajo nivel de implantación y su escasa aceptación social. En algunos casos, estos cambios provocaron la aparición de los primeros movimientos populistas. El nacionalismo, la oposición a la presencia de Estados Unidos, conocida como antiimperialismo, y las propuestas de conciliación social o de clase eran tres de las notas más características de los populismos latinoamericanos que mezclaban en combinaciones explosivas elementos de la izquierda marxista con otros del fascismo. Es en la década de los veinte, y no tras la Gran Depresión, donde hay que buscar el inicio de estas transformaciones políticas e ideológicas.

La interpretación tradicional señala que la Gran Depresión provocó la ruptura económica y política, uno de los tópicos de la historia política del siglo XX latinoamericano que insiste en que la Crisis del 29 generó una oleada autoritaria y un rebrote dictatorial apoyado en la expansión de ideas totalitarias, básicamente el fascismo y el nazismo, con sus variantes criollas, vinculadas al nacionalismo y al integrismo católico. Dentro de la explicación tradicional, la Crisis provocó el derrumbe del Estado oligárquico y la proliferación de dictaduras militares. Sin embargo, entre los años veinte y los treinta no se ve una fractura política, ya que la mayor parte de los cambios y transformaciones de los treinta tienen sus raíces en los veinte. Esto se observa en Brasil, donde la revolución de 1930, impulsada por Getúlio Vargas, que supuso el fin de la República Velha (la República Vieja) y el surgimiento del Estado Novo en 1937, con fuertes connotaciones corporativas, se explica por las influencias ideológicas de la década anterior. En los años iniciales de la década de 1930 se vivieron importantes turbulencias políticas que fueron el origen de numerosas dictaduras militares. Los militares argentinos derrocaron a Yrigoyen; los chilenos a Ibáñez; los peruanos a Leguía; en Bolivia se acabó con el régimen de Siles y en Uruguay el presidente Terra dio un autogolpe que le permitió gobernar con poderes dictatoriales. También en Venezuela, Brasil y en la mayor parte de América Central hubo golpes al comienzo de la década, reflejo de las consecuencias políticas de la Gran Depresión.

Nicaragua y la República Dominicana fueron dos casos especiales de dictaduras, con gobiernos cleptocráticos. En Nicaragua, los efectos de la Crisis fueron considerables y coincidieron con la presencia norteamericana. Desde 1928 Estados Unidos intentaba retirarse sin perder la influencia en el gobierno y en la sociedad. La resistencia armada encabezada por Augusto César Sandino, con un programa liberal y algunas reivindicaciones de la Revolución mexicana, postergó la retirada hasta 1933, pese a que Sandino aún no había sido vencido. Antes de retirarse, los norteamericanos crearon la Guardia Nacional. Su jefe, Anastasio Somoza, asesinó a Sandino en 1934 y tuvo libre el camino al poder, que no abandonaría hasta su muerte. En la República Dominicana la Guardia Nacional fue creada en 1924 y su jefe, Rafael Leónidas Trujillo, dio un golpe en 1930 y tomó el poder. Su megalomanía se tradujo en un fuerte culto a la personalidad: llamó a la capital Ciudad Trujillo y dio a la segunda ciudad del país el nombre de su madre. Por su parte, Colombia y Costa Rica atravesaron aquellos años sin la quiebra de su sistema constitucional, aunque hubo importantes cambios políticos, especialmente en Colombia. Los golpes solían reflejar el temor de los sectores más poderosos y tradicionales, respaldados por las Fuerzas Armadas, frente al descontento y la movilización popular provocados por la crisis económica. En algunas circunstancias concretas el golpe representaba el miedo al marxismo y el desprecio del fascismo por las instituciones democráticas. En otras, el apoyo de las clases medias mostraba el temor frente a la incertidumbre provocada por la Crisis.

Los nuevos gobiernos autoritarios, ni bien llegaban, sancionaban una Constitución, bien para legitimar un poder surgido de un golpe de Estado o bien para ampliarlo, al considerar que la legislación vigente limitaba el desarrollo de su programa transformador. Esto hicieron Vargas en Brasil (1934 y 1937); Terra en Uruguay (1934) y Juan Vicente Gómez (1931) y López Contreras (1936) en Venezuela. El modelo permaneció en la décadas siguientes, como ejemplifican las constituciones aprobadas por Perón en Argentina en 1949 o Pérez Jiménez en Venezuela en 1953. Sin embargo, no todas las reformas constitucionales responden a este esquema, ya que hubo otras cuyo principal objetivo era reforzar las instituciones democráticas e impulsar procesos redemocratizadores: Uruguay (1942), Brasil (1946), Venezuela (1947) y Costa Rica (1949).

Durante pocos años tras la Segunda Guerra hubo un rebrote democratizador que fue abortado por la reaparición de gobiernos dictatoriales desde fines de los cuarenta y principios de los cincuenta: Perú y Venezuela, 1948; Costa Rica, 1948-1949 y Colombia, 1948-1953. El descreimiento en la democracia se extendió por casi toda la región y en la mayoría de los grupos políticos y sociales, aunque hubo algunos avances significativos en la lucha por construir sociedades con valores e instituciones democráticos. Esto ocurrió en Venezuela, donde de la mano de Rómulo Betancourt, AD conquistó el poder con un programa democratizador, modernizador y laicizante y acabó con el régimen militar que había sucedido a Juan Vicente Gómez. Pese a todo, el gobierno de Rómulo Gallegos, electo en febrero de 1948, fue depuesto en noviembre de ese año por un golpe militar justificado en la resistencia eclesiástica a la política laicista de AD y hubo que esperar hasta 1959 para que Venezuela recuperara su democracia y abriera un período de varias décadas de estabilidad.

4. Los partidos políticos

En los primeros años de este período se consolidó el sistema de partidos en la mayor parte de los países, aunque con una gran variedad, tanto por su número como por sus características. Por lo general, los sistemas de partidos hundían sus raíces en la tradicional división decimonónica entre liberales y conservadores, como ocurrió hasta fines del siglo XX en Colombia. En Uruguay la confrontación bipartidista se dio entre el Partido Colorado y el Partido Blanco o Nacional, una situación que fue quebrada a principios de la década de 1970 con la aparición de la coalición de izquierdas Frente Amplio. En Honduras los principales contendientes fueron el Partido Liberal y el Partido Nacional, este último surgido en 1902 de una escisión del primero, aunque al igual que los partidos conservadores representaba a los sectores más tradicionales de la sociedad hondureña.

Por su número hay que comenzar por el sistema de partido cuasi único de México (en 1929 se fundó el Partido Nacional Revolucionario (PNR), convertido en 1938 en el Partido de la Revolución Mexicana (PRM) y en 1946 en el Partido de la Revolución Institucional (PRI)). Desde sus inicios, el PNR y sus sucesores se comportaron como partidos hegemónicos, haciendo valer su carácter de herederos directos de la Revolución y confundiendo los intereses partidarios con los del Estado. La principal característica del PRM fue que se trató de un partido de corporaciones y no de militantes, dividido en cuatro sectores: obreros, campesinos, populares y militares. Durante el gobierno de Manuel Ávila Camacho desapareció el sector militar del partido. La Revolución se terminó de institucionalizar con el PRI, que acabó con la injerencia de los sindicatos, aunque el presidente mantuvo el control del partido y lo convirtió en un agente del gobierno e impulsor de las políticas públicas. En otros países hay ejemplos de partido único, como en El Salvador durante la dictadura del general Hernández Martínez, de 1931 a 1944, con el Partido Pro Patria, con el que se presentó a las elecciones para ser reelecto en 1935 y 1939, lo que consiguió gracias a su autoritarismo y la represión sistemática de la oposición. En 1949, los militares impulsores de la Revolución del 48 crearon el Partido Revolucionario de Unificación Democrática (PRUD), que durante años fue el partido oficial de El Salvador, aunque nunca tuvo la fuerza ni la capacidad organizativa del PRI.

En la República Dominicana surgió el Partido Dominicano durante la dictadura de Trujillo, una agrupación que debía encarnar y propagar los puntos de vista del régimen. También funcionó el Partido Trujillista Dominicano, leal oposición al anterior, pero como su nombre indica era una comparsa que sólo pretendía la legitimidad del régimen: junto a él coexistieron, aunque de forma clandestina, otros partidos, como el Partido Revolucionario Dominicano, creado en La Habana en 1939, liderado por Juan Bosch, que siguió una línea populista socializante. A las elecciones de 1947 también se presentaron el Partido Nacional Democrático y el Partido Laborista Nacional, que cumplían los mismos requisitos que el Partido Trujillista. También salió de la clandestinidad el Partido Socialista Popular, que fue rápidamente diezmado. Había sistemas bipartidistas en algunos países (Uruguay o Colombia) y pluripartidistas en otros, como Chile. En cuanto a la entidad de los partidos, en-

20. La política en la crisis del sistema oligárquico

contramos algunas organizaciones fuertes y estructuradas, que con su alternancia en el poder permiten un funcionamiento más regular y menos conflictivo del sistema democrático (Uruguay, Chile, Colombia, Costa Rica o Venezuela), frente a otros partidos, más débiles y menos cohesionados, más frecuentes allí donde abundaron los gobiernos militares. Por el contrario, también se produjo un aumento del intervencionismo militar ante la debilidad de los partidos. Ecuador y Bolivia son ejemplo de dos sistemas de partidos que han dado lugar a un excesivo fraccionamiento ideológico.

En algunos países, el gobierno decretaba la exclusión (ilegalización) de ciertos partidos u opciones políticas, argumentando amenazas a la convivencia, la estabilidad o la democracia. Esto ocurrió con el APRA, ilegalizado por la Constitución peruana de 1933, tolerado en 1945 y nuevamente proscrito tras el golpe de 1948; o con los partidos comunistas, comenzando por Brasil. En Chile, el Partido Comunista fue ilegalizado por la dictadura de Carlos Ibáñez y nuevamente en 1948 durante el gobierno de González Videla. En Costa Rica, después de la guerra civil de 1948 se ilegalizó al Partido Comunista, que permaneció en esa situación hasta 1975, un fenómeno similar al que ocurrió en la práctica totalidad de los países de la región.

La competencia electoral y la emergencia de nuevos sectores sociales, básicamente urbanos, posibilitó el surgimiento de nuevos partidos políticos, de concepciones más modernas, que permitían consolidar estructuras estables y permanentes, elegidas por los afiliados, y la pérdida de control de los caudillos o caciques tradicionales. Los nuevos partidos se caracterizaban por su carácter programático y por tener una red de comités en todo el territorio. No todos los partidos de notables o personalistas del período anterior pudieron adaptar sus estructuras, lo que sí ocurrió en Chile, Uruguay o Colombia. En Bolivia también se desarrolló el bipartidismo liberal-conservador, pero después de la Guerra del Chaco surgieron nuevas alternativas, como los minoritarios Partido de Izquierda Revolucionaria (PIR), Comunista, surgido en 1940, y el Obrero Revolucionario (POR), la agrupación trotskista más importante del continente. En 1941 se creó el Movimiento Nacional Revolucionario (MNR), impulsor de la Revolución de 1952, con un discurso de corte nacionalista influido por el aprismo peruano. Entre los nuevos partidos destacan los radicales argentino y chileno, que más allá del nombre no tenían demasiados puntos comunes. En Argentina, los radicales gobernaron entre 1916 y 1930, mientras que en Chile el radicalismo lideró el panorama político entre 1938 y 1952 y llegó al poder en 1937 con una coalición de socialistas, comunistas y la Confederación de Trabajadores de Chile. Algunos de estos nuevos partidos respondían a posturas nacionalistas, como el Partido Revolucionario Febrerista, Liberal, de Paraguay, fundado en 1936.

La mayor parte de los sistemas de partidos de principios de la década de 1920 eran bipartidistas y debieron enfrentar la incorporación de nuevas opciones, generalmente de izquierda, como el socialismo y el comunismo. Pocos partidos podían definirse como socialdemócratas, afiliados a la Internacional

Socialista. Ninguno se constituyó en alternativa de poder, salvo el Partido de Liberación Nacional, de Costa Rica, creado en 1951 y heredero directo del Centro de Estudios de los Problemas Nacionales, de José Figueres, y de la Revolución del 1948. A fines de la década de 1940 comenzaron a surgir en el continente partidos de cierta entidad identificables como demócrata-cristianos, que bebían de la Doctrina Social de la Iglesia y solían ser marginales, salvo en Chile y Venezuela, donde gobernaron. En la segunda mitad de la década de 1930 algunos católicos, inspirados en Jacques Maritain, supieron conciliar democracia y pluralismo con su creencia religiosa y desarrollaron experiencias demócrata-cristianas. En 1939 se creó en México el Partido de Acción Nacional (PAN), originado en la Unión Nacional Sinarquista, una organización de corte fascista surgida al amparo del enfrentamiento contra Cárdenas. Manuel Gómez Morín, el fundador del PAN, supo ganarse el apoyo de la Acción Católica y de algunos intelectuales católicos. Los orígenes de la Democracia Cristiana chilena hay que buscarlos en la Falange Nacional, una escisión de la Juventud del Partido Conservador más vinculada a la Iglesia chilena. En Venezuela, se creó el Comité de Organización Política Electoral Independiente (COPEI), un partido originado en las divisiones del movimiento estudiantil partidario de la Reforma universitaria y del humanismo cristiano y con un marcado carácter anticomunista. Después del golpe de 1948, el COPEI se distanció del régimen de Pérez Jiménez y de la derecha conservadora y en 1953 la mayoría de sus dirigentes estaban presos o exiliados.

La incorporación de estos partidos y la puesta en marcha de sistemas pluripartidistas no fue fácil, ante la resistencia de las élites tradicionales a reconocer los derechos políticos y electorales de las opciones consideradas revolucionarias o peligrosas, una categoría que solía llegar al centro izquierda. Chile fue una excepción ya que, con su tradición de competencia electoral, había incorporado a los partidos Socialista y Comunista y dotó al sistema de partidos de gran estabilidad. La presencia de alternativas políticas que representaban a la derecha, al centro y a la izquierda era inusual en la región. Brasil atravesaba una situación muy peculiar, al no tener ningún partido, de ningún signo, que tuviera una implantación homogénea en todo el país, lo que revalorizó a los partidos regionales.

5. Los militares y la política

Una cuestión clave fue el papel político de los militares, comenzando por su capacidad de desestabilización. Los dictadores militares y la injerencia de las Fuerzas Armadas en cuestiones políticas, rebasando el ámbito estrictamente castrense, permiten hablar de un protagonismo militar. Son frecuentes los estudios que buscan en las primeras décadas del siglo XX y en especial en la década de 1930 los orígenes del golpismo y del autoritarismo de años setenta. Sin embargo, hay que insistir en que la mayor parte de los golpes, especialmente los triunfantes, tuvieron algún tipo de respaldo civil y que en la mayoría hubo una conspiración activa de actores políticos, incluso de partidos políticos, que por esta vía pretendían desbloquear situaciones equilibradas o muy trabadas o que recurrían a la violencia dado su respaldo electoral minoritario. En algunas circunstancias específicas, las Fuerzas Armadas se limitaron a cumplir un papel de árbitro, aunque en otras tuvieron un claro protagonismo al avasallar las instituciones democráticas. Algunos golpes militares de la década de 1920 tuvieron un carácter reformista, progresista según algunos autores, alejado del tono autoritario y prooligárquico de los golpes de los años treinta y posteriores. Éste fue el caso de los militares chilenos entre 1924 y 1932, de los ecuatorianos en 1924 o inclusive de los fracasados *tenentes* brasileños en 1922. En el caso de Chile, la aventura militar concluyó con la instauración de la efímera República Socialista de Chile, liderada por el comodoro Marmaduke Grove, de la Fuerza Aérea. En los años posteriores, los oficiales nacionalistas crearon logias secretas con ánimo conspirativo, como la boliviana Radepa (Razón de Patria), tras la derrota militar de la Guerra del Chaco, o la argentina GOU (Grupo de Oficiales Unidos), que estuvo detrás del encumbramiento del peronismo.

Ningún país, salvo Costa Rica que abolió su ejército en 1949, arbitró un sistema eficaz para garantizar el control de las Fuerzas Armadas por los gobiernos democráticos y los parlamentos frente a la doctrina de la autonomía militar. Sin embargo, en los años treinta, hubo algunos países donde los militares se mantuvieron al margen de la vida política y de la lucha por el poder. Uruguay y México fueron los casos más notables. En México, si bien observamos a algunos generales en primera línea de la actividad política nacional, lo hacían a título personal, aunque durante más de un cuarto de siglo el ejército fue la principal fuente de reclutamiento de las élites políticas del régimen, a tal punto que hubo que esperar hasta 1946 para elegir a un presidente civil.

En estos años, los ejércitos de la región se profesionalizaron, lo que en palabras de Alain Rouquié significa el paso del viejo ejército al nuevo, acompañado por la incorporación de nuevas tecnologías y las compras de armamento. La renovación tecnológica impulsada por los militares ayudó a la modernización económica y social y convirtió al ejército en un actor decisivo. La profesionalización quería convertir a los militares en apolíticos, no deliberantes, y subordinados al poder civil, pero no se pudo cumplir este objetivo. En la modernización y profesionalización castrenses, el papel de las misiones militares y los instructores extranjeros fue capital. Hasta la Segunda Guerra destacó la presencia de oficiales europeos (franceses, alemanes y británicos) y en menor medida norteamericanos, salvo en el Caribe y América Central, donde su presencia era preponderante. En Chile, la influencia alemana en el ejército, presente hasta la década de 1930, fue clave. En Argentina, hacia 1920, se decía que la mitad de la oficialidad había pasado por las escuelas militares alemanas. Por su parte, el ejército peruano, enemigo de Chile en la Guerra del Pacífico, fue entrenado hasta 1940 por los franceses. Brasil, enfrentado a Argentina, tras conocer una primera influencia alemana, contrató una misión francesa que permaneció en el país entre 1919 y 1939 y transformó el ejército federal. Mientras, la influencia británica se dio básicamente en la Armada argentina.

Hasta la Segunda Guerra, Estados Unidos limitó su presencia militar al Caribe y América Central por causa del canal de Panamá, su enclave estratégico, como prueban las intervenciones en Cuba, Nicaragua (1912-1925 y 1926-1933), Haití (1915-1934) y la República Dominicana (1915-1934). Para eliminar el poder desestabilizador de los ejércitos, una de las tareas de los militares norteamericanos allí donde invadían, especialmente los *marines*, fue formar a la Guardia Nacional, una fuerza policial militarizada, que no pudo acabar con el pretorianismo y dio lugar a un nuevo tipo de poder militar que llegado el momento no dudó en transformarse en dictaduras autoritarias, como muestran Rafael Leónidas Trujillo y Anastasio Somoza, claros ejemplos del dictador pretoriano en República Dominicana y Nicaragua. El fin de la Segunda Guerra y el comienzo de la Guerra Fría, junto a la decadencia de las principales potencias europeas y el nuevo hegemonismo de Estados Unidos modificaron el panorama militar. Desde entonces los ejércitos latinoamericanos serían entrenados y armados, en su gran mayoría, por Estados Unidos. Sin embargo, la mayor parte de esta ayuda comenzará a hacerse más importante a partir de la década de 1950. Tras la Revolución cubana y el temor a la exportación de la revolución al resto del continente, la cooperación militar con Estados Unidos recibiría un nuevo impulso.

6. Las ideas políticas

En este período prosiguió la adaptación de las ideas políticas y sociales de Europa y Estados Unidos a la realidad local. Esto se vio con el fascismo o el comunismo y con otras corrientes ideológicas, como el populismo, caracterizadas por su tono antiliberal o antidemocrático y autoritario. En algunos casos, las ideologías importadas tuvieron un claro correlato nacional, como el comunismo y la Unión Soviética, el nazismo y Alemania, el fascismo e Italia o el franquismo y España, y dificultan la separación de la acción exterior de los Estados de la influencia ideológica. El autoritarismo hundía sus raíces en el rechazo de ciertos sectores de las élites al positivismo en las décadas iniciales del siglo XX y a partir de la Primera Guerra Mundial, las tendencias autoritarias comenzaron a calar entre la población. De forma paralela al desarrollo de ideas foráneas encontramos otras formas ideológicas de origen autóctono, que solían marcar la pervivencia del ideario autárquico y antiimperialista del uruguayo José Enrique Rodó y su *Ariel*. Esta postura sería reforzada por otros pensadores, como los peruanos Mariátegui y Haya de la Torre o el argentino Manuel Ugarte. Como reacción al capitalismo, muchos intelectuales comenzaron una deriva ideológica que terminaría en la sacralización de los valores nacionales, por no decir en el nacionalismo, y en la defensa de la autarquía frente a las amenazas externas. Los valores autoritarios no venían sólo del extranjero, al encontrar en la realidad local un terreno abonado.

A fines del siglo XIX, el idealismo y el catolicismo tendieron a cuestionar al positivismo, convertido en el cuerpo doctrinario e ideológico por excelencia del Estado liberal. El idealismo tuvo distintas experiencias nacionales, muchas de las cuales fueron influidas por el *Ariel* de Rodó, aunque en la mayoría el nacionalismo fue el elemento clave que permeó a las experiencias antipositivistas. En 1915, dos de los seguidores peruanos de Rodó, Víctor Andrés Belaúnde y José de la Riva-Agüero, fundaron el Partido Democrático Nacional (futurista), y aunque ambos terminaron evolucionando hacia el conservadurismo y el catolicismo, en la década de 1930 Riva-Agüero abandonó el conservadurismo para inclinarse hacia el autoritarismo y fue partidario del fascismo italiano. En México, los principales idealistas se nuclearon en torno al Ateneo de la Juventud, creado en 1909. Algunas de sus figuras más destacadas fueron Antonio Caso, José Vasconcelos y el dominicano Pedro Henríquez Ureña.

7. La Reforma Universitaria

Las escasas universidades existentes al final de la Primera Guerra se habían convertido en cajas de resonancia del acontecer social. La urbanización y el ascenso social que la acompañaba comenzaron a influir en las casas de altos estudios. La presión de los sectores medios para ingresar a las universidades y el aumento en el número de matrículas sacaron a los centros universitarios de su aletargamiento, ya que los estudiantes comenzaron a plantearse reivindicaciones gremiales y políticas. Entre las primeras destacaban las relacionadas con el sistema de enseñanza, las condiciones en que se daban las clases y la selección del profesorado, mientras que las segundas se vinculaban a la evolución de los procesos de democratización. La Revolución mexicana y la Revolución rusa fueron referentes políticos e ideológicos para los movimientos estudiantiles. Si los estudiantes universitarios habían tenido una presencia política limitada, más visible en algunos países que en otros, después de la Reforma Universitaria, el movimiento estudiantil comenzó a tener una participación desconocida en la vida pública y política. Esta irrupción del estudiantado transformó los usos y costumbres de la vida universitaria y tuvo importantes repercusiones en las ideas y la lucha política.

La Reforma Universitaria se inició en 1918 en la Universidad de Córdoba, Argentina, una universidad caracterizada, como la mayoría de las instituciones similares, por el peso del catolicismo tradicional y una férrea y elitista organización académica, dominada por los catedráticos. Desde Córdoba, el movimiento se difundió por las otras universidades del país y por buena parte de las casas de altos estudios del continente. Las protestas estudiantiles comenzaron tras la clausura del internado estudiantil del Hospital de Clínicas de Córdoba y se caracterizaron por las huelgas y los encierros en las facultades. Las manifestaciones estudiantiles no solían ser bien recibidas por las autoridades políticas y académicas, que las consideraban subversivas y solían reprimirlas duramente. En algunos países los presos, los heridos y hasta los muertos se convirtieron en mártires del movimiento estudiantil y el referentes de una forma de hacer oposición, más útil que la de los partidos tradicionales.

Al poco tiempo se redactó el «Manifiesto a la Juventud Argentina del Comité Pro-Reforma Universitaria en Córdoba» y poco después se constituyó en Buenos Aires la Federación Universitaria Argentina, la principal instancia organizativa de la juventud reformista. La respuesta social y de las autoridades ante el movimiento universitario fue contradictoria. Si por una parte, los estudiantes fueron reprimidos al amenazar el orden público; por la otra, tanto el presidente Yrigoyen como algunos de los intelectuales más destacados del momento (Joaquín V. González, José Ingenieros o Alejandro Korn) se solidarizaron con los planteamientos estudiantiles. Las reivindicaciones reformistas se centraron en tres puntos: la participación estudiantil en el gobierno de la universidad, en una administración tripartita de profesores, estudiantes y graduados (se dejaba de lado a los trabajadores no docentes, prueba de un cierto elitismo); la autoridad máxima de la universidad, presidente y no rector según la jerga estudiantil, debía ser elegida por un claustro tripartito y paritario formado por 10 profesores, 10 graduados y 10 estudiantes, elegidos por los Centros de Estudiantes; y la «docencia libre», según la cual toda persona competente, aunque careciera de la titulación adecuada, podía impartir cursos completos paralelos a las cátedras oficiales y con los mismos privilegios y responsabilidades.

Bajo el influjo de la reforma, se celebraron Congresos de Estudiantes en todo el continente, comenzando en 1921 con el Congreso Internacional de Estudiantes en Ciudad de México. En 1919 los estudiantes de la Universidad de San Marcos de Lima se solidarizaron con sus colegas argentinos y el movimiento reformista se expandió por Perú, el único país donde el movimiento galvanizó a la mayor parte de las corrientes más radicales. En enero de 1919, Haya de la Torre, uno de los líderes de la Federación de Estudiantes Peruanos (FEP), logró que los estudiantes de San Marcos apoyaran una huelga general de la industria textil por la jornada laboral de ocho horas. La confluencia entre estudiantes y trabajadores dio lugar en 1921 a las universidades populares, una adaptación del modelo argentino, de contenido antiimperialista. Experiencias similares se repitieron en Cuba y Chile. En 1920 hubo manifestaciones de descontento estudiantil en Chile, Uruguay y Colombia y luego en Bolivia, Panamá, Brasil y Cuba. La dictadura de Juan Vicente Gómez en Venezuela reprimió los intentos de organización de los estudiantes, al entender que podían esconder el germen de un vasto movimiento desestabilizador y de oposición al régimen.

Un objetivo central del movimiento reformista era acabar con el elitismo y la jerarquización de las universidades, comenzando por el poder corporativo de los catedráticos y continuando con las trabas a los estudiantes que trabajaban para completar sus carreras o tenían escasos recursos para costear sus estudios. Entre las soluciones, a veces contradictorias, del reformismo estaban la autonomía universitaria, la libertad de cátedra, la reforma de los programas para incorporar las ideas científicas y humanísticas, la gratuidad de la enseñanza, el ingreso irrestricto y el cogobierno de estudiantes, egresados y docentes. La reforma, que buscaba democratizar las universidades, abrió sus puertas a la política y los estudiantes se convirtieron en portavoces de grupos que hasta entonces no se expresaban públicamente. Buena parte de los líderes políticos que actuaron entre 1920 y 1950 hicieron sus primeras armas en el movimiento reformista. Éste fue el caso de Gabriel del Mazo, Germán Arciniegas, Haya de la Torre, Carlos Quijano, Rómulo Betancourt o Juan Antonio Mella.

8. La izquierda: socialistas, comunistas e izquierda nacional

Hasta la Primera Guerra, el liberalismo y el conservadurismo fueron las formas de expresión política más importantes. Por su parte, el socialismo y el anarquismo tenían un respaldo social minoritario, aunque en Chile, Argentina o Uruguay eran un referente ideológico que siguió presente, con menor o mayor fortuna, en los años centrales del período y a partir de la década de 1950 entraron en decadencia, un proceso acentuado con la Revolución cubana. En muy pocos casos, la izquierda marxista tuvo una presencia importante en los sistemas políticos, pero se hizo notar a través del movimiento estudiantil y de los intelectuales y en menor medida de los sindicatos. El desarrollo de opciones populistas, con toques antiimperialistas y nacionalistas, complicará el trazado de una frontera entre izquierda y derecha, aunque, como señala Alan Angell, es imposible encontrar una izquierda única o unificada en la región.

En los años veinte, el comunismo y el fascismo se convirtieron en alternativas atractivas, aunque no supieron ganarse el apoyo social en ningún país. Si bien algunos grupos católicos o conservadores fueron seducidos por el fascismo, no hubo un giro generalizado hacia formas de gobierno corporativas y autoritarias. El liberalismo estaba en retirada, en América y en Europa, y carecía de las respuestas para explicar los cambios que se estaban produciendo. Para responder a estos interrogantes surgieron nuevas ofertas ideológicas y nuevas explicaciones de la realidad, mientras que otras fueron reformuladas o adaptadas para responder a las necesidades latinoamericanas, lo que explica el éxito de las interpretaciones basadas en el nacionalismo y el antiimperialismo, convertido, a partir de la teoría conspirativa, en un actor omnipresente y omniexplicativo. Otros grupos incorporaron la lucha de clases y el análisis marxista al discurso político.

Una de las limitaciones más importantes del socialismo latinoamericano fue su escaso respaldo entre los obreros industriales y los campesinos. Se lo consideraba muy marcado por la influencia europea, muy volcado a las clases medias, con un fuerte sesgo intelectual y preocupado por sus tácticas electoralistas y la necesidad de ampliar su representación parlamentaria. De ahí que fueran frecuentes las descalificaciones de comunistas, anarquistas y trotskistas tildando a los socialistas de reformistas y pequeño burgueses. Su implantación no fue uniforme y hubo grandes diferencias políticas, ideológicas y organizativas. El socialismo argentino y el chileno se parecían muy poco: el primero era más moderado y los chilenos destacaban por sus posturas más radicales, aunque ambos apostaron por la vía electoral. En Chile, el Partido Obrero Socialista fue fundado en 1912 por Luis Emilio Recabarren, que luego sería un dirigente clave en la formación del Partido Comunista. Los socialistas chilenos, a diferencia de los argentinos, abogaban por la abolición de la propiedad privada y su programa insistía en la lucha de clases, el papel de vanguardia del proletariado y la necesidad de coordinar la lucha política y sindical. Por eso tuvieron un mayor respaldo de los sindicatos obreros que sus correligionarios argentinos. En 1933 las divididas fuerzas del socialismo chileno se reagruparon y se fundó el Partido Socialista, que rechazó tajantemente los presupuestos y objetivos de la Tercera Internacional. La reaparición del socialismo se benefició del sistema electoral chileno, que le permitía obtener una representación parlamentaria importante pese a su carácter minoritario, y del respaldo sindical conquistado en los años anteriores.

Los socialistas argentinos, liderados por Juan B. Justo, apostaban por la vía política y democrática frente al combate sindical y pensaban que por el Parlamento se llegaba al socialismo, aunque dado el alto número de trabajadores inmigrantes que no votaban, su respaldo electoral era escaso. Sin embargo, en 1931 obtuvieron 43 diputados en el Congreso nacional. Trataban de la misma manera al capital nacional y extranjero y a los trabajadores como consumidores y no como productores, lo que explica la postura de Justo a favor del libre comercio y en contra de los aranceles a las importaciones a los bienes de consumo. Su actitud conciliadora le restó apoyos entre los trabajadores industriales, pero le permitió triunfar en la ciudad de Buenos Aires con el respaldo de grupos de la clase media que apoyaban las propuestas socialistas o no las temían. El Partido Socialista enfrentó divisiones frecuentes que impedían consolidar los avances políticos y organizativos. Uno de los líderes más carismáticos, Alfredo Palacios, que en 1904 fue elegido diputado nacional (el primer diputado socialista de América Latina), se mantuvo muchos años al margen de la disciplina del partido. En 1918 surgió de sus filas el Partido Comunista Argentino, y le privó de numerosos cuadros y militantes que abandonaron la disciplina de la Segunda Internacional para pasarse a la Tercera. En 1927, se produjo otra escisión, esta vez por la derecha, que dio lugar al Partido Socialista Independiente (PSI), encabezado por Antonio de Tomasso y Federico Pinedo, que se aliaron con los conservadores en la década de 1930.

20. La política en la crisis del sistema oligárquico

México y Perú, los dos mayores países de población indígena, vieron surgir corrientes ideológicas impregnadas de un cierto indigenismo. Pero mientras en México hubo una revolución triunfante que pudo oficializar las ideologías alternativas, esto no ocurrió en Perú, pese a que durante el gobierno de Leguía el indigenismo alcanzó un cierto estatus oficial. Si los reformistas mexicanos buscaron su inspiración en Benito Juárez y la reforma liberal, los radicales peruanos, como Haya de la Torre o Mariátegui bebieron de Manuel González Prada, caracterizado por su anticlericalismo, su radicalismo y sus posturas antioligárquicas, que lo llevaron del liberalismo radical al anarquismo libertario y al socialismo. En estos países, al igual que en Guatemala, Bolivia o Ecuador, se discutía sobre el papel de los indios en la vida política y en la sociedad y su lugar en las luchas revolucionarias.

En México, el socialismo y el anarquismo, este último inspirado por Flores Magón, tuvieron una implantación menor que en otros países. En lugar de un partido socialista fuerte se desarrolló un movimiento agrarista, de base campesina y un componente indígena, que fue uno de los impulsores de la Revolución. Emiliano Zapata encabezó uno de los principales grupos agraristas y su Plan de Ayala influyó en la reforma agraria. La reconciliación de los zapatistas con Álvaro Obregón permitió oficializar al agrarismo, pero al precio de ser cooptado por el poder, lo que implicó la moderación de sus objetivos más radicales. El impulsor del proyecto educativo y cultural del gobierno de Obregón fue José Vasconcelos, ministro de Educación entre 1921 y 1924, cuando partió al exilio. Vasconcelos impulsaba un nacionalismo populista y abogaba por la raza cósmica y con su prédica consecuente se convirtió en el caudillo cultural del México postrevolucionario. En Perú, el problema indígena fue analizado desde la óptica marxista. La presencia de Mariátegui y Haya de la Torre dio lugar a sendos movimientos políticos influidos por la Reforma Universitaria. A diferencia de Vasconcelos, que apoyaba el mestizaje, Mariátegui rechazaba todos los esfuerzos por occidentalizar a los indígenas y buscaba su potencial revolucionario.

Después del triunfo de la Revolución rusa y de las escisiones en las filas socialistas se crearon los partidos comunistas, que entre 1919 y 1943 estuvieron subordinados a las directrices de la Tercera Internacional o Internacional Comunista, el Komintern. Dentro del Komintern regía una disciplina férrea y quien se apartara de la línea oficial era denunciado como trotskista o liquidacionista y separado de sus filas. El comunismo latinoamericano subordinó sus luchas y objetivos a la revolución internacional y a las circunstancias estratégicas de la Unión Soviética y estaba más preocupado por demostrar la solidaridad de los pueblos con la revolución mundial, comenzando por la defensa de la Unión Soviética, que en impulsar la revolución proletaria o socialista. Según la lectura eurocentrista del Komintern, como la estructura social y económica de América Latina tenía un fuerte componente oligárquico, la revolución debía ser democrático-burguesa antes que proletaria, pero, ante la debilidad estructural de la burguesía nacional en unos países feudales u oligárquicos, el proletariado y la pequeña burguesía eran los encargados de impulsar la transformación social mediante cambios no revolucionarios.

El primer partido comunista se creó en 1919 en México a partir de una escisión de un grupúsculo socialista, apoyada por el bolchevique ruso Borodín, que integraba una misión comercial. Desde entonces, los comunistas mexicanos contaron con el apoyo de militantes extranjeros para implantar sus estructuras organizativas y los camaradas de Estados Unidos, mejor organizados y con mayores recursos, fueron un referente importante para el desarrollo del marxismo leninismo en México. El comunismo también se desarrolló en otras partes: Argentina en 1920, Brasil y Bolivia en 1921 y Chile en 1922. En Argentina, como en otros lugares, el PC surgió de una fractura del Partido Socialista. En 1918 se creó el Partido Socialista Internacional que en 1920 votó su ingreso en la Internacional Comunista y se convirtió en el Partido Comunista Argentino. En Chile, el Partido Obrero Socialista se convirtió oficialmente en Partido Comunista en enero de 1922. Sin embargo, hasta fines de la década de 1920 su subordinación al Komintern fue bastante laxa. En Cuba el partido se creó en 1925 y en Ecuador y Perú en 1928. En este último caso, la influencia de José Carlos Mariátegui y sus *Siete ensayos de interpretación de la realidad peruana* fue notable. Sin embargo, Mariátegui terminó siendo condenado por el Komintern, debido a su política definida como populista y, esencialmente, por la falta de estricto cumplimiento de las directivas originadas en Moscú.

La ausencia de un fuerte proletariado dificultó la difusión de las ideas comunistas y le otorgó a algunos partidos un perfil intelectual, dado el origen burgués y universitario de la mayoría de sus militantes. La creación del Buró Latinoamericano, en Buenos Aires, buscó coordinar la acción de los partidos comunistas, aunque por problemas organizativos y falta de implantación no cumplió los objetivos fijados. Dentro de las asociaciones pantallas destacaron la Ayuda Roja Internacional y la Liga Antiimperialista, esta última presente en la insurrección sandinista, que tuvieron un papel importante en la difusión de las ideas marxista-leninistas. Pese a los esfuerzos organizativos y a las campañas de agitación y propaganda, el avance del comunismo en la década de 1920 fue tímido y estuvo marcado por los constantes cambios de rumbo del Komintern. Siguiendo directrices del Kremlin, el Komintern prestó escasa atención a la región, pero entre 1928 y 1935 intentó implementar una política basada en la consigna de clase contra clase, que rechazaba cualquier colaboración con los socialistas y otras fuerzas reformistas. Esta tendencia se abandonó cuando el comunismo mundial apostó por constituir Frentes Populares para neutralizar al fascismo. Debido a discrepancias con la ortodoxia estalinista, a fines de la década de 1920 se abortaron las experiencias organizativas de Colombia y Ecuador. Sólo en Chile, y gracias a la influencia de Luis Emilio Recabarren, el PC afianzó su implantación y se convirtió en el partido más exitoso de la región. En 1929 se celebró en Buenos Aires el Primer Congreso Comunista de América Latina, con la asistencia de

20. La política en la crisis del sistema oligárquico

delegaciones de 14 partidos latinoamericanos, Estados Unidos y Francia, que decidió seguir la línea revolucionaria trazada en Moscú.

Al responder a la misma matriz ideológica y a una férrea disciplina organizativa, los programas de los partidos eran similares, más allá de las diferencias nacionales, y las plataformas para la toma del poder por la vanguardia proletaria solían incluir el apoyo a la reforma agraria y la nacionalización o estatalización de buena parte del aparato productivo y financiero. En todos, el antiimperialismo ocupó un lugar destacado en sus programas. A partir del centralismo democrático, que implicaba la obediencia ciega a las consignas emanadas de la dirección, el estalinismo comenzó a expulsar a los disidentes, lo que generó escisiones en las agrupaciones. En la década de 1930, y debido a la prédica de la Tercera Internacional, el comunismo intentó consolidarse, pero con escaso éxito. Los partidos más fuertes fueron los de Brasil, Chile y Cuba, aunque también fueron influyentes los de Argentina, Uruguay, Colombia y Venezuela, pero, según sus desempeños electorales, su influencia política, sindical y social fue marginal. Nunca fueron alternativa de poder, pese a su capacidad de movilización. Al mismo tiempo, fueron duramente reprimidos y proscritos y sus militantes debieron pasar largos períodos en la clandestinidad, la cárcel o el exilio. Éste fue el caso de El Salvador, donde los dirigentes comunistas lideraron la revuelta campesina de 1932, que acabó con los intentos organizativos de consolidar el comunismo como una fuerza política decisiva.

El PC salvadoreño se formó oficialmente en 1930, gracias a un agente mexicano del Komintern. El Partido quiso capitalizar la creciente conflictividad social, especialmente entre los campesinos, a consecuencia de los efectos de la Gran Depresión, ya que la abolición de las tierras comunales dio lugar a una de las mayores protestas campesinas de América Latina. Sin embargo, la debilidad organizativa del PC en el medio rural, a diferencia de las ciudades donde tenía una mayor implantación, hizo que la insurrección no fuera controlada por el partido, pese a que en algunas zonas se organizaron soviets campesinos. El PC salvadoreño llegó a la contradicción de impulsar una insurrección comunista, que abogaba por un programa democrático burgués, pero al carecer del suficiente respaldo militar para imponerse y llevar a buen puerto la insurrección armada no pudo resistir la brutal represión gubernamental. Ésta se cobró 30.000 víctimas entre los campesinos y la dirigencia comunista, lo que supuso la práctica desaparición del PC. La experiencia salvadoreña explica las resistencias de los partidos comunistas latinoamericanos a dejarse arrastrar por cualquier aventura insurreccional o guerrillera. Tras estos fracasos, el Komintern se retiró de América Central a principios de la década de 1930, no sin antes denunciar a Sandino como un traidor a la causa de la clase obrera y de ser un vendido al imperialismo y de condenar a Farabundo Martí por comportarse como un aventurero tras la masacre campesina de 1932.

Coincidiendo con la Segunda Guerra y la entrada de la Unión Soviética en la alianza antifascista, los partidos comunistas abandonaron su política de enfrentamiento contra los imperialismos norteamericano e inglés y se sumaron al combate entre democracia y fascismo. Tras este giro en su postura tradicional, fueron reconocidos como socios e interlocutores fiables por las mismas élites que los habían estigmatizado, previa bendición de Washington. La nueva legitimidad respondió al abandono casi total, o al menos a la postergación, de sus reivindicaciones anticapitalistas y antiimperialistas y a la lucha de clases, que fue reemplazada por la colaboración social. Ante el peligro de la amenaza nazi, decidieron impulsar donde era posible Frentes Populares, como en Chile, donde ganaron las elecciones de 1938. Una vez iniciada la Guerra Fría los partidos comunistas dejaron de ser fiables y se convirtieron nuevamente en «enemigos de la democracia» y fueron proscritos. El PC de Brasil fue ilegalizado en 1947 y sólo en 1985 recuperó la posibilidad de participar legalmente en las elecciones; en Chile, Colombia, Costa Rica y Perú fueron apartados del sistema en 1948 y en Venezuela en 1950. En los años veinte, Estados Unidos comenzó a ver con preocupación la emergencia de partidos comunistas, especialmente en América Central y el Caribe, comenzando por México y Nicaragua. El temor de Washington se debía a los estrechos vínculos de los partidos comunistas latinoamericanos con la Unión Soviética. La situación se agravó en 1926 cuando se le encomendó al PC de Estados Unidos una especial responsabilidad en la organización y dirección de los partidos comunistas latinoamericanos, con el objetivo de romper los lazos entre Estados Unidos y América Latina.

Al margen de los partidos socialistas y comunistas comenzaron a desarrollarse otros grupos de sensibilidad izquierdista pero al margen de la Segunda o la Tercera Internacional, que incorporaban a su ideología el nacionalismo, el antiimperialismo y el populismo. Muchos de estos grupos se reclamaron de «izquierda nacional», comenzando por el Partido Socialista de Izquierda Nacional, creado en Argentina por Jorge Abelardo Ramos. Estas opciones solían emplear las categorías de pueblo y popular, en lugar de la lucha de clases, y según ello estructuraban su estrategia y sus tácticas políticas, definidas como anticapitalistas. Los partidos de la izquierda tradicional centraban su labor de agitación y propaganda en el proletariado industrial y otros sectores urbanos, tanto populares como burgueses, y dejaban al margen a los campesinos, los indígenas y otros grupos marginales. Este vacío fue cubierto por grupos nacionalistas que reivindicaban profundas transformaciones agrarias y la integración de las masas indígenas y campesinas a las estructuras políticas. Algunos de estos grupos se ganaron la enemistad de los partidos oligárquicos, que veían con preocupación su ascenso y también de los partidos de la izquierda socialista o comunista que los consideraban reformistas.

El APRA (Alianza Popular Revolucionaria Americana) fue fundada en el Perú por Víctor Raúl Haya de la Torre y desarrolló una plataforma política antiimperialista, con fundamentos ideológicos confusos y contradictorios. Su teoría intentaba rescatar del olvido a los indígenas andinos y se presentaba como una combinación del marxismo, las ideas de Einstein, el pensamiento de Sun Yat-Sen y los revolucionarios mexicanos. Según las pautas de su fundador, el APRA era un partido de inspiración marxista, que por discrepar con el Komintern sobre América Latina rompió con el comunismo y la disciplina estalinista. Una de las preocupaciones de Haya de la Torre era adaptar el marxismo a la realidad latinoamericana y para ello siguió el modelo leninista de partido de vanguardia. Las líneas maestras de la ideología del partido era la peruanidad de sus planteamientos y la denuncia permanente de la oligarquía nacional y el imperialismo norteamericano y con su discurso antioligárquico y antiimperialista, el APRA aglutinó a buena parte de la juventud anticivilista partidaria de la Reforma Universitaria. Entre sus militantes sobresalían integrantes de la clase media, obreros y campesinos, implantados en todo el territorio nacional. Desde su fundación en la ciudad de México en 1924, el APRA se había opuesto a la dictadura de Augusto Leguía.

Si bien los principales núcleos del APRA estaban en la costa, de claro predominio blanco y mestizo, el partido se proclamaba portavoz de los intereses indígenas. La vocación de Haya era convertir al APRA en un partido continental, que defendiera los intereses populares en Indoamérica. El exilio mexicano, donde conoció la realidad postrevolucionaria, marcó a Haya, y dotó a sus enfoques indigenistas y agraristas de un pragmatismo del que carece la obra de Mariátegui. En *El antiimperialismo y el APRA*, de 1936, Haya desarrolló los cinco puntos más importantes de su programa político: lucha antiimperialista, unidad continental latinoamericana, nacionalización de la tierra y de la industria, solidaridad entre los pueblos y las clases oprimidas, e internacionalización del canal de Panamá. En su primer congreso, el APRA aprobó su Plan mínimo o Plan de acción inmediata que abogaba por el voto femenino, la separación de la Iglesia del Estado y la reducción de la edad mínima para votar a los 18 años.

9. El nacionalismo, el fascismo y otras corrientes antiliberales

Las ideas nacionalistas se habían ido consolidando desde la emancipación, pero sólo a fines del siglo XIX y principios del XX comenzaron a tener una estructura más orgánica y formal. Fue entonces cuando tuvo una gran aceptación, por su capacidad para llegar a casi todos los grupos sociales y políticos y su facilidad para permear a todas las ideologías locales, desde la extrema derecha a la extrema izquierda. La simbiosis entre nacionalismo y antiimperialismo facilitó su implantación en los sectores populares. La llegada masiva de inmigrantes europeos y el rechazo que provocaban en ciertos grupos de población, especialmente los de menores recursos, permitió la difusión entre los sectores populares de ideas nacionalistas, racistas y xenófobas, mezcladas con un componente autoritario que reclamaba gobiernos fuertes. El peligro de la revolución socialista venía de fuera y por lo tanto había que combatirlo reforzando los valores y los principios nacionales. En la medida que las organizaciones socialistas y anarquistas crecían a la sombra de la inmigración y entre sus principales dirigentes había numerosos extranjeros, se trasladó a la población foránea la culpa por las huelgas y movilizaciones laborales. Como muchos líderes de la izquierda eran judíos, originarios de la Europa del Este, la xenofobia adquirió un preocupante tono antisemita.

Pero el nacionalismo no era sólo una respuesta a los inmigrantes y al contagio revolucionario, sino también a la difusión del liberalismo, del capitalismo y a la penetración del capital extranjero, que a veces competía con las oligarquías tradicionales. En un principio, el nacionalismo se vinculó a ciertas formas de pensamiento antiliberal y autoritario, y entre los valores que reivindicaba estaban la hispanidad y el catolicismo, matriz del nacionalismo oligárquico, como en la Liga Patriótica Argentina. La lucha contra los movimientos de izquierda, intensificada después de la Revolución rusa, fue otro elemento aglutinador del nacionalismo de derecha, que solía ser bastante violento. La Crisis de 1929 confirió a la derecha católica y tradicionalista, que esgrimía su equidistancia del marxismo y el liberalismo, nuevos argumentos para demostrar su xenofobia en su lucha por los valores tradicionales y el orden establecido. Se desarrolló así un nacionalismo providencialista y mesiánico, a tal punto que en algunos países de habla hispana estos grupos reivindicaban el papel de España y la importancia del catolicismo y la hispanidad para la unidad nacional. De este modo, era moneda corriente la simbiosis entre la Patria y la Iglesia, la única institución, junto a las Fuerzas Armadas, capaz de encarnar la suma de los valores nacionales.

Un caso singular de desarrollo nacionalista, con influencias marxistas, fue el de Lázaro Cárdenas, en México. Cárdenas, que gobernó el país entre 1934 y 1940, era un claro producto de la Revolución mexicana. A la herencia revolucionaria, Cárdenas sumó la influencia de ideas socialistas, de modo que durante su presidencia nacionalizó las compañías petroleras, puso los ferrocarriles bajo el control de sus trabajadores, extendió a buena parte de la población un sistema educativo basado en principios socialistas y prestó un gran apoyo a la causa republicana durante la Guerra Civil española. Pese a que durante el gobierno de Cárdenas el Partido Comunista Mexicano aumentó su influencia, nunca llegó a tener una preponderancia decisiva.

En lo que al fascismo y a otras formas de corporativismo se refiere, su incidencia, aunque innegable, fue menor, menos estructurada y menos prolongada que la del comunismo y se hizo más visible a partir de la década de 1930. Su influencia se observa en algunos países en el desarrollo de legislaciones obreras, que si bien reconocían a los sindicatos, los sometían, como en Chile, a una fuerte subordinación del gobierno. Simultáneamente estaba el interés de Alemania e Italia en ciertas materias primas, que se tradujo en una intensa actividad de sus legaciones militares, comerciales y culturales, aunque la penetración alemana es anterior al nazismo. En algunos países, como Chile, el socialismo de Estado alemán, de la época de Bismarck, había arraigado con fuerza. La propaganda alemana en prensa, cine y radio, junto a la publicación de libros, fue muy importante. Numerosas asociaciones de inmigrantes italianos y alemanes divulgaron los postulados nazis y fascistas y en varios países se crearon filiales del Partido Nacional Socialista Alemán (NSDAP). En Chile, por ejemplo, el primer Partido Nacionalsocialista local fue creado en 1932 por el general Francisco J. Díaz y enseguida fue reconocido por el NSDAP. En 1937, en términos absolutos, la mayor organización nazi de América era la brasileña, con 2.903 militantes y en términos relativos destacaba la chilena, con 985 activistas.

La presencia nazi se expandió a partir de las colonias de inmigrantes alemanes y de sus organizaciones sociales y políticas, complementadas con una serie de instituciones gubernamentales. El Ministerio para Instrucción y Propaganda, conocido como Ministerio Goebbles, y el Ministerio de Asuntos Exteriores fueron a partir de 1933 herramientas del NSDAP en su política de infiltración. Un instrumento clave fue el Instituto Iberoamericano de Berlín, dirigido por el general Willhelm Faupel, que, como señala Víctor Farías, se convirtió en un enorme centro coordinador de la penetración nazi. Los estudios sobre el tema se dividen en minimalistas y maximalistas. Los primeros reducen los intentos de penetración nazi a un conjunto de esfuerzos descoordinados e inorgánicos, enmarcados en el desinterés estratégico de Hitler. Los segundos, apoyados en algunos documentos propagandísticos norteamericanos, se van al otro extremo y presentan una región a punto de caer en las garras nazis. La realidad era más compleja y heterogénea. Había países, como Chile, donde la organización nazi era eficiente y radicalizada y otros donde era prácticamente inexistente, lo cual dificulta cualquier generalización. Los contactos con los nazis prosiguieron tras el fin de la Segunda Guerra y algunos jerarcas nazis se refugiaron en Argentina, Paraguay o Bolivia, al amparo de políticas cómplices de Juan Perón o del dictador paraguayo Alfredo Stroessner.

Algunos grupos de extracción nacionalista de derecha o provenientes del integrismo católico mediante su labor propagandística intentaron crear un «fascismo criollo», anticomunista, anticapitalista y antinorteamericano. Según Loris Zanatta, estos grupos nacionalistas se distinguían de otros europeos por presentar a la Iglesia como tutora de la nacionalidad y por defender al catolicismo como la verdadera ideología nacional. En esta línea de pensamiento confluyó el hispanismo reaccionario de los años treinta, que hizo de la recuperación de la idea imperial una de sus principales banderas. La influencia de Ramiro de Maeztu, que se había desempeñado como embajador de España en Buenos Aires, y del grupo ligado a la revista *Acción Española*, fundada en 1931, fue determinante y refleja el peso del pensamiento español sobre el fascismo criollo. La difusión del falangismo favoreció estas tendencias, cargadas de una importante dosis de hispanismo. Los movimientos o partidos falangistas o fascistas más importantes, la mayoría surgidos en los años treinta, fueron: Ação Integralista Brasileira; Unión Nacionalista Sinarquista, de México; Partido Nazi Chileno; Falange Socialista Boliviana y la Unión Revolucionaria del Perú. Ninguno de ellos sobrevivió a la derrota del Eje, tras la cual su influencia comenzó a declinar para terminar siendo marginal.

21. La lucha por la democracia: del autoritarismo a las transiciones

La segunda mitad del siglo XX fue muy difícil para América Latina, ya que casi todas las puertas que se abrían hacia el desarrollo y la consolidación democrática eran cerradas por la acción o la omisión de los propios latinoamericanos. Ni la autarquía, ni la industrialización sustitutiva de importaciones, ni el desarrollismo, ni la apertura, ni el Consenso de Washington y el neoliberalismo fueron capaces de situar a la región en la senda del desarrollo económico. Lo mismo se puede decir de la democracia, ya que ni la Revolución cubana, ni los populismos, ni el autoritarismo militar de los años setenta fueron capaces de estabilizar los sistemas políticos, sometidos a las tensiones que interrumpían la marcha institucional de sus países. La lucha por consolidar la democracia no ha sido sencilla y debió enfrentar el terrorismo de Estado y brutales violaciones de los derechos humanos, pero también atentados, la violencia política insurreccional, el terrorismo indiscriminado y la acción deletérea de los populistas cesaristas de turno. Sólo en la última década comenzó a vivirse una coyuntura marcada por la generalización de los regímenes democráticos, con la consabida excepción de Cuba y las inestabilidades crónicas de Haití. Pese al elevado grado de insatisfacción con la democracia entre la opinión pública, hay un consenso muy extendido de que es el mejor de los sistemas políticos posibles y un bien a preservar.

1. La economía

Con todas sus dificultades, el crecimiento económico del período anterior había situado a la región en un lugar intermedio entre las economías más industrializadas y las en vías de desarrollo. A comienzos del siglo XXI se puede decir que, desde la perspectiva del desarrollo, América Latina no ha conocido cambios decisivos y que sigue siendo la región más desigual del mundo, donde, en 2002, el 20% más rico de la población controlaba el 54,24% del PIB, mientras que el 20% más pobre sólo recibió el 4,71%. En la década de 1990 parecía que el cielo estaba al alcance de la mano y que gracias a personajes como Carlos Menem o Carlos Salinas de Gortari, países como Argentina y México podían incorporarse al Primer Mundo. Sin embargo, las cosas no fueron como se esperaban y el estallido de las crisis de México, Brasil y Argentina, junto a las repercusiones de la crisis rusa, los famosos «shocks externos», condenaron una vez más al ansiado desarrollo a pasar por un período de espera. Ningún país de la región pudo emular en su momento a los «dragones» asiáticos ni a comienzos del siglo XXI el desempeño de países como China o la India, con importantes tasas de crecimiento anuales, mantenidas durante un período prolongado como para dar frutos importantes en el combate contra la pobreza y el desempleo. Chile, pese a que no ha avanzado significativamente en la lucha contra la desigualdad en el reparto de la renta, ha sido el país que más se ha significado en la reducción de la pobreza. En términos generales, de los cinco millones de chilenos pobres existentes en 1990 se bajó a tres millones en 2000, pasando del 39% de la población al 21% diez años después. Más importantes fueron los resultados en la reducción de la extrema pobreza, donde se pasó de 1.600.000 personas en 1990 a 850.000 en 2000. En términos relativos, los más pobres han descendido desde el 13% de la población al 5,7%. En 2001 la región contaba con 209 millones de pobres, el 42,2% de la población.

2. Intervencionismo e industrialización sustitutiva

Durante la Guerra Fría, Estados Unidos asumió el liderazgo internacional, en términos económicos, políticos e ideológicos, lo que influyó en sus relaciones con América Latina que estaba dentro de lo que Washington consideraba su zona de influencia. Las relaciones comerciales con Europa habían disminuido después de la Segunda Guerra Mundial, de modo que Argentina, Brasil, Chile y México vieron descender sus exportaciones a Europa en un 20% entre 1938 y 1950. Por el contrario, las ventas a Estados Unidos y Canadá crecieron significativamente. México pasó de colocar el 67,4% de sus exportaciones en los mercados norteamericanos en 1938 al 93,5% en 1950, una cantidad que se mantendría en las décadas siguientes. Sin embargo, esta nueva situación no se vio reflejada en la ayuda norteamericana, que se centró en Europa a través del Plan Marshall, mientras América Latina no se beneficiaba de ningún programa de cooperación estadounidense, a tal punto que entre 1945 y 1951, la ayuda recibida sólo por Bélgica y Luxemburgo superaba a toda la dirigida a América Latina. La Guerra de Corea hizo que Estados Unidos volviera a mirar a la región para comprar alimentos y materiales estratégicos, lo que provocó un nuevo aumento de las expectativas de crecimiento, gracias a las inversiones destinadas a producir hierro en Brasil y Venezuela, cobre y plomo en México y Perú o bauxita en el Caribe.

En la década de 1950 la mayoría de los países mantuvo sus políticas favorables a la industrialización sustitutiva, lo que siguió discriminando a las exportaciones en favor de las manufacturas. Esta situación aumentó la necesidad de tener las divisas para pagar las maquinarias y los insumos demandados por una industria en expansión. Acabada la Segunda Guerra Mundial, se hicieron explícitas algunas de las trabas que frenaban el desarrollo industrial, y en México, Brasil o Argentina, los países más industrializados de la región, a mediados de la década de 1950 ya se percibían claros signos de agotamiento de las políticas aplicadas. Como la industrialización se había limitado al mercado interno, la producción de manufacturas rápidamente tocó techo. La escala de producción era muy limitada, aumentaban los costes y se reducían los rendimientos empresariales, lo que únicamente podía superarse exportando más manufacturas. Sólo México y Brasil ampliaron los mercados externos para su producción industrial, pero con políticas muy tímidas que apenas cumplieron las metas trazadas.

Los dos grandes síntomas del deterioro fueron la inflación y el déficit de la balanza comercial. El combate contra la presión inflacionaria fue muy difícil por las políticas monetarias implementadas, ya que los gobiernos echaban mano de la emisión para financiar los déficit fiscales provocados por el elevado gasto público y los escasos ingresos tributarios, lo que provocó la llamada «inflación estructural». La debilidad crónica del Estado esterilizó los mecanismos de recaudatorios, haciendo imposible instaurar el impuesto a la renta u otros impuestos directos que gravaran el trabajo o la propiedad, especialmente la tierra. Por eso, la recaudación fiscal dependió de los impuestos indirectos al consumo, una vez que los ingresos aduaneros comenzaron a mermar. El desequilibrio de la balanza comercial se basaba en el incremento de las importaciones de bienes de capital, insumos y materias primas para la industria, pero también en la reducción de las exportaciones tradicionales. Los subsidios y otros recursos transferidos a la industria por el sector exportador hacían menos competitivas las exportaciones latinoamericanas, que debían competir con rivales asiáticos o africanos cada vez más eficaces. A su vez, el elevado proteccionismo europeo y norteamericano, con subsidios arancelarios y paraarancelarios a su producción primaria, afectó a las exportaciones a los mercados tradicionales, especialmente de cereales, carnes y otros productos ganaderos. La posición latinoamericana era más vulnerable por el deterioro creciente de los términos de intercambio, que encarecía las manufacturas importadas en relación al descenso de los precios de las materias primas exportadas y si se quería mantener el nivel de las importaciones no había más remedio que exportar más para obtener la misma cantidad de divisas.

Ante esta situación, el desarrollismo planteaba que la industrialización era la única solución para salir del subdesarrollo, sin caer en la revolución socialista. El desarrollismo rescataba los planteamientos industrialistas de la CEPAL y ante la falta de inversiones productivas se mostraba a favor del capital extranjero, algo contradictorio con el discurso autárquico. La inversión extranjera directa demandaba seguridad jurídica y garantías para que los inversores repatriaran sus beneficios tras la incertidumbre generada después de la Crisis de 1929 que redujo las inversiones foráneas. Así, la inversión comenzó a recuperarse en las décadas de 1950 y 1960, especialmente con capitales estadounidenses para fabricar bienes de consumo. Algunos países, México, Brasil y Argentina, aceleraron la producción de bienes durables, automóviles y maquinaria agrícola, gracias a la instalación de compañías extranjeras, pero la industria fue incapaz de crear todos los puestos de trabajo requeridos para acabar con el paro y absorber los contingentes de inmigrantes rurales que llegaban a las ciudades buscando trabajo y mejores condiciones de vida. Para colmo, las fábricas extranjeras contaban con maquinaria obsoleta, amortizada en sus países y poco intensiva en la utilización de mano de obra. Sólo los obreros más cualificados se beneficiaron de la demanda industrial al tener una demanda segura en fábricas y talleres. Pese a las dificultades del mercado urbano de trabajo, la situación en el campo era peor y transformó el problema de las migraciones internas en un círculo vicioso. Los campesinos se agolpaban en las grandes ciudades y su asentamiento y la construcción de infraestructuras urbanas se convirtió en una tarea sobrehumana. Las migraciones internas fueron acompañadas de movimientos migratorios transfronterizos dirigidos allí donde las expectativas laborales eran mayores: colombianos que pasaban a Venezuela o paraguayos, chilenos o bolivianos a Argentina.

Los avances en la profundización de la industrialización y en la renovación tecnológica fueron escasos y, como se vio, sólo Brasil y México intentaron diversificar sus exportaciones, mientras el resto de los países siguió dependiendo de sus mercados internos, como evidencia el bajo nivel del comercio interregional. Mientras Argentina se quedó atrás, Chile y Perú perdieron el tren industrial. Para incorporar la tecnología industrial de los países centrales había que producir para mercados más amplios, al estar las fábricas diseñada para una escala de producción mucho mayor. De modo, que el tamaño reducido de los mercados nacionales amenazaba el futuro de las industrias, ya que mantener una importante capacidad ociosa era un negocio ruinoso para las empresas, que terminaban subsidiadas por el Estado.

La Revolución cubana tuvo repercusiones contradictorias sobre la economía. Por un lado, animó a quienes veían en el antiimperialismo y el socialismo el camino al crecimiento y reforzó el intervencionismo estatal; por otro, potenció las tendencias a favor del mercado, especialmente aquellas que veían en la planificación y las nacionalizaciones un riesgo para la economía. De todas formas, la creciente participación del Estado en la economía provocó la mayor crisis conocida en todo el siglo, la de la deuda externa, que se llevó por delante a la autarquía y a la industrialización sustitutiva. El modelo cubano tuvo en algunas áreas, educación, salud y vivienda, resultados por encima de la media, aunque su más que mediocre desempeño macroeconómico poco hizo para que se siguieran sus recetas. Los malos resultados se atribuyeron al bloqueo norteamericano y no a la mala gestión de sus autoridades, aunque los efectos del bloqueo fueron aminorados por la ayuda soviética que proporcionaba petróleo a precios subvencionados, mientras la Europa oriental compraba buena parte de su producción azucarera. Pese a sus limitaciones, la experiencia cubana tuvo la fuerza necesaria para evidenciar las contradicciones y las dificultades de las sociedades latinoamericanas. Pero, con escasas excepciones, las distintas opciones ideológicas presentes en la región, como el desarrollismo, el industrialismo, el socialismo, las dictaduras militares o la guerrilla nacionalista o marxista, todas partidarias del intervencionismo, no lograron modificar una realidad refractaria al cambio. Lo mismo ocurrió con los experimentos neoliberales de las dos últimas décadas del siglo, que salvo en el caso de Chile, fueron incapaces de avanzar en las reformas necesarias para la modernización.

En las décadas de 1960 y 1970 el modelo económico basado en la industrialización y el crecimiento hacia adentro estaba en crisis o había alcanzado su techo. Sin embargo, entre 1960 y 1979 la mayor parte de los países creció más rápido que Estados Unidos o los restantes miembros de la OCDE (Organización para la Cooperación y el Desarrollo Económico). Entre 1960 y 2003 el crecimiento promedio del PIB fue del 4,2%, con tasas superiores en los primeros años que en los últimos. Entre 1960 y 1973 la media fue del 6,7% y bajó al 3,4% entre 1973 y 2003. En la década de 1980, el signo económico cambió, el crecimiento fue negativo y la crisis de la deuda externa acabó con el modelo intervencionista vigente y permitió aplicar de forma generalizada las recetas del Consenso de Washington referentes a la apertura económica, la reducción del tamaño del Estado y la liquidación de las políticas intervencionistas. En la década de 1990 el crecimiento volvió a ser positivo, aunque sin alcanzar las tasas del pasado.

Pese a las crisis y a las políticas económicas contradictorias, a partir de 1973, Brasil, México y Chile han tenido crecimientos superiores a la media mundial y en la década de 1990, Chile aparece en una posición destacada del crecimiento internacional, sólo por detrás de China, Singapur y Malaisia. México tiene una tasa promedio similar a la economía mundial. Las tasas de crecimiento en las décadas de 1970 y 1980 eran compatibles con una muy escasa participación en el comercio internacional, a tal punto que en el quinquenio 1976-1981 los intercambios de la región sólo eran el 15% del total mundial. Tampoco la industria había podido diversificar las exportaciones. En realidad ocurría todo lo contrario: las manufacturas apenas se exportaban y las ventas al exterior seguían centradas en las materias primas, de modo que a principios de 1980 la mayor parte de las divisas de las exportaciones se originaban en 11 productos. En 1984, México, Venezuela, Ecuador y Trinidad-Tobago sumaban más del 40% de sus exportaciones del petróleo; y Colombia, Costa Rica, El Salvador, Guatemala, Haití y Honduras más del 20% del café. Chile, que había diversificado mucho sus exportaciones de materias primas, seguía dependiendo, a fines de la década de 1980, en más del 45% del cobre.

El desastroso desempeño económico de la década de 1980, con tasas negativas de crecimiento y una elevada inflación, fue conocido como la «década perdida». Sólo el abandono del populismo permitió comenzar a dejar atrás una coyuntura tan difícil. Entre 1980 y 1990, la renta per cápita descendió globalmente un 10%, mientras la tasa de crecimiento real del PIB en Argentina fue de –13,5%, en Nicaragua de –9,6%, en Perú de –5,1% y en Venezuela del –3,8%. En Brasil, las cifras también fueron negativas. Como la población creció más de prisa que la renta, el PIB per cápita también descendió. La población pasó de 166 millones de personas en 1950 a 513 millones en 2000 y se espera que crezca a más de 800 millones en 2050. Entre 1960 y 1985 se creció a unas tasas del 2,3% anual. Brasil y México, los dos mayores países de la región, tenían en 2000 170 y 100 millones de personas, respectivamente, y constituían mercados de relativa importancia. A principios de la década de 1990, las grandes metas e ilusiones de comienzos de la década de 1960, bajo los efectos de la Revolución cubana, se habían cambiado por un mayor eclecticismo, que dio paso a la desesperanza en los primeros años del siglo XXI, en lo que se llamó el lustro perdido (1999-2003). La crisis argentina de 2001 fue un fiel reflejo de esta situación.

2.1. La Alianza para el Progreso

La Revolución cubana fue recibida con preocupación por Estados Unidos, que temía sus efectos multiplicadores y rápidamente comenzó a pensar en medidas para evitar el contagio revolucionario. En realidad llovía sobre mojado después de la experiencia de Jacobo Arbenz en Guatemala, que tras las infundadas denuncias sobre su comunismo terminó con la invasión de los *marines* en 1954. El diagnóstico de la Administración Kennedy sobre los riesgos revolucionarios fue similar al de los estructuralistas, que veían en el atraso económico y el subdesarrollo la principal causa del descontento político y se pensó que con un rápido crecimiento (a tasas anuales del 2,5% del PIB per cápita) se podían desalentar nuevos brotes de violencia. Para permitir un crecimiento hemisférico armónico y sostenido nació la Alianza para el Progreso, una reedición continental del Plan Marshall. En agosto de 1961 se reunió en Punta del Este, Uruguay, el Consejo Interamericano Económico y Social que sentó las bases políticas, económicas y financieras de la Alianza. A la industrialización se llegaría a través del «despegue» (*take-off*) del sector y el crecimiento autosostenido, que junto a la reforma agraria debían convertirse en las mejores herramientas para salir del subdesarrollo. Algunos países, como Brasil, Argentina o México podían lograrlo y de ese modo se incorporarían a los países desarrollados o al Primer Mundo. La integración económica regional debía complementar estas políticas desarrollo.

Los planificadores y los políticos querían crear las condiciones para integrar a las masas a la vida política en un marco democrático, y para ello había que combatir el analfabetismo y mejorar las condiciones sanitarias y habitacionales. La reforma agraria era capital para romper el estancamiento rural, expandir los mercados, garantizar el abastecimiento de alimentos a las ciudades y crear mejores condiciones para la industria. La reforma agraria chilena impulsada por el gobierno demócratacristiano de Eduardo Frei fue el mejor y más exitoso ejemplo de las reformas impulsadas por la Alianza para el Progreso. La reforma chilena tuvo efectos positivos, y entre 1964 y 1970 algunos propietarios modernizaron sus dominios para evitar la expropiación y la producción agrícola aumentó.

Para lograr sus objetivos económicos, la Alianza debía movilizar 20.000 millones de dólares en 10 años, la mitad invertida por Washington y la otra mitad por empresas privadas. Por su parte, los gobiernos de la región debían desembolsar el mismo importe, especialmente con fondos estatales. Como el principal objetivo de la Alianza era político, impedir la expansión del comunismo, muchas de sus metas se planteaban reforzar el Estado, con el fin de ser más eficaces y estar en condiciones de cumplir nuevas funciones. La reforma fiscal, que mejoraría la gestión tributaria, aumentaría los ingresos del Estado y mejoraría la redistribución de la renta, fue un objetivo central del programa reformista. Sin embargo, tras el asesinato de Kennedy, el gobierno de Lyndon Johnson cambió las prioridades para la región y abandonó la idea del crecimiento económico. En su lugar se impuso la doctrina de un mayor intervencionismo, con consecuencias dramáticas en las dos décadas siguientes. De este modo, la Alianza para el Progreso perdió fuerza y los objetivos de desarrollo económico, reforma del Estado y democratización pasaron a un segundo plano, al igual que las reformas agrarias, que sólo sirvieron para realizar tímidos repartos de tierras. En su lugar, la seguridad y la defensa continental ocuparon el centro de la política hemisférica de Estados Unidos.

2.2. Las soluciones regionales

La crisis de la deuda externa de la década de 1980 comenzó a atajarse con planes de emergencia, planes de ajuste y estabilización, destinados a sanear la economía y a reformar el Estado, pese a su elevado costo social. Inicialmente se trató de planes muy heterodoxos, como el Plan Austral, el Plan Cruzado o el Plan de Emergencia, ensayados, respectivamente, por Argentina,

Brasil y Perú en 1985, que después del éxito inicial volvieron a la conocida senda de la inflación y la recesión, ante la falta de decisión política de los gobiernos que impedía avanzar de forma sistemática en las reformas planteadas. El ajuste comenzó a dar resultados apreciables en México y Chile, y más tímidos en Bolivia. Colombia, Venezuela y Argentina cosecharon éxitos en sus políticas de estabilización macroeconómica, aunque los dos últimos pasaron por situaciones muy críticas. Un fenómeno interesante es el apoyo electoral que recogían aquellos gobiernos que aplicaban políticas de ajuste exitosas, pese a los sacrificios exigidos a los sectores populares, como se vio en Argentina, Brasil, Perú o inclusive Bolivia. A fines de la década de 1980, junto a los planes de ajuste se desempolvó la vieja receta de la integración regional. Se pensaba que el sueño de la unidad latinoamericana podía ampliar los mercados y solucionar algunos problemas, aunque la novedad fueron los procesos de integración subregional. Pese a los resultados iniciales, que generaron grandes expectativas, la situación actual no ha terminado de consolidarse y la integración regional o subregional todavía dista mucho de ser una realidad.

Las primeras experiencias de integración regional se produjeron a comienzos de la década de 1950, bajo el impulso del clima posterior a la Segunda Guerra Mundial y a la creación de la Organización de Estados Americanos (OEA) en 1948. En 1951 se firmó la Carta de San Salvador, que dio lugar a la Organización de Estados Centroamericanos (ODECA). En 1960, Argentina, Brasil, México, Paraguay, Perú y Uruguay firmaron el tratado de Montevideo, del que surgió la Asociación Latinoamericana de Libre Comercio (ALALC), a la que Colombia y Ecuador se sumaron al año siguiente, que quería eliminar los derechos aduaneros y los recargos a la importación en el comercio entre los países miembros en un plazo de 12 años, pero no tuvo éxito. Posteriormente surgieron otros organismos, como la Asociación de Libre Comercio del Caribe (CARIFTA), en 1965; el Pacto Andino (Acuerdo de Cartagena), en 1969; el Sistema Económico Latinoamericano (SELA), en 1975, con la participación de todos los países de la región. Todas estas organizaciones tenían un contenido fundamentalmente económico y sucumbieron ante el peso de la autarquía y el proteccionismo, contradictorios con el integracionismo proclamado.

Las tendencias a la integración resurgieron renovadas en la década de 1980, pero sin abandonar la retórica y el voluntarismo del pasado, como se vio con la Asociación Latinoamericana de Integración (ALADI), la sucesora de la ALALC. También se produjo una progresiva sustitución del multilateralismo por el subregionalismo, como muestran la Comunidad Andina de Naciones, el Mercado Común Centroamericano o el Mercosur (Mercado Común del Sur), un intento de crear un vasto mercado entre Argentina, Brasil, Paraguay y Uruguay, al que se asociaron Chile, Bolivia, Perú y Venezuela. Los tratados de libre comercio se generalizaron, algunos más exitosamente que otros, bajo el impulso del Tratado de Libre Comercio de América del Norte (TLC o NAFTA) entre Estados Unidos, Canadá y México. Posteriormente Chile firmó otro acuerdo de libre comercio con Estados Unidos. La Unión Europea (UE) firmo dos acuerdos de asociación y libre comercio con México (2000) y Chile (2002). Estos avances llevaron al presidente de Estados Unidos, George Bush padre, a lanzar su Iniciativa de las Américas, que luego se convertiría en el ambicioso y finalmente fracasado programa del Área de Libre Comercio de las Américas (ALCA). La idea de poner en marcha el ALCA antes de 2005 ha fracasado y en su lugar el gobierno de Washington ha decidido firmar pactos bilaterales o regionales de libre comercio. Los intentos realizados, marcados por la retórica, se limitaban a contactos en la cumbre, pero sin contenido ni continuidad. Otra traba a los procesos de integración es el nacionalismo, que ha hecho prácticamente imposible, al menos hasta el momento, la cesión de la mínima cuota de soberanía nacional en aras de un proyecto multilateral y de integración regional o subregional. Quizá sea el discurso bolivariano del comandante Chávez el que mejor recoja esa retórica vacía y nacionalista, como se puede observar en el enésimo ensayo de integración, la Unión Sudamericana, que de momento sólo se caracteriza por una pomposa declaración suscrita en Cuzco, en 2004, pero con escasos pasos concretos para seguir avanzando.

2.3. La crisis de la deuda externa

La economía estaba desde la Segunda Guerra muy vinculada a la de Estados Unidos. Por eso, cuando en 1971 el presidente Nixon decidió declarar la inconvertibilidad del dólar, toda la región se vio afectada. La situación se agravó en 1973, con la primera crisis petrolera, ya que el alza de los precios del petróleo en los mercados internacionales, que contrastaba con el más moderado de otras materias primas, frenó el crecimiento de la economía mundial, en particular de las economías regionales, que seguían dependiendo de sus exportaciones tradicionales. Hubo, sin embargo, comportamientos diferentes entre los países menos desarrollados, divididos entre productores y no productores de petróleo. Entre los primeros estaban México y Venezuela, si bien Perú y Ecuador eran relativamente importantes, aunque sólo Venezuela estaba integrada en la Organización de Países Productores de Petróleo (OPEP), creada en 1960 y de la que había sido uno de los cinco países fundadores. Mientras los países productores podían contar con mayores divisas, los otros veían como la crisis disminuía la demanda de alimentos y materias primas. El incremento de la factura petrolera incidió negativamente en las posibilidades de crecimiento de Brasil y Chile, que eran importadores netos de petróleo, y lo mismo ocurrió en América Central y el Caribe. La subida de los precios del petróleo sirvió para inyectar petrodólares (las divisas ingresadas por los países productores por sus ventas) y una gran liquidez en el sistema financiero internacional. El aumento de la liquidez permitió a los bancos privados reciclar ese dinero prestándolo a bajos tipos de interés, de modo que los créditos baratos comenzaron a llegar a una América Latina, que, salvo Colombia, se endeudó rápidamente. La banca privada reemplazó como prestamista a los organismos internacionales, como el Banco Interamericano de Desarrollo (BID), el Fondo Monetario Internacional (FMI) o el Banco Mundial y sus préstamos pasaron del 7% del total entregado a la región a fines de la década de 1960 al 70% en la década siguiente.

A comienzos de la década de 1980 comenzaron a cambiar los paradigmas económicos y políticos sobre el crecimiento y el desarrollo, a partir del retroceso del populismo y de la derrota de algunos movimientos nacionalistas y antiimperialistas, una situación que se vería reforzada con la caída del muro de Berlín y el fin de la Unión Soviética. En la década de 1970, algunos gobiernos, especialmente militares, empezaron a implementar políticas económicas neoliberales a fin de reducir el déficit de la balanza de pagos y achicar el tamaño del Estado para enfrentar el déficit fiscal creciente que los amenazaba.

El aumento de las deudas fue facilitado por el incremento de las exportaciones, cerca de un 20% entre 1976 y 1980, y por unos tipos de interés inferiores al 10% anual. Si a esto le sumamos la idea de que la deuda externa podía renegociarse permanentemente, que el endeudamiento se mantendría dentro de unos límites manejables y que los intereses se podrían pagar sin problemas, podemos entender por qué se llegó a ese estado de cosas. En México y Brasil, la deuda permitió profundizar en la industrialización, que pasaba por momentos difíciles. Otros países, como Argentina o Chile, la usaron para financiar políticas neoliberales, de resultados distintos. Ambos países tenían dictaduras militares, pero sólo la chilena logró, con ciertas dificultades iniciales, consolidar el ajuste, mientras los militares argentinos se rendían una vez más a la presión sindical e industrial. Parte del dinero llegado a Argentina y a Chile permitió financiar el rearme de sus Fuerzas Armadas, empeñadas en un conflicto limítrofe.

La corrupción facilitó la volatilidad de parte de esos capitales, que en vez de invertirse productivamente estaban en cuentas secretas de bancos de Suiza, Estados Unidos, Japón o la UE. La fuga de capitales de los latinoamericanos fue corriente en la década de 1980, estimándose que en ese entonces salieron más de 300.000 millones de dólares, una cifra similar al total de la deuda externa. El tamaño de la fuga de capitales varió de país a país y se estima que entre 1980 y 1984 salieron 17.000 millones de dólares de Argentina, 40.000 millones de México y 27.000 millones de Venezuela. Algunos años, esta fuga llegó al 50% del ahorro de Venezuela o Argentina. Las recetas neoliberales y monetaristas aplicadas en casi todos los países, con independencia de su tipo de gobierno, redujeron la participación de la industria en el PIB y aceleraron la desinversión pública y privada. La segunda crisis del petróleo, en 1979, y la nueva recesión internacional reforzaron las tendencias inflacionistas, aunque esta vez la subida de los tipos de interés, aumentada por la demanda de dinero fresco de la economía norteamericana, desató la crisis de la deuda externa. El endeudamiento superaba los 200.000 millones de dólares si sólo se cuenta el sector público, o los 350.000 si se consideraba el endeudamiento privado. Los mayores deudores eran México y Brasil, con 100.000 millones de dólares cada uno, y Argentina, 50.000. En 1990, la deuda ascendía a 423.000 millones de dólares, mientras que los atrasos en el pago del servicio eran 30.000 millones.

En 1981 se acabó el optimismo, cuando la situación de la balanza de pagos se complicó en casi toda la región y aumentaban las dificultades para renegociar la deuda, un fenómeno paralelo a la reducción del crecimiento económico. La caída de 1982 fue agravada por el estancamiento comercial internacional. En México, la caída del precio del petróleo y la subida de los intereses amenazó el sistema económico. En febrero, el peso mexicano se devaluó un 60%, la primera de varias devaluaciones que alentaron la fuga de capitales nacionales y extranjeros y provocaron la nacionalización de los bancos privados. En agosto, se anunció una moratoria de tres meses sobre el pago del capital de su deuda externa, que se extendería a 1983. Junto a México, Argentina (inmersa en la cuestión de las Malvinas) y Brasil (a punto de declarar una moratoria unilateral) tenían dificultades financieras y no podían pagar la deuda. La subida en las tasas de interés arrastró a los restantes países y los convenció para renegociar la deuda.

Se inició una complicada negociación, con el protagonismo del FMI, el Club de París y la banca internacional. Lo que a principios de la década aparecía como una recesión seria pero manejable, pasó a ser una seria crisis de desarrollo por el colapso de los mercados financieros internacionales. El Fondo impondría condiciones muy duras para renegociar la deuda, a fin de liberalizar las economías, revalorizar el papel del mercado como asignador de recursos, en desmedro del Estado y sus subvenciones, e impulsar el comercio internacional, reduciendo el sector público y ampliando el privado. Las recetas del FMI fomentaban la reducción del déficit fiscal, el control de los salarios reales, la limitación del crédito interno y la disminución del endeudamiento del sector público, el aumento de la recaudación tributaria, la eliminación de los subsidios y el superávit de la balanza comercial, que junto a los planes de ajuste intentaron controlar la inflación. En Bolivia y Argentina hubo brotes hiperinflacionarios, que desquiciaron el tejido social y sin llegar a esos extremos, Brasil, Perú y Nicaragua conocieron tasas exorbitantes. La tasa media de inflación anual en 1980-1987 fue del 166% en Brasil; del 299% en Argentina y del 602 en Bolivia. En Nicaragua, los precios subieron un 14.000% en 1988, durante la guerra contra la Contra. La crisis económica, la inflación y el ajuste condujeron a algunos estallidos sociales, como el «caracazo» de 1989 que se cobró 246 muertos, después que Carlos Andrés Pérez implantara un duro plan de ajuste que eliminó subsidios a los alimentos y al transporte.

La renegociación de la deuda partía de la premisa de que ésta debía ser pagada, a la vez que intentaba relanzar el crecimiento sin perder de vista a la banca internacional. Así, hubo algunos ensayos para formar un Club de Deudores o para coordinar la política económica de los distintos países, pero estas estrategias y las de quienes eran partidarios de no pagar, encabezados por Fidel Castro, fracasaron. A finales de 1983, 15 países habían llegado a alguna clase de acuerdo con el FMI, lo que implicaba aplicar planes de ajuste. En 1984 Colombia y Paraguay seguían pagando los intereses de la deuda, algo que no hacían los restantes países. El presidente de México, Miguel de la Madrid, trató de negociar en mejores condiciones que sus colegas e intentó pagar regularmente los intereses, aunque sin obtener beneficios a corto plazo. Las políticas de austeridad y ajuste dieron sus primeros resultados en 1987 y aumentaron las exportaciones debido a las maquiladoras, fábricas de ensamblaje ubicadas en la frontera con Estados Unidos, para aprovechar los bajos salarios mexicanos y el mercado estadounidense. Carlos Salinas de Gortari continuó, en líneas generales, la misma política económica. La aceptación por México del Plan Brady, con una importante reducción de la deuda externa, permitió que el tema dejara de ser el principal quebradero de cabeza de sus gobernantes. El Plan Brady, heredero del Plan Baker, se dirigía a los países deudores de renta media y buscaba una negociación individualizada. Costa Rica, Venezuela, Perú y Argentina, entre otros, también llegaron a acuerdos favorables.

Junto a México, otros países tuvieron éxito en sus programas de ajuste y redimensionamiento del Estado, un aspecto acompañado de la privatización de las empresas públicas, que varió de extensión y profundidad según los casos. En países como Argentina, la privatización de las empresas públicas fue casi total, mientras que en México, el sector energético, fundamentalmente el petrolero, sigue en manos del Estado. En Chile, después de la restauración democrática, se mantuvieron las líneas maestras de la política económica de Pinochet, aunque dándole una dimensión social de la que carecía en el pasado. Bolivia y Argentina lograron controlar la inflación y comenzaron a crecer. Por lo general, en los primeros años de la década de 1990 se generalizó la estabilidad y se creó un clima optimista que hacía ver con esperanza el futuro, hasta que el estancamiento de fines de la década, otro lustro perdido, acabó con los sueños de crecimiento y reactivación. Ese optimismo se refleja en las cifras de la inversión extranjera directa en la región en los años noventa, con un promedio anual de 53.500 millones de dólares, concentrados en Argentina, Brasil, Chile y México. Argentina era uno de los destinos preferidos por los inversores, una situación que cambió radicalmente tras la crisis de 2001, a tal punto que a comienzos del siglo XXI es Brasil quien se lleva la mayor parte de la inversión directa. Si bien el costo social de los programas de ajuste ha sido elevado (estancamiento, retroceso o abandono de programas sociales en ejecución, disminución del poder adquisitivo de los trabajadores y aumento de la conflictividad social), inicialmente existió un amplio consenso social sobre lo inevitable de su aplicación, basado en la creencia de que sólo por ese camino se relanzaría la economía, pero con el paso del tiempo y los magros frutos obtenidos se produjo un cambio de opinión, que se observa en los referéndums de Bolivia y Uruguay, sobre el gas y el agua, respectivamente, ganados por los partidarios de la gestión pública de los recursos naturales.

3. La Revolución cubana

Eduardo Chibás, del Partido Ortodoxo, había sido el gran triunfador de las elecciones de 1952, pero su suicidio abrió un vacío político, que cubriría Fulgencio Batista, que había participado del Movimiento de la Paz, próximo al Partido Comunista, y que para agradar a Estados Unidos manifestó una línea anticomunista mientras aumentaba la represión política contra la izquierda. En ese contexto, Fidel Castro organizó, el 26 de julio de 1953, el asalto al cuartel de Moncada, en Santiago de Cuba, la segunda guarnición militar del país, una acción que sería el inicio de la insurrección popular para tumbar a la dictadura, pero su fracaso reforzó momentáneamente al régimen. El aumento de la represión aisló a Batista, que en 1954 fue designado presidente tras unas elecciones sin competencia, que distendieron la vida política, gracias, entre otras cosas, a la liberación de Castro y su partida al exilio. En México, Castro organizó la expedición del yate *Gramma* que desembarcó en Cuba en noviembre de 1956. Pese a su derrota inicial, Castro y su Movimiento 26 de Julio (M-26) crearon un foco guerrillero en Sierra Maestra, provincia de Oriente, que sería la base del Ejército Rebelde. El M-26 había surgido de la izquierda del Partido Ortodoxo con una ideología igualitaria, socializante, nacionalista y antinorteamericana. Mientras la guerrilla se consolidaba en la sierra, la oposición urbana también creció y comenzó a desarrollar acciones armadas en las ciudades, en un contexto en que la represión contra los militantes antidictatoriales no dejaba de crecer. En 1957 la guerrilla de Castro había logrado una cierta entidad, pero aún no estaba en condiciones de impulsar la insurrección que acabara con Batista. Su propuesta de huelga general fracasó, en medio de la indiferencia popular y por la falta de apoyo de los sindicatos oficialistas y comunistas. El Partido Comunista, conocido como Partido Socialista Popular (PSP), rechazaba la táctica insurreccional. Lentamente la guerrilla salió de su aislamiento gracias a una ofensiva militar en los llanos, con quema de cañaverales y destrucción de cosechas. La apertura de dos frentes guerrilleros, al mando de Raúl Castro y Juan Almeida, y la coordinación de las acciones militares por Camilo Cienfuegos y Ernesto Che Guevara, consolidaron el avance revolucionario, mientras la integración de militantes del PSP en el M-26 aumentaba la agitación urbana. Por su experiencia en la lucha revolucionaria y su mayor protagonismo, los cuadros comunistas ocuparon puestos claves en el M-26 y controlaron el Ejército Rebelde con el aval de Fidel y Raúl Castro. Éste es uno de los elementos que explica el rápido giro prosoviético de la revolución tras la toma del poder.

En julio de 1958, el Pacto de Caracas consolidó la coalición anti-Batista y aceleró la caída de la dictadura, ya sin apoyo de Washington, que desde abril no le enviaba armamento. En agosto comenzó la ofensiva final y el 1 de enero de 1959, con el pueblo en la calle y enarbolando las banderas de la moralización, el nacionalismo y el antiimperialismo, los seguidores de Castro tomaron La Habana. El respaldo popular del M-26 le permitió a Castro hacerse con el control de la situación para impulsar transformaciones políticas, sociales y económicas. Comenzó así un proceso revolucionario, caracterizado por el tradicional nacionalismo cubano y con un gran consenso entre la población. Sin embargo, en muy poco tiempo Castro impulsó un giro autoritario, de un fuerte contenido personalista y marcado por su liderazgo y su carisma. El antiimperialismo y el nacionalismo se convirtieron en los ejes del discurso revolucionario («Patria o muerte» es la principal consigna del régimen), que adoptó el marxismo-leninismo, y Castro señaló que en Cuba sólo se podía ser revolucionario si se era comunista. Tras su integración en el bloque soviético, Cuba puso en marcha políticas igualitarias para construir el socialismo, un objetivo al que todavía no ha renunciado. Algunas explicaciones insisten en que la oposición norteamericana al rumbo socializante de la Revolución explica el giro prosoviético, pero lo cierto es que estas tendencias estaban respaldadas por Castro y muy asentadas en parte del núcleo dirigente del M-26.

Las diversas tendencias que coexistían en el movimiento revolucionario fueron controladas por Fidel Castro. En sus comienzos, la revolución se apoyó en la burguesía urbana, ya que los obreros urbanos y rurales y los empresarios y terratenientes azucareros no se implicaron en la lucha contra Batista. A principios de 1959 había renacido la vieja Revolución cubana, con sus banderas nacionalistas, moralizadoras y antidictatoriales, que fue convertida por Castro en una revolución social, que con su giro prosoviético generó graves conflictos con Estados Unidos. Halperín Donghi señala que lo novedoso de esta situación no era el autoritarismo, algo frecuente en América Latina, sino la marcha hacia la revolución social. La negativa de Castro a institucionalizar la revolución y a convocar elecciones respondía a su decisión de mantener el rumbo revolucionario. En 1959 tuvieron lugar las primeras reformas, de tono populista y escasamente revolucionarias, seguidas de la nacionalización de intereses norteamericanos y de una reforma urbana que rebajó y congeló los alquileres. Estas medidas se complementaron con campañas de alfabetización y una red sanitaria que garantizaba atención médica a toda la población. Esta moderación inicial le permitió al gobierno ampliar su base de apoyo popular.

La economía fue controlada por jóvenes tecnócratas, con experiencia en organismos internacionales y partidarios de la industrialización y el desarrollo, un objetivo que se alcanzaría mediante la intervención estatal y ampliando el mercado interno. Pero cuando el Che Guevara asumió el control del sector industrial y bancario, desde donde intentó la puesta en marcha de sus objetivos socializantes, esos objetivos fueron dejados de lado. Guevara quería implantar rápidamente el socialismo y en su búsqueda del «hombre nuevo» había que destruir la economía de mercado y eliminar cualquier incentivo material, sea en dinero o en especie, para reemplazarlos por incentivos morales que estimularan la productividad del trabajo, pero la experiencia fracasó. Carlos Rafael Rodríguez, un dirigente comunista vinculado al castrismo antes del triunfo revolucionario, se mostró contrario al industrialismo de Guevara, ya que era partidario de un mayor gradualismo, tanto por la falta de cuadros para impulsar la política del Che, como para no aumentar el número de los enemigos de la revolución. Si bien no fue escuchado, los fracasos condujeron al abandono de la industrialización y en un giro de 180° se volvió a explotar algunos productos primarios de baja productividad, como el níquel. Comenzaba así una constante en la política económica castrista: los continuos vaivenes entre el plan y el mercado, entre una economía centralizada y otra que responde a los estímulos mercantiles. En 1963, en un nuevo golpe de péndulo, Castro rescató al denostado sector azucarero, del que debían provenir los recursos para financiar a la revolución, señalando que en 1970, «año del esfuerzo decisivo», la economía azucarera, a pleno rendimiento, obtendría una zafra de 10 millones de toneladas, algo inédito en la historia de Cuba. Pese a los grandes esfuerzos realizados y a la gran movilización de hombres y recursos no se pudieron alcanzar los objetivos, pese a que la cosecha de 1970 fue la mayor de toda la historia. El curso errático de la política económica, una vez a favor de la industria y otra de la agricultura, con sus dilemas entre los incentivos morales o materiales, es causa de la difícil situación actual, ya que la crisis estructural de la economía es anterior a la desaparición de la Unión Soviética y sus ayudas a Castro.

Estados Unidos, enfrentada a la Unión Soviética en la Guerra Fría, veía con preocupación el rumbo de la revolución. Raúl Castro, relacionado con los comunistas antes de la revolución, controló el aparato militar y fue puesto al frente de las Fuerzas Armadas Revolucionarias, heredero directo del Ejército Rebelde. La desaparición de Camilo Cienfuegos, en un dudoso accidente todavía no aclarado, y el encarcelamiento de Hubert Matos, acabaron con dos de los comandantes revolucionarios más populares y que podían cuestionar el rumbo de la revolución y la gestión de Castro. En enero de 1960, los dirigentes obreros opuestos al giro prosoviético fueron alejados de la dirección de los sindicatos y en su lugar se instaló a antiguos cuadros del PSP, en sintonía con la cúpula dirigente. Castro se centró en el gobierno y tras un mes de funcionamiento del primer gabinete revolucionario, cesó como primer ministro al moderado José Miró Cardona. En julio, tras la renuncia del presidente Manuel Urrutia, otro moderado, nombró a Osvaldo Dorticós, que se mantuvo en el cargo hasta 1976.

El funcionamiento de tribunales de excepción para juzgar los crímenes de guerra y el pedido de Castro para cambiar el sistema panamericano y las relaciones económicas entre América Latina y Estados Unidos, terminaron de distanciar a Cuba de Washington y de América Latina. Cuando Estados Unidos quiso presionar a Cuba con la amenaza de suprimir la cuota azucarera, su principal fuente de divisas, se acentuó el conflicto. Fue entonces, en febrero de 1960, cuando el delegado soviético en La Habana se ofreció a adquirir todo el azúcar necesario para sostener al régimen y desde entonces los lazos entre Cuba y la Unión Soviética se estrecharon. Una parte del exilio cubano en Miami, con el respaldo de la CIA, comenzó a conspirar contra Castro y en 1961 invadieron la isla. El desembarco de Playa Girón (Bahía de Cochinos) fue un desastre y un golpe para el anticastrismo, que le permitió a Castro enarbolar la bandera del antiimperialismo, aumentar sus apoyos internacionales y mostrar la solidez de su posición y que no bastaba con desembarcar algunos cientos de hombres para hacerlo caer.

El triunfo de la revolución fue un estímulo para la izquierda insurreccional latinoamericana, que inspirada en el modelo cubano intentó crear focos guerrilleros rurales para la conquista del poder. El ejemplo de Castro y el Che Guevara prendió en América Central (Guatemala y Honduras), en el Caribe (la República Dominicana), en los Andes (Venezuela, Colombia, Ecuador, Perú o Bolivia) y en Brasil. En algunos casos, la convergencia de la izquierda revolucionaria, del nacionalismo antiimperialista y de cristianos partidarios de la lucha armada llevó a crear partidos procastristas, que entraron en contradicción con los partidos comunistas prosoviéticos opuestos a la lucha armada. A fines de 1964, el comunismo latinoamericano celebró una conferencia secreta en La Habana para discutir la metodología revolucionaria, que puso de manifiesto las posturas enfrentadas. Desde entonces, el régimen redobló sus esfuerzos para exportar la revolución al continente y a comienzos de 1966 se reunió en La Habana la Primera Conferencia Tricontinental de Solidaridad Revolucionaria, con 500 delegados de gobiernos y movimientos revolucionarios de Asia, África y América Latina. En 1967 se creó la OLAS (Organización Latinoamericana de Solidaridad), cuya primera reunión plasmó la ruptura entre el castrismo revolucionario y el reformismo comunista y también puso de manifiesto la voluntad de las organizaciones revolucionarias latinoamericanas de extender la lucha armada por el campo y las ciudades.

4. El autoritarismo militar y las transiciones a la democracia

4.1. La cuestión militar, las invasiones norteamericanas y la izquierda insurreccional

Después de la Revolución cubana y ante el riesgo de que se extendiera por todo el continente, el gobierno de Washington asignó a los ejércitos de la región un papel estabilizador. Inicialmente, las nuevas tareas se vincularon a la Alianza para el Progreso, de modo que los militares debían impulsar programas de acción cívica y potenciar sus contactos con las masas rurales para favorecer el desarrollo económico y social. A fin de consolidar el papel de las Fuerzas Armadas se destinaron millones de dólares, comenzando por préstamos de Estados Unidos, para renovar el armamento. Sin embargo, el rearme tuvo efectos no deseados, como la carrera armamentística relacionada con los conflictos limítrofes y el recelo entre los países vecinos, ya que todos los ejércitos tenían como su principal supuesto de intervención una agresión fronteriza. Washington quería contar con una fuerza militar panamericana permanente, una idea bien acogida por los jefes militares, que veían en ella un medio

21. La lucha por la democracia: del autoritarismo a las transiciones

para incrementar su influencia política. El proyecto se presentó a la Asamblea General de la OEA en 1965, pero la fuerte oposición de los políticos, temerosos de un aumento de la influencia norteamericana, impidió reunir los dos tercios de los votos necesarios para su aprobación y obligó a abandonar la propuesta. Ante esto, Estados Unidos apostó por tratados bilaterales en materia de defensa y la cuestión militar se convirtió en un tema central en unas décadas turbulentas. La defensa se planteó en términos de seguridad y desarrollo, aunque para los militares era más prioritaria la seguridad que el desarrollo y la ecuación giró en torno a la doctrina de la Seguridad Nacional, elaborada por los estrategas e ideólogos de los ejércitos latinoamericanos, más que por el Pentágono. La doctrina surgía de la Guerra Fría y de la Revolución cubana y partía de la premisa del enfrentamiento total entre Oriente y Occidente, entre el ateísmo marxista-leninista y los valores cristianos.

La primera intervención de Estados Unidos posterior a la Revolución cubana estuvo ligada a la isla, aunque en la frustrada invasión de Playa Girón no participaron directamente fuerzas regulares norteamericanas. La segunda fue en la República Dominicana. Las elecciones de 1962 las ganó Juan Bosch, candidato del Partido Revolucionario Dominicano (PRD), acusado de izquierdista y que sólo pudo gobernar siete meses antes de su cese. En abril de 1965 un grupo de coroneles, liderados por Francisco Caamaño, y de seguidores del PRD, reestableció a Bosch en la presidencia. Este acto se convirtió en el detonante de una guerra civil que acabó con el desembarco de 23.000 *marines*. Si bien teóricamente era una misión panamericana mandada por un general brasileño y aprobada por la OEA, las tropas eran mayoritariamente norteamericanas. La cercanía geográfica y cronológica con la Revolución cubana explican la contundencia de la respuesta de Estados Unidos.

La llegada de Administración Carter supuso un cambio importante hacia América Latina, especialmente en materia de derechos humanos, ante las vulneraciones constantes de las dictaduras militares. Sin embargo, Ronald Reagan dio marcha atrás y adoptó una postura beligerante contra el comunismo que otorgó mayor cobertura a los regímenes autoritarios. En octubre de 1983 los *marines* invadieron la pequeña isla de Granada, en el Caribe, independiente desde 1974 y gobernada por el socialista Maurice Bishop. El problema era la participación de técnicos cubanos en la construcción de un aeropuerto, de posible uso militar y considerado una amenaza para la seguridad de Estados Unidos. Junto a esta intervención directa, la Administración Reagan se hizo presente en América Central, donde armó a la «contra» nicaragüense y se implicó en el conflicto salvadoreño. La última intervención militar directa ocurrió en diciembre de 1989, cuando 24.000 soldados norteamericanos invadieron Panamá para capturar al general Manuel Antonio Noriega, acusado de narcotráfico. Ya en el siglo XXI, el Plan Colombia ha visto la presencia de asesores militares norteamericanos en ese país.

Las misiones de las Fuerzas Armadas no se limitaron a proteger sus fronteras contra las agresiones externas; de forma progresiva se implicaron en los conflictos políticos internos, especialmente en la lucha contrainsurgente y antiguerrillera, utilizando la doctrina del ejército francés de las guerras coloniales de Argelia e Indochina, que implicaba el recurso sistemático a la tortura, a otras formas de represión paralegal y al terrorismo de Estado. Este bagaje permitió el desarrollo de la Doctrina de la Seguridad Nacional que dio soporte político y operativo a la represión. En las décadas de 1960 y 1970, los golpes militares fueron la norma, pero ya no era un general, o un coronel, que apoyado por sus camaradas conquistaba el poder, sino la corporación militar la que intervenía en política, gracias al desarrollo de la conciencia corporativa entre la oficialidad, la burocratización militar y la participación creciente de los militares en la economía. El intervencionismo militar no partía únicamente de los cuarteles, sino que era fomentado por algunos sectores sociales, ante la incapacidad de los partidos políticos y de sus dirigentes para garantizar la gobernabilidad. Algunos golpes eran propiciados por el gobierno de Estados Unidos, pero era más frecuente que los golpistas buscaran la aprobación de la embajada norteamericana tras la quiebra del orden constitucional. Los regímenes militares establecidos a partir del golpe militar brasileño de 1964 se conocieron como burocráticos-autoritarios. La doctrina brasileña establecía que los militares a partir de su control del aparato del Estado intentaran completar la industrialización, mientras la administración del país quedaba en manos de los tecnócratas. La alianza entre los militares, la burocracia y el poder económico, apoyada por las empresas multinacionales, otorgó su impronta a muchos países del continente y permitió a los militares controlar puestos clave en las empresas relacionadas con la defensa y la seguridad nacional. Su control hizo que muchos militares desarrollaran un discurso nacionalista, proteccionista y estatista, próximo al populismo.

Las elecciones peruanas de 1962 las ganó Haya de la Torre por un escaso margen de votos. Descontento con el triunfo de su enemigo, el ejército quiso impedir el acceso del APRA al poder mediante un golpe militar, inicialmente rechazado por Washington, que retiró a su embajador en Lima, aunque se terminó plegando a la política de hechos consumados del ejército peruano. Este intento de imponer una situación de facto al gobierno norteamericano fue una constante en los golpes militares, aunque el golpe que derrocó al presidente brasileño João Goulart en 1964 contó con una participación más activa de Estados Unidos. El Estado Mayor brasileño había desarrollado un plan coherente para la gestión gubernamental, el desarrollo económico y la guerra preventiva contra los movimientos revolucionarios. El ejército brasileño fue de los primeros en plantear el concepto de guerra revolucionaria, relacionada a la expansión del marxismo-leninismo en el hemisferio occidental. Eran guerras internas que se convirtieron en el principal supuesto de las intervenciones militares y que abrieron las puertas a la intervención de las Fuerzas Armadas en la represión de los movimientos insurgentes y de los partidos de izquierda en general.

21. La lucha por la democracia: del autoritarismo a las transiciones

La Doctrina de la Seguridad Nacional contempla la intervención de las Fuerzas Armadas en la política nacional. Al asumirse como garantes de última instancia del orden constitucional, los militares se convierten en árbitros de la situación y deciden, unilateralmente, el momento y las formas más adecuadas de actuación. Según su punto de vista, en la lucha contra la subversión y a la vista del grave peligro que la guerrilla supone para la integridad de la Patria, cualquier método de lucha es válido, aunque sea ilegal. Esto llegó a justificar la violación sistemática de los derechos humanos a través de grupos paramilitares o parapoliciales y mediante el secuestro, la tortura, el asesinato y la desaparición de personas, las distintas variantes del terrorismo de Estado en América del Sur y América Central. Desde mediados de la década de 1960, los militares del Cono Sur comenzaron a elaborar doctrinas para justificar su intervención en la política interna y en la represión de los movimientos populares, aunque los argumentos que validaban la guerra interna nunca fueron un cuerpo de doctrina estructurado, sino un conjunto de ideas difusas luego conocidas como Doctrina de la Seguridad Nacional. Este corpus era más fácil de identificar por sus efectos represivos que por sus definiciones teóricas y privilegiaba el concepto de guerra interna, diferente al de guerra civil. La idea de guerra sucia, similar a la anterior, fue impuesta por los militares argentinos que gobernaron entre 1976 y 1982. Junto a ellos, hubo otros regímenes dictatoriales caracterizados por su dureza represiva, como el de Pinochet o el de los militares brasileños y uruguayos. Fue precisamente el general Pinochet el principal impulsor de la llamada Operación Cóndor, un serio intento de alcance continental de coordinación de la acción represiva.

Algunos golpes, como los impulsados por Juan Velasco Alvarado en Perú, en 1968, y Juan José Torres en Bolivia, en 1970, tenían objetivos reformistas y nacionalistas, aunque también intentaban evitar el estallido social. De ahí que se les diera una etiqueta de izquierdas. El gobierno de Omar Torrijos en Panamá podría asimilarse a los anteriores, ya que la nacionalización del petróleo peruano o el canal de Panamá son ejemplos de la orientación nacionalista y antiimperialista de estos gobiernos militares. Fueron excepciones a la norma general que provocaron disensiones en las filas castrenses, si bien golpes posteriores corregirían el rumbo impuesto a gobiernos militares tan atípicos.

Un caso muy especial fue el de América Central, por la intensidad de los conflictos armados y la intervención directa de Estados Unidos en una región que, para el Pentágono, tiene un valor estratégico muy superior al de América del Sur. La llegada del sandinismo al poder en Nicaragua impulsó la lucha guerrillera en El Salvador, y también, aunque menos intensamente, en Guatemala y Honduras. Si bien también aquí se aplicó la Doctrina de la Seguridad Nacional, prevaleció la teoría del «conflicto de baja intensidad», que tendía a reconocer que el peligro era mayor que el de un simple brote guerrillero. Los conflictos finalmente fueron superados con arduas negociaciones de paz, en Nicaragua, Guatemala y El Salvador, que permitieron el restablecimiento de la democracia.

4.2. La transición a la democracia

Al comenzar la década de 1990 todos los países latinoamericanos, salvo Cuba y Haití, tenían sistemas políticos que podían definirse como democráticos, aunque diez años antes sólo Colombia y Venezuela, en América del Sur, junto con Costa Rica y México, se encontraban en esta situación. Los procesos que permitieron el paso de dictaduras militares a gobiernos democráticos han sido denominados como de transición a la democracia. Un primer grupo de transiciones corresponde a los países definidos como burocrático autoritarios, donde encontramos las transiciones más tempranas de Argentina o Uruguay y la más tardía de Chile. Este grupo también debería incluir al Brasil, aunque las diferencias son notables. Mientras en Argentina el proceso electoral se inició después de la derrota de la Guerra de las Malvinas y sin pacto alguno entre las principales fuerzas políticas (radicales y peronistas), en Uruguay se produjo una transición prolongada y controlada y en Brasil, ejemplo de transición pactada, el partido del régimen gozó durante un tiempo de un apoyo electoral significativo, algo inexistente en los casos anteriores, lo que le sirvió para organizar el cambio de régimen. En buena parte de los casos mencionados ya se ha consumado la alternancia, lo que implica que los nuevos gobernantes pertenecen a partidos diferentes al de quienes les entregan el poder y en los primeros años del siglo XXI se habla de un giro a la izquierda en América Latina, señal de una alternancia política e ideológica. Entre los países donde no se ha producido alternancia alguna, aunque las elecciones funcionan normalmente y la oposición tiene garantizados sus derechos destacan Chile y El Salvador, gobernados por una coalición de centro izquierda el primero y un partido de derecha el segundo. Precisamente, uno de los puntos flojos de las democracias regionales reside en la debilidad de los partidos políticos y en su pésima imagen pública, lo que unido a la corrupción y a un cierto desánimo han llevado en algunos casos a que los votantes apostaran por soluciones providenciales o mágicas, generalmente a cargo de *out-siders* de la política, como Alberto Fujimori en Perú, Abdalá Bucaram en Ecuador o Hugo Chávez en Venezuela.

Después de ser derrocado por la «Revolución Libertadora», Perón se alejó del país, pero no de la política activa. Desde su exilio madrileño mantuvo el control del movimiento peronista o justicialista y sólo intentó regresar a la Argentina en 1972. En todos esos años, el peronismo y Perón como su máximo referente fueron el principal factor desestabilizador de la política argentina, con el apoyo sindical y de al menos un tercio del electorado. El general Lonardi reemplazó a Perón en el poder, pero el general Aramburu ocupó su puesto a los pocos meses, un relevo basado en la alarma que el acercamiento entre el ejecutivo, próximo a la derecha católica, y el movimiento sindical peronista, causaba en el sector más liberal del Ejército. Aramburu quería convocar elecciones rápidamente, para normalizar el sistema democrático y depurar cuanto quedaba del peronismo y para ello impulsó el retorno a la

Constitución de 1853, el voto proporcional, el nombramiento de delegados gubernamentales en los sindicatos, al tiempo que persiguió a los principales líderes peronistas, ilegalizó al Partido Justicialista y quemó públicamente sus símbolos y los retratos de Perón y Evita.

Ante la intensificación de la represión por el ala dura del gobierno, el peronismo recurrió a la resistencia conspirativa y al terrorismo y comenzó una espiral de violencia que influyó profundamente en la cultura política argentina. Pese a los objetivos de los militares antiperonistas, el peronismo no pudo ser derrotado y en poco tiempo avanzó en la recuperación del control sindical. En las elecciones para la Asamblea Constituyente de 1957 apoyó el voto en blanco, una postura seguida por el 25% del electorado. Su papel arbitral aumentó ante un radicalismo dividido, lo que fue advertido por Arturo Frondizi, el líder de la Unión Cívica Radical Intransigente (UCRI), enfrentada a la Unión Cívica Radical del Pueblo (UCRP). Para captar al electorado peronista, Frondizi levantó consignas antiimperialistas, como la nacionalización del petróleo. La UCRI ganó con el 44% de los votos, pero una vez en el poder olvidó sus promesas para impulsar la industrialización con una política desarrollista, apoyada por la patronal. Los bandazos políticos de Frondizi y sus escasos logros económicos le restaron el apoyo de radicales y peronistas, situación que se agravó cuando se quedó sin respaldo militar. El malestar castrense aumentó tras el giro prosoviético de la Revolución cubana y la actitud dialogante de Frondizi con Castro. Las elecciones de marzo de 1962, cuando el peronismo ganó 10 de las 14 gobernaciones en juego, entre ellas la provincia de Buenos Aires, fueron el principio del fin de su gobierno. La derrota gubernamental fue total y la UCRI perdió la mayoría legislativa. A los pocos días, aislado y presionado por los militares, Frondizi renunció.

El radical del pueblo Arturo Illia fue elegido presidente en 1963 con sólo el 25,15% de los votos y un 19,4% de votos en blanco, de los peronistas. Su falta de apoyo lo convirtió en un gobernante débil, incapaz de resolver el conflicto con los peronistas, y fue destituido por otro golpe militar, en 1966, encabezado por el general Onganía, el Comandante en Jefe del Ejército. Esta dictadura militar, durante la cual varios generales se alternaron en la presidencia, coincidió con la intensificación de la guerrilla urbana, tanto peronista como marxista y una aguda contestación social a la política militar. El general Lanusse convocó elecciones en 1973, ganadas por el candidato peronista, Héctor Cámpora, que cedería el mando a Perón. En 1976 se apoderó del gobierno una nueva dictadura militar encabezada por el general Videla con el objetivo de eliminar la subversión izquierdista, pero para cumplir con su cometido violó sistemáticamente los derechos humanos. La represión fue acompañada por una política económica neoliberal, ejecutada por el ministro Martínez de Hoz, que fracasó rotundamente. El detonante que aceleró el retorno a los cuarteles fue la derrota contra los británicos tras el intento de recuperación de las islas Malvinas. En las elecciones de octubre de 1983, el radical Raúl Alfonsín se impuso contra todo pronóstico al candidato peronista, castigado por el apoyo de su partido a la dictadura militar. El gran logro del alfonsinismo fue la normalización política, aunque fue incapaz de solucionar la cuestión militar y de resolver la crisis económica. Tras el juicio a las juntas militares gobernantes entre 1976 y 1983, que terminó con sus principales figuras en la cárcel, el malestar en el ejército aumentó y hubo varios conatos de rebelión. La situación la agravó la crisis económica de 1989, que aceleró la toma de posesión del nuevo presidente electo, el peronista Carlos Menem, que materializó la alternancia política y el fin de la transición argentina. La sanción de una nueva Constitución en 1994 permitió la reelección de Menem pero fue incapaz de reformar eficazmente el sistema político.

La democracia uruguaya presentada durante largo tiempo como modélica se caracterizó por su limpieza electoral, por la abstención de los militares a participar en la política activa y por el bipartidismo entre blancos o nacionales y colorados. La lucha entre ciudad y campo era constante y si bien los partidos eran controlados por sus aparatos urbanos, el peso de los terratenientes era considerable. La reforma constitucional de 1952 introdujo un ejecutivo colegiado, justo cuando disminuían los efectos benéficos de la Guerra de Corea sobre la economía. En las elecciones de 1958 los blancos, con el apoyo ruralista y de numerosos descontentos de la capital, recuperaron el gobierno tras largas décadas en la oposición. Pese a sus promesas electorales, no reformaron la burocracia ni liquidaron la industria en crisis y sólo aumentaron el descontento popular.

A fines de la década de 1960 comenzaron a actuar los Tupamaros, partidarios de una guerrilla urbana que actuaba contra una sociedad democrática. Los avances de la violencia tupamara aglutinaron a los sectores más conservadores, que en 1973 apoyaron una dictadura con respaldo militar, encabezada por el presidente Bordaberry, que disolvió el Parlamento. En 1976, la pugna entre los militares y Bordaberry llevó a los primeros al poder y en 1980 plantearon una reforma constitucional, derrotada en un plebiscito. A partir de 1982 el desgaste de la dictadura se aceleró y desspués de unas complicadas negociaciones con las cúpulas políticas, se firmó el Pacto del Club Naval, en 1984, que marcó el inicio y los límites de la transición política. El Pacto fue suscrito por las Fuerzas Armadas, el Partido Colorado y el Frente Amplio, la coalición de izquierda y centro-izquierda que alcanzó el poder en 2004, mientras el Partido Blanco se mantuvo al margen. Wilson Ferreira Aldunate, del Partido Nacional, y Liber Seregni, del Frente Amplio, dos de los mayores líderes políticos del país fueron proscritos en las elecciones de 1984, que ganó el colorado Julio María Sanguinetti. Su gobierno enfrentó menos problemas que el de Alfonsín, pero al igual que en Argentina el relevo presidencial se realizó sin complicaciones, después de las elecciones de 1989 que dieron el triunfo al blanco Luis Lacalle.

La transición chilena fue más complicada, especialmente por las secuelas del golpe contra el gobierno de la Unidad Popular y los condicionantes impuestos por Augusto Pinochet para volver a la democracia. Entre 1958 y

21. La lucha por la democracia: del autoritarismo a las transiciones

1973 el país conoció una alternancia política arrítmica, mientras pasaban por la presidencia el conservador Jorge Alessandri (1958-1964), el centrista demócratacristiano Eduardo Frei (1964-1970) y Salvador Allende (1970-1973). Entonces regía la tesis de los tres tercios, el equilibrio entre las tres tendencias políticas mayoritarias, aunque, como señala Manuel Alcántara, cuando los triunfadores accedían a la presidencia se comportaban con una lógica bipartidista negadora de la realidad plural chilena. La democracia cristiana impulsó la revolución en libertad, con la reforma agraria y la nacionalización del cobre, para evitar el triunfo de la izquierda, pero no pudo evitar el triunfo electoral de la Unidad Popular en 1970, la primera victoria de la izquierda latinoamericana en las urnas que parecía abrir un camino distinto a la Revolución cubana. Pero, las prisas de unos y los errores de otros frustraron la experiencia. Al no contar con la mayoría parlamentaria, Allende quiso desarrollar la «vía chilena al socialismo» apoyado en sus prerrogativas presidenciales, lo que sumado a una prolongada estancia de Fidel Castro polarizó la vida política y aumentó la conflictividad social a partir del apoyo de los grupos medios a la oposición. Este malestar, el bloqueo financiero norteamericano y la ingobernabilidad del país favorecieron el clima que propició el golpe de Estado del 11 de septiembre de 1973.

La dictadura pinochetista puede definirse por la personalización del poder y la baja institucionalización del régimen. Como en Argentina, la política represiva se acompañó de un programa económico neoliberal que fue impuesto pese a su elevado coste social. Un plebiscito celebrado en 1980 aprobó, con el 67% de los votos, la nueva Constitución, reflejo del entramado institucional deseado por el general Pinochet, que había diseñado un país diferente al que se encontró. Se consagró así como presidente constitucional hasta 1989, cuando debía proponer a su sucesor para el período 1989-1997, lo que debía ser aprobado en otro plebiscito. La difícil situación económica y la falta de libertades aumentaron las presiones de la oposición para democratizar el régimen, pero la cerrazón de la dictadura dificultaba cualquier salida negociada. La situación cambió tras la derrota de Pinochet en el plebiscito de 1988, cuando se autoproclamaba candidato presidencial. En un proceso pleno de dificultades, y con Pinochet al frente de las Fuerzas Armadas, se llegó a las elecciones de 1990 ganadas por el candidato demócratacristiano Patricio Aylwin, que contó con el respaldo del centro y de la izquierda, que abrió un prolongado período de gobiernos de la Concertación Democrática, incluido el del socialista Ricardo Lagos que llegó al palacio presidencial de La Moneda a comienzos de 2000. Se ha insistido mucho en el carácter vigilado de la transición chilena, que sin embargo ha sido un modelo de desarrollo institucional.

La transición brasileña se caracterizó inicialmente por la tutela militar y posteriormente por su carácter pactado. Los militares habían llegado al poder en 1964 y se mantendrían en él durante dos décadas, para impulsar el llamado «milagro brasileño». Luego, en 1988 se sancionó una nueva Constitución, fruto de un proceso constituyente iniciado en las elecciones parlamentarias de 1986. Las elecciones de 1989 se celebraron según la nueva normativa y fueron la primera elección presidencial directa en tres décadas. La percepción del declive brasileño había comenzado el 24 de agosto de 1954, a partir del suicidio del presidente Getúlio Vargas, en una difícil coyuntura económica y un rebrote inflacionario. El vicepresidente João Café fue derrocado por un golpe militar y Juscelino Kubitschek, gobernador de Minas Gerais, ganó las elecciones de 1955 con el apoyo laborista. Kubitschek era partidario del desarrollismo económico y sus principales objetivos fueron la industrialización y el traslado de la capital federal desde Río de Janeiro a Brasilia, un lugar deshabitado de la meseta central. En 1960 ya había avanzado en la conquista de ambos objetivos: la economía crecía a tasas espectaculares y se comenzaba a distinguir el contorno de la capital. Jánio Quadros, un político paulista y antivarguista, ganó las elecciones de 1960 y su vicepresidente fue el candidato de la fórmula contraria, João Goulart, artífice de la política laboral del varguismo. Quadros quería acabar con la corrupción y la ineficiencia de la burocracia estatal, pero obtuvo sus mayores éxitos con su política neutralista y por oponerse a las medidas contra Fidel Castro, lo que supuso la condena y la interrupción de la ayuda económica de Estados Unidos. Renunció tras siete meses de gobierno y su puesto fue ocupado por Goulart, a quien los militares veían como un radical de izquierdas capaz de llevar el país hacia el comunismo. Pese al fuerte respaldo popular, Goulart no pudo desarrollar su programa por la oposición del Congreso y del ejército y en marzo de 1964 adoptó algunas medidas para impulsar sus propuestas, como la reforma agraria sin indemnizaciones, la nacionalización de algunas refinerías de petróleo, la concesión del derecho a voto a los analfabetos y la legalización de todos los partidos políticos, incluido el comunista, lo que convenció a los militares y a sus aliados civiles de la derecha conservadora de que quería instaurar una dictadura de izquierdas. Alarmados por la experiencia cubana, los militares dieron un golpe que derrocó al gobierno y condujo a Goulart al exilio.

Los gobiernos del general Castelo Branco y de sus sucesores, de marcado perfil tecnocrático y desarrollista, cambiaron la economía, la sociedad y el sistema político. Se instauró un bipartidismo en torno a la oficialista Alianza Renovadora Nacionalista (ARENA) y al opositor, aunque tolerado, Movimiento Democrático Brasileño (MDB), con una clara hegemonía de la primera entre 1966 y 1974. La transición política se aceleró desde 1979 con la llegada de un nuevo presidente, el general Figueiredo, comprometido con la democratización, que sancionó una nueva ley de partidos políticos para acabar con el bipartidismo. De este modo, la oposición ganó en 10 de los 22 estados en 1982 y pese a obtener la mayoría de la cámara de diputados, no tenía el control ni del Senado ni del Colegio Electoral, que en 1985 debía elegir al nuevo presidente. Ese año llegó a la presidencia Tancredo Neves y su compañero de fórmula José Sarney, un antiguo militante del partido gubernamental. La muerte de Neves antes de asumir su cargo permitió que Sarney ocupara la presidencia. Pese a su giro conservador, la transición siguió adelante y en la primera vuelta de las elecciones presidenciales de 1989 el candidato del Partido de la Reconstrucción Nacional, Fernando Collor de Mello, y el del Partido de los Trabajadores, Luis Inácio Lula da Silva, obtuvieron la mayor cantidad de votos y pasaron a la segunda vuelta. Un mes más tarde Collor de Mello obtenía el 53% de los votos, frente al 47% de Lula. Se inició así la total normalización de la vida política brasileña que mostró su plena madurez en 1995 con el triunfo de Fernando Henrique Cardoso y en 2002 cuando Lula ganó las elecciones presidenciales en la primera vuelta.

En el Perú, Haya de la Torre moderó su estilo y su línea política partidaria de la insurrección armada, admitió el diálogo con ciertos sectores de los partidos tradicionales y al enfrentarse a los comunistas se acercó a Estados Unidos. Con su apoyo triunfó en 1956 Manuel Prado y su gestión económica continuó los derroteros marcados por Odría. La moderación electoral le costó caro al APRA, que con la pérdida de Lima y su hegemonía reducida a Ayacucho, vio aparecer tensiones políticas e ideológicas entre los seguidores de los postulados originales de Haya, incluida su raíz leninista, y quienes giraban hacia el posibilismo y la moderación, una situación agravada por la Revolución cubana. Tras el golpe militar de 1962 se instaló en el gobierno a Fernando Belaúnde Terry, quien intentó aplicar una política desarrollista, pero su gestión fue acompañada por la devaluación de la moneda y el incremento del endeudamiento exterior. La difícil situación económica y la violencia guerrillera condujeron a un nuevo golpe militar en 1968, de corte nacionalista y populista, que intentó desmontar el poder oligárquico y acabar con la dependencia del extranjero. El gobierno militar se extendió hasta 1979 y en su primera etapa (1968-1975), el proceso encabezado por el general Velasco Alvarado intentó una gestión nacionalista y antiimperialista. En un segundo momento (1975-1979), el general Francisco Morales Bermúdez aplicó una política más moderada y preocupada por el retorno a los cuarteles.

En 1977 el gobierno militar dio a conocer el Plan Túpac Amaru para propiciar la vuelta a la democracia. En 1978 se convocó a elecciones para una Asamblea Constituyente y al año siguiente se sancionó una nueva Constitución en reemplazo de la de 1933. En 1980 se realizaron elecciones presidenciales, ganadas por Belaúnde Terry, de Acción Popular, con el 43% de los votos, frente al 25% del candidato aprista. Junto con los problemas económicos, Belaúnde debió afrontar el recrudecimiento del terrorismo de Sendero Luminoso. Sin embargo, el electorado giró hacia la izquierda y en las elecciones de 1985 resultó triunfador Alan García, el candidato aprista, con el 53% de los votos. Por primera vez desde 1912 se producía el traspaso de poderes entre dos civiles y por primera vez en la historia del Perú un militante del APRA ocupaba la presidencia. La consolidación del proceso continuó, pese a las dificultades económicas y a la persistencia de la barbarie senderista, que hicieron descender el respaldo electoral del APRA. La falta de una salida clara permitió que Alberto Fujimori, respaldado por el movimiento Cambio 90, se impusiera en las elecciones presidenciales de 1990 a Mario Vargas Llosa, que tenía el apoyo de la derecha para aplicar un duro programa de ajuste basado en la liberalización y desregulación de la economía. La gestión de Fujimori resultó muy controvertida, especialmente por el golpe de facto que llevó a la disolución del Parlamento y a modificar la Constitución para permitir su reelección, apoyado en la popularidad obtenida a partir de la derrota de la guerrilla y la recuperación económica. Su traumática salida en noviembre de 2000, después de una serie de escándalos en los que aparecía vinculado a Vladimiro Montesinos, no ha permitido la recuperación total de la vida económica y política, pese a la normalidad institucional imperante.

En Bolivia, la fragilidad institucional favoreció el enésimo golpe militar y el general Hugo Ballivián se hizo con el poder. Una sublevación civil apoyada en las zonas mineras derrotó a los militares, controló La Paz y permitió, en abril de 1952, que Víctor Paz Estenssoro recuperara la presidencia. Comenzó así la llamada Revolución nacional y entre sus primeras acciones estaban la reforma agraria, la extensión del sufragio a los analfabetos y la nacionalización del estaño. En 1956 Hernán Siles Suazo reemplazó a Paz Estenssoro y dio un tono más pragmático a su gobierno y si bien estabilizó la economía, no respondió a los retos de la acelerada urbanización ni a los problemas generados por la minería de estaño en plena decadencia. En 1960 retornó Paz Estenssoro a la presidencia, acompañado por el dirigente minero Juan Lechín. La conflictividad política se mantuvo bastante tiempo, marcada por la repetición de los gobiernos militares, destacando por su particularismo el gobierno de los generales Ovando y Torres, de corte nacionalista y antiimperialista, que terminó abruptamente con un nuevo golpe de Estado, liderado por el general Hugo Bánzer. Su gobierno duró hasta 1977, cuando comenzó la transición política a partir de un dilatado calendario que permitió restablecer el régimen democrático en octubre de 1982. En 2002 fue elegido, por segunda vez, Gonzalo Sánchez de Losada, pero la movilización popular, impulsada por las llamadas a la nacionalización del gas lo hicieron renunciar en 2004. Se trató del último episodio, hasta el momento, de lo que un analista llamó «golpes de calle»: la renuncia de un presidente ante una movilización popular, incapaz de imponer sus puntos de vista en las urnas, pero con la fuerza suficiente como para hacer renunciar a un presidente, tal como ocurrió en Ecuador con Abdalá Bucaram en 1997 y con Jamil Mahuad en 2000; en Perú con Alberto Fujimori, en Argentina con Fernando de la Rúa en 2001 y en Haití con Bernard Arístide en 2004.

Otro grupo de países estaría integrado por los regímenes que, según Guillermo O'Donnell, se denominarían «tradicionales», de un profundo componente patrimonialista y proclives a sufrir transformaciones revolucionarias, como en la Nicaragua de Somoza o la Cuba de Batista. Si bien el Paraguay de Alfredo Stroessner estaría en este grupo, el entorno internacional de fines de la década de 1980 y la debilidad de la oposición permitieron una transición más ordenada. La familia Somoza dominó Nicaragua entre 1936 y 1979, cuando Anastasio Somoza García (1936-1956), Luis Somoza Debayle (1957-1963) y Anastasio Somoza Debayle (1967-1979) ocuparon la presidencia. Gracias a la Guardia Nacional, los Somoza dominaron el país de un modo personalista y utilizaron los recursos del Estado en su beneficio. Algunos sectores de la burguesía plantearon un Diálogo Nacional, que fracasó ante la cerrazón del régimen. La situación se fue degradando y tuvo uno de sus puntos álgidos en enero de 1978 con el asesinato del líder de la conservadora Unión Democrática de Liberación, Pedro Joaquín Chamorro, que también dirigía el diario *La Prensa*. Este hecho permitió ampliar al Frente Amplio Opositor, con la incorporación de grupos burgueses y católicos.

El Frente Sandinista de Liberación Nacional (FSLN), un movimiento guerrillero de inspiración guevarista surgido al comienzo de la década de 1960 fue clave en la lucha contra Somoza. El FSLN incluía grupos marxista-leninistas y otros más moderados, como el liderado por Edén Pastora, y pretendía sintetizar el pensamiento de Sandino con el nacionalismo y el antiimperialismo, reconociendo al marxismo-leninismo como un método de análisis. La Administración Carter tuvo una actitud ambivalente, pero la ofensiva sandinista y la postura de la oposición democrática hicieron que el gobierno de Washington abandonara a Somoza. El 19 de julio de 1979 los sandinistas ocuparon Managua y, aprovechando su protagonismo en la revolución y su poderío militar, se hicieron con el poder en detrimento de los moderados de la coalición antidictatorial. Hasta finales de 1989 la oposición antisandinista, tanto la interna como la externa, se negó a dialogar con el gobierno. Tampoco participó en las elecciones de 1984, boicoteadas por la Coalición Democrática Nicaragüense. Mientras pedía la democratización y la reconciliación, la oposición apoyaba o dirigía la Contra. En las elecciones de 1984, que llevaron a Daniel Ortega al gobierno, el Frente Sandinista obtuvo el 67% de los votos. Los comicios se celebraron en medio de la guerra y en condiciones irregulares, especialmente por la ausencia del principal grupo de la oposición, la Coordinadora Democrática, instigados por los norteamericanos, convencidos de un triunfo sandinista que no querían legitimar. Para terminar con el bloqueo exterior y el acoso de la Contra, el gobierno quiso pacificar el país y sancionó la Constitución de 1987, un texto democrático y pluralista, y al año siguiente aprobó una nueva ley electoral. Después de negociar con la oposición, que objetaba la composición del Consejo Supremo Electoral, se convocaron elecciones generales. La negociación terminó con la firma del Acuerdo Político Nacional que incluía la desmovilización de la Contra, la suspensión del reclutamiento militar hasta pasadas las elecciones, con la participación de todos los partidos firmantes en los comicios de 1990. La oposición se organizó en una gran coalición electoral, la Unión Nacional Opositora (UNO), con catorce partidos sólo unidos por el antisandinismo que condujo a Violeta Chamorro al gobierno.

Otros casos de transición afectaron a las democracias pactadas, y restrictivas, como en Colombia y Venezuela o la «revolución institucionalizada» de

México, pero la diversidad y complejidad de los problemas a resolver eran de tal magnitud que es imposible construir modelos generales. En México, la tímida apertura propiciada por la reforma constitucional del presidente López Mateos (1958-1964) asignó un número de escaños en la Cámara de Diputados a la oposición. Durante el sexenio de Gustavo Díaz Ordaz (1964-1970) la apertura política se ralentizó por las resistencias en el PRI y en la burocracia estatal y el presidente abandonó sus proyectos de democratizar el partido gubernamental. Pese a las reformas, las posibilidades de la oposición eran limitadas y las elecciones municipales ganadas por el derechista PAN en el norte del país fueron anuladas. La frustración política de la oposición estalló en las movilizaciones estudiantiles de 1968, brutalmente reprimidas en la matanza de la plaza de las Tres Culturas, en Tlatelolco, ante la cercanía de los Juegos Olímpicos. Luis Echeverría (1970-1976) incluyó en su plataforma electoral algunas reivindicaciones del movimiento estudiantil, pero la mayoría de sus promesas, especialmente las referidas a la apertura del sistema, serían incumplidas. Sólo el auge petrolero de 1973 le permitió sobrellevar la creciente oposición interna. José López Portillo (1976-1982) realizó el primer intento de una mínima reforma política y amplió la representación parlamentaria de la oposición. El PAN se convirtió en la principal fuerza opositora y en las elecciones presidenciales de 1982 obtuvo el 14% de los votos. El Partido Socialista Unificado, que reunía a la mayor parte de las fuerzas de izquierda, sólo logró un 6%. Una vez más, el ganador fue el candidato del PRI, Miguel de la Madrid (1982-1988), que asumió el poder en medio de la crisis de la deuda externa y se preocupó por profundizar la reforma política, aunque las derrotas electorales en los estados del norte aminoraron el proceso.

Nuevas dificultades surgieron al final del sexenio, cuando el PRI se escindió y la llamada tendencia democrática propuso que las bases eligieran al candidato presidencial. El aparato del PRI se negó y designó a Salinas de Gortari, que debió enfrentarse a Cuauhtémoc Cárdenas, apoyado por la mayoría de la izquierda. El PRI ganó las elecciones, pero Cárdenas obtuvo el 31% de los votos, un porcentaje jamás alcanzado por ningún candidato opositor. Convencido de la debilidad del sistema, Salinas intentó una serie de reformas para lograr la apertura del régimen y al abandono de las reivindicaciones revolucionarias. La firma del Tratado de Libre Comercio con Estados Unidos y Canadá era el prólogo de un profundo movimiento de modernización, que debería convertir a México en una nación desarrollada. Pero, el 1 de enero de 1994, cuando entraba en vigor dicho Tratado, comenzó la insurrección del Ejército Zapatista de Liberación Nacional (EZLN), que barrió con los sueños desarrollistas. El EZLN era un movimiento guevarista que tras su fracaso inicial recompuso sus planteamientos y mostró un perfil indigenista. Ernesto Zedillo, el nuevo presidente, buscó encapsular el problema zapatista a fin de seguir profundizando la democratización, de modo que la oposición, tanto el PRD como el PAN, pudo controlar un número creciente de gobernaciones y alcaldías. Finalmente, en julio de 2000 Vicente Fox, el candidato del PAN, ganó las elecciones y asumió la presidencia, un resultado histórico que permitió el desplazamiento del PRI y la alternancia democrática. Pese a las expectativas puestas en su gobierno, Fox no pudo cumplir con sus promesas de cambio y el sistema político mexicano mantiene sus problemas tradicionales.

El impacto de la Revolución cubana sobre la política venezolana fue menor que en otros países. Venezuela estaba gobernada por Rómulo Betancourt, gracias al Pacto del Punto Fijo firmado entre su partido, AD, y el Partido Social Cristiano COPEI. El reformismo de AD le hizo perder militantes por su izquierda, deseosos de cambios más rápidos, y en 1961 se formó el Movimiento de Izquierda Revolucionaria (MIR), partidario de la insurrección popular y de la vía cubana al socialismo. También el Partido Comunista Venezolano apostó por la lucha armada, abandonando su larga trayectoria de participación democrática. A partir de 1963 la violencia se recrudeció en Caracas y las elecciones se plantearon como una verdadera prueba de fuerza entre el gobierno y la guerrilla, que había amenazado con sabotearlas, pero el 90% de los ciudadanos registrados acudió a votar, lo que supuso un serio descrédito para los grupos guerrilleros, apoyados directamente por el régimen de Castro. Las elecciones fueron ganadas por Luis Leoni, seguidor de Betancourt, con el 33% de los votos. COPEI abandonó la coalición con AD, lo que reforzó el sistema bipartidista y aumentó la soledad del gobierno, centrado en la represión de una guerrilla que había optado por el combate rural. A partir de 1968 los dos partidos se alternaron en el poder. Carlos Andrés Pérez, reelecto en 1988, rompió el ciclo y comenzó su presidencia en 1989 en medio de una terrible crisis económica y en febrero de 1992 tuvo que afrontar un golpe de Estado liderado por el comandante Hugo Chávez, que terminó en la cárcel. Sin embargo, Pérez no pudo concluir su mandato, ya que en mayo de 1993 fue destituido por el Congreso acusado de malversación de fondos públicos. En 1998 el ex golpista Chávez ganó las elecciones ante el desplome de los dos partidos tradicionales, que marcaron el hundimiento del sistema político venezolano de la segunda mitad del siglo XX. Comenzaba así la llamada Revolución bolivariana, de signo populista, que a partir de la reforma de la Constitución comenzó a polarizar a la sociedad venezolana en un estilo similar al del primer peronismo.

En Colombia, tras un prolongado período de democracia, el ejército dio un golpe que llevó al poder al general Gustavo Rojas Pinilla, un conservador moderado. Rápidamente se evidenció que el general no pretendía facilitar la transición a la democracia, sino que quería perpetuarse en el poder aglutinando a sectores de los partidos tradicionales en un movimiento populista de claro signo peronista. Los partidos Liberal y Conservador, que en 1954 accedieron a que fuera presidente constitucional, se resistieron a su reelección en 1958. Ante la insistencia de Rojas Pinilla por mantenerse en el poder, el liberal Alberto Lleras Camargo se entrevistó con el conservador Laureano Gómez y firmaron el Pacto Nacional para restaurar la democracia basándose en la alternancia en el gobierno durante 16 años, dividiendo por mitades la composición de los organismos colegiados. El Pacto fue apoyado por la Iglesia y una huelga general le otorgó un gran respaldo popular. Los empresarios hicieron lo mismo con un generalizado cierre patronal y el ejército, tras enviar al exilio a Rojas Pinilla, se sumó al acuerdo. El Pacto dejó fuera a importantes grupos sociales, que pronto iban a manifestar su descontento ante la falta de juego político.

Colombia fue gobernada según la alternancia acordada en el Pacto Nacional. Durante el gobierno del conservador Guillermo León Valencia (1962-1966), el segundo presidente electo según este sistema, la valoración pública del acuerdo de liberales y conservadores siguió bajando. En 1966 se eligió al liberal Carlos Lleras Restrepo, en una elección marcada por una elevada abstención. El nuevo presidente intentó movilizar a los sectores populares que vivían al margen de la política, pero el profundo malestar existente se volvió a reflejar en las elecciones de 1970, ganadas por escaso margen por el conservador Misael Pastrana Borrero frente a Rojas Pinilla. Las posiciones antirreformistas de Pastrana eran conocidas y Rojas Pinilla, que se hizo eco del descontento popular, se impuso en las grandes ciudades. En 1974, el sistema de alternancia se quebró por las disputas entre los partidos, aunque la Constitución establecía que el presidente debía integrar en su gobierno, de acuerdo a su caudal electoral, a representantes del segundo partido más votado. El primero que gobernó en estas circunstancias fue el liberal Alfonso López Michelsen (1974-1978), que debió enfrentar una profunda división de su partido. Sin embargo, en 1978 volvió a ganar el candidato liberal, Julio C. Turbay Ayala, pero en las siguientes elecciones, 1982, la división liberal permitió el triunfo del conservador Belisario Betancur. Su gobierno debió enfrentar a una guerrilla endémica, reforzada con la aparición del M-19, y la actividad corruptora del narcotráfico. Para agravar aún más la situación, guerrilla y narcotráfico terminaron convergiendo en sus manifestaciones criminales. El asesinato del ministro de Justicia, Rodrigo Lara Bonilla, en 1984, fue una clara señal del enorme poderío que habían alcanzado los carteles de la droga.

El Partido Liberal recuperó el gobierno con Virgilio Barco, que ganó las elecciones de 1986. Su política de reconciliación con la guerrilla cosechó algunos éxitos, destacando el acuerdo con el M-19, en 1989. Su sucesor, el también liberal César Gaviria, elegido en 1990, continuó ese camino, aunque sin obtener el desarme de los dos mayores grupos, las FARC (Fuerzas Armadas Revolucionarias de Colombia) y el ELN (Ejército de Liberación Nacional). El conflicto se intensificó durante las presidencias de Ernesto Samper y Andrés Pastrana, debido al dinero generado por el narcotráfico y a la consolidación de los paramilitares en torno a las Autodefensas Unidas de Colombia (AUC). El presidente Pastrana inició un deseado proceso de negociación con las FARC, que no pudo prosperar por la intransigencia de los insurgentes. Él fue también el impulsor del Plan Colombia, cuando el presidente Clinton, en 2001, logró el respaldo del Congreso para ayudar militar y económicamente al gobierno colombiano en su lucha contra el narcotráfico aliado a la guerrilla. La presidencia de Álvaro Uribe se ha caracterizado por su duro enfrentamiento con el narcotráfico y el terrorismo de las FARC y por haber iniciado el proceso de desmovilización de los paramilitares en el marco de su política de seguridad democrática.

22. La primera década del siglo XXI: una época de cambios

La primera década del siglo XXI en América Latina ha sido testigo de algunas transformaciones importantes, que han afectado tanto a la vida política como a la economía del conjunto de la región. De algún modo, el triunfo electoral de Hugo Chávez en las elecciones presidenciales del 6 de diciembre de 1998 marcó el inicio de buena parte de estos cambios, especialmente en el terreno político e ideológico, que tuvo sus principales referentes en el proceso que se ha conocido popularmente como de «giro a la izquierda» en América Latina. En algunos de los casos implicados en este giro las transformaciones políticas han sido acompañadas por el retorno del populismo y el estatismo al primer plano de la actualidad informativa. De ahí que muchos analistas insistan en la importancia de los cambios producidos, mientras otros se preguntan acerca de su carácter irreversible. Otros, por el contrario, más proclives a hablar de populismos o neopopulismos, resaltan el carácter cíclico y pendular de la historia política latinoamericana y prefieren estar más atentos a los cambios que se puedan producir en el «campo bolivariano».

De todas formas, y con independencia de los adjetivos que elijamos para designar a muchos de los gobiernos formados en esta última década a partir de sus importantes triunfos electorales y que suelen ser identificados con la izquierda, no hay que dejarse llevar por consignas nominativas, dadas las grandes diferencias existentes entre los distintos presidentes de la izquierda latinoamericana. Por lo general, todos ellos han sido valorados a partir de las políticas públicas por ellos desarrolladas y de la mayor o menor cercanía de éstas con los sectores populares menos favorecidos, es decir, si existe o no una agenda social. Pero también por su postura frente a las denominadas políticas «neoliberales», vinculadas al Consenso de Washington, que merecieron la frontal oposición tanto de Hugo Chávez como de sus principales aliados dentro de la región. Éste es el caso de Evo Morales, Rafael Correa, Daniel Ortega e inclusive el matrimonio Kirchner.

Pero los cambios políticos en América Latina no se limitan a quienes impulsan la revolución bolivariana o el socialismo del siglo XXI. Hay países donde la izquierda que gobierna presenta más semejanzas con la socialdemocracia europea. Sin embargo, desde la perspectiva de las transformaciones que han tenido lugar, para ahondar en su mayor importancia y con el objetivo de simbolizar su trascendencia, profundidad y magnitud hay quien pone el acento en algunos hechos cargados de simbolismo, como es que Lula da Silva, un sindicalista obrero y tornero de profesión, haya alcanzado la presidencia de Brasil. O que Evo Morales, un líder cocalero de raíces indígenas ocupara el palacio Quemado, sede de la presidencia boliviana. O que dos mujeres, la chilena Michelle Bachelet y la argentina Cristina Fernández de Kirchner, fueran elegidas presidentas en sus respectivos países. Tampoco se pueden perder de vista otros hechos más anecdóticos, como que Fernando Lugo, un ex obispo que actualmente enfrenta varios juicios por paternidad, fuera elegido presidente de Paraguay. Si bien todo esto es cierto, hay otros elementos en los cuales hay que profundizar si se quiere medir en su real importancia la magnitud de los cambios.

Haciendo un poco de política ficción se podría decir, de alguna manera, que la etapa iniciada con el ascenso de Chávez en 1998 ha tenido un punto de inflexión en junio de 2009, cuando los militares expulsaron del gobierno y del país al presidente hondureño Manuel «Mel» Zelaya. Lo que no se sabe a ciencia cierta es cuán profundo y definitivo ha sido ese cambio de tendencia. Si bien posteriormente se produjeron victorias electorales de partidos o movimientos asimilables *grosso modo* con la izquierda continental, como los ocurridos en Bolivia y Uruguay, habrá que ver si los sucesos centroamericanos son sólo la expresión de un fenómeno estrictamente local, o centroamericano, o la existencia de una tendencia más profunda de rechazo a los lineamientos bolivarianos y a la propuesta de construcción del socialismo del siglo XXI. Los resultados de las elecciones presidenciales de Chile (enero de 2010), Brasil (octubre de 2010) y Argentina (octubre de 2011), junto a las legislativas venezolanas (segunda mitad de 2010) permitirán confirmar o rechazar esa suposición y determinar con mayor claridad el rumbo de América Latina en la segunda década del siglo XXI. Desde la perspectiva del giro a la izquierda también será importante ver qué ocurre con Fidel Castro y con el futuro de Cuba, ya que el proyecto bolivariano se ha ligado demasiado intensamente a la suerte de la revolución cubana.

La economía latinoamericana, luego de atravesar las turbulencias del «lustro perdido» (1997-2002) y pasar por algunas crisis complicadas, como la de Argentina en 2001, que supuso la implantación del «corralito» y el fin

22. La primera década del siglo XXI: una época de cambios

del tipo de cambio fijo entre el peso y el dólar, retomó la senda del crecimiento. Pero previamente se vivió en la mayor parte de los países de la región un rechazo frontal a las reformas económicas de la última década del siglo XX, asimiladas con el neoliberalismo y el llamado «Consenso de Washington». El paquete de reformas no sólo había ordenado las cuentas públicas, reducido los déficits fiscales y controlado la inflación, sino que también puso en marcha un intenso programa de privatizaciones y una drástica reducción de los aparatos del Estado. En los típicos golpes de péndulo a que tan acostumbrados nos tiene la vida pública latinoamericana se había pasado de una época marcada por un fuerte estatismo, propia de la industrialización por sustitución de importaciones, a otra donde el mercado imponía libremente sus reglas. La síntesis posterior, como suele insistir el ex presidente chileno Ricardo Lagos, fue la de que se necesitaba más Estado y mejor mercado, de forma que las funciones regulatorias no se dejaran en las manos de los agentes económicos sino en las de la política y los políticos. Éste es un punto que ha sido muy controvertido, por las constantes denuncias de corrupción vertidas sobre los políticos y los empresarios latinoamericanos, tanto en los años del neoliberalismo como en la primera década del siglo XXI.

Tras las serias dificultades introducidas por la crisis económica de principios del siglo XXI se pasó a una nueva etapa floreciente, la de un quinquenio dorado (2003-2008) caracterizado por sus altas tasas de crecimiento y una significativa disminución de la pobreza y de la extrema pobreza en prácticamente todos los países de la región. Sin embargo, la desigualdad continuó siendo uno de los principales problemas económicos y sociales del continente. Quizá la gran novedad en relación con ciclos económicos anteriores haya sido el menor impacto de la crisis económica y financiera internacional sobre América Latina. Si bien inicialmente se especuló con la posibilidad de que la crisis no golpeara a la región, en lo que se conoció como la «teoría del desacople» o del desenganche, esto terminó no ocurriendo. De haberse cumplido las previsiones más optimistas, el impacto de la crisis en América Latina hubiera sido nulo o mínimo. Sin embargo, sus consecuencias fueron menores de lo esperado y más tardías que en otras partes del globo. En esta ocasión se trató de una crisis iniciada en los países centrales y no en los periféricos, a diferencia de lo que había sido la pauta en los últimos veinte años, como ocurrió con la crisis rusa, la mexicana o la brasileña. Finalmente la contracción económica se produjo y en 2009 América Latina tuvo una caída de su economía del 1,8%, según estimaciones de la Comisión Económica de Naciones Unidas para América Latina y el Caribe (CEPAL), una contracción inferior al 2,2% mundial o al 3,6% de los países desarrollados.

Desde una perspectiva de medio y largo plazo se puede decir que América Latina ha dado pasos significativos en la consolidación de la democracia, aunque todavía se viven situaciones complicadas y contradictorias. La bonanza económica favoreció la estabilidad política y permitió que los nuevos gobiernos electos se asentaran sin pasar grandes complicaciones. Todos estos extremos han sido reflejados en los resultados del «Latinobarómetro 2009», un estudio de opinión que mide el estado de la opinión pública en dieciocho países de la región, con la gran excepción de Cuba, que no permite a los encuestadores desplazarse libremente y sin vigilancia gubernamental por los hogares cubanos. Los resultados del estudio muestran que hay un 65% de latinoamericanos que bajo ninguna circunstancia apoyarían un gobierno militar. La cifra ha aumentado dos puntos desde 2004 y si bien deja margen al optimismo, no se debe ocultar que hay una franja no desdeñable de la población que no piensa de la misma manera. Es verdad que los datos presentan importantes variaciones regionales, que van desde el mínimo apoyo existente en Guatemala, con un 42%, a las cifras máximas de Costa Rica, 91%; Uruguay, 78%, y Nicaragua, 75%.

Ahora bien, ese fuerte rechazo a los gobiernos militares no excluye el apoyo a situaciones o soluciones autoritarias en determinadas circunstancias. Prácticamente un tercio de los latinoamericanos está dispuesto a vulnerar las leyes si hay una situación difícil o respalda que los militares remuevan al presidente si éste viola la Constitución, tal como ocurrió en Honduras en junio de 2009. El apoyo a la democracia es algo menor, ya que un 59% de la población cree que la democracia es preferible a cualquier otra forma de gobierno. En este punto la cuestión de fondo es que no en todos los países se entiende lo mismo por democracia y de ahí que se la valore de distinta manera. Por ejemplo, el apoyo a la democracia en Venezuela (85%) o Uruguay (81%) duplica el existente en Guatemala (41%) o México (42%). Pero, si en vez de preguntarse por el apoyo directo a la democracia se consulta a los encuestados su opinión acerca de si la democracia es el mejor sistema de gobierno, pese a todos sus problemas, las respuestas positivas suben al 76%. En el «Latinobarómetro 2009» también aumentó el grado de satisfacción con la democracia en relación con las mediciones anteriores. En esta oportunidad, un 44% de los latinoamericanos dijo estar satisfecho con la democracia que tienen, el porcentaje más alto desde 1995 y una cifra siete puntos por encima de los resultados del año 2008.

1. El espectacular crecimiento económico del período 2003-2008 y sus repercusiones sociales

Como ya se ha mencionado, a partir de 2003 América Latina comenzó a atravesar una fase de franco crecimiento económico, apoyado en la fuerte alza de los precios de los productos energéticos, minerales, alimentos y otras materias primas. En buena medida esta situación respondía al tirón de la demanda asiática, China e India fundamentalmente, que estaban creciendo a tasas anuales superiores al 7 u 8% anual. En esta ocasión la buena noticia fue que el crecimiento afectaba a todos los países de la región, aunque había quienes crecían más aprisa que otros. Pese a ello, los avances económicos tuvieron lugar en un contexto de baja inflación, bajos déficits públicos, crecientes reservas en divisas y un descenso notable del endeudamiento exterior, sobre todo de aquel denominado en dólares norteamericanos.

El período 2003-2008 fue un momento de gran expansión de las economías latinoamericanas, probablemente uno de los períodos expansivos más duraderos e intensos de las últimas décadas. Los datos positivos fueron realzados a partir de la comparación con los desastrosos resultados de los primeros años del siglo XXI. Después de un crecimiento del 4% anual en 2000 para el conjunto de América Latina y el Caribe, se bajó al 0,4% en 2001 y a una tasa negativa en 2002 de –0,4%. A partir de allí la situación se revirtió de un modo dramático y las tasas de crecimiento fueron muy notables: 2,2% en 2003, 6,1% en 2004, 5% en 2005, 5,8% en 2006 y 2007 y 4,2% en 2008. En el período 2003-2008 el PIB per cápita también creció de manera sostenida, y lo hizo por encima del 3% anual. Para hacernos una idea de lo que esto significa en la historia latinoamericana reciente habría que remontarse cuarenta años atrás, cuando la región creció durante siete años consecutivos a unas tasas comparables. Esto ocurrió desde finales de la década de 1960 hasta la primera crisis del petróleo a comienzos de la década de 1970.

Estos seis años seguidos de acelerado crecimiento permitieron a las distintas economías nacionales alcanzar superávit en las cuentas externas y mejorar sus finanzas públicas e incrementar sus reservas en divisas, lo que hizo posible que estuvieran mejor preparadas para afrontar la crisis financiera internacional, la más fuerte desde la Gran Depresión. Sin embargo, la crisis finalmente acabó golpeando a la región en el último trimestre de 2008, pese a lo cual se pudo completar el año con un crecimiento nada desdeñable del 4,2%. Si bien se trató de la tasa más baja desde 2003, su magnitud es un buen reflejo del dinamismo de la economía latinoamericana durante los nueve primeros meses de 2008. Por el contrario, en 2009 se produjeron tasas negativas de crecimiento en la mayor parte de los países latinoamericanos, lo que implicó una caída para el conjunto de la región del 1,8%. Todas las previsiones indican que en 2010 se retomará la senda del crecimiento. Según la CEPAL, en 2010 se crecerá un 4,1%.

La contracción económica de 2009 supuso un retroceso del PIB per cápita de casi un 2,9%, y el paro alcanzó un 8,3%, una cifra importante aunque algo menor que las estimaciones menos pesimistas. Los países con mayores caídas del PIB fueron México (–6,7%) y algunos países de Centroamérica y el Caribe, especialmente Honduras (–3%), El Salvador (–2,5%), Nicaragua (–1,5%), Costa Rica (–1,2%) y Guatemala (–0,1%), todos ellos afectados por su mayor cercanía o su mayor dependencia del mercado de Estados Unidos. En América del Sur quienes mejor se comportaron, según las previsiones de la CEPAL de finales de ese año, fueron Bolivia (3,5%), Uruguay (1,2%), Perú (0,8%), Argentina (0,7%), Brasil (0,3%) y Colombia (0,3%), y a quienes les fue peor, Ecuador (–0,4%), Chile (–1,8%), Venezuela (–2,3%) y Paraguay (–3,5%).

Como se ha señalado, esta fase de crecimiento estuvo sostenida por el importante incremento en el precio de las materias primas y por la expansión de las exportaciones latinoamericanas hacia nuevos mercados, especialmente asiáticos. Esta situación se vio reforzada por una importante recuperación de los términos de intercambio, que afectaron principalmente a América del Sur, y en menor medida a América Central, incluido México, y el Caribe. Entre los productos que más se beneficiaron por el alza de los precios están los energéticos, gas y petróleo, los minerales, como cobre y cinc, y los productos alimenticios: cereales (soja, arroz), carne y lácteos, frutas y verduras. Entre los países que más provecho sacaron de este boom de las materias primas destacan Venezuela, Uruguay, Chile, Colombia, Argentina, Bolivia y, sobre todo, Brasil, que se ha consolidado en los últimos años como un actor global y también como una potencia regional. No se olvide que Brasil ha sido incluido en el grupo de países BRIC, junto a Rusia, India y China.

Si bien América Latina ha crecido de forma importante en todos estos años, y es un motivo de gran satisfacción, no debe perderse de vista que el crecimiento regional fue inferior al de sus competidores directos. No sólo China, India y buena parte del Asia en general crecieron por encima de los promedios latinoamericanos, sino también Europa del Este o incluso África. En 2007, según Naciones Unidas, América Latina creció 5,6%; China, 11,4%; India, 8,5%; el resto de Asia, 7%; los países del antiguo bloque soviético, 8,1%, e incluso África, 5,8%. En suma, América Latina crece, pero mucho menos que el resto de sus competidores. La respuesta a este desfase no se encuentra en la macroeconomía, donde por lo general todos los países de la región hacen buena letra, sino en la micro, en la creciente intervención del Estado, la falta de seguridad jurídica, las deficientes estructuras fiscales o impositivas, la falta de infraestructuras energéticas y de comunicación y la menor capacidad de muchos países para captar inversión privada y en especial la inversión extranjera directa (IED).

Es precisamente en este punto donde vemos las distintas estrategias de los países para insertarse en los mercados internacionales. Por un lado tenemos un conjunto de países, como Chile, Perú, Colombia o Uruguay, dispuesto a hacer del comercio internacional y de la presencia de la IED (Inversión Extranjera Directa) uno de los pilares del crecimiento. Por el otro, otro grupo, integrado por Venezuela, Bolivia, Ecuador y Argentina, mucho más refractario a la inversión extranjera y partidario de una presencia reforzada del Estado y, sobre todo, de los gobiernos fuertemente presidencialistas en la actividad económica. Los primeros países son partidarios del libre comercio y han firmado una gran cantidad de Tratado de Libre Comercio (TLC) con los países más diversos, de todos los rincones del globo. Los segundos están totalmente en contra, rechazan cualquier posibilidad de firmar TLC, en especial con Estados Unidos. El 29 de abril de 2006 los presidentes Fidel Castro, Hugo Chávez y Evo Morales firmaron en La Habana, y en el marco de la Alianza Bolivariana de los pueblos de nuestra América (ALBA), el Tratado de Comercio de los Pueblos (TCP), que se presenta como una opción de comercio solidario a los TCP. Sin embargo, y pese a sus buenas intenciones, no ha tenido una gran importancia en el impulso del comercio en sus respectivos países. Estados Unidos ha firmado con algunos países de la región TLC (Chile, Colombia —pendiente de ratificación—, Panamá, Perú, el TLCAN con México y Canadá o el DR-CAFTA con la República Dominicana y América Central), que en algunos casos han suscitado una fuerte contestación.

Los dos grandes colosos latinoamericanos, Brasil y México, han tenido comportamientos económicos diversos. México había firmado el Tratado de Libre Comercio de América del Norte (TLCAN o NAFTA), con Estados Unidos y Canadá, que entró en vigor en 1994. Desde entonces su suerte, para bien y para mal, ha estado ligada a la coyuntura económica estadounidense y su desarrollo industrial, con un fuerte impulso a las maquilas (industrias de ensamblaje), y la mayor parte de sus exportaciones se han dirigido a su vecino del norte. De este modo encontramos una clara división regional del país, donde los estados más desarrollados se encuentran en el centro y el norte, casos del estado de México o el de Nuevo León, fronterizo con Estados Unidos, mientras los más pobres están más al sur, siendo Chiapas el ejemplo extremo. Sin embargo, dadas las rigideces de su sistema político, México fue incapaz de hacer las reformas necesarias, sobre materia tributaria y energética. La acción de la empresa petrolera estatal Petróleos Mexicanos (PEMEX) sigue lastrada por una legislación fuertemente nacionalista que dificulta en gran medida la entrada de inversionistas privados en el sector. En este sentido, llama poderosamente la atención la evolución divergente seguida en los últimos años por PEMEX y Petrobrás, la principal empresa petrolera brasileña.

Brasil es un ejemplo totalmente diferente al anterior, no sólo porque ha resistido mejor que México los embates de la crisis de 2009, sino también porque en estos años se ha consolidado como una gran potencia regional y ha emergido como un relevante actor global. Si bien Brasil no ha crecido a tasas tan altas como las de Venezuela, apoyada en sus exportaciones petroleras, o Perú, gracias a sus minerales y a los cultivos exportables de la costa central, sí ha tenido un crecimiento muy equilibrado. Las mejoras en la economía brasileña no se han debido únicamente al desarrollo del sector primario exportador, que han sido importantes, sino también a la expansión de su sector industrial. Brasil cuenta con unas industrias muy dinámicas, como es el caso de Embraer, productora de aviones, de la empresa minera *Vale do Rio Doce* o de la constructora Odebrecht. Incluso la producción agrícola y ganadera se comportó de forma muy positiva. En 1978 Brasil importaba carne, pero entre 1998 y 2005 multiplicó por diez la venta de carne bovina, con un incremento promedio del 40% anual, y en 2004 se convirtió en el primer exportador mundial de carne.

En el área energética se produjeron cambios determinantes. Si en lo relativo a los hidrocarburos Brasil era hasta no hace mucho tiempo un importador neto de gas y derivados del petróleo, hoy es autosuficiente en petróleo y al comienzo de la segunda década del siglo XXI puede serlo en gas, gracias al descubrimiento de importantes yacimientos frente a las costas de los estados de Río de Janeiro y São Paulo. Posteriores descubrimientos de yacimientos a miles de metros de profundidad en cuencas cercanas a las anteriores, los llamados yacimientos *presal*, multiplicaron exponencialmente el volumen de las reservas brasileñas. La mayoría de las estimaciones atribuyen a los nuevos campos entre unos 30.000-50.000 millones de barriles de petróleo equivalente. De esta forma Brasil podría convertirse en poco tiempo en un gran exportador de petróleo y superar en este rubro tanto a Venezuela como a México, durante décadas los mayores productores y exportadores de petróleo de América Latina. Sin embargo, y más allá del gran potencial hidroeléctrico que tiene el país, fue en el campo de los biocombustibles donde Brasil dio grandes pasos en la primera década del siglo XXI.

Desde un punto de vista social, el auge económico del período 2002-2008 tuvo un impacto notable en la reducción de la pobreza latinoamericana, que en esos años pasó de representar al 44% de la población al 33%, un descenso de once puntos porcentuales. Por su parte, la extrema pobreza disminuyó del 19,4% a menos del 13%. La importancia de estos datos es mayor de lo que parece si se tiene en cuenta que hasta entonces las tasas de pobreza y extrema pobreza se habían mantenido relativamente estables durante más de dos décadas. Según Naciones Unidas, el número de pobres en América Latina habría disminuido cerca del 17% entre 2002 y 2007.

Sin embargo, los niveles de pobreza varían de forma sustancial entre los distintos países de la región, así como dentro de cada uno de los mismos, lo que implica que las diferencias regionales son considerables. Haití es el país más pobre de toda América Latina y el Caribe y es seguido por la mayor parte de los países centroamericanos, que son los que exhiben las mayores tasas de pobreza, comenzando por Honduras y Nicaragua. En América del Sur el país más pobre es Bolivia, seguido de Paraguay. Como se ha señalado, los contrastes entre naciones son enormes, a tal punto que casi siete de cada diez personas viven en situación de pobreza en Honduras y Haití, dos de los países más pobres de todo el continente, mientras sólo una de cada ocho personas vive en la pobreza en Chile y Barbados, dos de los países más ricos de América Latina y el Caribe. Brasil y México, los dos mayores países de la región, tienen tasas de pobreza similares y se sitúan un poco por debajo del promedio regional, aunque tanto en México como en Brasil encontramos unas regiones muy ricas y otras muy pobres, incluso en las grandes urbes como São Paulo o la ciudad de México, donde barrios de superlujo se superponen con otros de casas paupérrimas o de chabolas. Debido a su gran potencial demográfico, tanto en Brasil como en México viven cerca de la mitad de los pobres de América Latina, pese a que el Banco Mundial clasificó a ambos países como de renta media-alta, una distinción que limita la entrega de ayuda al desarrollo por parte de los países más avanzados.

22. La primera década del siglo XXI: una época de cambios

Se ha visto cómo las tendencias regionales encubren realidades nacionales radicalmente distintas, a tal punto que la reducción de la pobreza y de la extrema pobreza en América Latina no ha sido uniforme. Mientras que casi todos los países han logrado reducir la pobreza desde 2002, sólo Chile la ha disminuido de forma significativa y constante desde 1990. Entre 1990 y 2006, en términos porcentuales, los países que más avanzaron en este combate, fueron Chile, Brasil y México, seguidos por Perú y, a mayor distancia, Venezuela, Panamá, El Salvador y Colombia. Chile ha sido, por lejos, el país con un desempeño más claro y contundente en la lucha contra la pobreza y la extrema pobreza: en 2006, el porcentaje se situaba en el 13,7% de pobreza y el 3,2% de indigencia. Entre los países de mayor tamaño, le siguen Argentina (21 y 7,2%), Venezuela (30,2 y 9,9%), México (31,7 y 8,7%) y Brasil (33,3 y 9%). En líneas generales se ve cómo varios países (Argentina, Colombia, México, Perú, República Dominicana, Uruguay y Venezuela) han obtenido resultados variables, con disminuciones y aumentos significativos en las tasas de pobreza, mientras otros (Bolivia, Honduras y Nicaragua) han registrado un estancamiento en sus tasas de pobreza hasta fechas recientes. Entre 2000 y 2007 la pobreza total disminuyó en diecisiete países de América Latina. En tres de ellos (Ecuador, México y Perú), ésta se redujo considerablemente, con porcentajes que oscilan entre el 24,7 y el 10% de la población. Por su parte, la extrema pobreza cayó en quince países, correspondiendo los mayores descensos a Ecuador, Venezuela, Honduras y Nicaragua. La CEPAL estimó en 2008 que hasta 2007 las personas que aún no tenían ingresos suficientes para satisfacer sus necesidades alimentarias ascendían a 68 millones, y 184 millones estaban bajo el umbral de pobreza.

Las tasas de pobreza en América Latina son inferiores a las de la mayoría de las demás regiones en desarrollo. Son menores que las de Asia meridional, África subsahariana, Asia oriental y el Pacífico, pero superiores a las de Europa del este y Asia central. Sin embargo, las tasas de extrema pobreza en América Latina son relativamente altas dado el nivel de desarrollo de la región, donde muchos países son considerados de renta media. Este dato nos indica las grandes diferencias sociales existentes dentro de cada uno de los países del continente, que a veces quedan algo enmascaradas por las grandes cifras económicas. A pesar de que América Latina cuenta con niveles de PIB per cápita superiores a otros países de Oriente Medio y del norte de África, sus niveles de extrema pobreza son más altos.

América Latina era a finales del siglo XX la región más desigual del mundo y lo siguió siendo en la primera década del XXI. Según el índice de Gini, el más difundido indicador para medir la desigualdad, en América Latina encontramos a cinco de los diez países más desiguales del mundo. Entre ellos destaca Brasil, cuya población representa prácticamente la tercera parte de la demografía regional. Incluso los países con menor desigualdad de América Latina son más desiguales que aquellos que presentan mayores desigualdades en Europa. Esta situación responde básicamente a la gran concentración de ingreso en el sector de la población con mayor renta, y a su práctica inexistencia en el sector más pobre de la sociedad. La quinta parte más rica de la población en América Latina recibe cerca de las tres quintas partes del ingreso total, mientras que la quinta parte más pobre recibe sólo el 3%, una cifra menor que la que reciben los pobres en cualquier otra región del mundo.

En 2007 el coeficiente de Gini para América Latina fue de 0,53, con unos valores extremos que oscilaron entre el 0,59 del país más desigual y el 0,43 del menos desigual. El valor medio de la región es superior, y por tanto evidencia una mayor desigualdad, que las cifras de África subsahariana, Asia oriental y el Pacífico, África septentrional y Oriente Medio, Asia meridional, Europa oriental/Asia central y los países de la Organización de Cooperación y Desarrollo Económicos (OCDE). Sin embargo, en la primera década del siglo XXI se han producido algunas pequeñas mejoras, favorecidas por el crecimiento económico que se vivió. La cuestión será ver si esas mejoras se traducen en una tendencia firme y en la misma dirección en la década siguiente. De momento, lo que se observa en los últimos quince años en casi la mitad de los países de la región, incluidos Brasil y México, es un descenso ligero de la desigualdad. Sin embargo, varios estados que tradicionalmente habían tenido un pasado menos desigual, como Venezuela, Costa Rica y Uruguay, en los últimos años registraron un estancamiento o un leve aumento en la desigualdad. Entre 1995 y 2007 la desigualdad se redujo en diez países de América Latina (Bolivia, Brasil, Chile, Colombia, El Salvador, México, Nicaragua, Panamá, Perú y Venezuela) y aumentó en tres (Costa Rica, Honduras y Uruguay).

2. Los cambios políticos

La coyuntura política latinoamericana en la primera década del siglo XXI estuvo marcada por lo que se ha dado en llamar el «giro a la izquierda», que en algunos casos vino acompañado de un renacer del populismo, reformas constitucionales y el fortalecimiento de las tendencias favorables a la reelección presidencial. Y todo esto en un contexto de un hiperpresidencialismo o de un fortalecimiento del poder presidencial en detrimento de las funciones de control de los otros poderes tradicionales del Estado, el Parlamento y el Poder Judicial. El fortalecimiento de la presidencia y el auge del caudillismo se dieron en un marco de extensión de la reelección y también, en algunos casos, de importantes reformas constitucionales que pretendieron cambiar de raíz las reglas del juego democrático, como ocurrió en Venezuela, Ecuador y Bolivia.

Muchos países latinoamericanos, especialmente de América del Sur y algunos de América Central, eligieron en la primera década del siglo XXI a gobiernos que representaban distintas opciones definidas *a priori* como de izquierda. La llegada al poder de Hugo Chávez en 1999 fue el comienzo de un proceso que sacudió la aparente calma política que se respiraba en el continente dominada por gobiernos denominados de forma algo superficial como «neoliberales» y que en líneas generales podían adscribirse al centro o a la derecha. Brasil, Chile, Argentina, Bolivia, Uruguay, Nicaragua, Ecuador, Paraguay, Panamá o El Salvador emprendieron un camino similar, aunque desde el comienzo se evidenció la dificultad de encontrar un denominador común para clasificar a toda la izquierda continental.

Este proceso de «giro a la izquierda» fue posterior a la caída del muro de Berlín, que había tenido un cierto impacto sobre el conjunto de la región, desactivando a la mayor parte de los grupos guerrilleros que todavía estaban activos. Se trató de un proceso que se superpuso a la última fase de las transiciones a la democracia, dotándolas de mayor legitimidad al desaparecer los principales referentes de contestación violenta. La principal excepción fue Colombia, donde tanto las Fuerzas Armadas Revolucionarias de Colombia (FARC), como el Ejército de Liberación Nacional (ELN), siguieron sumamente activos gracias a los abundantes recursos provenientes del narcotráfico. La actividad de estos grupos se superpuso con la de otros ideológicamente opuestos, los paramilitares, y dio lugar al fenómeno conocido como narcoterrorismo. Otro caso reseñable fue el surgimiento, en 1994, del Ejército Zapatista de Liberación Nacional (EZLN), que comenzó a operar en Chiapas, México, aunque con el correr del tiempo terminó convertido en un fenómeno residual y prácticamente aislado de la vida política mexicana.

Sin embargo, la caída del muro de Berlín no logró acabar con el gran referente de la izquierda continental durante la segunda mitad del siglo XX: la revolución cubana. En efecto, ni en la última década del siglo XX ni en la primera del XXI se redujo la influencia cubana sobre los movimientos revolucionarios o sobre la izquierda latinoamericana en general. Durante décadas, una parte importante de la izquierda regional, la que más claramente apostaba por la revolución socialista, había subordinado su estrategia a los dictados de La Habana.

Es tal la importancia de la influencia cubana sobre la izquierda latinoamericana que se puede encontrar en ella uno de los motivos del escaso desarrollo en la región de una izquierda no populista. Esto, que puede admitirse como válido para el conjunto de la izquierda, adquiere una mayor importancia en lo relativo a la socialdemocracia, permanentemente infiltrada por sectores pro cubanos (hoy también por grupos más favorables a las posturas bolivarianas). En Chile y Uruguay fue posible mantener intactas, con sus correspondientes variaciones, algunas de las viejas estructuras partidarias que daban cabida a la izquierda tradicional. En esos países, los partidos comunistas y socialistas, fundados a comienzos del siglo XX, han persistido hasta nuestros días pese a sus numerosas crisis internas, aunque en el caso uruguayo ambos partidos integran el Frente Amplio, coalición gobernante en el país desde 2005. En Brasil fue posible crear en 1980 un fuerte partido socialista, el Partido de los Trabajadores (PT), gracias al sindicalismo paulista. El PT es un partido con vocación de participar en las instituciones democráticas, que apuesta por las elecciones como vía para llegar al poder y que se ha visto favorecido por la existencia de un líder negociador, como es el caso de Lula. La situación existente en otros países de la región es muy diferente, bien por la atomización de la izquierda, bien por su escasa implantación, o por ambas cosas a la vez.

Uno de los problemas del actual giro a la izquierda en América Latina es el de su sostenibilidad. No tanto en lo que respecta a permanecer indefinidamente en el poder, lo que sería una completa aberración democrática, sino en la posibilidad de retornar a él en el caso de que se produzca la alternancia. ¿Existen estructuras políticas que en el medio plazo garanticen nuevas victorias electorales de la izquierda cuando los actuales regímenes populistas sean desplazados del gobierno a través de los comicios? ¿Cuán sostenibles son las estructuras del Partido Socialista Unido de Venezuela (PSUV), del Movimiento al Socialismo (MAS) de Evo Morales, de la Alianza País de Rafael Correa o de la Alianza Patriótica para el Cambio (APC) de Fernando Lugo? ¿Serán estos partidos o movimientos capaces de reeditar la experiencia peronista, que supo consolidar un partido político fuerte y estructurado desde la oposición, o se desharán como azucarillos en un vaso de agua tras su abandono del poder?

2.1. ¿Giro a la izquierda?

Desde comienzos del siglo XXI numerosos países latinoamericanos parecen haberse sumado a la tendencia creciente en América Latina de contar con gobiernos de izquierda. De este modo, en muchas naciones, hasta entonces dominadas por gobiernos de derecha o de centro derecha se hizo realidad la alternancia electoral. En esta categoría tan amplia de países con gobiernos democráticamente elegidos de izquierda o centro izquierda estarían Argentina con Néstor y Cristina Kirchner, Bolivia con Evo Morales, Brasil con Luiz Inácio Lula da Silva, Chile con Ricardo Lagos y Michele Bachelet, Costa Rica con Óscar Arias, Ecuador con Rafael Correa, El Salvador con Mauricio Funes, Nicaragua con Daniel Ortega, Panamá con Martín Torrijos, Paraguay con el obispo Fernando Lugo, Perú con Alan García, República Dominicana con Leonel Fernández, Uruguay con Tabaré Vázquez y José Mujica, y Venezuela con Hugo Chávez. Tampoco hay que olvidar las experiencias de centro izquierda de Raúl Alfonsín (1983-1989) en Argentina y de Fernando Henrique Cardoso (1995-2003) en Brasil, ambas previas al llamado «giro a la izquierda» en el continente. En Panamá, el gobierno de Martín Torrijos fue reemplazado tras las elecciones de mayo de 2009 por el empresario de centro derecha Ricardo Martinelli. Sin embargo, la alternancia no es un valor en alza allí donde gobiernan presidentes populistas, que han invertido buena parte de su capital político en ser reelegidos con el fin de permanecer indefinidamente en el poder.

Vale la pena volver a ese amplio conjunto de gobiernos de izquierdas para apreciar algunas diferencias importantes entre ellos. En primer lugar encontramos un grupo de naciones —Brasil, Chile, Costa Rica y Uruguay— con sistemas de partidos relativamente estructurados, incluyendo partidos de izquierda fuertes y donde los presidentes no son *outsiders,* ya que antes de ocupar la presidencia habían tenido una larga militancia política o experiencia como ministros o en gobiernos locales o regionales. De alguna manera, en los cuatro casos mencionados, los partidos de izquierda podrían entrar en la categoría de «partidos tradicionales» o de la «partidocracia», dos conceptos cargados de negatividad allí donde gobiernan los populismos.

Mientras en Chile gobernó hasta 2010 una coalición de centro izquierda, formada por la Democracia Cristiana, el Partido Socialista, el Partido por la Democracia (PPD) y otros partidos menores, el gobierno de Lula se sustenta en una alianza del PT con el centro derecha, básicamente con el Partido de la Democracia Brasileña (PMDB), liderado por el ex presidente José Sarney. Es más, el vicepresidente de Lula, José Alencar, integraba el Partido Liberal cuando fue elegido para el cargo, aunque luego se separase del mismo por las denuncias de corrupción que salpicaban a su agrupación. Al contrario que Lula, Alencar es un personaje muy sesgado a la derecha. Con sus particularismos, el Partido Aprista Peruano, de Alan García, el Partido Liberación Nacional (PLN) de Óscar Arias en Costa Rica o el Partido de la Liberación Dominicana (PLD) de Leonel Fernández, también podrían entrar en la categoría de centro izquierda no populista. Algunos de ellos forman parte de la Internacional Socialista o son observadores en la misma.

En el otro extremo encontramos a Venezuela, Bolivia, Nicaragua y Ecuador, con una situación complicada por los estrechos vínculos que sus gobiernos han tejido con el régimen castrista. Pese a su retórica revolucionaria, a su reivindicación del socialismo del siglo XXI y a los valores estatistas que defienden, muchos hablan de la «nueva izquierda latinoamericana» al referirse a este conglomerado heterogéneo de líderes populistas, unos líderes que han hecho girar buena parte de su gestión y su proyección política en torno al caudillismo, al carácter intransferible e indelegable de su gestión personal. A diferencia del caso anterior, en esta ocasión los partidos o movimientos vinculados a la Alianza Bolivariana de los pueblos de nuestra América (ALBA) no están integrados en ninguna «internacional» política, aunque a finales de 2009 el comandante Hugo Chávez instó a la formación de una V Internacional, de características bastante difusas y con escasas o nulas posibilidades de salir adelante. El común denominador de los gobiernos de Bolivia, Ecuador, Nicaragua, Venezuela y Cuba, más allá de la retórica en torno al socialismo (aderezada con los adjetivos bolivariano o del siglo XXI en el caso venezolano o indígena en el boliviano), es su postura fuertemente antinorteamericana, plasmada en su rechazo al Área de Libre Comercio de las Américas (ALCA), el proyecto de integración comercial impulsado en su día por Estados Unidos. En su lugar proponen el ALBA (inicialmente Alternativa Bolivariana para las

Américas), una propuesta retórica, inacabada y con algunas dificultades en su definición.

El caso de Fernando Lugo, que insiste en su admiración por Lula y sus métodos de gobierno, es peculiar. Aunque comparte algunos de los postulados bolivarianos, tampoco quiere alejarse demasiado de Brasil, dada la fuerte dependencia económica que mantiene con su vecino. A Lugo le pasa lo que a otros muchos líderes de la izquierda continental: saben que la alianza o la cercanía con Chávez no les reporta buena imagen en el exterior, pero al mismo tiempo no quieren renunciar a las ayudas económicas ni al combustible subvencionado que les puede proporcionar la proximidad al proyecto bolivariano. Por otra parte, Lugo llegó al poder encabezando una amplia coalición, la Alianza Patriótica para el Cambio (APC), donde participaban los izquierdistas Partido del Movimiento al Socialismo y el Movimiento Popular Tekojoja. Sin embargo, la Alianza estaba estructurada fundamentalmente en torno al centro derechista Partido Liberal Radical Auténtico (PLRA), que aportó el mayor caudal electoral. El vicepresidente Federico Franco es militante del PLRA y mantiene una postura de cierto enfrentamiento con el ex obispo. Es más, Lugo está en franca minoría en el Parlamento, ya que la mayor parte de los diputados y senadores electos por la coalición gobernante pertenecen al PLRA y muchas veces mantienen posturas dispares a las emanadas desde el gobierno.

En una especie de limbo cada vez menos difícil de clasificar se sitúan Néstor y Cristina Kirchner, a quienes muchos engloban erróneamente en la izquierda, sobre todo por su política de derechos humanos y recorte del escaso poder que aún mantienen los militares en Argentina. En realidad, si algo define a los Kirchner y su ejercicio del gobierno, es su pertenencia al Movimiento Peronista, más allá de sus intentos ya casi olvidados de construir un movimiento transversal, que recorriera las alas izquierdas de los partidos tradicionales (radicalismo y peronismo) y los movimientos sociales. Los Kirchner pertenecen a un partido, el Peronista o Justicialista, que es capaz de producir simultáneamente a presidentes como Carlos Menem o Eduardo Duhalde, todos de la misma extracción partidaria, pese a sus características ideológicas disímiles. Y si la sensibilidad de los Kirchner puede situarse más a la izquierda que la de sus dos predecesores, su gestión de gobierno, más allá de lo declarativo, poco tiene de socialista en sentido clásico. No debe olvidarse que Néstor Kirchner fue durante varios años gobernador de la provincia de Santa Cruz cuando Menem era el presidente argentino. Es más, mientras Menem era presidente, Kirchner nunca se opuso a su gestión. Posteriormente, Kirchner llegó a la presidencia con el apoyo del entonces presidente Duhalde, de quien luego renegaría, y de los mismos electores que sostuvieron durante años, elección tras elección, a Menem y a todos sus candidatos, más tarde denostados por neoliberales.

Los Kirchner basaron su control del peronismo y sus distintas expresiones políticas (gobernadores de provincia, bloques parlamentarios, sindicatos, grupos piqueteros, etc.) con mecanismos clientelares, un férreo control y uso discrecional del presupuesto público y de las leyes y reglamentos que rigen su funcionamiento. Gracias a su política de premiar a los más leales y castigar a los díscolos o contestatarios han podido hasta 2008 construir una imagen monolítica de su liderazgo. Esto ha permitido que muchos peronistas que en la década de 1990 habían sido feroces defensores del «neoliberalismo» menemista se reconvirtieran posteriormente en inflexibles partidarios del estatismo kirchnerista. El Kirchner que ejerció la presidencia argentina entre 2003 y 2007 es la misma persona que cuando era gobernador de Santa Cruz sacó del país varios cientos de millones de dólares provenientes de la renta petrolera de su provincia para ponerlos a buen recaudo en bancos suizos, de los cuales buena parte no han retornado. Si bien el argumento utilizado para hacerlo fue que se trataba de evitar los efectos nocivos del «corralito», no por eso debe olvidarse que la acción se cometió en flagrante ilegalidad.

2.2. Desarrollos nacionales

2.2.1. México, América Central y el Caribe

En julio de 2000, la victoria del candidato del Partido Autonomista Nacional (PAN) en México acabó con largas décadas de hegemonía del PRI. El ganador, Vicente Fox, un empresario y ranchero conservador del norte del país, supo encarnar la voluntad de cambio de los mexicanos, hasta tal punto que logró aglutinar el voto de numerosos ciudadanos de derecha, de centro y, también, de izquierda, deseosos de acabar cuanto antes con el predominio priísta. Su triunfo se vivió como el inicio de la definitiva transición a la democracia y el punto de partida de importantes reformas que deberían confirmar la condición de México como un país desarrollado. Sin embargo, el PAN no vio acompañado su rotundo éxito en las elecciones presidenciales con una recompensa similar en el Parlamento, lo que le impidió tener la iniciativa legislativa y tuvo que depender de acuerdos con otras fuerzas poco propensas al diálogo y a la negociación. Pese a los avances significativos del PAN, el PRI mantuvo la mayoría en el Senado y fue la segunda minoría en el Congreso, por lo que, salvo que Fox hubiera hecho importantes cesiones al PRI, era imposible lograr resultados concretos en las negociaciones parlamentarias. De ese modo, el sexenio de Fox concluyó sin avances significativos, en áreas sensibles como la reforma energética, la reforma del Estado o la reforma fiscal, que hubieran permitido darle a México un perfil nuevo, más moderno y más adaptado para hacer frente a los retos de la globalización.

Durante esos años la economía se recuperó gracias al intenso comercio con Estados Unidos en el marco del TLCAN, lo que le permitió a la administración Fox recuperarse de la crisis generada por el «efecto tequila» (1994-1995) y mantener buena parte de los programas sociales desarrollados por su predecesor, Ernesto Zedillo. Pese a las numerosas profecías que tras la victoria de Fox pronosticaban la desaparición del PRI, o su reducción a la mínima expresión, esto no se produjo. Replegado sobre sus organizaciones locales y estaduales, el partido retuvo el control de numerosos ayuntamientos y gobernaciones y lentamente fue recobrando su papel de actor principal en el sistema político mexicano. La estructura del PRI, más allá de lo que muchos pensaran, era demasiado fuerte y demasiado extensa como para sucumbir a la primera de cambio. El éxito previo del PRI no se basaba sólo en su condición de partido del régimen, sino también en sus poderosas organizaciones territoriales y sindicales.

Las elecciones de 2006, que debían elegir al sucesor de Vicente Fox, marcaron por primera vez en la historia política del país un duro enfrentamiento entre el PAN y el PRD, situándose el PRI en un anómalo tercer lugar. El candidato panista, Felipe Calderón, se había impuesto a los deseos de Fox, que tenía su propia alternativa, y compitió en los comicios con Andrés Manuel López Obrador, que había sido jefe de gobierno del Distrito Federal. López Obrador, popularmente conocido como AMLO, desarrolló una campaña muy potente y hasta último momento encabezó buena parte de las encuestas, pese a los intentos del presidente Fox de dejarlo al margen de la contienda a través de un juicio de desafuero. Finalmente la elección se resolvió a favor de Calderón, que obtuvo el 35,89% de los votos, frente al 35,33% de López Obrador, lo que significa sólo un poco más de medio punto porcentual de diferencia entre ambos candidatos. López Obrador rechazó de plano el resultado electoral, habló de un fraude generalizado, que nunca llegó a probar, e inició una campaña de resistencia civil que no había concluido a mediados del mandato de Calderón. De este modo se autoproclamó «presidente legítimo» de la república. Su fútil gesto de rebeldía y su apuesta por colocarse al margen del sistema mermaron rápidamente su apoyo popular y provocaron una fuerte división y pérdida de fuerzas del PRD.

Sin embargo, la propuesta popular y las marchas en la calle fueron también un duro golpe contra Calderón, que inició su sexenio bajo el signo de la debilidad y con su legitimidad de origen cuestionada. A esto se unió otro hecho no menor, prolongación de lo ocurrido en el sexenio de Fox: la falta de control del Parlamento por parte del partido del presidente. En la legislatura que se inició con el mandato de Calderón la situación era incluso más complicada, ya que los legisladores estaban divididos en tres bloques prácticamente del mismo tamaño (PAN, PRD y PRI), lo que complicó todavía más la negociación parlamentaria y repercutió en la gestión del gobierno.

La nueva administración heredó algunos problemas importantes de la anterior, comenzando por el del narcotráfico, una pesada herencia que venía de la época del PRI y a la que nadie se había enfrentado de forma abierta y decidida. Los cárteles de la droga habían crecido en importancia y controlaban resortes muy sensibles del aparato del Estado, extendiendo la corrupción como una peligrosa gangrena que amenazaba la estabilidad del país. En México operan cinco grandes cárteles: los Zetas, la Familia Michoacana, el de Sinaloa, el de Juárez y el de Tijuana. Según datos de la Secretaría (ministerio) mexicana de Defensa, en el país hay unas 450.000 personas que se dedican a distintas actividades vinculadas al narcotráfico, lo que da una idea del tamaño del problema. A esto se agrega el hecho de que el 90% de la cocaína que entra en Estados Unidos pasa por México. Sin embargo, la colaboración de las autoridades estadounidenses no alcanza la amplitud que esperaban los mexicanos, pese a la puesta en marcha de la llamada «Iniciativa Mérida». Frente a esta situación, el presidente Calderón decidió intervenir y a partir de diciembre de 2006 comprometió todo el peso del Estado en un combate abierto, y sangriento, con el narcotráfico, incluida la participación activa de las Fuerzas Armadas, que todavía no ha dado resultados definitivos.

La situación económica de México comenzó a deteriorarse a partir de 2007, como consecuencia del enfriamiento de la actividad económica en Estados Unidos. La bancarrota de Lehman Brothers terminó de complicar una situación que incluso debió hacer frente a una epidemia de gripe A que se cebó en el país a partir de abril de 2009 y que repercutió negativamente sobre el PIB. El balance fue catastrófico y en 2009 la economía mexicana se contrajo en un 6,7%, lo que golpeó no sólo al mundo empresarial, sino también y muy especialmente a los sectores populares. La situación se vio agravada por el brusco descenso producido en las remesas giradas por los millones de emigrantes mexicanos establecidos en Estados Unidos.

En las elecciones parlamentarias de 2009 se impuso el PRI con el 36,89% de los votos, frente al PAN, con el 27,98%, y un PRD sensiblemente tocado que alcanzó sólo el 12,20%. De este modo el PRI pasó de ser la tercera fuerza parlamentaria a ser la primera, el PAN que era el grupo mayoritario se convirtió en la segunda minoría y el PRD se hundió y pasó de ser la segunda fuerza a la tercera. Estos resultados fueron acompañados de otros igualmente prometedores para el PRI en las elecciones a alcaldes y gobernadores, que lo colocan en una inmejorable situación para enfrentar las elecciones presidenciales de 2012.

América Central vivió a lo largo de la primera década del siglo XXI algunos cambios y procesos significativos. Entre ellos destacan la victoria de Daniel Ortega en Nicaragua, en noviembre de 2006, con la correspondiente vuelta al poder del Frente Sandinista de Liberación Nacional (FMLN), que estaba en la oposición desde 1990. Sin embargo, el estilo autoritario de Ortega y su mujer, Rosario Murillo, junto con su alianza con parte de la derecha más rancia del país, han provocado diversas escisiones dentro del FMLN. En Guatemala, en septiembre de 2007, el socialdemócrata Álvaro Colom, candidato de la Unión Nacional de la Esperanza (UNE), alcanzó la presidencia, e impidió que por otro período más los partidos de la derecha siguieran ocupando el poder. El triunfo electoral de Mauricio Funes en El Salvador, en marzo de 2009, como candidato del Frente Farabundo Martí de Liberación Nacional (FMLN), acabó con un largo período de gobiernos nacionales de la derechista ARENA. En Panamá, tras el gobierno del socialdemócrata Martín Torrijos (2004-2009), el empresario de derecha Ricardo Martinelli ganó los comicios presidenciales de mayo de 2009 que han permitido una vez más la alternancia política en el país del Canal. El golpe de Estado en Honduras, en junio de 2009, puso punto final a la deriva bolivariana del gobierno de Manuel Zelaya, que incluso había incorporado su país al ALBA y en el momento de su alejamiento del gobierno estaba impulsando una ilegal reforma de la Constitución con el fin de introducir la figura de la reelección presidencial consecutiva, algo taxativamente prohibido en el ordenamiento legal hondureño.

En Costa Rica, a partir de 2002 comenzó el declive del tradicional sistema bipartidista, vigente desde la década de 1980, que giraba en torno al Partido de Liberación Nacional (PLN) y al Partido de Unidad Social Cristiana (PUSC). Si bien en las elecciones de 2006 el PLN, de la mano del reelecto Óscar Arias, volvió al poder después de estar ocho años en la oposición, lo hizo con un resultado muy apretado, de menos del 1%. Parte del mandato de Arias giró en torno a la discusión del DR-CAFTA, el tratado de libre comercio de Estados Unidos con América Central y la República Dominicana, que encontró una fuerte oposición en algunos grupos políticos, sindicales y sociales del país. Una vez que el tratado fue ratificado por todos los países firmantes, sólo quedaba Costa Rica por hacerlo y desde la sociedad civil se logró la convocatoria de un referéndum para resolver el tema. Otton Solís, dirigente del Partido de Acción Ciudadana (PAC), que había sido derrotado por Arias en las elecciones de 2006, se convirtió en el líder de la campaña por el rechazo al tratado en el referéndum, ocasión en que fue nuevamente vencido por el PLN.

En la actualidad, y más allá de los tradicionales problemas que afectan a la región (pobreza y desigualdad), los países centroamericanos tienen ante sí un gran desafío que pasa por atajar la violencia, el narcotráfico y la inseguridad ciudadana que se ha asentado en las calles de muchas de sus ciudades y en el mundo rural. La violencia y la inseguridad tienen en las *maras*, bandas juveniles que importaron su modelo organizativo de Estados Unidos, uno de sus más graves problemas. En Honduras, El Salvador y Guatemala la *mara salvatrucha* y la *mara 18* se han convertido en verdaderos quebraderos de cabeza para los políticos, que no atinan a dar con la respuesta adecuada para resolver el problema. Muchos son partidarios de la mano dura y de utilizar a las fuerzas armadas en el combate a la delincuencia, pero estas propuestas, hasta el momento, no han tenido éxito. La otra gran cuestión, crecientemente preocupante, es el narcotráfico. En la medida que la presión sobre los cárteles de la droga se ha incrementado en Colombia y México, el narcotráfico se ha convertido en un problema que afecta a prácticamente todos los países de América Central, que se han convertido en rutas de paso del tráfico de drogas y en lugar de lavado del dinero proveniente del comercio ilegal de estupefacientes.

En Cuba, el repliegue de Fidel Castro del centro de la escena política es el hecho más determinante de la década. El 31 de julio de 2006, como consecuencia de una operación intestinal no exitosa, tuvo que abandonar transitoriamente el poder, delegando la gestión en su hermano Raúl. Al final, en febrero de 2008 abandonó el gobierno de forma definitiva, aunque desde un segundo plano sigue condicionando la gestión gubernamental y la vida política cubana. En los primeros momentos Raúl Castro prometió el inicio de una época de reformas, que deberían haber permitido una apertura gradual de la sociedad y la economía, pero esto no ocurrió. Son muchos los estudiosos que ven en la perdurabilidad de la presencia y la influencia de Fidel Castro los principales obstáculos para introducir cambios y reformas en Cuba. La llegada de Barack Obama al gobierno de Estados Unidos levantó algunas expectativas sobre la posibilidad de iniciar un proceso de distensión en las relaciones bilaterales, que tuvo su correlato en algunas declaraciones de Raúl Castro, pero rápidamente el discurso de agresividad de las autoridades cubanas hacia sus colegas estadounidenses recuperó los niveles de siempre.

De momento, por tanto, la norma es el inmovilismo, incrementado por los duros efectos de la crisis internacional sobre la economía cubana y algunos escándalos de corrupción que le costaron el cargo a altos funcionarios del régimen, como el ministro de Exteriores Pérez Roque o el vicepresidente Carlos Lage. En realidad, la crisis se superpuso a los efectos destructores de los huracanes que azotaron la isla en 2008. Nuevamente, después del llamado «período especial», provocado por la escasez que causó la caída de la Unión Soviética, a partir de 1990, comenzaron las restricciones en el abastecimiento de electricidad, combustible y ciertos alimentos. Tan profunda fue la caída del producto después de 1990, que hasta 2007 no se lograron recuperar los niveles del PIB antes existentes. Si bien Cuba se benefició de la coyuntura expansiva que afectó a las economías latinoamericanas, también supo sacar partido de los 100.000 barriles de petróleo diarios vendidos por Venezuela a precios muy reducidos. En este sentido, el gobierno cubano ha salido especialmente beneficiado de la alianza estratégica establecida entre los comandantes Hugo Chávez y Fidel Castro.

En la Isla Española coexisten Haití y la República Dominicana. Haití sigue siendo el país más pobre de toda la región y la situación de emergencia causada por la destitución del presidente Jean-Bertrand Aristide en 2004 por *marines* norteamericanos. Desde entonces está presente la Misión de Naciones Unidas para la pacificación de Haití (MINUSTAH), puesta en marcha gracias a la iniciativa y al liderazgo de Brasil y Chile. En 2006 René Préval fue elegido nuevamente presidente del país, ya que había ocupado el cargo de 1996 a 2001. En enero de 2010 se produjo un brutal terremoto que causó más de 150.000 muertos y que agravó sustancialmente los problemas estructurales y políticos del país, que vio cómo lo poco que tenía de «aparato del Estado» se derrumbaba, al igual que buena parte de sus infraestructuras y viviendas.

República Dominicana ha pasado buena parte de la primera década del siglo XXI bajo el signo del actual presidente Leonel Fernández, quien fue presidente entre 1996 y 2000, reelegido en 2004 y 2008, y cuyo actual período se extiende hasta 2012. Fernández pertenece al Partido de la Liberación Dominicana (PLD), inicialmente de tendencia marxista, aunque en la actualidad tiene una orientación de centro izquierda. Cuando llegó al poder en 2004 su principal preocupación fue atajar la crisis económica que golpeaba con dureza al país, lo que lo llevó a poner en marcha un duro programa de ajuste, que en poco tiempo comenzó a dar resultados esperanzadores.

2.2.2. Los países del Mercosur y Chile

Brasil es el otro gran gigante de América Latina. En líneas generales se puede decir que la primera década del siglo XXI estuvo marcada por los ocho años de gobierno de Luiz Inácio Lula da Silva, elegido por primera vez en octubre de 2002 y reelecto por un segundo período en 2006. Entre los muchos méritos de la presidencia de Lula, que está a punto de acabar su segundo mandato con porcentajes de popularidad cercanos al 80%, está haber continuado las líneas básicas de la política económica de su predecesor, Fernando Henrique Cardoso, que había conseguido poner en orden la economía brasileña después de una prolongada crisis. Llama la atención que la popularidad del presidente no haya sido afectada por algunos de los sonados casos de corrupción que estallaron en sus dos mandatos, y que lo obligaron a desprenderse de algunos de sus hombres de máxima confianza, como José Dirceu, ministro de la Presidencia entre 2003 y 2005, cuando estalló el escándalo del *mensalao*, que lo obligó a dimitir, o José Genoino, el presidente del PT. En marzo de 2006 debió renunciar Antonio Palocci, ministro de Finanzas, por otro escándalo de corrupción, aunque luego fue absuelto por la justicia. En 2009 Lula salió en defensa de José Sarney, presidente del Senado, ex presidente de la república y uno de los máximos dirigentes del PMDB, el partido aliado del gobierno, que había sido acusado de corrupción.

En las elecciones presidenciales de 2002, y tras presentarse por cuarta vez, Lula derrotó en la primera vuelta al candidato del PSDB, José Serra, al obtener el mayor número de votos jamás logrado en una elección presidencial en la historia democrática brasileña. Consiguió 52,4 millones de votos, lo que supuso el 61% del total, y de ese modo evitó la segunda vuelta. Para ello, Lula hizo un serio esfuerzo por mostrar su perfil más moderado, a la vez que llevó como candidato a vicepresidente a un político de derecha y empresario, intentando mandar una potente señal de contención al electorado. Si bien inicialmente la posibilidad de la llegada de Lula al poder alarmó a los mercados, a tal punto que la moneda brasileña, el real, llegó a perder casi el 40% de su valor, al final se impuso el discurso moderado de Lula y la calma retornó al país. El candidato del PT alcanzó la presidencia gracias a sus promesas de reducir la pobreza, combatir la desigualdad y erradicar el hambre, y si bien rechazó sistemáticamente la política económica de Cardoso, en la práctica siguió la senda trazada por su predecesor, de estabilidad macroeconómica y políticas sociales prudentes, pero continuadas. Una de las mayores evidencias que hablan de la continuidad de las políticas económicas fue el nombramiento de Henrique Meirelles, antiguo presidente del BankBoston, para dirigir el Banco Central. Meirelles era identificado abiertamente como pro mercado y con las políticas neoliberales, tan denostadas después de la crisis argentina de 2001.

En las elecciones de 2006 el rival de Lula, que se presentaba a la reelección, fue Geraldo Alckmin, también del PSDB. En la primera vuelta Lula obtuvo el 48,61% de los votos contra el 41,64% de su rival, por lo que fue necesario recurrir a la segunda vuelta, en la que Lula se impuso con la contundente cifra del 60,82% de los votos. Uno de los grandes méritos que hay que atribuirle a Lula como balance de toda su gestión es que habiendo podido reformar la Constitución para poder aspirar a un tercer mandato consecutivo, dado el aplastante respaldo popular con que contaba, se haya negado a hacerlo. En un contexto como el latinoamericano, marcado por una fiebre reeleccionista, la apuesta institucional de Lula ha permitido el fortalecimiento institucional de Brasil y su consolidación como actor global.

Desde una perspectiva económica, los gobiernos de Lula han tratado de impulsar el desarrollo de Brasil a través de políticas públicas que buscaban una baja inflación, la reducción del desempleo, el incremento de las reservas en divisas y la mejora de la balanza comercial a través de la promoción de las exportaciones. Todo esto permitió un crecimiento constante e importante del PIB, aunque las tasas brasileñas hayan sido más moderadas que las de otros países latinoamericanos. Una de las medidas económicas que más notoriedad le ha dado a la gestión gubernamental de Lula fue la cancelación anticipada de las deudas que su país tenía contraídas con el Fondo Monetario Internacional (FMI). Por otra parte, el descubrimiento de grandes yacimientos de gas y petróleo frente a las costas de Rio de Janeiro y São Paulo ha colocado a Brasil en una envidiable posición de cara al futuro. El mundo ha reconocido el crecimiento brasileño y su potencial futuro al encomendar al país la organización del Campeonato Mundial de Fútbol de 2014 y los Juegos Olímpicos de 2016.

Entre las políticas sociales de su gobierno destacan el incremento del salario mínimo en un 25%, el plan de seguridad alimentaria conocido como «Hambre Cero» y, sobre todo el plan «Bolsa Familia», que permitió reducir la miseria del país en casi un 20% entre 2003 y 2005. Si bien hay numerosas críticas al asistencialismo del programa y a su carácter clientelístico, el gobierno se respaldó en la condicionalidad que exigía para su percepción a las familias sin recursos. Para poder cobrar la ayuda había que cumplir dos condiciones innegociables: los hijos menores de 18 años estaban obligados a ir a la escuela y los padres debían cumplir escrupulosamente el calendario de vacunación de sus hijos y controlar clínicamente los embarazos. El incumplimiento de alguna de estas dos condiciones suponía la retirada inmediata de la ayuda.

En diciembre de 1999 el radical Fernando de la Rúa fue elegido presidente de Argentina. De ese modo se ponía fin al largo ciclo menemista y a las fuertes acusaciones de corrupción. Sin embargo, la herencia económica dejada por Carlos Menem, comenzando por una deuda pública desbocada, aumentada irresponsablemente debido a los intentos reeleccionistas del presidente, era muy difícil de gestionar, especialmente en el marco del tipo de cambio fijo existente en el país hasta ese entonces. Todos los esfuerzos del presidente De la Rúa por salir del atolladero fueron en vano, de modo que la situación se fue deteriorando de un modo progresivo e irreversible, pese a que el presidente llamó en su auxilio a Domingo Cavallo, ex ministro de Economía con Menem y que gozaba de un importante respaldo popular. Finalmente se llegó al segundo semestre de 2001, cuando el gobierno decretó el bloqueo de las cuentas corrientes de todos los ciudadanos y empresas, el llamado «corralito», que dio lugar a fuertes protestas populares y, por último, a la renuncia de De la Rúa prácticamente a mitad de su mandato de cuatro años. La renuncia se produjo en medio de impresionantes movilizaciones callejeras, que fueron duramente reprimidas, a tal punto que el saldo de la acción policial fue de 39 muertos. Las protestas estuvieron rodeadas de un fuerte clamor sintetizable en la consigna de «que se vayan todos», que encerraba una poderosa carga antipolítico que persistió durante bastantes años en la mentalidad colectiva de los argentinos.

Tras la renuncia de De la Rúa y dado que el vicepresidente Carlos Álvarez había renunciado en 2000, hubo que recurrir a los mecanismos previstos en la Constitución para garantizar la sucesión en los términos legalmente establecidos. Los últimos días de diciembre de 2001 fueron una verdadera vorágine política. El 23 asumió como presidente Adolfo Rodríguez Saá, hasta entonces gobernador de la provincia de San Luis, que el 30 del mismo mes debió renunciar a su nueva función. El 2 de enero tomó posesión del cargo Eduardo Duhalde. Tanto Duhalde como Rodríguez Saá fueron elegidos por sendas Asambleas Legislativas. Tras abolir la convertibilidad del peso, devaluar la moneda y decretar la suspensión del pago de la deuda externa, Argentina comenzó, aunque no sin sobresaltos y muy lentamente, a recuperar la normalidad y a crecer de nuevo a partir de un país prácticamente quebrado y gracias, en buena medida, a la evolución de la economía internacional y del incremento de los precios de las exportaciones agrícolas y ganaderas.

Si bien comenzó la recuperación económica, se mantuvieron el malestar y las protestas sociales por el gran deterioro de las condiciones de vida, lo que terminó forzando al gobierno a adelantar las elecciones. Duhalde quería evitar a toda costa el retorno de Menem al poder, para lo cual pretendía seleccionar un candidato peronista potente y con respaldo popular. Sin embargo, no eran muchos los políticos dispuestos a asumir el riesgo de gobernar un país quebrado y a correr con tamaña responsabilidad. Tras varios descartes, Duhalde se inclinó por Néstor Kirchner, gobernador de la remota provincia de Santa Cruz y hasta entonces un político no demasiado conocido en el panorama nacional. En las elecciones del 27 de abril de 2003, Kirchner obtuvo el 22% de los votos, frente al 24,3% de Menem, que quedó en primer lugar. Ambos políticos debían pasar a la segunda vuelta, pero ante el gran rechazo que tenía en la mayor parte del electorado y la evidencia de una derrota anunciada Menem optó por retirarse de la contienda electoral y Kirchner fue proclamado presidente sin que fuera necesaria la segunda vuelta. Dado el exiguo porcentaje de votos con los que llegó al poder, Kirchner dedicó sus primeros pasos en el gobierno a ampliar el respaldo popular que tenía. Kirchner llegó a la presidencia con una estrategia muy clara para salir de la crisis. Respaldado por la excelente coyuntura internacional y los precios altos de los productos agrícolas y ganaderos, logró remontar la coyuntura existente, aunque quien había cosechado los primeros logros en la difícil tarea de volver al círculo virtuoso del crecimiento fue su predecesor, Eduardo Duhalde.

Su estilo de gobierno se caracterizó por una contundente política de derechos humanos y la utilización de un lenguaje izquierdista y populista que abogaba abiertamente por un retorno a las políticas estatistas del pasado. Para sostener el respaldo popular que había comenzado a cosechar no dudó en polarizar a la sociedad en bloques antagónicos, aunque esa situación le permitió llegar al final de su mandato con altos porcentajes de aceptación. En lugar de presentarse a la reelección y con el objetivo encubierto de mantenerse durante más tiempo al mando del país, decidió impulsar la candidatura de su mujer, Cristina Fernández de Kirchner, que asumió el gobierno en diciembre de 2007. El estilo de gobierno de la nueva mandataria se presentaba similar al de su marido, aunque llegó a la presidencia en medio de grandes expectativas, ya que se pensaba que iba a impulsar una fuerte reforma institucional en el país. Esto no fue así y, por el contrario, optó por mantener la política de confrontación de su cónyuge y predecesor, como se vio en el enfrentamiento que mantuvo con los productores rurales, especialmente plantadores de soja, a los que quería cobrar elevados impuestos a las exportaciones. La derrota política sufrida en el Senado a raíz de la votación del decreto que provocó el conflicto, marcó el inicio del declive del kirchnerismo, que tuvo otro punto destacado en los malos resultados sufridos en las elecciones parlamentarias de 2009, que fueron adelantadas de octubre a junio por decisión presidencial, para sufrir menos las consecuencias de la crisis económica.

Pese al ascenso electoral de la coalición de izquierdas Frente Amplio, los primeros años del siglo XXI en Uruguay siguieron bajo la égida del Partido Colorado y del Nacional o Blanco, los dos partidos tradicionales. En 1999 el candidato del Partido Colorado, Jorge Batlle, fue elegido presidente gracias a la introducción de un sistema de doble vuelta para la elección presidencial, que permitió derrotar en el segundo turno a Tabaré Vázquez, del Frente Amplio, pese a que éste había obtenido el mejor resultado en la primera vuelta. Finalmente, en las elecciones presidenciales de 2004 Vázquez conquistó la presidencia uruguaya, lo que supuso que por primera vez en la historia republicana del país un político de izquierdas, no perteneciente a ninguno de los dos partidos tradicionales, ocupó la primera magistratura del país. Su gestión respetuosa de las instituciones y de la oposición le valió el respaldo de una importante mayoría de los uruguayos. En las elecciones presidenciales de

2009, José Mujica, candidato del oficialista Frente Amplio, se impuso con contundencia en la segunda vuelta, extendiendo el dominio político de la izquierda al menos hasta 2015.

Paraguay también se decantó por un presidente de izquierdas, con la elección del ex obispo Fernando Lugo, en 2008, lo que supuso el fin de seis largas décadas de predominio del partido Colorado. El tradicional atraso del país, las constantes denuncias de corrupción y la falta de renovación de las elites llevaron a forjar una heterogénea alianza electoral entre diversos grupos de izquierda y el Partido Radical Liberal Auténtico (PLRA), claramente escorado al centro derecha. En realidad, el principal y casi único aglutinante de la coalición era el deseo de sacudirse el yugo colorado, sin tener demasiado presentes las sentidas demandas del pueblo paraguayo: tierras, educación, salud, lucha contra la inseguridad y el narcotráfico, etc.

Chile ha estado todo este período bajo el signo de la Concertación, la coalición gobernante que reunía a socialistas y demócrata cristianos. Ricardo Lagos fue elegido presidente en enero de 2000 y sucedió al demócrata cristiano Eduardo Frei. La llegada al poder de Lagos supuso un revulsivo en el mundo político chileno, ya que era la primera vez que un socialista llegaba a la presidencia después del golpe de Estado de Augusto Pinochet que acabó con la presidencia de Salvador Allende. Su mandato prosiguió las políticas de sus predecesores, Frei y Patricio Aylwin, y estuvo marcado por el crecimiento económico basado en una activa política de promoción y diversificación de exportaciones. El crecimiento sostenido de los precios del cobre en los mercados internacionales a partir de 2003 permitió el progreso del país, aunque las políticas anticíclicas desarrolladas, que mostraron toda su eficacia tras la crisis de 2008, provocaron algunas protestas de aquellos sectores que se sentían postergados en lo relativo al gasto social.

Michelle Bachelet fue designada candidata de la Concertación para las elecciones presidenciales de diciembre de 2005, tras superar en las primarias de la coalición gobernante a Soledad Alvear, de la Democracia Cristiana. En enero de 2006, Bachelet se impuso a Sebastián Piñera, el candidato de la Alianza, la opositora coalición de derechas. Su llegada al poder supuso un gran revulsivo para la conservadora sociedad chilena, ya que implicaba la presidencia no sólo de una socialista, sino también de una mujer. Tras una serie de traspiés iniciales, Bachelet recuperó la confianza de la sociedad chilena gracias a las políticas económicas y sociales puestas en marcha a partir del impacto de la crisis internacional en su país. Sin embargo, debió enfrentar algunas divisiones dentro de la Concertación, que llevaron a la coalición a perder la mayoría del Senado y la presidencia del mismo. Su sucesión se produjo en el marco de serias divisiones dentro de la Concertación, cuyo futuro está en peligro. La presentación de Marco Enríquez-Ominami, ex socialista, como candidato independiente, a las elecciones de diciembre de 2009, en las que resultó tercero, fueron un duro golpe para la alianza de socialistas y demócrata cristianos.

2.2.3. Los países andinos

En Venezuela Hugo Chávez ha sido el claro protagonista de esta década en un país que bajo su impulso hasta cambió de nombre, y adoptó oficialmente el de República Bolivariana de Venezuela. Su llegada al poder en 1999 fue precedida por el desmoronamiento del sistema de partidos. Si bien Chávez se jactaba de liderar la revolución bolivariana y de estar contra la democracia representativa, resulta llamativo que su única fuente de legitimidad hayan sido las elecciones. En estos años se presentó a unas cuantas y las ganó prácticamente todas, pero eso hizo depender, paradójicamente, su poder de los resultados electorales. Ganó las elecciones presidenciales de diciembre de 1998 y todas las de 1999: el referéndum de 25 de abril para reformar la Constitución de 1961, las elecciones de 25 de julio a la Asamblea Constituyente y el referéndum de 15 de diciembre de 1999 para aprobar la nueva Constitución, hecha según los postulados bolivarianos impulsados por Chávez. También ganó todas las consultas siguientes. El 30 de julio de 2000, ya con la nueva Constitución vigente, se realizaron nuevas elecciones generales para «relegitimar todos los poderes», comenzando por el del presidente. De este modo, su primer período presidencial de siete años de duración, según la nueva Constitución, que admitía una única reelección, comenzó a contar a partir de enero de 2001 y no de 1999.

En 2001 el Congreso venezolano aprobó un Decreto Habilitante que confería a Chávez poderes especiales para legislar y aprobar una serie de leyes, incluida la ley de Tierras, que impulsaba una reforma agraria, una nueva ley de Hidrocarburos y la ley de Pesca. Estas medidas provocaron la convergencia de las posturas de Fedecámaras, la principal organización patronal, y a la Confederación de Trabajadores de Venezuela, cercana a Acción Democrática (AD), que iniciaron una serie de movilizaciones contra el gobierno. Estos sucesos culminaron el 11 de abril de 2002 con un fallido intento de golpe de Estado contra Chávez, que provocó su alejamiento temporal del poder, lapso en que fue reemplazado por el empresario Pedro Carmona. Sin embargo, ante las absurdas medidas adoptadas por Carmona, que provocaron una repulsa generalizada, pocas horas después Chávez fue restituido en su puesto y para consolidarse en el poder comenzó una purga de los elementos más desafectos dentro del ejército. Posteriormente la oposición a Chávez se manifestó a través del llamado «paro petrolero» (2002-2003), que intentaba bloquear la economía nacional mediante el entorpecimiento de la actividad de Petróleos de Venezuela, S.A. (PDVSA), la compañía estatal de hidrocarburos y la principal fuente de divisas del país. Pese a la derrota del paro, las fuerzas contrarias a Chávez no se sintieron satisfechas y, utilizando un recurso constitucional, lograron las firmas suficientes para convocar un referéndum revocatorio, que tuvo lugar el 15 de agosto de 2004. En parte, Chávez consolidó y reforzó el apoyo que tenía en los sectores populares gracias a un programa de acciones sociales llamado «misiones». Entre ellas destacaban el «Barrio adentro», un programa de reforzamiento de la sanidad primaria, hecho posible con el auxilio de casi 12.000 médicos y enfermeros cubanos, o la «Misión Robinson» para acabar con el analfabetismo.

Las elecciones locales y regionales de octubre de 2004 también fueron ganadas mayoritariamente por el chavismo. El oficialista Movimiento por la V República (MVR) conquistó el 90% de los ayuntamientos y veintidós de los veinticuatro estados. Sólo los gobernadores de los estados de Zulia y Nueva Esparta quedaron en manos de la oposición. Estos resultados también dan buena cuenta del control hegemónico de las distintas instancias del Estado que ha llegado a tener el presidente Chávez. Esta situación se vio reforzada tras las elecciones parlamentarias de 2005, a las que la oposición decidió no concurrir, que en los años siguientes le dieron al oficialismo el práctico control del Parlamento.

En las elecciones presidenciales de diciembre de 2006 Chávez fue reelecto, una vez más, presidente de Venezuela. Sin embargo, su vocación de perpetuarse en el poder lo llevó a impulsar una nueva y profunda reforma de la Constitución, que incluía la posibilidad de la reelección presidencial indefinida y sentaba las bases, en la terminología chavista, de comenzar a construir un estado socialista, aunque el proyecto era básicamente un reforzamiento del poder del Estado y, sobre todo, del poder presidencial. El 2 de diciembre de 2007 se convocó un nuevo referéndum para aprobar la reforma, sin embargo, en esta oportunidad Chávez fue derrotado. Como se ha visto, fue la primera vez en que Chávez no ganaba una elección. Posteriormente tuvo que afrontar otras dos, que volvió a ganar. Primero, las elecciones locales y regionales de 2008, que conocieron algunos importantes avances de la oposición. Después tuvo lugar un nuevo referéndum constitucional, en enero de 2009, donde por fin se aprobó la posibilidad de la tan ansiada reelección.

Si bien era incuestionable la legitimidad de origen de Hugo Chávez, revalidada una y otra vez a través de distintos procesos electorales, no ocurría lo mismo con la legitimidad de ejercicio. En la Venezuela de finales de la primera década del siglo XXI cada vez es más difusa la separación de poderes, ya que todos ellos están controlados por el presidente. Incluso se ha dado el caso de que las gobernaciones y alcaldías ganadas en elecciones por la oposición fueron luego vaciadas de contenido por el Parlamento, para impedir el libre ejercicio de las instituciones no controladas por el gobierno.

La política de Chávez fue construida, en buena medida, sobre la base de unos elevados precios del petróleo, que le permitieron contar con los recursos necesarios para financiar sus proyectos, como se vio en el caso de las misiones. Sin embargo, la abundancia petrolera llevó al desmantelamiento de buena parte de la economía productiva (agricultura, industria), una situación constatada por el hecho de que Venezuela importaba en esos años más del 80% de los productos que consumía. Tampoco se aprovecharon los años de bonanza para construir las infraestructuras necesarias, hasta el punto de que a finales de 2009 se produjeron importantes restricciones en el abastecimiento de agua y electricidad. A todo esto se añade una delicada situación económica, con una inflación descontrolada (2009 cerró con una tasa de inflación cercana al 30%) y un tipo de cambio desfasado con un potencial explosivo muy acusado sobre el conjunto del sistema económico.

La política internacional de Chávez, con claros objetivos internos, se ha construido a partir de la confrontación con Estados Unidos, independientemente de quién fuera el inquilino de la Casa Blanca. Primero con George Bush y luego con Obama, Chávez ha insistido de forma sistemática en las amenazas de una posible invasión norteamericana y en la necesidad de rearmarse para hacer frente a una «guerra asimétrica» con el imperio norteamericano. De ahí sus masivas compras de armas en Rusia y Bielorrusia, también en China, y su política de acercamiento al Irán de Mahmoud Ahmadineyad. En lo que a América Latina se refiere su mayor empeño es la exportación de su modelo de revolución bolivariana y de construcción del socialismo del siglo XXI, habiendo logrado aglutinar en torno al ALBA a Bolivia, Nicaragua, Ecuador, a algunos pequeños países caribeños y, sobre todo, a Cuba.

Colombia terminó el siglo XX presidida por Andrés Pastrana. Su intento de impulsar un proceso de paz con las FARC a través de establecer una extensa zona desmilitarizada en el interior del país terminó en el fracaso, aunque bajo su presidencia se impulsó el rearme, el aumento en el número de efectivos y la reestructuración de las Fuerzas Armadas colombianas para enfrentarse eficazmente a la guerrilla. A través del Plan Colombia, iniciado en 1999 con el pleno respaldo de Estados Unidos, logró revertir la situación de *impasse* producida por el fiasco de las negociaciones. Sin embargo, en la campaña electoral de 2002, las propuestas de Álvaro Uribe de acabar con el terrorismo en el marco de la legalidad pero con todo el peso de la ley y utilizando el teórico monopolio de la violencia que debería estar en manos del Estado, fueron las que encontraron un mayor respaldo popular. Su política de seguridad democrática encontró un fuerte apoyo en la población, a tal punto que se impuso de forma contundente en las elecciones de ese año. Uribe, que concurrió como independiente pese a sus orígenes liberales, obtuvo el 53% de los votos frente al candidato del Partido Liberal, Horacio Serpa, que sólo conquistó el 31,8%.

Los logros inmediatos en el combate contra la guerrilla, los paramilitares y el narcotráfico fueron respaldados por la opinión pública y sus porcentajes de popularidad siempre fueron elevados, pese a algunas denuncias de corrupción o de complicidad con los grupos paramilitares. El descenso en el número de atentados cometidos y de los secuestros y asesinatos fue bien recibido por la población. Desde el comienzo de su gestión Uribe tuvo una relación compleja con Hugo Chávez, marcada por constantes altibajos, rupturas y posteriores acercamientos, ya que el presidente venezolano pretendía concederle a las FARC un estatus de parte beligerante en el conflicto colombiano. Esta situación se mantuvo hasta 2009, cuando tras el cierre de la base de Manta, en Ecuador, operada por Estados Unidos, Colombia cedió el uso de algunas instalaciones de siete de sus bases a efectivos militares estadounidenses. El anuncio de esta nueva situación provocó lo que parece ser la ruptura definitiva entre ambos presidentes, pero dado el carácter imprevisible de Chávez, cualquier cosa es posible, desde una sonada reconciliación hasta un ataque militar en toda regla.

En realidad, la relación bilateral se había enrarecido mucho después de la fallida liberación de Clara Rojas y del espectacular rescate de Ingrid Betancourt por parte de las fuerzas armadas colombianas. A esto hay que sumar el bombardeo de un campamento permanente de las FARC establecido en territorio ecuatoriano, muy próximo a la frontera entre ambos países, donde encontró la muerte el número dos de la organización terrorista y principal responsable de sus relaciones internacionales, el comandante Raúl Reyes. Este suceso provocó un fuerte encontronazo entre los presidentes Uribe y Rafael Correa, de Ecuador, que incluso pudo derivar en una escalada que llevara a algún tipo de conflicto armado regional. Estos éxitos en la lucha contra las FARC fueron acompañados por la muerte, bien en combate o bien por causas naturales, de varios miembros del hasta entonces intocable Secretariado Nacional, comenzando por el líder máximo Manuel Marulanda, *Tirofijo*, y un número cada vez mayor de deserciones en las filas de la guerrilla.

Impulsado por los éxitos de su política de seguridad nacional y por el buen comportamiento económico del país, Uribe propició en 2005 una reforma constitucional para introducir la reelección consecutiva. De este modo pudo presentarse a las elecciones de 2006, en las que fue electo con el 62,35% de los votos. A finales de 2009 todavía no se habría despejado la incógnita de si habrá o no un tercer período consecutivo de Uribe. El futuro de Colombia en la segunda década del siglo XXI depende de si habrá un nuevo gobierno de Uribe, de la evolución del enfrentamiento con Venezuela y de la lucha contra lo que queda de las FARC, el ELN y los paramilitares.

La inestabilidad fue el sino de la coyuntura política de Ecuador en los años finales del siglo XX y en los primeros del XXI. En 1997 el Congreso ecuatoriano destituyó por «incapacidad mental» a Abdalá Bucaram, presionado por manifestaciones populares que querían acabar con su gobierno. En 2000 fue depuesto Jamil Mahuad en medio de la grave crisis económica provocada por la caída de los precios internacionales de los hidrocarburos y agravada internamente por la quiebra de la práctica totalidad de los bancos ecuatorianos, en medio de graves acusaciones de corrupción contra los principales dirigentes políticos del país. En 2005 el presidente Lucio Gutiérrez, un ex coronel que en el pasado se había visto implicado en movimientos golpistas, también fue obligado a renunciar por la presión popular. Tras el gobierno provisional de Alfredo Palacio, en noviembre de 2006 Rafael Correa fue elegido presidente, gracias a su discurso antipartido y a su programa de refundación del Estado. Siguiendo el camino abierto por Hugo Chávez convocó una Asamblea Constituyente encargada de redactar una nueva Constitución, que fue aprobada en referéndum en octubre de 2008. Gracias a ella Correa fue nuevamente elegido presidente en agosto de 2009.

En 2000 Alberto Fujimori fue reelegido presidente del Perú, pero tras el estallido de unos muy serios casos de corrupción y del escándalo de los «vladivideos», que involucraban directamente a Vladimiro Montesinos, uno de sus más estrechos colaboradores, debió renunciar. Tras las correspondientes elecciones en 2001, Alejandro Toledo, con raíces indígenas, fue elegido presidente. Su mandato se desarrolló plagado de problemas, aunque sus esfuerzos en política económica dieron sus frutos y comenzaron a sacar al país del atolladero en que se encontraba. Sin embargo, sus esfuerzos no recibieron el apoyo popular. En las elecciones de 2006, el ex presidente Alan García, perteneciente al Partido Aprista, fue reelegido en la segunda vuelta tras imponerse a Ollanta Humala, un ex militar populista que contaba con el apoyo de Hugo Chávez.

El ascenso del Movimiento al Socialismo (MAS) de Evo Morales en Bolivia se mostró imparable prácticamente desde su creación, a comienzos del siglo XXI. En las elecciones de 2002 Morales contó con la inestimable ayuda del embajador de Estados Unidos, que concentró en su persona la suma de todos los males que podrían caer sobre Bolivia en caso de ser elegido presidente. De ese modo su apoyo popular creció muchos enteros. Esto se pudo observar en las siguientes elecciones presidenciales, que ganó Gonzalo Sánchez de Losada con el 31,5% de los votos, aunque seguido a muy poca distancia por Morales, que alcanzó el 20,9%. Una vez más, en esos años, y siguiendo lo establecido en la Constitución, correspondió al Congreso elegir al presidente al no obtener ningún candidato más del 50% de los votos. El Parlamento se decantó por el candidato más votado, Sánchez de Lozada, que llegó al poder con un importante problema de legitimidad. En las legislativas, el MAS se convirtió en la segunda fuerza parlamentaria, con el 11,9% de los votos, que le supusieron 27 diputados y ocho senadores. Morales, que también se presentó como candidato a diputado, conquistó su escaño con el 81,3% de los votos.

Empezó entonces la pugna contra la presidencia de Sánchez de Lozada, con importantes movilizaciones populares y cortes de carreteras, básicamente en torno al problema de los hidrocarburos. El presidente, que afrontaba serios problemas económicos, quería exportar una parte importante de la producción nacional, y Chile podía ser un buen cliente. Pero el nacionalismo boliviano, todavía dolido por la pérdida de su salida al mar en manos chilenas, tras la guerra del Pacífico de 1879 a 1883, salió a relucir y el MAS hizo de la nacionalización del gas y el petróleo uno de los principales ejes de su lucha contra el «neoliberalismo». En medio de nuevas manifestaciones populares, por las drásticas medidas gubernamentales para combatir la crisis económica, el presidente debió renunciar en octubre de 2003 y Carlos Mesa, el vicepresidente, ocupó la primera magistratura. Los esfuerzos de Mesa por reconducir la situación y por dirimir los conflictos en términos racionales fueron vanos, dada la radicalidad de las posturas del MAS, que había diseñado una estrategia de movilizaciones populares para llegar al poder lo antes posible. En junio de 2005 Mesa debió renunciar y la presidencia recayó en el presidente de la Corte Suprema de Justicia, Eduardo Rodríguez Veltzé, que en un escenario bastante revuelto convocó elecciones en un lapso de seis meses.

Se trataba de la oportunidad que buscaba Morales para hacerse con el poder. Sus posturas nacionalistas y antiimperialistas fueron reforzadas con un discurso indigenista, que le valió el apoyo de importantes sectores populares. De este modo, en las elecciones de diciembre de 2005, Evo Morales conquistó el 53,74% de los votos, frente al 28,59% de su principal opositor, el candidato derechista Jorge Quiroga. Era la primera vez desde el comienzo de la transición boliviana a la democracia que un candidato ganaba por más del 50% de los votos, haciendo innecesario el recurso al Congreso. Apoyado en su gran popularidad y en una economía que se recuperaba rápidamente gracias al aumento del precio de los productos energéticos, Morales dio un golpe de efecto al decretar la «nacionalización de los hidrocarburos», el 1 de mayo de 2006, aunque éstos ya habían sido nacionalizados durante el gobierno de Mesa.

Sin embargo, la jugada clave de su primer mandato fue la convocatoria de una Asamblea Constituyente, en julio de 2006, siguiendo la estela bolivariana de Hugo Chávez. La Asamblea debía promulgar una nueva Constitución, sentando las bases de un nuevo país, con más poder para los indígenas, y permitiendo la reelección presidencial. La oposición se hizo fuerte en los departamentos orientales de la llamada «Media Luna» (Santa Cruz, Tarija, Pando y Beni) y la lucha política fue intensa. La Constitución se aprobó, finalmente, con muchas tensiones y Morales se presentó a un referéndum revocatorio que ganó con un amplio margen, recibió el 67,5% de los votos. Gracias a la nueva Constitución, Morales fue reelegido presidente en diciembre de 2009 con un respaldo superior al 64%. Estos tan altos porcentajes de apoyo popular implican que Morales también es votado por importantes sectores urbanos y clases medias, lo que desmiente la unipolaridad de su actuación.

Tras su reelección Morales afronta un gran desafío: la puesta en marcha del nuevo estado boliviano, un estado que busca reconocer los derechos indígenas, poner en marcha un complicado sistema autonómico de varios niveles y el desarrollo legislativo de los nuevos derechos reconocidos en la Constitución. La tarea es ímproba y Morales se enfrenta a una oposición dividida, lo que le facilita las cosas. Sin embargo, su política de crispación y polarización, muy respaldada en la Venezuela de Hugo Chávez, ha roto la mayor parte de los puentes para dialogar y consensuar con la oposición. Y si bien cuenta con el respaldo parlamentario suficiente como para desarrollar su propio programa, sería conveniente que legislara para todo el país con consensos más amplios.

3. El fracaso de la integración regional

A lo largo de la primera década del siglo XXI se habló de la integración regional con una gran intensidad y como nunca antes se había hecho. Sin embargo, y pese a ello, los avances logrados en la materia han sido escasos o, más bien, nulos. Ni siquiera la mayor sintonía política o ideológica, originada en el llamado «giro a la izquierda», ha podido corregir las cosas, como pensaron erróneamente los principales actores regionales. Es más, podría decirse que el proceso de integración latinoamericano está sumido en una profunda crisis, agravada por la fractura que separa al continente y por el número creciente de conflictos bilaterales, que ya no responden únicamente a la vieja dinámica de los enfrentamientos por el trazado de los límites fronterizos. En efecto, los nuevos conflictos bilaterales tienen que ver con motivaciones económicas o políticas, algo desconocido en el pasado. Entre los primeros destacan las discrepancias entre Argentina y Uruguay por la construcción de una fábrica de pasta de celulosa en territorio uruguayo o el que enfrentó a Bolivia con Brasil por la nacionalización de los hidrocarburos o a Paraguay con Brasil por la factura de la energía eléctrica producida en la presa de Itaipú. Entre los segundos, el conflicto todavía abierto entre Ecuador y Colombia por el ya citado bombardeo del campamento de las FARC.

Brasil y Venezuela han logrado centrar los esfuerzos de integración en América del Sur, ayudados también por la situación de desinterés de México por América Latina a lo largo de los últimos años. De este modo, a finales de 2004, en una cumbre celebrada en Cuzco, los presidentes de América del Sur constituyeron la Comunidad Sudamericana de Naciones (CSN o CASA), que en abril de 2007, tras una iniciativa de Hugo Chávez, cambió su nombre por el de Unión de Naciones Sudamericanas (Unasur). En mayo de 2008 se firmó el Tratado Constitutivo de Unasur y posteriormente se decidió poner en marcha el Consejo Sudamericano de Defensa (CSN).

Los primeros pasos de Unasur y del CSN dieron lugar al optimismo, por cuanto produjeron algunos éxitos importantes, como la desactivación del conflicto boliviano. El enfrentamiento del gobierno de Evo Morales con la oposición estaba escalando de manera dramática y había producido algunas víctimas mortales. Una Cumbre extraordinaria de Unasur en Santiago de Chile, en septiembre de 2008, sirvió para convencer a los líderes regionales que podían alcanzar soluciones adecuadas para sus problemas sin la intervención de Estados Unidos ni de otras potencias extranjeras. Sin embargo, ni Unasur ni el CSD lograron reconducir la crisis surgida entre Venezuela y Colombia por el tema de la cesión de ciertas instalaciones de bases militares colombianas a efectivos de Estados Unidos.

Para que el proceso de integración regional pueda resolver los acuciantes problemas que lo traban, los presidentes latinoamericanos deberían aclarar previamente el área geográfica objeto de la integración: ¿América Latina o América del Sur? También deberían dirimirse los litigios de liderazgo aún pendientes, especialmente entre las dos grandes potencias regionales, Brasil y México. El empeño brasileño de circunscribir la integración a América del Sur plantea un importante problema de equilibrios, ya que la superficie de Brasil, o su población, o incluso su producto, equivale a la de la suma de los restantes países sudamericanos. Ese desequilibrio genera una serie importante de temores entre los países menores, que ven con un cierto recelo la emergencia brasileña y la consolidación de su liderazgo. Al mismo tiempo, Brasil no tiene claro si quiere ser o no líder regional, dados los temores de que se lo compare con Estados Unidos. Sin embargo, para el proyecto brasileño de convertirse en un gran actor global su condición de líder regional es importante. Por eso, el proyecto latinoamericano, sumado a la posibilidad de un liderazgo compartido entre Brasil y México, es mucho más funcional para los intereses brasileños.

Lo paradójico del proceso de integración latinoamericano es que tiene prácticamente la misma antigüedad que el de Europa. Pero mientras la Unión Europea, pese a sus múltiples y numerosos problemas ha logrado dar algunos pasos significativos, como la aprobación del Tratado de Lisboa o la puesta en marcha del euro, América Latina sigue prisionera de su laberinto de retórica y nacionalismo.

Bibliografía

Historias generales

Alcázar, Joan del; Tabanera, Nuria; Santacreu, Josep, y Marimon, Antoni (2003): *Historia Contemporánea de América*, Universidad de Valencia, Valencia.
Alvar, Jaime (dir.) (2002): *Diccionario Espasa. Historia de España y América*, Espasa, Madrid.
Bernand, Carmen, y Gruzinski, Serge (1991): *Histoire du Nouveau Monde*, 2 vols., Fayard, París [hay edición en español, FCE, México, 1999].
Bethell, Leslie (ed.) (1990-2002): *Historia de América Latina*, 16 vols., Crítica, Barcelona, 1990 a 2002 (traducción de la *Cambridge History of Latin America*).
Carmagnani, Marcello; Hernández Chávez, Alicia, y Romano, Ruggiero (coords.) (1999): *Para un historia de América*, 3 vols., FCE, México.
Carrasco, Pedro, y Céspedes, Guillermo (1985): *Historia de América Latina*, t. I, Alianza Editorial, Madrid.
Céspedes del Castillo, Guillermo (1983): *Historia de España,* dirigida por Manuel Tuñón de Lara, t. VI, *América Hispánica (1492-1898)*, Labor, Barcelona.
Chevallier, François (1979): *América Latina de la independencia a nuestros días*, Labor, Barcelona.
Ciudad, Andrés; Lucena, Manuel, y Malamud, Carlos (1992): *Manual de Historia Universal*, t. 10: *América*, Historia 16, Madrid.
Halperín Donghi, Tulio (1985): *Historia de América Latina*, vol. 3: *Reforma y disolución de los imperios ibéricos, 1750-1850*, Alianza Editorial, Madrid.
— (1990): *Historia contemporánea de América Latina*, Alianza Editorial, Madrid, 13.ª ed.

Hernández Sánchez-Barba, Mario (1981): *Historia de América*, 3 vols., Alhambra, Madrid.
Lucena Salmoral, Manuel, y otros (1987): *Historia de Iberoamérica*, 3 vols., Cátedra, Madrid.
Navarro, Luis (coord.) (1991): *Historia de las Américas*, 4 vols., Alhambra y Universidad de Sevilla, Madrid.
Malamud, Carlos; Sepúlveda, Isidro; Pardo, Rosa, y Martínez Segarra, Rosa (1993): *Historia de América. Temas didácticos,* Universitas, Madrid.
Morales Padrón, Francisco (1973): *Historia del Descubrimiento y Conquista de América*, Editora Nacional, Madrid.
Ramos Pérez, Demetrio (coord.) (1987): *Historia de América*, 3 vols. (IX a XI), del *Manual de Historia Universal,* Nájera, Madrid.
Skidmore, Th., y Smith, Peter (1996): *Historia contemporánea de América Latina. América Latina en el siglo XX,* Crítica, Barcelona.
Unesco (2000-2003): *Historia general de América Latina*, 9 vols. (hasta la fecha se han publicado 6), Ediciones Unesco y Trotta, Madrid.
Vicens Vives, Jaime (dir.) (1971): *Historia de España social y económica*, 5 vols., Vicens Vives, Barcelona.

Otras obras

Abel, Christopher, y Lewis, Colin (1985): *Latin America, Economic Imperialism and the State: The Political Economy of the External Connenction from Independence to the Present*, The Atholene Press, Londres.
Abellán, José Luis (1971): *La idea de América. Origen y evolución*, Istmo, Madrid.
Acosta Rodríguez, Antonio; González Rodríguez, Adolfo, y Vila Vilar, Enriqueta (coords.) (2004): *La Casa de la Contratación y la navegación entre la España y las Indias,* Universidad de Sevilla y Escuela de Estudios Hispanoamericanos, Sevilla.
Adams, W. P. (1980): *Los Estados Unidos de América,* Siglo XXI, Madrid.
Alcántara, Manuel (1999): *Sistemas políticos de América Latina*, 2 vols., Tecnos, Madrid.
—, y Freidenberg, Flavia (eds.) (2001): *Partidos políticos de América Latina*, 2 vols., Ediciones Universidad de Salamanca, Salamanca.
Alcántara, Manuel; Paramio, Ludolfo; Freidenberg, Flavia y Déniz, José (2006): *Reformas económicas y consolidación democrática*, vol. VI (1980-2006): *Historia Contemporánea de América Latina,* Carlos Malamud (dir.), Síntesis, Madrid.
Alcina Franch, José (1985): *Los orígenes de América*, Alhambra, Madrid.
— (comp.) (1990): *Indianismo e indigenismo en América*, Alianza Editorial, Madrid.
Alda, Sonia (2000): *La participación indígena en la construcción de la república de Guatemala, s. XIX,* UAM, Madrid.
Altmann, Josette, y Rojas Aravena (eds.) (2008): *Las paradojas de la integración en América Latina y el Caribe*, Fundación Carolina-Siglo XXI, Madrid.
Álvarez Junco, José, y González Leandri, Ricardo (comps.) (1994): *El populismo en España y América*, Catriel, Madrid.
Anna, Timothy (1986): *España y la Independencia de América*, FCE, México.
Annino, Antonio (dir.) (1994): *De los imperios a las naciones*, Ibercaja, Zaragoza.

— (dir.) (1995): *Historia de las elecciones en Iberoamérica, siglo XIX*, FCE, Buenos Aires.
Archer, Christon (1983): *El ejército en el México borbónico, 1760-1810*, FCE, México.
Aron, Raimond (1976): *La República Imperial. Los Estados Unidos en el mundo (1945-1972)*, Alianza Editorial, Madrid.
Arráiz Lucca, Rafael (2007): *Venezuela: 1830 a nuestros días*, Alfa, Caracas.
Arteaga, Juan José, y Coolighan, María Luisa (1994): *Historia del Uruguay desde los orígenes hasta nuestros días,* Barreiro y Ramos, Montevideo.
Assadourian, Carlos S. (1982): *El sistema de la economía colonial. Mercado interno, regiones y espacio económico*, Instituto de Estudios Peruanos, Lima.
Banco Interamericano de Desarrollo (BID) (2007): *¿Los de afuera? Patrones cambiantes de exclusión en América Latina y el Caribe*, BID, Nueva York.
Bakewell, P. J. (1984): *Minería y sociedad en el México colonial. Zacatecas (1546-1700),* FCE, México.
— (1989): *Mineros de la montaña roja,* Alianza Editorial, Madrid.
Barre, M. Ch. (1983): *Ideologías indigenistas y movimientos indios*, Siglo XXI, México.
Betancourt, Rómulo (1969): *Venezuela, política y petróleo*, Tercer Mundo, Bogotá.
Bitar Letayf, M. (1968): *Economistas españoles del siglo XVIII*, Ediciones Cultura Hispánica, Madrid.
Bonilla, Heraclio (ed.) (1991): *El sistema colonial en la América española*, Crítica, Barcelona.
Boorstin, D. J. (1996): *Compendio histórico de los Estados Unidos. Un recorrido por sus documentos fundamentales*, FCE, México.
Borah, W. (1975): *El siglo de la depresión en la Nueva España,* Sep Setentas, México.
Botana, Natalio (1977): *El orden conservador. La política argentina entre 1880 y 1916*, Sudamericana, Buenos Aires.
Boxer, Charles (1992): *O imperio colonial portugués*, Ediões 70, Lisboa.
Boyd-Bowman, P. (1985*): Índice geobibliográfico de 56 mil pobladores de la América hispánica,* 5 vols., FCE, México.
Brading, David (1973): *Los orígenes del nacionalismo mexicano*, Era, México.
— (1975): *Mineros y comerciantes en el México borbónico (1763-1810),* FCE, México.
Bravo Guerreira, María Concepción (coord.) (2001): *El mundo precolombino*, Océano, Barcelona.
Bulmer-Thomas, Victor (1998): *La historia económica de América Latina desde la independencia,* FCE, México.
Burga, Manuel (1976*): De la encomienda a la hacienda capitalista. El valle del Jequetepeque del siglo XVI al XX*, IEP, Lima.
Burkholder, Mark, y Chandler, D. S. (1975): *De la impotencia a la autoridad. La corona española y las audiencias en América*, FCE, México.
Bushnell, David, y Maculay, N. (1989): *El nacimiento de los países latinoamericanos*, Nerea, Madrid.
Caetano, Gerardo, y Rilla, José (1996): *Historia contemporánea del Uruguay. De la colonia al Mercosur*, Claeh, Montevideo.
Cabrero Fernández, Leoncio (coord..) (2000): *Historia general de Filipinas*, Ediciones de Cultura Hispánica, Madrid.
Calvert, Peter y Susan (1990*): Latin America in the Twentieth Century*, MacMillan, Londres.

Cardoso, Ciro F. S., y Pérez Brignoli, Héctor (1984): *Historia económica de América Latina,* 2 vols., Crítica, Barcelona.
Cardoso, Fernando Henrique, y Faletto, E. (1979): *Dependencia y desarrollo en América Latina: ensayo de interpretación sociológica*, Siglo XXI, México.
Cardozo, Efraím (1996): *El Paraguay independiente*, El Lector, Asunción.
Carmagnani, Marcello (1984): *Estado y sociedad en América Latina*, Crítica, Barcelona.
— (ed.) (1993): *Federalismos latinoamericanos: México/Brasil/Argentina*, FCE, México.
Casáus Arzú, Marta, y Dávila, Amílcar (2006): *Diagnóstico del racismo en Guatemala*, Vicepresidencia de la República, Guatemala.
Casilda Béjar, Ramón (2002): *La década dorada. Economía e inversiones españolas en América Latina, 1990-2000*, Universidad de Alcalá, Alcalá de Henares.
Castañeda, Jorge (1993): *La utopía desarmada. Intrigas, dilemas y promesas de la izquierda en América Latina*, Joaquín Moritz, México.
— (1997): *La vida en rojo. Una biografía del Che Guevara*, Alfaguara, Madrid.
Céspedes del Castillo, Guillermo (1988): *La independencia de Iberoamérica,* Anaya, Madrid.
Chust, Manuel (coord.) (2006): *Doceañismos, constituciones e independencias. La Constitución de 1812 y América*, Fundación Mapfre, Madrid.
Coatsworth, John (1990): *Los orígenes del atraso. Nueve ensayos de historia económica de México en los siglos XVIII y XIX*, Alianza Mexicana, México.
Collier, Ruth Berins, y Collier, David (1991): *Shaping the Political Arena. Critical Junctures, the Labor Movement and Regime Dynamics in Latin America,* Princeton University Press, Princeton.
Collier, Simon (ed.) (1985): *El nuevo autoritarismo en América Latina*, FCE, México.
Conrad, Geoffrey, y Demarest, Arthur (1988): *Religión e imperio. Dinámica del expansionismo azteca e inca,* Alianza Editorial, Madrid.
Cook, Sherburne, y Borah, W. (1978): *Ensayos sobre historia de la población: México y el Caribe*, Siglo XXI, México.
Cortés Conde, Roberto (1979): *El progreso argentino, 1880-1914*, Sudamericana, Buenos Aires.
Crassweller, Robert (1988): *Perón y los enigmas de la Argentina*, Emecé, Buenos Aires.
Cuevas, A. (1990): *Sindicato y poder en América Latina*, Alianza Editorial, Madrid.
Cuneo, Dardo (comp.): *La Reforma Universitaria*, Biblioteca Ayacucho, Caracas, s.f.
Chaunu, Pierre (1983): *Sevilla y América. Siglos XVI y XVII*, Universidad de Sevilla, Sevilla.
— (1972): *La expansión europea (siglos XIII al XV),* Labor, Barcelona.
Chevalier, François (1975): *La formación de los latifundios en México*, FCE, México.
Chiaramonte, José Carlos (1983): *Formas de sociedad y economía en Hispanoamérica*, Grijalbo, México.
Deas, Malcolm (1993): *Del poder y la gramática y otros ensayos sobre historia política y literatura colombianas*, Tercer Mundo, Bogotá.
Delgado Gómez-Escalonilla, Lorenzo (1988): *Diplomacia franquista y política cultural hacia Iberoamérica, 1939-1953*, CSIC, Madrid.
Devoto, Fernando, y Fausto, Boris (2008): *Argentina-Brasil, 1850-2000. Un ensayo de historia comparada*, Sudamericana, Buenos Aires.

Díaz Alejandro, Carlos (1975): *Ensayos sobre la historia económica argentina*, Amorrortu, Buenos Aires.
Domínguez, Jorge (1985): *Insurrección o lealtad. La desintegración del Imperio español en América,* México, FCE.
Dussel, Enrique (1992): *Historia de la Iglesia en América Latina,* 6.ª ed., Mundo Negro, Madrid.
Dutrenit, Silvia, y otros (1989): *El impacto político de la crisis del 29 en América Latina*, Alianza Mexicana, México.
Escobedo Mansilla, Ronald (1997): *Las comunidades indígenas y la economía colonial peruana*, UPV, Bilbao.
Escudero, María A. (1994): *El Instituto de Cultura Hispánica*, Mapfre, Madrid.
Esteva Fabregat, Claudio (1988): *El mestizaje en Iberoamérica,* Alhambra, Madrid.
Fajnzylberg, F. (1983): *La industrialización trunca de América Latina*, Nueva Imagen, México.
Farías, Víctor (2000): *Los nazis en Chile,* Seix Barral, Barcelona.
Farriss, Nancy (1992): *La sociedad maya bajo el dominio colonial*, Alianza Editorial, Madrid.
Fausto, Boris (1994): *História do Brasil*, Edusp, São Paulo.
— (1995): *Brasil, de colonia a democracia*, Alianza Editorial, Madrid.
Fernández-Armesto, Felipe (1992): *Colón,* Crítica, Barcelona.
Fisher, John (1977): *Minas y mineros en el Perú colonial, 1776-1824*, Instituto de Estudios Peruanos, Lima.
— (1981): *Gobierno y sociedad en el Perú colonial. El régimen de las intendencias 1784-1814,* Universidad Católica, Lima.
— (1991): *Relaciones económicas entre España y América hasta la independencia*, Mapfre, Madrid.
Florescano, Enrique (1978): *Origen y desarrollo de los problemas agrarios de México, 1500-1821*, Era, México.
— (coord.) (1985): *Orígenes y desarrollo de la burguesía en América Latina, 1700-1955*, Nueva Imagen, Caracas.
Floria, Carlos, y García Belsunce, César (1988): *Historia política de la Argentina contemporánea, 1880-1983*, Alianza Editorial, Madrid.
Fogel, R. W., y Engerman, S. L. (1981): *Tiempo en la cruz. La economía esclavista en los Estados Unidos*, Siglo XXI, Madrid.
Fohlen, C. (1967): *La América anglosajona de 1815 a nuestros días*, Labor, Barcelona.
Fontana, Josep, y otros (1987): *El comercio libre entre España y América Latina, 1765-1824*, Fundación Banco Exterior, Madrid.
Freidenberg, Flavia (2007): *La tentación populista. Una vía al poder en América Latina*, Síntesis, Madrid.
Gallo, Ezequiel (1983): *La pampa gringa. La colonización agrícola en Santa Fe (1870-1895),* Sudamericana, Buenos Aires.
Garavaglia, Juan Carlos (1983): *Mercado interno y economía colonial*, Grijalbo, México.
García-Abásolo, Antonio (1992): *La vida y la muerte en Indias. Cordobeses en América (siglos XVI-XVIII)*, Caja de Ahorros de Córdoba.
García-Baquero González, Antonio (1976): *Cádiz y el Atlántico (1717-1778),* 2 vols., Escuela de Estudios Hispanoamericanos de Sevilla, Sevilla.

Garciadiego, Javier (2007): *1910: Del viejo al nuevo Estado mexicano*, UNAM, México.
García Gallo, Alfonso (1972): *Estudios de Historia del Derecho Indiano*, Instituto Nacional de Estudios Jurídicos, Madrid.
— (1987): *Los orígenes españoles de las instituciones americanas*, Real Academia de Jurisprudencia y Legislación, Madrid.
García Fuentes, Lutgardo (1980): *El comercio español con América, 1650-1700*, Escuela de Estudios Hispanoamericanos de Sevilla, Sevilla.
Gibson, C. (1967): *Los aztecas bajo el dominio español, 1519-1810*, Siglo XXI, México.
Gil, Juan (1989): *Mitos y utopías del descubrimiento,* 3 vols., Alianza Editorial, Madrid.
Gillespie, Richard (1987): *Soldados de Perón. Los Montoneros*, Grijalbo, Buenos Aires.
Giménez Fernández, M. (1959): *Bartolomé de las Casas. Política inicial de Carlos I en Indias*, Sevilla.
Godio, Julio (1985): *Historia del movimiento obrero latinoamericano*, 3 vols., Nueva Sociedad, Caracas.
Gómez Cancedo, L. (1977): *Evangelización y conquista. Experiencia franciscana en Hispanoamérica*, Porrúa, México.
Gonzalbo, Pilar, (coord.) (2005): *El siglo XVIII. Entre tradición y cambio,* FCE, México.
González, Felipe (ed.) (2009): *Iberoamérica 2020. Retos ante la crisis*, Fundación Carolina y Siglo XXI, Madrid.
González Manrique, Luis Esteban (2006): *De la conquista a la globalización. Estados, naciones y nacionalismos en América Latina*, Política Exterior y Biblioteca Nueva, Madrid.
González Orellana, Carlos (2007): *Historia de la educación en Guatemala*, Universidad de San Carlos, Guatemala.
Graham, Richard (1990): *Patronage and Politics in Nineteenth-Century Brazil*, Stanford University Press, Stanford.
Guerra, François-Xavier (1993): *Modernidad e independencias. Ensayos sobre las revoluciones hispánicas*, FCE, México.
Halperín Donghi, Tulio (comp.) (1978): *El ocaso del orden colonial en Hispanoamérica*, Sudamericana, Buenos Aires.
Hamilton, Earl (1983): *El tesoro americano y la revolución de los precios en España, 1501-1650*, Ariel, Barcelona.
Hamnett, Brian (1978): *Revolución y contrarrevolución en México y el Perú (liberalismo, realeza y separatismo, 1800-1824*, FCE, México.
— (1985): *La política española en una época revolucionaria, 1790-1820*, FCE, México.
Hardoy, Jorge E., y Schaedel, Richard (comps.) (1975): *Las ciudades de América Latina y sus áreas de influencia a través de la historia,* Ed. Siap, Buenos Aires.
Haring, Clarance (1979): *Comercio y navegación entre España y las Indias en la época de los Habsburgo*, FCE, México.
Hernández Chávez, Alicia (1993): *La tradición republicana del buen gobierno*, FCE, México.
Historia de la revolución mexicana, 10 vols., El Colegio de México, México, 1978 a 1984.
Humphreys, R. A. (1981): *Latin America and the Second World War, 1939-1942*, Athlone, Londres.

Ianni, Octavio (1975): *La formación del Estado populista en América Latina*, Era, México.
Irurozqui, Marta (ed.) (2005): *La mirada esquiva. Reflexiones históricas sobre la interacción del estado y la ciudadanía en los Andes (Bolivia, Ecuador y Perú), siglo XIX*, CSIC, Madrid.
Israel, J. I. (1980): *Razas, clases sociales y vida política en el México colonial, 1610-1670*, FCE, México.
Jara, Álvaro (1971): *Guerra y sociedad en Chile*, Universitaria, Santiago.
Jocelyn-Holt Letelier, Alfredo (2004): *Historia general de Chile*, 2 vols. hasta la fecha, Sudamericana, Santiago.
Jones, M. A. (1996): *Historia de Estados Unidos, 1607-1992*, Cátedra, Madrid.
Katz, Friedrich (1995): *Pancho Villa*, 2 vols., Era, México.
Klein, Herbert (1986): *La esclavitud africana en América Latina y el Caribe*, Alianza Editorial, Madrid.
Knight, Alan (1995): *La Revolución Mexicana*, 2 vols., Grijalbo, México.
Krauze, Enrique (1976): *Caudillos culturales en la Revolución Mexicana*, Siglo XXI, México.
— (2005): *La presencia del pasado*, Tusquets, Barcelona.
Lafuente, Antonio, y Sala Catalá, José (1992): *Ciencia colonial en América*, Alianza Editorial, Madrid.
Lajous, Alejandra (coord.) (1988): *Manual de Historia del México contemporáneo (1917-1940)*, Unam, México.
Lang, M. F. (1970): *El monopolio estatal de mercurio en el México colonial (1550-1710)*, FCE, México.
Lara, J. S. (1980): *Breve historia contemporánea del Ecuador*, FCE, México.
Le Riverend, Julio (1980): *Breve historia de Cuba*, Ciencias Sociales, La Habana.
Lockhart, J. (1982): *El mundo hispano peruano, 1532-1560*, FCE, México.
López Cordón, María Victoria (coord.) (2001): *La España de Fernando VII. La posición europea y la emancipación americana*, t. XXXII/2 de la *Historia de España Menéndez Pidal*, Espasa Calpe, Madrid.
López García, Julián y Gutiérrez Estévez, Manuel (coords.) (2009): *América indígena ante el siglo XXI*, Fundación Carolina y Siglo XXI, Madrid.
Lucena, Manuel (1986): *Vísperas de la independencia americana: Caracas*, Alhambra, Madrid.
Lynch, John (1976): *Las revoluciones hispanoamericanas, 1808-1826*, Barcelona, Ariel.
— (1993): *Caudillos en Hispanoamérica, 1800-1850*, Mapfre, Madrid.
— (2006): *Simón Bolívar*, Crítica, Barcelona.
— (2009): *San Martín. Soldado argentino, héroe americano*, Crítica, Barcelona.
Macleod, Murdoch (1973): *Spanish Central America: A Socioeconomic History, 1520-1720*, University of California Press, Berkeley.
Malamud, Carlos (1986): *Cádiz y Saint Malo en el comercio colonial peruano, 1698-1725*, Diputación de Cádiz, Cádiz.
— (1988): «La economía colonial americana en el siglo XVIII», en José M. Jover (ed.), *Historia de España Menéndez Pidal*, t. XXXI/2, *La época de la Ilustración: las Indias y la política exterior*, Espasa Calpe, Madrid.
— (ed.) (2000): *Legitimidad, representación y alternancia en España y América Latina: las reformas electorales (1880-1930)*, FCE, México.

— (2003): *El Estado en crisis, 1920-1950*, vol. IV: *Historia Contemporánea de América Latina*, Síntesis, Madrid.
— (2007): *Sin marina, sin tesoro y casi sin soldados. La financiación de la reconquista de América, 1810-1826,* Centro de Estudios Bicentenario, Santiago.
Marichal, Carlos (1992): *Historia de la deuda externa de América Latina*, Alianza Editorial, Madrid.
— (ed.) (1995): *Las inversiones extranjeras en América Latina, 1850-1930*, FCE, México.
Martínez, José Luis (1983): *Pasajeros de Indias: viajes transatlánticos en el siglo XVI,* Alianza Editorial, Madrid.
— (1990): *Hernán Cortés*, FCE, México.
Martz, John (1969): *Colombia, un estudio de política contemporánea*, Universidad Nacional, Bogotá.
Mauro, Frederic (1968): *La expansión europea*, Labor, Barcelona.
Mc Evoy, Carmen (1997): *La utopía republicana. Ideales y realidades en la formación de la cultura política peruana (1871-1919),* Pontificia Universidad Católica, Lima.
Melgar Bao, Ricardo (1988): *El movimiento obrero latino-americano*, Alianza Editorial, Madrid.
Mesa-Lago, Carmelo (1994): *Breve historia económica de la Cuba socialista: políticas, resultados y perspectivas*, Alianza Editorial, Madrid.
Meyer, Jan (2004), *La Revolución Mexicana*, FCE, México.
Mínguez Cornuelles, Víctor, y Chust, Manuel (2004): *El imperio sublevado. Monarquía y naciones en España e Hispanoamérica*, CSIC, Madrid.
Miño Grijalva, Manuel (1990): *Obrajes y tejedores de Nueva España, 1700-1810*, ICI, Madrid.
Miralles, Juan (2001): *Hernán Cortés. Inventor de México*, Tusquets, Barcelona.
Molina, Iván, y Lehoucq, Fabrice Edouard (1999): *Urnas de lo inesperado: fraude electoral y lucha política en Costa Rica, 1901-1948*, Universidad de Costa Rica, San José.
Molina Martínez, Miguel (1986): *El Real Tribunal de Minería de Lima, 1785-1821,* Diputación Provincial de Sevilla, Sevilla.
— (2002): *Los cabildos y la independencia de Iberoamérica,* CEMCI, Granada.
Moreno Cebrián, Alfredo (1977): *El corregidor de indios y la economía peruana en el siglo XVIII*, CSIC, Madrid.
Moreno Fraginals, Manuel (1978): *El ingenio. Complejo económico social cubano del azúcar*, 3 vols. Ciencias Sociales, La Habana.
Morineau, Michel (1985): *Incroyables gazettes et fabuleaux métaux. Les retours des trésors américains d'après les gazettes hollandaises (XVIe-XVIIIe siècles),* Cambridge University Press, París.
Morison, Samuel E.; Commager, Henry Steele, y Leuchtenburg, William (1982): *Breve historia de los Estados Unidos*, FCE, México (3ª ed. ampliada y corregida).
Morón, Guillermo (1994): *Breve historia contemporánea de Venezuela*, FCE, México.
Moya, José (2004): *Primos y extranjeros. La inmigración española en Buenos Aires, 1850-1930*, Emecé Argentina, Buenos Aires.
Moya Pons, Frank (1974): *Historia colonial de Santo Domingo*, Universidad Católica Madre y Maestra, Santiago, República Dominicana.

— (1987): *Después de Colón. Trabajo, sociedad y política en la economía del oro*, Alianza Editorial, Madrid.
Muro Romero, Fernando (1975): *Las presidencias gobernaciones en Indias. Siglo XVI*, Escuela de Estudios Hispanoamericanos, Sevilla.
Murra, John (1975): *Formaciones económicas y políticas del mundo andino*, IEP, Lima.
Naranjo, Consuelo (coord.) (2009): *Historia de Cuba*, CSIC y Doce Calles, Madrid.
Natanson, José (2008): *La nueva izquierda. Triunfos y derrotas de los gobiernos de Argentina, Brasil, Bolivia, Venezuela, Chile, Uruguay y Ecuador*, Debate, Buenos Aires.
Noya, Javier (2009): *La nueva imagen de España en América Latina*, Real Instituto Elcano y Tecnos, Madrid.
O' Gorman, Edmundo (1989): *Cuatro historiadores de Indias*, Alianza Mexicana, México.
Olier, María Matilde: *Golpe o revolución. La violencia legitimada, Argentina 1966/1973*, Eduntref, Buenos Aires.
Palacios, Guillermo (coord.) (2007): *Ensayos sobre la nueva historia política de América Latina, siglo XIX*, El Colegio de México, México.
—, y Moraga, Fabio (2003): *La independencia y el comienzo de los regímenes representativos (1810-1850)*, t. I, *Historia Contemporánea de América Latina*, Síntesis, Madrid.
Palacios, Marco y Safford, Frank (2002): *Colombia. País fragmentado, sociedad dividida. Su historia,* Norma, Bogotá.
Palermo, Vicente (comp.) (2004): *Política brasileña contemporánea: de Collor a Lula en años de transformación*, Siglo XXI, Buenos Aires.
Pardo Sanz, Rosa (1995): *Con Franco hacia el Imperio. La política exterior española en América Latina, 1939-1945*, UNED, Madrid.
Parry, J. H. (1964): *La época de los descubrimientos geográficos, 1450-1620*, Guadarrama, Madrid.
Pease, Franklin (1989): *Del Tawantinsuyu a la historia del Perú*, Universidad Católica, Lima.
— (1991): *Los últimos incas del Cuzco*, Alianza Editorial, Madrid.
— (1992): *Perú. Hombres e historia. Entre los incas y el siglo XVIII*, Edubanco, Lima.
Pérez, Joseph (1977): *Los movimientos precursores de la emancipación hispanoamericana*, Alhambra, Madrid.
Pérez Brignoli, Héctor (1985): *Breve Historia de Centro-América*, Alianza Editorial, Madrid.
Pérez-Díaz, Víctor (2005): *Sueño y razón de América Latina*, Taurus, Madrid.
Pérez Herrero, Pedro (1988): *Plata y libranzas. La articulación comercial del México borbónico*, El Colegio de México, México.
— (1992): *América Latina y el colonialismo europeo. Siglos XVI y XVII*, Síntesis, Madrid.
— (1992): *Comercio y mercados en América Latina colonial*, Mapfre, Madrid.
— (2007): *Auge y caída de la autarquía*, vol. V (1950-1980): *Historia Contemporánea de América Latina,* Carlos Malamud (dir.), Síntesis, Madrid.
Pérez Mallaina, Pablo Emilio (1982): *Política naval española en el Atlántico, 1700-1715*, Escuela de Estudios Hispanoamericanos, Sevilla.
—, y Torres Ramírez, Bibiano (1987): *La Armada del Mar del Sur*, Escuela de Estudios Hispanoamericanos, Sevilla.

Pérez-Stable, Marifeli (1998): *La revolución cubana. Orígenes, desarrollo y legado*, Colibrí, Madrid.
— (coord.) (2006): *Cuba en el siglo XXI. Ensayos sobre la transición*, Colibrí, Madrid.
Pietschmann, Horst (1989): *El Estado y su evolución al principio de la colonización española de América,* FCE, México.
Pino Iturrieta, Elías (2003): *El Divino Bolívar. Ensayo sobre una religión republicana*, Los libros de la Catarata, Madrid
Platt, D. C. M. (1972): *Latin America and British Trade, 1806-1914*, A&C Black, Londres.
Ponce Leiva, Pilar (1998): *Certezas ante la incertidumbre. Élite y cabildo de Quito en el siglo XVIII,* Abya-Yala, Quito.
Portantiero, Juan Carlos, y Murmis, Miguel (1971): *Estudios sobre los orígenes del peronismo*, 2 vols., Siglo XXI, Buenos Aires.
Pope Atkins, G. (1980): *América Latina en el sistema político internacional*, Gernika, México.
Posada Carbó, Eduardo (2003): *El desafío de las ideas. Ensayos de historia intelectual y política en Colombia,* Banco de la República, Bogotá.
Prados de la Escosura, Leandro, y Amaral, Samuel (eds.) (1993): *La independencia americana: consecuencias económicas*, Alianza Editorial, Madrid.
Quintero, Inés (2003): *La Criolla Principal*, Fundación Bigott, Caracas.
Ramírez, Susan (1991): *Patriarcas provinciales. La tenencia de la tierra y la economía del poder en el Perú colonial,* Alianza Editorial, Madrid.
Ramos Pérez, Demetrio (1965): *Determinantes formativos de la «hueste» indiana y su origen modélico*, Editorial Jurídica de Chile, Santiago.
Reid, Michael (2009): *El continente olvidado. La lucha por el alma de América Latina,* Belacqua, Barcelona.
Rein, Raanan (1998): *Peronismo, populismo y política. Argentina, 1943-1955*, Belgrano, Buenos Aires.
Rivera, Miguel, y Ciudad, Andrés (eds.) (1986): *Los mayas de los tiempos tardíos*, Sociedad Española de Estudios Mayas, Madrid.
Roca, José Luís (2007): *Ni con Lima ni con Buenos Aires. La formación de un Estado nacional en Charcas*, IFEA y Plural, La Paz.
Rock, David (1977): *El radicalismo argentino, 1890-1930*, Amorrortu, Buenos Aires.
— (ed.) (1994): *Latin America in the 1940'. War and Postwar Transitions*, University of California Press, Berkeley.
Rodríguez, Jaime (1996): *La independencia de la América española*, FCE, México.
Rodríguez, Mario (1984): *El experimento de Cádiz en Centroamérica, 1808-1826*, FCE, México.
Rodríguez Braun, Carlos (1989): *La cuestión colonial y la economía clásica*, Alianza Editorial, Madrid.
Rodríguez Vicente, Encarnación (1986): *Economía, sociedad y Real Hacienda en las Indias españolas*, Alhambra, Madrid.
Romano, Ruggiero (1978): *Los conquistadores*, Huemul, Buenos Aires.
Rostworowski de Díez Canseco, María (1983): *Estructuras andinas del poder*, IEP, Lima.
Rouquié, Alain (1983): *Poder militar y sociedad política en la Argentina*, 2 vols. Emecé, Buenos Aires.

— (1984): *El Estado militar en América Latina*, Emecé, Buenos Aires.
— (1989): *América Latina. Introducción al extremo occidente*, Siglo XXI, México.
Sábato, Hilda (ed.) (1999): *Ciudadanía política y formación de las naciones. Perspectivas históricas de América Latina,* FCE, México.
Sabino, Carlos (2007): *Guatemala, la historia silenciada (1944-1989)*, FCE, Guatemala.
Saignes, Thierry (1990): *Ava y Karai: ensayos sobre la frontera chiriguana, siglos XVI-XX*, Hisbol, La Paz.
Sánchez-Albornoz, Nicolás (1973): *La población de América Latina desde los tiempos precolombinos al año 2000,* Alianza Editorial, Madrid.
— (1980): *Indios y tributos en el Alto Perú*, Instituto de Estudios Peruanos, Lima.
— (comp.): *Población y mano de obra en América Latina*, Alianza Editorial, Madrid.
— (comp.): *Españoles hacia América. La emigración en masa, 1880-1930*, Alianza Editorial, Madrid.
Sánchez Andrés, Agustín; Pérez, Tomás, y Landavazo, Marco (coords.) (2007): *Imágenes e imaginarios de España en México*, Porrúa, México.
Sandoval, Franco (2003): *Encanto y desencanto con la democracia*, Artemis Edinter, Guatemala.
Santiso, Javier (2006): *La economía política de lo posible en América Latina*, BID, Washington DC.
Sauer, C. O. (1984): *Descubrimiento y dominación española del Caribe*, FCE, México.
Schobinger, Juan (1988): *Prehistoria de Suramérica*, Alianza Editorial, Madrid.
Sepúlveda Muñoz, Isidro (1994): *Comunidad cultural e hispanoamericanismo, 1885-1936*, UNED, Madrid.
Serrera Contreras, Ramón (1977): *Guadalajara ganadera*, Escuela de Estudios Hispanoamericanos de Sevilla, Sevilla.
— Zaragoza, Gonzalo, y Delgado, José M.ª (1990): *Descubrimiento, colonización y emancipación de América*, Planeta, Barcelona.
Solano, Francisco de (coord.) (1983): *Estudios sobre la ciudad iberoamericana*, CSIC, Madrid.
Spalding, Karen (1974): *De indio a campesino. Cambios en la estructura social del Perú*, IEP, Lima.
Straka, Tomás (2009): *La épica del desencanto,* Alfa, Caracas.
Tandeter, Enrique (1992): *Coacción y mercado. La minería de la plata en el Potosí colonial, 1692-1826*, Centro Bartolomé de las Casas, Cuzco.
Taracena Arriola, Arturo (2004): *Etnicidad, estado y nación en Guatemala: 1944-1985*, Centro de Investigaciones Regionales de Mesoamérica (CIRMA), Guatemala.
Tepaske, J., y Luz Hernández Palomo, José y Mari Luz (1976): *La Real Hacienda de Nueva España: la Real Caja de México (1576-1816)*, Instituto Nacional de Antropología e Historia, México.
Thomas, Hugh (1973): *Cuba: la lucha por la libertad*, Grijalbo, Barcelona.
— (2003): *El Imperio español. De Colón a Magallanes*, Planeta, Barcelona.
Thorp, Rosemary (comp.) (1988): *América Latina en los años treinta. El papel de la periferia en la crisis mundial,* FCE, México.
— (1998): *Progress, Poverty and Exclusion. An Economic History of Latin America in the 20th Century*, Banco Interamericano de Desarrollo, Washington DC [ed. cast.: *Pobreza y exclusión,* BID, Washington, 1998].

—, y Laurence Whitehead (comps.) (1986): *La crisis de la deuda en América Latina*, Siglo XXI, Bogotá.
Torres-Rivas, Edelberto (1971): *Interpretación del desarrollo social centroamericano*, EDUCA, San José de Costa Rica.
— (coord. gral.) (1993): *Historia general de Centroamérica*, Comunidades Europeas/Quinto Centenario España/FLACSO, Madrid.
Touraine, Alain (1989): *América Latina. Política y sociedad*, Espasa, Madrid.
Tulchin, Joseph (1990): *La Argentina y los Estados Unidos. Historia de una desconfianza*, Planeta, Buenos Aires.
Tutino, John (1986): *From Insurrection to Revolution in Mexico. Social Bases of Agrarian Violence, 1750-1940*, Princeton University Press, Princeton.
Valenzuela, J. Samuel (1985): *Democratización vía reforma: la expansión del sufragio en Chile*, IDES, Buenos Aires.
Van Young, Eric (1989): *La ciudad y el campo en el México del siglo XVIII. La economía rural de la región de Guadalajara, 1675-1820*, FCE, México.
Van Young, Erik (2006): *La otra rebelión. La lucha por la independencia de México, 1810-1821*, FCE, México.
Varas, A. (1991): *De la Komintern a la Perestroika. América Latina y la URSS*, Flacso, Santiago de Chile.
— y M. Dávila (eds.) (1994): *El Caribe en la posguerra fría*, Flacso, Santiago de Chile.
Varela, Consuelo (1992): *Cristóbal Colón. Retrato de un hombre*, Alianza Editorial, Madrid.
Veliz, Claudio (1984): *La tradición centralista de América Latina*, Ariel, Barcelona.
Vila Vilar, Enriqueta (1977): *Hispanoamérica y el comercio de esclavos. Los asientos portugueses*, Escuela de Estudios Hispanoamericanos, Sevilla.
Vilar, Pierre (1974): *Oro y moneda en la Historia, 1450-1920*, Ariel, Barcelona.
Villalobos, Sergio; Silva, Osvaldo; Silva, Fernando, y Estellé, Patricio (1976): *Historia de Chile*, vol. 4, Universitaria, Santiago.
VV.AA. (1976): *Historia general de México*, El Colegio de México, México.
VV.AA. (1998-2003): *Nueva Historia Argentina*, 12 vols., Editorial Sudamericana, Buenos Aires.
Wachtel, Nathan (1976): *Los vencidos. Los indios del Perú frente a la conquista española, 1532-1570*, Alianza Editorial, Madrid.
Walker, G. J. (1979): *Política española y comercio colonial, 1700-1789*, Ariel, Barcelona.
Wolf, E. R., y Minz, S. (1975): *Haciendas y plantaciones en Mesoamérica y las Antillas*, ERA, México.
Zanatta, Loris (1996): *Del Estado liberal a la Nación Católica. Iglesia y Ejército en los orígenes del peronismo, 1930-1943*, Universidad Nacional de Quilmes, Buenos Aires.
Zaragoza, Gonzalo (1996): *Anarquismo argentino (1876-1902)*, De la Torre, Madrid.
Zavala, Silvio (1984): *El servicio personal de los indios en la Nueva España, 1521-1550*, El Colegio de México, México.
Zea, Leopoldo (coord.) (1986): *América Latina en sus ideas*, Siglo XXI, México.
— (1990): *Descubrimiento e identidad latinoamericana*, UNAM, México.
Zimmerman, Eduardo (1995): *Los liberales reformistas. La cuestión social en la Argentina, 1880-1916*, Sudamericana-Universidad de San Andrés, Buenos Aires.

Índice onomástico

Abascal y Sousa, José Fernando, 297, 298
Adams, John, 270, 277-278
Adams, Samuel, 270, 271
Adriano VI, 108
Afonso de Sousa, Martim, 200
Aguilar, Jerónimo, 79
Aguirre, Francisco de, 99
Aguirre, Lope de, 71-72
Ahmadineyad, Mahmoud, 513
Alamán, Lucas, 175, 337, 371, 372-373
Alberdi, Juan Bautista, 371
Alcántara, Manuel, 477
Alcazaba, Simón, 97
Alckmin, Geraldo, 507
Alden, D., 202, 212
Alejandro VI, 46, 103, 105
Alem, Leandro N., 382
Alencar, José, 499
Alessandri, Arturo, 433
Alessandri, Jorge, 477
Alfaro, Eloy, 380
Alfinger, Ambrosio, 96
Alfonsín, Raúl, 475-476, 498
Allende, Salvador, 477, 510
Almagro, Diego de «el Mozo», 93, 97
Almagro, Diego de «el Viejo», 90-93, 100
Almeida, Francisco de, 60
Almeida, Juan, 467

Alonso Pinzón, Martín, 45
Alvarado, Pedro de, 59, 82, 88-89, 92
Álvarez, Carlos, 508
Álvarez Cabral, Pedro, 51, 195
Alvear, Carlos María de, 299
Alvear, Soledad, 510
Ameghino, Florentino, 18
Amydas, Philiph, 225
Angell, Alan, 445
Ango, Jean, 224
Aramayo, Avelino, 360
Aramburu, Pedro Eugenio, 474
Araújo Lima, Pedro, 314
Arbenz, Jacobo, 460
Arce, Aniceto, 360
Arciniegas, Germán, 445
Areche, Juan Antonio de, 244, 255, 261
Arias, Óscar, 498-499, 504
Arias Dávila, Pedro (Pedrarias Dávila), 58, 59, 89, 90, 109
Arístide, Bernard, 480
Arístide, Jean-Bertrand, 505
Artigas, José, 298, 300, 311
Assadourian, Carlos S., 175, 184
Atahualpa, 70, 91-93
Atienza, Inés, 72
Aubert, Tomás, 224
Ávila, Alonso de, 87

Ávila Camacho, Manuel, 438
Aylwin, Patricio, 477, 510
Ayolas, Juan, 98
Azevedo, Antônio de Araújo, conde da Barca, 310

Bachelet, Michelle, 488, 498
Bakewell, Peter, 176, 186
Balain, Pierre, 237
Ballivián, Hugo, 480
Bánzer, Hugo, 480
Barbosa, Ruy, 324
Barco, Virgilio, 484
Barlow, Arthur, 225
Barreda, Gabino, 388
Barrios, Justo Rufino, 380
Basadre, Jorge, 383
Bastidas, Rodrigo de, 51, 56, 95
Batista, Fulgencio, 467-468, 480
Batlle, Jorge, 509
Batlle y Ordóñez, José, 383, 433
Belalcázar, Sebastián de, 92, 95-96
Belaúnde, Víctor Andrés, 443
Belaúnde Terry, Fernando, 479
Belgrano, Manuel, 298
Bello, Andrés, 349
Bentham, Jeremy, 290
Berkeley, John, 232
Bernand, Carmen, 136
Betancourt, Ingrid, 514
Betancourt, Rómulo, 437, 445, 483
Betancur, Belisario, 484
Bethell, Leslie, 408, 416
Béthencourt, Jean de, 40
Biassou, Georges, 281
Bishop, Maurice, 471
Bismarck, Otto-Leopold, 452
Blake, Robert, 177
Block, Adriaen, 231
Bobadilla, Francisco de, 49, 51-52
Bocayuba, Quintino, 324
Bolívar, Simón, I, 289, 290, 301, 302-304, 330, 335, 338
Bonilla, Heraclio, 347
Borah, Woodrow, 123, 124, 169, 186
Bordaberry, Juan María, 476
Borodín, Michael, 448
Bosch, Juan, 438, 471
Boserup, Esther, 124
Boves, José Tomás, 303
Boyd-Bowman, Peter, 126
Boyer, Jean-Pierre, 283
Brading, David, 245, 254

Buade, Louis de, conde de Frontenac, 233
Bucaram, Abdalá, 474, 480, 514
Bulhões e Sousa, Miguel, 216
Bulmer-Thomas, Victor, 408, 411, 412
Burgoyne, John, 273
Burke, Edmund, 371
Bush, George, 513
Bush, George (padre), 463
Bushnell, David, 368
Bustamante, Anastasio, 372

Caamaño, Francisco, 471
Cabot, John, *véase* Cabato, Giovanni
Caboto, Giovanni, 49, 51, 224
Caboto, Sebastián, 98
Cabrera, Jerónimo Luis de, 100
Cáceres, Andrés Avelino, 376
Café, João, 478
Calderón, Felipe, 502
Calvert, George, lord Baltimore, 229
Calles, Plutarco Elías, 392-393
Cámpora, Héctor, 475
Campos Salles, Manuel Ferraz de, 322
Canning, George, 312, 338
Cárdenas, Cuauhtémoc, 482
Cárdenas, Lázaro, 392, 411, 417, 421, 432-433, 440, 452
Cardoso, Fernando Henrique, 479, 498, 506
Carlos, archiduque, 252
Carlos I, 34, 55, 60, 64, 77, 80, 84, 92, 96, 97, 106, 110, 133, 152, 169, 230
Carlos II de Inglaterra, 222-223, 232, 240
Carlos III, 112, 253, 255, 269
Carlos IV, 255, 293
Carlos V, *véase* Carlos I
Carlota Joaquina, infanta, 288, 293-294
Carmona, Pedro, 511
Carneiro Leão, Honorio Hermeto, marqués de Paraná, 315
Carranza, Venustiano, 390-392
Carrera, José Miguel, 300
Carteret, George, 232
Cartier, Jacques, 224
Carvalho e Melo, Sebastião José de, marqués de Pombal, 202, 212-216, 218
Casas, Bartolomé de las, 55, 67-68, 104, 110, 133
Casas, Francisco de las, 60
Caso, Antonio, 443
Castelo Branco, Humberto de Olencar, 478
Castilla, Ramón, 292, 361
Castillo, Pedro de, 100
Castro, Cipriano, 380

Índice onomástico

Castro, Fidel, 465-466, 467-470, 475, 477, 478, 483, 488, 492, 504-505
Castro, Raúl, 467, 469, 505
Caupolicán, 101
Cavendish, Thomas, 225
Cavallo, Domingo, 508
Cerda, Luis de la, 40
Céspedes, Guillermo, 149, 159
Chamorro, Pedro Joaquín, 481
Chamorro, Violeta, 481
Champlain, Samuel de, 234
Chaunu, Hughette, 186
Chaunu, Pierre, 41, 123, 186
Chaussegros, François-Joseph, barón de Lery, 224
Chavannes, Jean-Baptiste, 280
Chávez, Hugo, I, 463, 474, 483, 487-488, 492, 496, 498-500, 505, 511-517
Chávez, Ñuflo de, 99
Chevalier, François, 169, 176, 187
Chibás, Eduardo, 467
Cienfuegos, Camilo, 467, 469
Cisneros, Francisco Jiménez de, 55, 110, 133
Clinton, Bill, 484
Cochrane, Thomas, 301, 312
Coligny, Gaspard de, almirante, 225
Colleton, John, 232
Collor de Mello, Fernando, 479
Colmenares, Germán, 125
Colom, Álvaro, 503
Colón, Bartolomé, 48-49
Colón, Cristóbal, 15, 33, 43-45, 46, 47-49, 50-51, 52, 65-66, 103, 106, 108, 121, 133, 156, 158, 164
Colón, Diego (hermano de Cristóbal Colón), 49
Colón, Diego (hijo de Cristóbal Colón), 54
Commager, Henry, 230
Comogre, 58
Conchillos, Lope de, 154
Constant, Benjamín, 324
Contreras, Carlos, 193
Contreras, Rodrigo de, 89
Cook, Noble D., 120, 121, 123, 125, 247
Cook, Sherburne, 119, 123, 124
Cooper, Anthony Ashley, 232
Córdoba, Antonio de, 68
Córdoba, Pedro de, 110
Cornwallis, Charles, 274
Correa, Rafael, I, 488, 498, 514
Corte Real, Gaspar, 50
Corte Real, Miguel, 50

Cortés, Hernán, 59-60, 63, 70, 71, 73, 77, 79-80, 81-83, 84-86, 88, 89, 90-91, 109, 120, 127, 141, 169, 177, 224
Cortés, Martín (hijo de Hernán Cortés y la Malinche), 79, 85
Cortés Conde, Roberto, 354
Cosa, Juan de la, 45, 50-51, 55, 56
Cotton, John, 231
Couto, Bernardo, 373
Crusoe, Robinson, 180
Cuauhtémoc, 88
Cuitlahuac (sucesor de Motecuhzoma), 83
Curtin, Philip, 198, 204

Davenport, John, 231
Dávila, Pedrarias, *véase* Arias Dávila, Pedro
Dabeiba, 57
Davis, John, 225
Deas, Malcolm, 394
Denis, Jean, 224
Deschamps, Jérôme, 238
Dessalines, Henri, 283
Dias, Bartolomé, 42
Díaz, Francisco J., 453
Díaz, Félix, 390
Díaz, Porfirio, 369, 374, 376, 379, 385, 387-390, 394
Díaz Alejandro, Carlos, 353, 411
Díaz de Solís, Juan, 55, 97
Díaz Ordaz, Gustavo, 482
Díez de San Miguel, Garci, 125
Dirceu, José, 506
Dobyns, H. F., 122, 123
D'Ogeron, Bertrand, 238
Domínguez, Jorge, 286
Dorticós, Osvaldo, 469
Drake, sir Francis, 59, 61, 225
Dreyfus, Augusto, 361
Duhalde, Eduardo, 500, 508-509
Durand, John, 123
Durand de Villegagnon, Nicolás, 225

Eanes, Gil, 41
Eaton, Theophilus, 231
Echeverría, Luis, 482
Einstein, Robert, 450
Elcano, Juan Sebastián, 34, 61-62, 84, 154
Elhuyar, Fausto de, 251
Elío, Francisco Javier, 296
Encinas, Diego de, 155
Engerman, Stanley, 227, 228
Enrique el Navegante, 39
Enrique VII, 49

Enriquez, Martín, 152, 193
Enríquez-Ominami, Marco, 510
Ercilla, Alonso de, 101
Erik el Rojo, 35
Erikson, Leif (hijo de Erik el Rojo), 35
Espira, Jorge, 97
Estrada Cabrera, Manuel, 380
Estrada Palma, Tomás, 380, 396

Farías, Víctor, 453
Faupel, Willheim, 453
Fausto, Boris, 200, 216, 307
Federman, Nicolás, 96-97
Feijó, Diego, 314
Felipe II, 34, 72, 77, 87, 106, 109, 111, 114, 136, 137, 139, 154, 160, 185, 202, 222
Felipe III, 197, 203
Felipe V, 252
Fernando el Católico, 34, 45, 46, 47-49, 54-55, 56-57, 65-66, 105, 107, 154
Fernando VI, 255
Fernando VII, 156, 287-288, 293-297, 299-300, 302, 305, 345, 347
Fernández, Leonel, 498-499, 505-506
Fernández-Armesto, Felipe, 43
Fernández de Enciso, Martín, 57-58, 68
Fernández de Kirchner, Cristina, I, 488, 498, 500
Fernández de Lugo, Pedro, 95
Ferreira Aldunate, Wilson, 476
Figueiredo, João Baptista, 478
Figueres, José, 440
Figueroa, Luis de, 55
Fleury, Jean, 177
Flores Magón, Enrique, 379, 385
Flores Magón, Ricardo, 385, 447
Fogel, Robert, 227, 228
Fonseca, Manuel Deodoro da, 55, 324
Fox, Vicente, 482-483, 501-502
Franklin, Benjamín, 270, 272, 274
Franco, Federico, 500
François, Jean, 281
Frei, Eduardo, 461, 477, 510
Freyre, Gilberto, 207
Friede, Juan, 125
Frobisher, Martín, 225
Frondizi, Arturo, 475
Fujimori, Alberto, 474, 479-480, 515
Funes, Mauricio, 498, 503

Gage, Thomas, 271-272
Gaitán, Jorge Eliécer, 434, 435
Gálvez, José de, 244, 252, 255, 256, 261

Gallegos, Rómulo, 437
Gallo, Ezequiel, 354
Galloway, Joseph, 271
Gama, Vasco da, 42, 49, 51, 195, 199
Gamarra, Agustín, 292
Gante, Pedro de, 109
Garay, Juan de, 54, 99
García, Alan, 479, 498-499, 515
García Carrasco, Francisco, 294
García de Loaysa, Jofre, 61, 84
García de Moguer, Diego, 98
García Moreno, Gabriel, 371, 380
Garibaldi, Giuseppe, 315
Gates, Horatio, 273
Gaviria, César, 484
Genoino, José, 506
Gilbert, Humphrey, 225
Gómez, Juan Vicente, 380, 398, 433, 437, 444
Gómez, Laureano, 483
Gómez, Máximo, 395
Gómez Farías, Valentín, 373
Gómez Morín, Manuel, 440
Gonzaga Cuevas, Luis, 373
González, Joaquín V., 377, 444
González Dávila, Alonso, 85
González Dávila, Antonio, 85
González Dávila, Gil, 59-60, 85
González Prada, Manuel, 447
González Videla, Gabriel, 439
Goulart, João, 198, 478
Goulart, Mauricio, 198, 472
Goyeneche, José Manuel de, 298
Graham, Richard, 321
Granville, Earl, 233
Grenville, George, 269
Grijalva, Juan de, 79
Grove, Marmaduke, 441
Gruzinski, Serge, 136
Guardia, Tomás, 380
Güemes, Martín Miguel de, 298
Guerra, Cristóbal, 50, 56
Guerra, Francisco, 121
Guerra, François-Xavier, 369
Guerrero, Vicente, 305, 372-373
Guevara, Ernesto Che, 467-470
Gustavo Adolfo de Suecia, 232
Gutiérrez, Lucio, 514
Gutiérrez de Piñeres, 255
Guzmán, Antonio Leocadio, 332, 370
Guzmán, Fernando, 72
Guzmán, Nuño de, 85
Guzmán Blanco, Antonio, 371, 380

Índice onomástico

Halperín Donghi, Tulio, 289, 291, 332, 399, 468
Hamilton, Alexander, 275-277
Hamilton, Earl, 173, 181, 182, 186-187
Hancock, John, 271
Hawkins, John, 225
Haya de la Torre, Víctor Raúl, 442, 444, 445, 447, 450-451, 472, 479
Henri, Charles, conde d'Estaing, 274
Henríquez Ureña, Pedro, 443
Henry, Patrick, 271, 276
Hernández de Córdoba, Francisco, 59, 79
Hernández Girón, Francisco, 94
Hernández Martínez, Maximiliano, 438
Herrera, Bartolomé, 371
Heyn, Piet, 177
Hidalgo, Miguel, 294, 297, 304
Hitler, Adolf, 453
Hochschild, Mauricio, 360
Hooker, Thomas, 231
Howe, William, 273
Huayna Capac, 90-91
Huáscar, hermano de Atahualpa, 91
Hudson, Henry, 231
Humala, Ollanta, 515
Humboldt, Guillermo de, 173
Huerta, Victoriano, 390-392
Hurtado de Mendoza, Andrés, 101
Hurtado de Mendoza, García, 99-100, 101
Hutten, Felipe, 97

Ibáñez del Campo, Carlos, 436, 439
Ibarra, Francisco de, 86
Illia, Arturo, 475
Ingenieros, José, 444
Inocencio VIII, 103
Irurozqui, Marta, 367
Isabel, princesa de Brasil, 225, 323
Isabel la Católica, 34, 45, 46, 47-49, 52, 55, 56, 65-66, 107, 154
Isabel I Inglaterra, 225
Isabel II, 347
Iturbide, Agustín, 305
Iturrigaray y Aróstegui, José de, 294, 296
Ixtlelxochitl, 82
Izcóatl, 29

Jacobo I de Inglaterra, 228
Jacobo II de Inglaterra, 223, 232
Jay, John, 276, 277
Jefferson, Thomas, 270, 271, 277-278
Jiménez de Quesada, Gonzalo, 70, 95-97
Johnson, Lyndon, 461

Jolliet, Louis, 233
Jorge III de Inglaterra, 223, 272
José I de Portugal, 212, 214, 216
Juan, don, regente en Portugal, 212, 309-310
Juan II de Portugal, 39, 44, 46-47
Juan III de Portugal, 200
Juan IV de Portugal, 202, 217
Juan V de Portugal, 213
Juan VI de Portugal, 311-312, 313
Juárez, Benito, 339, 373-374, 388, 447
Juárez Celman, Miguel, 382
Juffré, Juan, 100
Juffré, Luis, 100
Justo, Juan B., 385, 446

Kemmerer, Edwin, 406
Kennedy, John F., 461
Keynes, John Maynard, 411
Khan, Gengis, 37
Kirchner, Néstor, 488, 498, 500-501, 508-509
Konetzke, Richard, 81
Korn, Alejandro, 444
Kroeber, Alfred, 123
Kubitschek, Juscelino, 478

Lacalle, Luis, 476
La Gasca, Pedro de, 94, 99, 100-101
Lage, Carlos, 505
Lagos, Ricardo, 477, 489, 498, 510
Lander, Tomás, 370
Lanusse, Alejandro Agustín, 475
Lara Bonilla, Rodrigo, 484
Lautaro, 101
Laval, François de, 235
Lavalleja, Juan Antonio de, 311
Lavradío, segundo marqués, virrey de Brasil, 215
Law, John, 234
Lechín, Juan, 480
Leclerc, Victor-Emmanuel, 283
Lee, Richard Henry, 272
Leguía, Augusto, 384, 433, 436, 447, 451
León Valencia, Guillermo, 484
Leoni, Luis, 483
Lepe, Diego de, 51
Lerdo de Tejada, Sebastián, 374, 388
Lesseps, Ferdinand de, 387
Leuchtenberg, Amelia de, 314
Leuchtenburg, William, 230
Levene, Ricardo, 136
Lewis, Colin, 400
Limantour, José Yves, 388-389

Lincoln, Abraham, 316
Liniers, Santiago de, 294
Locke, John, 232, 267
Lockhart, James, 129, 131, 146
Lombardo Toledano, Vicente, 392-393
Lonardi, Eduardo, 474
López Contreras, Eliezer, 437
López de Gómara, Francisco, 58
López de Legazpi, Miguel, 84
López de Palacios Rubios, Juan, 67, 68
López de Santa Anna, Antonio, 339, 372-373
López de Velasco, Juan, 155
López Mateos, Adolfo, 482
López Michelsen, Alfonso, 484
López Obrador, Andrés Manuel, 502
López Portillo, José, 482
Lowell, John, 225
Lozano, Jorge Tadeo, 303
Lucena Salmoral, Manuel, 47, 64, 69, 85, 104
Lugo, Fernando, 488, 498, 500, 510
Luis XIV rey de Francia, 234, 238
Lula da Silva, Luis Inácio, 479, 488, 498-500, 506
Luque, Hernando de, 90-91

Lleras Camargo, Alberto, 483
Lleras Restrepo, Carlos, 484

Maceo, Antonio, 395
Machado de Assis, Joaquín María, 308
Madero, Francisco, 389-391
Madison, James, 276-277
Madrid, Miguel de la, 466, 482
Maeztu, Ramiro de, 453
Magallanes, Fernando de, 34, 60-61, 97
Magaña, Gildardo, 392
Mahuad, Jamil, 480, 514
Maitland, Thomas, 282
Malintzin (Malinche o doña Marina), 79
Malocello, Lancelloto, 40
Marco Inca, hermanastro de Atahualpa, 92
Manzanedo, Bernardino de, 55
Manzano, Juan, 42
María I de Portugal, 212, 216, 311
Mariátegui, José Carlos, 381, 442, 447, 448, 451
Marichal, Carlos, 341, 351, 398
Mariño, Santiago, 302-303
Maritain, Jacques, 440
Marquette, Jacques, 233
Marroquín, José Manuel, 394
Marshall, T. H., 377

Martí, Farabundo, 449
Martí, José, 380, 395
Martín Alcántara, Francisco, 91
Martinelli, Ricardo, 504
Martínez, José Luis, 81, 128, 130
Martínez Campos, Arsenio, 395
Martínez de Irala, Domingo, 72, 98-99
Martínez de Hoz, Alfredo, 475
Marulanda, Manuel, *Tirofijo*, 514
Mason, George, 276
Massasoit, 230
Matos, Hubert, 469
Mauro, Frédéric, 36, 39, 204
Maximiliano, emperador, 373
Mazo, Gabriel del, 445
Mc Evoy, Carmen, 376
McLeod, Murdo, 124
Medina, Bartolomé, 174
Meiggs, Henry, 361
Meirelles, Henrique, 507
Melgarejo, Mariano, 336
Mella, Juan Antonio, 445
Mello e Castro, Martinho de, 212
Mendoça Furtado, Francisco Xavier, 216
Mendoza, Antonio de, 85, 94
Mendoza, Pedro de, 73, 87, 97-98, 111
Menem, Carlos, 456, 476, 500, 508-509
Menéndez de Avilés, Pedro, 87
Mesa, Carlos, 515
Mey, Cornelius Jacobson, 231
Mintz, Sydney, 169
Minuit, Peter, 232
Miño Grijalva, Manuel, 315
Miralles, Juan, 81
Miranda, Francisco de, 290, 302
Miró Cardona, José, 469
Mitre, Bartolomé, 371
Monagas, Tadeo, 370
Montejo, Francisco de «el Mozo», 86-87, 89
Montesinos, Antonio de, 66, 104, 110
Montesinos, Vladimiro, 480, 515
Monteverde, Domingo de, 302-303
Montúfar, Juan Pío, marqués de Selva Alegre, 294
Montúfar, Alonso de, 114
Moñiz de Perestrello, Felipa, 43
Mora, José María Luis, 373
Moraga, Fabio, 296, 306
Morais e Barros, Prudente José de, 322
Morales, Evo, I, II, 488, 492, 498, 515-517
Morales Bermúdez, Francisco, 479
Morelos, José María, 297, 304-305
Moreno, Alejandra, 81, 84

Índice onomástico

Moreno, Mariano, 292, 298
Morgan, Henry John, 240
Morillo, Pablo, 303
Morineau, Michel, 179, 181, 182
Morison, Samuel, 230
Moro, Tomás, 111
Mosquera, Tomás Cipriano, 334, 372
Motecuhxoma Ilhuicamina (Motecuhzoma), 29, 70, 80, 81-83
Motolinía, fray Toribio de, 85
Moya Pons, Frank, 44, 124, 279
Mujica, José, 498, 510
Murillo, Rosario, 503
Murra, John, 167

Nabuco de Araújo, Joaquim, 317
Napoleón, 282-283, 288
Nariño, Antonio, 303
Narváez, Pánfilo de, 72-73, 81-83, 87
Neves, Tancredo, 478
Newport, Christopher, 228
Nicolas, Paul François Joan, conde de Barras, 274
Nicolet, Jean, 233
Nicuesa, Diego, 55, 56-57
Niño, Peralonso, 50, 56
Nixon, Richard, 463
Niza, fray Marcos, 87
Noriega, Manuel Antonio, 471
Noroña, Fernando de, 200-201
Núñez, Rafael, 378, 380, 393
Núñez Cabeza de Vaca, Álvar, 64, 72, 87, 98-99
Núñez de Balboa, Vasco, 56, 57, 58, 59, 90
Núñez de Prado, Juan, 99
Núñez de Vela, Blasco, 93

Obama, Barack, 505, 513
Obregón, Álvaro, 391-392, 447
O'Donnell, Guillermo, 480
Odría, Manuel A., 479
Ogé, Vicente, 280
Oglethorpe, James, 233
O'Higgins, Bernardo, 300
Ojeda, Alonso de, 50, 51, 55, 56-57, 95
Olañeta, Pedro Antonio, 302
Olaya Herrera, Enrique, 394, 433
Olid, Cristóbal de, 59-60, 70, 84, 88
Onganía, Juan Carlos, 475
Orellana, Francisco de, 72, 96
Orleans, Gastón de, conde d'Eu, 323
Orozco, Pascual, 389-390
Ortega, Daniel, I, 481, 488, 498, 503

Ortiz Rubio, Pascual, 392
Osorio, Alejandro, 337
Osorio, Mariano, 300
Ospina Rodríguez, Mariano, 334, 372
Otis, James, 270
Ovando, Alfredo, 480
Ovando, Juan José, 154-155
Ovando, Nicolás de, 51-52, 54, 66

Pachacuti, 31
Pacheco, Gregorio, 360
Páez, José Antonio, 303-304, 338, 370
Paine, Thomas, 272
Palacio, Alfredo, 514
Palacios, Alfredo, 377, 446
Palacios, Guillermo, 296, 306
Palacios, Marco, 107
Palocci, Antonio, 506
Palti, Elías, 367
Panquiaco (hijo de Comogre), 57
Pardo, Manuel, 361, 384
Pastora, Edén, 481
Pastrana, Andrés, 484, 513
Pastrana Borrero, Misael, 484
Patiño, José, 257
Patiño, Simón, 360
Paz Estenssoro, Víctor, 480
Pedrezuela, Joaquín de la, 301
Pedro I de Brasil, 311-312, 313-314
Pedro II de Brasil, 313-316, 321, 323-324
Penn, William, «el Viejo», 232
Pérez, Carlos Andrés, 465, 483
Pérez Brignoli, Héctor, 88
Pérez Guilhou, Dardo, 329
Pérez Jiménez, Marcos, 437, 440
Pérez de Quesada, Hernán, 97
Pérez de Zurita, Juan, 99
Pérez Roque, Felipe, 505
Perón, Eva, 475
Perón, Juan Domingo, 417, 426-427, 432-433, 434, 435, 453, 474-475
Petion, Alexandre, 283
Pez, Andrés del, 257
Piérola, Nicolás de, 361, 376, 381, 383
Pinedo, Federico, 446
Pinochet, Augusto, 466, 473, 476-477, 510
Piñera, Sebastián, 510
Pío IX, 322
Pitt, William, 236, 270
Pizarro, Francisco, 57, 71, 89, 90-93, 95, 96, 97, 100, 109, 125
Pizarro, Gonzalo, 71, 91, 94, 96
Pizarro, Juan, 91

Pizarro, León, 255
Pizarro, Hernando, 91, 93
Platt, D. C. M., 341
Plaza, Leónidas, 380
Plessis, Armand Jean du, cardenal de Richelieu, 234, 237
Pocahontas, princesa india, 228
Polo, Marco, 36
Pombal, marqués de, *véase* Carvalho e Melo, Sebastião José de
Ponce de León, Juan, 53-54, 87
Pontiac, 268
Portales, Diego, 338
Prado, Manuel, 479
Prados, Leandro, 348
Prebisch, Raúl, 417
Préval, René, 505
Ptolomeo, Claudio, 50
Pueyrredón, Juan Martín de, 300
Puga, Vasco de, 155

Quadros, Jánio, 478
Quijano, Carlos, 445
Quiroga, Facundo, 332
Quiroga, Jorge, 516
Quiroga, Vasco de, 85, 108, 111
Quirós, José María, 175

Raleigh, Walter, 225
Ramírez de Fuenleal, Sebastián, 84-85
Ramos, Jorge Abelardo, 450
Reagan, Ronald, 471
Recabarren, Luis Emilio, 382, 385, 446, 448
Restrepo, Carlos, 394
Rezende Martins, Estevão, 314, 315
Reyes, Bernardo, 379, 389
Reyes, Rafael, 394
Reyes, Raúl, 514
Richelieu, *véase* Plessis, Armand Jean du
Ricketts, Charles Milner, 345
Riego, Rafael del, 296, 305
Rigaud, André, 282
Riva Agüero, José de la, 301-302, 443
Rivera, Perafán de, 88
Roca, Julio Argentino, 371, 377
Rodó, José Enrique, 375, 442
Rodríguez, Carlos Rafael, 468
Rodríguez de Fonseca, Juan, 153, 154
Rodríguez Saá, Adolfo, 508
Rodríguez Veltzé, Eduardo, 516
Rojas, Clara, 514
Rojas, Diego de, 99
Rojas Pinilla, Gustavo, 483-484

Rokkan, Stein, 377
Roldán, Francisco, 49, 52
Rolfe, John, 228
Romano, Ruggiero, 190
Rosanvallon, Pierre, 292
Rosas, Juan Manuel de, 332, 338, 371
Rosenblat, Ángel, 122, 123, 127
Rouquié, Alain, 16, 441
Rousseau, Jean-Jacques, 292
Rúa, Fernando de la, 480, 507-508
Rubio y Moreno, Luis, 126
Rumiñahui, 92

Saavedra, Cornelio, 298
Sábato, Hilda, 367
Safford, Frank, 107, 335
Salazar de Espinosa, Juan, 98
Salinas de Gortari, Carlos, 456, 466, 482
Salle, Cavallier de la, 233
Salle, Gadifer de la, 40
Salvatierra, Juan de, 55
Samper, Ernesto, 484
Sánchez-Albornoz, Nicolás, 119, 125, 192, 357, 364, 419, 420, 421
Sánchez Cerro, Luis, 434
Sánchez de Losada, Gonzalo, 480 ,515
Sandino, Augusto César, 380, 436, 449, 481
Sanguinetti, Julio María, 476
San Martín, José de, 290, 299-300, 301-302, 303, 343
Santander, Francisco de Paula, 304
Santángel, Luis, 45
Santa Cruz, Andrés, 292
Santo Domingo, Alonso, 55
Sapper, D., 123
Sarmiento, Domingo Faustino, 332, 371
Sarney, José, 478, 499, 506
Schwartz, S., 205
Scobie, James, 422
Sebastián, don, rey de Portugal, 217
Sepúlveda, Juan Ginés de, 68
Seregni, Liber, 476
Serna e Hinojosa, José de la, 301-302
Serpa, Horacio, 513
Serra, José, 506
Sierra, Justo, 388
Siles, Hernando, 436
Siles Suazo, Hernán, 480
Silva Paranhos, José María da, barón de Rio Branco, 386
Simonsen, Robert, 198
Simpson, L. B., 123
Smith, John, 228

Índice onomástico

Solano, Francisco de, 381
Solderini, Pier de, 50
Solís, Otton, 504
Solórzano Pereira, Juan, 68
Somoza Debayle, Anastasio, 436, 442, 480, 481
Somoza Debayle, Luis, 481
Somoza García, Anastasio, 481
Sonthonax, Leger-Félicité, 281
Soto, Domingo de, 68
Soto, Hernando de, 87
Sousa, Tomé, 201
Souza, Irineus de, barón de Mauá, 319
Souza Coutinho, Rodrigo de, 212
Squanto, 230
Steward, J. H., 122, 123
Stroessner, Alfredo, 453, 480
Stuyvesant, Peter, 232
Sucre, Antonio José de, 302, 303
Sun Yat-Sen, 450

Tagle, José Bernardo de, marqués de Torre Tagle, 301-302
Tandeter, Enrique, 193
Terra, Gabriel, 436, 437
Thorp, Rose-Mary, 416
Tiradentes, Joaquim José da Silva, 308
Toledo, Alejandro, 515
Toledo, Francisco de, 93-94, 100, 133, 152, 191-192
Tomasso, Antonio de, 446
Torre, Lisandro de la, 382
Torres, Juan José, 473, 480
Torrijos, Martín, 498, 504
Torrijos, Omar, 473
Toscanelli, Pablo del Pozzo, 44
Touche, Daniel de la, 225
Toussaint Louverture, 281-283
Trías, Vivian, 329
Trujillo, Rafael Leónidas, 437, 438, 442
Trujillo, Torcuato, 304
Túpac Amaru, 290, 295
Turbay Ayala, Julio C., 484

Ugarte, Manuel, 442
Urdaneta, Andrés, 84
Uribe, Álvaro, 485, 513-514
Urrutia, Manuel, 469
Ursúa, Pedro de, 71-72

Valdivia, Pedro de, 100-101
Valencia, Martín de, 109

Valle, Aristóbulo del, 382
Varela, Consuelo, 43
Vargas, Getúlio, 411, 417, 426, 432-433, 434, 436, 437, 478
Vargas Llosa, Mario, 480
Vasconcelos, José, 392, 443, 447
Vázquez, Josefina Z., 315
Vázquez, Tabaré, 498, 509
Vázquez de Ayllón, Lucas, 87
Vázquez de Menchaca, Fernando, 68
Vázquez de Coronado, Francisco, 87, 88
Velasco, Luis de, 85
Velasco Alvarado, Juan, 473, 479
Velasco Ibarra, José María, 435
Velázquez, Diego, 53-54, 79-80, 82
Véliz, Claudio, 286
Vespucio, Américo, 50, 55
Verrazzano, Giovanni, 224
Victoria, Guadalupe, 372
Videla, Jorge Rafael, 475
Vieira, Antonio, 217
Vilar, P., 182
Villa, Pancho, 389-392
Villagrán, Francisco de, 99-100, 101
Vimeur, Jean-Baptiste de, conde de Rochambeau, 274
Vitoria, Francisco de, 68

Wachtel, Nathan, 125
Waldseemüller, Martín, 50
Walker, William, 387
Warner, Thomas, 237
Washington, George, 268, 272-273, 277-278
Weyler, Valeriano, 395
Wilson, Woodrow, 391
Wilson, Henry Lane, 390
Wolf, Eric, 169

Yánez Pinzón, Vicente, 45, 51, 55
Yrigoyen, Hipólito, 370, 382, 385, 433, 436, 444

Zanatta, Loris, 427, 453
Zapata, Emiliano, 390-392, 447
Zedillo, Ernesto, 482, 502
Zelaya, Manuel, 488, 504
Zocopozagua, 92
Zumárraga, Juan de, 95